Johannes Kopp · Bernhard Schäfers (Hrsg.)

Grundbegriffe der Soziologie

W0040816

Johannes Kopp
Bernhard Schäfers (Hrsg.)

Grundbegriffe der Soziologie

10. Auflage

VS VERLAG FÜR SOZIALWISSENSCHAFTEN

Bibliografische Information der Deutschen Nationalbibliothek
Die Deutsche Nationalbibliothek verzeichnet diese Publikation in der
Deutschen Nationalbibliografie; detaillierte bibliografische Daten sind im Internet über
<http://dnb.d-nb.de> abrufbar.

10. Auflage 2010

Alle Rechte vorbehalten
© VS Verlag für Sozialwissenschaften | GWV Fachverlage GmbH, Wiesbaden 2010

Lektorat: Frank Engelhardt

VS Verlag für Sozialwissenschaften ist Teil der Fachverlagsgruppe
Springer Science+Business Media.
www.vs-verlag.de

Umschlaggestaltung: KünkelLopka Medienentwicklung, Heidelberg
Druck und buchbinderische Verarbeitung: Ten Brink, Meppel
Gedruckt auf säurefreiem und chlorfrei gebleichtem Papier
Printed in the Netherlands

ISBN 978-3-531-16985-9

Vorwort zur 10. Auflage

In der nun vorliegenden 10. Auflage der Grundbegriffe wurden alle Beiträge gründlich durchgesehen und aktualisiert sowie gegebenenfalls überarbeitet. Die Grundstruktur des Bandes bleibt unverändert. Die Grundbegriffe sollen für die begriffliche und theoretische Grundlegung der Soziologie eine verlässliche Orientierung und Einführung bieten. Darum wurde auf Allgemeinverständlichkeit großes Gewicht gelegt. Bei den Erläuterungen zu den einzelnen Begriffen hatten inhaltliche Aussagen über den jeweiligen sozialen Tatbestand und sozialgeschichtliche Zusammenhänge Vorrang gegenüber „binnen-soziologischen" Kontroversen.

Nach wie vor spiegeln die Grundbegriffe keine einheitliche Lehrmeinung wider. Wichtiger als Einheitlichkeit ist für Herausgeber und Mitarbeiter, dass der Stand der Forschung, die Breite soziologischer Perspektiven und damit die Komplexität sozialer Tatbestände deutlich werden. Die nachfolgenden Hinweise zur Benutzung des Lexikons machen auf weitere Besonderheiten der Auswahl aufmerksam.

Mit dieser 10. Auflage hat sich die redaktionelle Arbeit von Karlsruhe nach Chemnitz verschoben. Vor allem Franziska Schork, Vivian Lotter und Nico Stawarz sei für ihre umsichtige Organisation und Arbeit gedankt.

Chemnitz und Karlsruhe, im Januar 2010   Johannes Kopp/Bernhard Schäfers

Hinweise zur Benutzung

Mit insgesamt 104 Artikeln hält sich das Lexikon **Grundbegriffe der Soziologie** an der unteren Grenze notwendiger soziologischer Begriffe. In diesen Grundbegriffen wird jedoch eine große Anzahl weiterer soziologischer und sozialwissenschaftlicher Fachausdrücke erklärt, die über ein sorgfältig erarbeitetes **Sachregister** erschlossen sind. Auf diese weiteren Grundbegriffe wird durch Hervorhebungen in Kursivdruck hingewiesen. Die Darstellung der Grundbegriffe wurde soweit wie möglich vereinheitlicht:

- fast alle Grundbegriffe werden durch eine Kurzdefinition eingeführt, die dann durch weitere begrifflich-inhaltliche Dimensionen ergänzt und differenziert wird;
- soweit erforderlich, erfolgt ein Exkurs zur anthropologischen Dimension des Begriffs und zu seinen sozial- und begriffsgeschichtlichen Zusammenhängen;
- wichtig war uns weiterhin, durch die einzelnen Grundbegriffe so viel wie möglich über gegenwärtige Sozial- und Handlungsstrukturen zu informieren;
- grundlegende Theoretiker der Soziologie bzw. der Sozialwissenschaften werden bei ihrer jeweils ersten Nennung in den Artikeln mit ihren Lebensdaten hervorgehoben;
- bei den Literaturhinweisen ließen wir uns von dem Prinzip leiten, soweit wie möglich über deutsche und leicht greifbare Quellen, über einführende Literatur und unverzichtbare Klassiker das weitere Studium der Grundbegriffe und sozialen Tatbestände anzuregen und zu erleichtern.

Johannes Kopp/Bernhard Schäfers

Abkürzungsverzeichnis

AJS	American Journal of Sociology
Bd.	Band
Hdwb.	Handwörterbuch
MEW	Marx-Engels-Werke
KZfSS	Kölner Zeitschrift für Soziologie und Sozialpsychologie
SB	Sonderband
SH	Sonderheft
ZfS	Zeitschrift für Soziolgie

Akkulturation

allgemein der Prozess der Übernahme von Elementen einer bis dahin fremden *Kultur* durch Einzelpersonen, Gruppen oder ganze Gesellschaften. Diese Übernahme betrifft Wissen und Werte, Normen und Institutionen, Fertigkeiten, Techniken und Gewohnheiten, Identifikationen und Überzeugungen, Handlungsbereitschaften und tatsächliches Verhalten, insbes. aber auch die Sprache.

Der Begriff entstammt der brit. und amerik. *Kulturanthropologie* und wurde zur Beschreibung von Folgen des Kulturkontaktes zwischen einander fremden Kulturen im Verlaufe der Kolonisation zum Ende des 19. Jh.s eingeführt.

Der Begriff der A. ist von dem der *Enkulturation* zu unterscheiden, bei der es um den Ersterwerb kultureller Elemente im Prozess der frühkindlichen *Sozialisation* geht. Die A. ist wie die Sozialisation und die Enkulturation im Prinzip ein Lernvorgang bzw. ein Vorgang der Übernahme von Dispositionen und Handlungsweisen. A. umfasst damit Prozesse der Internalisierung wie solche der Imitation und des Lernens am Modell. Weil die A. auf der Basis der Enkulturation stattfindet, ist die Prägung der Personen bei der A. grundsätzlich weniger stark als bei der Enkulturation.

Voraussetzung für die A. ist irgendeine Form des Kulturkontaktes. Die wichtigsten Anlässe dafür sind Eroberungen und Kolonisationen, Migration und Tourismus sowie Handelsbeziehungen und wissenschaftliche Kontakte. Wichtigster aktueller struktureller Hintergrund sind ökon. und institutionelle Interdependenzen, wie sie insbes. im Zuge der zunehmenden Globalisierung entstehen, ebenso wie die Neubildung und Veränderung der Nationalstaaten und die Entstehung transnationaler Regime.

Die A. findet auf unterschiedliche Weise und mit unterschiedlichen Ergebnissen statt. Es ist eine unilaterale von einer reziproken A. und eine partielle von einer vollständigen A. zu unterscheiden. Bei der unilateralen A. erfolgt die Übernahme der fremden Kultur nur von einer Seite, bei der reziproken A. ist die Übernahme beidseitig. Vollständige A. liegt dann vor, wenn eine Kultur alle Elemente der jeweils anderen Kultur übernimmt, bei der partiellen A. ist diese Übernahme nur ausschnittsweise und selektiv. Meist findet irgendeine Form der Kompartmentalisation statt, bei der die Übernahme der fremden Kultur nur in speziellen Bereichen und Sphären erfolgt. Das Ergebnis von Prozessen der A. kann auch ein Synkretismus sein: Ein bis dahin nicht gekanntes kulturelles Gebilde, das aus einer Vermischung der alten Kulturen und der Entstehung neuer, bis dahin unbekannter kultureller Elemente besteht.

Welche Form der A. stattfindet, hängt von Faktoren ab, die sich im Prinzip aus der lern- und verhaltenstheor. Grundlage des Vorgangs ableiten lassen. Die wichtigsten Faktoren sind die kulturelle (Un-)Ähnlichkeit, die Brauchbarkeit der neuen

Elemente für die Alltagsgestaltung, die Passung der neuen Elemente in die alte Lebensweise, die Attraktivität der neuen Elemente und der Aufwand und die Kosten der Übernahme der neuen Elemente, nicht zuletzt für das eigene Selbstwertgefühl und den sozialen Status. Der Vorgang kann unter gewissen Umständen die Züge eines Diffusionsprozesses annehmen, wobei die latenten Bereitschaften zur Übernahme und die Chancen der Kontaktnahme und Beobachtung der neuen kulturellen Muster von Bedeutung sind.

Der Begriff der A. ist insbes. im Zusammenhang mit dem Problem der Eingliederung von Migranten und ethnischen Minderheiten und der Entstehung multi-ethnischer Gesellschaften bedeutsam geworden (vgl. Esser 1980, Heckmann 1992, Esser 2006). Das Ergebnis einer vollständigen A. wird auch als *Assimilation* bezeichnet. Der Gegenbegriff ist der der *Segmentation* – die vollständige kulturelle Eigenständigkeit und Absonderung der in einer Gesellschaft etablierten Kulturen. A. ist in diesem Zusammenhang der Prozess der Auflösung ethnisch-kultureller Segmentationen und der Entstehung kultureller Angleichungen zwischen Aufnahmegesellschaft und Migranten bzw. ethnischen Minderheiten. Es hat sich für die Assimilation eingebürgert, die Dimensionen der kognitiven, der sozialen, der strukturellen und der identifikativen Assimilation zu unterscheiden. Die A. bezieht sich dabei nur auf die kognitive Dimension des Erwerbs von Wissen und Fertigkeiten, auf die soziale Dimension der Aufnahme sozialer Beziehungen zwischen den Kulturen und auf die identifikative Dimension der Übernahme von Werten und Identifikationen, nicht aber auf die strukturelle Dimension der Einnahme von Positionen.

Von der Assimilation und den sie begleitenden Prozessen der A. ist die *Integration* der Migranten und ethnischen Minderheiten zu unterscheiden. Unter Integration wird allgemein die Entstehung von gleichgewichtigen Interdependenzen zwischen Personen und Gruppen verstanden. Dies kann bei Assimilation wie bei Segregation geschehen. Entsprechend lassen sich integrierte und nicht integrierte Gesellschaften unterscheiden, die jeweils kulturell ethnisch homogen oder heterogen sein können. Eine *multikulturelle Gesellschaft* wäre dann jener Typ, bei dem sich die Integration mit der Nicht-Assimilation und dem Fehlen von A. verbindet. Empirisch treten derartige multikulturelle Gesellschaften meist in der Form der kulturellen Arbeitsteilung und der ethnischen Schichtung auf: Bestimmte kulturelle und ethnische Gruppen übernehmen systematisch bestimmte Funktionen und Ränge in der Gesellschaft. Solche gesellschaftlichen Systeme gleichen Stände- und Kastengesellschaften. Die Integration ohne ethnische Schichtung und ohne ethnische Arbeitsteilung setzt stets eine gewisse strukturelle Assimilation und damit zusammenhängend auch Prozesse der A. in anderen Bereichen voraus.

Eine häufige Folge von Kulturkontakten ist die Entstehung von Unsicherheiten, Anomie und Marginalisierungen. Hintergrund ist die Verunsicherung in den mit der Enkulturation aufgebauten Selbstverständlichkeiten der Alltagsgestaltung. Diese Verunsicherung, die sich immer bei einer Konfrontation mit Neuerungen ergibt, kann gelegentlich die Form eines Kulturschocks annehmen. Von Robert E. Park (1928) stammt in diesem Zusammenhang der Begriff des *„marginal man"*, von Georg Simmel (1858-1918) und Alfred Schütz (1899-1959) das Konzept des „Fremden". Kennzeichen des Fremden bzw. des *marginal man* sind das Fehlen traditionaler Eingebundenheiten, die Erkenntnis der Relativität aller Regeln und der Zwang zur „Konstruktion" einer eigenen Handlungslinie einerseits und eine gewisse Objektivität, Distanz, „zweifelhafte Loyalität" (Schütz 1972) bzw. die gleichzeitige „Nähe und Ferne, Gleichgültigkeit und Engagiertheit" (Simmel 2006) andererseits.

Sofern die Gelegenheiten es zulassen, entstehen als Folge von Migrationen meist neue kulturelle und ethnische Segmentationen, oftmals institutionell ausgebaut und verfestigt in den sog. ethnischen Gemeinden. Es ist eine rationale defensive Reaktion zur Vermeidung von Marginalisierung, Anomie und Deklassierung. Andere Reaktionen können die bewusste Abwehr der neuen und die fundamentalistische Pflege der hergebrachten Kultur, aber auch die oben beschriebene Kompartmentalisation, die Isolierung der neuen Elemente in spezielle Bereiche, sein.

Gelegentlich führt die Kontaktnahme zwischen einander fremden Kulturen aber auch zu offensiv abwehrenden Reaktionen, etwa als regelrechte soziale Bewegungen zur Abwehr von als Bedrohung erlebter Überfremdung, wie der Cargo-Kult in Polynesien, die Mau-Mau-Bewegung in Kenia oder der sog. Ghost Dance bei einigen Indianerstämmen in Nordamerika in der Vergangenheit. Einige der fremdenfeindlichen Aktionen in der Gegenwart können auch zu solchen Reaktionen gezählt werden. Der Hintergrund ist der Versuch, der drohenden Abwertung der eigenen Kultur und Lebensweise zu begegnen. Auch die neuerdings weltweit zu beobachtenden ethnischen Konflikte in Afrika, in der ehemaligen Sowjetunion und in einigen Ländern Westeuropas sind als Versuche zu werten, gewisse Traditionen und Lebensweisen in ihrem Wert als spezifisches, an die eigenständige Existenz der Gruppe gebundenes, kulturelles Kapital zu erhalten oder auszubauen (vgl. Horowitz 2001, Hardin 1997). Die Tendenzen zu ethnischen Konflikten als Reaktion auf Kulturkontakte sind dann besonders hoch, wenn die Verwendbarkeit und Hochwertung der Elemente einer bestimmten Kultur von der Existenz einer ganz bestimmten sozialen Organisation abhängig ist und wenn mit der A. das gesamte (kulturelle) Kapital der Gruppe oder Gesellschaft verfallen würde.

→ **Gesellschaft; Individuum; Kultur; Migration; Minderheiten; Sozialisation**

📖 *F. Boas* (1896): The Growth of Indian Mythologies. Journal of American Folklore 9: 1-11; *H. Esser* (1980): Aspekte der Wanderungssoziologie. Darmstadt/Neuwied; *H. Esser* (2006): Sprache und Integration. Frankfurt a.M./New York; *R. Hardin* (1997): One for All. The Logic of Group Conflict, Princeton. N.J.; *F. Heckmann* (1992): Ethnische Minderheiten. Volk und Nation. Stuttgart; *M.J. Herskovits* (Hg.) (1958): Acculturation. The Study of Culture Contact. New York/Gloucester, Mass.; *D.L. Horowitz* (^{2}2001): Ethnic Groups in Conflict. Berkeley, Los Angeles/London; *R.E. Park* (1928): Human Migration and Marginal Man. AJS 33: 881-893; *R. Redfield* /R. Linton/M.J. Herskovits* (1936): Outline of the Study of Acculturation. American Anthropologist New Series 38: 149-152; *A. Schütz* (1972): Der Fremde. Ein sozialpsychologischer Versuch. *ders.*: Gesammelte Aufsätze. Bd. 2: Studien zur soziologischen Theorie. Den Haag: 53-69; *G. Simmel* (^{5}2006): Exkurs über den Fremden. *ders.*: Soziologie. Frankfurt a.m. (zuerst 1908); *R. Thurnwald* (1932): The Psychology of Acculturation, American Anthropologist 34: 557-569.

Hartmut Esser

Akzeptanz und Legitimation

Akzeptanz (A.) und Legitimation (L.) stehen zueinander in einem Verhältnis wechselseitiger Rückkopplung. Als subjektiv-soziale Kehrseite und notwendige Ergänzung der L. zielt A. stärker auf emotionale Attraktivität, sympathisierendes Interesse und positiv zugewandte Aufmerksamkeit. Bei der L. geht es v.a. um rationale Nachvollziehbarkeit und formale Rekonstruierbarkeit. Zusammen bilden sie die Grundlage gesellschaftlicher Legitimität. Wie die L. ist auch die A. sowohl Handlungsvoraussetzung als auch Strukturfaktor sozialer Ordnungsbildung. Je nach Sichtweise und erkenntnisleitendem Herangehen sind A. und L. unter zeitdiagnostischen, institutionellen oder zwischenmenschlichen Aspekten auf Makro-, Meso- oder Mikroebene Gegenstand theor.-soz. Analyse.

Definieren lässt sich A. als „die Chance, für bestimmte Meinungen, Maßnahmen, Vorschläge und Entscheidungen bei einer identifizierbaren Personengruppe ausdrückliche oder stillschweigende Zustimmung zu finden und unter angebbaren Bedingungen aussichtsreich auf deren Einverständnis rechnen zu können" (Lucke 1995: 104). A. ist das Ergebnis eines vielschichtigen und soz. äußerst voraussetzungsreichen Prozesses, der sich innerhalb der A.triade zwischen A.objekt und A.subjekt in einem A.kontext abspielt. Ihr Gegenstück, die Nicht-A., bezeichnet eine hierzu analoge Ablehnungswahrscheinlichkeit, die v.a. in der sozialpsychol. Reaktanzforschung untersucht wird.

A. bewegt sich im semantischen Umfeld von Einverständnis, Einwilligung, Zustimmung und Anerkennung. Weitere Konnotationen bestehen zu den Nachbarbegriffen Konsens und Konformität sowie zur Toleranz. Empirisch weitgehend ungeklärt sind die Wechselbeziehungen zwischen A. und Information. Etymol. geht der A.begriff zurück auf das lat. „*accipere*": annehmen, empfangen, i.d.R. eines Vorschlags. Akzeptieren heißt Gründe oder Argumente als in sich stimmig, schlüssig, sachgemäß, vernünftig, zielführend und insoweit als vertretbar, der Situation oder den Verhältnissen angemessen und damit als richtig und rechtens anzuerkennen.

Die hiervon zu unterscheidende Akzeptabilität, die sich mehr als A. auf die Allgemeingültigkeit, etwa von abstrakten Gleichheitssätzen oder anderen übergeordneten Prinzipien, stützt, wird definiert als „die prinzipielle Erwartbarkeit mehrheitlichen Einverständnisses auf der objektivierbaren Grundlage allgemein anerkannter und rational begründeter gesellschaftlicher, pol., wirtschaftlicher etc. Oberziele" (Lucke 1995). Als intersubjektiv überprüfbare, grundsätzliche Akzeptierbarkeit hebt diese sich von der zu einem bestimmten Zeitpunkt gegebenen faktischen A. als der widerruflichen und damit stets prekären aktuellen Akzeptiertheit von benennbaren Meinungen, konkreten Maßnahmen etc. in einem eingrenzbaren empirischen Meinungsfeld ab.

Zum anderen ist die manifeste A. von der latenten A.bereitschaft zu trennen. Diese kann sich auf identifizierbare oder personifizierte A.objekte, aber auch auf die eher unspezifischen Objektbereiche einer z.B. in Form von Systemvertrauen oder diffuser Staatssympathie gewährten zeitlich, sachlich und sozial generalisierten und ggf. bevorrateten Zustimmung beziehen, wie sie als abgeleitete bzw. bei Bedarf abrufbare Prädisposition über diverse „sponsorship"- und „standby"-Effekte hergestellt wird. Mit Methoden der herkömmlichen Einstellungsforschung ist diese A. in Latenz noch schwerer zu erfassen als faktische A. und grundsätzliche Akzeptierbarkeit.

L.-Debatten wurden lange Zeit systemseitig halbiert geführt und die A. auf Seiten der Adressaten bis zu der in den 1990er Jahren innerhalb der Soz. auch in anderen Bereichen einsetzenden Subjektorientierung nahezu systematisch ausgeblendet. Begriffs- und ideengeschichtliche Wurzeln der A. lassen sich gleichwohl bis in die Aufklärung zurückverfolgen. Die Entstehung der Demokratie und die Ausbildung einer öffentlichen Meinung können als die Bedingungen gelten, unter denen sich A.- und Akzeptierbarkeitsfragen Mitgliedern einer konkreten hist. Gesellschaft sinnvollerweise stellen. Trotzdem nahm die A.forschung in Dtld. erst in den 1970er Jahren mit vorrangig betriebswirtschaftlich motivierten ergonomischen Untersuchungen zur A. neuer Bürotechnologien ihren Anfang. Heute gilt ihr Hauptaugenmerk neben diversen Themen der Außen-, Sicherheits- und Sozialpolitik vor allem auch dem Naturschutz und den neuen Medien.

Im Unterschied zur A.forschung stellen L.sfragen sich der Soz. seit deren Anfängen. Im Mittelpunkt l.stheor. Diskurse stehen seit jeher die L. von pol. Herrschaft, wie sie am Beispiel bestimmter Staatsformen und Wirtschaftsordnungen diskutiert wurde (Habermas 1973), die L. von Recht, mit der Frage, unter welchen

Bedingungen Legalität in (akzeptierte) Legitimität übergeht, sowie die L. von sozialer Ungleichheit als der nach Dahrendorf ersten Frage der Soz. überhaupt. Als klassisches Referenzwerk gilt hier die Herrschaftslehre von Max Weber (1864-1920). Er unterscheidet zwischen traditionaler, charismatischer und rationaler (legaler) *Herrschaft* und nennt als reinste Form der rationalen die bürokratische, *„sans acception de personne"* funktionierende Herrschaft. Als weitere L.sgrundlage kommt später die Sachverständigkeit des Spezialisten hinzu.

Schwerpunkte aktueller L.sstudien liegen neben der L. von Gesetzen, Strafe und Gewalt bis heute und im Wesentlichen unverändert auf der pol. L. (Greiffenhagen 1997), wobei sich mit der abnehmenden L. von Nationalstaaten die Forschungsinteressen neuerdings – ähnlich wie bei der A. – v.a. auf die Themen EU und Globalisierung verschieben. Angesichts wachsender L.sprobleme und deutlich gewordener „Grenzen der Mehrheitsdemokratie" (Guggenberger/Offe 1984) geraten vermehrt auch die Themen pol. Rhetorik und öffentliche L. sowie die Rolle der Massenmedien als L.beschaffer in den Blick.

L. bedeutet den Nachweis der Herrschenden über die Erfüllung der für eine rechtmäßige Herrschaft erforderlichen Bedingungen. Geführt wird ein solcher Rechtmäßigkeitsnachweis i.d.R. durch rückverweisende Bezugnahme der eigenen Einstellungen und Handlungen auf gemeinsame bzw. übergeordnete Ziele und Wertvorstellungen, aber auch durch Einhaltung von unter Beteiligten und/oder Betroffenen vereinbarten, vorab festgelegten Verfahrensregeln. Diese L. durch Verfahren (Luhmann 2008) wird eingesetzt, wenn inhaltlich begründbare Maßstäbe richtigen Rechts fehlen und normative Legitimität und faktische A. nur durch Rückgriff auf eine formalistisch-verfahrensmäßige Begründung zu gewährleisten sind. Auf Popitz (2004) zurück geht die Unterscheidung zwischen horizontaler und vertikaler L. Erstere bezieht sich auf L.svorgänge zwischen Privilegierten, idealtypischerweise etwa die Kollegenkontrolle in den klassischen Professionen, letztere beschreibt die rechtfertigende Absicherung in den Beziehungen von Privilegierten zu Nicht-Privilegierten. Im Gegensatz zur horizontalen L. enthält diese eine hierarchische Komponente, wenn z.B. über ein von Definitionsmächtigen strukturell durchgesetztes Verteilungsprinzip materielle Vorteile oder ein höheres Sozialprestige regelmäßig auf bessere Qualifikationen oder größere Leistungen zurückgeführt und über die darin implizierte Vorstellung von Arbeit zugleich bestehende (Einkommens-)Ungleichheiten gerechtfertigt werden.

Unter Legitimierung wird im Unterschied zur L. der Vorgang verstanden, durch den eine Herrschaft von den Beherrschten als rechtmäßig Anerkennung findet. Grundsätzlich geht es darum, etwas für Andere, eine ausgewählte Gruppe von Bezogenen, einen angesprochenen Adressatenkreis oder eine größere Allgemeinheit, im wörtlichen Sinne einsichtig, d.h. in seinen Beweggründen, Zielen, den zu ihrer Verwirklichung gewählten Schritten, logisch und rational, also einer erkennbaren Ordnung folgend, einleuchtend und sichtlich nachvollziehbar zu machen. Mit etwas anderer Akzentuierung wird der Prozess der Legitimierung im Kontext von Habitualisierung, Objektivierung und Institutionalisierung in der „Theorie des sozialen Handelns" (Luckmann 1992) konzeptualisiert und dabei einfache und komplizierte Formen der L. unterschieden. Im Theoriehorizont von Sozialkonstruktivismus und Wissenssoz. geht es in erster Linie darum, wie es gelingt, jenen, die an der Institutionenbildung selbst nicht beteiligt waren, die dem kollektiven Gedächtnis entschwundenen Gründe ihrer Entstehung verständlich zu machen.

War L. traditionellerweise ein Vorgang, der sich „von oben nach unten" vollzog und gemeinhin zwischen Minderheiten zu Mehrheiten stattfand, so haben sich die Verhältnisse umgekehrt. Nach Max Webers Herrschaftslehre wurde von den Herrschaftsunterworfenen in eine *Herrschaft* eingewilligt, weil sie legitim war und ihre Legitimität aus eigener Kraft – notfalls auch gegen Widerspruch und noch unwahrscheinlicheren Widerstand – behaupten konnte. Heute wird Herrschaft erst dadurch und dann legitim, wenn und insoweit in sie (mehrheitlich, unter Bedingungen) eingewilligt wird. L.grundlage in der alten Sichtweise bildete eine „Form der Anerkennung, welche der Fügsamkeit der Beherrschten in die Herrschaft zugrunde liegt". Heute kann eine basisdemokratische „L. von unten" den früheren Herrschaftsunterworfenen nicht mehr unterstellen und muss mit dem zunehmend unberechenbaren L.sadressaten rechnen. Diese plebiszitäre L. durch A. wertet den passiven Befehlsempfänger vom L.sobjekt zum A.subjekt auf und stellt damit die früheren Herrschaftsverhältnisse „vom Kopf auf die Füße". Damit wird die der L. ursprünglich nachgelagerte (und in ihrer Eintrittswahrscheinlichkeit unhinterfragte) Anerkennung zum ihr auch logisch vorangehenden Geltungsgrund.

A. stellt somit nicht mehr eine durch L. erzwungene Folge, sondern umgekehrt deren Voraussetzung dar. Im Anschluss an die wechselseitige Aufeinanderverwiesenheit von A. und L. meint L. mithin sowohl den Prozess wie sein Ergebnis, das sich als (stets nur vorübergehend erreichter Zustand der) Legitimiertheit in aller Regel erst dann einstellt, wenn die L. von denjenigen, an die sie adressiert war, akzeptiert ist. Faktische Gültigkeit und normative Verbindlichkeit – und damit den Status einer Durkheimschen *fait social* – erlangt diese erst qua A. Damit ist zugleich eine L. ohne A. ausgeschlossen und jeder L.sprozess ohne die ihm entgegengebrachte A. unvollständig.

Legitimität als die gelungene Verbindung von A. und L. – soz. unscharf häufig gleichbedeutend zu Legalität, gelegentlich auch zu L., angewandt – enthält im Vergleich zu ihren alltagssprachlichen Synonymen stärker subjektiv-soziale und perzeptiv-kognitive Komponenten des Für-Rechtmäßig-Haltens oder als Rechtens- und Richtig-Ansehens. Sie stellt sich aufgrund von tatsächlicher oder auch nur vermuteter Übereinstimmung (Konformität) mit Gesetzen (im Recht), grundlegenden Prinzipien (in der Erziehung), Leitideen (von Institutionen), herrschenden

Paradigmen (in der Wissenschaft) sowie letzten Wahrheiten (bei Alltagstheorien) ein. Weiterhin entsteht Legitimität aufgrund von unterstellter Leistungsfähigkeit und Funktionalität (in der Politik), wie sie dem Sinne nach auch schon dem Weberschen Legitimitätsglauben, der Legitimitätsgewissheit und der in seiner Herrschaftssoz. (Weber 2006) angelegten Kategorie des Legitimitätseinverständnisses innewohnen.

Wie wichtig der Erhalt von A. und gesellschaftlicher Legitimität unter den Bedingungen knapper gewordener Zustimmung geworden ist, lässt sich u.a. an dem Raum ablesen, den der Kampf um A. und ihre legitimatorische Absicherung in den unterschiedlichsten Bereichen von Politik, Recht, Wirtschaft, Wissenschaft, Technik etc. mittlerweile einnimmt. In der Wirtschaft steht das A.management inzwischen nahezu gleichberechtigt neben den Unternehmenszielen Qualitätssicherung und Produktivitätssteigerung, in der Politik wird es als Konfliktlösungsstrategie eingesetzt und beschäftigt in beiden Fällen neben Firmen- und Regierungssprechern auch beauftragte Agenturen. Dabei kommen nach dem Vorbild der drei A.strategien: „Affordability, Availability, Acceptability" immer subtilere und kompliziertere Strategien der A.beschaffung zur Anwendung.

Zu den gesellschafts- und kulturübergreifenden L.sstrategien, die sich schon seit Jh.en bewährt haben, gehören Sakralisierung, Naturalisierung, Biologisierung, wissenschaftliche Objektivierung und Theoretisierung, aber auch Mythologisierung, Ideologisierung, Dogmatisierung und Tabuisierung (z.B. durch Ausblendung von Alternativen als einer komplexitätsreduzierenden Strategie der A.sicherung oder durch Beendigung von im Prinzip endlosen L.sketten mit Hilfe apodiktischer Setzungen, die selbst nicht mehr hinterfragt werden dürfen). Eine besonders aufklärungs- und veränderungsresistente Wirkung entfalteten in der Geschichte jene L.-sstrategien, welche wie die patriarchale Rechtfertigungslehre zur Ungleichheit zwischen den Geschlechtern – Herrschaftsverhältnisse in etwas Biologisches einschreiben und als gottgewollt oder natürlich ausgeben, was tatsächlich seinerseits sozial konstituiert und kulturell konstruiert ist. Umfassende L.sanstrengungen zur Sinnstiftung und Stabilisierung ganzer Sozialordnungen, die – wie Weber in den „Grundbegriffen" schreibt – auf der „Heilighaltung der Tradition" beruhen und die legitimatorische Kraft der Zeit mit Elementen sakraler Überhöhung verbinden, lassen sich bis ins Gottkönigtum im alten Ägypten zurückverfolgen.

A. und L. unterliegen nicht zuletzt dem *sozialen Wandel*. Dieser vollzieht sich bekanntlich nicht nur als Wandel von Bedingungen, sondern auch von Gesinnungen und stellt sich auf Einstellungs- und Handlungsebene auch als Veränderung von Legitimitätsvorstellungen in über die Zeit wechselnden Bekenntnismilieus und Orientierungsgemeinschaften, etwa den Schichtmentalitäten bei Thedor Geiger (1891-1952) oder dem „Klassengeschmack" bei Pierre Bourdieu (1930-

2002), dar. Häufiger werdende Erscheinungsformen von – als Begriffen schon bei Weber anzutreffender – Legalitätsillegitimität und Illegitimitätslegalität sind umgekehrt ihrerseits Anzeichen bevorstehender Veränderungen, etwa in Form wachsender Devianza und Legitimitätsgewinnen illegaler Handlungen. Zusammen indizieren sie einen Umbruch in den A.feldern und L.skulturen einer Gesellschaft, in der immer mehr Sachfragen sich als L.sfragen stellen, die als A.fragen beantwortet und entschieden werden.

→ **Gesellschaft; Handeln, soziales; Herrschaft; Markt; Öffentlichkeit; Werte**

📖 *M. Greiffenhagen* (1997): Politische Legitimität in Deutschland. Berlin; *J. Habermas* (1973): Legitimationsprobleme im Spätkapitalismus. Frankfurt a.M.; *D. Lucke* (1995) Akzeptanz. Legitimität in der „Abstimmungsgesellschaft". Opladen; *D. Lucke/M. Hasse* (Hg.) (2000): Annahme verweigert. Beiträge zur soziologischen Akzeptanzforschung. Wiesbaden; *Th. Luckmann* (1992): Theorie des sozialen Handelns. Berlin/New York; *N. Luhmann* (2008): Legitimation durch Verfahren. Frankfurt a.M. (zuerst 1969); *H. Popitz* (^{2}2004): Phänomene der Macht. Tübingen (zuerst 1986); *M. Weber* (2006): Wirtschaft und Gesellschaft. Tübingen (zuerst 1922).

Doris Lucke

Alltag

derjenige Handlungsbereich, der Menschen fraglos als ihr gewohntes Umfeld gegeben erscheint.

A. ist maßgeblich für die Ausbildung von sozialen Orientierungen. Die meisten Handlungen sind wiederkehrender Art, so dass sie sich zu einer individuell habitualisierten und kollektiv, jedermann verständlich erscheinenden, organisierten Lebenswelt zusammensetzen. Dieser sowohl intersubjektive als auch unmittelbar vertraute Charakter des A.s und seine Stellung als vornehmliche Wirklichkeit jedes Menschen lassen den A. zum unmittelbaren Anpassungs-, Handlungs-, Planungs- und Erlebnisraum des Menschen werden.

Anders als bei den Begriffen A.sbewusstsein, A.sleben, A.stheorie oder A.swissen ist es strittig, ob die Bezeichnung A. überhaupt als soz. Terminus i.e.S. anzusehen ist. Wenn man A. im Sinne einer unmittelbaren sozialräumlichen Erlebenssphäre auffasst, nähert sich das damit Ausgedrückte stark dem von Edmund Husserl (1859-1938) geprägten Begriff der *„Lebenswelt"* an – als einer praktisch-subjektiven, vortheor. Deutung von selbsterfahrener Welt.

Diese phil. Perspektive wurde von Alfred Schütz (1899-1959) aufgegriffen und
in seinem phänomenol. orientierten Ansatz in die soz. Theorie übernommen. Demnach besteht die Aufgabe einer verstehenden Soz. in der wissenschaftlich-theor.
Reflexion der von Menschen geschaffenen sinnhaften Strukturen ihrer alltäglichen
Lebenswelt. An diese phänomenol. Soz. anschließend haben sich in der soz. Theorie Denkrichtungen herausgebildet, die sich der Erforschung von A.sphänomenen
zuwenden: Zu ihnen sind der Symbolische Interaktionismus (Herbert Blumer), die
Ethnomethodologie (Harold Garfinkel, Aaron Cicourel) oder das Theoriepro-
gramm der Interaktionsordnung von Erving Goffman (1922-1982) zu rechnen. Was
sich bei den genannten Denkrichtungen bereits abzeichnete, wird vollends deutlich
in der neueren sozialwissenschaftlichen Hermeneutik. Nicht A. selbst wird untersucht, sondern das dokumentierte A.swissen, wobei von einem erweiterten Textbe-
griff ausgegangen wird.

Eine ähnliche Erneuerung durch die Beschäftigung mit A.sphänomenen hat
auch die Kultursoz. in den 1970er Jahren erfahren. Der Begriff der A.skultur
steht hierbei Pate für die in westlichen Gesellschaften sich abzeichnende Heterog-
nisierung der Lebensstile, sozialen Milieus und Lebenslagen. Die kultursoz.
A.sperspektive bemüht sich, die Eigenständigkeit der Formen des normalen Lebens
und Denkens jedermanns aufzudecken und auf ihre Wurzeln zurückzuführen. Dies
geschieht teilweise in thematisch zentrierten Studien, die an Exkurse Simmels
erinnern, etwa über Essensgewohnheiten, Familienfeiern oder andere innerhäusli-
che Aktivitäten, über Kneipen- und Vereinsbesuche, Cliquen und „Anmache-
Rituale" unter Jugendlichen. Andere Studien nehmen Zeitbudgets, Territorialver-
halten, täglichen Umgang mit Technik oder Anpassung an Kommunikationssysteme
zum Gegenstand ihres Erkenntnisinteresses.

In Dtld. hat Gerhard Schulze (2005) eine umfassende Systematik sozialer Milieus vorgelegt und eine durchgängige Erlebnisorientierung diagnostiziert. Im
Frankreich der 1960er Jahre untersuchte Pierre Bourdieu (1930-2002) das Spektrum des A.slebens und verwendete die Ergebnisse zur Stützung umfassenderer
kultursoz. Konzepte im Sinne einer Gesellschaftskritik. Sein Begriff des Habitus
vereint i.d.S. kollektive Klassenzugehörigkeit und individuellen Lebensstil.

Im englischsprachigen Bereich spricht man regelrecht von einem *cultural
turn*. Vertreter der *cultural studies* sehen in der Gestaltung der A.skultur – gerade auch in der spezifischen Aneignung von Massenprodukten der „Kulturindustrie" (Adorno/Horkheimer) – Potentiale möglicher Gesellschaftskritik. Insofern schließen die *cultural studies* mit umgekehrten Vorzeichen an die neomarx.
Bemühungen von Georg Lukács (1885-1971), Agnes Heller und Henri Lefebvre
(1901-1991) an, die das A.sleben im Kapitalismus als gesellschaftsaffirmativ
kritisiert haben.

Nach Hans-Georg Soeffner (2004) lässt sich ein durch Massenmedien erzeugter Welta. ausmachen, der die Symbole, Marken und Idole westlicher Gesellschaften zu weltumspannenden Orientierungsmarken menschlicher Wertsetzungen und Verhaltensweisen stilisiert. Dieser sich herausbildende Welta. dürfe allerdings nicht darüber hinwegtäuschen, dass es innerhalb nationalstaatlicher Gesellschaften zu einer Ritualisierung und Emblematisierung gesellschaftlicher Differenzen komme, indem die konkurrierenden Symbolsysteme der unterschiedlichen gesellschaftlichen Gruppierungen mehr oder weniger unvereinbar aufeinanderprallen.

→ **Individuum; Lebensstil; Lebenslauf; Milieu; soziologische Theorien (III. 3-5)**

📖 *Arbeitsgruppe Bielefelder Soziologen* (Hg.) ([5]1990): Alltagswissen, Interaktion und gesellschaftliche Wirklichkeit. Bd. 2, Hamburg; *P. Bourdieu* ([15]2003): Die feinen Unterschiede. Frankfurt a.M. (zuerst 1982); *G. Endruweit* (2000): Milieu und Lebensstilgruppe. Nachfolger des Schichtenkonzepts? München; *I.-M. Greverus* (1987): Kultur und Alltagswelt. Eine Einführung in Fragen der Kulturanthropologie. Frankfurt a.M.; *A. Heller* (1988): Das Alltagsleben. Versuch einer Erklärung der individuellen Reproduktion. Frankfurt a.M.; *R. Hitzler/A. Honer* (Hg.) (1997): Sozialwissenschaftliche Hermeneutik. Eine Einführung. Opladen; *K.H. Hörning/R. Winter* (Hg.) (1999): Widerspenstige Kulturen. Cultural Studies als Herausforderung. Frankfurt a.M.; *K. Hammerich/M. Klein* (Hg.) (1978): Materialien zur Soziologie des Alltags. SH der KZfSS 20. Opladen; *H. Lefebvre* (1977): Kritik des Alltagslebens, Kronberg/Ts.; *G. Schulze* ([2]2005): Die Erlebnisgesellschaft. Kultursoziologie der Gegenwart. Frankfurt a.M.; *A. Schütz* (2000): Der sinnhafte Aufbau der sozialen Welt. Frankfurt a.M. (zuerst 1932); *A. Schütz/T. Luckmann* (2003): Strukturen der Lebenswelt. Stuttgart (zuerst 1975); *H.-G. Soeffner* (Hg.) (1988): Kultur und Alltag. SB der Soziale Welt 6. Göttingen; *H.-G. Soeffner* ([2]2004): Auslegung des Alltags – Der Alltag der Auslegung. Zur wissenssoziologischen Konzeption einer sozialwissenschaftlichen Hermeneutik. Konstanz; *W. Lipp/F.H. Tenbruck* (1979): Zum Neubeginn der Kultursoziologie. KZfSS 31: 422-449.

Roger Häußling/Hans Joachim Klein

Alter

bezeichnet allgemein die Zeitspanne im Leben eines Menschen, die seit seiner Geburt vergangen ist (kalendarisches oder Lebensa.). I.e.S. meint A. nur die letzte Phase oder Stufe im Lebenslauf. Das Lebensa. ist v.a. in der Demographie ein Kriterium zur gegliederten Erfassung und Darstellung des A.saufbaus der Bevölkerung.

Weiterhin kann zwischen dem biol. A. anhand des Organismuszustandes, dem psychischen A. anhand geistiger Funktionen und Einstellungen und dem sozialen A. anhand sozialer Rollen und Verhaltensweisen unterschieden werden. Neben dem statischen Aspekt des A.s wird besonders in der Lebensverlaufsforschung der dynamische Aspekt des A.ns hervorgehoben.

Die soz. Erforschung der verschiedenen A.s- und damit Lebensphasen (Soz. der Kindheit, Soz. der Jugend, A.ssoz.) macht unter Hinweis auf Befunde der Kulturanthropologie und der Sozialgeschichte darauf aufmerksam, dass das Lebensa. als zugeschriebenes, aber sich veränderndes Merkmal eine wichtige Grunddimension sozialer Strukturbildung und Ordnung ist. Aufbauend auf einem Stufenkonzept des Lebens, das auf das jeweils herrschende Menschen- und Gesellschaftsbild bezogen und in den hist. Gesellschaftsverhältnissen und Weltbildern verankert ist, werden einem bestimmten Lebensa. bzw. unterschiedlichen A.sstufen (z.b. Kindheit, Jugend, Erwachsena., A.sphase) durch Recht, Sitte, Brauch oder Konvention bestimmte Rechte und Pflichten (A.srollen) oder Handlungsweisen zugeordnet (z.b. Einschulungsa., Religions- und Ehemündigkeit, Volljährigkeit). Sie stellen damit mehr oder minder verbindlich zugeschriebene Möglichkeiten und Grenzen sowie orientierende Erwartungen für die Übernahme spezifischer Rollen und für alterstypisches Handeln dar (z.b. traditionelles Heiratsa. oder „passendes" A. für bestimmte Aktivitäten, Moden, Lebensstile). Mit den A.srollen ist auch eine nach Kulturen und geschichtlichen Epochen unterschiedliche soziale Wertschätzung (A.sstatus) verbunden. Die Abschnitte werden durch mehr oder weniger deutlich markierte Übergänge (Statuspassagen, *rites de passages*) und teilweise damit verbundenen Initiationsriten erreicht. Die A.srollen können dabei auch Deutungsschemata für die Identitätsbildung und entsprechende Wandlungsprozesse bilden.

Für die einzelne Person sind A.srollen außerdem Bezugspunkte der (lebenslangen) Sozialisation und Identitätsfindung sowie der sozialen Platzierung, wobei sich hier häufig eine auch typisch unterschiedliche Allokation von Ressourcen und Möglichkeiten für einzelne A.sklassen und damit entsprechend unterschiedliche Lebenschancen finden. In gesellschaftlicher Hinsicht differenzieren A.srollen die Handlungsmöglichkeiten in altersspezifische Teilbereiche, Handlungsfelder und -situationen. Die Abgrenzung altersspezifischer Lebenswelten kann auch zur A.ssegregation, zur sozialen und räumlichen Ein- bzw. Ausgrenzung von A.sgruppen führen. A.sgruppen (*peer groups*) haben als soziale Gruppe Gleichaltriger besonders bei der Übernahme und Interpretation von A.snormen in frühen Lebensabschnitten wichtige Mittlerfunktionen, deren Bedeutung mit zunehmender Differenzierung der jeweiligen Gesellschaft wächst (Scherr 2009).

Für die Lebenslaufforschung, die den Prozess des A.ns hervorhebt, kennzeichnen A.srollen bestimmte Abschnitte in einem gesellschaftlich zumindest teilweise vorstrukturierten *Lebenslauf.* Die Analysen konzentrieren sich dabei auf die Verbindung hist. Ereignisse und der persönlichen Biografie, dem Einfluss bestimmter kritischer Lebensereignisse, wie etwa der Scheidung der Eltern o.ä., auf den Lebenslauf und die Lebensumstände. Auch der Einfluss früher Entscheidungen auf die weiteren Entwicklungen und damit die sog. life-course trajectories werden untersucht.

Im Rahmen der A.sforschung (Gerontologie) informiert die A.ssoz. v.a. über die soziale Lage der älteren Menschen wie etwa Einkommen, Verbrauch, Wohnen, Gesundheit, Freizeit u.a.m. Eine besondere Rolle spielt zudem die soziale und v.a. intergenerationale Einbindung in (familiale) Netzwerke.

Innerhalb der Bevölkerungsforschung und -soz. wird die Diskussion durch die Frage nach den Konsequenzen einer zunehmenden demographischen Alterung einer Bevölkerung und deren Konsequenzen für die (Sozial-)Politik und die Gesellschaft allgemein bestimmt.

→ **Bevölkerung; Differenzierung, gesellschaftliche; Generation; Lebenslauf; Rolle, soziale**

G. Backes /W. Clemens (³2008): Lebensphase Alter. Eine Einführung in die sozialwissenschaftliche Altersforschung. Weinheim/München; *R.H. Binstock/L.K. George* (Hg.) (⁶2006): Handbook of Aging and the Social Sciences. San Diego; *H. Birg* (Hg.) (2005): Auswirkungen der demographischen Alterung und der Bevölkerungsschrumpfung auf Wirtschaft, Staat und Gesellschaft. Münster; *L.K. George* (²2000): Aging and the Life Course. *E.F. Borgatta/R. Montgomery* (Hg.): Encyclopedia of Sociology. New York: 79-86; *W. Heinz* (³2007): Der Lebenslauf. *H. Joas* (Hg.): Lehrbuch der Soziologie. Frankfurt a.M./New York: 145-182; *F.-X. Kaufmann* (⁸2008): Schrumpfende Gesellschaft. Frankfurt a.M.; *K.U. Mayer/P.B. Baltes* (Hg.) (²1999): Die Berliner Altersstudie, Berlin; *H.W. Prahl/K.R. Schroeter* (1996): Soziologie des Alterns. Paderborn; *A. Scherr* (⁹2009): Jugendsoziologie. Wiesbaden; *W. Voges* (Hg.) (2007): Soziologie des höheren Lebensalters. Augsburg.

Hermann L. Gukenbiehl/Johannes Kopp

Anomie

(von gr. „*a-nómos*") ein Zustand der „Gesetzlosigkeit" bzw. die Untergrabung der Wirksamkeit von Normen.

In die Soz. eingeführt wurde der A.begriff durch den frz. Soziologen Emile Durkheim (1858-1917), der damit eine gesamtgesellschaftliche Situation bezeichnet hat, in welcher herrschende Normen auf breiter Front ins Wanken geraten, bestehende Werte und Orientierungen an Verbindlichkeit verlieren, die Gruppenmoral eine starke Erschütterung erfährt und die soziale Kontrolle weitgehend unterminiert wird.

Derartige Erscheinungen sind in Zeiten beschleunigten *sozialen Wandels* zu beobachten, wie dieser z.b. durch die Industrialisierung und die damit verbundene Arbeitsteilung ausgelöst wurde. Soziale Normen und Wertorientierungen, die unter stabilen gesellschaftlichen Verhältnissen „funktionieren", erscheinen durch den sich vollziehenden Wandel zunehmend fragwürdig. Diese Infragestellung bzw. der als A. bezeichnete „Schwebezustand" leitet gewissermaßen den Übergang der Gesellschaft zur neuen Ordnung ein und kennzeichnet somit eine Phase im Prozess des Normenwandels.

Robert K. Merton (1910-2003) sah im Anschluss an Durkheim die A. v.a. als Folge der Ausweitung menschlicher „Aspirationen" (Zielsetzungen). Da solche sich mit den verfügbaren, naturgemäß begrenzten Mitteln nicht realisieren lassen, liegt es nahe, die Normen in Frage zu stellen, die nur bestimmte Mittel bei der Verfolgung bestimmter Ziele zulassen. Deshalb stand das A.konzept von Anfang an auch in engem Zusammenhang mit *abweichendem Verhalten* (Normübertretung). Dies freilich umso mehr, als das Konzept später verfeinert und durch Bezug auf realistische, nicht unbegrenzte Ziele operationalisierbar gemacht wurde. So bezeichnet A. seit Merton ganz allgemein einen Zustand, in welchem gesellschaftlich hochbewertete Ziele und durch bestehende Normen festgelegte, strukturell ungleichmäßig verteilte Mittel auseinander klaffen.

Die Diskrepanz zwischen Zielen und Mitteln erzeugt eine anomische Spannung. Allerdings ist abweichendes Verhalten (Rückgriff auf unerlaubte Mittel) durchaus nicht der einzig mögliche Weg zur Bewältigung einer solchen Spannung. Denkbar ist auch die Aufgabe der gemeinhin als erstrebenswert geltenden Ziele oder ihre Ersetzung durch andere Alternativen. Möglich ist auch – und das dürfte in der sozialen Realität die Regel sein –, dass einem nichts anderes übrig bleibt, als mit der anomischen Spannung zu leben, weil man sowohl die Normen als auch die Ziele stark internalisiert hat. Merton spricht in diesem Zusammenhang von einem „amerikanischen Dilemma": Auch die Unterschichten haben bis zu einem gewissen Grad die amerik. Wertvorstellung von der grundsätzlichen Erreichbarkeit materiellen Erfolgs durch Eigenleistung internalisiert. Früh genug müssen sie jedoch erkennen, dass die realen Gegebenheiten der sozialen Schichtung dem „Aufstieg aus eigener Kraft" spürbare Grenzen setzen. Ein solches Dilemma wurzelt in der mangelnden Integration der beiden Komponenten: internalisierte Werte und institutionalisierte Normen.

Im Zuge der Operationalisierung des A.konzepts wurden sog. „A.skalen" entwickelt, um das Ausmaß bestehender anomischer Spannungen zu messen. Hier erschien A. auch als generalisierte Unzufriedenheit mit dem sozialen Umfeld. Als Folge lassen sich beim einzelnen Individuum Erscheinungen beobachten wie

Rückzug, Einsamkeit und Desorientierung, aber auch Ohnmachtsgefühl, Unsicherheit und Frustration, die sich diffus aggressiv entladen können. Individuelle A. ist u.a. verbunden mit einer Tendenz zu sozialen Vorurteilen und Diskriminierung von Minderheiten.

Das A.konzept wird immer häufiger zur Erklärung von aktuellen Erscheinungen in der modernen Gesellschaft herangezogen. Dabei wird der A.begriff in einer Weise ausgeweitet, dass letztlich alles, was die Desorientierung, Desintegration und Desorganisation in der Gesellschaft befördert („Was treibt die Gesellschaft auseinander?", Heitmeyer 1997) durch den Rückgriff auf einen zwar auf Durkheim und Merton aufbauenden, jedoch erweiterten und modifizierten Begriff von A. erklärt werden soll. So werden z.B. Phänomene wie Rechtsextremismus und Jugendgewalt, Fremdenfeindlichkeit und ethnisch-kulturelle Konflikte durch ihren Bezug auf anomische Einstellungen analysiert bzw. erklärt. Anomische Einstellungen sind in dieser Sichtweise Aspekte negativen Wohlbefindens, die durch verringerte soziale Integration gekennzeichnet sind. Demnach sind es anomische Verarbeitungsmuster, die zur Konstatierung von Sinnlosigkeit, zu sozialer Isolation, Entfremdung von der Arbeit und Erfahrung von Machtlosigkeit führen.

Solch einer pauschalen Ausweitung des A.begriffs kann entgegengehalten werden, „dass von A. doch erst dann gesprochen werden kann, wenn es wegen des beschleunigten sozialen Wandels keine Regeln gibt, diese unbekannt bleiben oder aus anderen Gründen ihre Orientierungsfunktion verlieren. Nur dann resultieren aus Desorientierung die anomischen Zustände der Desorganisation und Desintegration" (Schäfers 1998).

→ **Integration; Norm, soziale; Verhalten, abweichendes; Wandel, sozialer**

📖 *P. Hochstim/K. Plake* (Hg.) (1997): Anomie und Wertsystem. Nachträge zur Devianztheorie Robert K. Mertons. Hamburg; *F. Kandil* (1984): Anomisches Handeln. In: *H. Lenk* (Hg.): Handlungstheorien interdisziplinär. Bd. 3/2. München; *R.K. Merton* (1995): Sozialstruktur und Anomie. In: *ders.* Soziologische Theorie und soziale Struktur. Berlin/New York: 115-154 (orig. 1985); *H.H. Pohle et al.* (1997): Anomie in der modernen Gesellschaft. In: *W. Heitmeyer* (Hg.): Bundesrepublik Deutschland. Bd. l: Was treibt die Gesellschaft auseinander? Frankfurt a.M.; *B. Schäfers* (1998): Anomie oder Rückkehr zur Normalität? Soziologische Revue 21: 3-12.

Fuad Kandil

Anthropologie

gr. „Lehre (Wissenschaft) vom Menschen". Neben der biol. A., die den Menschen als Teil und Besonderheit der Zoologie (i.e.S. der Primaten) untersucht (inkl. Erforschung der Unterschiedlichkeit menschlicher Spezies), interessiert sich die Soz. v.a. für die Erkenntnisse der ethnol. und der phil. A.

Die ethnol. A., die in den angelsächsischen Ländern mit der Kultura. bzw. Soziala. gleichzusetzen ist, will u.a. im Kulturvergleich sog. Invarianten der menschlichen Natur herausfinden (vgl. hierzu die für die Soz. wie die phil. A. einflussreichen Schriften von Malinowski, 1884-1942). Sind z.b. die dominanten Geschlechtsrollen (weiblich: häuslich, sorgend und hegend; männlich: außerhäuslich, handwerklich-praktisch) kulturübergreifend aufweisbar, liegen hier menschheitsgeschichtlich relevante Prägungen vor? Haben Lachen und Weinen, Lächeln, Gestik und Mimik in allen Kulturen eine vergleichbare Bedeutung? Ist Aggressivität den Menschen angeboren oder Produkt spezifischer sozialer Gegebenheiten? Sofern hier Entwicklungen in der menschlichen Stammesgeschichte verhaltensprägend waren, versucht die *Soziobiologie* des individuellen und kollektiven Verhaltens, die entsprechenden Erscheinungen naturwissenschaftlich zu erklären (Voland 2000).

Untersuchungen verschiedener Wissenschaftler über sog. Wolfskinder (Menschen, die in ihren ersten Lebensjahren keinen menschlichen Kontakt hatten) mit dem Ziel der Erkundung der Ursprungsnatur des Menschen waren nur in dem Punkt eindeutig, dass selbst der aufrechte Gang, „kultivierte" Nahrungsaufnahme, kommunikative Gesten und Mimik sowie v.a. die Sprache in den ersten Lebensjahren erlernt werden müssen, weil diese und andere grundlegende Lern- bzw. Sozialisationsprozesse an bestimmte Lebensphasen und Abfolgen gebunden sind.

Eine allgemeine Definition „des" Menschen kann daher kaum gegeben werden, es sei denn, man einigt sich darauf, festzustellen: Menschen, die ggwt. die Erde bevölkern, sind auf *Kultur* angewiesene Lebewesen. Hierzu gehört u.a. ein Mindestmaß an expliziten und tradierten Normen und Werten. Weiterhin ist offenkundig, dass Menschen die Bedingungen ihres Daseins zu einem immer größer werdenden Teil selbst schaffen, auch in Auseinandersetzung mit der und „gegen" die Natur.

Damit sind Leistungen und Voraussetzungen angesprochen, die nicht in der Natur eines einzelnen Menschen begründbar sind, sondern einen bestimmten Kultur- und Zivilisationsprozess immer schon voraussetzen. Insofern hat Karl Marx (1818-1883) Recht mit seiner 6. These über Feuerbach: „Das menschliche Wesen ist kein dem einzelnen Individuum innewohnendes Abstraktum. In seiner Wirklichkeit ist es das Ensemble der gesellschaftlichen Verhältnisse".

Die phil. A., die v.a. seit den 1920er Jahren entwickelt wurde (Max Scheler, 1874-1928; Helmuth Plessner, 1892-1985), wollte in bewusster Ablehnung der alten Dichotomien wie Leib – Seele, Körper – Geist die Frage nach der Natur des

Menschen auf der Grundlage naturwissenschaftlicher Erkenntnisse neu beant-
worten. Arnold Gehlen (1904-1976) ging davon aus, dass die Besonderheit des
menschlichen Handelns den Ausgangspunkt für Kernaussagen über Wesen und
Wirklichkeit des Menschen und seines immer problematischen Umwelt- (bzw.
Welt-)bezugs bildet.

Grundfragen und Aussagen der phil. A. lassen sich wie folgt zusammenfassen:

- im aufrechten Gang, im dadurch freien Blickfeld und im freien Gebrauch der
  Hände ist eine wichtige Voraussetzung der Menschwerdung zu sehen (für die
  in der Paläona. unterschiedliche Bedingungen genannt werden – z.B. Feuer-
  und/oder Werkzeuggebrauch –, die aber immer weiter zurückdatiert wird und
  sich nach neueren Untersuchungen vor ca. 3 Mio. Jahren ereignet haben soll);
- der Mensch ist (im Vergleich zum Tier) ein instinktarmes und instinkt-
  unsicheres Wesen: ein Mängelwesen. Die vom Menschen erstrebte Sicherheit
  des Handelns erlangt er nur über die von ihm selbst geschaffenen Institutionen
  und die Geltung von Normen und Werten;
- charakteristisch für ein dermaßen instinktverunsichertes Wesen ist nach Gehlen, dass es zwischen Handlungsantrieb (Reiz) und Handlung eine Kluft („Hia-
  tus") gebe, eine auch moralisch-ethisch gesteuerte Unterbrechung und Hand-
  lungshemmung durch Reflexion;
- neben der Instinktarmut ist der Mensch durch einen Triebüberschuss und eine
  reizüberflutete Wahrnehmung charakterisiert, die (nach umstrittener Auffassung) nur dann kulturschaffend sein können, wenn jeder einzelne Mensch zu
  Triebverzicht und Sublimierung bereit ist;
- der Mensch ist ein exzentrisches Wesen (Plessner): Er kann sich selbst zum Objekt seiner Beobachtung machen;
- Gehlen und andere phil. Anthropologen gehen von einer hohen Plastizität (Form-
  barkeit) der menschlichen Natur (Antriebe) aus; diese und die Offenheit, Unspe-
  zialisiertheit und hohe Lernfähigkeit des Menschen ermöglichen die große Differenziertheit von Gesellschaften und Kulturen;
- indem Institutionen das Handeln leiten, entlasten sie zugleich von fallweiser
  Entscheidung. In diesem Moment der Entlastung sieht Gehlen die Voraussetzung sowohl der menschlichen Kulturentwicklung als auch der Entstehung von
  Freiheit und Subjektivität.

Kritisch sind einzelne Grundaussagen insofern, als Seinsaussagen über die menschliche Natur vorschnell in Sollaussagen umschlagen können, also Aussagen über die
schwer feststellbare „Natur" des Menschen zu Normaussagen über sein notwendi-
ges Verhalten und die Beschaffenheit von Institutionen werden.

In diesem Zusammenhang spielt auch die Frage eine Rolle, ob die Natur des
Menschen immer dieselbe sei oder ob sie sich sowohl unter äußeren (Natur) wie

von ihm geschaffenen Bedingungen (Kultur) bis in genetische Strukturen hinein
verändert. Die damit verknüpften Fragen der päd. A. nach der „richtigen" Theorie
der Sozialisation wie nach den Bedingungen und Folgen des sozialen und kulturellen Wandels für „die" menschliche Natur sind und bleiben Streitfragen, die über
die daran beteiligten Wissenschaften hinaus von allgemeinem Interesse sind, man
denke z.b. an die so strittige Frage nach der Vererbung der Intelligenz, nach dem
Einfluss von Anlage und Umwelt usw.

→ **Entfremdung; Evolution, soziale; Institution; Kultur und Zivilisation;
Sozialisation**

📖 *E. Cassirer* (²2007): Versuch über den Menschen. Hamburg (orig. 1944); *D. Claessens* (1994): Das
Konkrete und das Abstrakte. Frankfurt a.m.; *I. Eibl-Eibesfeldt* (⁵2004): Die Biologie menschlichen
Verhaltens. München/Zürich; *J. Fischer/H. Joas* (Hg.) (2004): Kunst, Macht und Institution. Frank-
furt a.m./New York; *H.-G. Gadamer/P. Vogler* (Hg.) (1984): Neue Anthropologie. Bd. 7, Mün-
chen; *A. Gehlen* (¹⁴2003): Der Mensch. Seine Natur und seine Stellung in der Welt. Wiebelsheim,
Hunsrück. (zuerst 1940); *ders.* (⁶2004): Urmensch und Spätkultur. Philosophische Ergebnisse und
Aussagen. Frankfurt a.m. (zuerst 1956); *M. Harris* (1999): Kulturanthropologie: Ein Lehrbuch.
Frankfurt a.m.; *A. Honneth/H. Joas* (1980): Soziales Handeln und menschliche Natur. Frankfurt
a.m.; *B. Malinowski* (²2000): Schriften zur Anthropologie. Eschborn; *E. Voland* (²2000): Grundriss
der Soziobiologie. Stuttgart/Jena.

Bernhard Schäfers/Bianca Lehmann

Arbeit

kann soz. allgemein als eine zweckgerichtete bewusste Tätigkeit von Menschen
definiert werden, die sie unter Einsatz von physischer Kraft und psycho-physischen
Fähigkeiten und Fertigkeiten ausüben. Auch wenn A. individuell verrichtet wird,
ist sie zumindest indirekt immer in arbeitsteilige und sich hist. verändernde soziale
Zusammenhänge (Kooperationen, Institutionen, Organisationen, Betriebe usw.)
eingebunden und dadurch geprägt. Andere Wissenschaften verwenden den Begriff
A. ebenfalls, betonen aber andere Aspekte (Ökonomie: A. als Produktionsfaktor
neben Kapital und Boden; Physik: A. als energetisches Produkt aus Kraft und
Weg).

Wie kaum ein anderer Begriff unterliegt die Vorstellung von A. wissenschaftlich wie auch gesellschaftspraktisch einem tief greifenden hist. Wandel. Gerade in
neuester Zeit entstanden weitreichende Debatten darum, was A. genau sei. Dabei

zeigen sich in neuer Weise fundamentale Spannungen und Paradoxien im kulturellen Verständnis von A.:

- Klassisch ist die Frage, ob A. Last und Mühsal bedeutet oder ob sie nicht (auch), z.b. durch Erfolgserlebnisse und Entfaltungsmöglichkeiten, Lust bereitet oder bereiten kann und sogar eine für den Menschen wichtige positive Erfahrung darstellt. In dieser Unterscheidung stecken zwei Ebenen der Betrachtung: A. als Grundlage jeglicher menschlicher Existenz kann durchaus allgemein als unverzichtbare Möglichkeit menschlicher Erfahrung angesehen werden, deren Fehlen sogar eine Verletzung menschlicher Wesenseigenschaften, wenn nicht gar der Würde des Menschen (vgl. Negt 2001) bedeutet. Konkrete hist. Erscheinungen von A. waren (und sind nach wie vor) für nicht wenige Gruppen jedoch zugleich mit erheblichen Belastungen und sogar Gefährdungen verbunden. In manchen Sprachen drückt sich dies in zwei Begriffen für A. aus, z.B. in der lat. Differenz von „*labor*" (Mühe) und „*opus*" (das Geschaffene), die sich in der engl. Unterscheidung von „*labour*" (ein Begriff, der auch auf den Geburtsvorgang angewendet wird) und „*work*" wieder findet und auch in der dt. Unterscheidung von „Arbeit" (u.a. ahd. „arebeit", mühselige Tätigkeit) und „Werk" anklingt.
- Berühmt ist zudem die v.a. durch Karl Marx (1818-1883) bekannte, aber schon bei Adam Smith (1723-1790) und Aristoteles (384-322 v. Chr.) zu findende Unterscheidung von zwei systematisch unterschiedlichen Aspekten von A. (Marx: Doppelcharakter der A.): die Herstellung von Gebrauchswerten (Güter und Leistungen mit direktem praktischen Nutzen für Konsumenten) durch „konkrete" A. und die Produktion von Tauschwerten (ökon. Werte) durch „abstrakte" A. Nach Marx wird dieser Widerspruch durch die kapitalistische Ökonomie systematisch befördert und hist. zu einem immer stärkeren Widerspruch.
- Wurde lange Zeit relativ undiskutiert davon ausgegangen, dass die A. der Menschen in modernen Gesellschaften primär auf den Erwerb von Geldeinkommen gerichtet und insoweit eine i. e. S. ökon. Tätigkeit ist (enger A.sbegriff), wird in letzter Zeit immer häufiger anerkannt, dass nach wie vor höchst vielfältige Erscheinungen von A. (weiter A.sbegriff) zu finden sind. Dies verweist darauf, dass A. immer in je hist. spezifischen und sich wandelnden sozialen Formen auftritt. Neben der Erwerbsa. (mit der Unterscheidung von abhängiger Lohna. und selbständiger oder freiberuflicher A.), wird dabei auf andersartige Formen verwiesen, z.B. ehrenamtliche, mandatäre oder Bürgera. (gemeinnützige öffentliche Tätigkeiten ohne Erwerbsziel), Hausa. (haushaltsbezogene praktische Tätigkeiten, z.B. Reinigung, Kochen usw.), Familiena. (Tätigkeiten zur Bewältigung von privaten sozialen Anforderungen, z.B. Erziehung, Pflege usw.), Eigena. (Tätigkeiten zur direkten individuellen Herstellung von Gütern, z.B. als do-it-yourself Betätigung), Konsuma. (Tätigkeiten, um auf Märkten Güter oder

Dienstleistungen zu beschaffen und für die Nutzung vorzubereiten), Alltagsa. (Organisation des tagtäglichen Lebensvollzuges), ja sogar Zwangsa. (z.b. die A. von Gefangenen und Dienstverpflichteten).

• In ähnlicher Weise wurde A. bisher als vorwiegend produktive oder nützliche Tätigkeit gesehen. Inzwischen wird aber zunehmend darauf verwiesen, dass A. auch unproduktiv und sogar destruktiv (kriegerische A., Naturzerstörung usw.) sein kann. Dies verweist u.a. darauf, dass A. eine Veränderung von Form bedeutet, die eine neue Form (z.B. einen Stuhl) herstellt, dafür aber eine bestehende (z.b. einen Baum) zerstört. Hinzu kommt, dass Nützlichkeit sozial oft unterschiedlich zu bewerten ist: Was in einem Bereich vorteilhaft ist, kann für einen anderen erhebliche Nachteile bedeuten; was kurzfristig nutzbringend ist, kann langfristig hohe Schäden zufolge haben.

• In aktuellen Diskussionen zeigt sich schließlich in neuer Weise die Frage, ob A. ein allein den Menschen auszeichnendes Merkmal ist, möglicherweise sogar die für ihn als „Gattungswesen" (Marx) entscheidende Wesenseigenschaft (auch dies ist umstritten: macht A. das Wesen des Menschen aus, oder nicht vielmehr der Geist oder die Seele?), oder ob auch andere Lebewesen (z.B. Primaten) arbeiten. Die neuere Ethologie zeigt, dass einige Säugetierarten zumindest arbeitsähnliche Tätigkeiten verrichten, nicht selten sogar rudimentäre Werkzeuge verwenden und sogar Werkzeuge produzieren – eine Einsicht, die schon bei Marx zu finden ist, der auch Tieren A. zubilligt, menschliche A. aber durch die Tatsache des Bewusstseins ausgezeichnet sieht (das Ergebnis sei vorher schon „in seinem Kopf" vorhanden, wodurch sich der „schlechteste Baumeister" gegenüber der „besten Biene" auszeichne, auch wenn deren Wachszellen manchen Baumeister „beschämt"). Heute wäre dieses Thema um die Frage zu erweitern, in wieweit nicht auch hoch entwickelte Maschinen und Automationsverfahren arbeitsähnliche Leistungen erbringen (z.B. Produktionsroboter oder Systeme künstlicher Intelligenz).

Die Grundspannungen des Begriffs verweisen darauf, dass A. zwar allgemein thematisiert werden kann, soz. aber immer die Geschichte der konkreten Erscheinungsform (und ihrer sozialen Voraussetzungen und Folgen) sowie der kulturellen Verständnisse von A. das vorrangige Thema ist. In der gr. und röm. Antike ist die als A. zu sehende Herstellung von lebenspraktisch nützlichen und notwendigen Gütern und Leistungen (v.a. wenn sie auf körperlicher Tätigkeit beruht) primär den unfreien Sklaven (und den Frauen) zugewiesen, während die dem (männlichen) Vollbürger zustehende Tätigkeit v.a. die pol. bzw. phil.-geistige Aktivität und evtl. auch noch der Kriegsdienst ist. Eine Zwischenform bildet die Kunstfertigkeit (*techne*) der Handwerker und bildenden Künstler.

Im christl. geprägten europäischen Mittelalter dominiert eine Vorstellung von A. als körperliche, landwirtschaftliche Tätigkeit, dort v.a. auch weiterhin als abhängige Aktivität von Unfreien. Daneben gibt es jedoch weiterhin die freie Tätigkeit gesellschaftlicher Eliten, v.a. von Adel und Klerus. Bedeutsam ist dabei eine eher negative Bewertung der körperlichen A., gesehen als Strafe Gottes für den Sündenfall im Paradies; gottgefällig und hoch bewertet ist demgegenüber der direkte Dienst an Gott im Gebet ("Gottesdienst"). Dies geht mit der Zeit in eine eher positive Sicht auch praktisch-körperlicher Tätigkeiten über, die A. dann als der göttlichen Schöpfung ähnlich bewertet und sogar als Auftrag Gottes zur Bewährung des Menschen auf Erden sieht. Spätestens in den Klöstern entsteht daraus eine Kultur der zwar immer noch nicht dem Gottesdienst völlig gleichgestellten, aber doch zunehmend explizit hoch bewerteten produktiven A. (z.B. die Benediktinerregel des *„ora et labora"* = Beten und Arbeiten).

Im Spätmittelalter geht dies mit der Ausweitung der Städte, der Handwerkskultur und des überregionalen Handels sowie nicht zuletzt durch den beginnenden technischen Fortschritt in eine zunehmende Hochbewertung nicht nur der produktiven A., sondern der unmittelbar ökon., d.h. auf Gewinnerzielung gerichteten Aktivität über. Die Reformation und insbes. Martin Luther (1483-1546) geben dann gerade auch der erwerbsbezogenen A. den Rang eines göttlichen Auftrags (Berufung, Beruf). Die damit entstehende Freisetzung von ökon. Dynamiken durch Enttabuisierung des Gelderwerbs und wirtschaftl. Handelns sind kaum zu überschätzen. Max Weber (1864-1920) spitzt dies später in der Protestantismusthese zu, indem er den in der Prädestinationslehre der Protestanten (v.a. im Calvinismus) angelegten „rastlosen" Zwang zur Suche des Einzelnen nach Zeichen für seine göttliche Auserwähltheit im beruflichen Erfolg als eine entscheidende kulturelle Grundlage für die Entfaltung des modernen westlichen (okzidentalen) Kapitalismus sieht (Weber 2006).

Renaissance und Aufklärung betonen parallel zur fortschreitenden ökon. Sicht auf A. die individuelle Bedeutung und erheben A. zur wichtigen Möglichkeit der Selbstentfaltung und Selbstfindung, wenn nicht gar zum Naturrecht des Menschen.

Mit der Industrialisierung und der Entwicklung des modernen Kapitalismus setzt sich eine Einschränkung der Vorstellung von A. als dominant ökon. und auf Gelderwerb ausgerichtete Tätigkeit durch, neben der andere A.sformen und deren nach wie vor hohe gesellschaftliche Bedeutung (z.B. der Haus- und Familiena.) kulturell in den Hintergrund treten. A. (d.h. hier: Erwerbsa.) wird dabei zunehmend als spezialisierte und in gesonderten Ausbildungen zu erwerbenden Spezialfähigkeiten (Qualifikationen) voraussetzende sowie immer stärker durch technische A.smittel geprägte produktive Tätigkeit mit eng wirtschaftl. Ausrichtung gesehen. Der überwiegende Teil der erwachsenen Bevölkerung ist dabei unausweichlich darauf angewiesen (direkt oder vermittelt über andere, z.B. Lebenspartner), durch den Verkauf der A.sfähigkeiten auf Märkten für A. (A.smarkt) gegen Lohn die lebensnotwendigen Finanzmittel zu erwerben. Personen, die die Möglichkeit zur erwerbssichernden A. nicht erhalten oder verlieren, gelten als A.slose.

Die Realgeschichte der A. verläuft parallel zur Kulturgeschichte bzw. zur Geschichte des sozialen Verständnisses von A.; sie darf damit aber nicht gleichgesetzt werden. So deckt die jeweils vorherrschende Sicht auf die Aktivitäten der Menschen immer nur Ausschnitte des Spektrums relevanter A.stätigkeiten ab und viele gesellschaftlich wichtige Aktivitäten (z.B. Hausa., A. der Unfreien usw.) werden systematisch ausgeblendet oder abgewertet. Zudem ist die Realgeschichte der A. immer auch eine Geschichte der A.smittel und damit der Technik, eine Geschichte des Umgangs mit der äußeren Natur (Ökologie) wie auch der inneren Natur des Menschen (konkreter Umgang mit den arbeitenden Menschen). I.d.S. ist die Geschichte der A. einerseits eine Historie erstaunlicher Erfolge in der Entwicklung der Produktivität und der menschlichen Fähigkeiten, der Naturerschließung und eines sprunghaften Fortschritts der technischen Möglichkeiten – sie ist zugleich aber auch eine Geschichte der Vernichtung von natürlichen und kulturellen Werten, der Ausbeutung und Entfremdung von Menschen durch A. und eines sich immer wieder neu formierenden menschlichen A.selends oder A.sleids – und dies gilt bis heute und zunehmend, je weiter man sich im Weltmaßstab von den Kernländern des modernen Kapitalismus entfernt. Dazu gehört nicht zuletzt die Geschichte der von A. und damit von Erwerbsmöglichkeiten ausgeschlossenen Menschen. Nachdem dadurch gerade zu Beginn der Industrialisierung massives Massenelend entstand, danach die sich etablierenden Wohlfahrtsregime und sozialen Sicherungssysteme in den erfolgreichen westlichen Wirtschaftsnationen die Risiken durch unmenschliche A.sbedingungen und/oder A.slosigkeit begrenzen konnten, nehmen solche Risiken im Zuge der Globalisierung und des damit entstehenden Drucks zur Flexibilisierung und Deregulierung der Sozialsysteme und A.sverhältnisse weithin wieder zu.

Die Soz. hat sich mit dem Thema A. von Anfang an intensiv theor. wie empirisch beschäftigt. Dabei konnten auf wichtige Konzepte von einflussreichen Theoretikern aus der Philosophie, z.T. auch aus der Anthropologie und Ökonomie, zurückgegriffen werden. Aber erst ab dem ausgehenden 19. Jh. und dann v.a. ab dem fortgeschrittenen 20. Jh. kann man von einer eigenständigen soz. Theoriebildung zum Thema A. sprechen.

Georg F.W. Hegel (1770-1831) ist mit seiner idealistischen Subjektphil. einer der einflussreichsten Theoretiker der A. Für ihn ist die A., als praktische, aber v.a. als geistig geleitete „Entäußerung" (und insoweit auch eine produktive Selbst-„*Entfremdung*") des Menschen, die Grundlage dafür, dass der Mensch (in seinen Produkten) zur Anschauung seiner selbst und über deren subjektive (Wieder-) „Aneignung" zu Bewusstsein und v.a. zu „Selbstbewusstsein" kommt.

Karl Marx (1818-1883) schließt (v.a. in den Frühschriften) systematisch an Hegel an und versteht A. ähnlich als Grundlage des menschlichen Wesens, möchte diese aber nicht (wie er Hegel vorwirft) „rein geistig" sehen, sondern sein Vorbild materialistisch „auf die Füße stellen" und A. als „sinnlich-menschliche Tätigkeit, Praxis" und letztlich als ökon.-produktive Aktivität begreifen. Diese zuerst einmal positive allgemeine Sicht von A. wendet Marx dann aber (v.a. im ökon. Spätwerk) zu einer umfassenden Analyse und Kritik der A. unter den sozialökon. Verhältnissen des *Kapitalismus*. Dort ist für ihn A. dominant „entfremdete" Lohna. Der Mensch kann nur noch existieren, wenn er das einzige ihm verbleibende Vermögen, das Vermögen arbeiten zu können (A.skraft), gegen Geld verkauft. A.skraft wird zu einer „Ware", die vom kapitalistischen Betrieb zum Zwecke ökon. Ausbeutung mit dem Ziel der Produktion wirtschaftl. Profits gekauft wird. Die menschliche Möglichkeit und anthropol. Notwendigkeit selbstbestimmter Erfahrung in der A. und dann die Aneignung der produzierten Gebrauchswerte wird dabei systematisch verhindert.

Emile Durkheim (1858-1917) ist gegenüber Hegel und Marx ein genuin soz. Theoretiker, der in seinem Frühwerk zur „Sozialen Arbeitsteilung" (1893) ein Modell gesellschaftlicher Differenzierung entwickelt. *Arbeitsteilung* meint dabei nicht ökon.-technische Arbeitsteilung (z.B. im Betrieb), sondern allgemein (z.B. beruflichen) Spezialisierung und Aufteilung der zentralen, gesellschaftlich zu erbringenden Leistungen (Funktionen). Hist. sieht er einen Wandel von einer gering entwickelten „mechanischen" Aufteilung von Funktionen (und dann einen entsprechenden, über geteilte kollektive Werte hergestellten, sozialen Zusammenhalt = Solidarität) auf ähnliche soziale Einheiten in frühen Gesellschaften (segmentäre Arbeitsteilung), zu einer ausdifferenzierten „organischen" Verteilung spezialisierter Funktionen (mit einer Herstellung des sozialen Zusammenhalts durch die mit der Spezialisierung entstehenden funktionalen Abhängigkeiten mit nur geringen Anteilen geteilter Werte) auf zunehmend unähnliche Einheiten in der Moderne.

Jürgen Habermas (geb. 1929) unterscheidet in der Tradition der Kritischen Theorie handlungs- und gesellschaftstheor. zwei Formen des menschlichen *Handelns*: *instrumentelles Handeln* (teilweise auch als „A." bezeichnet), dass sich auf die zweck- und effizienzorientierte Herstellung von Gütern und Leistungen richtet, und *kommunikatives Handeln* (teilweise auch Interaktion genannt), dessen Ziel die soziale Verständigung und die Herstellung von Sozialität ist. Gesellschaftskritisch sieht er eine Tendenz dazu, dass das dominant in darauf spezialisierten sozialen Systemen (Wirtschaft, Staat) ausgeübte instrumentelle Handeln (also A.) zunehmend das nach wie vor für den sozialen Zusammenhalt unabdingbare verständigungsorientierte Handeln in der sozialen Lebenswelt überlagert und gefährdet („Kolonialisierung der Lebenswelt").

A. kann als eine der entscheidenden Grundtatsachen der Gesellschaft und eine unverzichtbare Grundlage der Vergesellschaftung von Menschen angesehen werden. In einer weiten Fassung betrifft A. einen großen Teil der aktiven Tätigkeiten der Menschen – die menschliche Existenz reduziert sich jedoch keineswegs darauf. Nicht nur mit Habermas muss betont werden, dass (gleich wie man A. definiert) der Mensch nicht nur arbeitendes Wesen und die Gesellschaft nicht nur A.sgesellschaft ist. Wichtige Anteile des Menschseins und des sozialen Geschehens sind andersartig. Gleichzeitig ist aber auch dies keineswegs leicht zu begreifen und zu definieren. Begriffe wie Tätigkeit und kommunikatives Handeln versuchen dies anzusprechen, aber auch Kategorien wie etwa Freizeit, Muße oder sogar Faulheit (einschließlich eines möglichen „Rechts auf Faulheit", wie es Paul Lafargue, der Schwiegersohn von Marx, provokant forderte) verweisen auf das, „Andere der A." und sein Eigenrecht.

→ **Beruf; Entfremdung; Handeln, soziales; Technik**

📖 *H. Arendt* (2008): Vita activa oder Vom tätigen Leben. München (zuerst 1958); *U. Beck/M. Brater/H.J. Daheim* (1980): Soziologie der Arbeit und der Berufe. Reinbek; *L. Clausen* (1988): Produktive Arbeit, destruktive Arbeit. Arbeit zwischen Genugtuung und Vernichtung. Berlin/New York; *W. Conze* (1975): Arbeit. In: *O. Brunner/W. Conze/R. Koselleck* (Hg.): Geschichtliche Grundbegriffe. Stuttgart: 154-215.; *E. Durkheim* (^{2}1996): Über soziale Arbeitsteilung. Studie über die Organisation höherer Gesellschaften. Frankfurt a.m. (zuerst 1893); *H. Frambach* (1999): Arbeit im ökonomischen Denken – Zum Wandel des Arbeitsverständnisses von der Antike bis zur Gegenwart. Marburg; *J. Habermas* (2006): Theorie des kommunikativen Handelns. Frankfurt a.M. (zuerst 1981); *G.W.F. Hegel* (2008): Phänomenologie des Geistes. Bd. 3. Frankfurt a.M. (zuerst 1807); *P. Lafargue* (1998): Recht auf Faulheit – Widerlegung des ‚Rechts auf Arbeit' von 1848. Grafenau (zuerst 1883); *K. Marx* (1969): Das Kapital. Kritik der politischen Ökonomie. MEW Bd. 23. Berlin (Ost) (zuerst 1867); *ders.* (1985): Ökonomisch-philosophische Manuskripte aus dem Jahr 1844. MEW Bd. 40. Berlin (Ost) (zuerst 1932); *G. Mikl-Horke* (2006): Arbeits- und Industriesoziologie. München; *O. Negt* (2001): Arbeit und menschliche Würde. Göttingen; *C. Offe* (1983): Arbeit als soziologische Schlüsselkategorie. In: *J. Matthes* (Hg.): Krise der Arbeitsgesellschaft? Verhandlungen des 21. dt. Soziologentages in Bamberg. Frankfurt a.M./New York; *K. Tenfelde* (Hg.) (2000): Arbeit und Arbeitserfahrung in der Geschichte. Göttingen; *M. Weber* (2006): Die protestantische Ethik und der „Geist" des Kapitalismus. München (zuerst 1904).

G. Günter Voß

Beruf

ist eine spezifisch zugeschnittene, auf produktive Aufgaben bezogene und aus gesell-
schaftlichen Bildungsprozessen hervorgehende soziale Form von Fähigkeiten und
Fertigkeiten und/oder dazu komplementärer fachlicher Tätigkeiten und Leistungen.
B.e werden mehr oder weniger dauerhaft zur Erfüllung gesellschaftlicher (und ins-
bes. wirtschaftl.) Funktionen und darüber in modernen Gesellschaften i.d.R. zum
Erwerb von Geldeinkommen von Menschen übernommen (oder diesen zugewiesen);
die Inhaber der B.spositionen werden dadurch gesellschaftlich eingebunden, sozialen
Normen unterworfen und in wichtigen persönlichen Aspekten geprägt.

Die gesellschaftliche Verteilung der B.e (B.sstruktur) bildet eine basale Form
sozialer Ordnung und Ungleichheit auf Basis einer fortschreitenden gesellschaftlichen Differenzierung von Funktionen (Arbeitsteilung). Einzelne B.sgruppen genießen Privilegien (Status, Macht, Prestige, Autonomie, Einkommen u.a.m.) als
Ausdruck wahrgenommener Funktionen oder als Folge machtbasierter Strategien
(Professionalisierung, B.spolitik), insbes. bei den „Professionen".

Mit B. i.d.S. werden vielfältige, durch die Spezialisierung von Qualifikationen
und Tätigkeiten bedingte Aspekte gesellschaftlicher Arbeit auf zwei Ebenen thematisiert: durch B.e geprägte gesellschaftliche Strukturen sowie die durch B.e
geprägten Momente der Personen und ihrer Tätigkeiten. Soz. gesehen ist B. also
ein spezifischer Modus der Vermittlung von Individuum und Gesellschaft. Ausgeprägte hist. B.e weisen u.a. auch regionale Spezifitäten und Bedingungen auf, die
oft mit erheblichen, epochal variablen normativen Wertbeziehungen einhergehen.
Max Webers (1864-1920) idealtypisch historisierender Blick zeigte, dass das soziokulturelle Vermittlungsglied B. in unterschiedlichen Modellen auftrat und dabei
sozialstrukturell wie auch subjektbezogen sich stark wandelnde soziale Funktionen
erfüllt hat:

- B.e als sozio-kulturelle Fähigkeits- und Tätigkeitsformen lassen sich in Europa
  bis ins früheste Mittelalter und davor bis in die röm. und gr. Antike zurückverfolgen. Eine umfassendere Bedeutung erreichen sie bei uns jedoch erst im ständischen Ideal der spätmittelalterlichen Handwerke und Zünfte und in den sich
  etwa zeitgleich systematischer ausbildenden klassischen Professionen:
  z.B. Arzt, Priester, Offizier. Immer schon stark religiös fundiert – etwa in der
  Idee einer göttlichen „Berufung" des Menschen zu bestimmten Aufgaben bei
  Thomas von Aquin (1225-1274) – erfährt dies in der Reformation (v.a. durch
  Martin Luther, 1483-1546) eine explizite Fassung und Überhöhung mit einer in
  gewisser Weise säkularisierten Vorstellung der göttlichen Berufung, nämlich zu
  einer spezifischen diesseitigen und letztlich sogar explizit erwerbsorientierten
  Tätigkeit. Die Protestantismus-These von Max Weber (2006) spitzt dies in der
  Weise zu, dass die protestantische Lehre der göttlichen Vorbestimmtheit des

individuellen Seelenschicksals (Prädestination) dazu führe, dass die Menschen versuchten, über ein „rastloses" berufliches Bemühen Gewissheit darüber zu erlangen, ob man von Gott auserwählt sei. Letztlich ist es ein solches stark religiös geprägtes Verständnis von B., auf den sich konservative Positionen der älteren B.ssoz. und B.spädagogik bis weit ins 20. Jh. hinein als Leitbild bezogen haben.

Sozialstrukturell wird (neben anderen Mechanismen) über dieses Modell von B. ein stabiles System sozialer Ordnung und *Integration* geschaffen. B.e vermitteln dabei gesellschaftlich wie individuell feste soziale Orte, aus denen eindeutige Rechte wie Pflichten erwachsen und die gleichermaßen die gesellschaftliche Integration wie auch eine (meist krasse) soziale Ungleichheit sichern. Durch B.e wird dabei einerseits die Reproduktion einer noch wenig dynamischen traditionalen Sozialordnung gewährleistet, andererseits bilden sie durch ihre religiös basierte normative Legitimierung von handfestem Erwerbsstreben und säkularer produktiver Tätigkeit sowie die Sicherung zuverlässiger fachlicher Standards eine zentrale Grundlage des aus Renaissance und Barock hervorgehenden Übergangs in den *take-off* der kapitalistischen Arbeits-, Wirtschafts- und Technikgesellschaft. Die tätigen Subjekte werden durch jene frühen B.e nicht nur oft bis in praktische Details ihrer Arbeitspraxis festgelegt, sondern unterliegen auch in den Formen des privaten Zusammenlebens, in ihren Lebenswegen und in der Praxis alltäglicher Lebensführung weitgehend festen Regulierungen. Sowohl die fachbezogenen Wissens- und Normbestände als auch große Teile des sonstigen Wissens- und Wertehorizonts werden durch die B.e strikt fixiert, so dass durch sie i.e.S. Lebensb.e gebildet werden, die nicht nur den beruflichen Kontext, sondern letztlich die Lebensweise und die soziale Lage insgesamt konstituieren.

- Mit der *Industrialisierung* verschwinden zwar nicht die traditionalen B.e und Professionen, aber die neuen großbetrieblichen Produktionsweisen erfordern doch zunehmend Fähigkeits- und Tätigkeitsmuster, die nur noch bedingt auf deren Rahmungen passen. Die Entwicklung forciert zudem die mit der Aufklärung entstandene Veränderung des B.sverständnisses in Richtung einer nun weitgehend vollständig säkularisierten und schließlich unverschleiert ökon. geprägten Funktionsorientierung. Es entstehen zudem mit dem industriellen Proletariat völlig neue Erwerbsformen und Lebenslagen, die auf eine aus ständischen Strukturen freigesetzte und nur wegen ihrer Jedermanns-Qualifikationen nachgefragte Massenarbeitskraft zurückgreifen. Zugleich bilden sich aber nach und nach auch neuartige, beruflich spezialisierte Formen von Fähigkeiten und Funktionen, wie die Elitegruppen unter den Arbeitern (Meister, Vorarbeiter usw.), die ersten Verwaltungsfunktionen (Industriebeamte, Kontoristen, Angestellte) sowie neue Technikb.e mit höherer Fachbildung. Daneben existieren jedoch weiter zentrale Elemente des klassischen B.ssystems, v.a. in Handwerk, Handel, Landwirtschaft, Medizin und Kultur sowie in der staatlichen bzw. spät-feudalen Administration.

Sozialstrukturell schlägt sich dieser bis ins 20. Jh. reichende Übergang in einem Nebeneinander von überkommenen B.s- und Professionsstrukturen, einer wachsenden neuen Schicht von quasi berufslosen, aber gleichwohl auf hoch spezialisierten Funktionen eingesetzten Massenarbeitskräften und ersten indus-triellen B.en mit neuer Qualität nieder. Neben den persistierenden feudal-ständischen Arbeitsteilungsstrukturen zeigt sich eine auf fachliche Spezialisie-rungen zurückgehende *soziale Differenzierung*, die Personen nicht mehr per se qua Stand oder Herkunft in einem festgefügten Sozialsystem einen sozialen Ort zuweist, sondern zunehmend Ausdruck der dynamischen Funktionserfordernis-se frühkapitalistischer Arbeitsmärkte und Betriebsformen ist, aber nach wie vor ein ziemlich starres und krasses Ungleichheitsgefüge konstituiert. Nach und nach entsteht daraus jedoch ein primär ökon.-technisch bedingtes Arbeitstei-lungsgefüge mit ersten Formen öffentlich getragener systematischer Qualifizie-rung und sozialrechtlicher Regulierung.

Auch wenn erst sehr viel später ausformuliert, benennt die struktur-funktionale Sicht von beruflichen Funktionen und beruflich basierten sozialen Strukturen („Positionen") genau diese neue funktionale Qualität von B. in der Gesellschaft. Auch hier gibt es dann wieder eine „Berufung" zur diesseitigen Aufgabe, jetzt aber nicht mehr durch eine transzendente Instanz, sondern quasi durch die Gesellschaft resp. ihre normativ und institutionell abgesicherten Funktionserfordernisse. Für die betroffenen Arbeitssubjekte entsteht, jenseits der bezeichneten Unterschiede und Ungleichzeitigkeiten, aus diesem System der Tendenz nach eine Qualität von Tätigkeitsnormierung, die nicht mehr pri-mär aus einem überkommenen und ständisch-traditional, wenn nicht gar offen religiös fundierten Wertekanon resultiert. Jetzt wird berufliches Handeln immer stärker strikt fach- und betriebsfunktional begründet, steht aber immer noch unter dem Postulat unhinterfragbarer Normbefolgung, die sich nicht nur auf die fachliche Seite der Arbeit, sondern auch auf allgemeine Verhaltenserwartun-gen, die sog. „Arbeitstugenden", beziehen (Disziplin, Ordnung, Gehorsam, Fleiß, Pünktlichkeit, Sauberkeit usw.).

Persönlich wie auch aus Sicht der Betriebe geht es dabei aber immer mehr auch darum, Tätigkeiten und zunehmend auch gezielte Ausbildungen zu finden, die angesichts kontinuierlich steigender Leistungserwartungen bewältigbar blei-ben oder sogar soziale Aufstiege ermöglichen, wozu ein optimierender Abgleich mit subjektiven Potentialen im Sinne von Eignung und daran ansetzende Qualifi-zierungen zunehmend wichtig werden. Trotzdem werden mit eingeschlagenen

B.swegen selbst über mehrere Generationengrenzen hinweg kaum revidierbare Weichenstellungen für die Lebenslagen und Lebensverläufe vorgenommen.
• Der sich im ersten Drittel des 20. Jh. mit einem zweiten Industrialisierungsschub ausbildende fordistische Hochkapitalismus setzt die mit der frühen Industrialisierung entstandenen Veränderungen im B.ssystem fort, fügt dem jedoch wichtige Nuancierungen hinzu. Handwerke, aber auch die klassischen (z.T. auch neue) Professionen und das Bauerntum erhalten sich in sozialstrukturell verringertem Umfang, genauso wie eine proletarische Arbeiterschaft weiter wichtig ist, die jedoch zunehmend in Bedeutung und Umfang stagniert. Immer wichtiger werden dagegen strikt auf Funktion und Fachleistung ausgerichtete i.w.S. industrielle B.e auf fast allen Ebenen (von angelernten Arbeitern und Verwaltungsgehilfen, über Facharbeiter und qualifizierte Angestellte, bis zu Meistern, Technikern und akademisierten B.en), die ihren Ursprung in den stark steigenden Erfordernissen der Betriebe, aber auch eine entscheidende Basis in einem nun zunehmend öffentlich regulierten und massiv expandierenden Ausbildungssystem haben.

Sozialstrukturell ist das B.ssystem damit Ausdruck systematisch entwickelter und explizit gesellschaftlich (bzw. staatlich) flankierter sowie hoch standardisierter (und z.T. sogar rechtlich basierter) Muster von Fähigkeitskombinationen, wie sie eine subjektorientierte B.ssoz. zur Basis ihres für diese Phase charakteristischen B.sbegriffs macht. Darauf stellen sich Betriebe mit Gewinn genauso ein, wie das sich entlang der B.slinien ausdifferenzierende und dabei ausbauende Bildungssystem und nicht zuletzt die für diese Phase grundlegenden Sozialsysteme. B.e prägen nach wie vor hochgradig eine immer noch reichlich starre Sozialstruktur, jetzt aber als Konsequenz eines öffentlich kontrollierten Funktions- und Statusverteilungssystems. Bildungs- und Sozialpolitik sowie subjektive Bildungsentscheidungen und Karrierebemühungen ermöglichen aber für nicht wenige eine (mehr oder minder begrenzte) berufsbasierte soziale Mobilität und damit eine tendenzielle Demokratisierung des B.ssystems, wie sie vorher kaum denkbar waren.

B.e sind zudem immer weniger auf hoch volatile Märkte für eine eher gering qualifizierte Ware Arbeitskraft wie in der Frühindustrialisierung ausgerichtet, sondern passen sich in ein Wirtschafts- und Sozialsystem ein, das B.stätigkeit und damit eine berufsbasierte Existenz hochgradig durchreguliert und damit stabilisiert. Genau genommen kann man infolgedessen gar nicht mehr von einem offenen Markt für Arbeit resp. Arbeitskraft sprechen, sondern von einem System von Arbeitsplätzen, die mit standardisierten und arbeits-, sozial- und tarifrechtlich gesicherten verberuflichten Arbeitnehmern besetzt werden.

Für die betroffenen personalen Subjekte sind B.e nun das „Nadelöhr" für ihre personale und soziale *Identität* sowie ihre Lebenslagen und Lebenswege und damit für *soziale Ungleichheit*. Nicht mehr traditionale B.szuweisung, sondern immer mehr eine individualisierte und rechtlich abgesicherte (faktisch mehr oder weniger) „freie" B.swahl bestimmt die Verteilung der Betroffenen im Arbeitsteilungssystem, auch wenn immer kurzzyklischer schwankende Nachfragekonjunkturen auf den Arbeitsmärkten ein wichtiges Korrektiv sind. Eignung ist nicht mehr allein erfolgsentscheidend für die persönliche B.sbasis und -entwicklung, sondern immer mehr auch individuelle, motivationsstiftende Neigungen (wie sie idealistische B.skonzepte betonen) und schließlich sogar das Ziel einer irgendwie gearteten Selbstverwirklichung. Der dann schließlich in den 1970er Jahren diagnostizierte *Wertewandel* mit wachsenden Ansprüchen an persönliche Zufriedenheit und Entfaltung im B. verstärkt diesen Trend. Selbst hier kann man dann noch den alten Topos der Berufung wiederfinden, nämlich als die subjektive Reaktion auf eine möglicherweise in sich verspürte persönliche Hinwendung zu einer Tätigkeit, auch wenn diese durch die vorgegebenen B.sraster oder milieuspezifische Einflüsse hochgradig kanalisiert wird. Qualifikatorisch geht es hier schließlich zwar immer mehr um exponentiell steigende und dabei immer weiter spezialisierte Fachanforderungen, aber nach und nach geraten jetzt erweiterte überfachliche Fähigkeiten in den Fokus betrieblicher Erwartungen und der Formierung von Qualifikationen wie Zuverlässigkeit, Engagement, Leistungsbereitschaft usw., die aber immer noch stark den traditionalen Arbeitstugenden ähneln.

- Seit den 1980er Jahren vollzieht sich im Zuge einer post-fordistischen und neokapitalistischen Restrukturierung der Wirtschaft ein fundamentaler Strukturwandel der bislang charakteristischen Organisation von Betrieben und erwerbsbezogener, formeller Arbeit, der auch die bisher dominierende B.sstruktur tangiert. Dieser Wandel berührt viele Aspekte: Strukturen und Strategien von Betrieben, die Organisation konkreter Arbeitsprozesse, die für Arbeit und Produktion eingesetzte Technik, die daraus resultierenden Konsequenzen für Qualifikationen, Personalpolitik und Führung, das Bildungssystem, den Arbeitsmarkt etc. Bei allen Unterschieden dieser Aspekte ist ein sich durchziehendes gemeinsames Moment des Wandels der *Arbeit*, dass die bislang weithin leitende, i.w.S. tayloristische Logik der betrieblichen Organisation und Rationalisierung zunehmend an strukturelle Grenzen stößt: Eine weiter zunehmende horizontale und vertikale Differenzierung und formale Regulierung der Nutzung von Arbeitskraft verspricht angesichts neuer Marktanforderungen kaum mehr Effizienzgewinne. Im Gegenzug wird in immer mehr Bereichen versucht, bisherige Strukturen und Organisationsprinzipien von Arbeit und Betrieb mehr oder weniger tiefgehend und dauerhaft in fast allen Dimensionen, zeitlich, räumlich, fachlich, sozial aufzubrechen (Flexibilisierung, Entgrenzung). Die Arbeits- und Betriebsverhältnisse geraten infolgedessen nun auf vielen Ebenen (Arbeitsprozess, Betriebsorganisation, Interessenvertretung, Ausbildung, soziale Sicherung usw.) zunehmend in Konflikt mit dem bisher leitenden Modell von B. Diese oft als Krise oder gar Ende des B.s gesehene Entwicklung lässt sich auf drei Ebenen beschreiben:

1. Viele Entwicklungen deuten auf eine verringerte Bedeutung berufsfachlicher Strukturen für die Gehalte von Tätigkeiten und erforderlichen Fähigkeiten hin. Dies bezieht sich z.b. auf die steigende „Halbwertszeit des Wissens", d.h. das immer schnellere Veralten von fachlichen Kenntnissen und Fähigkeiten; auf die wachsende Bedeutung fachunspezifischer Funktionen und Fähigkeiten, die relativ gesehen berufsfachliche Komponenten zunehmend entwerten; auf das Aufbrechen von Fachgrenzen und die Umkehrung der Tendenz zu immer weiter fortschreitender Spezialisierung mit einer Entwicklung zu wieder breiter und diffuser angelegten fachlichen Strukturen; sowie auf die verringerte biografische Dauerhaftigkeit fachlicher Bindungen von Personen und damit der Zwang zu immer häufigerer beruflicher Umorientierung.

2. Zunehmend zeigt sich eine verringerte Bedeutung traditionaler B.lichkeit für die sozio-ökon. Sicherung von Menschen. Dies bezieht sich insbes. auf die tendenzielle Entkopplung von B. und Erwerbsverlauf, die eine starre Bindung an einen festen Lebensb. zum existenziellen Risiko macht; auf die zunehmende Ablösung der Platzierung von Beschäftigten im Betrieb und damit die betriebliche Personalentwicklung über tradierte B.smuster; sowie auf die zunehmende Dysfunktionalität der Orientierung der Sozialsysteme am bisherigen B.ssystem und der Fiktion stabiler lebenslanger B.e.

3. Zum dritten gibt es schließlich schon länger Hinweise auf eine abnehmende Relevanz des B. für die allgemeine Sozial- und Lebenslage von Mitgliedern der Gesellschaft. Dies bezieht sich etwa auf die verringerte Bedeutung der konkreten B.e für die Gestaltung des Alltags von Menschen, bei denen etwa über außerberufliche Bezugsgruppen vermittelte Lebensstile, Freizeitformen oder Konsumpraktiken immer mehr berufsspezifisch geprägte Momente ablösen; auf die fortschreitende Entkopplung der Biografien von berufsgruppenspezifischen Lebensdynamiken; auf eine sich abschwächende Bedeutung von beruffachlich basierten individuellen Werthaltungen und Lebensorientierungen und damit schließlich von personaler Identität; sowie auf eine abnehmende Wirksamkeit der erlernten oder ausgeübten B.e für die generelle soziale Lage und damit die gesellschaftliche Integration und Verortung von Menschen.

Diese zunehmende Dysfunktionalität gewohnter beruflicher Formen ist Berechtigung genug, die zukünftige Bedeutung des bisher typischen B.ssystems skeptisch zu sehen und vielleicht sogar dem konventionellen B. als Kulturform von Arbeitskraft und Arbeit überhaupt eine Zukunft abzusprechen. Was Erwerbstätige als Fähigkeitskombinationen zunehmend brauchen und was Betriebe, wenn sie moderne Arbeitskräfte einsetzen, als Qualifikationsmuster verstärkt nachfragen, sind tatsächlich nicht mehr starre Raster von ausschließlich fachlich zugerichteten und eng spezialisierten Fähigkeiten, sondern hoch komplexe, möglichst entwicklungsoffene und vielfältig einsetzbare Qualifikationspotenziale stark individualisierter und flexibler Arbeitspersonen, bei denen fachübergreifende Kompetenzen und allgemeine Persönlichkeitsmerkmale tendenziell wichtiger sind als fachliche Spezialfähigkeiten.

→ **Arbeit; Entfremdung; Klasse, soziale; Organisation; Schicht, soziale; Stände; Status, sozialer**

📖 *M. Baethge/V.Baethge-Kinsky* (1998): Jenseits von Beruf und Beruflichkeit? Mitteilungen aus der Arbeitsmarkt- und Berufsforschung 31: 461-472; *U. Beck/M. Brater/H.J. Daheim* (1980): Soziologie der Arbeit und der Berufe. Reinbek; *W. Conze* (1975): Beruf. In: *O. Brunner/W. Conze/R. Koselleck* (Hg.): Geschichtliche Grundbegriffe. Bd. 1. Stuttgart: 490-507; *H.J. Daheim* (²1969/1977): Berufssoziologie. In: *R. König* (Hg.): Handbuch der empirischen Sozialforschung. Bd. 8. Stuttgart: 1-100; *K.H. Hörning/Th. Knicker* (1981): Soziologie des Berufs. Hamburg; *Th. Kurtz* (Hg.) (2002): Aspekte des Berufs in der Moderne. Opladen 2001; *Th. Kurtz* (2001): Berufssoziologie. Bielefeld; *G.G. Voß* (1994): Berufssoziologie. In: *H. Kerber/A. Schmieder* (Hg.) Spezielle Soziologien. Reinbek: 128-148; *G.G. Voß* (2002): Der Beruf ist tot! Es lebe der Beruf! In: *E. Kuda/J. Strauß* (Hg.): Arbeitnehmer als Unternehmer? Hamburg: 100-118; *G.G. Voß/J. Dombrowski* (²2001): Berufs- und Qualifikationsstruktur. In: *B. Schäfers/W. Zapf* (Hg.): Hdwb. zur Gesellschaft Deutschlands. Wiesbaden; *M. Weber* (2006): Die protestantische Ethik und der „Geist" des Kapitalismus. München (zuerst 1904).

G. Günter Voß

Bevölkerung

die Gesamtzahl der Einwohner eines bestimmten Gebietes an einem Stichtag. B. ist das Grundelement einer Gesellschaft bzw. eines sozialen Systems, oder mit Begriffen von Emile Durkheim (1858-1917): Sie ist das immer vorauszusetzende „materielle Substrat" einer Gesellschaft, das Grundelement der „sozialen Morphologie". Die Sozialwissenschaften haben es also nicht – wie die die B.sstruktur und -entwicklung „beschreibende" *Demographie* – mit der B. „an sich" zu tun, sondern immer mit der B. als Voraussetzung und Teil der Sozialstruktur.

Das pol. (herrschaftliche; staatliche) Interesse an einer bestimmten B.sstruktur ist alt. Schon Platon (427-347 v.Chr.) und Aristoteles (384-322 v.Chr.) setzten sich für eine aktive B.spolitik ein. Damals wie in späteren (normativen) B.slehren und -theorien ging es immer wieder um die Frage einer „optimalen" B.sgröße und -struktur. Ende des 18. Jh.s, unter dem Eindruck sowohl der einsetzenden B.sexplosion wie der sich verschärfenden Konkurrenz um Märkte und Kolonien, kam es zur Entwicklung der bis heute populärsten und einflussreichsten B.stheorie: der von dem schottischen Pastor Robert Malthus (1766-1834) aufgestellten Lehre, wonach es zwischen B.sentwicklung und Nahrungsspielraum ein unverträgliches Missverhältnis gibt, wenn nicht korrigierend eingegriffen wird. Wie der spätere Sozialdarwinismus wandte sich auch der Malthusianismus gegen Armenhilfe und Sozialpolitik, um das Übel der B.svermehrung nicht noch zu vergrößern. War hier zumindest noch eine Orientierung an sozialstrukturellen Faktoren vorhanden, so blieb es der rein biol. argumentierenden Rassenlehre seit Mitte des 19. Jh.s vorbehalten, in die Diskussion um eine „optimale" B. eine pseudo-wissenschaftliche Komponente einzuführen. Im Nationalsozialismus wurde dann aus der „Reinheit des Blutes" und der „Rasse" eine mit Macht- und Raumanspruch auftretende rassistische Ideologie. Bei diesem Beispiel wird deutlich, welche Gefahren damit verbunden sind, die B. zur „Schlüsselvariable" für das gesellschaftliche Wohl zu machen und auf biol. Kategorien zurückzufallen.

Im Gegensatz dazu fragt die B.ssoz. nach der sozialen Bedeutung und Strukturierung der Faktoren wie Alter und Geschlecht, den Bestimmungsgründen für ein zeit- und gesellschaftstypisches *generatives Verhalten* (das auf Zeugung und Geburt orientierte Verhalten als Teil des allgemeinen sexuellen Verhaltens). Die B.ssoz. von Gerhard Mackenroth (1903-1955) hatte aufgezeigt, wie stark das generative Verhalten und damit die generative Struktur (die Gesamtheit der das Fruchtbarkeitsverhalten einer B. beeinflussenden Faktoren) von den sozialen Schranken (Vorstellungen in der Gesellschaft über die wünschenswerte Kinderzahl, über eheliche und außereheliche Mutterschaft usw.), vom persönlichen Wollen, sozialen Leitbildern und der materiellen (ökon.) Situation abhängig sind.

Mackenroth hatte eine „vorindustrielle B.sweise" (mit einem hohen B.sumsatz, d.h. hoher Geburtenzahl und Sterblichkeit) von einer „generativen Struktur des Industriesystems" (mit niedriger Geburtenzahl und Sterblichkeit) unterschieden und diesen Wechsel v.a. auf eine Änderung (Säkularisierung) des generativen Verhaltens zurückgeführt. Inzwischen haben die weitere Säkularisierung und der Normwandel, wozu auch eine Quasi-Legalisierung der Abtreibung unter bestimmten Voraussetzungen gehört, zu einer fast völligen Loslösung des Geschlechtsverkehrs von den ungewollten Folgen der Zeugung und Geburt geführt. Das zeigt sich in einer drastischen Senkung der Geburtenrate, die seit Jahren in Dtld. wie in vielen anderen europäischen Ländern unter der Sterberate liegt.

Nach Mackenroth kann es, wie schon Marx gegen Malthus hervorgehoben habe, „ein allgemeines, für alle Zeiten und alle Sozialsysteme gültiges B.sgesetz nicht geben (1953). Damit bleiben aber auch die Möglichkeiten begrenzt, längerfristig gültige Prognosen für Fertilität, B.sgröße und -struktur zu stellen und der allgemeinen Gesellschaftspolitik und Planung (z.B. für Kindergärten, Schulen, Wohnungsbau) verlässliche Orientierungsdaten zu liefern. Trotz (oder wegen?) der Säkularisierung des generativen Verhaltens bleibt ungewiss, wann und warum wie viele Paare oder Frauen (bei Zunahme der künstlichen Befruchtung) die Fertilitätsraten in welchem Umfang verändern. Seit dem wohl dauerhaften und deutlichen Rückgang der Geburten unter die Selbstregulationsrate (in Dtld. Anfang der 1970er Jahre) stehen Fragen der sozialen, ökon. und pol. Auswirkungen im Vordergrund bevölkerungssoz. Untersuchungen (vgl. Kaufmann 2005).

→ **Alter; Familie; Generation; Jugend; Migration; Mobilität, soziale**

📖 *H. Birg* (⁴2005): Die demographische Zeitenwende. München; *ders. et al.* (Hg.) (1998): Biographische Theorie der demographischen Reproduktion. Frankfurt a.M./New York; *K.M. Bolte/D. Kappe/J. Schmid* (⁴1980): Bevölkerung. Opladen; *R.-E. Herden/R. Münz* (²2001): Bevölkerung. In: *B. Schäfers/W. Zapf* (Hg.): Hdwb. zur Gesellschaft Deutschlands. Wiesbaden: 75-88.; *F. Höpflinger* (1997): Bevölkerungssoziologie. Weinheim; *F.-X. Kaufmann* (2005): Schrumpfende Gesellschaft. Frankfurt a.M.; *H. Linde* (1998): Theorie der säkularen Nachwuchsbeschränkung 1800-2000. Frankfurt a.M./New York; *G. Mackenroth* (1953): Bevölkerungslehre. Berlin; *P. Marschalck* (1989): Bevölkerungsgeschichte Deutschlands im 19. u. 20. Jahrhundert. Frankfurt a.M.

Bernhard Schäfers

Beziehung, soziale

kann als realer oder auch nur virtuell-gedanklicher, strukturell wahrscheinlicher Kontakt wiederholbarer Art zwischen gesellschaftlichen Teilbereichen oder Gesamtgesellschaften, aber v.a. Personen, Gruppen und Organisationen definiert werden. Nach Max Weber (1864-1920) soll eine s.B. „ein seinem Sinngehalt nach aufeinander gegenseitig eingestelltes und dadurch orientiertes Sichverhalten mehrerer heißen", bei der die Chance besteht, dass in einer sinnhaft angebbaren Art sozial – also sinnhaft am Verhalten anderer orientiert – gehandelt wird (Weber 1984). S.B.en können unterschiedlichste Inhalte haben wie beispielsweise Kampf, Feindschaft, Liebe, Konkurrenz oder Freundschaft.

Im Rahmen der klassischen *Beziehungslehre* von Georg Simmel (1858-1919) und Leopold von Wiese (1876-1969) galt B. als elementarer Grundbegriff zur Analyse des Sozialen und Gesellschaft wurde als Tatbestand der Wechselwirkung mehrerer Individuen definiert. S.B.en werden dabei als zwischenmenschliches Geschehen der Annäherung oder Distanzierung, der Vereinigung oder Trennung verstanden, die sich im Rahmen formaler Netzwerke, d.h. von Inhalten, Motiven oder hist. Bedingungen unabhängig gedachten Beziehungsgeflechten oder Figurationen (N. Elias) in ihren unterschiedlichsten Formen abspielt. Aufgabe der Soz. ist die Analyse dieser Formen der *Vergesellschaftung*.

Neuere Arbeiten analysieren s.b.en in sehr unterschiedlichen Perspektiven: Die Kleingruppenforschung beschäftigt sich mit den Folgen direkter Interaktionen als speziellen s.b.en. Die gegenseitige Bezugnahme und Perspektivenübernahme als Teil s.r B.en und die daraus folgende Verstetigung s.r B.en zu sozialen Institutionen steht im Mittelpunkt des Symbolischen Interaktionismus (Berger/Luckmann 2007). Auch innerhalb der Sozialpsychologie steht die gegenseitige Beeinflussung von Verhalten im Mittelpunkt des Interesses. So werden hier sowohl Austauschbeziehungen (Thibaut/Kelley 1959) und die daraus ableitbaren Machtstrukturen, als auch Freundschaften, Liebe und *commitment* (engl. Hingabe/Bindung) untersucht.

Innerhalb der aus der Ökon. stammenden Spieltheorie (Rasmusen 2006) werden diese Ideen weiter formalisiert und ausgebaut, um damit typische strategische Abhängigkeiten von Akteuren und dabei mögliche oder wahrscheinliche Lösungen mit Hilfe mathematischer Modelle zu untersuchen.

Im Anschluss an die Beziehungslehre und die Tradition der Soziometrie bestimmt die *Netzwerkanalyse* ebenfalls s.b.en und die aus den jeweiligen Konstellationen entstehenden Macht- und Einflussprozesse sowie mögliche und realisierte Kommunikationswege, Subgruppen und entsprechende Verhandlungsmöglichkeiten.

→ **Figuration; Handeln, soziales; Interaktion; Netzwerk, soziales**

📖 *P.L. Berger/T. Luckmann* ([21]2007): Die gesellschaftliche Konstruktion der Wirklichkeit: Frankfurt a.M. (zuerst 1966); *E. Rasmusen* ([4]2006): Games and Information. An Introduction to Game Theory. Oxford; *W. Stroebe et al.* ([5]2007): Sozialpsychologie. Berlin/Heidelberg; *J.W. Thibaut/H.H. Kelley* (1959): The Social Psychology of Groups. New York; *M. Weber* ([6]1984): Soziologische Grundbegriffe. Tübingen (zuerst 1922); *L. v. Wiese* ([4]1966): System der allgemeinen Soziologie als Lehre von den sozialen Prozessen und sozialen Gebilden der Menschen. Berlin.

Hermann L. Gukenbiehl/Johannes Kopp

Bürokratie

ist 1.) eine Zuordnung von Personen und Positionen in einem hierarchischen System der Über- und Unterordnung in Verwaltungen, Behörden, Ämtern und Organisationen, 2.) eine Herrschaftsform und 3.) ein Herrschaftsmittel.

Alle drei Aspekte gehören zum Problembereich sozialer *Organisationen,* wobei allerdings der Aspekt der Herrschaft besonders eng mit der B. verbunden ist. Nach Max Weber (1864-1920) ist die *bürokratische Herrschaft* definiert als legale Herrschaft mit bürokratischem Verwaltungsstab, deren Legitimitätsgeltung auf dem Glauben an die *Legalität* einer gesatzten Ordnung und der darauf beruhenden Befugnisse der durch diese Ordnung mit der Ausübung von Herrschaft betrauten Personen begründet ist.

Als Herrschaftsmittel beruht B. auf *Rationalität,* und diese ist neben der Legalität für den B.begriff von primärer Bedeutung (Weber prägte den Begriff „rational-legale Herrschaft"). B. ist das Kennzeichen jeder modernen Form von Verwaltung im öffentlich-staatlichen, aber auch in jedem Bereich, in dem Herrschaft auf der Basis einer rational-legalen Ordnung ausgeübt wird, d.h. in Unternehmen, Betrieben, Verbänden, Parteien, Kirchen, Militärorganisationen usw. *Herrschaft* ist nach Max Weber definiert als „Chance, für einen Befehl bestimmten Inhalts bei angebbaren Personen Gehorsam zu finden" (Weber 2006). B. ist eine besondere Ausprägungsform dieser Chance und als Herrschaftsmittel typisch für moderne Gesellschaften, in denen sie allgegenwärtig ist.

Wesentliche Merkmale der B. sind: Ein geordnetes System von Regeln auf der Basis einer Satzung; hierarchisch gegliederte, unpersönliche Ordnung; Abgrenzung von Kompetenzen und Zuordnung von Funktionen, Verantwortlichkeiten und Befugnissen; Auslese der Funktionsträger nach formalen Qualifikationen; schriftliche Erfassung und Dokumentation aller Vorgänge; Konzentration von und Herrschaft durch Wissen.

B. ist einerseits die Folge einer Rationalisierung des Denkens und Handelns im Rahmen eines zivilisatorischen Prozesses, andererseits als moderne soziale Organisationsform im Sinne einer Bürokratisierung, d.h. einer Legalisierung und Rationalisierung, Entwicklungsprinzip moderner Gesellschaften. Die Prozesse der Staatenbildung, die Entwicklung der bürgerlich-industriellen Gesellschaft sind ohne B. ebensowenig denkbar wie der moderne Sozialstaat. Max Weber sah in der Entwicklung der bürokratischen Verwaltung „die Keimzelle des modernen occidentalen Staates".

Als Vorteile einer bürokratischen Organisation und Herrschaft werden allgemein ihre technische Überlegenheit gegenüber anderen Organisations- und Herrschaftsformen in komplexen, arbeitsteiligen und hochgradig differenzierten Gesellschaften hervorgehoben. Insbes. die Objektivität, Stetigkeit, Berechenbarkeit, Plan-

barkeit und Zuverlässigkeit der B. wird betont. Andererseits ist es gerade die unpersönliche Objektivität, welche ein Unbehagen an der B. auslöst, sie als befremdlich
und u.U. sogar als bedrohlich erscheinen lässt. Die Ursachen dafür sind darin zu
sehen, dass die überpersönlichen Zwecke und Ziele der B. aus individuell-subjektiver
Perspektive oft nicht einsehbar und verständlich sind. Weitere Ursachen dafür können aber auch im sog. Bürokratismus liegen. Damit wird eine übersteigerte Form der
B. bezeichnet, die zum Selbstzweck wird, indem sie ihre interne Organisation gegenüber den eigentlichen Zielen in den Vordergrund stellt. Kritisiert werden in diesem
Zusammenhang u.a. Wettbewerbsnachteile und finanzielle Belastungen (B.kosten)
der Unternehmen durch B. Grundsätzlich ist ein Problem der B. und jeder bürokratischen Organisation die Anpassungsfähigkeit an sich wandelnde Ziele in einer sich
permanent wandelnden gesellschaftlichen Umwelt. Aufgrund ihrer strukturellen
Merkmale haben B.n i.d.R. Schwierigkeiten, sich dem sozialen Wandel anzupassen;
ihre Leistungsfähigkeit sinkt, und sie sind von Reform(ul)ierungen in ihrer gesetzten
Ordnung abhängig, um weiterhin effektiv zu sein. Die Anpassungsschwierigkeiten
der B. werden zwangsläufig mit zunehmendem sozialen Wandel größer, und hier
setzt jede Kritik am bürokratischen Prinzip an.

In diesem Zusammenhang seien aus der öffentlichen Verwaltung die Bestrebungen der Deregulierung und Entbürokratisierung genannt, die auch im Zusammenhang mit dem Leitbild „lean government" bzw. „lean administration" zu sehen
sind. Der Begriff Deregulierung meint eine Lockerung oder völlige Aufhebung
rechtlicher Regelungen im Sinne eines Rückzuges des Staates aus bestimmten
Aufgabengebieten. Unter Entbürokratisierung sind verschiedene Formen der Effi-
zienzsteigerung der Behördenorganisation sowie eine Verbesserung des unmittelbaren Kontaktverhaltens zwischen Bürger und Verwaltung zu verstehen (Bürger-
nähe). Alle positiven und negativen Konsequenzen der B. ändern nichts an ihrem
universalen Charakter. Als Gestaltungsprinzip sozialer Organisation und legaler
Herrschaft ist B. ein wesentliches Merkmal der sozialen und pol. Verfassung und
Entwicklung moderner Industriegesellschaften.

→ **Macht – Herrschaft – Autorität; Mitbestimmung; Organisation**

📖 M. Bach (1999): Die Bürokratisierung Europas. Frankfurt a.M.; H. Bosetzky/P. Heinrich/J. Schulz
   zur Wiesch (⁶2002): Mensch und Organisation. Stuttgart; C. Dose (2006): Flexible Bürokratie.
   Wiesbaden.; R. Kroker/K. Lichtblau/K.H. Rohl (2004): Abbau von Bürokratie in Deutschland.
   Köln; G. Kühnlein/N. Wohlfahrt (1994): Lean administration/lean government – ein neues Leitbild
   für die öffentliche Verwaltung? Arbeit 3: 3-18; R. Mayntz (⁴1997): Soziologie der öffentlichen
   Verwaltung. Heidelberg; M. Weber (2006): Wirtschaft und Gesellschaft, Tübingen (zuerst 1922); B.
   Wunder (2001): Geschichte der Bürokratie in Deutschland 1780-1986. Frankfurt a.M.

Gunter E. Zimmermann

Charisma

Das Wort altgr. Herkunft, später in der Kirchensprache bedeutsam, heißt ursprünglich „Gnadengabe". Es meint seit Max Webers (1864-1920) Untersuchungen die
„Qualität einer Persönlichkeit", soweit sie als „übernatürlich", „übermenschlich",
zumindest „außeralltäglich" erscheint, und ist bezogen auf Individuen (Einzelpersonen, -charaktere), die von „Gefolgschaften" als „gottgesandt oder als vorbildlich
und deshalb als ‚Führer' gewertet" werden (Weber 2006).
  Weber hat C. als herrschaftssoz. Begriff eingeführt; neben „traditionaler" und
„legaler oder bürokratischer Herrschaft", die nach ihm soziale Routinen, die Ge-
schehnisse des „Alltags" regeln, hob er „charismatische" auch dadurch hervor, dass
er *Herrschaft* in C. prinzipiell begründet sah. In der Tat führt Herrschaft, führen die
Formen auch nicht-charismatischer Herrschaft auf Gehalte charismatischer Art
(z.B. „Erbc.", „Amtsc.") im Kern stets zurück.
  Die vorrangige Bedeutung, die dem Phänomen herrschaftssoz. zukommt, wird
aus kultursoz. Sicht bestätigt. C. zieht nicht nur zentrale soziale Wertbezüge auf
sich; es stellt Werte auch auf prägnante Weise dar und wirkt auf die Gesellschaft
– Sympathisantengruppen, Bewegungen, Massen – mobilisierend zurück. Ein
komplexes, über einzelne funktionelle Bereiche hinausgreifendes Bild entsteht: C.
tritt nicht nur auf dem Felde pol., militärischer oder religiöser Führung auf; es
erscheint in Gestalt nicht nur von Propheten, Kriegshelden, Demagogen, sondern
kann auf allen möglichen sozialen Lebensfeldern, unter Kaufleuten wie Künstlern,
Wissenschaftlern wie Bankiers vorkommen und als C. zuletzt des besonderen,
„genialischen" Charakters wirken. Hervorragendes Merkmal ist Sinnverflochten-
heit, Sinnverstärkung, Sinnausstrahlung: C. vermag das Dasein in verschiedenste
Richtungen sinnhaft auszuleuchten; es ist von den wechselnden subjektiven Sinn-
deutungen derer, die an C. und Charismatiker glauben, jederzeit aber auch abhängig – wird als „Wirklichkeit" also immer erst „sozial konstruiert" (Ber-
ger/Luckmann 2007) –, so dass über seine tatsächliche moralisch-ethische Triftig-
keit, seinen Wert oder Unwert objektiv nur schwer zu befinden ist.
  Weber hat die Kulturbedeutsamkeit von C. zu Recht auch deswegen betont,
weil C. im Lichte der „Außeralltäglichkeit", in der es erscheint, bei Führern und
Gefolgschaften „Metanoia", das Umdenken und Umwerten bestehender soziokultureller Maßstäbe, bewirkt. C. stellt hier die „spezifisch-schöpferische" „von innen" her wirkende, „revolutionäre Macht in der Geschichte" dar; es ist wesentlicher, ideell-ideologisch einhakender Faktor sozialen Wandels, und in der Tat lässt
sich beobachten, dass Revolutionen und soziale Umbrüche, chiliastische Strömungen oder Prozesse, wie Entwicklungsländer sie durchlaufen, immer wieder von
charismatischen Kräften bestimmt werden.

Da die Belange des Alltags, die Kriterien sozialer Normalität dabei virtuell außer Kraft gesetzt werden – C. ist „wirtschaftsfremd", es lehnt alles „Berechnen" ab –, erhält der Zusammenhang für Weber zugleich „irrationale" Züge. Unfähig, den Bedürfnissen der Massen auf Dauer zu genügen, verlieren charismatische Bewegungen zunehmend an Schwung; sie fluten zurück in fester gefügte, wieder beruhigte, pragmatische Verhaltensbahnen, und Weber hat diffizile Analysen gerade darauf verwandt, die Phasen und Formen solcher „Veralltäglichung" näher nachzuzeichnen.

Für die Soz. nicht weniger wichtig ist es, nach den typischen Entstehungsbedingungen von C. zu fragen: Wie entsteht C.? Wie ist „Entalltäglichung" möglich? Das Phänomen hat offenbar mit der besonderen soziopsychischen Situation von Außenseitern, Auffälligen und Randgruppen zu tun. „Grenzgänger" wie sie geraten auf der Rutschbahn „unreiner", gleichsam „schmieriger" kultureller Werte, auf die sie sich einlassen, unter den Druck Schuld zurechnender sozialer Stigmatisierung. Handeln dieser Art tritt gehäuft in Zeiten wirtschaftl. Not, pol. Zwangsherrschaft, religiöser und kultureller Desorientierung zutage (vgl. z.B. Bending 1998). Stigmatisierte versuchen, die Grenz- und Krisenbereiche, in die die Gesellschaft sie abdrängt, „dramatisch" dadurch zu durchbrechen, dass sie Schuld „selbststigmatisierend" übernehmen und zum möglichen neuen sozialen Identitätspunkt machen (Lipp 1985; 1994). Ihr Verhalten schlägt sich nieder in den Typen v.a. des „Exhibitionismus", der „Provokation", der „Askese" und der „Ekstase". Es kann im Wagnis der Ächtung, in das es sich begibt, paradox reüssieren und Gegenwerte, Gegenkräfte zur Geltung bringen. Getragen von aufbrechender kollektiver Zustimmung erhält es am Ende charismatische Züge.

Die Forschung wendet sich hier besonders der Frage zu, inwieweit C. in der Lage ist, dem Prozess der Veralltäglichung, der i.d.R. geschichtlich schnell einsetzt, auch längerfristig zu widerstehen. Kann C., ohne an Substanz zu verlieren, tragendes institutionelles Gewicht auch auf Dauer erhalten? Lebensformen wie Orden, Sekten, Bünde, die Kristallisationskerne esoterischen und alternativen Lebens generell, sind in der Tat imstande, in Gesellschaft und Kultur Kontrapunktfunktionen zu erfüllen (vgl. Gebhardt 1994). Sie können zur Drehscheibe werden, die inmitten bestehender, oft verkrusteter sozialer Ordnungen Kontraste setzt und „Unruhe" und „Bewegung" schafft.

→ **Macht – Herrschaft – Autorität; Religion; Stigma**

📖 *H. Berding* (Hg.) (1998): Genozid und Charisma. Geschichte und Gesellschaft: 24: 503-616; *P.L. Berger/T. Luckmann* (²¹2007): Die gesellschaftliche Konstruktion der Wirklichkeit. Frankfurt a.M. (zuerst 1966); *S. Breuer* (1994): Bürokratie und Charisma. Zur politischen Soziologie Max Webers. Darmstadt; *M.N. Ebertz* (1987): Das Charisma des Gekreuzigten. Tübingen; *W. Gebhardt/A. Zingerle/M.N. Ebertz* (Hg.) (1993): Charisma. Berlin/New York; *W. Gebhardt* (1994): Charisma als Lebensform: zur Soziologie des alternativen Lebens. Berlin; *W. Lipp* (1985): Stigma und Charisma. Berlin 1985; *ders.* (1994): Drama Kultur. Berlin; *M. Weber* (2006): Wirtschaft und Gesellschaft. Tübingen. (zuerst 1922).

Wolfgang Lipp

Differenzierung, gesellschaftliche

Das Konzept der gesellschaftlichen Differenzierung verbreitete sich innerhalb der Soziologie seit Herbert Spencers evolutionärer Deutung gesellschaftlicher Entwicklung „from incoherent homogeneity to coherent heterogeneity". Unter den soziologischen Klassikern waren Emile Durkheim und Georg Simmel explizite Differenzierungstheoretiker; andere klassische Gesellschaftstheoretiker wie Karl Marx und Max Weber benutzten zwar den Begriff „Differenzierung" nicht an prominenter Stelle, leisteten aber dennoch wichtige Beiträge zur Sache. Unter den Klassikern der zweiten Generation waren Talcott Parsons und Niklas Luhmann bedeutende Vertreter einer differenzierungstheoretischen Perspektive. In den 1980er und 1990er Jahren wurde die differenzierungstheoretische Perspektive international von den amerikanischen „Neofunktionalisten", die kritisch an Parsons anknüpften, weiter getragen. Heute gibt es vor allem in der deutschen Soziologie einige Vertreter, die sich teils mit dem Werk von Luhmann, teils mit Weber auseinandersetzen, um die Differenzierungstheorie voranzubringen. Zu den verschiedenen Strängen expliziten und impliziten differenzierungstheoretischen Denkens in der Soziologie siehe Schimank (2000), Tyrell (1998) und Schimank/Volkmann (1999).

Gesellschaftliche Differenzierung bezeichnet sowohl einen Prozess als auch eine Struktur. In *struktureller* Hinsicht heisst Differenzierung, dass eine Gesellschaft aus einer Mehrzahl distinkter Teile besteht. Diese Teile können gleichartig sein, so wie Familien als Grundkomponenten von Stammesgesellschaften (segmentäre Differenzierung), oder ungleichartig – so wie die Teilsysteme der modernen Gesellschaft: Wirtschaft, Politik, Massenmedien, Bildung etc. (funktionale Differenzierung). In *prozessualer* Hinsicht bezeichnet Differenzierung die Dynamik, die eine bestimmte gesellschaftliche Differenzierungsstruktur hervorbringt und verändert. Das Differenzierungskonzept ist auf alle Arten menschlicher Gesellschaften anwendbar, aber die moderne Gesellschaft und deren *funktionale Differenzierung* steht im Vordergrund des Interesses. In der Soziologie finden sich zwei fundamental verschiedene, einander allerdings nicht widersprechende, sondern miteinander komplementäre Verständnisse funktionaler Differenzierung: das Dekompositions- und das Emergenzparadigma.

Durkheim und Parsons sehen funktionale Differenzierung als Prozess der *Dekomposition* einer funktional diffusen Einheit – einer Rolle oder Institution – in mehrere, mindestens zwei, funktional spezifischere Einheiten. Durkheims zentrales Beispiel ist die Spezialisierung von Berufen in der Industriegesellschaft. In Parsons' abstrakterem systemtheoretischen Bezugsrahmen setzt sich die Gesellschaft aus vier analytisch unterscheidbaren Subsystemen (Wirtschaft, Politik, gesellschaftliche Gemeinschaft und Treuhandsystem) zusammen, von denen jedes eines von vier fundamentalen funktionalen Erfordernissen gesellschaftlicher Reproduktion erfüllt. Als Prozess sozialen Wandels tendiert gesellschaftliche Differenzierung Parsons zufolge zu einer immer weitergehenden Zerlegung jedes dieser Subsysteme in wiederum vier Subsysteme zweiter, dritter usw. Ordnung.

Diese Dekompositions-Perspektive auf gesellschaftliche Differenzierung hebt die Vorteile funktionaler Spezialisierung für die Gesellschaft als Ganze hervor. Spezialisierung sorgt für Leistungsverbesserungen. Wenn sich beispielsweise die schulische Erziehung von der Erziehung in den Familien differenziert, führt dies auf beiden Seiten zu Leistungsverbesserungen. Die Familie auf der einen, die Schule auf der anderen Seite können sich auf je unterschiedliche und einander ergänzende Erziehungsziele und -praktiken konzentrieren.

Im Gegensatz zu dieser Sicht funktionaler Differenzierung als einer effektiven und effizienten Arbeitsteilung porträtiert Weber die Geburt und den Aufbau der modernen Gesellschaft als *Emergenz* autonomer „Wertsphären". Nacheinander befreiten sich Wissenschaft, Recht, Kunst, Politik, Wirtschaft, Sexualität und weitere Lebensbereiche von ihrer Unterordnung unter religiöse Doktrinen und brachten den modernen „Polytheismus" der „Wertsphären" hervor.

Luhmann spitzt diese Sichtweise noch weiter zu. Für ihn besteht die moderne Gesellschaft aus etwa einem Dutzend Teilsystemen (Wirtschaft, Politik, Recht, Religion, Wissenschaft, Kunst, Massenmedien, Erziehung, Gesundheit, Sport und Intimbeziehungen), von denen jedes einen autonomen, selbstreferentiellen Kommunikationszusammenhang darstellt, der einem je spezifischen binären Code unterliegt. „Wahr/unwahr" ist beispielsweise der Code der Wissenschaft, „rechtmäßig/unrechtmäßig" der des Rechtssystems. Ein ausdifferenziertes Teilsystem der modernen Gesellschaft besteht demnach aus Ketten von Kommunikationen, von denen jede auf andere Kommunikationen verweist, die sich am selben binären Code orientieren. Jede wissenschaftliche Veröffentlichung z.b., die überhaupt irgendeine Reaktion hervorruft, wird von späteren Veröffentlichungen entweder, ablesbar an Zitationen, bestätigt oder kritisiert. Welche dieser beiden Reaktionen geschieht, ist im Hinblick auf die Reproduktion von Wissenschaft als gesellschaftlichem Teilsystem gleichgültig. Denn als ausdifferenzierter Kommunikationszusammenhang setzt sich Wissenschaft auf beide Weisen in Gestalt einer unaufhörlichen Folge von Publikationen fort.

Innerhalb dieses Kerns wissenschaftlicher Kommunikationszusammenhänge zählen allein wissenschaftliche Gesichtspunkte. Wahrheitsbehauptungen dürfen sich also nicht auf päpstliche Enzykliken, politische Machtverhältnisse oder künstlerische Qualitäten berufen, sondern nur auf andere Wahrheitsbehauptungen beziehen. Analoges gilt für die Kommunikationszusammenhänge aller anderen gesellschaftlichen Teilsysteme. Das Gesamtergebnis dessen ist eine Multiplikation der sinnhaften Deutungen von Ereignissen in der modernen Gesellschaft. Ein Zugunglück beispielsweise stellt sich aus der Perspektive der Wirtschaft völlig anders dar als aus der Perspektive der Wissenschaft, der Massenmedien, des Rechts oder des Gesundheitswesens. Dies nennt Luhmann die „Polykontexturalität" der modernen Gesellschaft.

Zunächst einmal betont das Emergenz-Paradigma somit die „legitime Indifferenz" (Tyrell 1978: 183/184) der Teilsysteme füreinander, die aus der selbstreferentiellen Geschlossenheit der jeweiligen binären Codes resultiert. Das Wohl und Wehe der Wissenschaft etwa ist der Wirtschaft in ihrer eigenen monomanischen Fixierung auf Gewinne völlig egal – es sei denn, dass sich Entwicklungen der Wissenschaft, z.B. eine Vernachlässigung der Ingenieurdisziplinen, als dysfunktional für die Wirtschaft erweisen. In solchen Wechselwirkungen zwischen den Teilsystemen erkennt das Emergenz-Paradigma dann doch das Moment der gesamtgesellschaftlichen „Arbeitsteilung": Jedes Teilsystem erbringt Leistungen, die anderswo benötigt werden. Gerade die funktionale Spezialisierung der Teilsysteme steigert diese Leistungsabhängigkeiten untereinander. Allerdings handelt es sich hierbei stets um eine gleichsam höchst eigensinnige und widerwillige „Arbeitsteilung", die sich aus der Sicht der Akteure eines bestimmten Teilsystems – etwa des Bildungssystems – wie folgt darstellt: Am liebsten wäre ihnen, wenn die anderen Teilsysteme die jeweils von ihnen benötigten Leistungen zuverlässig erbrächten, man selbst aber nur den jeweiligen code-spezifischen Eigen-Sinn kultivieren könnte.

Vier Arten von Triebkräften gesellschaftlicher Differenzierungsvorgänge im Allgemeinen und der Ausdifferenzierung und weiterer Binnendifferenzierung der Teilsysteme der modernen Gesellschaft im Besonderen lassen sich unterscheiden:

Leistungssteigerungen, Evolution, Rationalisierung kultureller Ideen und Akteurinteressen.

Leistungssteigerungen durch Spezialisierung werden besonders von Parsons hervorgehoben. Die Ausdifferenzierung des Erziehungssystems wurde beispielsweise durch Leistungsdefizite der Sozialisation in der Familie initiiert, wie sie angesichts der Qualifikationserfordernisse der industriellen Produktion zutage traten. Hier muss man sich allerdings vor einem funktionalistischen Fehlschluss hüten: Die Tatsache, dass irgendwo in der Gesellschaft ein Leistungsdefizit auftritt, sorgt keineswegs automatisch dafür, dass es zur Behebung dieses Defizits – etwa durch die Ausdifferenzierung eines darauf spezialisierten Teilsystems – kommt. Vielmehr müssen entweder Akteure das Defizit erkennen und ihm durch gezielte Maßnahmen abzuhelfen versuchen; oder es kommt zu einer evolutionären Beseitigung des Defizits „hinter dem Rücken" der Akteure.

Entsprechend geht auch Parsons nicht davon aus, dass gesellschaftliche Leistungssteigerungen durch funktionale Differenzierung auf eine geplante Arbeitsteilung zurückgehen, wie es in Organisationen durchaus vorkommt. Für ihn ist vielmehr *Evolution* der zugrundeliegende Mechanismus, den er allerdings analytisch kaum weiter durchdringt – anders als Luhmann. Auch er sieht Evolution als zentralen Differenzierungsmechanismus. In Anknüpfung an die neo-darwinistische Biologie begreift Luhmann Evolution dann als Zusammenspiel dreier Mechanismen: Variation, Selektion und Retention. Dabei hat jedes gesellschaftliche Teilsystem seine eigenen evolutionären Mechanismen. Im Rechtssystem z.B. sind neue Rechtsauffassungen, wie sie in Prozessen vorgebracht werden, Variationen des Rechtsverständnisses; Urteile, die diese neuen Auffassungen bestätigen, bilden den Selektionsmechanismus; und wenn diese neue Rechtsprechung sich in weiteren Prozessen und höheren Instanzen durchsetzt und zur „herrschenden Meinung" wird, findet Retention statt. Luhmann vermeidet mit diesem Modell, anders als Parsons, alle Forschrittskonnotationen. Luhmann zufolge kann Evolution leistungssteigernde, aber genauso gut auch dysfunktionale Differenzierungen hervorbringen. Doch selbst wenn eine evolutionär voranschreitende Differenzierung auf der Ebene jedes einzelnen Teilsystems Leistungssteigerungen hervor brächte, addiert sich das für die Gesellschaft im Ganzen nicht zu Fortschritt auf, sondern lediglich zu einer Komplexitätssteigerung, die sich in einer zunehmenden Instabilität und damit Riskanz der gesellschaftlichen Ordnung manifestiert.

Insbesondere Weber stellt die eigendynamische *Rationalisierung kultureller Werte* als Triebkraft gesellschaftlicher Differenzierung heraus. Vorangetrieben durch Intellektuelle, wurden die Implikationen jedes Wertes in allen Richtungen und immer radikaler durchdacht. Sobald dieses Durchdenken den Punkt erreicht hat, dass ein Wert wie Wahrheit, Recht, Bildung oder Profit rigoros für sich genommen reflektiert und zum Selbstzweck erhoben wird, findet schnell eine selbstreferentielle Schließung der betreffenden „Wertsphäre" statt, was dann eine entsprechende Ausdifferenzierung von Rollen, Organisationen und Teilsystemen nach sich zieht.

Gesellschaftliche Differenzierung wird schließlich auch durch entsprechende *Interessen* von Individuen, Gruppen oder Organisationen vorangetrieben. So erklärt Durkheim die voranschreitende Arbeitsteilung u.a. als Resultat einer strategischen Konkurrenzvermeidung angesichts wachsender „sozialer Dichte". Andere Interessen von Akteuren, die oftmals Differenzierungsdynamiken auslösen, sind die Erhaltung oder die Erweiterung der eigenen Autonomie, der Kontrolle anderer Akteure und der eigenen Ressourcenbasis. Insbesondere die längerfristigen Politiken einiger Professionen wurden und werden von solchen Interessen beherrscht und haben die Ausdifferenzierung bestimmter Teilsysteme wie Wissenschaft, Recht, Bildung und Gesundheitswesen sehr nachhaltig geprägt. Dabei ist nur selten eine Eins-zu-eins-Umsetzung individueller oder kollektiver Interessen in Differenzierungsstrukturen der Fall. Denn die jeweiligen Akteurkonstellationen sind in der Regel heterogen zusammengesetzt. Befürworter und Gegner bestimmter Differenzierungsschritte stehen in historisch kontingenten Kräfteverhältnissen miteinander. Paul Colomy unterscheidet diesbezüglich, ähnlich wie es in Forschungen über soziale Bewegungen geschieht, verschiedene „strategic groups": „institutional entrepreneurs" als Betreiber eines bestimmten Differenzierungsvorgangs, „institutional followers" als mobilisierbare Unterstützer, „institutional conservatives" als Widerstand leistende Verteidiger des Status quo sowie „institutional accomodationists" als mögliche Vermittler zwischen den Fronten.

Funktionale Differenzierung bedingt eine Reihe weiterer prägender Merkmale der modernen Gesellschaft: u.a. die *Individualisierung* der Personen, die immer stärkere Durchdringung fast aller Teilsysteme mit formalen *Organisationen*, die kulturelle Säkularisierung und das Aufkommen eines *Fortschrittsglaubens*, für den die Zukunft eine Projektionsfläche für Ansprüche an immer weitere Leistungssteigerungen aller Teilsysteme wird. Das so umrissene, um funktionale Differenzierung zentrierte Konglomerat von Strukturdynamiken der Moderne stellt sowohl für die Gesellschaft als Ganze als auch für jedes einzelne Gesellschaftsmitglied einen gemischten Segen dar.

Das moderne Individuum profitiert hinsichtlich seiner *Lebenschancen* von der immensen Optionssteigerung in allen gesellschaftlichen Teilsystemen – ob es um Konsumchancen oder Sportmöglichkeiten, „lebenslanges Lernen" oder medizinische Leistungen geht. Die Kehrseite ist der Verlust traditionaler sinnstiftender Bindungen der Person an stabile Gemeinschaften und Werte.

Für die Gesellschaft als Ganze ist funktionale Differenzierung evolutionär höchst erfolgreich gewesen. Alle Arten von traditionalen Gesellschaften sind durch diejenigen Nationen Europas und Nordamerikas, in denen sich funktionale Differenzierung historisch als erstes durchgesetzt hat, wirtschaftlich, militärisch und kulturell überrannt worden. Diese offensichtliche evolutionäre Alternativlosigkeit funktionaler Differenzierung lässt allerdings keineswegs die gravierenden Risiken dieser Differenzierungsform für die gesellschaftliche Reproduktion übersehen. Diese Risiken lassen sich erstens hinsichtlich der gesellschaftlichen *Sozialintegration* ausmachen. Der mit funktionaler Differenzierung korrespondierende Anspruchsindividualismus tendiert zur Überforderung der teilsystemischen Leistungsproduktionen; zugleich intensiviert er Verteilungskonflikte zwischen gesellschaftlichen Gruppen – und dies mittlerweile im weltgesellschaftlichen Maßstab. Ebenfalls weltgesellschaftlich stellen sich zweitens die wachsenden Probleme *ökologischer Integration* dar. Eine Reihe gesellschaftlicher Teilsysteme trägt zur Umweltzerstörung bei, und keines übernimmt bisher mehr als marginale Verantwortung für Nachhaltigkeit im Rahmen seiner je eigenen teilsystemischen Logik. Drittens schließlich ist auch die *Systemintegration*, wie sie sich aus dem Wechselspiel der Teilsysteme ergibt, immer wieder prekär, wenn sich einzelne Teilsysteme zu sehr verselbständigen und die von anderen Teilsystemen benötigten Leistungen nicht mehr liefern, oder wenn bestimmte Teilsysteme „feindliche Übernahmen" anderer Teilsysteme betreiben, also etwa eine Ökonomisierung der Wissenschaft oder Kunst stattfindet, so dass deren Autonomie nicht länger gewährleistet ist.

Vor dem Hintergrund dieser sowohl jedes einzelne Gesellschaftsmitglied als auch die Gesellschaft als Ganze in all ihren Teilen zutiefst betreffenden Auswirkungen funktionaler Differenzierung ist Jeffrey Alexanders (1990: 11) These zu verstehen: „It seems to me that differentiation comes closer than any other contemporary conception to identifying the actual texture, the imminent dangers and the real promises of modern life."

→ **Gesellschaft; System, soziales; Ungleichheit, soziale; Wandel, sozialer**

📖 *J. Alexander/P. Colomy* (Hg.) (1990): Differentiation Theory and Social Change. Comparative and Historical Perspectives. New York; *E.Durkheim* (^{2}1996): Über soziale Arbeitsteilung. Frankfurt a.M. (zuerst 1893); *N. Luhmann* (2009): Die Gesellschaft der Gesellschaft. Frankfurt a.M. (zuerst 1997); *R. Mayntz et al.* (1997): Differenzierung und Verselbständigung. Zur Entwicklung gesellschaftlicher Teilsysteme. Frankfurt a.M.; *T. Parsons* (^{7}2009): Das System moderner Gesellschaften. Weinheim (zuerst 1972); *U. Schimank* (^{2}2000): Theorien gesellschaftlicher Differenzierung. Stuttgart; *ders./U. Volkmann* (1999): Gesellschaftliche Differenzierung. Bielefeld; *T. Schwinn* (2001): Differenzierung ohne Gesellschaft. Weilerswist; *H. Tyrell* (1978): Anfragen an die Theorie der gesellschaftlichen Differenzierung. Zeitschrift für Soziologie 7: 175-193.; *ders.* (2008): Zur Diversität der Differenzierungstheorie. Soziologiehistorische Anmerkungen. In: *ders.*: Soziale und gesellschaftliche Differenzierung. Wiesbaden: 107-140.

Uwe Schimank

Ehe und andere partnerschaftliche Lebensformen

stellen die Institutionen dar, die in modernen Gesellschaften im Mittelpunkt der privaten Lebensführung stehen und zur Regelung der Sexual-, Lebens- und Solidarbeziehung der jeweiligen erwachsenen Partner dienen. Hierbei finden sich hist. und kulturell große Variationen, sowohl hinsichtlich der Partnerschaftsformen (Polygynie, Polyandrie) als auch bezüglich der konkreten Ausgestaltung der jeweiligen partnerschaftlichen Lebensform.

Im dt. Rechtsraum dominiert die Zivile. als konsensuelle, rechtlich geregelte und staatlich anerkannte Beziehung zwischen zwei verschieden geschlechtlichen Partnern, wobei die E. als Rahmen für die Geburt von gemeinsamen Kindern und damit für die Familienbildung angesehen wird. Im Mittelpunkt dieser Rechtsregelung stehen jedoch nicht in erster Linie die Paarbeziehungen selbst, sondern die Voraussetzungen und die Folgen von E.schließung (Heirat) oder E.lösung (Trennung, Scheidung, Tod eines E.partners) für die Partner, ihre Nachkommen, ihre Verwandtschaft oder für die Gesellschaft.

Das lange Zeit dominierende und christl. geprägte E.leitbild scheint dabei sowohl für die Orientierung und Legitimierung partnerbezogener Vorstellungen als auch für die konkreten Handlungsweisen an Bedeutung zu verlieren (*Deinstitutionalisierung*), obwohl die E. immer noch die dominierende Lebensform darstellt. Trotzdem entsteht Raum für die private und selbstverantwortliche Gestaltung von Partnerschaft und E. und damit die Chance auf eine gesellschaftlich tolerierte Pluralität partnerschaftlicher Lebensformen. So ermöglicht der generelle Verzicht auf die regulierende und legitimierende Funktion der E.schließung eine zunehmende Zahl *nichtehelicher Lebensgemeinschaften*, wobei hier wiederum zwischen nichtehelichen Lebensgemeinschaften mit und ohne (gemeinsame/n) Kinder/n unterschieden werden kann.

Der Verzicht oder Wegfall anderer Charakteristika der E. führt zu einer Vielzahl neuer Formen partnerschaftlichen Lebens: So lässt innerhalb der ehelichen Beziehung der Verzicht auf die Unauflöslichkeitsforderung die Form der Fortsetzungse., der bewusste Verzicht auf Elternschaft die kinderlose E. und der Verzicht auf einen gemeinsamen Haushalt die sog. Commuter-E. oder das *living apart together* entstehen.

Die zunehmende soziale und in der Bundesrepublik seit 2001 auch rechtliche Anerkennung gleichgeschlechtlicher Partnerschaften beendet zumindest teilweise eine lange Geschichte der juristischen und gesellschaftlichen Diskriminierung. Der – meist unfreiwillige und zeitlich begrenzte – generelle Verzicht auf eine Partnerschaft führt zur Lebensform des Single.

Die Vielfalt an E.- und Partnerschaftsformen, die abnehmende Heirats- und Wiederverheiratungsneigung und die zunehmende Zahl von E.scheidungen darf

allerdings nicht darüber hinwegtäuschen, dass enge affektuelle Beziehungen, Partnerschaften und v.a. auch die E. nach wie vor einen hohen Stellenwert in der Le-
bensplanung des Einzelnen und eine große Verbreitung und Akzeptanz in der Gesellschaft besitzen. Nichteheliche Lebensgemeinschaften werden als gesellschaftlich immer mehr akzeptierte Vor-, Test- oder Durchgangsform hin zu einer E.
verstanden, unterscheiden sich jedoch hinsichtlich ihrer Legitimationsfunktion für
Elternschaft trotz der steigenden Zahl von nichtehelichen Lebensgemeinschaften
mit (gemeinsamen) Kindern immer noch deutlich von der E. Der gemeinsame Kern
aller hier unterschiedenen partnerschaftlichen Lebensformen stellt die enge affektuelle Beziehung zwischen zwei Personen dar.

In den veränderten E.auffassungen und -gestaltungen spiegeln sich hist. Wand-
lungen des E.leitbildes, des Menschenbildes und der damit verbundenen Wert- und
Normvorstellungen v.a. der beiden letzten Jh.e wider. Beeinflusst wurde dieser
Wandel von den jeweils vorherrschenden kulturellen, rechtlichen und ökon. Leit-
vorstellungen der Gesellschaft und deren Veränderungen, so z.B. von den Vorstellungen des Pietismus, der Romantik, dem liberalistischen Individualismus, der
Säkularisierung, der Lockerung der Heiratsvorschriften, der Industrialisierung und
Urbanisisierung, aber auch von der wachsenden Berufstätigkeit und Bildungsbetei-
ligung sowie dem Emanzipationswillen und dem veränderten Rollen- und Selbstverständnis der Frau. Dieser Wandel führte z.B. von der familien- und verwandt-
schaftsdominierten Standese. über die partnerschaftsdominante Vertrags- oder
Konsense. zur persondominierten und privat gemeinten Liebese. Entsprechend
gingen die familialen und öffentlichen Kontrollen von Partnerwahl, Heirat und
Trennung zurück und das Recht zur freien Gattenwahl wurde zur allgemein anerkannten Norm. Die – teilweise romantisch überhöhte – individuelle Ansprüche
befriedigende Liebe wurde zum subjektiv wie objektiv notwendigen Recht-
fertigungsgrund für Partnerwahl, Heirat und den Fortbestand der E.

Wenn man die Entwicklung der verschiedenen Lebensformen in modernen Gesellschaften wie der Bundesrepublik betrachtet, so dominiert bis in die 1960er
Jahre die traditionelle E.: Die Zahl der auf Dauer ledig bleibenden Männer und
Frauen sowie das Heiratsalter waren niedrig, nichteheliche Lebensgemeinschaften
waren selten und nur in spezifischen Lebenssituationen sozial akzeptiert (wie etwa
bei der sog. Onkele. zur Sicherung staatlicher Versorgungsansprüche nach dem
Zweiten Weltkrieg), jedoch durch den sog. Kuppeleiparagraphen rechtlich sanktioniert.

Seit Mitte der 1970er Jahre zeigt sich ein Wandel: Aufgrund der gestiegenen
Bildungs- und Erwerbsbeteiligung von Frauen und den sich generell wandelnden
Rollenvorstellungen hat sich die E.schließung im Lebenslauf deutlich verschoben.
Das durchschnittliche Erstheiratsalter ist auf ein bislang noch nie erreichtes Niveau
angestiegen, die generellen Verheiratungsraten sinken. Dies bedeutet jedoch nicht,

dass Partnerschaften hierbei etwa ideell oder faktisch an Bedeutung verloren haben. Nichteheliche Lebensgemeinschaften nehmen eine entsprechende Position im Lebensverlauf ein und gehören heute zur Standardbiografie.

Die Verschiebungen zwischen den einzelnen partnerschaftlichen Lebensformen lassen sich v.a. durch das steigende Alter bei der Geburt des ersten Kindes erklären. Nichteheliche Lebensgemeinschaften stellen für kinderlose Paare, bei denen beide Partner erwerbstätig sind, ein nahezu vollständiges funktionales Äquivalent zur E. dar. Erst durch die Geburt eines gemeinsamen Kindes entstehen hier Probleme und Veränderungen der individuellen Rollen, die eine weitere Institutionalisierung und damit eine E.schließung sinnvoll machen. In den neuen Bundesländern lässt sich jedoch eine teilweise abweichende und bislang noch nicht hinreichend erklärte, andere Entwicklung beobachten.

Die Entstehung neuer familialer Lebensformen und v.a. die zunehmende Verbreitung nichtehelicher Lebensgemeinschaften wird also erst durch die zeitlichen Verschiebungen der Familienbildung im Lebensverlauf verständlich. Die interne Struktur dieser Lebensformen unterscheidet sich dabei jedoch nur unwesentlich von entsprechenden kinderlosen E.n. Andere partnerschaftliche Lebensformen, wie etwa das *living apart together*, entstehen weniger aufgrund neuer Leitbilder, sondern sind eher das Ergebnis äußerer Zwänge, wie etwa beruflich bedingter Mobilitätsanforderungen und stellen meist nur eine Übergangsphase in der partnerschaftlichen Biografie dar.

Die Zahl der auf Dauer kinderlosen E.paare ist schwer abzuschätzen. Gewollte Kinderlosigkeit ist dabei sicherlich ein Symptom eines eigenständigen Lebensstils; teilweise findet sich auch aufgrund des gestiegenen Heiratsalters eine steigende Zahl ungewollt kinderloser Paare.

Trotz der subjektiven Betonung der romantischen Liebe als Grund der *Partnerwahl* und Heirat zeigen sich jedoch deutlich soziale Einflüsse. So folgt die Partnerwahl nicht nur der universellen *Exogamieregel* des Inzesttabus, sondern auch zahlreichen *Endogamieregeln*. Hierbei spielen die Zugehörigkeit der Partner zur gleichen Nationalität und Sprachengemeinschaft, Bildungsstand und Schicht, Religion und Region eine große Rolle. Die häufig zu findenden Homogamietendenzen – beispielsweise hinsichtlich der Bildung oder der Schichtzugehörigkeit – gehen dabei weniger auf persönliche Neigungen der Partner als auf strukturelle Faktoren wie etwa den Charakter entsprechender Heiratsmärkte wie Schule, Betriebe, Hochschulen oder Freizeiteinrichtungen zurück.

Auch bei den ideellen Vorstellungen der E. und der individuellen Beziehung lassen sich deutliche Veränderungen beobachten: Die gewandelten Ansprüche v.a. an die Möglichkeiten zur individuellen Entfaltung und zur emotionalen Befriedigung innerhalb der Paargemeinschaft, die deutliche Tendenz zur privaten Gestaltung der E., der damit verbundene erhöhte Bedarf an innerehelichen Aushandlungen und Abstimmungen mit einem entsprechenden Konflikt- und Spannungspotenzial sowie die wachsende gesellschaftliche Toleranz gegenüber neuen Lebensformen tragen zu einer gestiegenen Verunsicherung gegenüber der Institution E. und wohl auch zur Instabilität der einzelnen E. bei. Gleichzeitig besteht ein starkes Interesse an einer Partnerschaft. Dies schlägt sich vermutlich auch in den langfristig steigenden Scheidungsraten, im wachsenden Anteil unverheirateter Erwachsener und in der zunehmenden Zahl nichtehelicher Paargemeinschaften nieder. Die Instabilität von E.n und die – wenn auch zurückgehend – immer noch hohe Rate an Wiederverheiratungen führt zu einer sukzessiven Polygamie.

Die hier skizzierten Entwicklungen – Zunahme nichtehelicher Lebensgemeinschaften sowie anderer nichtehelicher Lebensformen, aber auch der Anstieg der Scheidungszahlen – lassen sich dabei nicht als Signal für das Ende der E. als wichtigste Lebensform in modernen Gesellschaften verstehen, sondern sind eher ein Indiz für die hohe, wenn nicht sogar zunehmende Bedeutung enger affektueller Beziehungen in modernen Gesellschaften. Die beobachtbaren neuen oder teilweise wieder vermehrt auftretenden Lebensformen sind dabei wohl kein Zukunftsmodell für die Institutionalisierung enger emotionaler Bindungen, sondern im Lebensverlauf nur neue, zeitlich aber begrenzte Perioden und Organisationsformen der Partnerschaft.

→ **Bevölkerung; Familie; Generation; Geschlecht; Kindheit; Verwandtschaft**

S. *Brehm/R. Miller/D. Perlman/S. Miller Campbell* (⁴2007): Intimate Relationships. New York; *J. Goody* (1989): Die Entwicklung von Ehe und Familie in Europa. Frankfurt a.M.; *P.B. Hill/J. Kopp* (⁴2006): Familiensoziologie. Wiesbaden; *T. Klein/W. Lauterbach* (Hg.) (1999): Nichteheliche Lebensgemeinschaften. Opladen; *T. Klein* (Hg.) (2001): Partnerwahl und Heiratsmuster. Opladen; *R. Nave-Herz* (²2006): Ehe- und Familiensoziologie. Weinheim/München; *J.J. Ponzetti* (Hg.) (²2003): International Encyclopedia of Marriage and the Family. New York; *N. Schneider/D. Rosenkranz/R. Limmer* (1998): Nichtkonventionelle Lebensformen. Opladen 1998; *N. Schneider* (2008): Lehrbuch Moderne Familiensoziologie. Stuttgart; *J. Brüderl* (2004) Die Pluralisierung partnerschaftlicher Lebensformen in Westdeutschland und Europa. APuZ (Hg.): Familienformen im Wandel: 3-10.

Herrmann L. Gukenbiehl/Johannes Kopp

Eigentum

eine Sache, die einem Menschen (bzw. einer Gruppe oder Kollektivgebilde wie z.B. dem Staat) zu eigen ist, d.h. ihm gehört, und über die er im Rahmen der sozialen und rechtlichen, ökon. und ggf. religiösen Grundlagen eines Sozialsystems verfügen kann (Rechte der Nutzung, Abwandlung, Vererbung, Veräußerung).

Diese Verfügung bedeutet im soz. Verständnis, dass über E. – seine jeweilige Nutzung oder auch Nicht-Nutzung – soziale Beziehungen gestiftet oder aufgelöst, verhindert oder geändert werden. E. ist eine wichtige Ressource in sozialen Prozessen, dessen Besitz oder Nichtbesitz entscheidend die Macht- und Herrschaftspositionen wie die Formen sozialer Ungleichheit strukturiert bzw. legitimiert.

Im Sinne der soz. Theorie von Pierre Bourdieu (1930-2002) ist E. in der bürgerlich-kapitalistischen Gesellschaft mit allen Kapitalformen eng und höchst komplex verknüpft: dem ökon., dem sozialen sowie dem kulturellen (und symbolischen) Kapital.

E. war und ist in allen Gesellschaften von so fundamentaler Bedeutung für den individuellen (und ggf. kollektiven) *Status,* dass spätestens seit der Sesshaftwerdung des Menschen und der damit verbundenen Landnahme in der Ausgestaltung des E.s (mit Rechten und Pflichten) ein grundlegendes Prinzip der Sozialordnung gesehen wurde (so von Aristoteles, 384-322 v. Chr., der E. als eine Voraussetzung für ein glückseliges Leben ansah). Strittig ist, ob individuelle E.slosigkeit über längere Phasen der Menschheitsgeschichte existiert hat (Urkommunismus).

Größte Bedeutung erlangte E. für Struktur und Entwicklung der *bürgerlichen Gesellschaft.* Die Rechts- und Sozialphilosophen dieser neuen Gesellschaftsordnung, beginnend mit Thomas Hobbes (1588-1679), sahen im E. ein überpositives, dem Menschen zukommendes (Natur-)Recht, weil nur über das E. eine Sphäre der Unabhängigkeit, der sozialen Sicherheit, der pol. und individuellen Freiheit gewährleistet werden könne. Zugleich wurde die anthropol. und ideologische Fundierung von E. in individueller bzw. kollektiver Arbeit immer enger. Zusammen mit der Durchsetzung der röm.-rechtlichen E.sauffassung (als individuellem Vollrecht an einer Sache), der dann erfolgenden Ablösung der älteren, germanisch-genossenschaftlichen Rechtsauffassungen, Rechts- und Sozialgebilde (z.B. Allmende, Fideikommiss, Ordnung des städtischen Bodens) führte die individualistische E.sauffassung und die aus ihr gefolgerte Freisetzung von Kapital und Boden, Arbeit und Produktion aus überkommenen Bindungen zur Dynamisierung der bürgerlichen und kapitalistischen Gesellschaft. In ihr wurde der Gegensatz von E.sbesitzern (v.a. an Produktionsmitteln) und eigentumslosem Proletariat immer unversöhnlicher. Die Reaktion war die vom Sozialismus und Kommunismus geforderte Vergesellschaftung des privaten E.s an gesellschaftlich relevanten Produktionsmitteln.

Die damit verbundene Kritik am E.sbegriff des Liberalismus war und ist zugleich eine Kritik an allen Formen von Macht und Herrschaft (vom familialen, betrieblich-unternehmerischen bis zum staatlichen Bereich), die sich auf E. gründen.

In der Bundesrepublik ist das (private) E. verfassungsrechtlich garantiert (Art. 14 GG; vgl. Hösch 2000), aber „sein Gebrauch soll zugleich dem Wohle der Allgemeinheit dienen". Trotz dieser Bestimmungen, die von der kath. und ev. Sozialethik gestützt werden, und der von der Wirtschaftsordnung der Sozialen Marktwirtschaft auferlegten Eindämmung eines schrankenlosen „Besitzindividualismus" (Macpherson 1990) ist im öffentlichen Leben, zumal im Wirtschaftsbereich, diese E.sverpflichtung nicht sehr wirksam. Fragen der Ausgestaltung (und damit der Nutzung) des E.s an Grund und Boden, an Wäldern und Seen, an Produktionsmitteln wie am Staats-E. („Volks-E.") bleiben Streitpunkte der Arbeits- und Sozial-, der Rechts- und allgemeinen Gesellschaftspol. Die Soz. hat – hier in Verbindung mit der Psychologie – aber auch zu klären, welche (Tiefen-)Bindungen Individuen und soziale Gruppen gegenüber dem E. haben und was dies für die personale Identität und soziale Integration bedeutet.

Dass E. und die quasi soziale Verpflichtung zu E. (zumal an Haus oder Wohnung) zu vielerlei Formen der Abhängigkeit und sozialen Kontrolle führen kann, wurde in verschiedenen empirischen Untersuchungen nachgewiesen (Bourdieu 2002).

→ **Gesellschaft; Markt; Marxismus**

📖 *P. Bourdieu* (2002): Der Einzige und sein Eigenheim. Hamburg; *M. Brocker* (1992): Arbeit und Eigentum. Der Paradigmawechsel in der neuzeitlichen Eigentumstheorie. Darmstadt; *E. Burghardt* (1980): Eigentumssoziologie. Berlin; *U. Hösch* (2000): Eigentum und Freiheit. Tübingen; *D. Lucke* (²2001): Eigentum/Eigentumsordnung. In: *B. Schäfers/W. Zapf* (Hg.): Hdwb. zur Gesellschaft Deutschlands. Opladen: 148-157; *G.B. Macpherson* (³1990): Die politische Theorie des Besitzindividualismus. Frankfurt a.M. (orig. 1962); *D. Schwab* (³1994): Eigentum. *O. Brunner/W. Conze/R. Koselleck (Hg.)*. (Hg.): Geschichtliche Grundbegriffe. Bd. 2. Stuttgart: 165-115.

Bernhard Schäfers

Einstellung, soziale

(auch: Attitüde) ist die von einem Individuum durch Erfahrung erworbene, relativ stabile Tendenz, auf ein soziales Objekt (Personen, Gruppen, soziale Situationen) mit bestimmten Gefühlen, Vorstellungen und Verhaltensweisen zu reagieren.

Das E.skonzept ist ein theor. Konstrukt der Sozialpsychologie zur Erklärung und Prognose menschlichen *Verhaltens*. Es lassen sich drei verschiedene Komponenten der E. unterscheiden: a) die kognitive oder Wissenskomponente (die Wahrnehmungen und Vorstellungen von dem Objekt), b) die affektive oder evaluative Komponente (die gefühlsmäßigen oder bewertenden Regungen gegenüber dem Objekt) und c) die konative oder Handlungskomponente (die Verhaltenstendenzen gegenüber dem Objekt). Als zentrale Komponente wird im Allgemeinen die evaluative Komponente angesehen. E.en beziehen sich entweder auf konkrete (z.B. zum Ehepartner) oder auf abstrakte Objekte (z.B. zum Umweltschutz). Sie unterliegen der Generalisierungstendenz, d.h. eine einmal erworbene E. wird auf andere, damit in Zusammenhang stehende Objekte übertragen.

Die Bedeutung der E.en für das menschliche Zusammenleben liegt in ihrem wahrnehmungs- und verhaltenssteuernden Potenzial. Indem sie spezifische Akzente der Umwelt betonen und andere vernachlässigen, strukturieren E.en die Umwelt und ermöglichen eine rasche (wenn auch nicht unbedingt objektive) Orientierung. Sie sorgen für Kontinuität und Konsistenz des Verhaltens und machen das Verhalten für den Interaktionspartner berechenbar. Soziale Vorurteile und Stereotype können als spezifische Formen sozialer E.en angesehen werden.

E.en sind nicht unmittelbar beobachtbar, sondern werden meist aus Verhalten, v.a. aus verbalem Verhalten, erschlossen. I.d.R. werden E.sskalen verwendet, die aus einer Reihe von Behauptungen (*items, statements*) über das jeweilige Objekt bestehen, zu denen der Befragte den Grad seiner Zustimmung oder Ablehnung ausdrücken soll. In selteneren Fällen schließt man von Beobachtungen offenen Verhaltens (z.B. Teilnahme an Antikernkraftdemonstrationen) auf das Vorhandensein einer entsprechenden E. Besonders intensiv untersucht wurden gesellschaftlich-pol. E.en (z.B. zu Parteien, anderen Völkern und Minoritäten), E.en zu sozialen Institutionen (z.B. Schule, Kirche, Gewerkschaften), zu Geschlechtsrollen, zur Umweltverschmutzung etc.

Die Forschung hat sich v.a. mit Prozessen der E.sbildung, E.sänderung und mit dem Zusammenhang von E.en und Verhalten befasst. Der Prozess der E.sbildung ist weitgehend vom *Sozialisationsprozess*, d.h. von den Erwartungen, Werthaltungen und Verhaltensweisen der wichtigsten Mitglieds- und Bezugsgruppen bestimmt. E.en können in direktem Kontakt mit dem E.sgegenstand erworben worden sein oder durch Informationen anderer Personen oder durch vorherrschende Anschauungen geprägt worden sein. Für die Bildung von E.en sind neben externen

Faktoren (Merkmale des betreffenden Objekts; die spezifische Situation, in der es wahrgenommen wird; sozio-kulturelle Faktoren) auch interne oder persönlichkeitsspezifische Faktoren (insbes. die bereits vorhandenen E.en und Motivkonstellationen) bedeutsam.

Im Mittelpunkt der Yale-Studien von C.I. Hovland u.a. (1953) und der Nachfolgeuntersuchungen zur Erforschung von E.sänderungen stand die Analyse der Wirkung persuasiver Massenkommunikationen auf die E.en der Empfänger (Wer sagt was auf welchem Wege zu wem mit welcher Wirkung?). Untersucht wurden u.a. die Wirkung der Glaubwürdigkeit des Kommunikators, die Bedeutung furchterregender Appelle, die Wirkung des Anteils und der Reihenfolge von Pro- und Contra-Argumenten, bestimmte Eigenschaften des Empfängers (Selbstwertgefühl, Intelligenz, Dogmatismus). Parallel zu diesen Arbeiten, die häufig widersprüchliche Ergebnisse erbrachten und die die Komplexität des Kommunikationsgeschehens nur ungenügend berücksichtigten, wurden zahlreiche Theorien entwickelt, die von verschiedenen Perspektiven (z.B. aus der Sicht der Lerntheorien oder Wahrnehmungstheorien) aus versuchen, E.sänderungen zu erklären.

Als besonders fruchtbar hat sich die *Theorie der kognitiven Dissonanz* des amerik. Sozialpsychologen Leon Festinger (1919-1989) erwiesen, die den E.swandel als Ergebnis eines Dissonanzreduktionsprozesses interpretiert. Zwei kognitive Elemente stehen in einer dissonanten Beziehung zueinander, wenn aus dem einen Element das Gegenteil des anderen folgen würde. Unter *„Kognitionen"* versteht Festinger dabei Meinungen, Einstellungen, Werthaltungen, Wissenseinheiten, kurz: alle Gedanken einer Person über sich selbst und ihre Umwelt. Eine Dissonanz wird als unangenehme psychische Spannung empfunden und motiviert die Person, ihre Kognitionen so umzustrukturieren, dass die Dissonanz reduziert wird, oder solche Situationen zu meiden, die aller Wahrscheinlichkeit nach die Dissonanz erhöhen. So stehen die beiden Kognitionen „ich rauche" und „Rauchen erzeugt Lungenkrebs" in einer dissonanten Beziehung zueinander, vorausgesetzt, ich bewerte meine Gesundheit positiv. Die Veränderung der Kognitionen über das eigene Verhalten (z.B. die Person entwickelt eine negative Einstellung zum Rauchen) ist nur eine Möglichkeit der Dissonanzreduktion. Die Person kann dissonante Informationen auch abwehren, indem sie z.B. deren Glaubwürdigkeit oder Relevanz herunterspielt (die speziell von ihr bevorzugte Zigarettenmarke ist relativ harmlos), oder sie kann dissonante Kognitionen vergessen oder verdrängen. Kritisiert wird an der Dissonanztheorie v.a., dass die Anfangsbedingungen, unter denen Dissonanz entsteht, nicht eindeutig spezifiziert sind und nur schwer Voraussagen über die spezifische Art der Dissonanzreduktion möglich sind.

Zahlreiche Studien liegen zu der Frage vor, welcher Zusammenhang zwischen den E.en einer Person einerseits und dem Verhalten dieser Person in realen Situationen gegenüber dem entsprechenden E.sobjekt andererseits besteht. Das Ausmaß der (insgesamt geringen) Konsistenz zwischen E. und Verhalten hängt v.a. von der hemmenden oder fördernden Wirkung zusätzlicher, situativ wirksamer Faktoren ab. Erforderlich ist die verstärkte Analyse der Verankerung verbaler E.en in sozialen Rollen, Gruppennormen, Subkulturen u.a.

→ **Individuum; Verhalten, soziales; Vorurteil; Wahrnehmung, soziale**

📖 G. *Bierbrauer* (²2005): Sozialpsychologie. Stuttgart: 137-150; G. *Bohner* (⁵2007): Einstellungen. In: *W. Stroebe et al.* (Hg.): Sozialpsychologie. Berlin: 265-315; *L. Festinger* (1995): Theorie der kognitiven Dissonanz. Bern (orig. 1957); *L. Fischer/G. Wiswede* (³2009): Grundlagen der Sozialpsychologie. München: 219-284.

Rüdiger Peuckert

Elite

allgemein eine durch besondere Merkmale (frz. *élire* = (aus-)wählen) aus der Gesamtbevölkerung herausgehobene Personengruppe. Der E.begriff wurde im 18. Jh. vom aufstrebenden frz. Bürgertum als demokratischer Kampfbegriff gegen Adel und Klerus entwickelt. Die individuelle Leistung sollte statt der familiären Abstammung das entscheidende Kriterium für die Besetzung gesellschaftlicher Spitzenpositionen bilden. Im 19. Jh. veränderte sich der Gebrauch des Begriffs grundlegend. E. wurde nun als Gegenpol zur *Masse* verwendet. Das Bürgertum, zutiefst beunruhigt über das Phänomen der städtischen Massen, die mit der Bevölkerungsexplosion und dem Aufkommen der industriellen Arbeiterklasse in Europa entstanden waren, sah die herrschende Ordnung durch revolutionäre Bestrebungen gefährdet und definierte E., als die es sich selbst begriff, in Abgrenzung zur (aus seiner Sicht) ungebildeten und unkultivierten Masse.

Mosca, Michels und Pareto formulierten vor diesem Hintergrund ihre klassischen E.theorien. Sie werden durch zwei Grundgedanken bestimmt: die grundlegende Unterteilung der Gesellschaft in E. und Masse und die Zirkulation der E.n. Im Gegensatz von E. und Masse sehen alle drei ein allgemein gültiges Prinzip der Menschheitsgeschichte. Ihrer Ansicht nach herrscht zu allen Zeiten, d.h. unabhängig von der jeweiligen Entwicklungsepoche und Regierungsform, eine kleine E. mit verschiedenen Mitteln (ganz wesentlich aber mit Gewalt) über die große Masse. Erstere verfüge dabei über die materiellen, intellektuellen und psychol. Fähigkeiten, die zur Ausübung von Macht und damit zur Herrschaft erforderlich seien, letztere nicht. Sie sei nicht nur geistig deutlich unterlegen und vollkommen von ihren Gefühlen beherrscht, sondern auch gleich im doppelten Sinne führungsbedürftig, subjektiv wie objektiv.

Die Zirkulation der E.n stellt für die Klassiker ebenfalls ein unabänderliches Grundgesetz der Geschichte dar. Dieser Prozess vollziehe sich ohne große Erschütterungen der Gesellschaft, wenn die herrschende Klasse beständig durch Personen aus den Unterschichten mit den notwendigen Merkmalen aufgefrischt würde und gleichzeitig ihre „entartetsten Mitglieder" durch Abstieg verliere. Würde dieser normalerweise kontinuierlich erfolgende Kreislauf spürbar gebremst oder gar gestoppt, so dass sich überlegene und gewaltbereite Elemente in den Unterschichten und unterlegene in den Oberschichten ansammelten, dann komme es unweigerlich zum Sturz der herrschenden Klasse durch Revolutionen.

Mit dem Gegensatzpaar E. und Masse bildeten diese klassischen E.theorien eine wichtige ideologische Grundlage für den Faschismus. Die Behauptung, dass die Herrschaft einer kleinen E. über die große Mehrheit in allen Gesellschaftsformen Gültigkeit habe, wurde von den faschistischen Parteien als eine Begründung für das Führerprinzip benutzt.

Die Diskreditierung des E.begriffs durch den Faschismus und der Ost-West-Konflikt führten dazu, dass der Begriff E. seit dem 2. Weltkrieg weitgehend funktionalistisch definiert wird. Der Ansatz von den Funktionse.n hat zwei wesentliche Grundannahmen:

(1) Es gibt in modernen Gesellschaften keine einheitliche E. oder gar herrschende Klasse mehr, sondern nur noch einzelne, miteinander konkurrierende funktionale Teile.n an der Spitze der wichtigen gesellschaftlichen Bereiche (Politik, Wirtschaft, Verwaltung, Medien, Wissenschaft, Kultur, Militär, Kirche und Justiz). Auch von einer eindeutigen Dominanz einer Teile. kann keine Rede sein.

(2) Der Zugang zu diesen E.n steht prinzipiell jedermann offen, weil die Besetzung von E.positionen im Wesentlichen nach (jeweils sektorspezifischen) Leistungskriterien erfolgt. Die Leistung hat die Vererbung als entscheidendes Prinzip der E.nrekrutierung abgelöst. Die E.n sind sozial daher nicht mehr homogen, sondern heterogen. Das immer noch zu beobachtende Übergewicht der oberen Schichten in den E.n ist in erster Linie auf ihren besseren Zugang zur höheren Bildung zurückzuführen, ein Vorteil, den die allgemeine Bildungsexpansion allmählich beseitigt. Der funktionalistische Ansatz dominiert auch die Mehrzahl der großen E.studien in Dtld. (Bürklin/Rebenstorf 1997).

Das entscheidende Problem ist aus dieser Sicht, wie Kooperation und Konsens der unterschiedlichen Teile.n sichergestellt werden können. Für die meisten Autoren gelingt das nur, wenn sich die E.n dem Einfluss der breiten Bevölkerung mehr oder weniger entziehen. So betrachten Field/Higley (1986) die E.n als die wesentlichen oder gar einzigen Garanten für die Stabilität der westlichen Demokratien. Einen großen Einfluss der Massen auf wichtige pol. Entscheidungen sehen sie als eine erhebliche Gefahr für die Demokratie an. Obwohl der Mainstream der funktionalistischen E.forschung nicht so weit geht, neigen seine wichtigen Repräsentanten (bewusst oder unbewusst) in zentralen Punkten letztlich doch zu einer ähnlichen Position. So erblickt z.B. Dahrendorf (1972) ebenfalls im Konsens der etablierten E.n (nach dem Vorbild des brit. Establishments) die sicherste Garantie für demokratische Verhältnisse. Auch Keller (1963) sieht eine der größten Gefahren für die Demokratie in einer zu nachdrücklichen Forderung nach Demokratie, Gleichheit und öffentlicher Verantwortlichkeit der Führer.

Die funktionalistischen E.theorien sind in der Soz. allerdings nicht unumstritten. So betonen Mills (1962) und Bourdieu (2003) als die prominentesten Vertreter einer kritischen Position ausdrücklich, dass es auch in der heutigen, parlamentarisch regierten Gesellschaft keine Vielzahl voneinander unabhängiger und prinzipiell gleichrangiger Teile.n gibt, sondern eine einzige Machte. bzw. herrschende Klasse, die trotz ihrer internen Differenzierung einen starken inneren Zusammenhalt aufweist und von der besitzenden Klasse, v.a. mit ökon. Kapital ausgestatteten Fraktion der herrschenden Klasse dominiert wird. Gemeinsame Interessen, ein gemeinsamer Habitus und gemeinsame E.bildungseinrichtungen (Bourdieu 2004) sorgten für ihre stetige Reproduktion. Bourdieu und Mills widersprechen damit grundsätzlich der funktionalistischen Annahme von der qua Leistungsprinzip hergestellten sozialen Offenheit des E.nzugangs.

Auch auf Deutschland, das bislang keine expliziten E.bildungsstätten kennt, trifft nach neueren Untersuchungen die Kernthese der funktionalistischen E.theorien nicht zu (Hartmann 2004a, 2004b). Die sozial disproportionale Rekrutierung der wichtigsten dt. E.n kann nicht allein auf die herkunftsbedingten Schranken des Bildungssystems zurückgeführt werden, die nach Ansicht der funktionalistischen E.forschung prinzipiell überwindbar sind und damit dem Prinzip der Leistungsauslese nicht widersprechen. Die soziale Herkunft (v.a. in Form des klassenspezifischen Habitus) bestimmt auch ganz direkt den Zugang zu den E.n. So bleiben auch bei gleichen Bildungsabschlüssen die Chancen auf einen Aufstieg in die Wirtschafts- oder die Justize. für den Nachwuchs des Bürgertums wesentlich höher als für die Kinder aus den Mittelschichten und der Arbeiterklasse. Außerdem lässt sich in Deutschland wie auch in Italien oder den Benelux-Ländern eine deutliche Verbürgerlichung der traditionell eher kleinbürgerlichen politischen E.n beobachten (Hartmann 2007). Sie gleichen sich in ihrer sozialen Herkunft den anderen zentralen E.n an. Da sich die E.n in den übrigen führenden Industriestaaten schon seit langem vor allem aus Bürger- und Großbürgertum rekrutieren, die Wirtschaftse. dominierend ist und die Teile.n untereinander auch immer enger verbunden sind, kann durchaus von der Existenz einer herrschenden Klasse gesprochen werden (Hartmann 2004b).

→ **Macht – Herrschaft – Autorität; Masse; Ungleichheit, soziale**

📖 *P. Bourdieu* ([15]2003): Die feinen Unterschiede. Frankfurt a.m. (zuerst 1982); *ders.* (2004): Der Staatsadel. Konstanz; *W. Bürklin/H. Rebenstorf* (1997): Eliten in Deutschland. Opladen; *R. Dahrendorf* ([2]1972): Gesellschaft und Demokratie in Deutschland. München (zuerst 1965); *G.L. Field/J. Higley* (1986): Eliten und Liberalismus. Wiesbaden; *M. Hartmann* (2004a): Der Mythos von den Leistungseliten. Frankfurt a.M.; *ders.* (2004b): Elitesoziologie. Frankfurt a.M.; *ders.* (2007): Eliten und Macht in Europa. Frankfurt a.M.; *S. Keller* (1963): Beyond the Ruling Class. New York; *C.W. Mills* (1962): Die amerikanische Elite. Hamburg.

Michael Hartmann

Entfremdung

Vorgang bzw. (als deren Ergebnis) ein Zustand, durch den das Individuum fremd (beziehungslos, getrennt, ohne Einfluss) wird gegenüber seiner sozialen und materiellen Umwelt oder auch sich selbst.

Geistesgeschichtlich ist der Begriff E. und die damit bezeichnete Problematik v.a. mit den Namen Rousseau, Hegel und Marx verbunden; praktisch ist das Problem der E. gebunden an die mit der Verwissenschaftlichung und Rationalisierung des Denkens einhergehende Veränderung der Gesellschaft, die ihren Ausdruck in der Industrialisierung gefunden hat.

Jean-Jacques Rousseau (1712-1778) hat zwar nicht explizit eine E.stheorie formuliert, aber seine Vorstellungen über die Beziehung zwischen Individuum und Gesellschaft berühren das Problem unmittelbar und haben spätere gesellschaftstheor. Positionen beeinflusst. Nach Rousseau ist der Mensch im Naturzustand eher gut, zumindest aber nicht schlecht. Erst mit der Entwicklung differenzierter Gesellschaften, in denen *Arbeitsteilung* und *Privateigentum* entstehen, treten negative Eigenschaften wie Egoismus, Machtbedürfnisse, Konkurrenz usw. auf; d.h. der Mensch ist in dieser Phase der *Vergesellschaftung* seinem natürlichen Wesen entfremdet und unfrei, weil er sich einem „Gesellschaftsvertrag" unterwerfen muss, welcher das gesellschaftliche Leben regelt, um ein Chaos zu vermeiden. Rousseau spricht in diesem Zusammenhang von Entäußerung und meint damit die Ablösung der ursprünglichen natürlichen Freiheit des Menschen durch das Unterworfensein unter den Gesellschaftsvertrag. Das Ziel wäre eine utopische Gesellschaft, in wel-

cher der Mensch in der Lage wäre, seine Grundbedürfnisse zu befriedigen, die
soziale Ordnung von allen freiwillig akzeptiert würde, die sozialen Institutionen
verstehbar und uneingeschränkt zustimmungswürdig wären etc. Rousseau erkannte
jedoch im Gegensatz zu vielen seiner Nachfolger, dass eine Gesellschaft, die einem
derartigen Modell entspräche, praktisch unmöglich ist, obwohl er in dieser Utopie
einen notwendigen Bezugspunkt sah.

Bei Georg W.F. Hegel (1770-1831) wird das Problem der E. im Zusammenhang mit der Bedeutung der *Arbeit* berührt. Arbeit ist für Hegel ein Selbsterzeugungsprozess des Menschen. Sie ist ein vermittelnder Prozess zwischen
Mensch und Natur, und durch seine Arbeit überwindet der Mensch die Fremdheit der objektiven Welt, beherrscht sie und eignet sie sich an, so dass die subjektive Welt des Menschen größer und die entfremdete Welt der Natur kleiner
wird. E. entstehe dann, wenn dieser Selbsterzeugungsprozess, der über die reine
Bedürfnisbefriedigung weit hinausgeht, nicht mehr möglich ist. Wie bei Rousseau sind auch bei Hegel das Privateigentum und die Arbeitsteilung ursächlich
für E.

Karl Marx (1818-1883) übernahm in seine E.stheorie von Hegel die Be-
deutung der Arbeit als Selbsterzeugungsprozess und von Hegel und Rousseau die
Ursächlichkeit von E. in *Privateigentum* und *Arbeitsteilung*. Im Gegensatz zu
Rousseau, für den die Vergesellschaftung auf einer bestimmten Entwicklungsstufe zwanghaften, unnatürlichen und entfremdenden Charakter hat, besteht für
Marx kein Unterschied zwischen dem vergesellschafteten und dem natürlichen
Menschen; das soziale Wesen des Menschen ist ein Bestandteil seiner Natur. Die
Marx´sche E.stheorie enthält als Elemente eine anthropol. Bestimmung des
menschlichen Wesens, in der die Arbeit als spezifisch menschliches Tun Selbstverwirklichung ist. Daraus leitet sich die Bestimmung einer idealen, d.h. dem
menschlichen Wesen entsprechenden und angemessenen Arbeit ab, sowie in der
Folge unterschiedliche Aspekte der E., die bei einer dem menschlichen Wesen
nicht entsprechenden Arbeit auftreten: die E. von der Tätigkeit selbst, die E. vom
Arbeitsgegenstand bzw. vom Produkt; die soziale E., d.h. die E. von seinen Mitmenschen; die E. von seiner Gattung und seiner spezifischen Menschlichkeit.

Generell bedingt nach Marx die Produktionsweise des materiellen Lebens den
sozialen, pol. und geistigen Lernprozess: „Es ist nicht das Bewußtsein der Menschen, das ihr Sein, sondern umgekehrt ihr gesellschaftliches Sein, das ihr Bewußtsein bestimmt" (Marx 1961:9). Die E. ist für Marx daher grundsätzlich eine objektive Kategorie, die in den Produktionsverhältnissen begründet ist. Dieses objektive
Verständnis von E. sei unabhängig von den subjektiven Erfahrungen, Gefühlen und
Aussagen der Arbeiter selbst.

Die von Marx in den vor 1844 entstandenen „ökonomisch-philosophischen"
Manuskripten entwickelte E.stheorie war bereits stark durch die Analyse der in-

dustriellen Arbeit als kapitalistischer Lohnarbeit beeinflusst und taucht in den späteren ökon. Schriften, wenn auch in modifizierter Form, immer wieder auf. In ihnen wird der Warencharakter der Arbeit als E.stendenz hervorgehoben, und die Möglichkeit nichtentfremdeter Arbeit in der materiellen Produktion wird im 3. Bd. des Kapitals in allen Gesellschaftsformen und unter allen Produktionsformen als unrealistisch bezeichnet. Die materielle Produktion bleibe ein „Reich der Notwendigkeit", welches möglichst rational und menschenwürdig gestaltet werden sollte. Eine wirkliche *Emanzipation* des Menschen sei erst in einem „Reich der Freiheit", welches jenseits des Reiches der Notwendigkeit liegt, aber auf diesem basiert, möglich. Voraussetzung hierfür sei die Verkürzung der Arbeitszeit.

Für das Problem der E. ist die marx. E.stheorie in ihrer ökon. Ausprägung dominant geblieben, obgleich sie in der soz. Theoriebildung kaum weitere Berücksichtigung gefunden hat. In theor. Ansätzen, die sich nicht auf Marx beziehen, erscheint das E.sproblem im Zusammenhang mit dem durch die Industrialisierung bewirkten sozialen Wandel und den Veränderungen von Werten und sozialen Integrationsformen, ohne dass der E.sbegriff explizit Erwähnung findet. Als Beispiele sind hier Emile Durkheim (1858-1917) und Ferdinand Tönnies (1855-1936) zu nennen.

Durkheim hat mit dem Begriff der *Anomie,* der eine Regel- und Normlosigkeit in den sozialen Beziehungen bezeichnet, die sozialen Entwicklungen in der Folge der industriellen und ökon. Wandlungsprozesse in den mitteleuropäischen Gesellschaften in der zweiten Hälfte des 19. Jh.s. umschrieben und kritisiert. Sein Begriff der Anomie lässt sich als E. interpretieren, weil Beispiele für die Folgen dieser Anomie wie die *anomische Arbeitsteilung,* d.h. die über die natürliche, organische Arbeitsteilung hinausgehende Arbeitsteilung, wie sie für die industrielle Arbeit typisch ist, sinnbildlich E. darstellt. Durkheim hat in seiner Analyse des anomischen Selbstmords auch die individuell-psychol. Folgen sozialer E. analysiert, nämlich den Selbstmord als Folge sozialer Desintegration und Desorganisation und damit auch als Konsequenz sozialer E., verstanden als Verfall traditioneller, sozial hochbewerteter Institutionen, angefangen von der Religion bis zur Familie. Bei Tönnies erscheinen die Entwicklungstendenzen der modernen industriellen Gesellschaft als eine Veränderung von der *Gemeinschaft* zur *Gesellschaft,* die als Gegensatzpaare sozialer Assoziationsformen aufgefasst werden, wobei mit dem Begriff Gemeinschaft vorindustrielle und mit dem Begriff Gesellschaft industrielle Gesellschaftsformen bezeichnet werden.

In ähnlicher, aber weit gefächerter Weise wurde E. als Phänomen der modernen Industriegesellschaft phil.-anthropol. an den sozialen Symptomen der Vermassung, Verstädterung und eines allgemeinen Kulturverfalls diagnostiziert, ohne den Begriff selbst zu verwenden.

Die Aspekte der E. lassen sich auf drei in modernen Gesellschaften eng miteinander verbundene und gegenseitig voneinander abhängige Ursachenbereiche reduzieren: die moderne Ökonomie, die bürokratische Herrschaft und die rationale Organisation. Alle drei Bereiche resultieren aus einer Rationalisierung und Verwissenschaftlichung des Denkens und Handelns, die seit dem Ende des Mittelalters zu einer immer perfekteren Beherrschung der Natur geführt haben, aber durch die andererseits, wie Max Weber (1864-1920) hervorgehoben hat, ein „Gehäuse neuer Hörigkeit" geschaffen wurde. Hier liegt auch der Ansatzpunkt für moderne E.stheorien, z.B. die Kritische Theorie, die sich vorwiegend mit den Namen Theodor W. Adorno (1903-1969), Max Horkheimer (1895-1973) und Herbert Marcuse (1898-1979) verbindet.

Ein weniger gesellschaftstheor., sondern eher individualistisch orientierter Zugang zum E.sproblem findet sich in sozialpsychol. und industriesoz. Ansätzen. E. erscheint hier als Folge sozialer Isolation, nichterfüllter Erwartungshaltungen und Deprivationen, d.h. dem Vorenthalten von Möglichkeiten der Bedürfnisbefriedigung.

→ **Anomie; Anthropologie; Arbeit; Kapitalismus; Utopie, soziale**

📖 *H. Friedel-Howe* (1981): Entfremdung in der Industriearbeit. Berlin; *J. Israel* (1990): Der Begriff Entfremdung. Reinbek; *R. Jaeggi* (2005): Entfremdung. Zur Aktualität eines sozialphilosophischen Problems. Frankfurt a.M.; *U. Leuschner* (1992): Entfremdung, Neurose, Ideologie. Frankfurt a.M.; *K. Marx* (1961): Zur Kritik der Politischen Ökonomie. In: MEW. Bd. 13. Berlin; *ders.* (1968): Ökonomisch-philosophische Manuskripte. In: MEW. Ergänzungsband 1. Teil. Schriften bis 1844. Berlin; *H. May* (1985): Arbeitsteilung als Entfremdungssituation in der Industriegesellschaft von Emile Durkheim bis heute. Baden-Baden; *F. Müller* (^{2}1985): Entfremdung. Berlin; *H. Nicolaus* (^{2}1995): Hegels Theorie der Entfremdung. Heidelberg.

Gunter E. Zimmermann

Evolution, soziale

von lat. *evolvere*, Entwicklung der gesellschaftlichen Basisstrukturen nach bestimmten Mustern.

Der Begriff E. ist im Laufe des 19. Jh.s mit zwei sehr unterschiedlichen Denktraditionen verknüpft worden. Auf der einen Seite wird dieser Begriff mit der Darwinschen Theorie der natürlichen Selektion verbunden (auch wenn Charles Darwin, 1809-1882, selbst diesen Begriff nie systematisch eingeführt und benutzt hat).

Auf der anderen Seite wird E. mit der Spencerschen Vorstellung einer Höherentwicklung verbunden (wobei Herbert Spencer, 1820-1903, von der Vorstellung
einer zunehmenden Komplexität als Indikator für Höherentwicklung ausgegangen ist).

Damit sind zwei konträre Ausgangspunkte für eine Theorie s.r E. gegeben. E.
wird einerseits sozialdarwinistisch als ein Prozess der sozialen Selektion der
Schwachen bzw. der Durchsetzung der Starken begriffen. Dieser *Sozialdarwinismus* eignet sich sowohl für die theor. Deutung der sich entwickelnden kapitalistischen Gesellschaft wie für die kolonialistische Expansion dieser Gesellschaften
nach außen (so die westeuropäischen) oder nach innen (so die USA). E. wird andererseits als ein hist. Prozess verstanden. Der bedeutendste Vertreter einer Theorie
hist. E. war Lewis H. Morgan (1818-1881); an ihn haben Karl Marx (1818-1883)
und Friedrich Engels (1820-1895) sowie die bürgerliche Ethnologie und Soz. an-
geknüpft. Dieser Evolutionismus hat die modernen (bzw. sich modernisierenden)
Gesellschaften als die fortgeschrittenste Stufe dieses Prozesses gedeutet, an der die
anderen nichtkapitalistischen Gesellschaften gemessen werden konnten – mit der
Konsequenz, sie als primitiv oder traditionalistisch abwerten zu können.

Der ideologische Gehalt dieses evolutionstheor. Denkens war allerdings un-
übersehbar. Das hat zu einem allgemeinen Zurückdrängen evolutionstheor. Theorien
in der Soz. zugunsten hist. (M. Weber) bzw. funktionalistischer Theorien geführt. In
den 1920er und 1930er Jahren war dann v.a. in der Ethnologie, aber auch in der Soz.,
die Überzeugung dominant geworden, dass E.stheorien empirisch und methodol.
unhaltbar seien. An die Stelle des Evolutionismus trat der Kulturrelativismus und der
sozialwissenschaftliche Funktionalismus.

Die Gegenbewegung zu diesem Anti-Evolutionismus setzt in der Ethnologie
bereits in den 1940er Jahren ein (White), in der Soz. (im Kontext der Modernisierungsforschung) etwas später. Der „naive" Evolutionismus, der davon ausging,
dass alle Gesellschaften durch bestimmte Phasen gehen müssten und auf ein bestimmtes Ziel zusteuerten, war nun passé; doch es blieb eine Reihe von gar nicht so
naiven Fragestellungen weiterhin unbeantwortet: die Frage nach den Mechanismen
und der Logik evolutionärer Veränderungen.

Bedeutsam ist v.a. die aus der *Kulturanthropologie* kommende Unterscheidung
von genereller und spezifischer E. geworden. Unter spezifischer E. wird die Analyse der hist. Entwicklung von Einzelgesellschaften verstanden. Dabei wird nach den
geographischen, kulturellen, pol. und ökonom. Randbedingungen – die die Entwicklungsrichtung einer Gesellschaft beeinflussen – sowie nach den kulturellen,
ökon. und sozialen Ressourcen einer Gesellschaft, die die Reaktionsfähigkeit auf
Umweltereignisse bestimmen, gefragt. Generelle E. meint dagegen den universal-
hist. Prozess, bezieht sich also auf ein theor. Konstrukt, nämlich eine Klassifikation
von Gesellschaften nach Maßgabe ihres Entwicklungsniveaus. In dieser Reformu-

lierung einer Theorie s.r E. wird die Frage nach den Mechanismen und die nach der Logik s.r E. begrifflich getrennt. Der Vorteil dieser Unterscheidung liegt darin, die bislang getrennten Traditionen einer am Selektionsvorteil orientierten (darwinistischen) und einer fortschrittsorientierten (progressiven) E.stheorie zusammenzufügen.

Ein dazu paralleler Versuch in der Soz. stammt von Talcott Parsons (1902-1979). Er hat die funktionalistische Analyse *sozialer Systeme* (also die kybernetische Selbstregulierung durch Kontrollhierarchien für Inputleistungen) mit Annahmen über die Entwicklung des Gesellschaftssystems verbunden. Das Gesellschaftssystem hat sich (und hier kehren die klassischen universalgeschichtlichen Fragen zurück) von primitiven Anfängen über archaische Zivilisationen, den *„seedbedsocieties"* Israel und Griechenland, und das europäische Mittelalter hin zu den modernen Gesellschaften entwickelt. Das Kriterium der Höherentwicklung sind *„adaptive advances"*, also Steigerungen in den verfügbaren Ressourcen und in der Kontrollfähigkeit der verschiedenen Teilsysteme der Gesellschaft. Das ist ein Versuch, die Trennung von Logik und Mechanismen der E. im Rahmen einer einheitlichen Theorie zu fassen: Höherentwicklung ist definiert als Zunahme der Selbststeuerungsfähigkeit sozialer Systeme.

Diese Lösung des Grundproblems einer Theorie der s.n E. ist in der jüngeren Diskussion von zwei Seiten attackiert worden. Auf der einen Seite wird bestritten, dass die Erhöhung der Selbststeuerungsfähigkeiten ein angemessenes Kriterium für die Klassifikation von Gesellschaften nach evolutionären Stufen und für die Erklärung der evolutionären Mechanismen sei. Wenn Gesellschaften normativ organisierte Systeme seien, dann sei das angemessene Kriterium die höherstufige moralische Begründbarkeit von Normen. I.d.S. sei der moralische Universalismus der Moderne höher entwickelt als die aus religiösen oder weltlichen Traditionen begründete normative Ordnung traditioneller Gesellschaften. Der Mechanismus s.r E. sei deshalb auch auf der Ebene moralischer Lernprozesse zu suchen (J. Habermas). Das kann als ein Versuch gesehen werden, die darwinistischen Elemente in einer Theorie s.r E. zu minimieren.

Auf der anderen Seite wird wieder der Versuch unternommen, das darwinistische Element ins Spiel zu bringen. Soziokulturelle E. wird aus dem Zusammenspiel der Mechanismen der Variation, Selektion und Stabilisierung erklärt (N. Luhmann). Diese Mechanismen wirken gleichermaßen auf Prozesse ökon., pol. oder kultureller Systembildung und verstärken sich gegenseitig, mit der Folge einer zunehmenden Erhöhung des evolutionären Tempos soziokultureller Systeme. Damit werden alle Konnotationen einer entwicklungslogischen Konzeption von soziokultureller E. zurückgewiesen. Diese offene, anti-teleologische Konzeption hat den Vorteil, sozialen Wandel nicht auf letzte Ursachen zurückführen zu müssen, sondern die Wandel verursachenden Faktoren in eine Sequenz zu bringen. Zusammenhänge wie die zwischen Basis und Überbau, zwischen Kultur und Struktur, zwischen Bevölkerungswachstum und Arbeitsteilung werden verzeitlicht. Die evolutionstheor. Erklärung setzt an einem beliebigen Punkt in der Zeit an (etwa einer kulturellen Innovation) und verfolgt die Wirkungen dieser Innovation in der Zeit auf Sozialstrukturen, die wiederum Innovationen fördern oder blockieren können.

Um zu vermeiden, dass solche Erklärungen letztlich kontingente Abläufe beschreiben und s. E. auf eine deskriptiv verstandene Geschichte reduzieren, müssen E.theorien gegenstandsspezifische Annahmen machen. Eine solche konstruktive Version ist die Verbindung kulturtheor. Argumente mit selektionstheor. Fragestellungen. Diese Überlegungen verweisen auf neue Optionen für die Weiterentwicklung der E.stheorie. Die erste Option ist der Rückgriff auf mikrosoz. Annahmen der Theorie rationaler Wahl. E. findet statt als Ergebnis von Myriaden rationaler Wahlhandlungen (die häufig auch, aber nicht notwendig, rational begründete Wahlhandlungen sein können), die auf bestehende symbolische Formen und Institutionen der Regulierung dieser Handlungsereignisse einwirken und damit die Bedingungen für weitere Wahlhandlungen verändern (Schmid/Wuketits 1987; Boyd/Richerson 1988; Burns/Dietz 1992). Gegen diese „individualistische" Option richtet sich eine „neo-strukturalistische" Version, die E. als eine strukturierte Sequenz von Ereignissen sieht, in der Individuen nicht als intentional handelnde Wesen, sondern als Träger vergangener Ereignisse fungieren. Individuen sind Träger der Erinnerung vergangener Ereignisse und als solche Medium der Verknüpfung der Vergangenheit mit der Gegenwart, also Medium weiterer E. (Abbott 2001). Was die Ereignisse in der Zeit verknüpft, ist die narrative Struktur der Abfolge von für s. E. relevanten Ereignissen. Ob man solche Sequenzen dann systemische Lernprozesse nennt oder Ereigniskarrieren, ist der Herkunft aus unterschiedlichen Theorietraditionen geschuldet.

Mit diesen theor. Optionen in der Weiterentwicklung der E.stheorie sind weitgehende methodische Optionen verbunden, nämlich die zwischen einer internen und einer „narrationslogischen" und einer externen „selektionstheoretischen" Erklärung sozialer Prozesse (Abbott/Forrest 1986; Cederman 2005). Die allgemeine soz. Theorie erhält, insbes. in der narrationslogischen Variante, eine prozesstheoretische Wendung, die eine Diskontinuität mit der funktionalistischen oder kognitivistischen Tradition der Erklärung sozialen Wandels andeutet.

→ **Differenzierung, gesellschaftliche; Gesellschaft; Kultur und Zivilisation; Revolution; Wandel, sozialer**

📖 *A. Abbott* (2001): Time matters. Chicago; *ders./J. Forrest* (1986): Optimal matching methods for historical sequences. Journal of Interdisciplinary History 16: 471-494; *R. Boyd/P.J. Richerson* (1988): Culture and the Evolutionary Process. Chicago; *T.R. Burns/T. Dietz* (1992): Cultural Evolution. Social rule systems, selection and agency. International Sociology 7: 259-283; *L.-E. Cederman* (2005): Computational Models of Social Forms. Advancing Generative Process Theory. AJS 110: 864-893; *J. Habermas* (1976): Zur Rekonstruktion des Historischen Materialismus. Frankfurt a.M.; *N. Luhmann* (2009): Die Gesellschaft der Gesellschaft. Frankfurt a.M. (zuerst 1997); *L.H. Morgan* (1976): Die Urgesellschaft. Lollar (orig. 1877); *T. Parsons* (1993): Gesellschaften. Evolutionäre und komparative Perspektiven. Frankfurt a.M. (zuerst 1975); *G.W. Oesterdiekhoff* (1992): Traditionales Denken und Modernisierung. Opladen; *M. Schmid/F.M. Wuketits* (1987): Evolutionary Theory in the Social Sciences. Dordrecht; *L.A. White* (1959): The Evolution of Culture. New York.

Klaus Eder

Familie

Ausgehend von dem ethymologischen Ursprung (lat. *familia* – Hausgenossenschaft, Hausstand, der auch die Dienerschaft sowie den gesamten Besitz umfasste) wurde oft die gesamte Hausgemeinschaft als F. bezeichnet. Neuere Definitionen schränken den Begriff der F. deutlich ein und verweisen als Definitionskriterien der Kern- oder Kleinf. auf eine – zumindest auf Dauer angelegte und legitimierte – Beziehung zwischen Mann und Frau, die gemeinsame Haushaltsführung und das Vorhandensein mindestens eines Kindes. Erst die Filiationsbeziehung, also das Kindschaftsverhältnis, macht aus einer Ehe eine F. Diese Definitionen schließen an die frz. Bezeichnung „*famille*" an, die die Lebensform im städtisch-bürgerlichen Lebensraum des 19. Jh.s erfasste. In diesem normativ, institutionell, aber auch juristisch verankerten Leitbild unterscheidet sich die F. hinsichtlich der Partnerschaft, der Elternschaft und der Haushaltform von anderen familialen Lebensformen. Die F.nforschung hat sich schon seit ihren Anfängen mit der Verbreitung der unterschiedlichen familialen Lebensformen beschäftigt (vgl. zur hist. F.nforschung Rosenbaum 1993, Sieder 2001, Gestrich/Krause/Mitterauer 2003).

Die Anfänge der F.nforschung waren dabei geprägt durch verschiedene Entwicklungsmodelle, die v.a. Spekulationen über eine ursprüngliche Promiskuität, weitreichende Gruppenehen, ein Matriarchat oder die Großf. als überwiegende Lebensform beinhalteten. Eine wichtige Forschungsarbeit in diesem Zusammenhang war eine Studie von Johann J. Bachofen aus dem Jahr 1861. Ursprungspunkt dieser u.ä. Arbeiten waren dabei die frühen anthropol. Berichte über an der Mutterlinie ausgerichtete einfache Gesellschaftsformen. Vielfältige anthropol. Arbeiten sowie die histor. F.nforschung zeigen jedoch, dass diese Aussagen nicht haltbar sind und die Schlussfolgerungen auf einer Verwechslung von Herrschaftsformen – z.b. das Matriarchat – und Regeln hinsichtlich der Namensführung oder Vererbungs- oder Deszendenzlinien beruhen. Hist. sind matrilineare Deszendenzregelung eher selten und nur unter bestimmten Bedingungen – eben etwa lange Abwesenheit der Männer aus ökon. oder militärischen Gründen – zu erwarten. Darüber hinaus sind diese F.nformen wohl eher kein typisches Merkmal einer Urgesellschaft von Jägern und Sammlern, sondern eine hist. erst später zu beobachtende Erscheinung (Bargatzky 1989).

Bereits zu Beginn der Menschheitsgeschichte war – schon aus evolutionsbiol. Gründen – die Kleinf. dominant, Mehrgenerationen-F.n waren aus demografischen Gründen (hohes Alter bei der Eheschließung und frühe Sterblichkeit) eher unwahrscheinlich. Die in der Anthropologie thematisierten komplexeren F.nformen mit unterschiedlichen Heiratsmustern (Polyandrie: die Heirat einer Frau mit mehreren Männern, und v.a. Polygynie: die Heirat eines Mannes mit mehreren Frauen), verschiedenen Lokalitätsregeln und unterschiedlichen Abstammungskonventionen oder Deszendenzregeln finden sich fast nur in Gartenbau- oder in einfachen Ackerbaugesellschaften und stellen dort jeweils eine Lösung konkreter Probleme – insbes. der Wahrung familialer Besitzstände – dar, sind jedoch für die Analyse der F.nentwicklung in Europa ab der frühen Neuzeit und v.a. in modernen Gegenwartsgesellschaften wenig hilfreich.

Auch quantifizierende Untersuchungen über die F. in (West-)Europa ab dem 17. Jh. zeigen, dass hier das dominante Merkmal die fehlende Trennung von Produktion und Reproduktion und die damit einhergehende Organisationsform des „Ganzen Hauses" (W.H. Riehl, 1823-1897) war. Dabei ist diese Lebensform nicht mit der F. identisch, denn neben den F.nmitgliedern gehörten auch nichtverwandte Personen, wie Mägde und Knechte oder Gesellen zum Ganzen Haus. Auch zu dieser Zeit dominierten aber F.n mit einer eher geringen Zahl (überlebender) Kinder. Das Heiratsalter war auch aufgrund einer Vielzahl von rechtlichen, normativen und sozialen Beschränkungen relativ hoch. Die Sterblichkeit gerade von Frauen und Kindern war enorm. Aus diesen Gründen findet sich auch schon damals eine Vielfalt familialer Lebensformen wie etwa Stieff.n oder zumindest zeitweise nichteheliche Lebensgemeinschaften, denn aus ökon. Zwängen bestand ein hoher Rollenergänzungszwang.

Über die emotionale Grundlage der Ehe und F. existieren sehr unterschiedliche Auffassungen, man kann jedoch vermuten, dass allein aus evolutionstheor. Überlegungen heraus (Lovejoy 1981) trotz der starken strukturellen Bestimmtheit der verschiedenen familialen Positionen und Prozesse schon immer enge affektuelle Beziehungen zwischen den Ehepartnern und zwischen den Generationen bestanden haben. Die auch literarische Verklärung des Ideals der romantischen Liebe erfolgte jedoch erst mit der zunehmenden Verbreitung der bürgerlichen Kleinf. (Luhmann 2009).

Erst mit der Industrialisierung und der zunehmenden Verbreitung von Arbeiterf.n lassen sich in Westeuropa deutliche demografische Veränderungen beobachten: Die Trennung von F. und Erwerbsarbeit hatte einerseits eine Erhöhung der Haushaltsgrößen durch F.nfremde und zugleich eine höhere Heiratsneigung zur Folge. Die verschiedenen Prozesse der Säkularisierung, Demokratisierung, Industrialisierung und Urbanisierung und die damit einhergehende Trennung von Privatheit und Öffentlichkeit führten zuerst in der bürgerlichen F. zu einem neuen Leitbild. Dieses Leitbild hatte bis in die 1960er Jahre eine hohe normative Verbindlichkeit, breite gesellschaftliche Akzeptanz und v.a. auch praktische Verbindlichkeit bei der Ausgestaltung der einzelnen familialen Prozesse.

In den letzten Jahrzehnten lässt sich eine Reihe wichtiger Veränderungen beobachten, die die F.nstrukturen grundlegend wandeln und mit einem Verlust an Verbindlichkeit (Deinstitutionalisierung) einhergehen. So stieg z.B. das durchschnittliche Heiratsalter zuvor Lediger seit Mitte der 1970er Jahre sehr deutlich an. Entsprechende Untersuchungen zeigen jedoch, dass hierdurch die Heiratsneigung, also die Wahrscheinlichkeit, überhaupt zu heiraten, bislang noch nicht sehr beeinflusst wird. Zugleich sinkt die Zahl der Geburten seit dem sog. Babyboom wieder, wobei dies v.a. durch ein höheres Alter bei der ersten Geburt und den Verzicht auf ein drittes oder viertes Kind und nur zu einem Teil durch die generelle Zunahme der Kinderlosigkeit bedingt ist. Prognosen lassen jedoch vermuten, dass es eine deutliche Erhöhung des Anteils dauerhaft kinderloser Männer und Frauen geben wird. Schließlich lässt sich ein deutlicher Anstieg der Scheidungszahlen beobachten.

Gleichzeitig geht mit all diesen Entwicklungen eine Steigerung der Lebenserwartung einher. Hinzu kommt die Veränderung der Rolle der Frau. Zunehmende Bildungs- und v.a. auch langfristig angelegte Erwerbsbeteiligung zusammen mit einer entsprechenden Änderung des Rollen- und Selbstverständnisses führen zu einem Wandel der innerfamilialen Arbeitsteilung und zu einer entsprechenden Verschiebung der Bewertung einzelner familialer Entscheidungen (Verschiebung der Elternschaft, Erleichterung der Ehescheidung). Die Formen der F. und des familialen Zusammenlebens werden durch diese Veränderungen stark beeinflusst. Während einerseits die F.ngründung im Lebensverlauf nach hinten verschoben und die Ehe instabiler wird, ist der subjektive Stellenwert der F. mehr oder weniger ungebrochen, und aufgrund der gestiegenen Lebenserwartung verlängert sich sogar die F.nphase; zudem werden einzelne Konstellationen, wie beispielsweise die Beziehung zwischen Großeltern und ihren Enkeln, erst jetzt gesellschaftlich relevant.

Um die sich wandelnden F.nkonstellationen in modernen Gesellschaften begrifflich zu fassen und zu analysieren, eignet sich die o.g. Definition der (bürgerlich-urbanen) Kleinfamilie als eine – auch rechtlich abgesicherte – Lebensgemeinschaft eines Ehepaares mit seinen eigenen, unmündigen Kindern im eigenen Haushalt nur bedingt. So finden sich verstärkt Paare, die die Option wählen, zumindest eine gewisse Zeit als nichteheliche Lebensgemeinschaft mit gemeinsamen Kindern zu leben. Durch komplexer werdende Kindschaftsverhältnisse lassen sich neue familiale Lebensformen beobachten. Aufgrund von Scheidungen und neuen Partnerschaften oder Wiederverheiratungen, aber auch in Folge der Veränderungen der Reproduktionsmedizin können rechtliche, biol. und soziale *Elternschaft* auseinander fallen. Hier finden sich dann auch F.nformen, bei denen homosexuelle Paare als Eltern fungieren. Schließlich verliert auch die gemeinsame Haushaltsführung ihre normative Verbindlichkeit und soziale Faktizität, wobei hier v.a. an die zunehmende Zahl Alleinerziehender zu denken ist.

Darüber hinaus kann ein Wandel des subjektiven F.nbegriffs beobachtet werden: Auch die Beziehung zwischen Eltern und erwachsenen Kindern, die nicht mehr in einem Haushalt zusammenleben, und über mehrere Generationen hinweg wird als familiale Lebensform wahrgenommen und kann als *multilokale Mehrgenerationenf.* bezeichnet werden. Beim Wandel der F.nformen ist zu beachten, dass damit kein Wandel entsprechender Leitbilder einhergehen muss; hier dient immer noch die bürgerliche Kleinf. als Ideal.

Analytisch kann dabei von einer Pluralisierung familialer Lebensformen gesprochen werden. Die hierbei verstärkt anzutreffenden Formen, wie beispielsweise die nichtehelichen Lebensgemeinschaften, Alleinerziehende, binukleare F.n als Folge von Ehescheidung und Wiederverheiratung, Stieff.n oder komplexe F.nverbände durch Heirat bislang Alleinerziehender, sind dabei hist. nur selten wirklich neu; geändert haben sich jedoch die Voraussetzungen ihrer Entstehung. Heute werden diese Lebensformen gewählt bzw. es werden Entscheidungen getroffen, die diese Formen zur Folge haben.

Hinzu kommt die gesellschaftliche und teilweise auch rechtliche Anerkennung einzelner dieser Formen. Gerade diese Entwicklungen und die damit verbundenen Diskussionen zeigen aber auch den hohen normativen Stellenwert der F. Aus diesem Grunde erscheint die Diagnose einer Krise oder des Endes der F. unangebracht. Entsprechende Analysen des Wandels familialer Lebensformen müssen dabei zwischen einer Lebensverlaufs- und Längsschnittsperspektive einerseits und einer Momentaufnahme durch verschiedene Querschnittsuntersuchungen andererseits unterscheiden. Im Querschnitt als drastisch eingestufte Wandlungsprozesse wie der Geburtenrückgang in Ost-Dtld. nach 1989 erweisen sich im Längsschnitt als weit weniger gravierend.

Aus diesem Grunde konzentriert sich die F.nsoziologie in den letzten Jahren auch weniger auf die Suche nach generellen Trends oder Entwicklungen familialer Lebensformen, vielmehr stehen die einzelnen Entscheidungen und Prozesse im

F.nzyklus – Partnerwahl, Haushaltsgründung, Heirat, Kind(er), häusliche Arbeitsteilung, F.nerweiterung, Sozialisation, aber auch andere Formen der immer wichtiger werdenden Generationenbeziehungen sowie schließlich die Ehescheidung und die weiterreichenden Generationenbeziehungen – und ihre jeweilige soziale Bedingtheit im Mittelpunkt der einzelnen Analysen. Dabei findet sich eine Vielzahl verschiedener theor. Ansätze, beginnend mit eher soziobiol. und psychol. Überlegungen über systemtheor. Ansätze bis hin zu einer ökon. Modellierung der einzelnen Entscheidungen. Insgesamt hat sich die F.nsoziologie zu einer Soz. familialer Lebensformen entwickelt, die sich als Teil einer interdisziplinären erklärenden F.nforschung versteht.

→ **Bevölkerung; Ehe und andere partnerschaftliche Lebensformen; Generation; Geschlecht; Kindheit; Verwandtschaft**

📖 *B.N. Adams/J. Trost* (2005): Handbook of World Families. London; *R. Bauereiss/H. Bayer/W. Bien* (1997): Familienatlas II. Opladen; *V.L. Bengtson et al.* (Hg.) (2005): Sourcebook of Family Theory and Research. London; *J. Ehmer/T.K. Hareven/R. Wall* (Hg.) (1997): Historische Familienforschung. Frankfurt a.M./New York; *R.J. Gelles* (1995): Contemporary Families. A Sociological View. Thousand Oaks; *A. Gestrich/J.-U. Krause/M. Mitterauer* (2003): Geschichte der Familie. Stuttgart; *P.B. Hill/J. Kopp* (⁴2006): Familiensoziologie. Wiesbaden; *F.-X. Kaufmann* (1995): Zukunft der Familie im vereinten Deutschland. München; *D.I. Kertzer/M. Barbagli* (Hg.) (2001): Family Life in Early Modern Times. 1500-1789. New Haven/London; *C.O. Lovejoy* (1981): The Origin of Men. Science 211: 341-350; *N. Luhmann* (⁸2009): Liebe als Passion. Frankfurt (zuerst 1982]; *M. Markefka/R. Nave-Herz* (Hg.) (1989): Handbuch der Familien- und Jugendforschung. Bd. 1: Familienforschung. Neuwied/Frankfurt a.M.; *R. Nave-Herz* (²2006): Ehe- und Familiensoziologie. Weinheim/München; *R. Peuckert* (⁶2005): Familienformen im sozialen Wandel. Wiesbaden; *H. Rosenbaum* (1993): Formen der Familie. Frankfurt a.M.; *N.F. Schneider* (2008): Lehrbuch Moderne Familiensoziologie. Opladen; *R. Sieder* (2001): Sozialgeschichte der Familie. Frankfurt a.M.; *U. Wesel* (⁹2006): Der Mythos vom Matriarchat. Frankfurt a.M.

Herrmann L. Gukenbiehl/Johannes Kopp

Figuration

Der Begriff der F. unterscheidet sich dadurch von vielen anderen theor. Begriffen der Soz., dass er die Menschen ausdrücklich in die Begriffsbildung einbezieht. Er setzt sich also mit einer gewissen Entschiedenheit von einem weithin vorherrschenden Typ der Begriffsbildung ab, die sich v.a. bei der Erforschung lebloser

Objekte, also im Rahmen der Physik und der an ihr orientierten Philosophie, herausgebildet hat. Es gibt Konfigurationen von Sternen, auch von Pflanzen und Tieren. Menschen allein bilden miteinander F.en. Die Art ihres Zusammenlebens in kleinen und großen Gruppen ist in gewisser Hinsicht einzigartig. Es wird immer durch Wissensübertragung von einer Generation zur anderen mitbestimmt, also durch den Eintritt des Einzelnen in die spezifische Symbolwelt einer schon vorhandenen F. von Menschen. Mit den vier zeiträumlichen Dimensionen unabtrennbar verbunden ist im Falle der Menschen eine fünfte, die der erlernten gesellschaftlichen Symbole. Ohne deren Aneignung, ohne z.B. das Erlernen einer bestimmten gesellschaftsspezifischen Sprache, vermögen Menschen weder sich in ihrer Welt zu orientieren, noch miteinander zu kommunizieren.

Ein heranwachsendes Menschenwesen, das keinen Zugang zu Sprach- und Wissenssymbolen einer bestimmten Menschengruppe erworben hat, bleibt außerhalb aller menschlichen F.en und ist daher nicht eigentlich ein Mensch. Das Hereinwachsen eines jungen Menschenwesens in menschliche F.en als Prozess und Erfahrung und so auch das Erlernen eines bestimmten Schemas der Selbstregulierung im Verkehr mit Menschen ist eine unerlässliche Bedingung der Entwicklung zum Menschen. *Sozialisierung* und *Individualisierung* eines Menschen sind daher verschiedene Namen für den gleichen Prozess. Jeder Mensch gleicht anderen Menschen und ist zugleich von allen anderen verschieden.

Soz. Theorien lassen zumeist das Problem des Verhältnisses von *Individuum* und *Gesellschaft* ungelöst. Wenn man davon spricht, dass Kinder durch Integration in bestimmte F.en, also etwa in Familien, Schulklassen, Dorfgemeinden oder Staaten, und so auch durch persönliche Aneignung und Verarbeitung eines gesellschaftsspezifischen Symbolschatzes zu menschlichen Individuen werden, steuert man die Gedanken zwischen den zwei großen Gefahren der soz. Theoriebildung und der Menschenwissenschaften überhaupt hindurch: zwischen der Gefahr, von einem gesellschaftslosen Individuum, also etwa von einem ganz für sich existierenden Handelnden auszugehen, und der Gefahr, ein „System", ein „Ganzes", kurzum eine menschliche Gesellschaft zu postulieren, die gleichsam jenseits der einzelnen Menschen, jenseits der Individuen existiert. Menschliche Gesellschaften haben keinen absoluten Anfang; sie haben keine andere Substanz als von Müttern und Vätern erzeugte Menschen. Aber sie sind nicht einfach kumulative Anhäufungen solcher Personen.

Das Zusammenleben von Menschen in Gesellschaften hat immer, selbst im Chaos, im Zerfall, in der allergrößten sozialen Unordnung, eine ganz bestimmte Gestalt. Das ist es, was der Begriff der F. zum Ausdruck bringt. Kraft ihrer grundlegenden Interdependenz voneinander gruppieren sich Menschen immer in der Form spezifischer F.en. Im Unterschied von den Konfigurationen anderer Lebewesen sind diese F.en nicht gattungsmäßig, nicht biol. fixiert. Aus Dörfern können

Städte werden, aus Sippen Kleinfamilien, aus Stämmen Staaten. Biol. unveränderte Menschen können veränderliche F.en bilden. Sie haben Struktureigentümlichkeiten und sind Repräsentanten einer Ordnung eigener Art und bilden dementsprechend das Untersuchungsfeld eines Wissenschaftszweiges eigener Art, der Sozialwissenschaften im Allgemeinen und so auch der Soz. Die gedankliche Schwierigkeit, der man in diesem Zusammenhang oft begegnet, beruht nicht zuletzt auf zwei komplementären Grundsachverhalten.

Einzelne Menschen leben miteinander in bestimmten F.en. Die einzelnen Menschen wandeln sich. Die F.en, die sie miteinander bilden, wandeln sich ebenfalls. Aber die Veränderungen der einzelnen Menschen und die Veränderungen der F.en, die sie miteinander bilden, obgleich unabtrennbar und ineinander verwoben, sind Veränderungen auf verschiedener Ebene und auf verschiedene Art. Ein einzelner Mensch kann eine relative Autonomie gegenüber bestimmten F.en haben, aber allenfalls nur in Grenzfällen (etwa des Wahnsinns) von F.en überhaupt. F.en können eine relative Autonomie im Verhältnis zu bestimmten Individuen haben, die sie hier und jetzt bilden, aber niemals im Verhältnis zu Individuen überhaupt. Anders ausgedrückt: Ein einzelner Mensch kann einen Freiheitsspielraum besitzen, der es ihm ermöglicht, sich von einer bestimmten F. abzulösen und sich in eine andere einzufügen, aber ob und wie weit das möglich ist, hängt selbst von der Eigenart der betreffenden F. ab. Auch können die gleichen Personen verschiedene F.en miteinander bilden (die Passagiere vor, bei und möglicherweise nach dem Schiffbruch; bürgerliche und adlige Menschen vor, während und nach der Revolution). Umgekehrt können verschiedene Menschen mit gewissen Variationen die gleichen F.en bilden (Familien, Bürokratien, Städte, Länder).

Max Weber (1864-1920) suchte dieses zentrale Problem der Soz., das der relativen Autonomie der F.en gegenüber den sie jeweils bildenden Individuen, durch den Begriff des *Idealtypus* zu lösen, also durch die Annahme, dass F.en als solche gar nicht existieren, sondern nur als idealisierende Abstraktionen von weniger geordneten Häufungen individuell Handelnder und deren ausdrücklich auf andere gerichteten Handlungen. Er sah noch nicht, dass die F.en, die Menschen miteinander bilden, ebenso real sind, wie jeder dieser Menschen für sich betrachtet.

Emile Durkheim (1858-1917) sah die Realität der F.en, aber er sah sie wie etwas außerhalb der einzelnen Menschen Existierendes; er vermochte nicht, sie mit der Existenz der einzelnen Menschen in Einklang zu bringen (oder allenfalls nur durch den Begriff der *Interpenetration* von Individuum und Gesellschaft, der sehr deutlich die Annahme einer getrennten Existenz der beiden unabtrennbaren menschlichen Daseinsebenen zeigt).

Wenn man von F.en spricht, die menschliche Individuen miteinander bilden, dann besitzt man ein Menschenbild und ein begriffliches Handwerkszeug, das wirklichkeitsgerechter ist und mit dessen Hilfe sich die traditionelle Zwickmühle der Soz.: „Hier Individuum, dort Gesellschaft", die eigentlich auf einem Spiel mit Worten oder mit Werten außerwissenschaftlicher Art beruht, vermeiden lässt.

→ **Gemeinschaft; Gesellschaft; Grundgebilde, soziale; Gruppe; Kultur und Zivilisation; Netzwerk, soziales; Prozesse, soziale; Symbol**

📖 *H.-P. Bartels* (Hg.) (1995): Menschen in Figurationen. Opladen; *P.R. Gleichmann/J. Goudsblom/H. Korte* (Hg.) (1977): Human Figurations. Essays for Norbert Elias. Amsterdam; *N. Elias* ([11]2007): Die höfische Gesellschaft. Frankfurt a.M. (zuerst 1969); *ders.* ([11]2009): Was ist Soziologie? Frankfurt a.M. (zuerst 1970); *ders.* ([6]2007): Die Gesellschaft der Individuen. In: *M. Schröter* (Hg.): Gesammelte Schriften Bd. 10. Frankfurt a.M. (zuerst 1987); *ders.* (2001): Symboltheorie. Gesammelte Schriften Bd. 13. Frankfurt a.M. (orig. 1991).

Norbert Elias

Geld

Das Wort G. geht auf ahd. „gelt" zurück, das Zahlung bzw. Zahlungsmittel bedeutet. G. besitzt drei Funktionen: (1) es stellt ein in einer Gesellschaft allgemein anerkanntes, universell geltendes Tauschmittel dar; (2) es fungiert als wirtschaftl. Wertmesser der Preise von Gütern und Leistungen; (3) durch seinen Sachwert oder – häufiger – durch die Garantie des symbolisch verkörperten Wertes kann G. auch die Funktion eines Wertspeichers übernehmen.

Die soziokulturelle Entwicklung des G.es ist nach Georg Simmel (1858-1918) durch eine schrittweise Ersetzung von Substanzen durch Funktionen gekennzeichnet. Ursprünglich war G. eine „dritte Ware", die den entsprechenden Wert nicht symbolisierte, sondern selbst eine „universell" tauschbare Ware war. Diesem Wareng. in Form von Naturg. (Vieh oder Muscheln), Schmuckg. (Ringg. oder Steing.). und Nutzg. (z.B. Pelze, Nahrungs- und Genussmittel) kamen in archaischen Gesellschaften neben der Verwendung als Tauschmittel noch weitere, insbes. kultische Funktionen zu. Die Einführung von Metallg. muss als wesentliche Innovation gewertet werden, da nun die kultische Dimension von G. nur noch durch Aufprägungen auf der Münze symbolisiert wurde. Mit der Zeit kam es zu einer Säkularisierung der Darstellungen auf Münzen. Gleichwohl blieb der „substanzielle Warenwert" des Münzg.es durch das verwendete Edelmetall erhalten. Dies wurde erst durch die Einführung von Papierg. überwunden, da nun lediglich der Wert des G.es repräsentiert wird, was dessen Institutionalisierung voraussetzt.

Mit der Abkehr von der stofflichen Wertdeckung begann unter staatlicher Autorisierung der Abstraktionsprozess von Barg. hin zum sog. Giralg. (Kreditg. oder Guthabeng.), das in Form von Überweisungen, Schecks und Scheckkarten fast vollständig imaterialisiert ist. Gerade an der letztgenannten Entwicklung wird deutlich, dass sich dadurch auch die sozialen Umgangsweisen mit G. grundlegend geändert haben.

Die sozialen Wirkungen der Verwendung von G. anstelle des Naturaltauschs eröffnete zugleich Möglichkeiten gesellschaftlicher Differenzierung und die Verdichtung und Vervielfachung sozialer *Interaktionen*. Unzweifelhaft erhält G. erst im Hinblick auf soziale Interaktionen Sinn, ist G.gebrauch nicht nur wirtschaftl., sondern allgemein am erwarteten Verhalten anderer orientiertes soziales Handeln.

In der im G. vorgenommenen Bewertung erlangen Sachen den Charakter von Waren, was Karl Marx (1818-1883) mit der Verwandlung des Gebrauchswertes in den Tauschwert ausgedrückt hat. Dies bezieht sich nicht nur auf Ver- und Gebrauchsgüter, sondern auch z.B. auf die menschliche Arbeit, die nun als Ware erscheint. In G. wird zugleich Arbeitsleistung abgegolten und damit einerseits für den (Lohn-)G.empfänger die Voraussetzung zur Beteiligung am gesellschaftlichen Alltag geschaffen sowie andererseits dem Unternehmer die Erwirtschaftung eines Mehrwerts eröffnet. Georg Simmel (1858-1918) sah im G. die reinste Form der modernen „Verstandesherrschaft", die sich als Druck des „Objektiven" über das Subjektive manifestiert. Indem G. die Vielfalt der Dinge aufwiegte, qualitative Unterschiede in quantitativ messbare transformierte, werde es zum „fürchterlichsten Nivellierer" der Moderne. Denn der Kern der Dinge, ihre jeweilige Eigenart wird gleichgemacht. Indem sich die Menschen dieses Mediums bedienen, wird die Wirkweise des G.es auf ihre Formen des Umgangs mit der Welt und mit den Mitmenschen sowie auf ihre Werthaltungen und Lebenseinstellungen übertragen.

Für Talcott Parsons (1902-1979) besitzt G. die Funktion eines sog. symbolisch generalisierten *Mediums*. Nach Parsons weisen derartige Medien eine Reihe von Eigenschaften auf: Symbolcharakter, Zirkulationsfähigkeit, spezifische Sinnbedeutung und Wirkungsweise sowie eine regulative und integrative Funktion. Unter Weiterführung von Parsons sieht Niklas Luhmann (1927-1998) im G. das Medium, mittels dessen die binäre Codierung von Zahlung und Nicht-Zahlung effizient vonstatten geht. Dabei besitzt das G. einen Selektionswert, indem es bestimmt, was gekauft wird, und einen Motivationswert, indem es Motive für Zahlungen einfordert. Schließlich kommt dem G. nach Luhmann noch eine Beruhigungsfunktion für Dritte zu; denn Unbeteiligte können nun den Kauf von Dingen, die auch für sie erstrebenswert sind, gelassen beobachten, da für den Erwerb ein marktmäßiger Preis gezahlt wird.

Die institutionelle Verwaltung des G.es erfolgt im Bankwesen, dem insbes. auch die Vermittlungs- und Verteilungsfunktion akkumulierter G.mengen zu produktiven Zwecken (Kapital) obliegt, aus deren Wirken sich der volkswirtschaftliche G.wertausdruck im internationalen Vergleich (Währung) ableitet. Von Stabilität oder Veränderung des G.wertes (starke Verminderung = Inflation) hängt nicht nur das Vertrauen oder die Verunsicherung des zukunftsbedeutsamen Handelns der Wirtschaftssubjekte ab (Sparen, Investieren), sondern es können davon massive Einflüsse auf kollektive soziale Verhaltensmuster ausgehen.

Durch die Ausdifferenzierung und Internationalisierung der G.politik sowie durch den neuen Finanzkapitalismus haben die Finanzwirtschaft (insbes. die Zentralbanken und Börsen) einen Funktionswandel und eine drastische Einflusssteigerung sowohl innerhalb der Wirtschaft, als auch bezüglich der Gesellschaft erfahren. Dies wird nicht nur dadurch deutlich, dass die pol. und ökon. Akteure ihre Entscheidungen mehr und mehr von Wechselkursschwankungen und Leitzinsänderungen abhängig machen, sondern auch an gesellschaftlichen Effekten wie dem Börsenboom der 1990er Jahre in den USA. Diese und weitere Phänomene führen dazu, dass Wirtschaftsprozesse und ihre gesellschaftlichen Auswirkungen dynamischer, vernetzter und unvorhersehbarer werden.

G.krisen, Börsencrashs, Leitzinserhöhungen und Wechselkurseinbrüche führen vor Augen, welche Wirkungen die monetäre Sphäre auf nationalstaatliche Gesellschaften auslösen kann: nämlich privilegierende und diskriminierende Effekte auf die Sozialstruktur, transformierende Einflüsse auf die gesellschaftlich etablierten Normen und Werte sowie weit reichende Eingriffe in die Lebensentwürfe von Menschen.

→ **Universalien, soziale; Wirtschaft**

📖 *K. Heinemann* (1969): Grundzüge einer Soziologie des Geldes. Stuttgart; *N. Luhmann* (2008): Die Wirtschaft der Gesellschaft. Frankfurt a.M. (zuerst 1988); *T. Parsons/N.J. Smelser* (1984): Economy and Society. Boston; *G. Schmölders* (1982): Psychologie des Geldes. München; *G. Simmel* (2009): Philosophie des Geldes. Köln (zuerst 1900); *W.Weimer* (1994): Geschichte des Geldes. Frankfurt a.M.

Roger Häußling/Hans Joachim Klein

Gemeinschaft

einer der am häufigsten verwandten Begriffe zur Bezeichnung jener Formen menschlichen Zusammenlebens, die als besonders eng, vertraut, aber auch als ursprünglich und dem Menschen „wesensgemäß" angesehen werden; seit der Arbeit von Ferdinand Tönnies (1855-1936) über „Gemeinschaft und Gesellschaft" (1887) ein Grundbegriff der Soz., mit dem die nicht-gesellschaftlichen Formen des Soziallebens bezeichnet werden.

Tönnies ging im o.g. Werk davon aus, dass alle *sozialen Gebilde* als G. oder *Gesellschaft* bzw. als Abwandlungen und Differenzierungen dieser zwei Grundtatbestände des sozialen Lebens erklärt werden können. G. und Gesellschaft stehen, zumal seit der Herausbildung der modernen bürgerlich-industriellen und sozialistisch-industriellen Gesellschaft, in einem dauernden Spannungsverhältnis: Gemeinschaftliche Verhältnisse zeigen Tendenzen der *Vergesellschaftung* und umgekehrt zeigen gesellschaftliche Sozialformen Tendenzen der *Vergemeinschaftung* (Familismus oder Kameraderie z.B. in der Politik). „Vergesellschaftung" und „Vergemeinschaftung" sind Wortschöpfungen, die Max Weber (1864-1920) im Anschluss an Tönnies prägte.

Nach Tönnies ist G. überall dort, „wo immer Menschen in organischer Weise durch ihren Willen miteinander verbunden sind und einander bejahen". Als ihre ursprünglichen Formen nennt Tönnies Verwandtschaft, Nachbarschaft und Freundschaft. Beeinflusst von der Philosophie Arthur Schopenhauers (1788-1860) macht Tönnies für die „besondere soziale Kraft und Sympathie, die Menschen als Glieder eines Ganzen zusammenhält", eine verbindende, dem Menschen natürliche Willensgestaltung verantwortlich. „Natürlich" heißt aber nicht, dass sich gemeinschaftliche Sozialverhältnisse von selbst einstellen: Ohne den Willen der Menschen zur G. (und erst recht zur Gesellschaft) geht es nicht.

Nach Tönnies und einer weit verbreiteten Auffassung hat G. jene Qualitäten, die in der allgemeinen Wertordnung und Sittenlehre als besonders wichtig und erstrebenswert für das Zusammenleben der Menschen eingestuft werden: Gemeinschaftliche Verhältnisse sind der Idealvorstellung nach gekennzeichnet durch Nähe, Gefühlstiefe, Solidarität, Hilfsbereitschaft. Mit diesem dichten Beziehungsnetz einher geht eine erhöhte soziale Kontrolle.

G. hat etwas „Eingelebtes", Selbstverständliches. Formen des gemeinschaftlichen Zusammenlebens müssen nicht organisiert und veranstaltet werden; sie stehen mit der Mutter-Kind-Beziehung als Urverhältnis am Beginn der Soziabilität des Menschen. Das „Aufrechnen" von Leistungen, das in der Gegenwartsgesellschaft auch für Zweierbeziehungen immer typischer wird, ist der G. fremd. Wer zu ihr gehört, hat Geborgenheit und Schutz, aber auch die moralische Verpflichtung, etwas für die G. zu leisten. Auch Konflikte und vorübergehende Trennungen können der gefühls- und willensmäßig tief verankerten Solidarität der G. nichts anhaben.

Typische G.en sind durch Blutsbande (Familie, Verwandtschaft), Intimität (Ehe, Freundschaft) oder räumliche Nähe (Nachbarschaft, Dorf) geprägt; aber auch jene sozialen Gebilde fallen darunter, die durch gemeinsames Tun oder gemeinsamen Besitz entstehen: Arbeits- und Jagdg.en, Marktgenossenschaften, Zünfte usw. Auch Städte können G.en sein, solange sie durch religiöse Bindungen, gemeinsame Traditionen und Sitten geprägt sind (nach Tönnies „wesensmäßig gewollt werden"). Für die seit der zweiten Hälfte des 19. Jh.s sich herausbildenden Industriestädte waren diese Voraussetzungen aber nicht mehr gegeben.

Sozialgeschichtlich dient bereits bei Tönnies der Begriff G. dazu, den Wechsel in den grundlegenden Sozialverhältnissen deutlich zu machen: von gemeinschaftlichen zu gesellschaftlichen Strukturen. Dies hat seit Herausbildung der modernen Gesellschaft immer wieder dazu geführt, den Wert der G. gegenüber dem der Gesellschaft besonders zu betonen. Nach Anfängen in der Romantik war es dann verschiedenen sozialen Bewegungen vorbehalten, die ihre G. gegen die anonyme, abstrakte „pol." Gesellschaft auszuspielen, in der dt. *Jugendbewegung* ebenso wie in den Bünden der 20er Jahre des 20. Jh.s (wobei nach Hermann Schmalenbach die Bünde neben der G. und der Gesellschaft als eine dritte, grundlegende Sozialform bestimmt werden können. Ein *Bund* greift über die einzelne G., z.B. eine Jugendgruppe, hinaus; er ist eine größere Sozialgruppe, deren Mitglieder durch Erleben gemeinsamer Ziele und Wertvorstellungen, ggf. Begeisterung für einen Führer, sich zusammenschließen).

Der G.sgedanke spielte seit der Jugendbewegung in sozialen Bewegungen immer wieder eine große Rolle. In der Kultur- und Gesellschaftskritik wurde die G. der Familie als „Keimzelle der Gesellschaft" besonders hervorgehoben.

Seit Beginn der 1970er Jahre hat sich der Begriff der *Gruppe* (v.a. der Primärgruppe) als „die" Form gemeinschaftlichen Lebens stark in den Vordergrund gedrängt (Schäfers 2002). Es gab, zumal in Dtld., sicher gute Gründe, den v.a. im Nationalsozialismus missbrauchten G.sbegriff durch den neutraleren der Gruppe zu ersetzen (bereits 1924 hatte Helmuth Plessner in „Grenzen der G." vor den Gefahren einer Überbewertung des G.sgedankens gewarnt und in der Denunziation des Gesellschaftlichen eine besondere Gefahr für die Weimarer Demokratie gesehen).

Es hat zahlreiche Versuche gegeben, die von Tönnies entwickelte Begrifflichkeit von G. und Gesellschaft für die soz. Arbeit zu systematisieren, wovon Talcott Parsons' Ansatz, die stärker gemeinschaftlichen und die stärker gesellschaftlichen Orientierungsformen des sozialen Handelns *(pattern variables)* herauszuarbeiten, der bekannteste ist.

Seit den 1980er Jahren wurde der G.sbegriff über die v.a. in den USA entwickelte Theorie des kommunitären Gemeinsinns aktualisiert (Honneth 1995).

Kommunitarismus bedeutet hierbei, in bewusster Anknüpfung an Tönnies, eine Betonung notwendiger Gemeinschaftlichkeit gegenüber den Tendenzen eines antagonistischen, isolierenden Individualismus. Calhoun (1991) spricht in einer weiten Definition des Begriffs von imaginierten G.en, bezugnehmend auf Fragen des Nationalismus und der ethnischen Zugehörigkeit. G.en basieren danach auf einer gemeinsamen Identität, nicht auf direkten interpersonalen Beziehungen.

→ **Anthropologie; Gesellschaft; Grundgebilde, soziale; Gruppe**

C. *Calhoun* (1991): Indirect Relationships and Imagined Communities. In: *P. Bourdieu/J. Coleman* (Hg.): Social Theory for a Changing Society. New York: 95-121; *L. Clausen/C. Schlüter* (Hg.) (1991): Hundert Jahre „Gemeinschaft und Gesellschaft". Opladen; *A. Deichsel* (1981): Gemeinschaft und Gesellschaft als analytische Kategorien. In: *L. Clausen/F.U. Pappi* (Hg.): Ankunft bei Tönnies. Kiel: 33-41; *A. Honneth* (Hg.) (³1995): Kommunitarismus. Eine Debatte über die moralischen Grundlagen moderner Gesellschaften. Frankfurt a.M./New York; *R. König* (1955): Die Begriffe der Gemeinschaft und Gesellschaft bei F. Tönnies. KZfSS 7: 348-420; *B. Schäfers* (Hg.) (³1999): Einführung in die Gruppensoziologie. Stuttgart; *H. Schmalenbach* (1922): Die soziologische Kategorie des Bundes. In: *W. Strich* (Hg.): Die Dioskuren. Jahrbuch für Geisteswissenschaften. Bd. 1, München: 35-105; *F. Tönnies* (2005): Gemeinschaft und Gesellschaft. Darmstadt (zuerst 1887).

Bernhard Schäfers/Bianca Lehmann

Generation

in Anlehnung an Karl Mannheim (1893-1947) die Gesamtheit der ungefähr Gleichaltrigen (G.enlagerung), die wichtige hist.-gesellschaftliche Erfahrungen in einem ähnlichen Alter gemeinsam erleben (G.enzusammenhang) und diese in ähnlicher Weise verarbeiten, deuten und darauf reagieren (G.seinheiten). Ergebnis ist die Herausbildung spezifischer Werthaltungen, Orientierungen, Einstellungen und Handlungsmuster, die eine G. von anderen G.en unterscheidet. Vor dem Hintergrund dieser gemeinsamen Sozialisationserfahrungen eint die Mitglieder einer G. das Gefühl der Zusammengehörigkeit bzw. der Gleichartigkeit (G.sbewusstsein, G.sidentität).

Der soz. Begriff G. geht insofern über den sozialstatistischen Begriff der *Kohorte* hinaus, da dieser – im Sinne der G.enlagerung – nur die Gesamtheit jener Personen umfasst, die sich in einem ähnlichen Alter befinden und insofern wichtige Statuspassagen zur gleichen Zeit durchlaufen (Geburt, Heirat, Berufseintritt etc.). Problematisch ist die unscharfe Verwendung des Begriffs G.: So werden sowohl G.en im Sinne Mannheims thematisiert als auch G.en als Kohorte beschrieben, z.b. bei der Diskussion um den wohlfahrtsstaatlichen G.envertrag, der die Kohorten im erwerbsfähigen Alter denen im nichterwerbsfähigen Alter gegenüberstellt.

Trotz der z.T. unscharfen Definition hat der G.sbegriff in den letzten Jahren an Bedeutung gewonnen: in der Öffentlichkeit (z.b. „Generation Golf", „Generation @") und im wissenschaftlichen Diskurs (vgl. u.a. Jureit/Wildt 2005; Künemund/Szydlik 2009).

Die Zugehörigkeit zu bestimmten G.en beeinflusst die Wertvorstellungen und Handlungsorientierungen der Individuen. G.en als Vermittler zwischen *Individuum* und *Gesellschaft* haben insofern in ihrer sozialisatorischen Funktion eine grundlegende Bedeutung für die Identitätsentwicklung. Der G.sbegriff verknüpft die sozialstrukturellen Bedingungen der jeweiligen Gesellschaft und deren hist. Wandel über die Altersschichtungen und deren Verlaufsmuster mit dem Lebenslauf von Personen.

Dabei gehören Individuen nicht nur einer G. an, sondern sind gleichzeitig Mitglieder verschiedener sozial-räumlicher und sozial-zeitlicher G.en, wobei diese Mitgliedschaften individuell unterschiedlich stark bewusst sind. Diese multiplen Zugehörigkeiten beeinflussen sich wechselseitig und haben ebenso Einfluss auf das Denken und Handeln der Individuen wie die Zugehörigkeit zu anderen sozialen Kategorien, z.b. Geschlecht oder Religion (Lüscher 1995).

G.en konstituieren sich in Abgrenzung zu anderen G.en; sie stehen zueinander in einem bestimmten Verhältnis und unterliegen einer spezifischen Ordnung sozialer Beziehungen. Dabei lassen sich aber nicht zwangsläufig klare Abgrenzungen zwischen den einzelnen G.en ziehen, vielmehr sind die Übergänge fließend. Während die intergenerationellen Beziehungen in der Familie bestimmt sind durch die Interaktion angebbarer Individuen, stehen auf der gesellschaftlichen Ebene G.en als Gruppierungen in Beziehung; man spricht in diesem Zusammenhang auch von G.enverhältnissen.

G.sbeziehungen sind dynamischer Natur: G.en folgen aufeinander, lösen einander ab. Der Wechsel der jeweils dominierenden (Erwachsenen-)G. durch jüngere G.en kann unter dem Aspekt des *sozialen Wandels* betrachtet werden, insofern mit diesem Wechsel auch ein Wandel in den vorherrschenden gesellschaftlichen Wertsystemen und Handlungsmustern verbunden ist. Umgekehrt ist zu erwarten, dass mit rasantem gesellschaftlichen Wandel eine schnellere G.enfolge mit geringeren Altersabständen verbunden ist. Insofern der Wechsel von G.en auch eine Neuordnung sozialer Positionen, vorherrschender Wertvorstellungen und sozialer Güter impliziert, beinhalten intergenerationelle Beziehungen immer auch eine Komponente der Herrschaft, der Asymmetrie von Autorität, in sich.

Von dem auf kollektive sozial-hist. Gruppierungen bezogenen G.sbegriff lässt sich ein genealogischer G.sbegriff unterscheiden, der sich auf die verwandtschaftliche Abstammungsfolge bezieht: In Familien entsteht mit der Geburt eines Kindes eine neue G. Die Zugehörigkeit zu einer Familieng. ergibt sich damit qua Geburt. G.en finden sich also sowohl auf der mikrosozialen Ebene der Familie als auch auf der makrosozialen Ebene der Gesellschaft.

Es lassen sich vier Formen von G.sbeziehungen unterscheiden (vgl. Höpflinger 1999):

1. Eine lange Tradition hat die These, dass das Verhältnis der G.en zueinander zwangsläufig konflikthaft sei. Dieser Konflikt basiert auf den unterschiedlichen Interessen und/oder Wertvorstellungen der einzelnen G.en, welche miteinander unvereinbar sind. Überspitzte Aussagen z.B. über den „Krieg der Generationen" verdeutlichen die Relevanz dieser These in der Öffentlichkeit.

2. Der entgegengesetzte Ansatz geht von solidarischen Beziehungen zwischen den G.en aus. Vorteile einer G. bedingen nicht grundsätzlich Nachteile für eine andere G., sondern die G.en profitieren voneinander. Vorstellungen der gegenseitigen Unterstützung finden sich v.a. in der Familiensoz., welche solidarisches Verhalten in langfristiger Perspektive als wechselseitigen Prozess mit variierenden Empfänger- und Geber-G.en und vielfältigen Unterstützungsleistungen betrachtet (Bengston 2002, Hollstein 2005, Szydlik 2000).

3. Das Modell der Segregation geht davon aus, dass G.en relativ unabhängig voneinander existieren. In erster Linie stehen die Mitglieder einer G. untereinander in Kontakt, intergenerationelle Beziehungen haben dagegen eine nur sehr geringe Bedeutung; am ehesten für den Freizeit- oder auch Freundeskreis kann dieses Konzept angenommen werden.

4. Eine grundsätzliche Ambivalenz im Verhältnis familialer G.en postulieren Lüscher und Liegle (2003). Danach sind Beziehungen zwischen den G.en nicht einseitig durch Solidarität, Konflikt o.ä. gekennzeichnet, sondern werden durch verschiedene Spannungen charakterisiert. Dazu gehören Spannungen hinsichtlich der Autorität und Abhängigkeit der G.en, der z.T. gegensätzlichen Normen der Gestaltung intergenerationeller Beziehungen sowie zwischen Eigeninteresse und Solidarität. Der Umgang mit diesen Ambivalenzen ist grundlegender Bestandteil intergenerationeller Beziehungen.

Im Zuge der steigenden Lebenserwartung nimmt die Bedeutung der Beziehungen zwischen den G.en sowohl auf der familialen als auch der gesellschaftlichen Ebene zu. Zum einen verlängert sich die gemeinsame Lebenszeit von G.en, zum anderen steigen die Zahl und damit die Vielfalt gleichzeitig existierender G.en. Gerade vor dem Hintergrund des demographischen Wandels und der damit verbundenen Diskussion um die Grenzen des Wohlfahrtsstaats gewinnen so z.B. die in der Familie gelebten G.sbeziehungen als Unterstützungsnetzwerk an Bedeutung. Man spricht in diesem Zusammenhang auch von einer Funktionserweiterung der Familie (s. Solidarität).

→ **Alter; Familie; Gesellschaft; Jugend; Kindheit; Lebenslauf; Wandel, sozialer**

📖 *J. Alber/A. Blome/W. Keck* (2007): Generationsbeziehungen im Wohlfahrtsstaat. Wiesbaden; *V. L. Bengtson et al.* (2002): Solidarity, conflict and ambivalence. Complementary or competing perspectives on intergenerational relationships? Journal of Marriage and Family 64: 568-576; *F. Höpflinger* (1999): Generationenfrage – Konzepte, theoretische Ansätze und Beobachtungen zu Generationenbeziehungen in späteren Lebensphasen. Lausanne (http://www.mypage.bluewin.ch/hoepf/fhtop/Generationenfrage.pdf, 13.03.2006); *B. Hollstein* (2005): Reziprozität in familialen Generationenbeziehungen. In: *F. Adloff/S. Mau* (Hg.): Vom Geben und Nehmen. Frankfurt a.M.: 187-209; *U. Jureit/M. Wildt* (Hg.) (2005): Generationen. Hamburg; *M. Kohli/M. Szydlik* (2000): Generation in Familie und Gesellschaft. Opladen; *H. Künemund/M. Szydlik* (Hg.) (2009): Generationen, Multidisziplinäre Perspektiven. Wiesbaden; *K. Lüscher* (^{2}1995): Generationenbeziehungen– Neue Zugänge zu einem alten Thema. In: *ders./F. Schultheis* (Hg.): Generationenbeziehungen in „postmodernen" Gesellschaften. Konstanz: 17-47; *ders./L. Liegle* (2003): Generationenbeziehungen in Familie und Gesellschaft. Konstanz; *K. Mannheim* (1928): Das Problem der Generationen. Kölner Vierteljahreshefte für Soziologie: 125-185; *M. Szydlik* (2000): Lebenslange Solidarität, Opladen.

Bianca Lehmann

Geschlecht

ist zunächst ein Kriterium der Einteilung der Bevölkerung in weibliche und männliche Individuen. In den meisten uns bekannten Gesellschaften ist das G. neben dem Alter eine mit der Geburt festliegende Dimension sozialer Strukturierung, damit auch ein Bezugspunkt für die Zuweisung von sozialem Status. Für Wort und Begriff „G." wird in den dt. Sozialwissenschaften inzwischen häufig das engl. Begriffspaar „*sex*"/„*gender*" eingesetzt. „*Sex*" bezieht sich dabei auf das biol., leibliche G., „*gender*" auf das soziale, das zugeschriebene oder interaktiv angeeignete G. Ursprünglich sollte die Differenzierung von „*sex*" versus „*gender*" darauf hinweisen, dass biol. G. und G.sidentität auseinanderfallen können. In den 1970er Jahren griff der Feminismus diese Differenzierung auf, um das sozial Konstruierte des G.lichen hervorheben und Aussagen über die Natur der Frau zurückweisen zu können.

Tatsächlich prägt die Einteilung nach dem G. – genauer: nach zwei sich ausschließend gedachten G.ern – immer noch fast das gesamte soziale und kulturelle
Leben einer Gesellschaft. Diese Universalität der bipolaren geschlechtlichen Differenzierung wurde häufig auf biol.-natürliche Unterschiede zurückgeführt. Dabei
scheint es eher umgekehrt zu sein: Biol. Unterschiede (*sex*) werden sozial fixiert
und zum Ausgangspunkt für eine weitgehende Durchregelung von dann als „typisch weiblich" oder „männlich" zu geltenden Verhaltensweisen (*gender*) genommen. Derartige Standardisierungen der G.scharaktere und -verhaltensweisen lassen
sich weit mehr aus den Gestaltungsprinzipien der jeweiligen Gesellschaftsordnung
verstehen als von biol. Unterschieden ableiten. Helmut Schelsky (1912-1984) bezeichnete in diesem Zusammenhang die G.stypisierung als „soziale Superstruktur".
Er betonte auch, dass G.sunterschiede keine soziale Ungleichheit im Sinne einer
Minderbewertung des weiblichen G.s, wie bis heute manchmal noch üblich, rechtfertigen.

Die Polarisierung der G.scharaktere und die Naturalisierung dual gedachter
G.sunterschiede – damit sind der Glaube an ihre Naturgegebenheit und die vielen
Versuche, G.sunterschiede biol. zu begründen, gemeint – sind jüngeren Ursprungs.
Sie sind ein Produkt des hist. Wandels der G.erverhältnisse im 19. Jh., Produkt
auch der damals entstehenden „Wissenschaften vom Menschen". Die Vorstellung
getrennter „Sphären" wurde von Männern ausgearbeitet und verbreitet, als sich die
traditionell segregierte (geteilte) Welt von Frauen und Männern auflöste. Die sich
entwickelnde zentralisierte Warenproduktion zerriss die in der Familienproduktion
übliche komplizierte Balance in der Aufteilung von Zuständigkeiten zwischen den
G.ern. Sie verfestigte statt dessen geschlechtsspezifisch Zuweisungen, die sich
zunehmend vom Prinzip der unmittelbaren Ergänzung aller verfügbaren, männlichen wie weiblichen, Kräfte ablösten und zu quasi natürlichen Eigenschaften des
G.s wurden.

Die Umwandlung der *Arbeitsteilung* zwischen Mann und Frau von einer sinn-
vollen Ergänzung an sich getrennter Bereiche in die nun strikt getrennten Bereiche
der männlichen Lohnarbeit auf einer, der weiblichen Hausarbeit auf der anderen
Seite (zumindest auf der Ebene der Norm/des Sollens) machte die Abhängigkeit
der Lohnarbeit von der Hausarbeit und damit auch die Leistungen der Frau un-
sichtbar. Um die Gattin und Mutter im Haushalt rankten sich von nun an nicht nur
Mythen aller Art. Sie sollte auch bald angesichts der Gefahren, die die außerhäusli-
che Lohnarbeit für ihren Leib, ihre Seele und die Häuslichkeit bedeuteten, als besonders schutzbedürftiges G. gelten. Bis in die jüngste Zeit bewahrten die verschiedensten Arbeitsschutzbestimmungen, auch sozialrechtliche Regelungen, Ehe-
frauen und Mütter davor, wie Männer erwerbstätig sein zu müssen; sie hinderten
sie aber auch daran, es diesen gleichzutun. Inzwischen wird von erwerbsfähigen
Frauen, unabhängig vom Familienstand, erwartet, dass sie auch erwerbstätig sind.

Erwartungen an die Erwerbsbereitschaft, ansatzweise auch an die Familienarbeit, sind geschlechtsneutraler geworden.

G.stypisierungen sind nur ein Ausschnitt aus der fast unbeschränkten Variabilität des Geschlechtlichen. Dies belegen ethnol. Studien. Auch die Biologie klassifiziert das G. weniger trennscharf, als unser Alltagsverständnis es bis heute fast immer tut. So spricht einiges dafür, G. (*sex*) als Kontinuum zu betrachten, auf dem sich weibliches und männliches G. (*sex*) nicht wechselseitig ausschließen, sondern G. je nach Kriterium, das für die G.sbestimmung herangezogen wird (z.B. dem Hormong.), und je nach Kombination solcher Kriterien unterschiedlich ausfallen kann.

Wenn überhaupt, dann verwendeten die Sozialwissenschaften statt „G." das Konzept der „G.srolle(n)". Damit wurden die für beide G.er je unterschiedlich festgelegten, auf vielfältige Weise kontrollierten Verhaltensmuster bezeichnet. Die G.srolle umfasste die sexuelle und die soziale Rolle von Frau und Mann, wobei davon ausgegangen wurde, dass die *soziale Rolle* als soziale Superstruktur auch die sexuelle Rolle prägte. Die in den 1970er Jahren entstehende Frauenforschung kritisierte zunächst die begriffliche Verknüpfung von G. und Rolle: G. sei v.a. für Frauen eine viel tiefergreifende und kaum wandlungsfähige soziale Zuschreibung als das, was in der Sprache des Schauspiels und der Soz. mit Rolle bezeichnet werde; zudem lege das Rollenkonzept nahe, Frau und Mann seien zwar anders, dennoch gleich, was tatsächliche Machtverhältnisse verschleiere; der Strukturaspekt komme zu kurz – niemand spreche von einer Klassen- oder Rassenrolle.

Die Kritik zielte auf die G.sverhältnisse, auf die ungleiche Verteilung von Ressourcen (Macht, Geld, Teilhabe) zwischen den G.ern Sie rüttelte zwar nicht an der biol. Zweig.lichkeit, der naturgegebenen Existenz zweier G.er; indem sie aber deren hist.-gesellschaftliche Bedingtheit und Variabilität betonte, sprach sie der geschlechtsspezifischen Leiblichkeit, der physischen Natur der G.er, jeglichen Einfluss auf das soziale Schicksal ihres Trägers/ihrer Trägerin ab. Mit der Differenzierung zwischen „sex" und „gender" sollte auf diese Leerstelle in der Analyse von G. verwiesen werden.

In den 1990er Jahren rückte, angestoßen von der konstruktivistischen Wende im englischsprachigen Feminismus und seiner Frage nach dem *„doing gender"*, das physische G. unmittelbar in den Bereich des hist.-gesellschaftlich Gemachten und Machbaren. So analysieren z.B. empirische Studien zur Transsexualität, wie G.erdifferenz interaktiv hergestellt, zugeschrieben und angeeignet wird. Einige dem *doing-gender*-Ansatz verpflichtete Studien fragen, weshalb sich die Bipolarität der G.er im Konstruktionsprozess immer wieder durchsetzt und welche Rolle die sozial konstruierte Zweigeschlechtlichkeit für die Aufrechterhaltung von Machtpositionen spielt. Andere betonen wiederum die Widersprüchlichkeit und Beweglichkeit der G.sbedeutungen, die man auch als Zeichen des Bedeutungsverlusts von G. als sozialer Kategorie interpretieren kann. Jedenfalls haben Individualisierungstheorie und Konstruktivismus in den letzten Jahren zur Vervielfältigung und Relativierung von G. hin zu einer großen Beliebigkeit von G.ernorm und -attribution beigetragen. Beide Ansätze gehen tendenziell an der Wirklichkeit konsensuell praktizierter G.snormen vorbei; es fällt ihnen auch schwer, die Natur des Menschen in die Gesellschaft hereinzuholen und auf die leiblich gebundene soziale Verwundbarkeit von Frauen, von Kindern oder alten Menschen (nicht nur) in einer individualistischen Wettbewerbsgesellschaft aufmerksam zu machen.

→ **Anthropologie; Familie; Rolle, soziale, Ungleichheit**

📖 *R. Becker-Schmidt/G.A. Knapp* (⁴2007): Feministische Theorien. Hamburg; *R. Eckert* (Hg.) (1989): Geschlechtsrollen und Arbeitsteilung. München; *K. Hausen* (1976): Die Polarisierung der „Geschlechtscharaktere". In: *W. Conze* (Hg.): Sozialgeschichte der Familie in der Neuzeit Europas. Stuttgart: 363-393; *S. Leitner/I. Ostner/M. Schratzenstaller* (Hg.) (2004): Wohlfahrtsstaat und Geschlechterverhältnis im Umbruch. Wiesbaden; *J. Lorber/S. Farell* (Hg.) (1991): The Social Construction of Gender. London; *OECD* (2002): Women at work, who they are and how are they faring. In: *ders.* (Hg.): Employment Outlook. Paris: 61-125; *H. Schelsky* (1977): Soziologie der Sexualität. Reinbek (zuerst 1955).

Ilona Ostner

Gesellschaft

bedeutet dem Wortursprung nach „Inbegriff räumlich vereint lebender oder vorübergehend auf einem Raum vereinter Personen" (Geiger 1988).

Die Komplexität des Begriffes lässt sich nur durch folgende Differenzierungen erfassen: 1.) G. ist eine Bezeichnung für die Tatsache der Verbundenheit von Lebewesen (Menschen; Tiere; Pflanzen); 2.) als menschliche G. eine Vereinigung zur Befriedigung und Sicherstellung gemeinsamer Bedürfnisse; 3.) i.e.S. jene Form des menschlichen Zusammenlebens, die seit der frühen Neuzeit als bürgerliche G., als nationale und industrielle G. einen die individuelle Erfahrungswelt übersteigenden Handlungsrahmen entwickelte (des Rechts, der Ökon., des Zusammenlebens in großen Städten, der Kommunikation usw.) und in einen immer stärkeren Gegensatz zu den gemeinschaftlichen Formen des Zusammenlebens geriet; 4.) eine größere *Gruppe*, deren spezifischer Zweck mit dem Begriff G. hervorgehoben wird, z.B. Abendg., Reiseg., Tischg.; in der Form einer organisierten Zweckvereinigung und i.d.R. rechtsförmig ausgestaltet als Aktieng., G. der Wissenschaften, G. der Musikfreunde, G. Jesu (Jesuiten); 5.) in der Sprache der Theorien des sozialen Handelns und sozialer Systeme (T. Parsons; N. Luhmann): alle Interaktionssysteme mit Steuerungsfunktionen für gesellschaftliche Teilsysteme wie Familie, Schulen, Wirtschaft usw.; 6.) in einem hist. sich wandelnden Verständnis eine Bezeichnung für die kulturell und/oder pol. tonangebenden Kreise, von der Adelsg. zur „guten G." bzw. *high society*; 7.) in wortursprünglicher Verwandtschaft mit Geselligkeit das gesellige Beieinandersein ganz allgemein: „eine G. geben"; jemandem „G. leisten".

Der Mensch als Gattungswesen ist auf das Zusammenleben und -wirken mit anderen angewiesen; so erklärte schon Aristoteles (384-322 v. Chr.) die Entstehung von G. (der antiken Polis) aus der „geselligen Natur" des Menschen einerseits, aus dem wechselseitigen Angewiesensein auf die unterschiedlichen (arbeitsteiligen) Fähigkeiten der Menschen zur Befriedigung ihrer Bedürfnisse andererseits. Über die längste Phase der Menschheitsgeschichte waren G.en – wie noch heute in vielen Regionen Asiens, Amerikas, v.a. Afrikas, Melanesiens und Polynesiens – als *Stammesg.* organisiert.

Entsprechend dem uneinheitlichen Gebrauch des Begriffes *Stamm* in der Ethnologie umfasst eine Stammesg. Angehörige gleicher Abstammung, Sprache und Kultur; oder es handelt sich um überschaubare G.sformen, die maximal 700 bis ca. 1500 Menschen umfassen. Die pol. und die soziale Integration können differieren. Im ersten Fall ist der Übergang vom Stamm zum *Volk* und seinen großgesellschaftlichen und später nationalstaatlichen Organisationsformen fließend; im zweiten Fall ist Stamm ggf. identisch mit einem Klan (Clan) bzw. einer Sippe (einer Großfamilie; *extended family*). Doch auch für Stammesg.en gilt bereits, was für die unter 3.) genannten G.en charakteristisch wird: Der einzelne Mensch lebt nie in „der" G., sondern in ihren spezifischen Gruppen, Vereinen, Organisationen und Institutionen. G. ist in gewisser Weise immer ein Konstrukt, sei es im Bewusstsein des Einzelnen oder in der abstrahierenden Wissenschaft.

G. im heutigen soz. Verständnis ist v.a. die unter 3.) genannte Organisationsform menschlichen Zusammenlebens in der bürgerlichen G.; mit ihr ist die Entwicklung der Soz. als G.swissenschaft aufs Engste verknüpft, also jener Form der gesellschaftlichen Organisation des Zusammenlebens, die von den Bürgern getragen und in den bürgerlichen Revolutionen des 17.-19. Jh.s durchgesetzt wurde.

Die bürgerliche G. war und ist v.a. Markt- und Rechtsgesellschaft. In der Ausbildung eines freien, also nicht-zünftigen *Marktes*, in der Freisetzung der Individuen zu ihren Fähigkeiten und Interessen wie in der Absicherung dieser Eigentums-, Produktions- und Marktsphäre durch das sich entwickelnde bürgerliche *Recht* sind die wichtigsten Grundlagen der bürgerlichen G. zu sehen. Der *Liberalismus* war und ist die bündigste Theorie bzw. Ideologie dieser Grundlagen und damit der bürgerlichen G.;

er macht zugleich deutlich, wie eine staatsfreie Sphäre – die bürgerliche G. als Handlungsraum autonomer, anonym über den Markt verbundener Individuen – überzeugend gedacht und gleichwohl durch einen starken (Rechts-)Staat nach innen wie nach außen geschützt werden soll.

Dieser Begriff der bürgerlichen G. ist der Kern eines soz. G.sbegriffs, der von seinen Vorläufern, dem in der aristotelischen Tradition stehenden klassisch-pol. G.sbegriff und einem naturrechtlichen, aufklärerischen G.sbegriff, den v.a. die schottischen Moralphilosophen formuliert hatten (G. als „gesittete" – zivilisierte – Menschheit), zu unterscheiden ist.

Einer der ersten Definitionsversuche dieser hist. völlig neuen Form des Zusammenlebens, die durch die Innovationen der Industriellen Revolution überhaupt erst ermöglicht wurde, stammt von Ferdinand Tönnies (1855-1936). In „Gemeinschaft und Gesellschaft" (1887) analysierte er die Entwicklungen von der ständisch-feudalen, agrarischen „G." zur modernen Industrieg. mit ihren Trends der Anonymisierung und der Sonderstellung des einzelnen Individuums. So lässt sich G. nach Tönnies denken, „als ob sie in Wahrheit aus getrennten Individuen bestehe, die insgesamt für die allgemeine G. tätig sind, indem sie für sich tätig zu sein scheinen". War das „Zeitalter der Gemeinschaft (...) durch den sozialen Willen als Eintracht, Sitte, Religion bezeichnet", so das der G. „durch den sozialen Willen als Konvention, Politik, öffentliche Meinung. Und solchen Begriffen entsprechen die Arten des äußeren Zusammenlebens" (Tönnies 2005).

Einige Phänomene dieses generellen, immer noch nicht abgeschlossenen Strukturwandels – der in einzelnen Teilprozessen als weltweiter Vorgang zu sehen ist – seien hervorgehoben:

- die für immer breitere Bevölkerungsschichten sich durchsetzende Trennung von Wohn- und Arbeitsplatz, die den bisher üblichen Zusammenhang von Wohnen und Arbeiten, Erziehen und Bilden (auch für den Beruf) und alle darauf aufbauenden gemeinschaftlichen Beziehungen auflöste;

- die Entpersonalisierung der Arbeitsbeziehungen in dem Sinn, dass nicht mehr persönliche Abhängigkeiten, wie in der ständisch-feudalen Gesellschaft, strukturbildend sind, sondern die Freisetzung des Einzelnen zu selbst gewählter Arbeit;

- die Ablösung der bisherigen Formen sozialer Sicherheit für Krankheit und Invalidität, Armut und Alter durch gesellschaftliche Formen, durch eine abstrakte, persönlich nicht mehr erfahrbare Solidargemeinschaft;

- die Verstädterung der Siedlungs- und Lebensweise mit ihren (möglichen) Folgen der Anonymisierung und Vereinzelung, aber auch der Individualisierung;

- die Ablösung von ständischen Rechten, Privilegien und Regelungen der Daseinsgrundlagen durch ein einheitliches, die Gleichheit aller voraussetzendes und bewirkendes Recht (die bürgerliche G. als Rechtsg.);
- die sich herausbildende, relative Autonomie wichtiger gesellschaftlicher Teilbereiche, die zu einer Rollendifferenzierung des individuellen Verhaltens führen. Beruf und Arbeit, Bürokratie, Politik, Freizeit, Öffentlichkeit, Kultur, Erziehungs- und Gesundheitswesen und selbst die Kirche bilden sich zu eigenen Sphären aus, bekommen großorganisatorische, gesellschaftliche Dimensionen und unterliegen dem Trend zur Anonymisierung gegenüber dem Einzelnen;
- *gesellschaftliche Universalien* (auch: *evolutionäre Universalien*), an wichtigster Stelle das Rechtssystem, aber auch Geld, Bürokratie und universalistische Normen und Rollen gewinnen einen zunehmenden Einfluss auf Struktur, Entwicklung und Steuerung der G. und ihrer Teilsysteme (T. Parsons; N. Luhmann).

Über die Entstehung und Entwicklung bzw. die Evolution von G. gibt es ähnlich viele Theorien wie über ihre Struktur (in älterer Terminologie: ihr Wesen). Seit der Antike sind normative Theorien über die „richtige" G. bzw. G.en des „guten Lebens" überliefert; seit dem 18. Jh. gibt es Bemühungen um objektive Theorien über die Grundzüge menschlicher G.en, also G.stheorien im heutigen Verständnis.

Einen für die weitere Diskussion zentralen Stellenwert hat die marx. G.stheorie. In ihr spielen Aussagen über den Vorrang des Gesellschaftlichen vor dem Individuellen und umgekehrt (bzw. Möglichkeiten ihrer „Vermittlung") eine große Rolle. Die säkularisierten, an Vernunft und Aufklärung orientierten Theorien der bürgerlichen Rechtsg. wie der sozialistischen und kommunistischen G.stheorien wurden durch romantische, neo-ständische und schließlich faschistische G.s- und Staatstheorien in ihrer Entwicklung gehindert oder scheiterten an Überforderungen der Individuen.

Neben den eigentlichen G.stheorien sind soz. Theorien zu unterscheiden, die auch für Detailanalysen sozialer Phänomene explizit vom „Ganzen der G." (z.B. dem behaupteten Tausch- und Warencharakter aller gesellschaftlichen Verkehrsformen) ausgehen oder zumindest implizit eine bestimmte G. und ihre Ordnungsform zur Voraussetzung haben. Trotz der offenkundigen Schwierigkeit, G.stheorien zu formulieren – auch wegen der problematischen Nähe zu bestimmten gesellschaftlichen Idealvorstellungen und Ideologien –, bleibt der Soz. aufgegeben, die grundlegenden Strukturzusammenhänge gesellschaftlicher Systeme und ihre innovativen und retardierenden Elemente zu identifizieren. So wird für die fortgeschrittenen westlichen Industrieg.en u.a. untersucht, ob sie sich zur post-industriellen G. (D. Bell), zur Informations- und Wissensg. (H.F. Spinner), zur Netzwerkg. (M. Castells) oder zur Risikog. (U. Beck) umstrukturieren, und was dieses für die einzelnen sozialen Systeme (Familie und Bildungseinrichtungen; Wirtschaft und Stadt usw.) und die Individuen bedeutet.

Eine wichtige Forschungsfrage ist weiterhin, ob die v.a. in der bürgerlichen G. herausgebildete Differenz von Staat und G. noch existent ist oder die Prozesse der „Vergesellschaftung des Staates" und der „Verstaatlichung der G." nicht bis zur Ununterscheidbarkeit fortgeschritten sind. Weitere Unschärfen in der Abgrenzung von G. ergeben sich durch die Herausbildung eurozentristischer Staats- und G.sstrukturen und die darüber hinausreichenden weltgesellschaftlichen Verflechtungen.

Erste Konturen der *Weltg.* werden deutlich seit der Herausbildung der großen Kolonialreiche im 16. und 17. Jh. (Ansätze eines weltweiten Wirtschaftssystems); sie verstärken sich mit den Möglichkeiten der modernen Verkehrserschließung und Kommunikation (Gründung der Internationalen Telegraphenunion 1865, des Weltpostvereins 1874 usw.). Eine wichtige Entwicklungsstufe wird durch die Weltkriege erreicht, die durch die Bemühungen einer weltweiten Friedenssicherung 1920 zur Gründung des Völkerbundes und 1945 zur Gründung der Vereinten Nationen (UNO) führen. Die intergouvernementalen exekutiven Regierungsfunktionen (z.B. UNO-Friedenstruppe; Hochkommissar für das Flüchtlingswesen) sind jedoch begrenzt. Diese und andere Organisationen (z.B. Internationaler Gerichtshof in Den Haag) zeigen, dass der Steuerungs- und Konfliktlösungsbedarf in Politik und Recht, Wissenschaft und Kultur, Kommunikation und wirtschaftl. Entwicklung mehr und mehr dessen Internationalisierung erforderlich macht. Strittig ist, ob diese sich herausbildenden weltgesellschaftlichen (besser: weltsystemischen) Strukturen in Kategorien normativer und pol. Integration gedacht werden müssen (Luhmann 2009).

→ **Differenzierung, gesellschaftliche; Evolution, soziale; Gemeinschaft; Grundgebilde, soziale; Soziologie; Soziologische Theorien (II); Staat**

📖 *D. Bell* (1996): Die nachindustrielle Gesellschaft. Frankfurt a.M./New York (orig. 1973); *M. Castells* (2004): Der Aufstieg der Netzwerkgesellschaft. Opladen (orig. 1996); *T. Geiger* (1988): Gesellschaft. In: *A. Vierkandt* (Hg.): Hdwb. der Soziologie. Stuttgart.; *L. Kofler* (1992): Zur Geschichte der bürgerlichen Gesellschaft. Neuwied/Berlin; *N. Luhmann* (2009): Die Gesellschaft der Gesellschaft. Bd. 2, Frankfurt a.M. (zuerst 1997); *T. Parsons* (1993): Gesellschaften. Evolutionäre und komparative Perspektiven. Frankfurt a.M. (zuerst 1975); *H.F. Spinner* (1998): Die Architektur der Informationsgesellschaft. Bodenheim; *F. Tönnies* (2005): Gemeinschaft und Gesellschaft. Darmstadt (zuerst 1887).

Bernhard Schäfers

Gewalt

im deutschsprachigen Raum ein unscharfer Begriff, der in einer Vielzahl von Kontexten Verwendung findet.

Kernbereich der G. ist die mit verschiedenen Mitteln betriebene direkte physische Verletzung eines Gegenübers. G. ist also zunächst einmal die physische Zwangseinwirkung von Personen auf Personen, die bestimmte angebbare Folgen zeitigt; sie kann dabei generell als eine Machtaktion verstanden werden, die entweder instrumentell eingesetzt wird, ihren Sinn in sich selbst findet oder als Drohung bzw. Zwang zu einer dauerhaften Unterwerfung führen soll.

Grundlage der G. als einem erfolgversprechenden strategischen Handlungsmuster ist die prinzipielle Verletzbarkeit von Menschen und die Verletzungsmächtigkeit von Individuen. Bereits die psychische G., die insgesamt nicht weniger grausam ist als die physische, ist in ihrer Wirkung weniger berechenbar, da sie durch eine Vielzahl von Mechanismen unterlaufen werden kann.

Der von Johan Galtung (1988) stammende Begriff der strukturellen G. geht dagegen weit über die direkte physische G. hinaus, indem er die nicht offensichtliche, aber sehr wohl wirksame und in der Verfasstheit von Gesellschaftssystemen eingebaute G. thematisiert; er bezeichnet hier all jene Bedingungen, die Menschen so beeinflussen, dass ihre aktuellen körperlichen und geistigen Verwirklichungsmöglichkeiten geringer sind als ihre potenziellen. Mit dem Begriff der strukturellen G. geht zwar eine folgenreiche Entgrenzung des G.begriffs einher, weil er quasi zu einem Synonym für soziale Ungerechtigkeit wird und jede Form von Herrschaft zu diskreditieren vermag, gleichwohl ist er in seiner Skandalisierungsfunktion für Zustände, die ohne direkte Täter auskommen, aber eben doch G.verhältnisse darstellen, bis heute in Analysen über soziale Ungleichheit, Unterdrückung, Ausgrenzung und Marginalisierung bis in die moderne Sozialphil. hinein wirkungsmächtig geblieben.

Schließlich gibt es noch den Begriff der kulturellen bzw. symbolischen G. Als kulturelle G. hatte Galtung jene Aspekte der Kultur bezeichnet, die zur Rechtfertigung oder Legitimierung direkter oder struktureller G. benutzt werden können. Als Medien dienen dazu insbes. Religion, Ideologien, Sprache, aber auch die Wissenschaft. Kulturelle G. lässt G. akzeptabel erscheinen, rechtfertigt oder beschönigt sie und verwischt die Grenzen zwischen ihrer Rechtmäßigkeit und Unrechtmäßigkeit. In diese Richtung weist auch der Begriff der symbolischen G. von Pierre Bourdieu (1930-2002), der damit die in Begriffe, Sprache und Symbolsysteme eingelagerte G. thematisiert, die dazu dient, nicht offen eingestandene Herrschaftsverhältnisse zu verklären oder zu beschönigen. Nicht zuletzt kann kulturelle G. als *Sprache* selbst zum Ausdruck kommen. Gemeint sind hier all jene geistigen G.akte und Sprechhandlungen, die in Anschreien, Beschimpfung, Beleidigung, Verleumdung,

Diskreditierung oder anderweitigen Abwertungen bestehen, als *hate speech* oder Propaganda auftreten und auf die Einschüchterung oder Herabsetzung eines Anderen zielen.

Neben diesem zentralen Begriffs- und Bedeutungsfeld kommt G. noch in ritualisierten Formen vor (kommunikative Formen der G.; G. als Symbolik), die ein Einverständnis zwischen den Beteiligten über die Art der G.ausübung voraussetzen; schließlich gibt es einen umfangreichen metaphorischen Wortgebrauch der G.

Die Soz. beschäftigt sich insbes. mit den gesellschaftlichen Bedingungen und Formen der G. Im Gegensatz zur (Sozial-)Psychologie oder biol. fundierten Erklärungsansätzen, die G. als Aggression primär auf innerpsychische oder gar genetische Dispositionen zurück führen, geht es ihr um soziale Strukturen und Prozesse, durch die G. entsteht, ermöglicht, auf Dauer gestellt oder beendet wird. Auch die interdisziplinär orientierte Friedens- und Konfliktforschung analysiert G.phänomene, die von der internationalen Ebene über gesellschaftliche Gruppenauseinandersetzungen bis hin zur individuellen G. verortbar sind.

Zentrale Problembereiche von G. reichen entsprechend von der privatisierten G. (z.B. häusliche und familiale G.) und der gewöhnlichen G.kriminalität (z.B. Raub, Mord) über die verschiedenen Formen von Gruppeng. (z.B. Rechtsextremismus) und polit. G. (z.B. Terrorismus) bis hin zu ethno-nationalistischen Auseinandersetzungen und Kriegen.

Insbes. die staatliche G. ist in ihrer Ambivalenz zu sehen: Einerseits besitzt der Staat in liberal-demokratischen Verfassungsstaaten das Monopol legitimer G.samkeit – nach Max Weber (1864-1920) eines seiner konstitutiven Definitionskriterien –, andererseits hat gerade staatliche G. in Diktaturen, Bürgerkriegen und Genoziden mehr illegitime Opfer gefordert als jede Art von individueller oder kollektiver G. Die *Legitimität* staatlicher G. ist also an rechtsstaatliche Bedingungen gekoppelt; Durchbrechungen staatlicher G.monopole, Legitimationsverluste staatlicher Ordnungen oder gar der offene Staatszerfall befördern i.d.R. G. Legitimitätsfragen von G. unterliegen ebenso wie die Frage, was zu einem bestimmten Zeitpunkt als G. gilt, hist. Veränderungen und pol. Konjunkturen, hängen letztlich von staatlichen Klassifikationen und gesellschaftlichen Machtverhältnissen ab. So eng umgrenzt einerseits die Legitimität von G. sein mag, so verweist das Gesagte andererseits doch darauf, dass G. immer eine komplexe triadische Figuration ist: Neben Tätern und Opfern müssen auch sog. Dritte berücksichtigt werden, die G. entweder verhindern, legitimieren oder in G.prozesse intervenieren.

Will man also die sehr heterogenen Formen von G. erklären und verstehen, dann lässt sich die Bedeutung und der „Sinn" von G. nicht mit einer einheitlichen oder umfassenden Erklärung, sondern mittels eines heuristischen Fragekatalogs erschließen. Die Frage:

- wer G. ausübt, zielt auf die Täter als Urheber und Akteure einer G.tat (Individuen, Gruppen, Organisationen, Institutionen);
- was geschieht, wenn G. ausgeübt wird, zielt auf die Tatbestände einer als G. klassifizierten Handlung und ihre konkreten Abläufe (Phänomenologie, dichte Beschreibung);
- wie G. ausgeübt wird, fragt nach der Art und Weise der G. und den eingesetzten G.mitteln (Technik, Effizienz, Umstände, aber auch Dritte);
- wem die G. gilt, nimmt die Opfer von G. und deren Funktion für die Gesellschaft in den Blick (Objekte der G. und ihre Handlungsressourcen);
- warum G. ausgeübt wird, ist auf Ursachen und Gründe von G. aus (Rationalität, Sinnlosigkeit);
- wozu G. ausgeübt wird, will Ziele und Motive einer G.tat ausloten und Grade der Zweckhaftigkeit differenzieren (affektive, rationale und expressiv-kommunikative Dimensionen);
- weshalb G. ausgeübt wird, ist die Frage nach Rechtfertigungsmustern und Legitimationsstrategien von G. (Legalitäts- und Legitimitätsaspekte).

Legt man die Analyse von G. so an, dann wird deutlich, dass G.ausübung nicht nur mit Interessen, sondern mit Möglichkeiten und nicht zuletzt auch mit Kontingenzen zu tun hat, und dass G. nicht nur ordnungszerstörend, sondern auch ordnungsstiftend sein kann, dass sie eigene Realitäten schafft und Eigendynamiken entfaltet, die u.U. nur schwer wieder einzudämmen sind.

→ **Konflikt, sozialer; Kultur und Zivilisation; Macht – Herrschaft – Autorität; Verhalten, abweichendes; Zivilisation**

📖 *G. Albrecht/O. Backes/W. Kühne* (Hg.): Gewaltkriminalität zwischen Mythos und Realität. Frankfurt a.M.; *P. Bourdieu/J.C. Passeron* (1973): Grundlagen einer Theorie der symbolischen Gewalt. Frankfurt a.M.; *J. Galtung* (1988): Strukturelle Gewalt. Reinbek; *W. Heitmeyer/J. Hagan* (Hg.) (2002): Internationales Handbuch der Gewaltforschung. Wiesbaden; *W. Heitmeyer/H.-G. Soeffner* (Hg.) (2009): Gewalt. Entwicklungen, Strukturen, Analyseprobleme. Frankfurt a.M.; *P. Imbusch* (2005): Moderne und Gewalt. Wiesbaden; *P. Imbusch/R. Zoll* (Hg.) ([4]2006): Friedens- und Konfliktforschung. Wiesbaden; *H. Joas* (2000): Kriege und Werte. Weilerswist; *H. Popitz* ([2]2004): Phänomene der Macht. Tübingen (zuerst 1986); *T. von Trotha* (Hg.) (1997): Soziologie der Gewalt, Wiesbaden; *M. Wieviorka* (2006): Die Gewalt. Hamburg.

Peter Imbusch

Grundgebilde, soziale

umfassen alle Formen menschlichen Zusammenlebens und stellen so den zentralen Untersuchungsgegenstand der Soziologie dar. Individuen sind im Verlaufe ihres Lebens Mitglied verschiedener s.r G. und gehören auch gleichzeitig unterschiedlichen s.n G.n an.

Zu den s.n G.n zählen sowohl die verschiedenen Sozialbeziehungen auf der Ebene der *Vergemeinschaftung* (Familie, Freundeskreis etc.) als auch die der *Vergesellschaftung* (z.B. Gesellschaft). Neben dieser Unterscheidung zwischen eher mikro- und stärker makrosoz. ausgerichteten Formen menschlichen Zusammenlebens können s.G. auch anhand ihres Grades der Verbundenheit/Anonymität, der Zielorientierung/Zufälligkeit, nach Größe, nach Organisationsgrad, nach Verbindlichkeit in Hinblick auf das Erzwingen bestimmter Handlungen oder nach Dauerhaftigkeit unterschieden werden. Grundsätzlich gilt für alle Unterteilungen, dass die Grenzen zwischen den einzelnen s.n G.n fließend sind.
In Anlehnung an Schäfers (1999) lassen sich folgende s.G. unterscheiden:
1. *Menge* (Ansammlung, Aggregat): Gesamtheit der Personen, die sich zufällig und daher i.d.R. auch ohne intensive Kommunikation und Interaktion am gleichen Ort aufhalten, z.B. Fahrgäste in der Straßenbahn, Publikum in einem Kino. Verbindendes Kriterium der Menge ist also zunächst die räumliche Nähe, während die Individuen selbst anonym bleiben. Davon zu unterscheiden ist die statistische Menge, die Personen mit gleichen Eigenschaften, z.B. Bildungsabschluss, Alter oder Geschlecht, umfasst.
2. *Masse*: eine größere Ansammlung von Menschen, die sich nur aus bestimmten Anlässen bzw. aufgrund eines sehr begrenzten Ziels zusammenschließt und in deren Verlauf es zu meist nicht vorhersehbaren, nicht (oder nur schwer) kalkulierbaren Aktionen der beteiligten Individuen kommt. Dieser Prozess der Verständigung und Interaktion der Menschen bildet das grundlegende Unterscheidungskriterium zwischen der Menge und der Masse; macht so aus der Menge der Besucher einer Sportveranstaltung unter gewissen Umständen eine Masse der Randalierenden.
3. *Netzwerk*: bezeichnet das Geflecht sozialer Beziehungen zwischen sozialen Einheiten. Soziale Einheiten können dabei Personen, Gruppen, Organisationen u.ä. sein. Aus Sicht der Individuen bestehen Netzwerke aus einer Vielzahl unterschiedlich starker, direkter und indirekter Interaktions- und Kommunikationsgefüge, die Einfluss auf das individuelle Handeln haben. Eine klare Abgrenzung, wie z.B. bei Gruppen, ist bei Netzwerken nicht möglich, da auch lockere, flüchtige Beziehungen Bestandteil des Netzwerkes sind.
4. *Gruppe*: als grundlegende Form menschlichen Zusammenlebens die häufigste Form s.r G. Gruppen zeichnen sich durch ihre relative Dauerhaftigkeit, gemein-

same Ziele, gruppenspezifische soziale Rollen und Normen und ein Gefühl der Zusammengehörigkeit der Gruppenmitglieder (Wir-Gefühl) aus. Auch wenn die Zugehörigkeit zu einer Gruppe nicht auf formaler Mitgliedschaft beruht, ist die Abgrenzung zu Individuen, die nicht der Eigengruppe angehören, eindeutig.

5. *Institution*: soziale Einrichtung, in der die Grundbedürfnisse der Individuen dauerhaft abgesichert werden. Durch Habitualisierung oder Gründung entstanden, verkörpern sie bestimmte Erwartungen, Einstellungen und Verhaltensweisen, deren Einhaltung als notwendig für das Zusammenleben der Menschen betrachtet wird. Institutionen steuern so auf der einen Seite das individuelle Handeln und begrenzen es, bieten auf der anderen Seite aber auch Orientierung/Entlastung und ermöglichen so die Erprobung neuer Handlungsoptionen.

6. *Organisation*: zweckrational ausgerichtetes, von Menschen bewusst geschaffenes Sozialgebilde mit einem hohen Formalisierungsgrad sowohl der angestrebten Ziele als auch der einzusetzenden Mittel. Organisationen als relativ dauerhafte s.G. zeichnen sich durch eine klare Struktur, durch ein i.d.R. streng hierarchisch aufgebautes Rollendifferential, durch formalisierte Mitgliedschaftsbedingungen (Ein- und Austrittsregeln) und eine eindeutige Abgrenzung von der Außenwelt aus.

7. *Verein*: formale Organisation mit freiwilliger und zumeist jedem offen stehender Mitgliedschaft. Vereine verfolgen ein bestimmtes Ziel und sind nicht gewinnorientiert. Kennzeichen von Vereinen sind deren Ehrenamtlichkeit und die geringen Anforderungen an eine Mitgliedschaft. Rechte und Pflichten von Vereinen sind rechtlich festgelegt (vgl. §§ 21ff., BGB). Die zahlenmäßig bedeutendsten Vereine in Dtld. sind die Sportvereine.

8. *Verband*: formale Organisation, die spezifische Interessen ihrer Mitglieder mit dem Ziel der Einflussnahme auf pol. Willensbildungs- und Entscheidungsprozesse verfolgt. Verbände, auch als Interessengruppen bezeichnet, streben dabei aber keine direkte pol. Macht, keine Regierungsverantwortung, an. Zu den wichtigsten Verbänden zählen z.B. die Gewerkschaften, die die Interessen der Arbeitnehmer vertreten (vs. Arbeitgeberverbände).

9. *Partei*: formale Organisation, die nicht nur konkrete pol. Ziele verfolgt und pol. Entscheidungsprozesse beeinflussen will, sondern darüber hinaus die Beteiligung an bzw. die Übernahme pol. Machtausübung anstrebt. Die Zugehörigkeit zu einer pol. Partei ist heutzutage in fast allen Fällen Voraussetzung zur Übernahme wichtiger pol. Machtpositionen.

10. *Assoziation*: Zusammenfassung mehrerer Gruppen, Institutionen oder Organisationen zu Zweckverbänden, z.B. Gewerkschaften oder Genossenschaften. Assoziationen vertreten spezifische Gruppeninteressen und weisen insofern typische Merkmale der Vergesellschaftung auf.

11. *Gesellschaft*: Gesamtheit des dauerhaft strukturierten Zusammenlebens von Individuen auf einem bestimmten Territorium zur Erreichung bestimmter Ziele. I.d.S. bildet Gesellschaft die Einheit aller auf diesem Territorium existierenden s.en G. und ihrer interdependenten Interaktionszusammenhänge.

→ **Figuration; Gemeinschaft; Gesellschaft; Gruppe; Institution; Masse; Netzwerk; Organisation**

H. Esser (2002): Soziologie. Spezielle Grundlagen. Bd. 5: Institutionen. Frankfurt a.M.; *D. Dettling* (2005): Parteien in der Bürgergesellschaft. Zum Verhältnis von Macht und Beteiligung. Wiesbaden; *M. Günther* (2005): Masse und Charisma. Frankfurt a.M.; *N. Luhmann* (^{5}2005): Soziologische Aufklärung 2. Aufsätze zur Theorie der Gesellschaft. Wiesbaden; *B. Schäfers* (^{3}1999): Einführung in die Gruppensoziologie. Stuttgart; *M. Sebaldt/A. Straßner* (2004): Verbände in der Bundesrepublik Deutschland. Eine Einführung. Wiesbaden; *F.H. Tenbruck* (1967): Über soziale Gebilde. In: *G. Kadelbach* (Hg.): Wissenschaft und Gesellschaft. Frankfurt: 293-306.

Bianca Lehmann

Gruppe

bezeichnet eine bestimmte Anzahl von Mitgliedern (G.nmitglieder), die zur Erreichung eines gemeinsamen Ziels (G.nziel) über längere Zeit in einem relativ kontinuierlichen Kommunikations- und Interaktionsprozess stehen und ein Gefühl der Zusammengehörigkeit (Wir-Gefühl) entwickeln. Zur Erreichung des G.nziels und zur Stabilisierung der G.nidentität ist ein System gemeinsamer Normen und eine Verteilung der Aufgaben über ein gruppenspezifisches Rollendifferenzial erforderlich.

G. gehört zu den wichtigsten Begriffen der Alltags- wie der Wissenschaftssprache zur Bezeichnung von grundlegenden Merkmalen und Formen menschlichen Zusammenlebens. G. ist das häufigste *soziale Gebilde* überhaupt; jeder Mensch gehört i.d.R. mehreren G.n an: Familie und Spielg., Arbeits- und Freundesg., Sport- und Gleichaltrigeng.

Anthropol. kann davon ausgegangen werden, dass der Mensch von seiner Organausstattung her ein soziales und insofern ein G.nwesen ist; zeitlich betrachtet lebte der Mensch über die mit Abstand längsten Phasen seiner Geschichte in Horden, kleinen Stämmen und Klans, in erweiterten Familieng.n und überschaubaren Stammesorganisationen. Entsprechend umfassend ist die Bedeutung der G. für das soziale Leben, insbes. für alle Prozesse der Sozialisation und der sozialen Integration. Die *Familie* als wichtigste Primärg. (vgl. w.u.) nimmt für die primäre Sozialisation eine Sonderstellung ein – auch im Hinblick auf die Zusammensetzung der G. (mehr-generativ; lebenslange Existenz). Dabei darf aber nicht die Bedeutung aller anderen G.n für spezifische Leistungen der Persönlichkeitsbildung und sozialen Integration übersehen werden (z.B. Schule, Gleichaltrigeng., Arbeitsplatz).

Die empirische Kleing.n-Forschung, die seit den 1930er Jahren in den USA zu einem der wichtigsten Forschungszweige der Soz. und Sozialpsychologie wurde, hat u.a. folgende Funktionen der G. und der gruppendynamischen Prozesse für die *Vergemeinschaftung* und *Vergesellschaftung* des Menschen herausgearbeitet: In der G. erfahren die Individuen unmittelbar soziale Grundtatbestände wie Norm- und Konsensbildung, Konflikte und Konfliktlösung, Herausbildung von Führungspositionen und Funktionsdifferenzierungen mit entsprechenden Rollenzuweisungen sowie Bedingungen für Bestand und Erhalt sozialer Gebilde ganz allgemein. In der G. wird das Soziale – seine Normiertheit und Strukturiertheit, Differenzierung und Hierarchisierung – für die Individuen anschaulich, verstehbar und nachahmbar, und der Einzelne begreift sich als soziales, auf Gemeinschaft angewiesenes Wesen.

Neben dieser allgemeinen Struktur- und Prozessbedeutung der G. für die soziale Realität wurde in den zahlreichen G.nexperimenten u.a. herausgearbeitet:

- Das G.nleben lässt sich nach George C. Homans (1910-1989) durch Existenz und Variation folgender Variablen differenziert beschreiben: Aktivitäten, Interaktionen, Normen, Gefühle/Sympathie (Aktivitäten und Interaktionen verstärken Prozesse der Normbildung; Gefühlsbindungen wachsen mit der Zahl der Interaktionen);
- der Rang des Individuums in der G. ist umso höher, je vollständiger es sich die gruppenspezifischen Normen und Ziele zu Eigen macht;
- G.n beeinflussen die Urteilsfindung und die Konformität der Urteile (Experimente von S.E. Asch; M. Sherif);
- in G.n gibt es i.d.R. zwei Führungstypen: einen organisatorisch-zielorientierten Führer und einen „sozialen" (emotional ausgleichenden) Führer;
- die von Kurt Lewin (1890-1947) u.a. untersuchten Auswirkungen unterschiedlicher *Führungsstile* in G.n zeigten: Beim autoritären Führungsstil gibt es eine hohe G.nleistung nur in Anwesenheit des Führers (bei allgemein geringer G.nharmonie); beim demokratischen Führungsstil gibt es eine mittlere Leistung, aber diese auch bei Abwesenheit des Leiters und bei einem allgemein großen Interesse an der Arbeit; beim *Laissez-faire*-Stil zeigten sich die niedrigsten Arbeitsleistungen, verbunden mit Entmutigung und Lustlosigkeit;
- die Bedeutung der G.n für Sozialisation, Therapie und allgemein für die soziale Harmonie wächst in dem Maße, wie die G. Spielraum hat, sich auf der Basis von Sympathiebeziehungen ihrer Mitglieder zu organisieren (Jakob L. Moreno,

1892-1974); um dafür alle Voraussetzungen zu schaffen, entwickelte Moreno die *Soziometrie* als ein auf die Sympathiebeziehungen in G.n bezogenes Messverfahren.

Sozialgeschichtlich betrachtet kommt den Kleing.n und neuen sozialen Vereinigungen auf nicht-verwandtschaftlicher und standesgemäßer Basis, also z.b. den Clubs, Logen, Verbindungen, Vereinen, mit der Herausbildung der industriellen und städtischen Gesellschaft eine große Bedeutung zu: Sie geben Halt und Identität im raschen sozialen und kulturellen Wandel. Daher haben G.n für Struktur und Entwicklung sozialer Bewegungen (z.B. Jugendbewegung), für die Entwicklung der Alternativkulturen und radikaler pol. Bewegungen, aber auch für Rückzugsstrategien gegenüber der Gesellschaft einen wichtigen Stellenwert. Dies und die wissenschaftliche Erforschung der Bedeutung gruppendynamischer Prozesse für therapeutische und sozialintegrative, resozialisierende und caritative Zwecke hat seit Beginn der 70er Jahre des 20. Jh.s zu einer Expansion von z.T. völlig neuen G.n in Jugend- und Altenfürsorge, im Gesundheitswesen, der Psychiatrie und anderen Sozialbereichen geführt. Die Entwicklung neuer G.n bzw. neuer sozialer Netzwerke ist ein Indikator für die Dynamik der gesellschaftlichen Entwicklung und Strukturveränderungen.

Die G.nforschung hat zahlreiche G.nbegriffe herausgearbeitet, die jedoch keiner einheitlichen Systematisierung folgen; sie heben jeweils ganz bestimmte Merkmale der G. und der G.nmitglieder sowie spezielle Beziehungsmuster zwischen den G.nmitgliedern, zwischen diesen und der G. oder zwischen der G. und ihrem Umfeld hervor. Insofern eignen sich diese Konzepte nicht nur als Hilfen zur Typisierung und Ordnung von G.phänomenen, sondern auch als Grundlagen für eine dimensionale Analyse und Erklärung von G.neigenschaften und für eine Erklärung von G.nprozessen.

Unter quantitativen Gesichtspunkten hebt bereits Georg Simmel (1858-1918) die *Dyade* (Zweierg., Paar) als Sonderform der G. hervor, die bei einem Minimum an Beziehungsalternativen häufig mit einer hohen Intensität und Vielseitigkeit der Interaktion verbunden ist. G.n bis zu etwa 25 Mitgliedern werden als Kleing., darüber hinausgehende zumeist als Großg. bezeichnet. Die G.nforschung konzentrierte sich jedoch weitgehend auf die Kleing. (z.B. Spielg., Familie, Schulklasse, Arbeitsg., Führungsteam), da primär in ihr die spezifischen „Qualitäten" der G. bzw. des G.nlebens, z.B. Möglichkeit zur Kontaktnahme aller Mitglieder untereinander (*face-to-face association*), Herausbildung eines Wir-Gefühls, gegeben sind.

Weite Verbreitung fand das von Charles H. Cooley (1864-1929) entwickelte Konzept der Primärg. Es hebt jene Merkmale hervor, die eine hohe Bedeutung für die Sozialisation, Wertbindung und Identitätsbildung des einzelnen G.nmitglieds besitzen, weil sie als elementare Sozialbeziehungen an bedeutsamen Stellen des Lebenslaufs die Orientierungen der G.nmitglieder grundlegend und prägend beeinflussen.

Ähnlich hebt auch das u.a. von Herbert Hyman und Robert K. Merton (1910-2003) entfaltete Konzept der Bezugsg. *(focus-group)* die Bedeutung der G. für die Orientierung einer Person hervor. In differenzierender Weiterführung von Gedanken, die William G. Sumner (1840-1910) bei seiner Unterscheidung von Eigeng. *(in-group*, Mitgliedsg.) und Fremdg. *(out-group)* entwickelte, weisen die Autoren darauf hin, dass die orientierende Wirkung einer G. nicht immer von der tatsächlichen Mitgliedschaft abhängt, sondern ganz entscheidend davon, ob sich die Person mit den Werten, Maßstäben oder Sichtweisen einer G. identifiziert. Das Konzept der Gleichaltrigeng. *(peer group)*, das bereits C.H. Cooley verwendet, weist gleichfalls auf Bedingungen für das Entstehen besonderer G.nbeziehungen und -einflüsse hin. Wenn die G.nmitglieder ähnlichen Alters sind und wenn dies noch mit ähnlicher sozialer Herkunft (Sociallage) und gleichem Geschlecht einhergeht, dann übernehmen solche G.n – besonders bei Jugendlichen und Heranwachsenden – häufig wichtige Sozialisationsfunktionen und leisten v.a. soziale Abstützung bei Um- und Neuorientierungen im Lebenslauf; sie können zu Bezugs- oder gar Primärg.n für die Jugendlichen werden.

Die Unterscheidung zwischen formeller und informeller G. wurde von Elton Mayo (1880-1949), F.J. Roethlisberger und W.J. Dickson im Rahmen von Experimenten zur Steigerung der Arbeitsleistung vorgenommen. Hierbei zeigte sich, dass in Organisationen neben oder auch im Rahmen von zweckrational geplanten und offiziell geschaffenen formellen Arbeitsg.n spontan und ungeplant Gruppierungen entstehen (informelle G.n), die auf persönlichen Beziehungen und Abmachungen der G.nmitglieder beruhen und v.a. ihrem Interesse an personhaft-ganzheitlichen Sozialbeziehungen *(human relations)* innerhalb der sonst sehr sachlichen und formalen Betriebsstrukturen Rechnung tragen.

→ **Familie; Figuration; Gemeinschaft; Grundgebilde, soziale; Netzwerk, soziales**

📖 *D. Claessens* (1995): Gruppen und Gruppenverbände. Darmstadt; *G.C. Homans* ([7]1978): Theorie der sozialen Gruppe. Wiesbaden (orig. 1950); *J.L. Moreno* ([4]1995): Die Grundlagen der Soziometrie. Opladen (orig. 1934); *B. Mullen* (1998): Theories of Group Behavior. Berlin; *F. Neidhardt* (Hg.) (1983): Gruppensoziologie. SH der KZfSS 25; *M. Sader* ([9]2008): Psychologie der Gruppe. München; *B. Schäfers* (Hg.) ([3]1999): Einführung in die Gruppensoziologie. Stuttgart *H.-D. Schneider* ([2]1985): Kleingruppenforschung. Stuttgart.

Bernhard Schäfers/Bianca Lehmann

Handeln, soziales

In seiner klassischen Definition bestimmt Max Weber (1864-1920) *Soz.* als „eine Wissenschaft, welche soziales Handeln deutend verstehen und dadurch in seinem Ablauf und seinen Wirkungen ursächlich erklären will" (1984). Unter H. wird dabei ein „Verhalten" gefasst, „wenn und insofern die Handelnden mit ihm einen subjektiven Sinn" verbinden. Wenn der Sinn des H.s, also die Absichten, Gründe, Motive, Ziele usw. des oder der Handelnden „auf das Verhalten anderer bezogen wird", dann liegt nach Weber s.H. vor.

Soz. ist demnach – anders als die Naturwissenschaften – darauf verwiesen, nicht nur Ereignisse (Verhaltensweisen) zu beobachten, zu beschreiben und ihre Ursachen zu erforschen, sondern eine Perspektive einzunehmen, die auf ein Verstehen des subjektiven Sinns zielt, den Handelnde mit ihrer Handlung verbinden. Es geht nicht nur darum festzustellen, was ein Individuum oder eine Gruppe tut oder unterlässt; erforderlich ist nachzuvollziehen, warum, aus welchen Gründen und mit welchen Absichten dies jeweils geschieht. Eine soz. Erklärung hat demnach zu berücksichtigen, was „dem Beobachteten als sinnhafter ‚Grund' seines Verhaltens erscheint" (Weber 1984).

Anders als in psychol. Handlungserklärungen stellt Webers sinnverstehende Soz. s.n H.s nicht nur gänzlich individuelle Handlungsmotive, sondern sozial typische Formen des H.s und sozial einflussreiche Gründe und Absichten ins Zentrum. Entsprechend untersucht er in seinen religionssoz. Studien die Weltreligionen im Hinblick darauf, welche Handlungsmotive die jeweilige Religion bereit stellt bzw. positiv bewertet. So wird etwa das Streben nach beruflichem Erfolg als ein Handlungsmotiv untersucht, das seine religiöse Verankerung in der Ethik des Protestantismus hat.

Soziol. von Interesse sind damit die gesellschaftlichen „Motivvokabulare", d.h. Gründe, die sozial als verstehbare und akzeptable Begründungen und Rechtfertigungen für Handlungen verwendet werden können.

Weber unterscheidet in seiner Typologie vier grundlegende Ausprägungen s.n H.s: das affektuelle, d.h. durch Gefühle geleitete; das traditionelle, das sich an gesellschaftlichen Überlieferungen orientiert; das wertrationale, dass auf die Verwirklichung von Werten ausgerichtet ist und das zweckrationale s.H., für das ein rationales Kalkül darüber kennzeichnend ist, mit welche Mitteln jeweilige Zwecke erreicht werden können. In der modernen Gesellschaft wird Weber zufolge die Zweckrationalität zum einflussreichsten Typus s.n H.s.

Webers Definition der Soz. als Wissenschaft vom H. war Ausgangspunkt für unterschiedliche Schulen einer auf das Verstehen von Handlungen ausgerichteten sinnverstehenden Soz. Zu nennen sind zum einen die Sozialphänomenologie, der Symbolische Interaktionismus und die Ethnomethodologie. Das Interesse der *Phä-*

nomenologie richtet sich auf die Einbettung des individuellen H.s in die lebensweltlich vorgegebene Gewissheiten. Dagegen fragt der *Symbolische Interaktionismus* nach der Hervorbringung der Bedeutung von Handlungen in der Interaktion, dem aufeinander bezogenen Handeln von zumindest zwei Individuen. Die *Ethnomethodologie* akzentuiert die Verfahrensweisen, mit denen Handelnde eine sinnhaft geordnete und verstehbare Wirklichkeit, in der sie zielgerichtet handeln können, „herstellen".

In Analysen, die dem sog. normativen Paradigma Emile Durkheims (1858-1917) verpflichtet sind, für die also soziale Tatbestände (*faits sociaux*), d.h. Normen oder Institutionen gewissermaßen mit objektiver Eigenexistenz ausgestattet und für die Sozialorientierung des s.n H.s verantwortlich sind, wird s.h. vorwiegend als normgeleitet oder normorientiert gesehen. Dementsprechend werden die institutionalisierten, person- und situationsübergreifend gültigen Werte, Normen, Rollen oder Handlungsmuster betont sowie deren Bündelung zu Institutionen oder deren Zusammenordnung zu normativen Strukturen sozialer Systeme. Dieses sind die eigentlichen und wesentlichen Bedingungen und Vorgaben für s.h. *Institutionalisierung* als das Verpflichtendmachen und *Sozialisation* als verpflichtende Übernahme von Normen sowie die damit verbundene äußere und innere *soziale Kontrolle* gelten dann als Garanten für normkonformes s.H.

In diesem Zusammenhang stehen die *pattern variables* (Orientierungsmuster), die Talcott Parsons (1902-1979) zur Analyse der Orientierungsmöglichkeiten eines Handelnden in normativ vorstrukturierten Situationen entworfen hat. Sie erinnern an Max Webers Motivtypen des wertrationalen, zweckrationalen, traditionalen und affektuellen s.n H.s. Das zweipolig gemeinte Variablenpaar Affektivität und affektive Neutralität (*affectivity – affective neutrality*) bezeichnet die Entscheidungsmöglichkeit zwischen eher gefühlsbestimmtem und eher sachlichem s.n H. Auf die Entscheidung zwischen der Betonung privat-individualistischer oder kollektiv-gruppenhafter Interessen beim s.H. weist das Variablenpaar Selbst- bzw. Kollektivorientierung (*self-orientation – collectivity-orientation*) hin. Universalismus – Partikularismus (*universalism – particularism*) sollen unterscheiden, ob unpersönlich-allgemeine oder persönlich-einmalige Beziehungen die Orientierung des s.n H.s bestimmen, während Spezifität und Diffusität (*specivity – diffuseness*) analysieren helfen, ob besondere spezielle Zwecksetzungen oder unspezifisch-vielschichtige Interessen die Sozialorientierung kennzeichnen. Schließlich lässt das Variablenpaar Zuschreibung und Leistung (*ascription – achievement*) fragen, ob eher dauerhafte Eigenschaften oder Qualitäten des Handlungspartners oder eher dessen Leistungen die Handlungsorientierung prägen.

U.a. bei Hartmut Esser (1999) sowie Anthony Giddens (1997) liegen neuere Versuche vor, die unterschiedlichen Strömungen einer handlungstheor. Soz. zu

integrieren. Giddens akzentuiert, dass sinnhaftes H. nicht unabhängig von strukturellen (ökon., pol., rechtl.) Zwängen verstanden werden kann: „Strukturelle Zwänge entfalten ihre Wirkung immer durch die Motive und Gründe der Handelnden
hindurch" (1997). Esser entwickelt ein komplexes Modell, das H. als subjektiv
rationale Entscheidung zwischen sozial vorgegebenen Handlungsalternativen (Opportunitäten) betrachtet. Bei Pierre Bourdieu (1930-2002) ist der Begriff des *Habitus* von zentraler Bedeutung: Individuen handeln demnach auf der Grundlage sozial vorgegebener, ihnen selbst z.T. nicht bewusster Wahrnehmungs-, Bewertungs-
und Handlungsmuster.

→ **Interaktion; Soziologische Theorien (III.); Verhalten, soziales**

📖 *P. Bourdieu* (2008): Sozialer Sinn. Frankfurt a.M. (zuerst 1987); *H. Esser* (³1999): Soziologie.
Allgemeine Grundlagen. Frankfurt a.M./New York; *A. Giddens* (³1997): Die Konstitution der Gesellschaft. Frankfurt a.M./New York (orig. 1984); *J. Habermas* (2006): Theorie des kommunikativen Handelns. Bd. 2, Frankfurt a.M. (zuerst 1981); *H. Lenk* (Hg.) (1977-1984): Handlungstheorien
interdisziplinär. Bd. 4, München; *T. Luckmann* (1992): Theorie des sozialen Handelns. Berlin/New
York; *N. Luhmann* (2008): Soziale Systeme. Frankfurt a.M. (zuerst 1984); *R. Münch* (1988): Theorie des Handelns. Frankfurt a.M.; *A. Schütz/T. Parsons* (²2006): Briefwechsel zur Theorie des sozialen Handelns. Frankfurt a.M.; *M. Weber* (⁶1984): Soziologische Grundbegriffe. Tübingen. (zuerst
1922).

Hermann L. Gukenbiehl/Albert Scherr

Ideologie

im allgemeinen Wortsinne die Lehre von der Entstehung der „Ideen" aus „nicht-
ideellen" Verhältnissen, insbes. materiellen, sozialen, pol., neuerdings auch technischen Seinskonstellationen und Sollenskontexten im individuellen (als ‚Motive'
des Einzelnen), kollektiven (als „Mentalitäten" gesellschaftlicher Schichten, Interessenlagen sozialer Klassen), korporativen (als wirtschaftl.-technische „Finalisie-
rungen") oder staatlichen Einflussbereich (als legalisierte Herrschaftsansprüche
gesellschaftlicher Eliten und pol. Parteien).

Die engere Begriffsbestimmung bezieht sich auf diesen I.effekten zugeschrie-
benen Verfälschungen, Verzerrungen oder Verschiebungen der Wissenslage
gegenüber den objektiven wissenschaftlichen Wahrheits-, Wirklichkeits- und Neu-
tralitätskriterien. Demgemäß sind I.n vornehmlich kollektive Zerrformen des Wissens, die weniger der Wirklichkeitserkenntnis als der Wunscherfüllung und ihrer

parteilichen Rechtfertigung dienen. Bei den ideologisierten Wissensarten (Vorurteilen, Leerformeln, Indoktrinationen, Propaganda etc.) wird der registrative Darstellungsmodus der Sprache im päd. und pol. Gebrauch überlagert durch den persuasiven Beeinflussungs- oder direktiven Herrschaftsmodus (Spinner 2001).

Im Rahmen der Ideengeschichte und zumeist mit dem Ziel der I.kritik sind damit heute, neben den fortdauernden klassischen Aufarbeitungen in der bürgerlichen Aufklärungsphilosophie und im orthodoxen Marxismus, u.a. die Wissenssoziologie (Max Scheler, 1874-1928, Karl Mannheim, 1893-1947), die Wissenschaftstheorie (Positivismus, Kritischer Rationalismus) und Sozialphilosophie (Kritische Theorie) befasst. Thematisch einschlägig, obgleich zumeist noch unverbunden, ist die individual- und sozialpsychol. ausgerichtete Biasforschung der neueren Wissenspsychologie über „kognitive Illusionen" (Hell u.a. 1993).

Nach der klassischen Auffassung sind I.n alter Art in der Sache falsche oder etwas „Wahres" gezielt, aber verdeckt verfehlende, verdeckende, verzerrende, verhindernde (Schein-)Erkenntnisse. Im Unterschied zur nichtideologischen Wahrheitsverfehlung der offenen Abweichung in der Wissenschaft (als Idealisierung, Gedankenexperiment, Gegenhypothese) und in der Dichtung (als fiktionale Beschreibung im Roman), zum gewöhnlichen Irrtum im Alltag (aus Unwissenheit oder Voreingenommenheit) und zur expliziten Werbung (als „Lüge") in der Öffentlichkeit handelt es sich bei I.n um die „interessierte" Erzeugung, Verbreitung, Vertretung gerechtfertigter, selbstgerechter Falschheiten – verschleiert formuliert, doktrinär aufgezwungen, dogmatisch verschlossen, praktisch verstärkt durch ihre Bindung an partikulare Interessenlagen (Macht, Geld, Einfluss, Ehre) und soziale Standorte (von der Marxschen Klassenlage bis zur Mannheimschen Seinsverbundenheit). Das macht I.n zu psychol., soz. oder hist. vielleicht notwendigen, aber an sich falschen oder unzulässigen, allenfalls bedingt richtigen und partiell berechtigten Idolen (Francis Bacon, 1561-1626), Illusionen (Sigmund Freud, 1856-1939), Werturteilen (Max Weber, 1864-1920), Dogmen (Aufklärungsphilosophie), Leerformeln (Ernst Topitsch, 1919-2003) oder im ganz großen Stil zu Überbauten eines entfremdeten falschen Bewusstseins (Basis/Überbau-Modell des Marxismus-Leninismus).

Von diesem durchweg negativen Gebrauch abweichend, wendet Wladimir I. Lenin (1870-1924) den Marxschen I.begriff ins Positive zum agitatorisch-propagandistischen Gebrauch. In positiver Bedeutung ist die „richtige" I. der theor. Ausdruck des proletarischen Klasseninteresses, für das im Rahmen des wissenschaftlichen Sozialismus die Avantgarde der Partei an der Spitze der kommunistischen Bewegung als I.vermittlerin auftritt. Der Norm der „Uninteressiertheit" (R.K. Merton, 1910-2003) im wissenschaftlichen Ethos der bürgerlichen Wissenschaft setzt der Marxismus das Gebot der Parteilichkeit für die proletarische Wissenschaft entgegen.

Gegen das Ideologisierungsvermögen des menschlichen Geistes, sich „*wirklich* etwas vorzustellen, ohne etwas Wirkliches vorzustellen" (K. Marx/F. Engels), hat die I.kritik nicht nur einen pauschalen I.verdacht vorgebracht, sondern als konkrete Gegenmaßnahmen u.a. vorgeschlagen:

1. Entlarvung von Lug und Trug (früher „Priester- und Herrentrug", heute mehr „versachlichte" I.n), Schein und falschem Bewusstsein durch phil. Aufklärung (klassische Philosophie, positivistische Wissenschaftstheorie, neuzeitliche Erfahrungswissenschaft).

2. Wertfreiheit der Wirklichkeitserkenntnis durch wissenschaftliche Urteilsenthaltung in den für Ideologisierungen einladend offenen Wertungsfragen (Max Webers Wertfreiheitspostulat).

3. „Einklammerung" des sozialen Standorts und Selbstbefreiung von sonstigen Seinsverbundenheiten durch die freischwebende Intelligenz (Karl Mannheim).

4. Aufhebung der Entfremdung bzw. der Nichtentsprechung von ideologischem Überbau („Bewusstsein") und ökon. Basis („Sein", Produktionsverhältnisse) durch pol. Revolution (Marxismus).

5. Ausschaltung des Macht- und Rangfaktors durch herrschaftsfreie Kommunikation in der „idealen Sprechsituation" (J. Habermas, K.-O. Apel).

6. Überdeckung von persönlichen, partikularen Interessen der Beteiligten im „Urzustand" der gerechtigkeitskonstituierenden Verteilungsregeln durch den „Schleier des Nichtwissens" (Rawls 2006).

7. Abschirmung der Wissenserzeugung durch institutionelle Entkopplung der Ideenlage von der Interessenlage im sozialen Sondermilieu eingehegter „Freier Forschung und Lehre" (Art. 5 III GG) für „uninteressierte" wissenschaftliche Wahrheitssuche (Spinner 1985); im weiteren Zusammenhang durch die Entlastungs- und Entmachtungsbedingungen der klassischen Wissensordnung (Spinner 1994).

Der fortschreitende Rationalisierungsprozess hat jedoch nicht das „Ende des ideologischen Zeitalters" (Daniel Bell) gebracht, sondern das Aufkommen neuartiger I.n und das Veralten der klassischen I.kritik.

Bei den I.n neuer Art ist das Ideologische in den Unterbau gerutscht und mit Wahrheit vermischt. Es ist keine Frage der Falschheit von verzerrten (*biased*) Aussagen, sondern der Funktion von Theoremen: also ihrer Verwendung und Verwertung statt Wertung. An die Stelle der internen Einflussnahme auf den Entstehungs- und Begründungsprozess tritt die externe Finalisierung (Böhme u.a. 1978) durch die Realisierte Wissenschaft der Technik und die kommerzialisierte Wissenschaft der Industrie.

Technik und Wissenschaft als neuartige I.n sind „nicht mehr *nur* I." (Habermas) und mit der auf tendenziöse Wahrheitsverfehlung geeichten Fragestellung herkömmlicher I.kritik nicht mehr zu fassen. Während diese im ‚interessierten' Verfehlen, Verzerren, Verfälschen der Wahrheit die antiaufklärerische Kraft und in der bösartigen Falscherkenntnis den unwissenschaftlichen Kern der I.n sieht, geht es in der heutigen Kritik an Wissenschaft und Technologie um die Erzeugung und Anwendung sachlich richtigen, geltungsmäßig unbedenklichen Wissens – in Umkehrung der klassisch ideologiekritischen Problemstellung: um die interessierte Verwendung und kommerzielle Verwertung korrekt ermittelter Wahrheiten, insbes. im Hinblick auf die außerwissenschaftlichen Folgen (Umwelt, Rüstung, Medienmacht u.a.) des wissenschaftlichen Erkenntnisfortschritts und seiner exzessiven technologischen Umsetzung. An die Stelle des Erkenntnisdelikts der ideologischen „Aussagensteuerung" (Theodor Geiger, 1891-1952) ist das Realisierungsdelikt der finalisierten Aussagenanwendung getreten. Darauf ist die I.kritik noch nicht umgestellt.

→ **Klasse, soziale; Macht – Herrschaft – Autorität; Marxismus; Utopie, soziale**

📖 *D. Bell* (1962): The End of Ideology. New York/London; *G. Böhme et al.* (1997): Die gesellschaftliche Orientierung des wissenschaftlichen Fortschritts. Frankfurt a.M.; *R. Boudon* (1988): Ideologie. Reinbek; *Th. Geiger* (^{2}1968): Ideologie und Wahrheit. Neuwied; *J. Habermas* (2009): Technik und Wissenschaft als ‚Ideologie'. Frankfurt a.M. (zuerst 1968); *W. Hell et al.* (Hg.) (1993): Kognitive Täuschungen. Heidelberg/Berlin/Oxford; *K. Mannheim* (^{8}1995): Ideologie und Utopie. Frankfurt a.M. (zuerst 1929); *K. Marx/F. Engels* (^{9}1990): Die deutsche Ideologie. In: MEW. Bd. 3. Berlin (zuerst 1962); *V. Meja/N. Stehr* (Hg.) (1982): Der Streit um die Wissenssoziologie. Bd. 2, Frankfurt a.M.; *H.F. Spinner* (1985): Das ‚wissenschaftliche Ethos' als Sonderethik des Wissens. Tübingen; *ders.* (1994): Die Wissensordnung,. Opladen; *ders.* (2001): Was ist ein Informationseingriff und was kann man dagegen tun? In: *ders./M. Nagenborg/K. Weber* (Hg.): Bausteine zu einer neuen Informationsethik. Berlin: 11-91; *E. Topitsch* (^{3}1971): Sozialphilosophie zwischen Ideologie und Wissenschaft. Neuwied; *J.W. Rawls* (^{15}2009): Eine Theorie der Gerechtigkeit, Frankfurt a.M. (orig. 1971).

Helmut F. Spinner

Individuum

der Einzelne als im Wortsinn unteilbares Grundelement des Sozialen. *Individualität* verweist weiter auf die Besonderheit bzw. Einzigartigkeit des Einzelnen. Dagegen steht *Person* (lat.: *persona*) für den Einzelnen als Träger gesellschaftlicher Rollen und Masken.

Das I. in seiner Besonderheit, durch das es sich von allen anderen I.n unterscheidet, ist als solches kein genuiner Gegenstand der Soz. Die I.n treten in der Perspektive der Wissenschaft vom Sozialen zunächst als normorientiert Handelnde, als Objekte gesellschaftlicher Zwänge, als Angehörige sozialer Gruppen, als Mitglieder von Organisationen usw. in den Blick. Gleichwohl ist I. ein unverzichtbarer Grundbegriff der Soz., denn nur in gesellschaftlichen Lebenszusammenhängen können I.n ihre Besonderheit ausbilden. Auch ist die Durchsetzung der Idee, dass I.n freie, gleiche und autonome Einzelne sind, selbst Element und Ergebnis der Entstehung der modernen Gesellschaft. In umgekehrter Perspektive sind soziale Strukturen und Prozesse auch in ihrer Abhängigkeit von individuellen Entscheidungen und Handlungen zu untersuchen. Darum ist die Frage, wie Individualität und Personalität soz. angemessen zu betrachten sind, eine Grundfrage der Soz.

Eine erste begriffliche Grundbestimmung, die der Soz. des I.s durch die Sozialphil., insbes. der Phil. des dt. Idealismus (I. Kant, J.G. Fichte, G.W.F. Hegel) vorgegeben ist, kommt in den Begriffen *Subjekt* und *Subjektivität* zur Sprache. Diese Begriffe stehen für den Sachverhalt, dass I.n selbstbewusste und selbstbestimmungsfähige Einzelne sind. Sie sind in ihrem Denken, Empfinden und Handeln weder durch ihre biol. Ausstattung noch durch ihre gesellschaftlichen Lebensbedingungen vollständig determiniert. Damit ist eine grundsätzliche Grenze einer Soz. des I.s und zugleich ein Grundproblem jeder Gesellschaftstheorie benannt: Einerseits kann das Denken, Empfinden und Handeln selbstbestimmungsfähiger Einzelner soz. nicht vollständig erklärt werden. Andererseits muss eine Theorie des sozialen Handelns berücksichtigen, dass dieses immer ein durch soziale Gesetzmäßigkeiten nicht vollständig bestimmtes Handeln von Einzelnen ist.

1. Die Problemstellung der Subjektphil. des dt. Idealismus wird in der Gesellschaftstheorie von Karl Marx (1818-1883) in spezifischer Weise aufgegriffen. Marx begreift die I.n einerseits als tätige Subjekte, die „ihre Geschichte selbst machen". Vor dem Hintergrund seiner Kritik der idealistischen Philosophie setzt er sich andererseits mit dem Sachverhalt auseinander, dass die I.n in ihrer Existenz wesentlich gesellschaftlich bestimmt sind. Im ökon. Prozess sind sie „Anhängsel der Maschinerie" bzw. „Charaktermasken", d.h. Funktionsträger. Als solche unterliegen sie klassenspezifischen Lebensbedingun-

gen, durch die ihre Möglichkeiten der Selbstbestimmung spezifisch begrenzt sind.

2. Im Unterschied zu Marx, dessen Theorie den Nachweis zu erbringen versucht, dass eine revolutionäre Veränderung zu gesellschaftlichen Verhältnissen führen kann, die eine „volle und freie Entfaltung" des I.s ermöglichen, kommt Max Weber (1864-1920) zu einer wesentlich skeptischeren Einschätzung des Schicksals des I.s in der *modernen Gesellschaft*. Die Prozesse der Rationalisierung und Bürokratisierung erzwingen Weber zufolge die Ersetzung des „kultivierten Menschen" durch den Typus des bornierten „Fachmenschen", der zur Erfüllung seiner spezialisierten Amtsgeschäfte erzogen wird. Die moderne Form der Herrschaft, die Disziplin, drängt das individuell verantwortete Handeln zurück. An seine Stelle tritt die „planvoll eingeschulte, alle eigene Kritik bedingungslos zurückstellende Ausführung des empfangenen Befehls, und die unablässige innere Eingestelltheit ausschließlich auf diesen Zweck" (Weber 1984). In Webers Theorie gilt die Ausbreitung der Disziplin als eine „universelle Erscheinung", die „unaufhaltsam" vor sich geht.

3. Zentrales Thema ist das Verhältnis der gesellschaftlichen „Kräfte und Formen zu dem Eigenleben der Individuen" auch bei Georg Simmel (1858-1918). Simmel (1984) betrachtet *Gesellschaft* als „Verfestigung" der „Wechselwirkungen" zwischen I.n, also als Resultat individuellen Handelns. Den Widerspruch zwischen gesellschaftlicher Bestimmtheit und individueller Selbstbestimmung fasst Simmel als Widerspruch im I. selbst. Der „Gesellschaftscharakter" des I.s kollidiert mit denjenigen „Impulsen und Interessen seines Ich", die als das „eigentliche Selbst" empfunden werden. Dem I. wird ein „Einheits- und Ganzheitstrieb" zugesprochen, der es in Gegensatz zu den spezialisierten Funktionen setzt, die ihm gesellschaftlich aufgezwungen werden. Der Einzelne wird Simmel zufolge in der modernen, differenzierten Gesellschaft zu einem „Schnittpunkt sozialer Kreise" (Familie, Freundeskreise, Beruf usw.).

4. Ein weiterer klassischer Beitrag zur Soz. des I.s stammt von George Herbert Mead (1863-1931). Meads Grundthema ist die soziale Genese individuierter und selbstbestimmungsfähiger Einzelner. Individuelle *Identität* wird bei Mead nicht als Zustand oder Eigenschaft, sondern als ein Prozess konzipiert, in dem Impulse der individuellen Spontaneität und gesellschaftliche Verhaltenserwartungen ausbalanciert werden. Vergleichbar mit Simmel unterscheidet Mead eine gesellschaftliche Seite des I.s („*me*") von der Seite der individuellen Spontaneität („*I*"): „Das ‚I' reagiert auf die Identität, die sich durch die Übernahme der Haltungen anderer entwickelt. Indem wir diese Haltungen übernehmen, führen wir das ‚me' ein und reagieren darauf als ein ‚I'" (Mead 2002).

Die unterschiedlichen sozialen Eigenschaftszuschreibungen und Erwartungen, die I.n angeboten und ggf. aufgezwungen werden, können als „Identitätsschablonen" (Hahn 2000) verstanden werden, auf die sich I.n in ihrem Selbstverständnis und in ihren Selbstdarstellungen beziehen.

Soziales Handeln setzt nach Meads Modell I.n voraus, die in der Lage sind, sich selbst zum Gegenstand der Reflexion zu machen, soziale Verhaltenserwartungen zu interpretieren und sich in die Perspektive relevanter Anderer hineinzuversetzen. Sozialität und Individualität werden hier also nicht als einander ausschließend, sondern als widersprüchliche und einander notwendig bedingende Elemente gefasst. Auch lebensgeschichtlich entwickelt sich nach Mead die Individualität der Einzelnen in Prozessen der Übernahme und Koordination gesellschaftlicher Verhaltenserwartungen.

5. Die Bestimmungen des I.s, wie sie in der *Kritischen Theorie* der Frankfurter Schule vorliegen, resultieren aus einer Verbindung von Marx und Weber mit der Psychoanalyse Sigmund Freuds (1856-1939). Der von Erich Fromm (1900-1980) entwickelte Begriff des *Sozialcharakters* zielt auf eine Analyse der gesellschaftlichen Prägungen der Triebnatur des I.s, wobei ihm die Familie als „Sozialisationsagentur der Gesellschaft" gilt (Fromm 1981). Theodor W. Adorno (1903-1969) rechnete mit einer wachsenden Übermacht der gesellschaftlichen Objektivität im Verhältnis zur individuellen Subjektivität, der nahezu vollständigen Verdinglichung des Menschen im Spätkapitalismus. Herbert Marcuse (1898-1979) diagnostizierte die Herausbildung einer Gesellschaft, in der Individualität nicht nur eingeebnet, sondern „überflüssig" wird: „Mechanisierte Massenproduktion füllt die Zwischenräume, in denen Individualität sich selbst behaupten konnte" (1988).

6. Ein völlig anderer Versuch, die Problemstellungen der klassischen Soz. und der Psychoanalyse in eine umfassende *Theorie sozialer Systeme* zu integrieren, liegt bei Talcott Parsons (1902-1979) vor. Im Rahmen seiner strukturfunktionalistischen Theorie thematisiert Parsons das I. einerseits als Organismus-System, das Anpassungsleistungen an die Umwelt erbringt, andererseits als Persönlichkeitssystem. Parsons greift das sog. Hobbes'sche Ordnungsdilemma auf: Wie ist soziale Ordnung unter den Bedingungen konkurrierender individueller Interessen möglich? Seine Lösung dieses Problems besteht in einer Konzipierung von *Sozialisation* als Verinnerlichung sozialer Normen und Werte, die zu einer solchen Modellierung individueller Impulse führt, durch die die sozial überformten Bedürfnisse in Übereinstimmung mit den Erfordernissen der Gesellschaft stehen. Parsons sieht also eine mögliche Leistung von Sozialisationsprozessen darin, den Konflikt von Gesellschaftlichkeit und Individualität tendenziell aufzulösen.

Die skizzierten Grundmodelle einer Soz. des I.s werden in der neueren Theorieentwicklung in vielfältiger Weise aufgegriffen, weiterentwickelt und modifiziert. Dabei zeigt sich, dass die Vorstellungen einer Prägung des I.s durch die Gesellschaft und einer konfliktfreien Verinnerlichung von Normen und Werten unzulänglich sind. In den Blickpunkt der Soz. rückt damit das „vergesellschaftete Subjekt" (Geulen 1989). Gesellschaft wird nicht mehr nur als Begrenzung und Beschädigung von Individualität, sondern zugleich auch als deren Ermöglichung diskutiert.

1. Von erheblicher Bedeutung für die aktuelle Diskussion sind die an Mead anschließenden Theorien des Symbolischen Interaktionismus sowie eine seit den 1970er Jahren verstärkt einsetzende Rezeption der Sozialphänomenologie.

2. Zugleich werden Modelle weiterentwickelt, welche die Übermacht gesellschaftlicher Strukturen und Prozesse gegenüber den Einzelnen betonen. Bedeutsam ist hier zum einen der an Jean Piaget (1896-1980) und Claude Lévi-Strauss (geb.1908) anknüpfende Strukturalismus. So versucht etwa Pierre Bourdieu (1930-2002) nachzuweisen, dass die I.n noch in ihren alltäglichen Geschmacksurteilen durch ihre Lage und Stellung im Gefüge sozialer Ungleichheit bestimmt sind.

3. Einen anderen Akzent setzt Michel Foucault (1926-1984): In seinen sozialhistorischen Studien, z.b. zur Geschichte der Sexualität, zeigt er auf, dass soziale Einflüsse auf das I. keineswegs nur durch Normsetzungen in der Form von Verboten erfolgen. Vielmehr akzentuiert Foucault die i.d.R. unbemerkt bleibenden Auswirkungen gesellschaftlicher Vorstellungen darüber, was individuell erstrebenswert ist. Auch diejenigen Wünsche, die I.n für ihre ganz privaten halten und von denen sie glauben, dass sie mit diesen gegen ggf. gesellschaftliche Normen verstoßen, sind Foucault zufolge sozial überformt.

4. Niklas Luhmann hingegen (1927-1998), Repräsentant der neueren systemtheor. Soz., konzipiert gesellschaftliche Entwicklung als einen selbstbezüglichen Prozess, auf dessen Verlauf die Absichten und Interessen der Einzelnen keinen wesentlichen Einfluss haben. Umgekehrt betrachtet Luhmann auch die Einzelnen als selbstbezügliche Systeme, deren innere Komplexität durch gesellschaftliche Strukturen keineswegs determiniert ist. Das Verhältnis der Einzelnen zur Gesellschaft ist Luhmann zufolge durch Prozesse der Exklusion aus bzw. Inklusion in differenzierte gesellschaftliche Teilsysteme bestimmt. Damit gibt Luhmann die Vorstellungen auf, Gesellschaft könne als Handlungszusammenhang von I.n verstanden werden und I.n seien ein Teil der Gesellschaft. In sozialen Systemen treten I.n lediglich als Personen in Erscheinung, wobei „die Form Person" bestimmt wird „als individuell attribuierte Einschränkung von Verhaltensmöglichkeiten" (Luhmann 1991).

5. Einen anders gelagerten Zugang zu einer Soz. des I.s eröffnet die *Biografie-forschung*. Hier wird der Versuch unternommen, mit Methoden qualitativer Sozialforschung individuelle Lebensgeschichten detailliert zu rekonstruieren, um so klären zu können, welche ökon., sozialen und kulturellen Bedingungen Einzelne für die Entwicklung ihrer individuell besonderen Lebenskonstruktionen vorfinden, und wie sie mit diesen aktiv und gestaltend umgehen. Soz. Biografieforschung ist nicht an der Besonderheit des Einzelfalls interessiert, sondern daran, was sich aus der Gestalt individueller Biografien für eine Theorie der Gesellschaft lernen lässt.

6. Wesentliche Impulse für die aktuelle Diskussion, insbes. die Soz. der sozialen Ungleichheit, sind von dem von Ulrich Beck entwickelten *Individualisierungstheorem* ausgegangen (Beck 2003). Beck versucht zu zeigen, dass in der Folge der ökon., sozialen und kulturellen Entwicklung der Nachkriegszeit eine „neue Unmittelbarkeit von I. und Gesellschaft" entstanden sei. Bei der Entwicklung ihrer Lebenskonstruktion seien die I.n demnach zwar nach wie vor von den Gegebenheiten des Arbeitsmarktes, des Bildungssystems und des Sozialstaates abhängig, ihre Lebensperspektiven jedoch weniger als zuvor durch klassen-, schichten- und milieuspezifische Vorgaben festgelegt. Der Einzelne werde, so die weitreichende These Becks, zum „Bastler" und „Konstrukteur" seiner Biografie.

Beck betont die Ambivalenz dieses Prozesses: Einerseits handelt es sich um eine Befreiung des Einzelnen von Zwängen und Traditionen, andererseits um eine tendenzielle Überforderung durch die Aufgabe, in einer komplexen und kulturell pluralisierten Gesellschaft lebensgeschichtlich bedeutsame Entscheidungen ohne den sichernden Rückhalt fragloser Vorgaben treffen zu müssen.

Ein Ende der Kontroversen, die um die Frage nach einer angemessenen Bestimmung des Verhältnisses von Gesellschaft und I. zentriert sind, ist nicht abzusehen. Das Scheitern des Versuchs der älteren Rollen- und Sozialisationstheorie, individuelles Handeln vollständig durch lebensgeschichtlich vorgängige sozialisatorische Prägungen und aktuelle Verhaltenserwartungen zu erklären, zwingt die Soz. zu einer Wiederaufnahme der vergleichsweise komplexeren Denkmodelle der klassischen Theorien.

→ **Figuration; Kommunikation; Konformität; Lebenslauf; Rolle, soziale; Sozialisation, Soziologische Theorien**

T.W. Adorno (1995): Aufsätze zur Gesellschaftstheorie und Methodologie. Frankfurt a.M. (zuerst 1970); *U. Beck* (2007): Risikogesellschaft. Frankfurt a.M. (zuerst 1986); *P. Bourdieu* ([15]2003): Die feinen Unterschiede. Frankfurt a.M. (zuerst 1982); *M. Foucault* ([5]1991): Sexualität und Wahrheit. Frankfurt a.M; *W. Fuchs-Heinritz* ([3]2005): Biografische Forschung. Eine Einführung in Praxis und

Methoden. Wiesbaden; *E. Fromm* (1981): Charakter und Gesellschaftsprozess. In: *ders.* (Hg.): Die Furcht vor der Freiheit. München: 379-392; *D. Geulen* (1988): Das vergesellschaftete Subjekt. Frankfurt a.M. (zuerst 1977); *A. Hahn* (2000): Konstruktionen des Selbst, der Welt und der Geschichte. Frankfurt a.M.; *M. Kohli/G. Robert* (Hg.): Biografie und soziale Wirklichkeit. Stuttgart; *T. Kron* (Hg.) (2000): Individualisierung und soziologische Theorie. Opladen; *N. Luhmann* (1991): Die Form Person. Soziale Welt 42: 166-175. *H. Marcuse* (^{24}1988): Der eindimensionale Mensch. Neuwied/Berlin; *G.H. Mead* (2008): Geist, Identität und Gesellschaft. Frankfurt a.M. (zuerst 1968); *A. Nassehi* (1999): Differenzierungsfolgen. Opladen/Wiesbaden; *T. Parsons* (^{8}2005): Sozialstruktur und Persönlichkeit. Eschborn (zuerst 1964); *J. Ritsert* (2001): Soziologie des Individuums. Darmstadt; *R. Sackmann/M. Wingens* (Hg.) (2001): Strukturen des Lebenslaufs. Weinheim/München; *G. Simmel* (^{4}1984): Grundfragen der Soziologie. Berlin (zuerst 1917); *C. Taylor* (2009): Quellen des Selbst. Frankfurt a.M. (zuerst 1996); *M. Weber* (^{6}1984): Soziologische Grundbegriffe. Stuttgart (zuerst 1922).

Albert Scherr

Institution

eine normativ geregelte, mit gesellschaftlichem Geltungsanspruch dauerhaft strukturierte und über Sinnbezüge legitimierte Wirklichkeit sozialen Handelns.

Der Begriff I. bedeutet in seiner lat. Wortherkunft: Einrichtung. Alltagssprachlich spricht man beispielsweise von der I. der Ehe oder von der Schule als gesellschaftlicher I. Auch sozialwissenschaftliche Definitionsversuche dieses Begriffs umreißen ein heterogenes Feld, ohne dass sich dabei eine allgemeinverbindliche Kennzeichnung durchgesetzt hätte. Gleichzeitig werden I.en zu den wichtigsten Grundkonzepten der Soz. gerechnet. Die I. ist als soziale Einrichtung zu unterscheiden von sozialen *Gruppen*, die *face-to-face*-Charakter haben und primär emotional integriert sind, und *Organisationen*, die als Instrumente menschlichen Zweckhandelns dienen und primär über ein Positionsgefüge formal differenziert sind.

Indem I.en die Beliebigkeit und Willkür des sozialen Handelns beschränken, üben sie normative Wirkung aus; sie geben Werte vor und legen Pflichten fest. Dabei leisten sie eine Doppelfunktion: einmal für den Menschen, dessen Bedürfnisnatur sie formen, zum anderen für die Gesellschaft, deren Strukturen und Bestand sie sichern. I.en regeln Vollzüge von strategischer sozialer Relevanz: (a) die generative Reproduktion (Familie, Verwandtschaftsverband), (b) die Vermittlung spezifischer Fähigkeiten, Fertigkeiten und Kenntnisse (Einrichtungen der Erziehung, Bildung und Ausbildung), (c) die Nahrungsvorsorge und Versorgung mit Gütern (Wirtschaft), (d) die Aufrechterhaltung gesellschaftlicher Ordnung nach innen und außen (Herrschaft, Rechtsnormen, Politik), (e) die Fortentwicklung von Sinnbezügen und symbolischen Codes (Kultur).

Bedeutsam für den soz. I.enbegriff war die rechtstheor. Interpretation der I.en von Maurice Hauriou (1856-1929), der diese als „soziale Tatsachen" bezeichnete, in denen sich die einer Rechtsordnung zugrunde liegenden *idées directrices"* widerspiegeln. Nach Herbert Spencer (1820-1903), der den Begriff der I.en in der Soz. etablierte, ist es ein Gefüge aus familiaren, zeremoniellen, pol. und kirchlichen I.en, das den Fortbestand der Gesellschaft eigentätig bewerkstelligt. Auf diesen Begriff greifen dann insbes. die Vorläufer und Vertreter des sog. Strukturfunktionalismus zurück (E. Durkheim, M. Mauss, A.R. Radcliffe-Brown, B. Malinowski und T. Parsons). Emile Durkheim (1858-1917) begreift Soz. als eine Wissenschaft von den I.en, durch die menschliches Handeln reglementiert und soziale Integration ermöglicht wird. Nach Talcott Parsons (1902-1979) wird die Bestandserhaltung einer Gesellschaft durch ein Set an Normen-, Rollen- und Status-Beziehungen und durch die sich daraus ergebenden Ordnungs-, Herrschafts- und Sanktionsmechanismen sichergestellt. Er spricht hierbei von „Institutionalisierung" der Selbststeuerung sozialer Systeme.

In Dtld. hat insbes. die soz. *Anthropologie* den Begriff der I. aufgegriffen: Der Mensch in seiner „Exzentrizität" (Helmuth Plessner) bzw. als Mängelwesen (Arnold Gehlen) benötigt I.en als Instinktersatz und als Kompensation seiner Weltoffenheit. Erst I.en ermöglichen demnach Identität: Sie setzen den Menschen imstande, sein Leben „zu führen" und es auf höhere, soziokulturelle Stufen zu heben. Sie stellen eine Resultante und eine Steuerungsinstanz des Handelns dar. I.en sind hierbei auf die Bedürfnisbefriedigung der Einzelnen wie die Erfordernisse der Gesellschaft (bzw. einzelner sozialer Subsysteme) zugleich gerichtet. Wesentlich für I.en ist der Charakter der *Entlastung:* I.en stabilisieren Spannungen dadurch, dass sie den Menschen vom Druck unmittelbarer Bedürfnisbefriedigung mittels Übersetzung in anhaltende kulturelle „Steigerung" entlasten (Gehlen).

Der *Sozialkonstruktivismus* von Peter L.Berger und Thomas Luckmann (2004) hat I.en als Regeln des Problemlösens im Alltag charakterisiert, die Akteure entwickeln, sich aber rasch verfestigen und dann eine regelrecht objektive Macht auf sie ausüben können.

Der *Rational-Choice*-Ansatz versucht die Entstehung von I.en als Produkt von Entscheidungssituationen rational agierender Akteure zu rekonstruieren. Hartmut Esser (2000) definiert eine I. als „eine *Erwartung* über die Einhaltung bestimmter *Regeln*, die verbindliche *Geltung* beanspruchen".

Die Wirkweise von I.en wird von den Vertretern der *Frankfurter Schule* (Herbert Marcuse, Theodor W. Adorno, Max Horkheimer) auch kritisch gesehen, da I.en manipulativ, reflexionshemmend und entfremdend wirken können, wenn sie nur zur Legitimation der herrschenden Verhältnisse beitragen. Erving Goffman 1922-1982) hat auf die anomischen Wirkungen sog. „totaler I.en" – etwa Gefängnisse, Intensivstationen, psychiatrischen Anstalten, Kasernen – auf deren Insassen hingewiesen.

In jüngerer Zeit kam es durch den soz. Neoinstitutionalismus zu einer Revitalisierung des I.enbegriffs. Dessen Vertreter (P.J. DiMaggio, W.W. Powell) heben hervor, dass Handlung eher als „*enactment*" institutioneller Skripts aufzufassen ist. Diese Skripts werden gewöhnlich nicht hinterfragt, sondern nehmen als Routinen und Automatismen den Status präreflexiver Schemata an, die unser Handeln leiten. Handeln ist damit weniger eine Angelegenheit intern generierter autonomer Wahl als eine Adaption von situations- und rollenadäquaten Erwartungen der Umwelt.

→ **Anthropologie; Grundgebilde, soziale; Handeln, soziales**

📖 *P.L. Berger/Th. Luckmann* (²¹2007): Die gesellschaftliche Konstruktion der Wirklichkeit. Frankfurt a.M. (zuerst 1966); *E. Durkheim* (2007): Die Regeln der soziologischen Methode. Frankfurt a.M. (1961); *H. Esser* (2002): Soziologie. Spezielle Grundlagen. Bd. 5: Institutionen. Frankfurt a.M./New York; *A. Gehlen* (⁶2004): Urmensch und Spätkultur. Frankfurt a.M. (1956); *G. Göhler* (Hg.) (1994): Die Eigenart der Institutionen. Baden-Baden; *M. Hauriou* (1965): Die Theorie der Institution. Berlin; *M.R. Lepsius* (²2009): Interessen, Ideen und Institutionen. Wiesbaden; *W. Lipp* (1994): Institutionen, Entinstitutionalisierung, Institutionsgründung. In: *ders.* (Hg.): Drama Kultur. Berlin: 476-491; *T. Parsons* (1989): Zur Theorie sozialer Systeme. Wiesbaden; *H. Schelsky* (Hg.) (1982): Zur Theorie der Institution. Wiesbaden; *R. Schmalz-Bruns* (Hg.) (1994): Ansätze und Perspektiven der Institutionentheorie. Wiesbaden.

Roger Häußling/Wolfgang Lipp

Integration

Prozess der Bildung einer Einheit aus Teilen, speziell von sozialen Systemen aus Elementen. Der entgegengesetzte Prozess des Zerfalls einer Ganzheit bzw. der Auflösung eines sozialen Systems wird als *Desintegration* bezeichnet. Der Begriff der I. wurde von den Evolutionisten des 19. Jh.s (Auguste Comte, Herbert Spencer) in die Soz. eingeführt.

Herbert Spencer (1820-1903) sieht im menschlichen Entwicklungsprozess eine Tendenz zunehmender I. *Evolution* besteht darin, dass ursprünglich vereinzelt auftretende Einheiten sich zusammenschließen, wodurch neuartige Einheiten komplizierterer Strukturen mit differenzierteren Funktionen entstehen. Evolution ist der Übergang von „inkohärenter Homogenität zu kohärenter Heterogenität" bzw. die Entwicklung vom „Aggregat zum System". Zu Beginn der menschlichen Entwicklungsgeschichte existierten nach Spencer kleine, relativ undifferenzierte, lose Horden, die sich im Verlauf der Menschheitsgeschichte zu immer umfassenderen, in sich stark differenzierten Gruppierungen mit großem inneren Zusammenhalt entwickelten. Die zunehmende I. der verschiedenen Teile eines Ganzen war mit wachsender gegenseitiger Abhängigkeit verbunden. Den Hintergrund für diese zunehmende I. bildet die fortschreitende Differenzierung im Sinne der Arbeitsteilung.

Eine vergleichbare Konzeption findet sich bei Emile Durkheim (1858-1917), demzufolge sich die Geschichte der Menschheit beschreiben lässt als Entwicklung von mechanischer zu organischer Solidarität. Einfache, segmentär differenzierte Sozialgebilde bestehen aus ähnlichen Untergruppen und sind gekennzeichnet durch *mechanische Solidarität* (Solidarität der Ähnlichkeit). Die I. erfolgt über das Bewusstsein oder das Gefühl der Zusammengehörigkeit aufgrund gemeinsamer Merkmale der Beteiligten und durch harte Sanktionen im Falle des Verstoßes gegen diese Gemeinsamkeiten (repressives Recht). Komplexe, arbeitsteilig differenzierte Sozialgebilde können sich hingegen durch *organische Solidarität* (Solidarität durch Arbeitsteilung) integrieren. Es handelt sich um eine I. auf der Grundlage von Verschiedenartigkeit in Verbindung mit dem Glauben an bzw. Wissen um das wechselseitige Aufeinander-Angewiesensein der Teile.

Der Begriff I. gehört zu den Grundbegriffen der strukturell-funktionalen Handlungs-/Systemtheorie von Talcott Parsons (1902-1979). I. bezeichnet hier einen „Beziehungsmodus zwischen den Einheiten eines Systems, vermöge dessen diese Einheiten so zusammenwirken, dass der Zerfall des Systems und der Verlust der Möglichkeit zur Erhaltung seiner Stabilität verhindert und sein Funktionieren als eine Einheit gefördert wird" (1964). Das *soziale System* befindet sich im Gleichgewicht, wenn sich die Handelnden im Einklang mit ihren individuellen Bedürfnissen und mit den Erwartungen ihrer Interaktionspartner verhalten, was die Verinnerlichung gemeinsamer Werte und Normen voraussetzt.

I. bezeichnet bei Parsons den Extremfall von Systemstabilität und dient als Ausgangspunkt für die Analyse der Stabilitätsprobleme empirisch vorfindbarer Systeme und der Analyse abweichenden Verhaltens und sozialer Kontrolle. Dieses I.smodell betrachtet Konflikte und Spannungen als pathologischen und dysfunktionalen Ausnahmefall und ist am ehesten zur Analyse statischer Gesellschaften geeignet. Das Konfliktmodell (z.B. Lewis A. Coser, Ralf Dahrendorf), das in bewusster Abhebung vom Parsons'schen Gleichgewichtsmodell konzipiert wurde, betont hingegen den integrierenden Charakter des Konflikts. *Soziale Konflikte* sind unvermeidbar und leisten, falls die Konfliktpartner noch gemeinsame Grundüberzeugungen teilen und die Konflikte in sozial geregelter Form ausgetragen werden, einen Beitrag für den sozialen Wandel und die Anpassungsfähigkeit des Systems.

D. Lockwood (1984) hat in einem einflussreichen Aufsatz die Unterscheidung von sozialer I. und Systemi. entwickelt. Soziale I. steht hier für die „geordneten oder konfliktbeladenen Beziehungen der Handelnden", Systemintegration für die

Beziehungen zwischen „den Teilen eines soziales Systems", also z.B. zwischen Wirtschaftssystem und pol. System der Gesellschaft. Für konkrete, empirisch vorfindbare soziale Systeme sind I. und Desintegration die Endpunkte in einem Kontinuum. Soziale Kontrollprozesse zielen darauf zu verhindern, dass die Desintegration überhand nimmt und die Existenz des Systems gefährdet wird. In Primärgruppen (Familie, Nachbarschaft u.a.) kann aufgrund der relativ stabilen, engen persönlichen Beziehungen der Gruppenmitglieder, der Überschaubarkeit der Gruppe und der gemeinsamen Anschauungen, Werte und Gewohnheiten leichter ein Bewusstsein der Einheit (ein Zusammengehörigkeitsgefühl) entwickelt werden als in größeren sozialen Gebilden (Sekundärgruppen, Verbände u.a.). Da in der Gesamtgesellschaft wegen der starken sozialen Differenzierung das Verstehen sozialer Gesamtzusammenhänge durch Teilhabe und Erleben für den Einzelnen nicht mehr möglich ist, benötigt man „ein Zentrum, an dem sich die Menschen orientieren können", das für die Sinndeutung des Zusammenlebens sorgt (Dahrendorf 1965).

In Abgrenzung zu Parsons beschreibt Niklas Luhmann (1927-1998) das Verhältnis von Individuum und Gesellschaft nicht mehr mit dem Begriff I. Er ersetzt diesen durch die Unterscheidung *Inklusion/Exklusion*. Dahinter steht die Annahme, dass eine I. von Individuen in die moderne, funktional differenzierte, in eigengesetzliche Teilsysteme (z.B. Politik, Wirtschaft, Recht, Religion) zerfallende Gesellschaft prinzipiell nicht möglich ist. Deshalb ist die Soz. aufgefordert, Bedingungen und Formen der Inklusion, d.h. der Teilnahme von Personen an den jeweiligen Leistungen der ausdifferenzierten gesellschaftlichen Teilsysteme und Organisationen zu untersuchen. Der Begriff I. wird bei Luhmann im Unterschied dazu nur noch für die Beschreibung der Beziehungen zwischen sozialen Systemen verwendet, die voneinander abhängig sind und sich wechselseitig in ihren Entwicklungsmöglichkeiten einschränken.

→ **Anomie; Differenzierung, gesellschaftliche; Evolution, soziale; Individuum; Konflikt, sozialer; Kontrolle, soziale; Macht – Herrschaft – Autorität; Soziologische Theorien (I); Wandel, sozialer**

📖 *R. Dahrendorf* (1965): Gesellschaft und Freiheit. München; *W. Heitmeyer/P. Imbusch* (Hg.) (2005): Integrationspotenziale einer modernen Gesellschaft. Wiesbaden; *P. Imbusch/W. Heitmeyer* (Hg.) (2009): Integration-Desintegration. Wiesbaden; *D. Lockwood* ([4]1979): Soziale Integration und Systemintegration. In: *W. Zapf* (Hg.): Theorien des sozialen Wandels. Königstein/Ts.: 124-137; *N. Luhmann* ([3]2008): Inklusion und Exklusion. In: *ders.* (Hg.): Soziologische Aufklärung 6. Wiesbaden: 237-264; *T. Parsons* ([3]1988): Beiträge zur soziologischen Theorie. Neuwied (zuerst 1954); *B. Peters* (1993): Die Integration moderner Gesellschaften. Frankfurt a.M.; *U. Schimank* (2005): Differenzierung und Integration der modernen Gesellschaft. Wiesbaden.

Rüdiger Peuckert/Albert Scherr

Interaktion

Kommunikation, Handlungen und soziale Beziehungen zwischen anwesenden, sich wahrnehmenden und füreinander ansprechbaren Individuen.

I. liegt vor, wenn das Verhalten von *ego* als Reaktion ein Verhalten bei *alter* hervorruft, d.h. wenn sich Individuen in ihrem Erleben und Handeln auf das Erleben und Handeln der anderen beziehen, die im gleichen sozialen Kontext anwesend sind. I. bezeichnet also die durch *Kommunikation* vermittelte wechselseitige Beeinflussung der Einstellungen, Erwartungen und Handlungen von Individuen.

I.en sind zeitlich und sozial begrenzt. Wenn die Anwesenden ihre Kommunikation beenden, endet die I. I.en sind auch nur zwischen einer begrenzten Zahl von Individuen möglich. I.en sind also sowohl von dauerhaften sozialen Beziehungen als auch von sozialen Großgebilden wie Organisationen und Staaten zu unterscheiden. Gleichwohl sind I.en eingebunden in übergreifende soziale Strukturen.

In I.en geltende Regeln und Rituale ändern sich im Zuge der hist. Entwicklung und sie unterscheiden sich zwischen sozialen Teilsystemen. So sind unterschiedliche Organisationen wie Schulen und Krankenhäuser durch eine jeweils spezifische „Interaktionsordnung" (E. Goffman) gekennzeichnet.

Der Begriff I. stammt aus der amerik. Soz. und knüpft an den Begriff der *sozialen Beziehung* an, wie er zunächst in der „formalen Soz." von Georg Simmel (1858-1918) konzipiert wurde. Simmel verfolgt die Fragestellung, wo und wie Menschen in Wechselwirkung treten und welche Formen der Vergesellschaftung sich hieraus ergeben. Der Begriff „soziale Beziehung" bezeichnet also Relationen zwischen Individuen, aus denen sich soziale Gebilde (Gruppen, Organisationen) ergeben. Kennzeichnend für Simmels Soz. ist die Konzentration auf jeweilige Formen der Vergesellschaftung (z.B. Über- und Unterordnung, Konkurrenz, Nachahmung) unter Vernachlässigung inhaltlicher und kultureller Bezüge.

Eine systematische Weiterentwicklung der von Simmel entwickelten Betrachtungsweise findet sich in der „Allgemeinen Beziehungslehre" von Leopold von Wiese (1876-1969), für den das Soziale ein „verwickeltes Netz von Beziehungen zwischen Menschen" ist. Das Ziel der von ihm vertretenen Soz. sieht von Wiese in der Entwicklung eines allgemeinen Beziehungssystems und eines Systems aller sozialen Gebilde.

Einen Bedeutungswandel erfuhr der Begriff der sozialen Beziehung in der „verstehenden Soz." von Max Weber (1864-1920), wo er nun „ein seinem Sinngehalt nach aufeinander gegenseitig eingestelltes und dadurch orientiertes Sichverhalten mehrerer" bezeichnet. Webers Konzept bildet – allerdings in veränderter Terminologie – den Ausgangspunkt einer allgemeinen soz. Handlungstheorie (z.B. bei T. Parsons) und hat auch wesentliche Auswirkungen auf die Konzeption des Symbolischen Interaktionismus gehabt.

Nach Ansicht der Vertreter des *interpretativen Paradigmas* (Symbolischer Interaktionismus, Ethnomethodologie u.a.) ist jede I. notwendig ein wechselseitiger Interpretationsprozess von Erwartungen, Äußerungen und Handlungen. I.en werden hier wie alle *Handlungen* als ein Handeln auf der Grundlage von Bedeutungen verstanden. Das klassische Handlungsmodell des Symbolischen Interaktionismus findet sich bei George Herbert Mead (1863-1931).

Situationsdefinitionen und Handlungen sind nicht ein für allemal vorgegeben und festgelegt, sondern I. vollzieht sich in Situationen, die von den Beteiligten unter Einsatz des ihnen zur Verfügung stehenden Bedeutungspotenzials auf der Grundlage vorgegebener Situationsdefinitionen immer wieder neu definiert werden müssen.

Ein Kernprozess der I. besteht in der wechselseitigen Interpretation von Erwartungen. Jeder Handelnde lernt mit Hilfe von durch Kommunikation erworbenen Symbolsystemen (insbes. Sprache) die Erwartungen und möglichen Reaktionen des Anderen zu antizipieren und bei der Steuerung des eigenen Handelns zu berücksichtigen. Indem bei Mead Gesellschaft weitgehend als ein Kommunikationsprozess aufgefasst wird, wird der gesamtgesellschaftliche Kontext, z.B. Probleme von Macht, Herrschaft und Zwang, nicht hinreichend thematisiert. In neueren Arbeiten des interpretativen Paradigmas wird dagegen analysiert, wie sich aus konkreten I.en feste Normengefüge, institutionalisierte Rollenerwartungen und übergreifende Institutionen bilden können, die das soziale Handeln vorstrukturieren. Erving Goffman (1922-1982) bezeichnet die sozial vorgegebenen Muster, an denen sich I.en orientieren, als Rahmen.

Anders als das mikrosoziologische bzw. *interpretative Paradigma*, demzufolge es keine von den interpretativen Prozessen in I.en unabhängigen sozialen Strukturen gibt, basiert das strukturtheoretische bzw. *normative Paradigma* – hierunter fallen sowohl der Marxismus und Strukturalismus als auch der Strukturfunktionalismus und die neuere Systemtheorie – auf der Grundannahme, dass eine I.en vorgängige, objektiv gegebene gesellschaftliche Wirklichkeit existiert. A. Giddens (geb. 1938) schlägt im Sinne einer Synthese beider Paradigmen vor, von der „Idee der Dualität der Struktur" auszugehen. Demnach sind soziale „Strukturen sowohl als Bedingung als auch als Folgen der Produktion von I.en" zu analysieren.

Nach der *strukturell-funktionalen Theorie* von Talcott Parsons (1902-1979) bildet sich ein soziales System durch I.sprozesse zwischen mehreren (mindestens zwei) Handelnden aufgrund der doppelten Kontingenz von Verhaltenserwartungen heraus. *Ego* kann nicht wissen, was *alter* beabsichtigt, und umgekehrt, und deshalb sind soziale Einschränkungen der individuellen Handlungsmöglichkeiten erforderlich. Im kleinsten sozialen System, der Dyade, ist I. also das aufeinander bezogene Handeln zweier Personen. *Ego* orientiert sich nicht nur am Verhalten und den Reaktionen von *alter*, sondern auch an dessen Erwartungen, und umgekehrt. Ein

Gleichgewichtszustand liegt vor, wenn sich die Handelnden im Einklang mit ihren individuellen Bedürfnissen und mit den (komplementären) Erwartungen ihrer I.spartner befinden. Voraussetzung hierfür ist ein System geteilter kultureller Symbole, das Kommunikation zwischen den Handelnden ermöglicht, und ein von allen Handelnden geteiltes Normensystem. Das Modell der (solidarischen) I. betont, wie häufig kritisiert wird, zu sehr Konsens und Bindung an gemeinsame Werte auf Kosten von Konflikt, Zwang und Herrschaft.

Eine grundlegend andere Vorstellung von I. findet sich bei den Vertretern der *verhaltenstheor. Soz.*, die die im konkreten sozialen Handeln intendierten Sinngehalte weitgehend ignorieren und sich auf die beobachtbaren („objektiven") I.en konzentrieren. Eine I. liegt vor, wenn die Aktivität einer Person die Aktivität einer anderen Person auslöst. Aufbauend auf den drei Grundbegriffen I., Aktivität und Gefühl stellt George C. Homans (1910-1989) in seiner „Theorie der Gruppe" ein System von Hypothesen über die Gesetzmäßigkeiten auf, nach denen sich die innere Struktur und das Verhältnis der Gruppe zu ihrer Umwelt entwickelt. In seinem Werk „Elementarformen sozialen Verhaltens" sieht Homans auf der Grundlage behavioristischer Lerntheorien I.en analog zu den Vorgängen auf einem freien Güter- und Dienstleistungsmarkt. Jeder Handelnde will sich durch seine Handlungen möglichst hohe Belohnungen bei geringen Kosten verschaffen. Der Austausch von *ego* und *alter* stabilisiert sich, wenn beide den größten Gewinn aus der I. ziehen und die „Gewinne" als gleichwertig angesehen werden. Der I.sbegriff der verhaltenstheor. Soz. liegt den meisten Arbeiten aus dem Bereich der Kleingruppensoz. zugrunde.

Die neuere Systemtheorie, wie sie Niklas Luhmann (1927-1998) entwickelt hat, unterscheidet I.en als „einfache Sozialsysteme" von anderen Grundformen sozialer Systembildung (Familien, Organisationen, Funktionssysteme, Gesellschaft). Darin Goffman vergleichbar, bestreitet Luhmann die Angemessenheit der gängigen Unterscheidung von Mikro- und Makrosoz. Er betrachtet I.en als einen spezifischen Vollzug von Gesellschaft. Betont werden die zeitlichen, sachlichen und sozialen Grenzen der Bildung sozialer Ordnungen auf der Grundlage von I.en und mittels kommunikativer Verständigung in I.en.

→ **Gruppe; Handeln, soziales; Kommunikation; Norm, soziale; Rolle, soziale; Soziologische Theorien (I, III); Sprache; Symbol; System, soziales; Verhalten, soziales**

📖 *H. Abels* (⁴2007): Interaktion, Identität, Präsentation. Wiesbaden; *E. Goffman* (⁶2008): Wir alle spielen Theater. München (zuerst 1959); *E. Goffman* (²2001): Interaktion und Geschlecht. Frankfurt a.M./New York; *A. Giddens* (1984): Interpretative Soziologie. Frankfurt a.M.; *G.C. Homans* (²1982): Elementarformen sozialen Verhaltens. Wiesbaden; *A. Kieserling* (1999): Kommunikation unter Anwesenden. Frankfurt a.M.; *N. Luhmann* (⁵2005): Einfache Sozialsysteme. In: *ders.* (Hg.): Soziologische Aufklärung 2. Wiesbaden: 21-38; *G.H. Mead* (2008): Geist, Identität und Gesellschaft. Frankfurt a.M. (zuerst 1968); *T. Parsons* (²1991): The Social System. London (zuerst 1951); *H.G. Soeffner* (²2001): Handeln im Alltag. In: *B. Schäfers/W. Zapf* (Hg.): Hwb. zur Gesellschaft Deutschlands. Opladen: 282-293; *H. Willems* (1997): Rahmen und Habitus. Frankfurt a.M.

Albert Scherr/Rüdiger Peuckert

Jugend

ist 1.) eine Altersphase zwischen Kindheit und Erwachsensein, die mit dem Einsetzen der Pubertät um das 13. Lebensjahr beginnt; 2.) die Altersgruppe der etwa 13- bis etwa 25-Jährigen, die Gemeinsamkeiten des Verhaltens, der Wertorientierung wie der Soziallage ganz allgemein teilt; 3.) ein idealer Wertbegriff, der auf ein in vielen Kulturen hoch geschätztes Gut verweist (J.lichkeit; ewige J. usw.).

Lässt sich das Einsetzen der J.phase, die mit der Pubertät beginnende Verunsicherung und Infragestellung der eigenen Leiblichkeit und Identität und schließlich der „kindlichen" Sozial- und Kulturwelt einigermaßen deutlich abgrenzen, so ist ihr Ende durch die Verlängerung der Bildungs- und Ausbildungszeiten und eine veränderte Einstellung zur „Abschließbarkeit" von Lernprozessen und der Identitätsbildung immer schwieriger zu bestimmen. Nicht mehr der volle Erwerb aller sog. „Teilreifen" (der z.T. rechtlich festgelegte Erwerb unterschiedlicher Mündigkeiten, wie z.B. Religions- und Strafmündigkeit; Ehemündigkeit und Geschäftsfähigkeit) ist ausschlaggebend, sondern eine altersmäßig darüber hinausgehende „künstliche" Verlängerung der J.phase bis weit in das dritte Lebensjahrzehnt, die als *Postadoleszenz* bezeichnet wird. In dieser Phase ist die Ablösung vom Elternhaus vollzogen, man lebt z.T. in eheähnlichen Verhältnissen, ist aber im Hinblick auf den beruflichen und sonstigen Lebensplan noch offen und ökon. zumeist noch nicht selbstständig.

Das über einen Zeitraum von ca. 12 Jahren sich erstreckende Zugeständnis von Mündigkeiten (beginnend mit der beschränkten Religionsmündigkeit mit 12 Jahren) hat die Bedeutung von *Initiationsriten* für entwickelte Industriegesellschaften hinfällig gemacht. Die Gesellschaft ist zu komplex geworden, um Kindern mit einem einzigen Initiationsritus, dem auch heute in Stammesgesellschaften noch üblichen „Einweihungsakt", die Rechte und Pflichten voll erwachsener und verantwortlicher Gesellschaftsmitglieder übertragen zu können (so haben auch die sog. J.weihen in sozialistischen und post-sozialistischen Gesellschaften mehr symbolische als praktische Bedeutung).

J. ist in ihrer ggwt. altersmäßigen und schichtspezifischen Breite eine Erscheinung der *bürgerlich-industriellen Gesellschaft.* In der Antike und im Mittelalter war J. auf die Söhne freier und wohlhabender Bürger in den Städten begrenzt. Als allen Menschen zustehende Entwicklungsphase wurde J. erst von der Pädagogik der Aufklärungszeit, v.a. von Jean-Jacques Rousseau (1712-1778), gefordert. Im Verlauf des Industrialisierungs- und Verstädterungsprozesses seit Ende des 19. Jh.s wird J. ein die Klassen- und Schichtgrenzen sukzessive übergreifendes Phänomen, unter zögerndem Einschluss der an Haus und Familie stärker gebundenen Mädchen. Hierzu hat die Programmatik der dt. *J.bewegung* (1895ff.) erheblich beigetragen und das „Bild" von J. nachhaltig geprägt (Laqueur 1978). Seit dieser Zeit gibt es auch den Ausbau eines eigenen J.rechts und J.strafvollzugs und die Institutionalisierung der J.phase ganz allgemein (J.schutz, J.herbergen, J.fürsorge, J.zentren, J.forschung usw.).

Die in der Bundesrepublik v.a. nach 1960 einsetzende enorme Verlängerung der Bildungs- und Ausbildungszeiten für die Mehrzahl der Jugendlichen führte zu neuen, in dieser Form und Breite bisher unbekannten Gruppenbildungen: den *peer groups,* den Gruppen der Gleichaltrigen, die die „Sozialisation in eigener Regie" übernehmen, einen eigenen Erfahrungs- und Erlebnisraum darstellen und die allgemeine Tendenz zur Bildung altershomogener Gruppen verstärken (Eisenstadt 1966). Zugleich kommt es zur Herausbildung einer jugendlichen Teilkultur, die nach Tenbrucks Definition (1965) durch „unverwechselbare Formen des Umgangs, Sports und Vergnügens", als „eigene Mode, Moral, Literatur, Musik und Sprache" gekennzeichnet ist. Aus dieser Teilkultur haben sich, verstärkt seit den 1960er Jahren, verschiedene jugendliche *Subkulturen* entwickelt. Diese variieren nach den Inhalten und „Stilen" (und zugehörigen „Accessoires"), der Größe und altersmäßigen Besonderheit, der latenten oder auch offen aggressiven Abgrenzung und Abweichung von der Welt der Erwachsenen, ihren kulturellen und pol. Standards.

In der theor. und empirisch vergleichsweise breit fundierten J.soz. (vgl. Griese 1987; Hurrelmann 2004; Schäfers/Scherr 2005) sind manche Grundannahmen über jugendliches Verhalten nach wie vor strittig, so z.B. die Bedeutung der Generationsspannungen; der Gleichaltrigengruppen; der Teilkultur und jugendlichen Subkulturen für die Identitätsbildung Jugendlicher; die Besonderheiten pol. und schließlich abweichenden und delinquenten Verhaltens Jugendlicher (der letzte Problembereich hat zu einer theor. wie empirisch höchst differenzierten Soz. der J.delinquenz geführt; vgl. den Überblick bei Lammek 2001); die Einschätzung der Disposition Jugendlicher zu stark idealisiertem bis radikalem Verhalten (wie es z.B. in den J.sekten zum Ausdruck kommt). Umstritten ist auch die Bedeutung der J. bzw. der jugendlichen Teilkulturen als Faktor des sozialen Wandels.

In den letzten Jahrzehnten gewannen die Untersuchungen zu den Themen Rechtsextremismus und Gewalt (Heitmeyer/Soeffner 2004) und zur wachsenden Bedeutung der ausländischen Jugendlichen in allen gesellschaftlichen Institutionen an Bedeutung.

J. ist unter den neuen gesellschaftlichen Voraussetzungen – zu denen auch der demographische Wandel und der starke Rückgang des Anteils von Kindern und Jugendlichen an der Gesamtbevölkerung gehört – sowohl in ihrer Idealtypik als auch in der J.politik zu einer widersprüchlichen, umstrittenen Lebensphase geworden (Hornstein 2002).

→ **Alter; Generation; Gruppe; Kindheit; Lebenslauf**

📖 *D.P. Ausubel* (^{6}1995): Das Jugendalter. Weinheim (orig. 1954); *S.N. Eisenstadt* (1966): Von Generation zu Generation. München (orig. 1956); *W. Heitmeyer/H.-G. Soeffner* (Hg.) (2009): Gewalt. Entwicklungen, Strukturen, Analyseprobleme. Frankfurt a.M.; *W. Hornstein* (1966): Jugend in ihrer Zeit. Hamburg; *ders.* (2002): Jugendforschung und Jugendpolitik. Weinheim/München; *K. Hurrelmann* (^{9}2007): Lebensphase Jugend. Weinheim; *S. Lammek* (^{7}2001): Theorien abweichenden Verhaltens. München; *W. Laqueur* (1991): Die deutsche Jugendbewegung. Köln; *L. Rosenmayr* (^{2}1976): Jugend. In: *R. König* (Hg.): Hdb. der empirischen Sozialforschung. Bd. 6. Stuttgart; *B. Schäfers/A. Scherr* (^{8}2005): Jugendsoziologie. Wiesbaden; *F.H. Tenbruck* (^{2}1965): Jugend und Gesellschaft. Freiburg; *Deutsche Shell* (Hg.) (2002): Jugend 2002. Frankfurt a.M.

Bernhard Schäfers

Kapitalismus

eine Wirtschafts- und Gesellschaftsordnung, die durch die gewinnorientierte Verwertung von Privatkapital und eine an diesem Ziel sowie an den Interessen der Kapitalbesitzer ausgerichteten Lebensweise charakterisiert ist.

Unter wirtschaftl. Gesichtspunkt kann von K. gesprochen werden, wenn Kapitalbesitzer unter Ankauf fremder Arbeitskraft und unter Aneignung der durch diese erzeugten Überschüsse (marx.: dem Mehrwert) die Vermehrung ihres Kapitals betreiben; sozialstrukturell basiert der K. auf der Trennung in eine Gruppe privater Verfügungsberechtigter über Produktionsmittel, bei denen die maßgeblichen Entscheidungen liegen, und in die erheblich größere Gruppe der Nichteigentümer, die keinen nennenswerten Anteil an den Entscheidungen über die Produktion haben; rechtlich kennzeichnet ihn die Garantie des individuellen Privateigentums und die Vertragsfreiheit, insbes. im Hinblick auf freie Arbeitsverträge; pol. ist der dominierende Einfluss der über das Kapital verfügenden Gruppen auf den Staat zu nennen; kulturell zeichnet sich der K. durch eine materialistische, an Wirtschaftswachstum, Leistung, Erfolg und am Konsumgenuss ausgerichtete Lebenseinstellung aus. Im K. koordinieren sich die Wirstchaftssubjekte über den Markt. Dennoch sind K. und Marktwirtschaft nicht identisch.

Die Entstehung des ggwt. K. kann bis ins 13. Jh. zurückverfolgt werden, als in den mittelalterlichen Städten Marktwesen und Geldverkehr an Bedeutung gewannen. Dort gelangten zunächst Händler zu Reichtum (sog. Handelsk.), welchen sie in zunehmendem Maße nach rationellen Gesichtspunkten in die Produktion investierten. Im teilweise engen Zusammenspiel zwischen Politik und Wirtschaft wurden in der Zeit des Merkantilismus (16.-18. Jh.) die Grundlagen für die nachfolgende Industrialisierung gelegt. Große Bedeutung für die Entstehung des K. hatte der Kolonialismus, der Arbeitskräfte (Sklaven), Rohstoffe und Finanzierungsmittel (Gold) beschaffte.

Durch technische Erfindungen und die zunehmende Anwendung der Naturwissenschaft auf die Produktion entstand der moderne Industriek. Die systematische Entwurzelung und Proletarisierung bäuerlicher Schichten (auch als Folge der sog. Bauernbefreiung) zu Beginn des 19. Jh.s stellte dafür die erforderlichen, frei verfügbaren Arbeitskräfte bereit, die zunächst in unvorstellbarem Elend lebten (soziale Frage). Sie bildeten die Basis für die Entstehung antikapitalistischer Ideen.

Die weitere Entwicklung des K. war durch folgende Kennzeichen charakterisiert: Konzentration des Produktivvermögens bei Rückgang des Einflusses der formellen Besitzer zugunsten von Funktionären (Managern); Einflussnahme des Staates auf den Wirtschaftsprozess zur Stabilisierung des Systems, insbes. im Hinblick auf konjunkturelle Krisen; die verbesserte soziale Sicherung der Arbeitnehmer durch Ausbau des Sozialstaats; Hebung des durchschnittlichen Lebensstandards und eine sich ausbreitende Akzeptanz des modernisierten kapitalistischen Systems auch durch die ihm ehemals feindlich gesinnten Gruppen (wie etwa Sozialdemokratie oder Gewerkschaften).

Die zukünftige Entwicklung des K. ist seit der ersten gründlichen hist. Analyse dieser Gesellschaftsform durch Karl Marx (1818-1883) unterschiedlich vorausgesagt worden. Ältere Marxisten gingen zumeist von seinem hist. unvermeidlichen Zusammenbruch aus. Für sie war der K. eine Durchgangsphase zum Sozialismus. Andere Theoretiker sahen während des Kalten Krieges (etwa 1948-1990) Angleichungstendenzen zwischen den Gesellschaftsformen in West und Ost (sog. *Konvergenztheorie*). Die Sachzwänge des modernen Industriesystems führen hiernach zu einer in ihrer Grundstruktur vergleichbaren Wirtschafts- und Gesellschaftsordnung, auf die angewandt Begriffe wie K. und Sozialismus als antiquiert erscheinen.

Auch nach dem Zusammenbruch des östlichen Sozialismusmodells bleibt diese Sichtweise als die Frage nach den immanenten Strukturtendenzen moderner Industriegesellschaften aktuell. Ein neuer Ansatz geht von der These aus, dass mit dem Ende der fossilen Brennstoffreserven auch das Ende des K. anbreche, da der dem K. immanente Wachstumszwang mit alternativen Energien nicht zu realisieren sei (Altvater 2005). Die Einschätzung des K. erfolgt je nach Standpunkt des Beurteilers höchst unterschiedlich. Zumindest in Deutschland wird der Begriff häufig als polemisch und wissenschaftlich wertlos verworfen. Eine wertfreie Verwendung, wie sie etwa Max Weber (1864-1920) anstrebte, ist, zumindest im Alltag der pol. Auseinandersetzung, kaum durchzuhalten. Ggwt. scheint der K. einen bedeutenden Gestaltungswandel zu erfahren. Unter dem Einfluss „neoliberaler" Wirtschaftstheorien zieht sich der Staat zurück und befördert durch Einsparungen am Sozialsystem und durch „Deregulierung" eine Umverteilung von unten nach oben. Solche Maßnahmen sind als „Standortsicherung" im Rahmen des verschärften Wettbewerbs der Globalisierung gedacht. In diesem Zusammenhang ist das neue Gewicht der internationalen Finanzmärkte von Bedeutung, die in einem hohen Maße den pol. Kurs der Regierungen vorgeben. Die Frage inwieweit K. und Demokratie vereinbar sind, wenn sich solche Entwicklungen verstärken, wird wieder neu gestellt.

→ **Gesellschaft; Marxismus; Soziale Frage; Staat; Wirtschaft**

📖 *E. Altvater* ([6]2009): Das Ende des Kapitalismus, wie wir ihn kennen. Münster; *G. Fülberth* ([4]2008): G. Strich: Kleine Geschichte des Kapitalismus. Köln; *J. Fulcher* (2007): Kapitalismus. Ditzingen; *J. Kromphardt* ([4]2004): Konzeptionen und Analysen des Kapitalismus von seiner Entstehung bis zur Gegenwart. Stuttgart; *K. Marx* (1977): Das Kapital. Bd. 3, Berlin (Ost) (zuerst 1867-1894); *O. v. Nell-Breuning* (1992): Kapitalismus – Kritisch betrachtet. Freiburg; *O. Sik* (1991): Wirtschaftssysteme. Berlin; *W. Sombart* (1986): Der moderne Kapitalismus. Bd. 6,. Berlin; *P.M. Sweezy* ([2]1996): Theorie der kapitalistischen Entwicklung. Frankfurt a.M.; *E. Waibl* ([2]1998): Ökonomie und Ethik I. Die Kapitalismusdebatte in der Philosophie der Neuzeit. Stuttgart; *ders.* ([3]2000): Ökonomie und Ethik II. Die Kapitalismusdebatte von Nietzsche bis Reaganomics. Stuttgart.

Hans-Peter Waldrich

Kaste

bezeichnet die Untergliederung von Mitgliedern einer Gesellschaft ausschließlich nach dem Merkmal Herkunft durch Geburt. K.n sind absolut geschlossen, d.h. ein Verlassen oder eine Aufnahme ist nicht möglich. Heirat darf nur innerhalb der K. stattfinden (Endogamie). K.n sind sakraler Natur, sie gelten den Mitgliedern derart strukturierter Gesellschaften als Teil eines überweltlichen Ganzen (Holismus). Die (weltliche) K.nordnung wird (religiös) interpretiert als Ausdruck eines allumfassenden, unaufhebbaren kosmischen Kreislaufs des Lebens. Für den Gläubigen ist die K. in erster Linie nicht ein sozioökon. Faktum, sondern Ausdruck der Wiedergeburt (*Karma*). Religiöser Glaube „erklärt" somit und legitimiert zugleich die prinzipielle Unveränderbarkeit dieses Systems mit der Konsequenz einer Starrheit der sozialen Ordnung.

Der Begriff K. entstammt dem portugiesischen *casta*, was „unvermischt, rein" bedeutet und ist vom lat. Wort *castus* = keusch abzuleiten. Früher wurde der Begriff auch für Teile Europas verwendet, um damit die Vererbung des Berufes vom Vater auf den Sohn und die daraus folgende soziale Stratifikation zu bezeichnen. Von Portugal aus scheint der Begriff auf Indien angewandt worden zu sein – wohl eine Folge der portugiesischen Kolonialherrschaft, um ein in Indien vorgefundenes, ihnen bis dahin unbekanntes Phänomen der sozialen Abgrenzung zu benennen. Wegen fehlender Genauigkeit gilt die soz. Anwendung als problematisch. Das gilt auch dann, wenn *soziale Ungleichheit* in Gesellschaften wie der Indiens untersucht wird. Hier ist u.a. ein Problem, dass zwar die Differenzierung nach K.n offenkundig ist, daneben aber zugleich weitere Strukturmerkmale sozialer Ungleichheit treten. Während der Hinduismus als Mehrheitsreligion in Indien das K.nsystem legitimiert, haben die Existenz anderer zahlenmäßig starker Religionsgruppen (insbes. Moslems), aber auch verbliebene Stammesstrukturen und die Einflüsse der Modernisierung weitere Strukturen sozialer Ungleichheit entstehen lassen.

K.nsysteme überformen und beeinflussen das gesamte gesellschaftliche, wirtschaftl., kulturelle und pol. Leben. So regelt das Gesetz (*Dharma*) das Leben in einer K. in extremer Weise, einschließlich des rituellen: Berufszugehörigkeit, Rechte, Pflichten, ggf. Privilegien sowie die Wertschätzung der Person (Status). Die Zugehörigkeit zur K. erkennt man an Namen, Beruf, Sprache, Tonfall, auch der Nuancierung der Hautfarbe, Ess- und Trinkgewohnheiten sowie Kleidungsregeln und Sozialkontakten. K.n sind zugleich Berufs- und Statusgruppen und soziale Milieus.

K.ngesellschaften verfügen über eine streng hierarchische und stark differenzierte vertikale Struktur: D.h. eine Vielzahl von K.n sind über- bzw. untereinander angeordnet. Die Rangordnung – verbunden mit der Verfügung/Nichtverfügung über Privilegien, Macht und Status – wird gesehen als Ergebnis der Befolgung des religiösen „Reinheitsgebots". Mitgliedschaft zu einer ranghohen K. ist somit Ausdruck von „Reinheit", wie umgekehrt die Zughörigkeit zu einer niederen K. deren Mitglieder in der Nähe von „Unreinheit" ansiedelt. K.nmitgliedschaft ist deshalb nicht Schicksal, sondern wird als Ergebnis eines an der Befolgung des „Reinheitsgebots" gemessenen physischen Vorlebens betrachtet, das auch eine nichtmenschliche Daseinsform annehmen kann. Ein Wechsel zwischen den K.n (soziale Mobilität) ist somit nicht möglich, wohl aber über den Tod mit der erneuten Inkarnation (Verkörperung) in einem nächsten Leben. Als (vollständig) „unrein" gelten Menschen, die keiner K. (und gewöhnlich auch keiner oder einer anderen Religion) angehören *(„outcasts")* – in Indien sind dies heute etwa 16% der Bevölkerung. Sie gelten zugleich als „Unberührbare" *(Parias)*, mit der Konsequenz, dass sie – auch dann, wenn von ihnen ausgeübte Berufe funktionale Bedeutung haben (z.b. Straßenfeger) – aus der Gesellschaft ausgegrenzt werden. Sie leben zum größten Teil, aber nicht notwendig, in Armut.

Obwohl mit der Unabhängigkeit Indiens der K.nzwang aufgehoben wurde (es ist u.a. strafbar, Parias zu benachteiligen), existiert er faktisch fort. Noch immer gibt es vier Hauptk.n. An der Spitze steht die Priesterk. der Brahmanen. Sie allein verfügten früher über das Privileg des Bildungzugangs. (Heute steht ein gewisser Teil an Plätzen im Bildungssystem auch Menschen aus nachgeordneten K.n zur Verfügung; der Zugang bleibt jedoch aus verschiedenen Gründen erschwert.) Es folgen in absteigender Reihenfolge die Krieger- und Herrscherk. der Kschatrija oder Rajanja, die Händler-, Bauern- und Handwerkerk. der Waischja und die Dienerk. der Schudra. Neben diesen traditionellen K.n haben sich aus unterschiedlichen Gründen weitreichende Differenzierungen ergeben, mit dem Ergebnis, dass es heute die unvorstellbare Zahl von weit über 3.000 Unterk.n gibt. Unterhalb, d.h. hier: außerhalb der K.n, befinden sich die „Unberührbaren". Indien ist heute keine reine K.ngesellschaft mehr. Dies zeigt sich u.a. daran, dass es inzwischen möglich ist, als Paria Volksvertreter zu werden.

Die Eignung des Begriffs K. für die soz. Ungleichheitsforschung ist ungeklärt. Zwar kann die extreme Abgeschlossenheit von Statusgruppen, die zugleich in entsprechender Weise privilegiert oder depriviliegiert sind, durch den Begriff deutlich gemacht werden. Bei allen Anwendungen in modernen Gesellschaften (z.B. auf Politiker) fehlen jedoch die Kriterien Herkunft durch Geburt und religiöse Herleitung und Legitimation der Privilegiertheit.

→ **Differenzierung, gesellschaftliche; Klasse, soziale; Mobilität, soziale; Schicht, soziale; Sozialstruktur; Stände; Ungleichheit, soziale**

📖 *M. Bellwinkel* (1981): Die Kasten-Klassenproblematik im ständisch-industriellen Bereich. Würzburg; *D. Rothermund* (Hg.) (1995): Indien. Kultur, Geschichte, Politik, Wirtschaft, Umwelt. München; *W. Schluchter* (Hg.) (1984): Max Webers Studie über Hinduismus und Buddismus. Frankfurt a.M.; *J. Racine/J.-L. Racine Viramma* (2001): Eine Unberührbare erzählt. München; http://www.suedasien.net/laender/indien/bevoelkerung/kaste.htm.

Frank Thieme

Kindheit

ist 1.) die Altersphase im individuellen Lebenslauf, die der Erwachsenenphase vorausgeht, wobei der Übergang in mancher Hinsicht zu einer besonderen Jugendphase geworden ist. Soz. betrachtet, ist K. 2.) der Zusammenhang der gesellschaftlichen Praktiken, Diskurse, Strukturen und kulturellen Muster, in dem sich das aktuelle Leben derjenigen Menschen herstellt, die jeweils im Kindesalter sind. Dass K. ein gesellschaftlicher Zusammenhang eigener Art ist, gründet auf der Naturtatsache der langen nachgeburtlichen Entwicklung des Menschen; Kinder sind, im Kindheitsverlauf abnehmend, auf Schutz, Versorgung und Einführung in die Gesellschaft durch Ältere angewiesen. Jede Gesellschaft transformiert dieses Naturverhältnis zwischen Kindern und Erwachsenen in ein gesellschaftsspezifisches Verhältnis der Generationen: K. wird ständig gesellschaftlich rekonstruiert.

In der Moderne ist K. in sehr hohem Maß gesellschaftlich ausdifferenziert worden. Erwerbsarbeitsverbot sowie Durchsetzung und lebenszeitliche Ausweitung der Schulpflicht haben K. zu einem besonderen Schutz- und Vorbereitungsraum gemacht, in dem sich Familie und öffentliche Instanzen (insbes. das Bildungswesen) die Aufgaben teilen. Die kinderbezogenen Wissenschaften Pädiatrie, Pädagogik, Entwicklungspsychologie und Sozialisationsforschung sind Teil dieses Gesellschaftsprojekts; sie zielen auf die gesellschaftliche Handlungsfähigkeit der Individuen im späteren Erwachsenenalter und sind damit befasst, die Konzepte und Bedingungen des Aufwachsens zu entwerfen, zu verbessern und zu evaluieren. Dem entspricht ein funktionales Verständnis von K.: das Verhältnis zwischen den *Generationen* erscheint in der Moderne primär als diachrones Reproduktionsverhältnis. Die Reproduktionsfunktion hat eine bestimmte Perzeption von Kindern hervortreten lassen: nicht bereits als Mitglieder der Gesellschaft, sondern als dieses erst werdend. Defizite und Schwäche der Kinder werden betont.

Dem folgend hat auch die Soz. Kinder zunächst allein im Hinblick auf die Sozialisationsfunktion beachtet und im Übrigen den genannten Wissenschaften überlassen. Erst seit den frühen 1980er Jahren, seit das Fortschrittsprojekt der Moderne auch in Bezug auf K. offensichtlich an Grenzen stieß, gibt es eine „neue" Soz. der K., die sich mit dem gesellschaftlichen Konstrukt K. sowie den Prozessen, die dieses hervorbringen, befasst. Sie war vorbereitet worden durch Arbeiten zur Sozialgeschichte in den 1970er Jahren und wurde herausgefordert durch den sozialen Wandel innerhalb der Institutionen des Schutz- und Vorbereitungsraums (Familie, Betreuungs- und Bildungswesen) wie außerhalb davon (Medien, Konsumgütermarkt). Nicht zuletzt reflektiert die neue Art soz. Beschäftigung mit Kindern und K. den auch im Leben der Kinder verstärkt hervortretenden Zusammenhang von Tendenzen der Institutionalisierung und Individualisierung.

Kinder werden zunehmend als prinzipiell eigenständig akzeptiert, als Individuen und als Bevölkerungsgruppe, und die Machtverhältnisse zwischen den Generationen werden in Frage gestellt. Die Fragen richten sich auf den aktuellen Wandel der Mechanismen, Interessen und Ideologien, die in der Ausdifferenzierung der K. als Schutz- und Vorbereitungsraum wirksam sind. Es geht um die Position der K. und der Kinder im Selbstverständnis, in den Strukturen und in den Ressourcenverteilungen der Gesellschaft, wie auch um die Lebenswirklichkeit von Kindern, ihre Alltagsbedingungen und ihre sozialen und kulturellen Alltagspraktiken. Allgemein formuliert steht K.ssoz. vor der Aufgabe, die Transformationsprozesse der naturbedingten in gesellschaftliche Abhängigkeiten und die dabei entstehenden Macht- und Ressourcenverteilungen zwischen Kindergeneration und Erwachsenengeneration aufzudecken.

Drei Richtungen der K.ssoz. lassen sich ggwt. ausmachen:
1. Forschungen, die sich der mikrosoz.-ethnographischen Soz. der Kinder zuordnen lassen, sind v.a. an Eigenständigkeit und Kompetenz im Handeln (*agency*) der Kinder interessiert. Anknüpfend an anthropol. Traditionen wird mit qualitativen Verfahren herausgearbeitet, wie Kinder ihre sozialen Beziehungen, ihre soziale Identität und damit Generations-, Geschlechter- und Klassenverhältnisse in ihrem Alltagshandeln konstruieren. Die Alltagssituationen sind häufig solche, in denen Kinder durch soziale Kontrollen kaum erreicht werden. Das Interesse richtet sich zunächst auf Freizeitleben im Nachbarschaftsraum und in Freizeitinstitutionen und gilt heute vor allem der Nutzung von Medien und virtuellen Räumen.
2. Dekonstruktive Soz. der K. wird insbes. mit diskursanalytischen Forschungsansätzen betrieben. K. wird als komplexer Zusammenhang von kulturellen Voraussetzungen, Ideologien und Normierungen verstanden, die in Diskursen und mit diesen verbundenen Praktiken wirksam sind, dem Alltagsblick jedoch verborgen bleiben. Studien zielen auf spezifische Aspekte des generationalen Machtver-

hältnisses, das als konstitutiv für die jeweilige hist. K. gesehen wird und sichtbar gemacht werden soll.

3. Sozialstrukturelle Soz. der K. begreift K. als integrierten Bestandteil der Sozialstruktur. Es geht darum, die soziale, ökon., rechtliche, pol., kulturelle und ideologische Positionierung der K. und der Bevölkerungsgruppe der Kinder in der Gesellschaft – die generationale Ordnung der Gesellschaft – zu beschreiben und im Hinblick auf *soziale Ungleichheit* zwischen den *Generationen* in der Verteilung von Macht, Arbeit, ökon., zeitlichen und räumlichen Ressourcen mit Hilfe gesellschaftstheor. Konzepte kritisch zu analysieren. Sowohl die gesellschaftspezifische Verschränkung des Generationenverhältnisses mit anderen Verhältnissen, die das gesellschaftliche Gefüge bestimmen, insbes. dem Geschlechterverhältnis und dem Klassenverhältnis, im hist. Wandel der K. wird herausgearbeitet, wie auch deren Differenzierungen in gleichzeitigen unterschiedlichen K.en.

K.ssoz. entstand, wie eingangs gesagt, mit der Krise des K.sprojekts der Moderne, die als „Wandel der Kindheit" thematisiert wurde. Die Fragestellungen der K.ssoz. sind von Beginn an immer in besonderer Weise mit den sich verschärfenden Krisenerscheinungen der Moderne verbunden. Heute richten sie sich zum einen auf Phänomene des gesellschaftlichen Wandels in bezug auf Individualisierung, kulturelle Identitätsbildung, Habitusformation, Destandardisierung des Zeitgebrauchs und Ausweitungen realer und virtueller Lebensräume. Dabei geht es der K.soz immer um Wandel in den Verhältnissen zwischen den *Generationen*; ggwt. interessieren insbes. Erscheinungen der Erosion und des Wandels der für die Moderne charakteristischen Abgrenzungen zwischen den Generationen. Zum anderen sind die niedrigen Geburtenraten und die Zunahme relativer Armut in der Bevölkerungsgruppe der Kinder Probleme, die in jüngster Zeit vermehrt Untersuchungen der sozialen Lage von Kindern hervorgerufen und grundsätzliche Auseinandersetzungen mit dem Wandel der ökon. Verhältnisse zwischen den Generationen und der gesellschaftlichen Positionierung der K. angestoßen haben; nicht zuletzt durch die aktuellen Verschiebungen zwischen der gesellschaftlichen Gewichtung und Verteilung von Erwerbsarbeit und privater/familialer Sorgearbeit verändert sich die gesellschaftliche Konstruktion der K.

→ **Alter; Familie; Generation; Jugend; Sozialisation; Verwandtschaft**

📖 *M. du Bois-Reymond/H. Sünker/H.-H. Krüger* (Hg.) (2001): Childhood in Europe. New York; *A. James/C. Jenks/A. Prout* (2004): Theorizing Childhood. Cambridge 2004; *R. Kränzl-Nagl/J. Mierendorff/T. Olk* (Hg.) (2003): Kindheit im Wohlfahrtsstaat. Gesellschaftliche und politischer Herausforderungen. Frankfurt a.M./New York; *J. Qvortrup* (Hg.) (2005): Studies in Modern Childood, Society, Agency, Culture. Basingstoke/New York; *ders./W. A. Corsaro/M.-S. Honig* (Hg.) (2009): The Palgrave Handbook of Childhood Studies. Basingstoke/New York; *H. Hengst/H. Kelle* (Hg.) (2003): Kinder, Körper, Identitäten. Weinheim/München; *H. Hengst/H. Zeiher* (Hg.) (2005): Kindheit soziologisch, Wiesbaden 2005.

Helga Zeiher

Klasse, soziale

Bevölkerungsgruppierung, deren Mitglieder durch eine strukturell gleiche Stellung – v.a. bezogen auf die jeweils relevanten Eigentumsverhältnisse – im Wirtschaftsprozess, eine ähnliche soziale Lage und gemeinsame Interessen verbunden sind.

Der K.nbegriff wurde im 18. Jh. noch weitgehend austauschbar mit dem Begriff des Standes gebraucht und erhielt erst mit der Auflösung des mittelalterlichen Feudalsystems und der Entfaltung der kapitalistischen Industriegesellschaft eine spezifische Bedeutung. Die Vorstellung, dass die Ursachen der K.nbildung im Privateigentum liegen und dass die pol. Verhältnisse wesentlich vom K.nantagonismus geprägt werden, findet sich bereits ansatzweise bei den Frühsozialisten und bei Lorenz von Stein (1815-1890). Die zentrale Bedeutung jedoch, die der K.nbegriff für die pol. und wissenschaftliche Auseinandersetzung erhielt, geht auf das Werk von Karl Marx (1818-1883) und Friedrich Engels (1820-1895) zurück. *Privateigentum* oder Nicht-Eigentum an den *Produktionsmitteln* werden zum klassenbildenden Prinzip, da die Stellung im Produktionsprozess die materielle und soziale Lebenslage des Einzelnen bestimmt, die Herrschaftsverhältnisse in der Produktion die Grundlage für die pol. Machtverhältnisse in der Gesellschaft bilden und der durch die Stellung im Produktionsprozess bedingte strukturelle Interessengegensatz zwischen Arbeiter- und Kapitalistenk. maßgeblich die Struktur und Entwicklungsgesetzlichkeit der kapitalistischen Industriegesellschaft bestimmt.

Im Kommunistischen Manifest von 1848 charakterisieren Marx (1818-1885) und Engels (1820-1895) die kapitalistische Gesellschaft ihrer Zeit durch den unaufhebbaren (antagonistischen) Gegensatz von *Bourgeoisie* (Kapitalistenk.) als der aufgrund ihrer Verfügungsgewalt über die Produktionsmittel herrschenden K. und *Proletariat* (Arbeiterk.) als der eigentumslosen, wirtschaftl. ausgebeuteten und sozial und pol. unterdrückten K. Obgleich in der Frühphase des Kapitalismus noch andere K.n existierten, war Marx überzeugt, dass die dem Kapitalismus innewohnenden Widersprüche das K.nsystem zwangsläufig auf die beiden Hauptk.n reduzieren würden (These von der Proletarisierung der Mittelk.n). Bei neueren Analysen der neben den Grund- oder Hauptk.n bestehenden Übergangs-, Neben- oder Zwischenk.n erwies sich v.a. die Zuordnung der Intelligenz, der Angestellten, Beamten, selbstständigen Handwerker und Geschäftsleute und Bauern als schwierig.

Nach Marx und Engels ist jede geschichtliche Gesellschaft eine K.ngesellschaft und die gesamte bisherige Geschichte eine Geschichte von K.nkämpfen. Nur in der noch nicht durch Privateigentum an Produktionsmitteln geprägten Urgesellschaft und der kommunistischen Zukunftsgesellschaft, in der alle Produktionsmittel vergesellschaftet sind, gibt es keine K.n mehr (*klassenlose Gesellschaft*).

Das entscheidende Element der gesellschaftlichen Entwicklung ist der K.nkonflikt. Dieser geht direkt aus der Funktionsweise des ökon. Systems hervor, da die Arbeiter nur durch eine Vergesellschaftung der Produktionsmittel ihre Lage grundlegend verbessern können, während das objektive Interesse der Kapitalisten auf die Erhaltung der bestehenden Verhältnisse gerichtet ist. Alle Menschen, die sich in gleichen Verhältnissen zu den Produktionsmitteln befinden, sich also aufgrund ihrer Position im Wirtschaftsprozess und den daraus resultierenden Lebensbedingungen in einer ähnlichen Lebenslage befinden, ohne dass damit zwingend ein Bewusstsein der gemeinsamen K.nlage und solidarische Verhaltensweisen verbunden sind, bilden eine „K. an sich". Wirtschaftskrisen, die Aufspaltung der Gesellschaft in eine kleine herrschende K. von Kapitalisten und eine große K. besitzloser Lohnarbeiter aufgrund der Konzentration des Eigentums an Produktionsmitteln und der Zentralisation der Produktion, die Vereinheitlichung der Lebens- und Interessenlage der Arbeiterk., die zunehmende Verelendung des Proletariats u.a.m. führen zur Erkenntnis der objektiven Lage (K.nbewusstsein) und stellen somit eine Bedingung für die Organisierung der K. als kollektiv handelnde Einheit dar („K. für sich").

Max Weber (1864-1920) sah keine Zwangsläufigkeit, dass sich aus ökon. Lagen auch soziale Gemeinschaften und aus diesen pol. Aktions- und Organisationsformen ergeben müssten und bezeichnet als K.n nur ökon. Gruppierungen. „Wir wollen da von einer ‚Klasse' reden, wo 1.) einer Mehrzahl von Menschen eine spezifisch ursächliche Komponente ihrer Lebenschancen gemeinsam ist, soweit 2.) diese Komponente lediglich durch ökonomische Güterbesitz- und Erwerbsinteressen und zwar 3. unter den Bedingungen des (Güter- oder Arbeits-)Markts dargestellt wird" („Klassenlage"). Weber unterschied zwischen Besitz- und Erwerbsk.n. Besitzk. „soll eine Klasse insoweit heißen, als Besitzunterschiede die Klassenlage primär bestimmen", Erwerbsk. „soll eine Klasse insoweit heißen, als die Chancen der Marktverwertung von Gütern und Leistungen die Klassenlage primär bestimmen" (2002).

Je nach Art des Besitzes (Boden, Wertpapiere, Sachwerte etc.) und der auf dem Markt anzubietenden Leistungen (Qualifikationen, Unternehmerleistungen etc.) gibt es nach Weber eine Vielzahl von K.nlagen, so dass das dichotome Marxsche K.nmodell zu einem differenzierten (beschreibenden) Sozialstrukturmodell wird. Unter s.n K.n versteht Weber die Gesamtheit derjenigen K.nlagen, zwischen denen ein Wechsel (persönlich oder in der Generationenfolge) leicht möglich ist und typisch stattzufinden pflegt. Als zeitgenössische s. K.n nennt er die Arbeiterschaft, das Kleinbürgertum, die „besitzlose Intelligenz und Fachgeschultheit" sowie die „Klassen der Besitzenden und durch Bildung Privilegierten".

Kritiker der Marxschen Theorie verweisen darauf, dass die prognostizierte kapitalistische Entwicklung – insbes. die zunehmende Polarisierung der Gesellschaft in zwei Lager und die damit verbundene Verschärfung des K.nkonflikts – nicht eingetreten sei. Hierfür wurden u.a. folgende Faktoren genannt:

- die Auflockerung der K.nfronten durch umfangreiche soziale Auf- und Abstiegsprozesse;
- neue Formen sozialer Differenzierung innerhalb der Arbeiterschaft, z.b. nach Berufsqualifikationen;
- die Herausbildung eines neuen Mittelstandes von Angestellten und Beamten, der sich nur schwer von seiner gesellschaftlichen Position und seinem Selbstverständnis her einer der beiden K.n zuordnen lässt;
- die Trennung von juristischem Eigentum an Produktionsmitteln von der faktischen Kontrolle über die Produktion (z.B. Manager);
- die Institutionalisierung eines Systems von Konfliktregulierungsmechanismen (z.B. die institutionelle Einbindung der Arbeiterbewegung).

K.nanalysen unterscheiden sich in mindestens vier Punkten von Schichtanalysen (Geißler 1996): 1.) durch ihre stärkere ökon. Orientierung (Produktionsmittelbesitz, Erwerbs- u. Marktchancen), 2.) durch ihre stärkere Konflikt- und Machtorientierung, 3.) durch ihre hist. Orientierung (K.n werden stets hist.-dynamisch in ihrer Entwicklung erfasst) und 4.) durch ihre stärkere theor. Orientierung. K.nstrukturen werden nicht nur beschrieben, sondern man spürt auch den Ursachen der Konflikte und ihren Entwicklungen nach. Während nach Ansicht der K.ntheoretiker die K.ngesellschaft von wirtschaftl. Machtpositionen und antagonistischen K.ninteressen geprägt ist, vermitteln Schichttheoretiker ein wesentlich harmonischeres Bild. Entscheidend sind nicht Macht-, sondern Marktbeziehungen und soziale Differenzierungen nach beruflicher Leistung.

Seit den 1970er Jahren haben sich, nach einer kurzen Phase heftiger Auseinandersetzungen im Zusammenhang der „68er-Bewegung", zwischen neomarx. K.ntheoretikern und Schichttheoretikern einige Gemeinsamkeiten zwischen K.n- und Schichtvorstellungen herauskristallisiert: Schichtkonzepte sind ökonomienäher, K.nkonzepte sind durch Einführung des vertikal abgestuften Berufsgruppenkonzepts schichtähnlicher geworden. Gleichzeitig hat sich die K.n- und Schichtanalyse zur Ungleichheitsforschung erweitert. Neben die Analyse der alten vertikalen Strukturen ist die Erforschung der sog. neuen (horizontalen) Ungleichheiten getreten. Seit Mitte der 1980er Jahre setzt sich immer mehr die von Ulrich Beck, Stefan Hradil u.a. propagierte These durch, dass sich die Schichten und K.n im Zuge gesellschaftlicher Modernisierung auflösen bzw. bereits aufgelöst haben. Mit dem Wohlstandsanstieg, der Bildungsexpansion und der Entwicklung zur Konsum- und Freizeitgesellschaft haben sich subkulturelle K.nidentitäten und -bindungen ausgedünnt und aufgelöst, so dass zur Analyse moderner Gesellschaften neue Konzepte entwickelt werden müssen. An die Stelle von K. und Schicht treten die Begriffe „soziale Lage", „soziale Milieus" und „Lebensstil".

Den radikalen Kritikern der K.n- und Schichtungstheorie wird entgegengehalten, dass die Tendenzen zur Entstrukturierung der vertikalen sozialen Ungleichheit, zur Auflösung der K.n und Schichten erheblich überzeichnet werden (Haller 1983). Auch heute sind soziale Ungleichheiten und Lebenschancen in erheblichem Ausmaß um Merkmale wie die Berufsposition und das Bildungsniveau gruppiert. Die feststellbaren Individualisierungs- und Pluralisierungstendenzen der Sozialstruktur hängen immer noch wesentlich mit den vertikal ungleich verteilten Handlungsressourcen zusammen, werden also schicht- bzw. klassenspezifisch gebrochen.

→ **Eigentum; Kapitalismus; Konflikt, sozialer; Macht – Herrschaft – Autorität; Marxismus; Revolution; Schicht, soziale; Ungleichheit, soziale**

📖 *U. Beck* (1983): Jenseits von Klasse und Stand? In: *R. Kreckel* (Hg.): Soziale Ungleichheit. Göttingen: 35-74; *P.A. Berger/S. Hradil* (Hg.) (1990): Lebenslagen, Lebensläufe, Lebensstile. Göttingen; *R. Geißler* (1996): Kein Abschied von Klasse und Schicht. KZfSS 48: 319-338; *M. Groß* (2008): Klassen, Schichten, Mobilität. Wiesbaden; *M. Haller* (1988): Theorie der Klassenbildung und der sozialen Schichtung. Frankfurt a.M./New York; *S. Hradil/P. Imbusch* (Hg.): Oberschichten – Eliten – Herrschende Klassen. Wiesbaden; *M. Kohli/W. Zapf* (Hg.) (2000): Gesellschaft ohne Klassen? Opladen; *R. Kreckel* (1998): Klassentheorie am Ende der Klassengesellschaft. In: *P.A. Berger/M. Vester* (Hg.): Alte Ungleichheiten – Neue Spaltungen. Opladen: 31-47; *H.-J. Krysmanski* (1989): Entwicklung und Stand der klassentheoretischen Diskussion. KZfSS 41: 149-167; *K. Marx/F. Engels* (1961-1968): MEW. Bd. 39, Berlin (Ost); *M. Weber* (2006): Wirtschaft und Gesellschaft. Tübingen (zuerst 1922); *S. Weber-Menger* (2004): „Arbeiterklasse" oder Arbeitnehmer? Wiesbaden.

Rüdiger Peuckert

Kommunikation

bezeichnet 1.) den Vorgang des Informationsübermittlung von einem Sender an einem Empfänger mittels bestimmter Zeichen und Codes (informationstechnischer K.sbegriff; 2.) Prozesse, in denen sich Individuen zueinander in Beziehung setzen und über etwas verständigen (handlungstheor. K.sbegriff); 3.) durch Sprache und generalisierte K.smedien (z.b. Macht und Geld) vermittelte Verknüpfungen von Ereignissen innerhalb sozialer Systeme sowie zwischen Systemen und ihrer Umwelt (systemtheor. K.sbegriff).

Ein informationstechnischer K.sbegriff, der in der Absicht entwickelt wurde, die Koppelung technischer Systeme zu klären, ist für eine Betrachtung sozialer K. unzureichend. Denn wenn Individuen kommunizieren, tauschen sie nicht nur Informationen aus, sondern treten zugleich in soziale Beziehungen ein. Damit aber ist jeder Informationsaustausch eingebettet in Prozesse der Handlungskoordination und damit der wechselseitigen Interpretation von Handlungsgründen, Absichten, Mitteilungen und Verhaltenserwartungen.

Soziales Handeln ist notwendig *kommunikatives Handeln*, denn die Koordination der Handlungen von Einzelnen setzt Verstehen und Verständigung voraus. Auch in Organisationen, in denen Handlungsabläufe durch formelle Regeln und Hierarchien gesteuert sind, müssen Anweisungen und Regeln interpretiert werden, damit Verhaltenserwartungen aufeinander abgestimmt werden können.

Verstehen und Verständigung werden im Alltag normalerweise nicht zum Problem, sie finden statt, ohne dass die Bedingungen ihrer Möglichkeit in den Blick treten. Demgegenüber liegt die Aufgabe einer Soz. der K. darin zu klären, wie K. sozial ermöglicht wird und welchen sozialen Bedingungen K.sprozesse unterliegen.

1. George Herbert Mead (1863-1931) bestimmt K. als einen sozialen Prozess, der sich auf der Grundlage „kooperativer Aktivitäten – wie etwa Sexualbeziehungen, Elternschaft, Kampf" entwickelt. Im Anschluss an die grundlegenden Arbeiten von Mead zeigen *Theorien der symbolischen Interaktion*, dass Verstehen und Verständigung eine gemeinsame Perspektive und einen gemeinsamen Vorrat an bedeutungsvollen Zeichen voraussetzen: Menschliches Handeln ist keine Verkettung eindeutiger Reize und Reaktionen, sondern die wechselseitige Interpretation von Handlungen und von Verhaltenserwartungen, die durch bedeutungstragende Zeichen, d.h. sprachliche und andere Symbole, mitgeteilt werden. Bedeutungen sind in der Perspektive des symbolischen Interaktionismus nicht situationsunabhängig festgelegt. Deshalb richtet sich das Interesse auf situative Aushandlungsprozesse von Bedeutungen.

Erst soziale K., darauf weist Mead mit seiner These vom Primat des Sozialen hin, ermöglicht die Bildung des individuellen Selbst. Wir lernen uns lebensgeschichtlich zunächst aus der Sicht anderer wahrzunehmen. Individuelle *Identität* resultiert aus der Teilnahme an K. und der aktiven Interpretation der vielfältigen sozialen Bilder der Person, mit denen wir in Interaktionen konfrontiert werden. Die Bedeutung Meads für eine Soz. der K. liegt darin, dass er eine Dialektik von *I* („Ich"), *me* („Mich") und *self* („Selbst/Identität") entwickelt, die es erlaubt, die Entwicklung des individuellen Selbst in Prozessen der K. und Interaktion soz. zu thematisieren.

2. Die Untersuchung der Strukturen des gemeinsamen Wissensvorrats, der jeder K. vorausgesetzt ist, steht im Zentrum der v.a. durch Alfred Schütz (1899-1959) begründeten *Phänomenologie*. Schütz setzt sich mit dem als selbstverständlich vorausgesetzten Alltagswissen auseinander, das soziales Handeln erst ermöglicht. Indem der Einzelne in eine vorgegebene Sozialwelt hineingeboren wird, erwirbt er einen begrenzten Wissensvorrat, eine „spezifische relativ-natürliche Weltanschauung" (Schütz/Luckmann 1994). Unsere Wirklichkeit ist diejenige, so lässt sich ein zentrales Argument der Sozialphänomenologie zusammenfassen, die wir vor dem Hintergrund eines durch die Teilhabe an sozialer K. erworbenen Wissensvorrates wahrnehmen. In der Sozialphänomenologie geht es in der Folge um die Untersuchung der sinnhaften Konstitution sozialer Wirklichkeit durch Akte der individuellen Weltauslegung.

3. Formale Strukturen der K. werden in der *Ethnomethodologie* untersucht. Mit der Annahme, dass soziale Wirklichkeit nicht schlicht gegeben ist, sondern durch alltägliches kommunikatives Handeln hergestellt wird, wenden sich Ethnomethodologen gegen jede Verdinglichung sozialer Strukturen zu unabhängig vom Handeln bestehenden Tatbeständen. Die Ordnung und Stabilität alltäglicher K. muss in dieser Sicht vielmehr von den Handelnden selbst gewährleistet werden. Die Aufmerksamkeit einer ethnomethodologischen Soz. ist deshalb auf die Ordnungsleistungen gerichtet, die praktisch handelnde Gesellschaftsmitglieder erbringen, indem sie handeln. Ethnomethodologen analysieren z.B. die Bedingungen, unter denen Alltagskommunikation gelingen oder scheitern kann, die praktischen Erklä-rungen, mit denen sich Individuen im Alltag diese Vorgänge erklären und die Regeln, denen wir folgen, wenn wir Alltagsgespräche führen.

4. Arbeiten aus den genannten Kontexten haben den sogenannten *„linguistic turn"*, die sprachanalytische Wende der Soz., eingeleitet. Denn bei allen Differenzen zwischen Theorien des Symbolischen Interaktionismus, Varianten der Sozialphänomenologie und Ethnomethodologie konvergieren diese in der Einsicht, dass eine sinnverstehende Soz. darauf angewiesen ist, sich mit der zentralen Bedeutung von *Sprache* als konstitutivem Element von Sozialität auseinander zu setzen. Den gesellschaftlichen Wissensvorrat, das Alltagswissen, formale Strukturen der K. und symbolische Interaktion zu untersuchen, heißt immer

auch, in Sprache(n) begründete und sprachlich vermittelte K. zu betrachten. Wesentliche Anregungen hat die sprachanalytische Soz. aus der Sprachphilosophie, insbes. den Arbeiten Ludwig Wittgensteins (1889-1951) sowie der Sprechakttheorie entnommen.

5. In der Absicht einer Integration der genannten Ansätze hat Anthony Giddens (geb. 1938) das Programm einer *interpretativen Soz.* vorgelegt, für die der Begriff K. zentral ist. Wie auch Jürgen Habermas wendet sich Giddens gegen die Reduktion des Gegenstandbereiches der Sozialwissenschaft auf intersubjektive Vorgänge kommunikativer Sinnsetzung und betont die Notwendigkeit einer umfassenden Theorie gesellschaftlicher Reproduktion, die Prozesse der materiellen Produktion sowie Macht- und Herrschaftsverhältnisse einschließt. Sinnhafte Interaktion und K. sind demnach durch vorgegebene soziale Bedingungen strukturiert. Kommunikatives Handeln ist nicht nur als Hervorbringung von Gesellschaft, sondern zugleich als Reproduktion von Herrschaftsverhältnissen zu thematisieren. Giddens' Programm ist das einer „doppelten Hermeneutik", die eine Strukturtheorie gesellschaftlicher Reproduktion mit einer sinnverstehenden Soz. sozialen Handelns verbindet.

6. In der Tradition der *Kritischen Theorie* stehend, versucht Jürgen Habermas (geb. 1929), Gesellschaftstheorie in einer „Theorie des kommunikativen Handelns" zu fundieren. Nach Habermas ist Gesellschaft analytisch nicht auf die Prozesse der instrumentellen Verfügung über Menschen und Dinge sowie auf im Verhältnis zum Alltagsleben verselbstständigte ökon. und polit. Prozesse reduzierbar. Vielmehr sind die kommunikativen Strukturen der Lebenswelt Bestandsbedingung von Gesellschaft, aus deren Untersuchung sich zugleich Maßstäbe für eine Kritik gesellschaftlicher Herrschaftsverhältnisse gewinnen lassen. Lebensweltliche K. ist Habermas zufolge dadurch charakterisiert, dass sprachliche Verständigung auf der Grundlage von in den Gebrauch von Sprache eingelassenen Geltungsansprüchen der Wahrhaftigkeit, Richtigkeit und Verständlichkeit angestrebt wird. Nur in solchen lebensweltlichen Verständigungsverhältnissen können sprach- und handlungsfähige Individuen heranwachsen.

Die Annahme, dass die lebensweltliche Rationalität „kommunikativ erzielter Verständigung", eine auf Verständigung, Werten und Normen beruhende soziale Integration von Imperativen der verselbstständigten Teilsysteme Wirtschaft und Verwaltung überformt wird, ist bei Habermas Kern einer spezifischen Krisendiagnose zeitgenössischer Gesellschaften. Die „Kolonialisierung der Lebenswelt", d.h. die Ersetzung von sprachlicher Kommunikation durch verrechtlichte und geldvermittelte soziale Beziehungen, führt demnach zu Pathologien, die als „Verdinglichung der kommunikativen Alltagspraxis" zu charakterisieren sind.

7. K. wird in der *Theorie sozialer Systeme* von Niklas Luhmann (1927-1998) im Unterschied zu den skizzierten Theorien nicht als Verständigung zwischen Individuen, sondern als „eine emergente Realität" betrachtet. Ausgangspunkt ist hier die Annahme, dass nicht Individuen kommunizieren, sondern dass „die Kommunikation kommuniziert". Luhmann macht damit darauf aufmerksam, dass K.sprozesse einer Eigengesetzlichkeit unterliegen, die nicht auf das Bewusstsein und die Absichten von Personen reduzierbar ist und die es nicht erlaubt, Gedanken von Individuen direkt aufeinander zu beziehen. K. besteht vielmehr im „Verstehen" von sprachlichen und nicht-sprachlichen Informationen und Mitteilungen.

In systemtheor. Sicht ist das Netzwerk der K. eine eigenständige soziale Tatsache, die ohne Rückgriff auf ein Wissen über das Bewusstsein von Personen zu analysieren ist. Zu diesem Zweck unterscheidet Luhmann drei Komponenten von K.: Information, Mitteilung und Verstehen. Damit K. zustande kommt, ist es in dieser Sicht nicht erforderlich, dass eine Person A einer andere Person B mit der Absicht der Verständigung gegenübertritt oder gar die Gründe dieser Person tatsächlich versteht. Es kommt vielmehr lediglich darauf an, dass Ereignisse im Prozess der K. weitere kommunikative Ereignisse ermöglichen, kommunikativ „anschlussfähig" sind.

Gesellschaftstheor. bestimmt Luhmann *Gesellschaft* als ein alle K.en umfassendes Sozialsystem. Auf der Grundlage einer Theorie funktional differenzierter sozialer Systeme treten hier Prozesse des selbstbezüglichen Operierens sozialer Systeme mittels generalisierter K.smedien und ausdifferenzierter Codes und Programme in den Blick.

8. Auch in der von Ulrich Oevermann (geb. 1940) entwickelten Theorie einer objektiven bzw. strukturalen *Hermeneutik* wird die auf die Absichten der Beteiligten nicht reduzierbare Eigengesetzlichkeit von K.sprozessen betont. Oevermann hat eine Methodologie entwickelt, die es erlauben soll, die latenten, d.h. den Handelnden selbst nicht bewussten Strukturen von Interaktionsprozessen zu rekonstruieren, indem die Regeln untersucht werden, denen Handelnde folgen, wenn sie interagieren.

9. Das Verhältnis dessen, was in sozialer K. sprachfähig und damit bewusstseinsfähig wird, zum individuellen und kollektiven Unbewussten ist Gegenstand der psychoanalytischen Sozialforschung. Psychoanalytisch orientierte Sozialwissenschaftler versuchen die Beschränkung der Psychoanalyse auf das Feld der Therapie zu überwinden und im Anschluss an die Kulturtheorie Sigmund Freuds (1856-1939) *Psychoanalyse* als genuine Sozialwissenschaft zu begründen. Für eine Soz. der K. werden damit Begriffe wie Unbewusstsein, Abspaltung, Verdrängung, Projektion sowie diskursive und präsentative Symbolik relevant.

10. Eine Soz. der K. kann sich in modernen Gesellschaften zweifellos nicht auf die Untersuchung solcher K.sprozesse beschränken, die die Anwesenheit der K.steilnehmer voraussetzen (*Interaktion*). Denn K. ist hier wesentlich auch massenmediale K. Soz. K.sforschung ist folglich auch als Medienforschung und Medienwirkungsforschung zu begreifen. Wichtige Anknüpfungspunkte für eine Soz. der Massenk. bieten u.a. die im Kontext der Kritischen Theorie der Frankfurter Schule formulierte Kritik der Kulturindustrie sowie die Arbeiten des Sozialphilosophen J. Baudrillard, dessen Begriff der Simulation darauf hinweist, dass Wirklichkeit in der massenmedialen Gesellschaft wesentlich eine künstliche und erzeugte Wirklichkeit ist.

→ **Handeln, soziales; Individuum; Interaktion; Soziologische Theorien; Sprache; Symbol; Universalien, soziale**

📖 *P.L. Berger/T. Luckmann* (²¹2007): Die gesellschaftliche Konstruktion der Wirklichkeit. Frankfurt a.M. (zuerst 1966); *H. Blumer* (2001): Symbolic Interactionism. Perspective and Method. Berkeley/Los Angeles/New York (zuerst 1969); *H. Dichanz* (Hg.) (1998): Handbuch Medien. Bonn; *M. Erdheim* (³1994): Die Psychoanalyse und das Unbewusste in der Kultur. Frankfurt a.M.; *A. Giddens* (1984): Interpretative Soziologie. Frankfurt a.M./New York; *J. Habermas* (2006): Theorie des kommunikativen Handelns. Bd. I und II. Frankfurt a.M. (zuerst 1981); *N. Luhmann* (2009): Die Gesellschaft der Gesellschaft. Bd. I und II. Frankfurt a.M. (zuerst 1997); *ders.* (³2002): Was ist Kommunikation? In: *F.B. Simon* (Hg.): Lebende Systeme. Frankfurt a.M.: 19-31; *G.H. Mead* (2008): Geist, Identität und Gesellschaft. Frankfurt a.M. (zuerst 1968); *K. Neumann-Braun/S. Müller-Doohm* (Hg.) (2000): Medien- und Kommunikationssoziologie. Weinheim/München; *U. Oevermann* (²1995): Die objektive Hermeneutik als unverzichtbare methodologische Grundlage für eine Analyse von Subjektivität. In: *T. Jung/S. Müller-Doohm* (Hg.): Wirklichkeit im Deutungsprozeß. Frankfurt a.M.: 106-190; *E. Weingarten/F. Sack/J. Schenklein* (Hg.) (1986): Ethnomethodologie. Beiträge zu einer Soziologie des Alltagshandelns. Frankfurt a.M.; *A. Schütz/T. Luckmann* (2003): Strukturen der Lebenswelt. Frankfurt a.M. (zuerst 1979).

Albert Scherr

Konflikt, sozialer

universeller, d.h. in allen Gesellschaften vorfindbarer Prozess der Auseinandersetzung, der auf unterschiedlichen Interessen sozialer Gruppierungen beruht, in unterschiedlicher Weise institutionalisiert ist und ausgetragen wird.

Der s. K. hat vielfältige Erscheinungsformen: Krieg, Kampf, Streik, Aussperrungen, Verteilungs-, Macht-, Status- und Tarifauseinandersetzungen. Als Auseinandersetzung, Spannung, Gegnerschaft, Gegensätzlichkeit kann der K. innerhalb und zwischen sozialen Rollen (Rollenk.), sozialen Gruppen, Organisationen, Gesellschaftsbereichen, Gesellschaften, Staaten, überstaatlichen Verbindungen (Bündnissysteme, Wirtschaftsblöcke etc.) und allen sozialen Assoziationen stattfinden.

Von soz. Interesse sind K.e, die über individuelle Auseinandersetzungen hinausgehen. Allerdings ist zu berücksichtigen, dass K.e zwischen Personen häufig keine individualpsychol. Ursachen haben, sondern auf sachliche und soziale Gründe zurückgeführt werden müssen. Für die Form der K.austragung sind Intensität, Ausmaß des Einsatzes von Macht und Gewalt und Art, Umfang und Verbindlichkeit von K.regelungen von Interesse. Der Vielfältigkeit sozialer Beziehungen entspricht die Vielfältigkeit s.r K.e.

Die Beurteilung s.r K.e ist kontrovers. Thomas Hobbes (1588-1679) sah die Ursachen des K.s in destruktiven menschlichen Antriebskräften, die zu einem „Kampf aller gegen alle" führen würden, wenn sie nicht durch eine gesellschaftliche Herrschaftsordnung kanalisiert werden. Nach Karl Marx (1818-1883) beruhen s.e K.e auf grundsätzlichen Interessensgegensätzen zwischen sozialen Klassen und äußern sich als Klassenkampf; erst in der klassenlosen Gesellschaft, in der das private Eigentum an Produktionsmitteln aufgehoben ist, sei dieser fundamentale s.e K. gelöst. Vilfredo Pareto (1848-1923) sah in der Notwendigkeit der Anwendung von Gewalt durch die jeweilige herrschende Elite ein Grundgesetz des sozialen Geschehens.

Der Begründer der soz. K.theorien, Georg Simmel (1858-1918), hat die positive Funktion von K.en hervorgehoben. In Anlehnung an Simmel und in der Tradition von Emile Durkheim (1858-1917) hat in der modernen Soz. Lewis A. Coser (1913-2004) die positiven sozialen Wirkungen des K.s in folgender Weise beschrieben: Der K. führt zur Anpassung bzw. Neuschaffung sozialer Normen und Regeln, dadurch entstehen neue soziale Strukturen, und im K.geschehen werden sich die Beteiligten dieser Regeln bewusst. K. hat demnach auch sozialisierende Funktion und ist Bedingung für sozialen Wandel. Coser wendet sich damit auch gegen die Gleichgewichtsvorstellung der strukturell-funktionalen Theorie, nach der soziale Phänomene im Hinblick auf ihren Beitrag zur Erhaltung und zum Funktionieren sozialer Systeme betrachtet werden, wodurch K.e als dysfunktionale Abweichungen erscheinen können.

Im Gegensatz dazu lehnt Ralf Dahrendorf (1929-2009) nicht nur die strukturell-funktionale Sichtweise (Coser einbeziehend) ab, sondern auch den Marx'schen Ansatz: Nicht das Eigentum an Produktionsmitteln sei der allgemeine Grund der K.e, sondern die *Herrschaft,* die in jedem Herrschaftsverband die an ihr teilhabende Minderheit mit der von ihr ausgeschlossenen Mehrheit konfrontiere (Dahrendorf 1957). Dahrendorf sieht in seiner K.theorie Gesellschaft als ein explosives Gefüge

mit einem stets labilen Gleichgewicht, das nur durch Herrschafts- und Zwangsaus-
übung zusammengehalten wird. Der K. ist nach Dahrendorf demnach unvermeidbar, die K.bewältigung sei nicht durch Unterdrückung oder „Lösung", sondern nur
durch K.regelung möglich. Dieser Ansatz erfuhr u.a. von Senghaas (1969) und
Hondrich (1970) z.t. heftige Kritik.

Das Problem der Funktionalität bzw. Dysfunktionalität von K.en bleibt weiter
umstritten. Es scheint sich jedoch die Auffassung durchzusetzen, dass K.e soziale
Phänomene sind, die aus dem Charakter der Gesellschaft als Herrschafts- und
Zwangsverband resultieren, und die notwendige K.regelung sozialintegrierend
wirkt. Allerdings müssen in diesem Zusammenhang auch die Intensität und die Art
der K.regelung berücksichtigt werden: Krieg und Bürgerkrieg als extreme
K.formen lassen sich kaum als funktional begreifen.

Vor dem Hintergrund eines K.modells von Gesellschaft, d.h. dem Vorhandensein eines Pluralismus auch kontroverser Interessen, Anschauungen und Werte,
stellt die Regelung von K.en die zentrale Integrationsaufgabe dar.

Neben der Intensität von K.en, d.h. dem Engagement der Beteiligten und der
Art des Konfliktaustrags, d.h. dem Ausmaß des Einsatzes von Macht- und Gewaltpotenzialen, lassen sich K.e nach ihrer Erscheinungsform unterscheiden. Dahrendorf differenziert zwischen manifesten, latenten und umgeleiteten K.en. Der manifeste K. ist die gewollte Auseinandersetzung. Dagegen ist der latente K. unter-
schwellig, d.h. zwar vorhanden, aber er wird nicht ausgetragen; der umgeleitete K.
ist dadurch gekennzeichnet, dass sich die Auseinandersetzung in anderen Bereichen und Verhaltensweisen abspielt als denen, die für den K. ursächlich sind.

Der moderne s.e K. speist sich nach Dahrendorf (1992) aus den Antagonismen
von Anrecht und Angebot, Politik und Ökonomie, Bürgerrecht und Wirtschaftswachstum. Die Gefahr besteht u.a. darin, dass diese K.e nicht mehr in ihren herkömmlichen Formen ausgetragen werden, sondern den Charakter einer *Anomie*
annehmen: Ein Zustand, der von Bindungslosigkeit, Vertrauensverlust der Gesellschaft in ihre eigenen Regeln und von rechtsfreien Räumen gekennzeichnet ist.

Bei Dahrendorfs Analysen zum modernen s.n K. finden Auseinandersetzungen,
die einen (vordergründig) religiösen Hintergrund aufweisen, kaum noch Beachtung. Seit der Wende zum 21. Jh. haben jedoch insbes. Anschläge islamistischer
Fundamentalisten auf westliche Einrichtungen zugenommen. In diesem Zusammenhang entwickelte Huntington (2002) die umstrittene These vom „Kampf der
Kulturen".

Der mit Gewalt ausgetragene soziale, pol. und internationale K. ist Gegenstand
einer interdisziplinären Friedens- und K.forschung. Während die ältere Friedensforschung internationale K.e als Folge einer ideologischen Konkurrenz zweier
unterschiedlicher Gesellschaftssysteme ansah und nach Möglichkeiten der
K.kontrolle und des K.managements suchte, besteht das Interesse der neueren

Friedensforschung darin, auch die innergesellschaftlichen Ursachen und Bedingungen für die Entwicklung von Aggressionspotenzialen und die Anwendung offener Gewalt zu untersuchen.

→ **Anomie; Gewalt; Integration; Klasse, soziale; Wandel, sozialer**

📖 *Th. Bonacker* (Hg.) (⁴2008): Sozialwissenschaftliche Konflikttheorien. Wiesbaden; *L.A. Coser* (2009): Theorie sozialer Konflikte. Wiesbaden (zuerst 1965); *R. Dahrendorf* (1975): Soziale Klassen und Klassenkonflikt in der industriellen Gesellschaft. Stuttgart; *ders.* (1965): Gesellschaft und Freiheit. München; *ders.* (1994): Der moderne soziale Konflikt. Stuttgart; *J. Esser/G. Fleischmamn/Th. Heimer* (1998): Soziale und ökonomische Konflikte in Standardisierungsprozessen. Frankfurt a.M.; *K.-O. Hondrich* (1970): Wirtschaftliche Entwicklung, soziale Konflikte und politische Freiheiten. Frankfurt a.M.; *A. Honneth* (⁵2008): Kampf um Anerkennung. Zur moralischen Grammatik sozialer Konflikte. Frankfurt a.M.; *S.P. Huntington* (²2002): Kampf der Kulturen. München (orig. 1996); *D. Kappe* (1996): Konfliktbewältigung und kulturspezifisches Konfliktverhalten. Wiesbaden; *A. Sahm et al.* (Hg.) (²2006): Die Zukunft des Friedens. Bd.1. Wiesbaden; *D. Senghaas* (1969): Konflikt und Konfliktforschung. KZfSS: 31-59.

Gunter E. Zimmermann

Konformität

Anpassung der Meinungen, Einstellungen, Gewohnheiten, Handlungsweisen und Normen an die in der sozialen Umgebung (Gruppe, Subkultur, Gesamtgesellschaft) akzeptierten Formen.

K. beruht weniger auf einer „rationalen" Auseinandersetzung mit dem entprechenden Phänomen, sondern ihr liegt ein Bedürfnis nach Sicherheit, Bestätigung und Wertschätzung durch die Bezugspersonen und -gruppen zugrunde. K. kann sich von einer oberflächlichen (im Extremfall vortäuschenden) Anpassung an die Normen und Verhaltensweisen anderer (Anpassungsk.) bis hin zu einer echten Meinungsänderung (Einstellungsk.) erstrecken. Mit zwanghafter K. wird in Anlehnung an Talcott Parsons (1902-1979) der Sachverhalt bezeichnet, dass eine Person negative Gefühle gegenüber ihrem Handlungspartner hegt, gleichzeitig ein starkes Bedürfnis hat, die Beziehung zu diesem Partner nicht zu gefährden und als Folge dieses Ambivalenzkonflikts in übertriebener Weise den Erwartungen des Partners zu entsprechen sucht. Im Falle von K. vollzieht sich die Anpassung ohne eine ausdrückliche Weisung seitens Dritter, sich in einer bestimmten Weise zu verhalten.

Gibt eine Person einem direkten Versuch sozialer Einflussnahme seitens Dritter nach, so spricht man von *Gehorsam.*
Gabriel Tarde (1843-1904) versuchte in seinem „Nachahmungsgesetz" (lois de l'imitation) K. durch Nachahmung (Imitation) zu erklären. Die Grundlage sozialer Gleichförmigkeit sah er in wechselseitigen Nachahmungen; gesellschaftlicher Fortschritt sei ein Ergebnis der Innovationen einzelner schöpferischer Menschen, die dann wiederum nachgeahmt werden. Für Gustave Le Bon (1841-1931) ist Suggestion der Mechanismus, der der Vermittlung konformen Verhaltens in der *Masse* zugrunde liegt. In der Masse verliert der Einzelne seine Kritikfähigkeit, wird leichtgläubig und unterliegt besonders leicht der psychischen „Ansteckung" und der (pol.) Manipulation durch einen Führer.

Die moderne K.sforschung ist durch zwei Schwerpunktsetzungen gekennzeichnet: die experimentelle Kleingruppenforschung einerseits und die makrosoz. Beschäftigung mit K.sphänomenen – oft in kulturkritischer Absicht – andererseits. M. Sherif zeigte in seinen in den 1930er Jahren durchgeführten Experimenten, dass Menschen dazu neigen, in neuartigen, normativ nicht strukturierten Situationen sich gegenseitig anzupassen. Solomon E. Asch (1907-1996) untersuchte, bis zu welchem Grad normierender Gruppendruck, auch wenn die Urteile der Gruppe mehr oder weniger deutlich erkennbar objektiv falsch sind, das Urteil des Einzelnen beeinflussen kann. In Nachfolgeuntersuchungen wurde – auch anhand von Felduntersuchungen – nachgewiesen, dass nahezu jede beliebige Handlung (z.B. auch das Überqueren einer Straße bei „Rot") der Steuerung durch Gruppendruck unterliegt.

Zu den Faktoren, die K. begünstigen oder einschränken, gehören: das Ausmaß an Gruppenkohäsion, die Attraktivität der Gruppe für das Individuum, die Anonymität innerhalb der Gruppe, das Ausmaß der Urteilsdiskrepanz, die Komplexität des zu beurteilenden Sachverhalts u.a. Stanley Milgram (1933-1984) demonstrierte in seinen Gehorsamsstudien, wie verbreitet die Bereitschaft ist, sich den Anweisungen einer Autoritätsperson (hier: ein Wissenschaftler, der die Versuchspersonen auffordert, Teilnehmern an einem Lerntest im Falle falscher Lösungen Elektroschocks zu verabreichen) zu unterwerfen und eine zugewiesene Rolle zu spielen.

Aus makrosoz. Perspektive hat man sich besonders mit dem Konformismus und der Uniformität zeitgenössischen Verhaltens befasst. Besondere Beachtung fand in den 1950er Jahren der theor. Ansatz von David Riesman (1909-2002), der einen Zusammenhang herstellt zwischen der Herausbildung der modernen Industrie- und Konsumgesellschaft und dem Wandel der dominanten Formen der Verhaltenslenkung, die jeweils mit einem bestimmten Charaktertypus verbunden sind. Der in den frühen Agrargesellschaften vorherrschende Charaktertypus des traditionsgeleiteten Menschen, dessen Verhalten von überkommenen Sitten und Bräuchen gesteuert wird, wurde im Verlauf der Industrialisierung vom innengeleiteten

Typus abgelöst, der sein Leben nach verinnerlichten moralisch-ethischen Standards ausrichtet. Der in der pluralistischen Gesellschaft der Gegenwart vorherrschende Sozialcharakter ist der elastische, außengeleitete Typus. Dieser strebt nach sozialer Anerkennung, orientiert sich ständig an seinen Mitmenschen und den Informationen der Massenmedien und zeichnet sich insgesamt durch eine besonders konformistische Einstellung aus.

Verschiedene Autoren, v.a. Vertreter der Kritischen Theorie, sehen einen direkten Zusammenhang zwischen dem beschleunigten *sozialen Wandel* und zunehmendem Konformismus (Marcuse 1994). Die Industrialisierung und Urbanisierung, die Ausbreitung egalitärer Wertsysteme, die zunehmende Bedeutung der Massenmedien, die Lockerung der Bildungsbarrieren und die Angleichung der Konsumchancen (Massenkonsum) haben zu einer Nivellierung, einer Angleichung fast sämtlicher Verhaltensmuster geführt. Es herrscht eine Verbraucherhaltung vor, bei der das gesamte Erleben (auch im Freizeitbereich) nach Kategorien des Konsums ausgerichtet ist.

→ **Entfremdung; Gruppe; Integration; Masse; Norm, soziale; Verhalten, abweichendes**

📖 *B. Girgensohn-Marchand* (^{3}1999): Ergebnisse der empirischen Kleingruppenforschung. In: *B. Schäfers* (Hg.): Einführung in die Gruppensoziologie. Stuttgart: 54-80; *W. Lipp* (Hg.) (1988): Konformismus – Nonkonformismus. Darmstadt/Neuwied; *H. Marcuse* (^{6}2004): Der eindimensionale Mensch. München (orig. 1964); *R. Peuckert* (1975): Konformität. Stuttgart; *D. Riesman et al.* (^{11}1967): Die einsame Masse. Reinbek; *G. Wiswede* (1981): Soziologie konformen Verhaltens. Stuttgart.

Rüdiger Peuckert

Konkurrenz

(von lat. *concurrere* = zusammenlaufen), geregelter Wettbewerb um ein von mehreren, mindestens zwei Interessenten erstrebtes knappes Zielobjekt. K. beruht also auf einer konfliktträchtigen, weil inkompatiblen, d.h. von Bewerbern nur auf Kosten anderer Bewerber realisierbaren Handlungskonfiguration. Bei dieser für soziales Leben häufig gegebenen Ausgangssituation zeichnet sich K. gegenüber Formen des Konflikts oder Kampfes durch Einigung auf einen *modus vivendi* institutionalisierter „Spielregeln" und Rahmenbedingungen aus. In dieser Form findet sich K. in allen Bereichen, auch als „K. im Gebiet des Geistigen" (Mannheim 1928/1964). K. findet sich als Grundform gesellschaftlicher Regelung besonders ausgeprägt im Bereich der Wirtschaft als Angebot/Nachfrage/Marktprinzip, aber auch bei Spiel und Sport, bei der Partnerwahl (Heiratsmarkt) oder der K. der Parteien um Wählerstimmen (J.A. Schumpeter). Die Vorstellung von K. als einem naturgegebenen Ausleseprinzip („*survival of the fittest*"; Sozialdarwinismus) taucht in verschiedenen Zusammenhängen in Gesellschaftstheorien auf. So konstatiert die *Sozialökologie* der *Chicagoer-Schule* (Robert E. Park, 1864-1944) einen „biotischen Wettbewerb" um Standorte in Stadträumen und nicht etwa sozialen Konsensus als Prinzip territorialer Vergesellschaftung. Die Unterschiede zu den Biozönosen niederer Lebewesen (z.B. größere Verhaltensfreiheit und Kreativität der Elemente) wurden von den Vertretern der frühen Chicagoer-Schule (Park, McKenzie, Burgess) sehr wohl gesehen. Dennoch galt ihnen der Verdrängungswettbewerb zugunsten der jeweils ökon.-pol. stärkeren Nutzungsansprüche als primäre Grundlage zur Erklärung resultierender Strukturen und Wandlungsprozesse (Invasion, Sukzession). Die Notwendigkeit und Berechtigung gesetzlicher und planerischer Gegensteuerung nicht nur zum Schutz von Schwächeren und Minderheiten, sondern auch zur Erhaltung der Funktionsfähigkeit von Gesamtsystemen und die häufige Erfolglosigkeit solcher Bemühungen, sprechen für die Relevanz der Parkschen Grundannahmen.

Als noch generellere Geltungs- und Wirkungsebenen des K.prinzips ist auf die pol. Ordnungsformen der Demokratie und die wirtschaftl. Grundgedanken des *Liberalismus* zu verweisen. Dieser Liberalismus bzw. die Idee der *Marktwirtschaft* beruhen auf der Förderung und freien Entfaltung von K. Erwartet wird davon eine leistungsgerechte Verteilung zu angemessenen Marktpreisen, eine Zuordnung von Produktionsfaktoren an die Stelle ihrer optimalen Verwendung und dadurch bedingt der größtmögliche kollektive Wohlstand und Fortschritt. Behauptet wird insbes. eine kosten- bzw. preisreduzierende Wirkung des K.prinzips in wirtschaftl. Anwendungsfeldern. Vollständige K. als Marktform ist indessen ein idealtypisches Modell, welches in realen Gesellschaften allein aufgrund notwendig ungleicher Marktchancen unmöglich ist. Darüber hinaus wohnt dem Prozess des Miteinander-Konkurrierens eine immanente Tendenz zur Aufhebung der eigenen Funktionsbedingungen inne. Insofern „erfolgreicher" Wettbewerb zu Monopolen, beherrschenden Marktpositionen und Marktbeschränkungen führt, bedarf es zur Aufrechterhaltung von K. planmäßiger Kontrollen, Sanktionen und ergänzender kompensatorischer Regelungen zugunsten Benachteiligter. Entsprechende wirtschaftsgeschichtliche Erfahrungen haben in der Idee des Ordo-Liberalismus (von sozialen Bestimmungsgrößen eingegrenzte wettbewerbliche Marktordnung) und in der sozialen Marktwirtschaft zu staatlich beschränkten K.systemen geführt.

Andere unliebsame Folgeerscheinungen einseitig betonten K.denkens – bereits in familialen und schulischen Sozialisationsprozessen vermittelt und durch die alltägliche Medienpraxis bekräftigt – treten uns in Begriffen wie der „Ellenbogengesellschaft" und in Rivalitätspraktiken wie etwa dem *Mobbing* als egoistisch-unkollegialem Handeln in einer durch K.druck entsolidarisierten Arbeitswelt entgegen.

→ **Konflikt, sozialer; Markt; Wirtschaft**

📖 *H. Bründel/K. Hurrelmann* (1999): Konkurrenz, Karriere, Kollaps. Stuttgart/Berlin/Köln; *E. Buß* (^{2}1995): Lehrbuch der Wirtschaftssoziologie. Berlin/New York; *R. Dahrendorf* (1982): Markt und Plan. Zwei Typen der Rationalität. In: *ders.* (Hg.): Konflikt und Freiheit. München: 240-254 (zuerst 1972); *W. Eucken* (^{9}1989): Die Grundlagen der Nationalökonomie. Berlin/Heidelberg/New York; *K. Mannheim* (1964): Die Bedeutung der Konkurrenz im Gebiete des Geistigen. In: *ders.* (Hg.): Wissenssoziologie. Berlin/Neuwied: 566-613. (zuerst als Vortrag 1928); *P. Reheis* (1986): Konkurrenz und Gleichgewicht als Fundament von Gesellschaft. Berlin; *T. Renz* (2001): Vom Monopol zum Wettbewerb. Opladen; *M. Weber* (2006): Wirtschaft und Gesellschaft. Paderborn (zuerst 1922).

Hans Joachim Klein

Kontrolle, soziale

alle Strukturen, Prozesse und Mechanismen, mit deren Hilfe eine Gesellschaft oder soziale Gruppe versucht, ihre Mitglieder dazu zu bringen, ihren *Normen* Folge zu leisten. Der Begriff der s.n K. wurde 1901 durch Edward A. Ross in die Soz. eingeführt.

S. K. ist ein zentraler Bestandteil aller Prozesse der sozialen *Integration*. Sie bezeichnet nicht nur den sozialen Druck, der von der Umwelt in Form negativer Sanktionierung von Normverletzungen ausgeht (äußere s. K.), sondern auch die im Verlauf des Sozialisationsprozesses erfolgte Verlagerung der s.n K. in das Persönlichkeitssystem oder Gewissen (innere s. K.). S. K. erstreckt sich über offenes Verhalten hinaus auf Gedanken und Gefühle und soll neben der Verhinderung expliziter Normverletzungen positiv die Voraussetzungen für normgerechtes Verhalten aufbauen und aufrechterhalten. Bei der primären s.n K. sorgen Primärgruppen (Familie, Gleichaltrigengruppe) für die Einhaltung der sozialen Normen, bei der sekundären s.n K. Gruppen und Instanzen, mit denen man nicht so eng verbunden ist (Verein, Staat).

Auch wenn s. K. der Aufrechterhaltung der gesellschaftlichen Ordnung dienen soll, darf nicht übersehen werden, dass die gesellschaftlichen Werte evtl. die Interessen einer herrschenden Klasse oder Gruppe widerspiegeln und dass s. K. auf die Absicherung spezifischer Interessen zielen kann. Bezog sich der Begriff der s.n K. zunächst stärker auf den Vorgang der Erzeugung gesellschaftlich konformen Verhaltens, so wurde er mit dem Aufkommen der interaktionistischen Perspektive abweichenden Verhaltens (*labeling approach*) zu einem Instrument der Sozialkritik insbes. an den gesellschaftlichen Institutionen (Polizei, Sozialarbeit, Psychiatrie u.a.), die über ihre Kontrollversuche u.U. abweichende Verhaltensweisen erst schaffen. Einige Autoren, wie u.a. H. Steinert, plädieren dafür, den Begriff s. K. durch die Kategorie des „sozialen Ausschlusses" zu ersetzen, da er die Unmenschlichkeit sozialer Ausschlussprozesse verharmlose und ungeeignet sei zur Analyse subtiler Disziplinierungsprozesse.

Die soziale Gestalt und der Grad der Institutionalisierung von s.r K. ist sehr unterschiedlich. S. K. reicht von Korrektur- und Beeinflussungsversuchen in alltäglichen sozialen Beziehungen (informelle s. K., z.b. in der Familie, im Freundeskreis) bis zu formalisierten Sanktionen bei Nichteinhaltung institutionalisierter Normen (formelle s. K., z.b. Maßnahmen der Polizei, der Strafjustiz, der Sozialarbeit). Dem *Recht* als Instrument der Sozialkontrolle und Quelle normativer Steuerung kommt gegenüber anderen normativen Lenkungssystemen, wie Sitte, Brauch und Konvention, eine besondere Bedeutung zu, da es am stärksten formalisiert ist, einen hohen Grad an Arbeitsteilung aufweist und v.a. einen eigenen Erzwingungsstab unterhält und über die einschneidendsten Mittel und Möglichkeiten sozialer Sanktionierung verfügt. Allen Maßnahmen s.r K. ist gemeinsam, dass sie die Bandbreite menschlichen Verhaltens auf Typen von sozial erwünschten „Sozialcharakteren" einzuengen versuchen.

S. K. findet nicht nur im gesamtgesellschaftlichen Rahmen statt. In modernen, stark differenzierten Gesellschaften hat sich eine Vielzahl unterschiedlich strukturierter Gruppen und Lebenswelten herausgegliedert, die ihre je eigenen Systeme s.r K. besitzen. Wichtige Dimensionen für eine Differenzierung des Konzepts der s.n K. sind die Unterscheidung nach den Trägern oder Institutionen (Familie, Schule, Kirche, Betrieb, Justiz u.a.), nach den Arten (formelle und informelle, anonyme und persönliche s. K.) und nach den Formen der s.n K. (äußere und innere s. K.).

In fortgeschrittenen kapitalistischen Gesellschaften lässt sich ein tendenzieller Rückgang harter (strafender) Formen der s.n K. beobachten. Gleichzeitig nehmen präventive Strategien – Techniken der inneren Disziplinierung – zu, die über Eingriffe in den Sozialisationsprozess (die Verinnerlichung von Normen) auf die Verhaltenssteuerung des Menschen zielen (weiche Formen s.r K.). Normabweichungen werden immer häufiger als Symptome individueller Unmündigkeit und fehlgeschlagener Sozialisation angesehen; die Rolle des Kriminellen wird in eine des Kranken umdefiniert (medicalization of deviance).

Neue Aktualität erlangte das Konzept der s.n K. im Rahmen der Debatte um *Individualisierungsprozesse* in fortgeschrittenen Industriegesellschaften. Charakteristisch für die Gegenwartsgesellschaft ist demnach eine ambivalente Form der Kontrolle, die Kombination von Freisetzung und Bindung als Voraussetzung und Folge einer immer komplexeren Gesellschaftsstruktur (K. Hahn). S. K. kann demnach nicht einfach in den Kategorien „Zunahme von Kontrolle" oder „Abnahme von Kontrolle" angegeben werden, sondern die Kontrollformen verändern sich qualitativ, indem sie immer abstrakter, unpersönlicher werden und zunehmend auf dem Zwang zur individuellen Abarbeitung systemischer oder abstrakter Handlungsanforderungen basieren. Die Befreiung aus Kontrollformen geht mit erhöhten individuellen Handlungsanforderungen und -voraussetzungen einher und kann durchaus als belastend empfunden werden.

→ **Integration; Konformität; Norm, soziale; Recht; Sanktion; Sozialisation; Verhalten, abweichendes**

📖 *S. Cohen* (1985): Visions of Social Control. Cambridge; *A. Groenemeyer/S. Wieseler* (Hg.) (2008): Soziologie sozialer Probleme und sozialer Kontrolle. Realitäten, Repräsentationen und Politik. Wiesbaden; *M. Janowitz* (1973): Wissenschaftshistorischer Überblick zur Entwicklung des Grundbegriffs „Soziale Kontrolle". KZfSS 25: 499-514; *H. Peters* (2009): Devianz und soziale Kontrolle. Weinheim/München; *ders.* (Hg.) (2000): Soziale Kontrolle. Opladen; *ders.* (2002): Soziale Probleme und soziale Kontrolle. Wiesbaden; *R. Peuckert* (⁷2008): Abweichendes Verhalten und soziale Kontrolle. In: *H. Korte/B. Schäfers* (Hg.): Einführung in Hauptbegriffe der Soziologie. Wiesbaden: 107-127; *S. Scheerer/H. Hess* (1997): Social Control. A Defence and Reformulation. In: *R. Bergalli/C. Summner* (Hg.): Social Control and Political Order. London: 96-130; *T. Singelnstein/P. Stolle* (²2007): Die Sicherheitsgesellschaft. Wiesbaden.

Rüdiger Peuckert

Krise

jener Zustand der Gesellschaft bzw. zentraler gesellschaftlicher Bereiche (Wirtschaft, Bildungswesen, Sozialstaat), in dem unter Zeitdruck schwierige Probleme der Anpassung, der Koordination und ggf. der Strukturveränderung und Systemerhaltung zu lösen sind (gr. *krisis* = „Entscheidung"; „entscheidende Wende").

Der ursprünglich in der Rechtsprechung, der Theologie und v.a. in der Medizin beheimatete Begriff ist seit dem 18. Jh. in der Geschichtsdeutung und den sich etablierenden Sozialwissenschaften gebräuchlich und bezeichnet ganz im Sinne seines gr. Wortursprungs eine bedenkliche Lage, einen Wende- und Entscheidungspunkt (Koselleck 1982).

In der Geschichte der Soz. spielt der Begriff eine zentrale Rolle, da sie als Umbruch- bzw. K.nwissenschaft begann. Die Soz. entstand, um auf wissenschaftlich begründeter Basis die großen Entwicklungs- und Strukturk.n der sich industrialisierenden Gesellschaft, im Umbruch von der ständisch-feudalen Gesellschaftsordnung, bewältigen zu helfen. „*Terminer la crise*" – dies war eines der Schlagworte von Claude-Henri de Saint-Simon (1760-1825). Er war überzeugt, mit seiner „neuen Wissenschaft" den Grundstein dafür gelegt zu haben, im steten Wechsel von „organischen" und „kritischen" Zeitaltern für das heraufkommende „Zeitalter der Industrie" die Bedingungen einer neuen gesellschaftlichen Integration angegeben zu haben. Sein Schüler Auguste Comte (1798-1857) wollte durch Anwendung seiner „positiven Philosophie" die „große Krise" definitiv beenden.

In der Kritik der pol. Ökonomie von Karl Marx (1818-1883) wird die fundamentale gesellschaftliche K. als antagonistischer Klassengegensatz erkannt, der in der industriell-kapitalistischen Gesellschaft nur revolutionär beseitigt werden kann. Die Bourgeoisie, die von einer Wirtschaftsk. in die andere taumelte, sei hierzu unfähig, weil sie durch ihre Maßnahmen „allseitigere und gewaltigere K.n (nur) vorbereitet und die Mittel, den K.n vorzubeugen, vermindert" (Kommunistisches Manifest, 1848). K., Kritik und Revolution stehen seither in der marx. Soz. in einem zwangsläufigen Zusammenhang, quasi als Übersteigerung des seit der Aufklärung engen Zusammenhangs von „Kritik und K.", einem zentralen Element in der Genese der bürgerlichen Welt (Koselleck 2001).

Im Gegensatz hierzu gehen alle nicht-marx. soz. bzw. politologischen K.ntheorien davon aus, dass gesellschaftliche Strukturk.n prinzipiell mit den Mitteln der Politik und der Umverteilung über den Steuer- und Sozialstaat zu lösen sind.

In soz. K.ntheorien, v.a. der Systemtheorie und dem Strukturfunktionalismus, wird nach Ursachen, Verlauf und Möglichkeiten der Beendigung von sozialen und pol. K.n gefragt. Hierbei wird z.B. zwischen Übergangs-, Koordinations-, Steuerungs- und Strukturk.n unterschieden. Nach Niklas Luhmann (1999) sind „Krisen heikle Situationen in Systemen/Umwelt-Beziehungen, die den Fortbestand des Systems oder wichtiger System-Strukturen unter Zeitdruck in Frage stellen". Entsprechend rücken Probleme der Anpassung von System und Umwelt, von Stabilität und Wandel, von Komplexitätssteigerung und -bewältigung, von K. und sozialer Kontrolle in den Vordergrund. Sozialpsychol. Theorien kollektiven Verhaltens suchen die K.nerscheinungen ggwt. Gesellschaften auf einen fundamentalen Einstellungs- und Wertewandel zurückzuführen, der wiederum eine Ursache in der K. der materialistischen Konsumgesellschaft habe. Andere Theoretiker sehen die durch technische Entwicklungen ausgelösten Innovationsk.n als Hauptverursacher von K.n und einer weitverbreiteten K.nstimmung (in der schon das Wort K. zu einer Metapher für kritisches Zeitbewusstsein geworden ist). Umstritten ist der Stellenwert von K.n in den Theorien sozialer Evolution und Differenzierung, womit ein alter Streitpunkt in neuer theor. Perspektive aufgegriffen wird: ob K.n (vergleichbar der Entwicklung des Individuums) eine unabdingbare Voraussetzung für „Wachstum" und Differenzierung sind (was älteren geschichtsphil. und fortschrittsoptimistischen positiven Bewertungen von K.n wiederum sehr nahe käme).

Neuere Zusammenhänge zwischen gesellschaftlich-technischer Entwicklung und K.n analysieren die sog. Katastrophentheorien (Clausen/Dombrowsky 1983). Eine *Katastrophe* ist der völlige und irreversible Zusammenbruch eines Systems, was wiederum zu K.n in anderen sozialen oder auch technischen Systemen führen kann. So ist unter den Bedingungen äußerst komplexer internationaler Beziehungen, verwundbarer natürlicher und technischer Systeme im zivilen und militärischen Bereich und einem allgemein gewachsenen K.nbewusstsein eine neue Phase der krisenhaften Entwicklung gesellschaftlicher und weltgesellschaftlicher Systeme angebrochen, in der das bisherige K.nmanagement der „Risikogesellschaft" (U. Beck) vor immer größere Probleme gestellt ist.

→ **Konflikt, sozialer; Revolution; Soziale Frage; Soziologie; Wandel, sozialer**

W.L. Bühl (²1991): Krisentheorien. Tübingen; L. Clausen/W.R. Dombrowsky (1983): Einführung in die Soziologie der Katastrophen. Bonn/Osang; R. Koselleck (2004): Krise. In: O. Brunner/W. Conze/R. Koselleck (Hg.): Geschichtliche Grundbegriffe. Bd. 3. Stuttgart: 617-650; ders. (⁹2001): Kritik und Krise. Frankfurt a.M.; N. Luhmann (⁶1998): Zweckbegriff und Systemrationalität. Frankfurt a.M. (zuerst 1968); K.-D. Opp (1978): Theorie sozialer Krisen. Hamburg.

Bernhard Schäfers

Kultur und Zivilisation

Vielschichtig und mehrdeutig verwendete Begriffe. Die Bedeutungen variieren in Abhängigkeit vom jeweiligen Autor, theor. Schule, Disziplin und speziellem Interpretationskontext. Sowohl den Begriff K. als auch den Begriff Z. kann man unter jeweils drei Gesichtspunkten definieren.

Man kann K. anthropol. fundieren und aus der Verfassung des Menschen zu bestimmen versuchen. In diesem Falle wird eine sehr weite und sehr grundlegende Interpretation von K. vorausgesetzt („der Mensch als ein sich kulturell formendes und geformtes Lebewesen"). Man kann unter K. ferner eine spezifische raumzeitliche Gesellschaft verstehen, die sich in einem bestimmten Zeitraum und in einem bestimmten geografischen Raum entwickelt hat (die europäische oder indische K.). Und drittens wird K. als ein Teilbereich der Gesellschaft verstanden, der im Unterschied zu Wirtschaft, Technik und Politik die „höheren", „feineren" und „sinnhaften" Bereiche Kunst und Musik, Philosophie und Lebensart, Sitten und Werte umfasst. Selbstverständlich gibt es Interpretationen, die durch vielfältige Überschneidungen zwischen diesen drei so tentativ definierten Bereichen gekennzeichnet sind.

Z. ist insbes. im dt. Sprachraum sehr häufig als Gegenbegriff zu K. benutzt worden, nämlich dann, wenn die technischen Errungenschaften und die ökon. Leistungsfähigkeit akzentuiert wurden. Diese Interpretation rührt i.d.R. aus der geschichtspessimistischen, romantischen und antievolutionistischen Auffassung (so z.B. bei F. Nietzsche und O. Spengler), der zufolge ein zivilisatorischer Aufstieg – zum Beispiel die Entwicklung der Industriemoderne in Europa – nicht von einer Höherentwicklung von K., Moral und Gesittung begleitet sein muss und, nach der Auffassung der genannten Autoren, nicht begleitet war.

Neben dieser Interpretation, die oft auch als ideologisches Kampfmittel dt. K.nationalisten gegen die angeblich leere, nur materielle Dinge häufende brit. und frz. Z. genutzt wurde, findet sich auch die diametral entgegengesetzte, eher „westeuropäische" Interpretation, der zufolge K. und Z. weitgehend identifiziert bzw. in Zusammenhang gebracht werden (z.B. bei A. Toynbee und E. Tylor). In dieser Lesart werden nur die höheren K.en als (antike und moderne) Z.en verstanden, während die einfachen und „primitiven" K.en nicht diesen Status einnehmen. Der dritte Interpretationsmodus von Z. beruht noch auf einer Steigerung des zweiten, wenn nämlich die Z. als Produkt einer Zivilisierung des Verhaltens und der Lebensvollzüge verstanden wird, im Unterschied zu einem dann vorausgesetzten „primitiven" Verhalten in einfachen K.en. Diese sehr häufige Verwendung von Z. und Zivilisierung steht demzufolge in einem direkten Gegensatz zu dem ersten, oben genannten Interpretationsmodus. Die beiden letzten Interpretationsvarianten von Z. implizieren demzufolge eindeutig die Dimensionen „höherer K.", sehen in diesem so eingeschränkten Sinne eine definitorische Nähe und Wahlverwandtschaft der beiden Termini, während die erste Variante den Begriff Z. auf materielle Technik eingrenzt und ihn so dem Begriff K. kontrastierend gegenüber stellt.

Für die anthropol. Verwendung des K.begriffs gibt es unter dem Stichwort Z. zunächst eigentlich kein Gegenstück; es sei denn, man verengte den K.begriff auf „Kultivierung", was dann mit „Zivilisierung" identifiziert werden könnte. Der auf eine *Gesellschaft* bzw. Gesellschaften gemünzte K.begriff findet hingegen deutlicher eine partielle Entsprechung, wenn nämlich „Hochk.en" – und nur diese als Z.en bezeichnet werden. In seiner Verwendung als Gesellschaftsbegriff bezeichnet K. hingegen jede existierende raumzeitliche gesellschaftliche Ordnung, während im Unterschied zu dieser universalen Verwendung Z. nur komplexe und staatliche Gesellschaften meint. In diesem Falle bezieht sich Z. dann allerdings durchaus auch auf eine Verfeinerung und Steigerung aller kulturellen Lebensvollzüge, unter Einschluss von Musik, Kunst und Moral, über das in einfachen Gesellschaften gegebene und vorfindliche Niveau hinaus. Dieser, höhere K. geradezu implizierende, insbes. „westeuropäische" Z.sbegriff steht daher im Gegensatz zum „romantischen" Z.sbegriff, der meint, technische Z. und Sinnk. kontrastieren zu müssen (Elias 2007; Frazer 1913; Jaeger/Rüsen 2004; Jung 1997; Kuper 1999; Lipp 1987; Tylor 1873).

1. K. und *Anthropologie*: Anthropologen bezeichnen mitunter den Menschen als das einzige kulturfähige Wesen, als ein Lebewesen, das sich seine kulturelle Lebenswelt selbst schafft und dann rückwirkend von ihr geprägt und geformt wird (Cassirer 1994). Der Aufbau kultureller Lebenswelten, ihre Vielfalt, Veränderung im Zeitverlauf, Untergang und Weiterentwicklung ist die Folge spezifischer Handlungs- und Denkfähigkeiten des Menschen. Der Mensch kann sich unterschiedlichen Umweltbedingungen flexibel anpassen und kann K.en aufbauen, die jenen Bedingungen konstruktiv gewachsen sind. Die menschliche Psyche ist dazu in der Lage, Wildbeuter-, Agrar- und Industriegesellschaften aufzubauen und zu entwickeln. Die menschliche Psyche ist so entwicklungsfähig und dynamisch, dass sie unterschiedliche Ökonomien, Familientypen, Sozialisationsstrukturen, pol. Systeme und Bildungseinrichtungen tragen und entwickeln kann. Wäre die menschliche Psyche starr und instinktgebunden, dann würde eine K.entwicklung, ein Ausbruch aus der Wildbeuterexistenz, nicht möglich gewesen sein.

Bis heute lässt sich jedoch nicht bis in alle Verästelungen überblicken, wie weit die Grenzen der Plastizität der menschlichen Natur und damit die Gestaltungsmöglichkeiten kultureller Gebilde reichen. Neben eher fixen Theorien der menschlichen Natur, die von Rational Choice bis zum Agil-Schema von Talcott Parsons (1902-1979) reichen, finden sich dynamische sozialisationstheor. Theorien, die von einer weitgehenden Form- und Gestaltbarkeit der menschlichen Natur ausgehen. Die fixen und apriorischen Theorien müssen notgedrungen die Prämisse zugrunde legen, dass die bloße menschliche Denkfähigkeit ausreicht, um die vielgestaltigen kulturellen Produktionen zu erklären. Diese resultieren dann aus der Kombination von variierenden Umgebungsbedingungen und der unterstellten fixen Ratio. Dieser Theorietypus kennt demzufolge nicht die Rückwirkung der zweckrational geschaffenen K. auf die menschliche

Psyche. K. wird vom Menschen geschaffen, umgekehrt aber formt und prägt sie ihn gemäß dieser Konzeption nicht. Dieser Theorietypus hat daher, wenn er konsequent auftritt, keine Konzepte von En- und Akkulturation, Sozialisation und Modellierbarkeit der menschlichen Psyche.

Die dynamischen sozialisationstheor. Ansätze nehmen hingegen an, dass unterschiedliche K.en nicht nur von unterschiedlich strukturierten Menschen (infolge einer unterschiedlichen kulturhistorischen Vergangenheit) geschaffen werden, sondern auch, dass gewachsene K.en ihrerseits Psychen und Mentalitäten tief greifend sozialisieren und modifizieren. Sozialisationstheor. auftretende K.theorien müssen daher theoriekonsequent von einer Dialektik von K. und Psyche, von einer Wechselwirkung kultureller Einrichtungen und menschlicher Denk- und Verhaltensweisen ausgehen. Die kulturelle Prägung der menschlichen Psyche kann sich hypothetisch – je nach Blickwinkel und Begründungsweise des jeweiligen theor. Ansatzes auf Denk- und Sprechweisen, Motivationen, Werte, Affekte und Weltbilder auswirken.

Vor diesem Hintergrund kann man folgende Regel formulieren: Je größer die unterstellte Spannweite psychischer Plastizität, desto größer ist die kausale Wirkung kultureller Faktoren auf die menschliche Gesellschaft in hist. Perspektive. Mit der eingeräumten Zunahme der Plastizität wächst der Einfluss des kulturellen Faktors auf die Entwicklung von Technik, Ökonomie, Institutionen, Politik und Verhalten. Die Stärke des Einflusses von K. auf „Gesellschaft" hängt daher vom Ausmaß der psychischen Plastizität ab. Läge diese Plastizität nicht vor oder wäre sie vernachlässigenswert, dann wäre der kulturelle Raum nur ein Appendix gesellschaftlicher Entwicklung und ein kausal nachgeordneter gesellschaftlicher Teilbereich wie alle anderen Teilsysteme auch. K.theorien im eigentlichen Sinne sind daher in aller Regel sozialisationstheor. und psychohist. verankert und fundiert. Man kann alle soz. Theorien danach klassifizieren, welche Position sie zwischen den Polen der Apriori- und der dialektischen Position einnehmen (Cassirer 1994; Benedict 1963; Rudolph 1968; Geertz 2002; Linton 1955; Kluckhohn 1962).

2. Gerade in der K.industrie und K.soz. wird häufig ein spezieller K.begriff genutzt, demzufolge K. als ein Teilbereich oder -system der *Gesellschaft* verstanden wird, parallel zu den Bereichen Politik, Technik, Ökonomie, Familie und Bildung. Aber auch dieser Teilbereich ist nicht wirklich klar konturiert, sondern diffus. Man ordnet diesem Bereich insbes. und vorrangig Kunst, Musik, Tanz, Theater, Literatur, Philosophie und Religion zu, aber auch Freizeitkultur, Sitten, Normen, Werte, Gebräuche, Verhaltensweisen, Interaktionsformen und Lebensgewohnheiten. Man muss dann jedoch feststellen, dass die Strukturen dieses Teilbereichs K. von gesellschaftshist. Entwicklungen abhängen und keineswegs hist. statisch und invariant sind. Musik, bildende Kunst, Religion und

Normen gibt es in jeder K.; Vorformen der Philosophie und Literatur finden sich in analphabetischen K.en in Gestalt der Mythen und Legenden. Aber diese K.bereiche unterliegen vielfältigen Entwicklungen und Veränderungen sowohl innerhalb konkreter gesellschaftlicher Ordnungen als auch insbes. im Gefolge des Durchbruchs von Hochk.en und Z.en. Hochk.en verfeinern und entwickeln die Erscheinungsformen des K.lebens in für analphabetische K.en unerreichbare Höhen, obwohl nicht zu verkennen ist, dass Kunst, Musik, Tanz, Religion und Mythologie archaischer K.en ihren Eigenwert und ihre unverkennbaren Stärken haben sowie eine außerordentliche Faszination ausüben. Hochentwickelte K.formen erfordern jedoch eine finanzielle Ausstattung, soziale Freiräume und geistige Differenzierungen, die nur im Kontext der höheren sozialen Schichten von Z.en entstehen können. Die Industriegesellschaften entwickeln auch das K.leben weiter und höher als die agrarischen Z.en; ein Sachverhalt, der allein schon ausreicht, um die Angemessenheit des „westeuropäischen" Z.sbegriffs herauszustreichen (Wundt 1920; Jung 1997; Bastian 1860; Kuper 1999; Jaeger/Rüsen 2004).

3. Als Gesellschaftsbegriff erfährt der K.begriff jedoch eine universale, alle Lebensbereiche der Gesellschaft einbeziehende und umfassende Perspektive. K. meint dann die auf eine konkrete Lebensgemeinschaft gemünzte spezifische Art und Weise der ökon., technischen, sozialen, pol. und künstlerischen Praxis. Kulturelle Formen erfahren eine individuelle Prägung und Ausdifferenzierung, die sich abwärts von K.region (Europa, Indien, China), Land, Region, raumzeitlich fixierte Gesellschaft, Stamm, Dorf, Familie und Individuum stufenförmig verästelt und konkretisiert. Jeder Stamm hat seine eigene K.; wir unterscheiden die K.en der Germanen von denen der Inka, Polynesier, Murngin, Sumerer, Hethiter usw. So unterscheiden wir, größere Einheiten umfassend, zwischen der K. des Mittelalters und der der Industriegesellschaften.

Klassifikation und theor. Durchdringung, Unterscheidung und Vergleich von K.en werden von Autoren und Richtungen in höchst unterschiedlicher Weise betrieben. Unter einem gewissen, sehr allgemeinen Gesichtspunkt kann man die heterogenen Theorien in drei Klassen rubrizieren: *Universalismus*, *Relativismus* und *Evolutionismus* (Entwicklungstheorie). Während der Universalismus die Ähnlichkeiten zwischen den K.en betont, akzentuiert der Relativismus die Einzigartigkeit und Spezifik einer jeden K. Sehr häufig werden von vielen Autoren diese beiden, eigentlich konträren Positionen gleichzeitig bezogen. Die Entwicklungstheorie findet sich als drittes allgemeines Ordnungsschema, dann aber zumeist als Gegenposition zu den anderen beiden genannten Paradigmata. Von einer gewissen höheren Warte aus betrachtet kann man feststellen, dass alle drei Paradigmata einen, allerdings jeweils bedingten und näher zu spezifizierenden Geltungsanspruch haben: Es hängt v.a. vom Forschungsgesichtspunkt und von der Gruppe der zu vergleichenden K.phänomene ab, welche Metaperspektive in den Vordergrund zu rücken ist. Magie und Opferkulte variieren von Ort zu Ort (Berechtigung des K.relativismus), aber sie haben dennoch kulturübergreifend gemeinsame Strukturen, die nur in Industriegesellschaften erodiert sind (vorrangige Berechtigung der Entwicklungstheorie und sehr erhebliche Einschränkung des Universalismus, aber auch des Relativismus). Mord und Totschlag finden sich in jeder K. (anthropol. universale Bereitschaft), aber in unterschiedlichsten Varianten (Relativismus) und mit statistisch abnehmender Rate in der Moderne (Entwicklungstheorie).

Allgemeine Klassifikationen von K.en finden sich in vielfältig formulierten Fassungen. An Stelle einer Vielzahl von allgemeinen Klassifikationen seien diese grundlegenden Einteilungen in den Vordergrund gerückt: Jäger- und Sammlergesellschaften, akephale bäuerliche Pflanzergesellschaften, Ackerbaugesellschaften, feudale und protostaatliche Hochkulturen, archaische Staaten und agrarische Z.en. In einer mehr gegenwartsbezogenen Perspektive lassen sich Industriegesellschaften, Entwicklungsländer (Dritte und Vierte Welt) sowie Transitionsländer des Südens und Ostens unterscheiden. Diese sehr allgemeinen Klassifikationen von K.en erfolgen i.d.R. unter Zugrundelegung ökon., seltener: pol. Kriterien (Herrschaftssysteme) (Bastian 1968; Harris 1995; Rudolph 1968; Oesterdiekhoff 1997, 2005; Wundt 1920).

4. Wildbeuterische Horden, hirtennomadische und bäuerliche Stammesgesellschaften, agrarische und industrielle Z.en bilden die Hauptmasse der Weltk.en. Theorien im Umfeld des Universalismus und Relativismus haben i.d.R. keine tief greifenden Orientierungspunkte zur Klassifikation dieser Gesellschaften. Sie können sie gleichsam nur wie die frühen Botaniker ordnen und sammeln. Sie können ihre Metaperspektive auch dann noch beibehalten, wenn sie die unterschiedlichen Typen als rationale Anpassungen an ökologische Umwelten konzipieren. Die Entwicklungstheorie kann die Entwicklung der letzten 10.000 Jahre – die Entwicklung von Wildbeutern über Bauern zu Industriebürgern ganz ähnlich ökologisch-rational als Folge kumulativer Prozesse von Bevölkerungswachstum, knappen Umweltressourcen und reaktiver Systemanpassung verstehen. Eine rein ökologisch-ökon. konzipierte Entwicklungstheorie trifft sich mit den ersten beiden Metatheorien nämlich dann, wenn sie den hist. Prozess als bloße Anpassung an veränderte Bedingungen versteht, dem keine Veränderungen der menschlichen Psyche gefolgt (oder vorangegangen) sind (z.B. Harris 1995).

Die meisten Entwicklungstheorien der Soz. und Ethnologie seit 200 Jahren fußten jedoch auf einer Simultanbetrachtung objektiver und subjektiver, gesellschaftlicher und psychischer Veränderungen. Sie gingen davon aus, dass Mentalität, Psyche und Denkweisen von Menschen sich im Verlaufe der hist. Entwicklung verändert haben. Eine nahe liegende Konzeption ist es, von einer kausalen Wechselwirkung von psychisch-kognitiven und institutionell-technischen Faktoren auszugehen. Alle Klassiker der K.anthropologie – Bastian, Boas, Frazer, Frobenius, Lévy-Bruhl, Thurnwald, Tylor und Wundt – und alle Klassiker der Soz. sind von dieser kulturhistorischen Entwicklung von der primitiven zur modernen Psyche, Intellekt, Persönlichkeit, Verhaltensweisen ausgegangen. Sie alle verfügten implizit oder explizit über eine hist. Anthropologie von Psyche und Persönlichkeit, Intellekt und Denken, über eine Mentalitäten-Geschichte und Entwicklungstheorie subjektiv-psychischer Strukturen. Diese Entwicklungstheorie psychisch-kognitiver Strukturen, so unreif und dilettantisch sie formuliert gewesen sein mag, stand im Mittelpunkt der klassischen Theorien in einer Weise, die von relativistischer Seite heute gerne unterschlagen wird. Ohne diese Entwicklungstheorie zerfiele die Substanz sowohl der klassischen Soz. als auch der klassischen Ethnologie.

Im Rahmen der klassischen Soz. bringt die Z.stheorie von Norbert Elias (1897-1990) diese Auffassung in besonderer Weise zur Geltung, obwohl er nur den wesentlichen Grundgedanken aller Klassiker stärkeren Ausdruck verleiht. Die Theorie Elias' beruht mehr noch als die Soz. von Comte oder die Anthropologie Wundts auf einer entwicklungspsychologischen Auffassung von der Wandlung des vorindustriellen zum modernen Menschen. Diese psychische Transformation – im Sinne einer Reifung des Menschen – führt laut Elias zu veränderten Verhaltensweisen in allen Lebensbereichen (Gewalt, Interaktionen, Sexualität, Erziehung).

Das Programm der Klassiker von Soz. und Ethnologie – zumal Wundts und Elias, den Zugang zur K.geschichte auf der Basis der Entwicklungspsychologie zu öffnen, ist erst in neuerer Zeit auf der Basis der Entwicklungspsychologie des 20. Jh.s wieder aufgenommen und erheblich optimiert worden. Im Gegensatz zur Methodik und Theorietechnik der Klassiker ist nun dieser neue Ansatz erstmalig erfahrungswissenschaftlich abgesichert, d.h. die neuere kulturhistorische Theorie psychogenetischer Entwicklung ist erstmalig anhand empirischer Indikatoren operationabel und prüfbar (Oesterdiekhoff 1992, 1997, 2000). Die auf der genetischen Psychologie Jean Piagets (1896-1980) basierende K.vergleichsforschung hat die Stadientheorie der kognitiven Entwicklung in sämtlichen K.typen überprüft. Demzufolge entwickelt sich im großen Ganzen das formal-operationale Denken nur in Abhängigkeit von moderner Industriekultur und dort seit den letzten 150 Jahren mit weiter zunehmender Tendenz. Die Errungenschaften der Industriemoderne – Zivilisierung von Strafrecht und Erziehung, Durchsetzung von Menschenrechten und sozialen Freiheiten, Aufklärung und Demokratie, Entwicklung von Technologie und Wissenschaft, Erziehungswesen und Bildung, Bürokratie und Ökonomie – können mit dieser Psychoevolution in kausale Verbindung gebracht werden.

Die genetische Psychologie liefert aber auch einen umfassenden Schlüssel zum Verständnis vorindustrieller K.en, sowohl zum Verständnis von Naturvölkern als auch antiker Z.en. Die empirische K.psychologie hat gezeigt, dass auch in heutigen ländlichen Entwicklungsregionen präoperationale und erkenntnisrealistische Denkstrukturen dominieren. Dieses empirische Resultat liefert wissenschaftshistorisch den ersten Ernst zu nehmenden erfahrungswissenschaftlichen Schlüssel zum Verständnis des Denkens von Menschen vergangener K.en. Magie und Animismus, Artifizialismus und Finalismus, Aberglaube und Gottesurteil, Mythos und archaische Religion, Gespensterglaube und Alchemie, Verständnis von Kausalität und Zufall, Wahrscheinlichkeit, Möglichkeit und Notwendigkeit, archaische Raum- und Zeitkonzepte, bildlichkonkretes, eidetisches und parataktisches Denken, konkretes Selbst- und Persönlichkeitsverständnis sind erstmals erfahrungswissenschaftlich aus den Konzepten der genetischen Psychologie ableitbar und verständlich zu machen. Die Entwicklung vom brutalen zum humanen Strafrecht, von der Magie zur Wissenschaft, von der Sklaverei zu den Menschenrechten ist auch entwicklungspsychol. erklärbar. Die Entstehung der Industriemoderne ist mit der Entwicklung vom präoperationalen zum formal-operationalen Denken, mit der Entwicklung von einer kindlich-elementaren zu einer reflektierten Psyche im Sinne einer Wechselwirkung von Subjekt und Objekt, Denken und Gesellschaft kausal verknüpft.

Vor diesem Hintergrund ist die „westeuropäische" Z.theorie empirisch zu bestätigen. So ist erklärbar, dass die Industriemoderne nicht nur auf einer Steigerung der Leistungsfähigkeit von Technik und Wirtschaft beruht, sondern auch mit moralischen und ethischen Implikationen und Entwicklungen verknüpft ist. Die große kulturelle Grenzscheide bezieht sich auf die K.grenze Industriemoderne/vorindustrielle Gesellschaft. Bei allen Gemeinsamkeiten zwischen Naturvölkern und antiken Z.en (Magie, Animismus, Aberglaube, Blut- und Menschenopfer, Ahnenkult, grausames Strafrecht, brutale Unterhaltungskultur in Form von Tierhetzen und Gladiatorenkämpfen, Sklaverei und Despotie) sind insbes. die alphabetisierten Eliten in den alten Z.en eine Weglänge von den archaischen Strukturen abgerückt. Bei aller Berücksichtigung der großen Errungenschaften der antiken Z.en und des Mittelalters muss jedoch das Urteil Horst Fuhrmanns (2003) über die kulturelle Fremdheit und Andersartigkeit dieser K.en – vom heutigen Standpunkt der Industriemoderne betont und auf die Entwicklungspsychologie theor. reduziert und aus ihr plausibel gemacht werden (Dasen/Berry 1974; Lévy-Bruhl 1959; Luria 1986).

→ **Akkulturation; Anthropologie; Evolution, soziale; Figuration; Gesellschaft; Gewalt; Prozesse, soziale; Universalien, soziale; Wandel, sozialer**

📖 *A. Bastian* (1968): Der Mensch in der Geschichte. Bd. 3, Osnabrück; *R. Benedict* (1963): Urformen der Kultur. Reinbek (orig. 1934); *E. Cassirer* (^{2}2007): Versuch über den Menschen. Hamburg (orig. 1944); *A. Comte* (1907/1911): Soziologie. Jena (orig. 1830-1842); *J.B. Crozier* (1885): Civilization and Progress. London; *P. Dasen/J.W. Berry* (eds.) (1974): Culture and Cognition. London; *N. Elias* (2007): Über den Prozess der Zivilisation. Frankfurt a.M. (zuerst 1937); *J.G. Frazer* (1932): Mensch, Gott und Unsterblichkeit. Leipzig; *H. Fuhrmann* (^{4}2009): Einladung ins Mittelalter. München; *C. Geertz* (2007): Dichte Beschreibung. Frankfurt a.M. (orig. 1973); *M. Harris* (1995): Kannibalen und Könige. München (orig. 1977); *L.T. Hobhouse* (2001): Mind in Evolution. Chicago; *S. P. Huntington* (^{2}2002): Kampf der Kulturen. München (orig. 1996); *F. Jaeger/J. Rüsen* (Hg.) (2004): Handbuch der Kulturwissenschaften. Bd. 3, Stuttgart/Weimar; *G. Jahoda* (1993): Crossroads between Culture and Mind. Cambridge, Mass.; *T. Jung* (2005): Geschichte der modernen Kulturtheorie. Darmstadt; *C. Kluckhohn* (1965): Culture and Behavior. New York; *A. Kuper* (2000): Culture. The Anthropologists´ Account. Cambridge, Mass.; *L. Lévy-Bruhl* (1966): Die geistige Welt der Primitiven. Düsseldorf (orig. 1922); *R. Linton* (1964): The Tree of Culture. New York/London (zuerst 1936); *W. Lipp* (Hg.) (1987): Kulturtypen, Kulturcharaktere. Berlin; *A.R. Luria* (1986): Die historische Bedingtheit individueller Denkweisen. Weinheim (orig. 1974); *G.W. Oesterdiekhoff* (2006): Kulturelle Evolution des Geistes. Hamburg/Münster; *ders.* (1997): Kulturelle Bedingungen kognitiver Entwicklung. Frankfurt a.M.; *ders.* (2000): Zivilisation und Strukturgenese. Frankfurt a.M.; *ders.* (2005): Entwicklung der Weltgesellschaft. Münster/Hamburg; *W. Rudolph* (1968): Der kulturelle Relativismus. Berlin; *P.A. Sorokin* (1962): Society, Culture and Personality. New York; *E.B. Tylor* (2005): Die Anfänge der Kultur. 2.Bd. Leipzig (orig. 1871); *M. Weber* (1988): Gesammelte Aufsätze zur Religionssoziologie. Bd. 3, Stuttgart (zuerst 1920/1921); *W. Wundt* (1920): Völkerpsychologie. Bd. 10, Leipzig.

Georg W. Oesterdiekhoff

Lebenslauf

bezeichnet im alltäglichen Verständnis die Bewegung eines Individuums durch seine Lebenszeit im Sinne einer individuellen Sequenz von Zuständen (Rollen, Positionen) und Ereignissen (Übergängen, Wendepunkten, Weichenstellungen, Entscheidungen). Im soz. Verständnis meint L. die allgemeinen („regelhaften", „typischen") Sequenzmuster der Bewegung durch die Lebenszeit. Wenn vom L. als einer Institution gesprochen wird, liegt der Akzent auf der Lebenszeit als einer eigenständigen gesellschaftlichen Strukturdimension.

Der Begriff L. wird heute oft auf die äußerlich beobachtbaren („objektiven") Zustände und Ereignisse beschränkt und dem Begriff *Biografie* (Lebensgeschichte) gegenübergestellt, der auf Lebenszeit als Erfahrungs- und Handlungszusammenhang verweist.

Deutungsschemata für den L. (oder Lebenszyklus) existieren in allen bekannten Gesellschaften. In der europäischen Kulturgeschichte lässt sich eine kontinuierliche Tradition bis zur gr. Klassik zurückverfolgen. Dabei geht es v.a. um die Frage der Periodisierung. Diese gibt an, welche Stufen im L. zu unterscheiden sind, welche Eigenschaften des Menschen ihnen entsprechen und welche Verhaltensweisen ihnen angemessen sind. Solche Stufenlehren haben sich in zahlreichen phil.-anthropol. L.konzepten bis heute erhalten und sind (v.a. über das Werk von Ch. Bühler und E.H. Erikson) auch in die zeitgenössischen psychol. und soz. Ansätze eingegangen.

Für die Soz. des L.es, die sich etwa seit Mitte der 1970er Jahre als eigenes Forschungsfeld ausdifferenziert hat (Kohli 1978), sind darüber hinaus eine Reihe von sozialwissenschaftlichen Anstößen wirksam geworden:

- Unmittelbar aus den sog. Bindestrich-Soz.n, die sich mit den einzelnen Lebensaltern beschäftigt haben, also v.a. der Jugend- und später der Alterssoz. (z.B. L. Rosenmayr).

- Ein anderer Anstoß waren die kulturanthropol. (bzw. ethnol.) Untersuchungen der Altersstruktur von Gesellschaften und der Übergänge zwischen den Altersstufen (z.B. H. Schurtz, S. Eisenstadt).

- Einen wichtigen Theoriestrang bildete der Generationsansatz, der aus der Suche nach Erklärungen des gesellschaftlichen Wandels entstand (K. Mannheim).

- Schließlich ergaben sich wesentliche Anstöße aus der Karriere- und Mobilitätsforschung sowie der Familienforschung und Demographie. Auch der Generationsansatz wurde in der Demographie unter dem Begriff Kohorte wiederaufgenommen (N. Ryder).

Als erster systematischer Versuch einer Bündelung dieser Anstöße in eine umfassende soz. Perspektive ist die „Soziologie der Altersschichtung" (M.W. Riley) zu nennen. Die darin noch überwiegend formal gebliebene soz. Konzeptualisierung des L.es wurde inzwischen im Zuge der Entwicklung mehrerer Forschungsschwerpunkte stark erweitert und durch materiale Analysen strukturell verankert.

1. Die quantitativ ausgerichtete Untersuchung von Positions- und Ereignissequenzen im L. hat sich für die Analyse des sozio-demographischen „Stoffwechsels" moderner Gesellschaften als zunehmend unverzichtbar erwiesen (vgl. Mayer 1990, 2002). Ihre empirische Basis bilden vorzugsweise individuelle – teils retrospektive, teils als Panel erhobene, teils prozessorientierte – Daten über Sequenzen in den verschiedenen Bereichen des L.es, ihre methodische Basis hauptsächlich die Verfahren der Ereignisanalyse. Solche Untersuchungen können die *Sozialstruktur* in dynamischer Form vorstellen und damit ihrer zunehmenden Verflüssigung gerecht werden. Sie ermöglichen überdies

eine wesentlich genauere Darstellung der Folgen sozialer Brüche und sozialpol. Interventionen. Beispiele sind die Analyse der Wechselbeziehung zwischen familialen und beruflichen Verläufen (Blossfeld/Drobnic 2001), der „Verzeitlichung" sozialer Ungleichheiten (P.A. Berger) oder der Konsequenzen von Ereignissen wie Scheidung oder Arbeitslosigkeit. Für die vergleichende Analyse der beiden dt. Gesellschaften und ihrer Vereinigung ist dieser Ansatz ebenfalls zentral (Huinink/Mayer 1995).

2. Die qualitativ gerichtete Biografieforschung ist dann unverzichtbar, wenn soziale Strukturen als Handlungszusammenhänge begriffen werden sollen. Grundlegend sind hier die Untersuchungen über Zeiterfahrung und Zeitstrukturierung (z.B. W. Fischer), sowie über Verlaufsformen der Erfahrungsbildung und Erfahrungsrekapitulation (z.B. F. Schütze). Ein großer Teil der empirischen Lit. beschäftigt sich mit Arbeitsbiografien; der Bereich der Erwerbsarbeit scheint besonders gut geeignet, um zu zeigen, wie Individuen ihre sozialstrukturellen Rahmenbedingungen biografisch verarbeiten, erleiden und gestalten (Wohlrab-Sahr 1993). Eine Herausforderung bildet auch die Verbindung von biografischen mit ereignis- bzw. sequenzanalytischen Ansätzen (Sackmann/Wingens 2001).

3. Ein wichtiger Schwerpunkt ist nach wie vor die ethnol.-kulturvergleichende Forschung. Sie macht deutlich, dass die Art, wie Gesellschaften den L. praktisch und begrifflich gliedern und bestimmte L.e vorschreiben oder als erstrebenswert definieren, außerordentlich vielfältig ist (Elwert u.a. 1990). Dies ist wesentlich, um die „naturalistische Täuschung" zu verhindern – die Vorstellung, die gesellschaftliche L.gliederung sei nichts anderes als eine Kodifizierung des natürlichen Rhythmus des Lebens. Auch die sozialstrukturelle Verankerung des L.s wird durch die ethnol. Forschung akzentuiert. Sie fördert Strukturtypen zutage (z.B. die „Altersklassengesellschaften"), an denen sich diese Verankerung besonders rein beobachten lässt.

4. Von wesentlicher Bedeutung für die moderne L.soz. ist auch die hist. Forschung. Dabei ist zum einen auf die Studien über die hist. Veränderungen der L.muster zu verweisen, etwa aus der hist. Familienforschung und Demographie. Es wird z.B. gezeigt, wie sich die Prävalenz und Dauer bestimmter Verlaufsformen des Familienzyklus oder bestimmter Formen familialen Zusammenlebens (mit dem Ehepartner, mit den anderen Generationen) verändert hat. Zum anderen geht es hier um die Veränderung der kulturellen Deutungsmuster und institutionellen Programme, die den L. prägen. Dazu gehören z.B. Studien über das Bildungssystem, die Arbeitsorganisation und den Wohlfahrtsstaat (Leibfried/Leisering u.a. 1995).

5. Kürzerfristige hist. Veränderungen lassen sich als Abfolge von *Generationen* konzeptualisieren. Der Generationsbegriff ist allerdings sehr vieldeutig. In den

quantitativen Ansätzen, die den Konsequenzen hist. Veränderungen für die L.e nachgehen, wird deshalb gewöhnlich der technische Begriff der Kohorte vorgezogen, während die qualitativen Ansätze stärker am Generationsbegriff festhalten, um damit auch – im Sinne Karl Mannheims (1893-1947) – die Einheitlichkeit der Weltauffassung, die sich aus der je spezifischen hist. Erfahrungsaufschichtung ergeben kann, zu thematisieren. In der Biografieforschung (Fischer-Rosenthal/Alheit 1995) haben in den letzten Jahren v.a. die Verarbeitung der Kriegserfahrung (z.b. G. Rosenthal) und die dadurch gestifteten generationsspezifischen „Lebenskonstruktionen" (H. Bude) die Aufmerksamkeit auf sich gezogen. Neuerdings werden zunehmend auch die Beziehungen und Austauschprozesse zwischen den Generationen – in der Familie ebenso wie in Politik und Wohlfahrtsstaat – zum Thema (Kohli/Szydlik 2000).

6. Mit der hist. *Institutionalisierung* des L.es (Kohli 1985, 2003) ist der L. selbst zu einem zentralen gesellschaftlichen Ordnungsprogramm geworden. Seine Entstehung hängt mit den Strukturveränderungen der gesellschaftlichen Modernisierung der letzten beiden Jh. zusammen. An die Stelle der traditionellen Bindungen, die sich im Zuge des Individualisierungsprozesses abgeschwächt oder gänzlich aufgelöst haben, tritt damit eine neue Form der Vergesellschaftung, die stärker am Individuum als Handlungszentrum ansetzt. Ggwt. mehren sich die Indizien dafür, dass diese Vergesellschaftungsform sich ihrerseits grundlegend verändert und z.T. ihre Verbindlichkeit verliert (De-Institutionalisierung des L.es). Inzwischen liegt eine Reihe von größeren zusammenfassenden Publikationen vor, die einen Überblick über die Entwicklung der L.soz. und ihrer Ausdifferenzierung in den verschiedenen Forschungsbereichen bieten (z.B. Mortimer/Shanahan 2003).

→ **Alter; Familie; Generation; Jugend; Lebensstil; Wandel, sozialer**

📖 *H.P. Blossfeld/S. Drobnic* (Hg.) (2001): Careers of couples in contemporary society. Oxford; *G. Elwert et al.* (Hg.) (1990): Im Lauf der Zeit. Saarbrücken; *W. Fischer-Rosenthal/P. Alheit* (Hg.) (1995): Biografien in Deutschland. Opladen; *J. Huinink/K.U. Mayer et al.* (1995): Kollektiv und Eigensinn. Berlin; *M. Kohli* (Hg.) (1978): Soziologie des Lebenslaufs. Darmstadt/Neuwied; *ders.* (1985): Die Institutionalisierung des Lebenslaufs. KZfSS 37: 92-109; *ders.* (2003): Der institutionalisierte Lebenslauf. In: *J. Allmendinger* (Hg.): Entstaatlichung und soziale Sicherheit. Opladen; *M. Kohli/M. Szydlik* (Hg.) (2000): Generationen in Familie und Gesellschaft. Opladen; *S. Leibfried/L. Leisering et al.* (1995): Zeit der Armut. Lebensläufe im Sozialstaat. Frankfurt a.M.; *K.U. Mayer* (Hg.) (1990): Lebensverläufe und sozialer Wandel. SH der KZfSS 31. Opladen; *ders.* (2002): Zur Biografie der Lebensverlaufsforschung. In: *G. Burkart/J. Wolf* (Hg.): Lebenszeiten – Erkundungen zur Soziologie der Generationen. Opladen; *J.T. Mortimer/M.S. Shanahan* (Hg.) (2006): Handbook of the life course. New York; *R. Sackmann/M. Wingens* (Hg.): Strukturen des Lebenslaufs. Übergang – Sequenz – Verlauf. Weinheim; *M. Wohlrab-Sahr* (1993): Biografische Unsicherheit. Opladen.

Martin Kohli

Lebensstil

der Gesamtzusammenhang des Verhaltens, das ein Einzelner regelmäßig praktiziert.

Ein L. beruht auf der individuellen Organisation und expressiven Gestaltung des *Alltags*, wird in biografischen Prozessen entwickelt und bildet eine Synthese von bewusst vorgenommenen und unbewusst routinisierten Verhaltensweisen, von Einstellungen und Zielvorstellungen, von Kontakten und Interaktionen mit Mitmenschen. Individuelle L.e finden sich meist in gleicher oder ähnlicher Form auch bei anderen Menschen. So zeigen und bewirken L.e Zusammengehörigkeit oder aber Andersartigkeit.

Viele Hinweise belegen, dass sich L.e in postindustriellen Gesellschaften pluralisieren. Mehr Wohlstand, soziale Sicherheit und Bildung, kleinere Familien sowie die Liberalisierung von Alltagsnormen haben dazu geführt, dass die Determinanten von L.en vielfältiger werden, der Einzelne ihnen aber immer weniger ausgeliefert ist. Die empirische Vielfalt von L.en und L.gruppierungen nimmt langfristig zu. L. prägen das Alltagsleben. Dies zeigt sich u.a. in Konsum, pol. Partizipation, Sozialisation und Gruppen(fremd- und -selbst)zuordnungen. Gelegentlich werden L.gruppierungen sogar zu gesellschaftlichen und pol. Akteuren. Sie bewirken gesellschaftliche Konfliktfronten und Allianzen. Wegen ihrer Kraft zur Prognose des Alltagsverhaltens werden L.studien u.a. in Marketing und Werbung viel genutzt.

Der Begriff des L.s setzt ein gewisses Maß an Wahl- und Entscheidungsfreiheit voraus. Daneben wird der L. eines Menschen auch durch äußere Faktoren beeinflusst, u.a. durch: Alter, Bildungsgrad, Milieu, Generation, Geschlecht, Lebensform (Haushaltsform, Lebensphase, Kinderzahl), bauliche und (sozial-)ökologische Umwelt (z.B. Stadt-Land), Berufsstatus, Einkommen, soziale Sicherheit, Schichtselbstzuordnung. Die klassischen Schichtungsmerkmale stellen wichtige, aber keinesfalls die wirksamsten Prägefaktoren dar.

Kern der gängigen L.begriffe ist das beobachtbare individuelle Verhalten. Daneben umfassen viele L.begriffe auch Einstellungen und Lebensziele sowie soziale Beziehungen und Kommunikationsweisen. L.begriffe sind synthetische Begriffe. Sie führen eine Vielzahl von Dimensionen zusammen. Operationalisierungen des L.begriffs sind daher meist breit angelegt. Deswegen sind empirische L.studien oft aufwändig und teuer.

Die quantitative Erforschung von L.en konzentriert sich auf das beobachtbare Verhalten von Großgruppen und liefert repräsentative beschreibende Befunde. Die qualitative Erforschung von L.en zielt oft auf Sinnwelten und Einstellungen der Akteure in kleineren Gruppierungen. Qualitative L.studien zeichnen Situationen, Motive, Biografien etc. nach und erklären so, wie es zur Herausbildung bestimmter L.e kommt. Die beiden Hauptzugänge zur empirischen L.analyse ergänzen sich.

Im Wesentlichen übereinstimmend kommen quantitative empirische Studien zum Ergebnis, dass in der *Sozialstruktur* Dtld. acht bis zehn allgemeine L.e zu unterscheiden sind. Inwieweit sich die L.struktur verändert, ist (noch) nicht bekannt. Anscheinend ist die Struktur jedoch relativ stabil. Grob sind L.e sozialen Schichten zuzuordnen. Allerdings finden sich in Unter-, Mittel- und Oberschicht jeweils mehrere L.e nebeneinander. Im Einzelnen unterscheiden sich die empirischen Befunde. Denn exakt abgegrenzte Gruppen existieren in modernen Gesellschaften kaum mehr. Daher werden in L.untersuchungen Gruppen mit „ähnlichen" Merkmalskombinationen ermittelt und „künstlich" gegen andere Gruppierungen abgegrenzt. Je nachdem, welche Merkmale hierbei zu Grunde gelegt werden, kommen etwas andere, je nachdem, wie hoch der Differenzierungsgrad der Abgrenzungen ist, kommen mehr oder weniger L.e zum Vorschein.

Die Träger der einzelnen L.e weisen i.d.R. ein gemeinsames Bewusstsein auf, das sie häufig in die Nähe Gleichgesinnter führt, sind sich aber selten ihrer Gemeinsamkeit bewusst. L.e bleiben anscheinend als routinisierte Verhaltensmuster im Lebenslauf und oft sogar in der Generationenfolge lange erhalten, bei veränderten Lebensumständen oder Einstellungen ändern sich jedoch L. leichter als Milieuzugehörigkeiten.

In der empirischen Sozialforschung wurde neben allgemeinen eine Fülle spezieller L.e gefunden. Einem bestimmten allgemeinen L. anzuhängen, schließt nicht aus, in Konsum, Mediennutzung o.a. andersartige spezielle L.e zu pflegen.

Um die Entstehung von L.en und deren Pluralisierung in fortgeschrittenen Gesellschaften zu erklären, werden v.a. folgende Theorien herangezogen:

1. Pierre Bourdieus *Habitustheorie* geht aus von der ungleichen Verteilung dreier Ressourcenarten in der Bevölkerung: dem ökon. Kapital, dem Bildungskapital und dem sozialen Kapital (soziale Beziehungen). Je nach Ausmaß ihres Kapitalbesitzes gehören Gesellschaftsmitglieder der „Arbeiterklasse", dem „Kleinbürgertum" oder der „Bourgeoisie" an. Und je nach Zusammensetzung bzw. Zukunftsaussichten ihres Kapitalbesitzes werden sie bestimmten Klassenfraktionen zugerechnet: dem Besitzbürgertum, dem Bildungsbürgertum, dem alten, dem neuen oder dem exekutiven Kleinbürgertum.

Das Aufwachsen innerhalb dieser Klassen(fraktionen) lässt, Bourdieu (1930-2002) zufolge, spezifische Habitusformen entstehen, d.h. latente Denk-, Wahrnehmungs- und Bewertungsmuster. Sie begrenzen einerseits die Wahl von L.en, andererseits ermöglichen und kreieren sie L.e. So erzwingt nach Bourdieu der Habitus der Arbeiterklasse eine „Kultur des Mangels" und weitgehendes Funktionsdenken. In Kleidungskäufen, Wohnungseinrichtungen etc. überwiegen Kriterien des Preises, der Haltbarkeit und des Nutzens gegenüber ästhetischen Gesichtspunkten. Der Habitus der Arbeiterklasse legt ein „Sich-Einrichten" in gegebenen Verhältnissen nahe. Der Habitus des Kleinbürgertums ist dagegen auf sozialen Aufstieg, auf die ehrgeizige Erfüllung vorgegebener Normen ausgerichtet, u.a. in Fragen der Bildung und des Geschmacks. Der kleinbürgerliche Habitus bedeutet angestrengte Bemühungen, das „Richtige" zu tun. Der Habitus der Bourgeoisie ermöglicht es dagegen, sich in Kenntnis der „richtigen" kulturellen Standards über diese zu erheben, einen eigenen Stil zu entwickeln, diesen als gesellschaftliche Norm zu propagieren und auch durchzusetzen. Das Kleinbürgertum ist dann wiederum darauf angewiesen, der neuen Orthodoxie gerecht zu werden. Die Arbeiterklasse verharrt in ihrer Kultur des Mangels. Somit reproduziert sich die *Herrschaft* der Bourgeoisie mittels Kultur und L.

2. *Theorien der rationalen Wahl* beziehen sich, anders als die Habitustheorie, auf das *Individuum*. Sie gehen modellhaft davon aus, dass die Einzelnen jene Handlung aus den zur Verfügung stehenden wählen, die der Verwirklichung eigener Zielvorstellungen am meisten nützt. Freilich ist die Verhaltenswahl dieser „rationalen Egoisten" oft dadurch eingeschränkt, dass bestimmte Handlungsmöglichkeiten nicht bekannt sind, nicht akzeptiert werden oder die Suche nach ihnen zu „teuer" ist.

Ein L. bildet sich als Aufeinanderfolge von Einzelakten heraus, die nach ihrer Zweckmäßigkeit ausgesucht und optimiert werden. Aktionen, die sich zur Erreichung individueller Präferenzen bewährt haben, werden wiederholt und „automatisiert". Im Laufe der Zeit ergibt sich so eine Selektion und Verdichtung von Handlungsweisen und -ketten. Nach Alternativen wird immer weniger gesucht. So entstandene individuelle L.e werden zu gemeinsamen Mustern gesellschaftlicher L.gruppierungen, indem wiederum aus Nützlichkeitsgründen, u.a. zwecks Kommunikationserleichterung und Identitätssicherung, Unterschiede zu relativ ähnlichen L.en minimiert und zu unähnlichen maximiert werden.

3. Die *Individualisierungstheorie* Ulrich Becks (geb. 1944) geht davon aus, dass sich die Einzelnen im Laufe der Modernisierung aus vielen kulturellen, sozialen und wirtschaftl. Bindungen lösen. Die persönliche Selbstständigkeit wächst. Vertrautheit und Sicherheit in Gemeinschaften schwinden, individuelle Handlungs- und Entfaltungschancen wachsen.

Allerdings hatten sich Modernisierung und Individualisierung bis in die 1960er Jahre hinein in Dtld. erst teilweise durchgesetzt. Zwar waren in der Nachkriegszeit die traditionellen Bindungen in die Dorfgemeinschaft oder in die Konfession schwächer geworden. Aber die Einbindung, v.a. der Frauen, in die emotionalisierte Kleinfamilie verstärkte sich, während die Männer nach wie vor in die industriegesellschaftliche Arbeiter- und Angestelltenschaft integriert waren.

Seit Beginn der 1960er Jahre vollzieht sich nach Ansicht von Individualisie-rungstheoretikern ein zweiter Schub der Modernisierung und Individualisie-rung. Er wird gefördert durch verschärfte Arbeitsmarktkonkurrenz und mobili-tät, durch gesteigerten Wohlstand, ein höheres Bildungsniveau auch für Frauen, bessere soziale Absicherung, Verstädterung, Ausweitung der Freizeit etc. Da-durch lösen sich die Individuen aus ihrer Einbindung in Klassen und Schichten und aus „Familienbanden". Die Menschen sind nun in der Lage, aber auch da-rauf angewiesen, Lebensform, Biografie und L. selbst zu entwickeln. Allge-meingültige Vorbilder hierfür gibt es immer weniger. Die Vielfalt der gefunde-nen Lösungen wächst.

Diese L.theorien wurden in den letzten Jahren über die Soz. hinaus sehr bekannt. Offenbar wünschen die Menschen in fortgeschrittenen Gesellschaften, ihr Leben weitgehend selbst zu gestalten. L.theorien versprechen dabei Aufklärung über Bedingungen und Hemmnisse, Chancen und Risiken. Allerdings ist bisher unsi-cher, inwieweit die genannten L.theorien zutreffen. Ursachen und Folgen von L.en sind empirisch noch nicht zureichend erforscht.

→ **Alltag; Einstellung, soziale; Individuum; Milieu, soziales; Verhalten, soziales**

U. *Beck* (2007): Risikogesellschaft. Frankfurt a.M. (zuerst 1986); *P. Bourdieu* ([15]2003): Die feinen Unterschiede. Frankfurt a.M. (zuerst 1982); *P. Hartmann* (1999): Lebensstilforschung. Opladen; *S. Hradil* (1987): Sozialstrukturanalyse in einer fortgeschrittenen Gesellschaft. Opladen; *ders.* (1992): Alte Begriffe und neue Strukturen. Die Milieu-, Subkultur- und Lebensstilforschung der 80er Jahre. In: *ders.* (Hg.): Zwischen Bewußtsein und Sein. Opladen: 15-56; *ders.* ([2]2006): Die Sozialstruktur Deutschlands im internationalen Vergleich. Wiesbaden; *H. Lüdtke* (1989): Expressive Ungleich-heit. Opladen; *G. Otte* ([2]2008): Sozialstrukturanalysen mit Lebensstilen. Wiesbaden; *A. Spellerberg* (1996): Soziale Differenzierung durch Lebensstile. Berlin; *A. Wahl* (1997): Strukturierte Pluralität. Frankfurt a.M.

Stefan Hradil

Macht – Herrschaft – Autorität

bezeichnen jeweils komplexe soziale Beziehungsgeflechte, die einerseits eigen-ständige Phänomenbereiche konstituieren, andererseits aber auch miteinander verwoben sind. Sie sind soziale Tatsachen, die vielfältigen Deutungsmustern zugänglich sind. Nicht zuletzt deshalb ist ihr semantischer Gehalt bis heute umstritten.

Dies kann beispielhaft an der M. gezeigt werden: Verweisen die einen auf konstruktive Aspekte der M. für Verständigung oder soziales Handeln, sehen andere in ihr etwas Böses oder gar Dämonisches; assoziieren die einen mit M. eher Freiheit, so andere Zwang; ist für die einen M. eher an gemeinsames Handeln gebunden, so rücken andere sie in die Nähe von Kampf und Konflikt; sind für die einen M. und Gewalt Gegensatzpaare, die unterschiedlicher nicht sein könnten, so stellt für andere Gewalt eine besondere Form von M. dar; wird auf der einen Seite M. an Recht gebunden, so erscheint sie auf der anderen Seite als Willkür.

Aber auch um die H. steht es nicht viel besser: Benutzen die einen H. als einen Oberbegriff zu M., so betrachten andere sie lediglich als einen Spezialfall derselben und ordnen sie dieser unter; bedeutet H. für die einen Unterdrückung, so erfüllt sie für andere wichtige Ordnungsfunktionen; glauben die einen, H. abschaffen zu können, so halten andere sie für eine Universalie menschlicher Gesellschaften; evoziert der Gedanke an H. für die einen eher Furcht und Schrecken, so für andere Gedanken an eine grundlegende Form menschlicher Vergesellschaftung, die mit besonderer Legitimität ausgestattet ist.

Und für die A. gilt: Sie ist einerseits überall vorfindbar, aber andererseits widerspricht sie unseren Gleichheitsidealen; verbinden die einen A. mit fragloser Anerkennung, so vermengen andere A. mit Autoritarismus; verbindet sich M. einerseits mit A., so verfügt doch andererseits längst nicht jeder M.haber über A.; sehen einige in charismatischer H. eine besondere Form der A., so stellen andere sie gegenüber den H.sformen moderner Gesellschaften deutlich zurück; schließlich kann A. offensichtlich ganz unterschiedlich zu M. und H. in Beziehung gesetzt werden.

Wie kommen so disparate und widersprüchliche Kennzeichnungen zustande? Zum einen entspringen sie aus unterschiedlichen theor. Traditionen innerhalb der Sozialwissenschaften; zum anderen haben sie mit grundlegenden ideologischen Positionen und Menschenbildern zu tun, die den Blick auf M., H. und A. präformieren. Nicht zuletzt dürften solche Einschätzungen auch aus der Lebenswelt der Individuen und ihren unterschiedlichen Erfahrungen mit den genannten Phänomenen resultieren. Bevor jedoch diese unterschiedlichen Bezüge und die damit einhergehenden Deutungsmuster inhaltlich differenziert werden sollen, scheint es sinnvoll zu sein, zuvor wenigstens grundlegende Aspekte der drei Begriffe vorzustellen.

Als Ausgangspunkt kann zunächst auf die klassischen Definitionen von Max Weber (1864-1920) zurück gegriffen werden, der die genannten Phänomene grundlegend mit der *sozialen Ungleichheit*, mit der Ausbildung von Klassen und Schichten oder auch sozialer Ränge, auf jeden Fall mit gesellschaftlichen Hierarchien und

entsprechenden Über- und Unterordnungsverhältnissen in Beziehung setzt und
damit die unterschiedlichen Formen und Möglichkeiten der Durchsetzung von
Interessen und die Beeinflussung von Handlungen verbindet. Nach Weber bedeutet
M. „jede Chance, innerhalb einer sozialen Beziehung den eigenen Willen auch
gegen Widerstreben durchzusetzen, gleichviel worauf diese Chance beruht" (Weber 1984). Zwei Aspekte sind an dieser Definition bemerkenswert: Zum einen
rückt Weber seinen allgemeinen M.begriff in die Nähe von sozialen Kämpfen und
Konflikten; zum anderen spezifiziert er die Grundlage der Chance der Willensdurchsetzung nicht näher, sondern spricht davon, dass alle erdenklichen Qualitäten
eines Menschen und verschiedenartige Konstellationen ihn in diese Lage versetzen
können. Damit bleibt der M.begriff zunächst „soziologisch amorph". Im Gegensatz
dazu definierte Weber H. als „die Chance, für einen Befehl bestimmten Inhalts bei
angebbaren Personen Gehorsam zu finden." Dadurch, dass M.ausübung und Einflussnahme allein nicht ausreichen, um H. zu konstituieren, und H. immer an *Legitimität* zurück gebunden wird, geht Weber davon aus, dass H. einen stärkeren Insti-
tutionalisierungsgrad als M. besitzt. H. beruht auf verschiedenen „Motiven der
Fügsamkeit", wenigstens einem „Minimum an Gehorchenwollen" – und damit die
Anerkenntnis von A. Fließen bei Weber H. und A. fast zusammen, so scheint es
sinnvoller, A. mit Sofsky/Paris (1994) als „anerkannte, geachtete M., die zugleich
bewundert und gefürchtet wird", zunächst als eigenständige Kategorie zu fassen.
A. beruht dabei auf beanspruchter und anerkannter Kompetenz und Überlegenheit
einer Person, die i.d.R. mit einem Amt, einer Sache oder einer Funktion verbunden
ist. A. kann also bei M.beziehungen oder H.sverhältnissen auf verschiedenen Ebenen zum Tragen kommen.

Für alle drei Begriffe ist aber ihr Prozess- und Figurationscharakter konstitutiv:
M., H. und A. kann man nicht für sich allein denken, sondern sie sind immer nur in
Verbindung mit anderen Menschen denkbar, weil alle drei Begriffe ein soziales
Verhältnis bezeichnen. Deshalb sind M., H. und A. auch keine rein statischen oder
über längere Zeiträume stillstellbaren Zustände, sondern dynamische Phänomene,
in denen sich die Relationen zwischen einzelnen Personen, Gruppen oder Institutionen auf Grund der asymmetrischen und wechselseitigen Beziehungen verändern.

Das kommt besonders deutlich bei M.verhältnissen zum Ausdruck. Zur Erfassung dieses vielschichtigen Grundphänomens menschlicher Gesellschaften ist
zunächst daran zu erinnern, dass M. ganz kategorial darauf zurückzuführen ist, was
ein Mensch ‚vermag‘ und wie er dieses Vermögen zum Einsatz bringen kann.
Popitz (1992) hat deshalb vier Grundtypen der M. (Aktionsm. als Verletzungsm.,
instrumentelle M. als Unterwerfungsm., autoritative M. als verhaltenssteuernde M.
und datensetzende M. als objektivierte M. technischen Handelns) unterschieden,
daraus konstitutive Handlungsmöglichkeiten der Menschen abgeleitet und darauf
hingewiesen, wie und warum diese M.typen im Einzelnen wirksam sind und wie es

zu Prozessen der M.bildung überhaupt kommt. Daneben lassen sich unterschiedliche Dimensionen der M. differenzieren. Sinnvoll ist die Unterscheidung in M.quellen, M.mittel, die Formen der M.ausübung und die Wirkungsmechanismen von M. Alle M. beruht zunächst auf grundlegenden M.quellen. Diese können entweder in körperlicher Überlegenheit, in der Persönlichkeit (Charisma oder A.) eines Menschen, in der Verfügung über Ressourcen oder in Organisationen bestehen. Diese M.quellen eröffnen den Zugang zu den eigentlichen M.mitteln. Solche konkreten Medien der M.ausübung können z.b. sein: Kapital (im Bourdieuschen Sinne), Körperschaften und Organisationen, Amts-, Funktions- oder Sacha., die mit spezifischen Sanktionsmöglichkeiten ausgestattet sind, oder Informationen. Sie stellen die Trümpfe in M.spielen dar, mit ihnen werden Konflikte ausgefochten, kann Widerstand geleistet oder gebrochen werden. Die Art der M.quellen und der je spezifische Einsatz von M.mitteln strukturieren dann die konkreten Formen der M.ausübung. Letztere reichen auf einem Spektrum von eher diskreten Formen wie Einfluss, Überzeugung oder Motivation über das Ausspielen von persönlicher und sachbezogener A. und der Anwendung von Kontrolle und Zwang bis hin zum Einsatz von Gewalt. Formen der M.ausübung können also eher kommunikativ oder eher brachial ausfallen. Ihnen korrespondieren i.d.R. typische Wirkungsmechanismen von M. Hier wäre z.B. die Androhung von Strafen oder anderweitigen negativen Sanktionen (repressive M.), aber auch positive, auf Wohlverhalten abzielende Sanktionen zu nennen (kompensatorische M.), und nicht zuletzt auch Manipulation zu erwähnen, deren Wirkung über die Konditionierung von Situationen und Menschen erzielt wird. Je nach Kombination dieser Aspekte variieren Reichweite, Geltungsbereich und Wirkungsintensität der M.

Diese Differenzierungen weisen über die Webersche Definition von M. insofern hinaus, als sie nicht nur das Handeln zur Überwindung von Widerstand als M.aktion begreifen, sondern auch die Gründe für die Möglichkeit zur M.ausübung spezifizieren. Lukes (1974) hat rein auf der Handlungsebene angesiedelte M.konzeptionen als eindimensional gekennzeichnet, weil sie etwa eine zweite Ebene der M.ausübung – sog. *non-decisions* – außer Acht lassen. Dabei geht es um die Beeinflussung der Rahmenbedingungen für die M.ausübung etwa über die Manipulation oder die Kontrolle der Spielregeln. Aber auch eine solche zweidimensionale Fassung von M. bleibt immer noch an die intentionale Willensdurchsetzung von Individuen gekoppelt. Nach Lukes gilt es deshalb auch noch eine dritte Dimension zu berücksichtigen: Diese besteht z.B. in einem impliziten gesellschaftlichen oder gruppenförmigen Konsensus, dass bestimmte Dinge gar nicht verhandelbar sind, sondern als gegeben akzeptiert werden müssen. Noch vor der Ebene der Abstimmung der Spielregeln und weit vor dem eigentlichen Handeln sind also bereits bestimmte Aspekte festgeschrieben – unzweifelhaft ein M.phänomen.

Theorien der M. thematisieren M. letztlich auf einem Kontinuum zwischen konkreten Optionen *sozialen Handelns* (Weber) und der Allgegenwart von M., die kapillarisch alle Poren der Gesellschaft und alle sozialen Beziehungen durchdringt (Foucault). Dies führt zurück zur A., denn A. ist immer dort im Spiel, wo es M. gibt. A. gehört deshalb in den Kontext von M. und H., weil sie auf die Einflussmöglichkeit einer Person, einer Gruppe oder Institution auf andere Personen auf Grund von spezifischen Kompetenzen oder allgemeiner Überlegenheit abhebt. Damit unterscheidet sie sich zwar einerseits von M. und H., ist aber andererseits ein essentieller Bestandteil beider Phänomene.

In Anlehnung an Sofsky/Paris lassen sich die wichtigsten Merkmale von A. wie folgt umreißen:

- A. wird grundsätzlich zugeschrieben, da jemand nur A. hat, wenn andere ihm diese zuerkennen;
- A. beruht auf Anerkennung;
- Diese erfolgt mittels repräsentativer Werte und bezieht sich grundsätzlich auf die gesamte Person;
- Zuschreibungen von A. erfolgen immer personengebunden; höchste A.en sind z.B. charismatische Führer.
- A.sbeziehungen sind ungleiche Beziehungen, da A. i.d.R. „von unten", d.h. von machtschwächeren Gruppen, zugeschrieben wird; zugleich spiegeln sie ein reziprokes Geschehen wider, das von Ehrfurcht und Achtung erweisenden Selbstinszenierungen der Unterlegenen und Unabhängigkeit, Urteils- und Entscheidungsfähigkeit sowie Führung der A. geprägt ist;
- A. erfüllt wichtige Ordnungsfunktionen für die Gesellschaft und schafft Ordnung durch Unterordnung; A.en können damit im Prinzip auf den Einsatz und den Gebrauch autoritärer M.mittel verzichten.

A. verweist zugleich auf den A.sanspruch einer Person oder Gruppe und auf die Folgebereitschaft anderer. Das Gehorchenwollen gründet hier auf einem spezifischen Legitimitätsverständnis, das sich wiederum auf Tradition oder Glauben berufen und sich entweder in formeller oder informeller A. manifestieren kann.

A. ist aber nicht nur ein wichtiges Element von M.beziehungen, sondern weist – wenn man an die Webersche Definition denkt – durchaus auch Ähnlichkeiten mit H. auf. Fasst man H. als ein institutionalisiertes Dauerverhältnis der M.ausübung einer übergeordneten gegenüber einer untergeordneten Gruppe, dann kommt keine H. ohne ein Mindestmaß an Anerkennung und Gehorsam – also Legitimität – aus. H. ist dabei ein Aspekt der sozialen Welt, der in sehr unterschiedlichen Formen in Erscheinung tritt. Hier sind nicht nur übergreifende H.sverhältnisse wie Staaten oder Organisationen, die Weber H.sverbände nennt, gemeint, sondern auch kleinteiligere H.sverhältnisse bis hin zu Eltern-Kind-Beziehungen angesprochen.

H. als institutionalisierte Form der M. ist idealtypisch gekennzeichnet durch eine zunehmende Entpersonalisierung der M. (diese wird auf bestimmte Positionen oder Funktionen übertragen), durch ihre zunehmende Formalisierung (die M.ausübung löst sich von persönlicher Willkür und orientiert sich an festen Regeln und Verfahren), und schließlich durch die Integration von M. in übergreifende Ordnungsgefüge, wo sie ihre legitime institutionelle Verortung und Verfestigung erfährt.

Popitz (1992) hat den *Institutionalisierungsprozess* von H. in fünf Schritten als eine Stufenfolge beschrieben: Auf der untersten Stufe kommt es zu einer sporadischen M.ausübung von Akteuren, die aber auf Grund fehlender M.mittel und prekärer Formen der M.ausübung auf den Einzelfall begrenzt bleibt. Die zweite Stufe auf dem Weg zur Institutionalisierung besteht in der Normierung von Verhaltensweisen und die machtförmige Durchsetzung von Verhaltensregelmäßigkeiten. Auf einer dritten Stufe kommt es etwa durch Schließungsprozesse zu einer Verdichtung normierender M.funktionen und zu überpersönlichen M.stellungen, die jetzt mit Sanktionsgewalt ausgestattet sind. Auf der vierten Stufe bilden sich schließlich Positionsgefüge der H. um zentrale M.gruppen der Gesellschaft herum, die in anonymisierten H.sapparaten gipfeln, in denen auch die Herrschenden selbst austauschbar werden. Auf der letzten Stufe kommt es dann zur Etablierung staatlicher H. Sie ist auf Grund ihrer Besonderheiten – territoriale Gebietsh. und zentralisierte H.sinstanz zu sein, mit dem Steuermonopol über eigene M.mittel zu verfügen, die Verfügung über das Gewaltmonopol als Sanktionsinstrument zu haben, und bestimmte Ordnungsfunktionen auszuüben – zugleich eine hohe Form der Institutionalisierung von M.

Weber hat in seiner H.ssoz. gezeigt, dass jede auf Dauer gestellte H. mit einem bestimmten Glauben an ihre Rechtmäßigkeit einhergehen muss. Denn nur mittels *Legitimität* lässt sich Gehorsamsbereitschaft erreichen, H. mit hierarchischen Über- und Unterordnungsstrukturen stabilisieren und deren spezifische Maßnahmen rechtfertigen. Anhand des Legitimitätskriteriums hat Weber drei „reine Typen legitimer H." entworfen, die auf unterschiedlichen Begründungen ihrer Legitimität aufruhen: Die traditionale H. mit ihren Sonderformen der patriarchalischen, patrimonialen und ständischen H. beruht auf der „Heiligkeit überkommener Ordnungen und Herrengewalten". Zu ihrer Legitimierung reicht noch der Verweis auf die eigene Geschichte und die Tatsache, dass es immer schon so war, seitens eines traditionellen Herrschers. Die charismatische H. beruft sich auf die außeralltäglichen Eigenschaften und Qualitäten einer Person und der durch sie geschaffenen Ordnung. Die Legitimität beruht hier auf der Folgsamkeit verbürgenden A. und dem Charisma einer Persönlichkeit. Propheten, Kriegshelden oder Führer sind in diesem Kontext natürliche Herrschertypen, die aber in besonderem Maße unter dem Zwang der Reproduktion ihrer A. stehen. An diesem Typus der H. lässt sich

172 Macht – Herrschaft – Autorität

zeigen, dass A. und Charisma einem allfälligen Zerfallsprozess ausgesetzt sind, der entweder schleichend für einen A.sverlust sorgt, weil z.b. der A.sbedarf schwindet oder diverse Methoden der Diskriminierung die A. des Herrschers unterminieren, oder relativ abrupt einen Sturz der A. herbei führen kann. Charismatische H. ist damit die risikoreichste Art der Legitimation von H. Ganz anders bei der legalen H. mit ihrem modernen Verwaltungsstab und ihrer gesatzten Verfassung: Hier beruht die H. auf dem Glauben an die Legalität einer regelgerecht geschaffenen Ordnung und das Anweisungsrecht der zur H. Berufenen, die der Rationalität und Verlässlichkeit von Verfahren selbst unterliegen. *Bürokratie* und Behörden sind idealerweise mit Amtsdisziplin und Funktionsa. ausgestattet und an abstrakte Normen und Fachqualifikationen gebunden. Rein technisch ist die legale H. als bürokratische Verwaltung für Weber die rationalste H.sform.

Jenseits der Idealtypen stellen die tatsächlichen H.sordnungen jedoch häufig Mischformen dieser Idealtypen dar oder sie entsprechen gar nicht dem Legitimitätskriterium. Je nachdem, auf welcher Ebene man ansetzt, lassen sich pol.-staatliche H.sordnungen zwischen Demokratie, Oligarchie, Aristokratie und den verschiedenen Typen von autoritärer H. und Diktatur verorten, H.sverhältnisse in gesellschaftliche Subsysteme (z.B. Regierung, Verwaltung, Organisationen) im Bereich der Politik, der Wirtschaft oder der Kultur differenzieren oder auch H. in kleinteiligeren Einheiten ausmachen. Man wird dabei auf sehr unterschiedliche Begründungen und Legitimationen von H. stoßen, bis hin zur offenen Gewalth.

Anfangs wurde die Frage aufgeworfen, wie unterschiedliche, manchmal auch diametral entgegen gesetzte Einschätzungen von M., H. und A. zustande kommen. In Bezug auf die M. gibt es die vielfältigsten Theorien, mit denen sowohl die eine wie die andere Position ‚belegt' werden könnte. Ausschlaggebend scheinen neben wissenschaftstheor. Kontroversen und unterschiedlichen Erkenntnisabsichten häufig pol. Bewertungen oder Erfahrungen der Lebenswelt zu sein. So findet man eine skeptische Bewertung von M. oder gar deren Dämonisierung i.d.R. bei machtschwachen Gruppen, die M.ausübung eher hierarchisieren und auf ihre negativen Effekte hinweisen. Umgekehrt haben aber auch wirkliche M.haber ein gebrochenes Verhältnis zur M., insofern sie häufig ihre eigene M.losigkeit betonen; bestenfalls hätten sie begrenzten Einfluss. Hier scheint die Beurteilung der M. von einer Sichtweise auf die M. abzuhängen, die diese einmal als Übermächtigung, einmal als Ermächtigung versteht.

In Bezug auf die H.sproblematik lassen sich die Differenzen des wissenschaftlichen Umgangs mit H. gut an den theor. Paradigmen der Soz. verdeutlichen. Individualistisch orientierte Theorien oder rationale Akteursmodelle, die vom Menschen als einem egoistischen Nutzenmaximierer ausgehen, sehen in der H. mit ihren stabilen Formen der Über- und Unterordnung einen nützlichen und allseits vorteilhaften Ordnungs- und Koordinationsmechanismus, mit dessen Hilfe das

Handeln vieler Einzelner koordiniert werden kann. Gehorsam und Anerkennung der H. werden hier mit individuellen Vorteilsüberlegungen begründet. In vielen Gesellschaftstheorien bzw. Sozialtheorien gilt H. dagegen als eine allgemeine soziale Regelungs- und Beziehungsform, deren Vor- und Nachteile sich in konkreten Analysen unterhalb des abstrakten H.sbegriffs erweisen müssen. Hier ist das Angebot an Theorien außerordentlich breit – es reicht von Weber über Parsons, Dahrendorf, Elias, Giddens und Bourdieu bis hin zu Foucault – und das Spektrum der Untersuchungsgegenstände kaum noch überschaubar, so dass stärker herrschaftskritische neben herrschaftsaffirmativen Bezugnahmen existieren. Schließlich gibt es eine Reihe von kritischen und marx. orientierten Theorien, die H. als einen M.- oder Konfliktregelungsmechanismus auffassen und darauf hinweisen, dass H. mehr oder weniger stabile Formen hierarchischer Ordnung hervorbringt, die keinesfalls für alle gleichermaßen vorteilhaft sind. Sie verweisen bei ihrer Kritik an H. auf Abhängigkeits- und Ausbeutungsverhältnisse, betonen den Zwangscharakter von H. und die anzutreffende Willkür der M.ausübung, erinnern an Gewalth.en und wollen H. insgesamt möglichst minimieren, weil sie einer demokratischen Konstitution der Gesellschaft ein Stück weit entgegen steht. Der Legitimierbarkeit von H. stehen sie grundsätzlich skeptisch gegenüber.

→ **Akzeptanz und Legitimität; Bürokratie; Charisma; Elite; Gewalt; Staat**

📖 *P. Bourdieu* ([15]2003): Die feinen Unterschiede. Frankfurt a.m. (zuerst 1982); *P. Blau* ([9]2005): Exchange and Power in Social Life. New Brunswick; *M. Crozier/E. Friedberg* (1993): Die Zwänge kollektiven Handelns. Frankfurt a.M.; *H. Haferkamp* (1983): Soziologie der Herrschaft. Opladen; *B.-Ch. Han* (2005): Was ist Macht? Stuttgart; *P. Imbusch* (Hg.) (1998); Macht und Herrschaft. Opladen; *ders.* ([7]2007): Macht und Herrschaft. In: *H. Korte/B. Schäfers* (Hg.): Einführung in die Hauptbegriffe der Soziologie. Wiesbaden: 161-181; *N. Luhmann* ([3]2003): Macht. Stuttgart (zuerst 1975); *St. Lukes* ([2]2006): Power. A Radical View. Houndmills; *M. Mann* (1998): Geschichte der Macht. Bd. 3, Frankfurt a.M.; *A. Maurer* (2004): Herrschaftssoziologie. Frankfurt a.M.; *H. Popitz* ([2]2004): Phänomene der Macht. Tübingen (zuerst 1986); *C. Rolshausen* (1997): Macht und Herrschaft. Münster; *R. Sennett* (2008): Autorität. Berlin; *W. Sofsky/R. Paris* (1994): Figurationen sozialer Macht. Frankfurt a.m.; *M. Weber* ([6]1984): Soziologische Grundbegriffe. Tübingen (zuerst 1922).

Peter Imbusch

Markt

ist ursprünglich der Ort, an dem ein organisierter Handel mit Waren erfolgt. Heute werden darunter, neben konkreten Formen mit Einzelhandelsfunktionen (Wochenm., Trödelm., M.hallen), nicht-lokalisierbare wirtschaftl. Institutionen objektspezifischen Güter- und Leistungsaustausches (z.b. Rohstoff-, Arbeits-, Kapital-, Weltm.e) verstanden. Die strukturelle Bedeutung des M.prinzips hat dazu geführt, Volkswirtschaften, in denen diese Ordnungsform dominiert, als *M.wirtschaften* zu charakterisieren.

Warenm.e, die aus verschiedenen Kulturkreisen in ähnlichen Erscheinungsformen bekannt sind (gr. *agora*, röm. *mercatum*, arab. *souk*), stellten im mittelalterlichen Europa ein für das Aufkommen und die Verbreitung der Städte konstitutives und stadtbildprägendes Element dar (M.platz, M.recht, Fernhandel). Der M. ist die früheste Form der *Öffentlichkeit* im soz. Sinn. Insofern arbeitsteilige Produktion für den M. seitens der Anbieter eine Überwindung traditioneller Eigenbedarfsdeckung und Auftragswirtschaft bedeutet, sowie – vermittelt über Geldgebrauch – Eigentums- und Vertragsfreiheit für die Nachfrage und damit Zugang zu erweiterten materiellen Wahlmöglichkeiten, hat das M.prinzip wesentlichen Anteil an der bürgerlichen Emanzipation („Stadtluft macht frei").

Die ökon. Theorie geht von einem idealen Funktionsschema des M.es aus, das neben dem unbeschränkten Zugang die *Konkurrenz* so vieler Beteiligter auf Angebots- und Nachfrageseite vorsieht, aufgrund dessen keiner durch sein Verhalten auf den sich bildenden M.preis Einfluss nehmen kann. In Abgrenzung dazu spricht man von „unvollkommenen" M.en, wenn diese oligopolistische (wenige Teilnehmer auf einer der beiden M.seiten) oder sogar monopolistische (nur ein Teilnehmer auf einer M.seite, meist ein Anbieter) Strukturen aufweisen.

Aus soz. Sicht ist jedoch die begrenzte Erklärungskraft der ökom. Bestimmungsgrößen bei M.vorgängen zu betonen. Die Bemühungen um eine Soz. des M.es lassen sich mittels der klassischen Einteilung der Untersuchungsebenen in Makro-, Meso- und Mikroebene systematisieren:

1. Eine marktsoz. Makroperspektive nimmt das Wechselverhältnis von M. und Gesellschaft in den Blick. Manuel Castells (geb. 1942) hat für die Gesellschaft des Informationszeitalters, die er *Netzwerkgesellschaft* nennt, diagnostiziert, dass sie von einer *Globalisierung* der M.e für Güter, Dienstleistungen, Arbeit und Finanzen essentiell geprägt wird, so dass das Leben und Arbeiten der Individuen ebenso wie die zentralen gesellschaftsgestaltenden und -verändernden Prozesse eine grundlegende Transformation erfahren. Kapital- und Devisenm.e stehen demnach für weltweite Vernetzungen, in denen z.T. äußerst rasch immense Kapitalströme transferiert werden, deren nationalstaatliche und internationale Kontrollierbarkeit und Beherrschbarkeit zunehmend fraglich erscheint.

1944 hat bereits Karl Polanyi (1886-1964) darauf hingewiesen, dass der moderne M. zunehmend zu einer Institution der Kommerzialisierung des gesellschaftlichen Lebens werde.

Neben diesen gesellschaftskritischen Theorien des M.es gibt es noch eine zweite Großgruppe soz. Makrotheorien: die *Systemtheorien*. Talcott Parsons (1902-1979) hat den modernen M. als *„evolutionäre Universalie"* gekennzeichnet, da diese Institution in der Lage sei, ein umfassendes Spektrum von Kombinations- und Rekombinationsmöglichkeiten aller denkbaren Ressourcen zuzulassen. Diese kombinatorische Vielfalt wird nach Parsons durch die Ausschaltung spezieller sozialer Normen und Machtansprüche erzielt. Niklas Luhmann (1927-1998) konzipiert den M. als ein Fenster zur Umwelt für das selbstreferenzielle Wirtschaftssystem. Alle am Wirtschaftssystem partizipierenden Systeme (Personen, Staat, etc.) sowie die beobachteten Zahlungshandlungen tauchen in diesem Fenster auf und liefern damit dem Wirtschaftssystem wesentliche Umweltinformationen.

2. Eine marktsoz. Mesoebene betrachtet den M. in Bezug auf seine fokalen Prozesse und Strukturen. White (2002) hebt auf die soziale Konstitution von M.en ab, die sich nicht etwa auf Basis aggregierter Nachfragesituationen, sondern durch die wechselseitige Beobachtung von Anbietern (insbes. von „*peer producers*") ergeben. Sowohl der sich bildende Preis als auch die Positionierung von Marktteilnehmern ist damit ein Ergebnis dieser spezifischen Beziehungen und sich gegenseitig belauernder Entscheidungen der Anbieter. M.e sind dann ein Nebenprodukt dieser Beziehungsstrukturen. Fligstein (2001) hebt demgegenüber auf die besondere Eigenschaft aktueller M.e ab, eher Stabilität ohne große Überraschungen als verschärften Wettbewerb und hohe Preisschwankungen zu favorisieren.

3. Eine marktsoz. Mikroperspektive fokussiert einzelne Akteure in M.en. Nach Max Weber (1864-1920) ist die „Marktgemeinschaft" die „unpersönlichste Lebensbeziehung, in welche Menschen miteinander treten können", da es dort zu einer ausschließlichen Orientierung an „Tauschgrößen" komme. Der *Rational-Choice Ansatz* begreift M.e als diejenigen „anonymen" Institutionen, auf denen im Grunde unendlich viele Teilnehmer aufeinander treffen. Nach Esser (2000) kann der M. als ein „ultra"-stabiles System aufgefasst werden, das als nicht intendierte Folge unzähliger einzelner Verhandlungen und Transaktionen zwischen Anbieter und Nachfrager, die jeweils Eigeninteressen verfolgen, entsteht.

→ **Gesellschaft; Konkurrenz; Öffentlichkeit; Wirtschaft**

📖 *H. Albert* (1998): Marktsoziologie und Entscheidungslogik. Tübingen; *E. Buß* (1983): Markt und Gesellschaft. Berlin; *M. Castells* (2004): Das Informationszeitalter. Bd. 1. Die Netzwerkgesellschaft. Opladen; *H. Esser* (2002): Soziologie. Spezielle Grundlagen. Bd. 4. Opportunitäten und

Restriktionen. Frankfurt a.m./New York: 141-169; *N. Fligstein* (^{2}2002): The Architecture of Markets. Princton; *T. Parsons* (^{4}1979): Evolutionäre Universalien der Gesellschaft. In: *W. Zapf* (Hg.): Theorien des sozialen Wandels. Königstein/Ts.; *ders./N.J. Smelser* (1984): Economy and Society. London; *K.Polanyi* (^{7}2007): The Great Transformation. Frankfurt a.M.; *M. Weber* (2006): Wirtschaft und Gesellschaft. Tübingen (zuerst 1922); *E. Weede* (1990): Wirtschaft, Staat und Gesellschaft. Tübingen; *H.C. White* (^{2}2005): Markets from Networks. Princeton/Oxford.

Roger Häußling/Hans Joachim Klein

Marxismus

l.) die von Karl Marx (1818-1883) und Friedrich Engels (1820-1895) entwickelte sozialistische Lehre; 2.) die sich auf Marx und Engels berufenden Theorien; 3.) pol. Bewegungen, die sich an der marx. Lehre orientieren; 4.) als *M.-Leninismus* die offizielle Staatsdoktrin der Sowjetunion und anderer Staaten bis zum Zusammenbruch des Ostblock-Sozialismus.

Im M. als Theorie muss zwischen einem allgemein weltanschaulichen und einem i.e.S. ökon.-pol. Teil unterschieden werden. Die weltanschaulich-phil. Basis des M. bildet der sog. dialektische und hist. Materialismus. Er wurde von Marx und Engels unter Weiterentwicklung der Philosoph Georg W.F. Hegels (1770-1831) ausgearbeitet. Während Hegel die Geschichte als eine dialektisch (über Thesis-Antithesis-Synthesis) fortschreitende Entwicklung der Ideen ansieht, ist es bei Marx und Engels der reale gesellschaftliche Prozess, v.a. der Widerspruch zwischen dem Entwicklungsstand der Produktivkräfte und den Formen der Produktion und Aneignung (Produktionsverhältnisse), der die Geschichte vorantreibt und schließlich zu einem Endzustand der Harmonie, des Kommunismus führt. Dieser im Gegensatz zu Hegel sozio-ökon. („materialistische") Ansatz wurde von Engels und im M.-Leninismus über den ökon.-gesellschaftlichen Bereich hinaus zu einer allgemein dialektischen Methodik und Weltanschauung ausgeweitet, die auch in den Naturwissenschaften Gültigkeit haben soll.

Die i.e.S. ökon. und pol. Lehren des M. gründen auf der hauptsächlich von Marx ausgearbeiteten Analyse des *Kapitalismus*: Der Kapitalist eigne sich einen Teil der von den Arbeitern erbrachten Arbeitsergebnisse ohne Gegenleistung an (den sog. Mehrwert). Diesen im Kapitalismus unvermeidlichen Aneignungsvorgang bezeichnen Marx und Engels als Ausbeutung.

Der Widerspruch zwischen gemeinschaftlicher Produktion (in modernen, arbeitsteilig organisierten Unternehmen) und der Aneignung des als Mehrwert bezeichneten Arbeitsüberschusses durch wenige Privateigentümer führe zu einem in einer *Revolution* gipfelnden Klassengegensatz zwischen Arbeit und Kapital. Denn je weiter sich die Produktivkräfte (Technologie, Know-how, Wissenschaft etc.) entwickelten, desto stärker würden ihnen die kapitalistischen Produktionsverhältnisse (Eigentums-, Rechtsverhältnisse, Politik etc.) zur Fessel, die um des hist. Fortschritts willen gesprengt werden müssten. Bei steigender Konzentration des *Eigentums* in den Händen von immer weniger Privateigentümern und dem Anwachsen des verschärft ausgebeuteten Proletariats komme es schließlich notwendig zum dialektischen „Umschlagen" des Kapitalismus in den *Sozialismus* (bzw. *Kommunismus*), in die „Synthese" einer harmonischen klassenlosen Gesellschaft. Systemerschütternde konjunkturelle Krisen beschleunigten diesen unvermeidlichen Prozess. Erst im Sozialismus könnten sich die Produktivkräfte frei von systembedingten Hindernissen und egoistischen Eigentümerinteressen entwickeln, wodurch sie den Menschen eine Basis für ihre freie Entfaltung gäben. Erst im Sozialismus bzw. Kommunismus entstehe das in vielen Utopien erhoffte „Reich der Freiheit".

Die Aufspaltung des M. in zahlreiche, sich untereinander bekämpfende Richtungen hat sich weniger an diesen ökon. Theorien als vielmehr an pol. und taktischen Fragen vollzogen, die an jeweiligen geschichtlichen Wendepunkten der Arbeiterbewegung aktuell wurden. Typisierend kann heute von vier Hauptrichtungen gesprochen werden: dem demokratischen M., dem Leninismus bzw. M.-Leninismus, dem chinesischen und dem Reformkommunismus.

Der demokratische M. war die ursprüngliche, aber auch immer wieder bis in die Gegenwart aktuelle Form des M., die gegen Ende des 19. Jh.s von zahlreichen sozialdemokratischen Parteien vertreten wurde. Pol. Ziel des demokratischen M. war (und ist) die parlamentarische bzw. die mit demokratischen Mitteln durchzuführende Umwandlung des Kapitalismus in eine auf Gemeineigentum an Produktionsmitteln basierende Gesellschaft.

Die Ereignisse während der russischen Oktoberrevolution 1917ff. und die dortige Entstehung einer diktatorischen Richtung im M. führten zu heftigen Auseinandersetzungen im internationalen M. um die Frage „Demokratie oder Diktatur?" Wladimir I. Lenin (1870-1924) und die durch Abspaltung aus der russischen Sozialdemokratie hervorgegangenen „Bolschewiki" ergriffen die Gunst der Stunde und setzten die „proletarische Revolution" in einem Land durch, in dem es noch keinen entwickelten Kapitalismus und kein nennenswertes Proletariat gab. Dies stand im Widerspruch zur marx. Revolutionstheorie. Hierzu bedienten sich die Bolschewiki gegenüber der rückständigen Bevölkerung des Mittels der Erziehungsdiktatur. Die in dieser Weise missverstandene „Diktatur des Proletariats" (im vorleninistischen M. als demokratische Herrschaft einer Arbeitermehrheit zur Einführung des Sozialismus verstanden) wurde so zur Diktatur einer Parteielite und schließlich einer Funktionärskaste. Der *M.-Leninismus* der Sowjetunion kann als

Rechtfertigungs- und Integrationsideologie dieser „neuen Klasse" (Milowan Djilas) verstanden werden.

Auch die Spielart des chinesischen M. oder sog. Maoismus kann als Antwort auf die konkrete Herausforderung in den Jahren der chinesischen Revolution (ca. 1911-1948) verstanden werden. Ähnlich wie Lenin versuchte Mao-Tse-Tung (1893-1976) den M. auf die Situation in einem Entwicklungsland anwendbar zu machen. Dabei trat die revolutionäre Rolle des Bauerntums weit stärker in den Vordergrund als es bei den europäischen Marxisten der Fall sein konnte. Ähnlich wie bei Lenin wurde der M. Mao-Tse-Tungs zu einer voluntaristisch geprägten Revolutionsrezeptur, die hinter der Analyse objektiver ökon.-gesellschaftlicher Entwicklungstendenzen zurücktrat. Revolutionen werden durch die theor. Einsicht und Entschlossenheit Einzelner oder kleiner Eliten initiiert.

Neuere Versuche, den M. den Anforderungen der Gegenwart anzupassen, waren der sog. Reformkommunismus, verschiedene Spielarten des Neo-M. und der sog. Eurokommunismus. Sie versuchten einerseits in einer im Vergleich zum M.-Leninismus weniger dogmatischen Form auf die veränderten Bedingungen der modernen Industriegesellschaft zu reagieren, andererseits kehrten sie zu den demokratischen Auffassungen des älteren M. zurück. Der marx.-leninistisch missverstandene Gedanke der „Diktatur des Proletariats" wurde verworfen (Eurokommunismus); Meinungsfreiheit, Pluralismus und freie Wahlen gefordert. Der Reformkommunismus und der Neo-M. hatten im Osten einen schweren Stand (so wurden sie 1968 in der Tschechoslowakei mit Waffengewalt niedergeschlagen). Ab 1985 nahm Michail Gorbatschow, der damalige sowjetische Staatspräsident, reformkommunistisches Gedankengut in seine Konzeption eines Umbaus der sowjetischen Gesellschaft *(Perestrojka)* auf.

Im Westen ist der Reformkommunismus eher eine von Intellektuellen vertretene Spielart des M. (sog. „heimatlose Linke"). Z.T. deckt er sich inhaltlich weitgehend mit den in sozialistischen oder sozialdemokratischen Parteien vertretenen Randpositionen eines demokratischen M. Der Zusammenbruch der am M. orientierten Staatssysteme des Ostblocks ab 1989 hatte einen Rückgang des Interesses an marx. Positionen zur Folge, obwohl durch den globalen Aufstieg des Kapitalismus die soz. und ökon. Kritik des M. von gesteigerter Aktualität zu sein scheint. Unterdessen – unter den Bedingungen eines weltweit operierenden „Turbokapitalismus" – wird erneut nach dem rationalen Kern marx. Theorie gefragt.

→ **Ideologie; Kapitalismus; Revolution; Soziologische Theorien; Utopie, soziale**

📖 *I. Fetscher* ([22]1986): Von Marx zur Sowjetideologie. Frankfurt a.M.; *W.F. Haug* (2005): Dreizehn Versuche, Marxistisches Denken zu erneuern. Berlin; *W. F. Haug* (Hg.) (1997-2008): Historisch-Kritisches Wörterbuch des Marxismus. Hamburg; *L. Kolakowski* ([2]1981): Die Hauptströmungen des Marxismus. Bd. 3, München; *W. Leonhard* (1977): Was ist Kommunismus? Stuttgart; *H.-M. Lohmann* (2001): Marxismus. Frankfurt/New York; *K. Lotter/R. Meiners/E. Treptow* (2006): Das Marx-Engels-Lexikon. Köln; *E. Mandel* (^{8}2008): Einführung in den Marxismus. Karlsruhe; *O. Negt* (1998): Marx, ausgewählt und vorgestellt. Reihe: Philosophie jetzt! München; *P. Vranicki* (1983): Geschichte des Marxismus. Bd. 2, Frankfurt a.m.

Hans-Peter Waldrich

Masse

kann innerhalb der Sozialwissenschaften sehr unterschiedlich verstanden werden:
1. eine größere Anzahl von Menschen an einem bestimmten Ort (z.B. Straße, Platz, Stadion, Versammlungssaal), die im Allgemeinen nicht gruppenmäßig verbunden ist und sich nur bei bestimmten Anlässen aus zumeist nicht vorhersehbaren Gründen zu gemeinsamen, in ihrem Verlauf nicht kalkulierbaren Aktionen zusammenschließt. In dieser plötzlich zielgerichteten Aktion liegt der wesentliche Unterschied zur *Menge* (eine Vielzahl von Menschen, die rein zufällig an einem bestimmten Ort zusammen sind und zumeist nur sehr flüchtige „Ausweichkontakte" oder gar keine personbezogenen Kontakte haben).
2. M. als kultur- und zeitkritischer Begriff, der seit den Arbeiten von Gustave Le Bon (1841-1931, dem Vater der M.npsychologie), Oswald Spengler (1880-1936), Ortega y Gasset (1883-1955) und schließlich Elias Canetti (1905-1994) große öffentliche Resonanz erhielt. Das Zeitalter der Industrie und Verstädterung, der Bürokratie und der behaupteten Nivellierung und Entindividualisierung wird als „Zeitalter der M.n" bezeichnet.
3. In psychol. und sozialpsychol. Betrachtung ist M. ein Phänomen der Suche nach einem kollektiven Über-Ich, im pol. und religiösen Bereich von Führertum und Gefolgschaft, wie dies Sigmund Freud (1856-1939) in seiner Schrift über „Massenpsychologie und Ich-Analyse" (1921) diagnostizierte und Max Weber (1864-1920) in seinen religionssoz. Studien über Charisma hervorhoben.
4. M. in einem positiven Sinn als „revolutionäre M." im Kampf um pol. und soziale Rechte bzw. einen generellen Gesellschaftsumbau (K. Marx: „die Theorie wird zur materiellen Gewalt, sobald sie die Massen ergreift").
5. M. in Verbindung mit anderen Begriffen/Phänomenen zur Bezeichnung von Erscheinungen in einer Gesellschaft, die seit der Industrialisierung ein sprunghaftes Bevölkerungswachstum erlebte und welche die „massenweise" Versorgung der Individuen in immer mehr Daseinsbereichen sicherstellen musste:

M.nproduktion; M.nverkehr; M.npresse; M.nbildung; M.nkultur; M.nmedien; M.ndemokratie usw. Alle diese Phänomene hätten dazu beigetragen, dass in dieser M.ngesellschaft ein neuer Verhaltenstyp entstanden sei, außengeleitet und leicht manipulierbar, so David Riesman (1909-2002) in seinem Werk „Die einsame Masse".

Als Forschungsfragen zum Phänomen der M., v.a. in der zuerst genannten Bedeutung, sind hervorzuheben: Aus welchen Gründen geht der „Aggregatzustand" der Menge in den der M. über; was geschieht mit den einzelnen Individuen, die sich plötzlich an M.naktionen beteiligen (Enthemmung; Triebentfesselung; Rausch der gemeinsamen Aktion, der Solidarität und kollektiven Macht; Nachahmung und Suggestion); welche gesellschaftlichen Zustände beeinflussen das M.nverhalten; gibt es in den verschiedenen Gesellschaften institutionalisierte Möglichkeiten für M.nverhalten; wie bilden sich Strukturen und Führungsebenen im M.nverhalten heraus; ist das Auftreten von M.naktionen tatsächlich zufällig oder liegen latent Protest- und Aggressionspotenziale zugrunde („latente M."); verweist M.nverhalten in einer bestimmten Häufigkeit auf pathologische gesellschaftliche Zustände?

Die Geschichte ist voll von M.nphänomenen in allen hier geschilderten Bedeutungen: von M.npsychosen und Hexenwahn, von Beeinflussung durch M.npropaganda oder ekstatische religiöse Bewegungen in älterer und neuer Zeit; von M.naktionen, aus denen revolutionäre Bewegungen hervorgingen (Canetti 1997). In der Gegenwart gewinnt das Thema M. unter Vorzeichen des pol. und religiösen Fanatismus neue Aktualität (Günther 2005).

→ **Charisma; Grundgebilde, soziale; Revolution**

📖 *E. Canetti* ([30]2006): Masse und Macht. Frankfurt a.M. (zuerst 1960); *M. Günther* (2005): Masse und Charisma. Frankfurt a.M.; *H. König* (1992): Zivilisation und Leidenschaft. Die Masse im bürgerlichen Zeitalter. Reinbek; *S. Moscovici* (1986): Das Zeitalter der Massen. Frankfurt a.M. (orig. 1981); *J. Ortega y Gasset* ([2]2007): Der Aufstand der Massen. München (orig. 1930); *H. Pross/E. Buß* (Hg.) (1984): Soziologie der Masse. Heidelberg; *D. Riesman* (1982): Die einsame Masse. Hamburg (orig. 1950).

Bernhard Schäfers

Methoden der empirischen Sozialforschung

Empirische Sozialforschung ist eine wissenschaftliche Vorgehensweise, die versucht, soziale Tatbestände zu erforschen. Eine wissenschaftliche Empirie hat dem Kriterium der intersubjektiven Nachprüfbarkeit zu genügen. Empirische Forschung muss deshalb einem System methodischer Regeln folgen, welches hochgradig durch die Besonderheiten des Erkenntnisobjektes der jeweiligen empirischen Wissenschaft bestimmt ist. Gegenstand der empirischen Sozialforschung ist die Analyse und Erklärung sozialer Phänomene mit wissenschaftlichen Methoden. Unter einer Methode versteht man allgemein ein systematisches, geregeltes und planvolles Vorgehen, um ein angestrebtes Ziel zu erreichen.

Der Gegenstand einer Wissenschaft bestimmt die Art ihrer Forschungsmethoden. Die Besonderheiten sozialer Phänomene als Gegenstand der Sozialwissenschaften erfordern für ihre empirische, d.h. auf Erfahrungen zurückführbare Erforschung, Untersuchungsmethoden, die als Beobachtungs- und Datenerhebungssysteme geeignet sind, den Gegenstandsbereich wissenschaftlich und unabhängig von individueller Alltagserfahrung zu analysieren. Sozialwissenschaftliche Methoden sind diesbezüglich auch unter dem Aspekt ihrer wissenschaftlichen Leistungsfähigkeit nicht unumstritten. In die Bewertung der Leistungsfähigkeit von Methoden geht die grundsätzliche methodol. Diskussion darüber ein, wie sozialwissenschaftliche Erkenntnis überhaupt möglich ist. In der Methodendiskussion hat sich dieses Grundproblem in der teilweise kontroversen Einschätzung sog. qualitativer und quantitativer Methoden niedergeschlagen. Qualitative und quantitative Verfahren unterscheiden sich in der Art der Erhebung und Verarbeitung von Daten.

Während mit quantitativen Methoden eine standardisierte und kontrollierbare Datenermittlung (Messung) und eine Auswertung auf der Basis der quantifizierten Daten mit statistisch-mathematischen Verfahren angestrebt wird, steht bei qualitativen Methoden die Bedeutungs- und Inhaltsanalyse im Vordergrund und der Erhebungsprozess ist durch die Methode und die Ausgangshypothesen weniger vorstrukturiert, so dass die Möglichkeit besteht, die Fragestellung im Erhebungsprozess zu vertiefen und zu erweitern. Qualitative Verfahren werden u.a. in der Explorationsphase eines Forschungsprojektes eingesetzt, um das notwendige Vorwissen über die wissenschaftliche Problemformulierung und die Formulierung der Hypothesen zu erweitern; i.d.S. sind sie eine Vorphase für den eigentlichen Forschungsprozess mit quantitativen Methoden.

Die Diskussion um die Vorzüge und Nachteile quantitativer und qualitativer Verfahren wird weiterhin kontrovers geführt werden. Gleichzeitig steht jedoch fest, dass sich die beiden Verfahren gegenseitig ergänzen können. Die Verknüpfung verschiedener Methoden, unterschiedlicher theor. Perspektiven bzw. unterschiedlicher Datenquellen im Forschungsprozess *(Triangulation)* im Sinne einer systemati-

schen Erweiterung und Vervollständigung von Erkenntnismöglichkeiten gewinnt
seit einigen Jahren zunehmend an Bedeutung (vgl. Flick 2004).

Bevor einige zentrale Methoden kurz vorgestellt werden, sei erwähnt, dass es
wie bei jedem Forschungsprozess auch in der empirischen Sozialforschung ein lo-
gisches System der Vorgehensweise gibt, welches in seinen groben Zügen unabhängig von der jeweils verwendeten Methode ist. Es handelt sich um folgende
Schritte (Phasen):

1. Entwicklung der Problemstellung;
2. Auflösung der Problem-/Fragestellung in Merkmale des Untersuchungsgegen-
   standes;
3. Festlegung der Erhebungsmethode und Erhebungsinstrumente (z.B. Fragebogen, Beobachtungsschema), um Informationen über die festgelegten Unter-
   suchungsmerkmale zu gewinnen;
4. Vorbereitung (evtl. mit Stichprobenkonstruktion etc.) und Durchführung der
   Erhebung;
5. Aufbereitung und Auswertung des erhobenen Datenmaterials (z.B. unter Anwendung statistischer Methoden).

Hervorgehoben sei, dass in Phase 3 das Forschungsdesign festzulegen ist. Dies
betrifft u.a. den zeitlichen Aspekt der Datenerhebung. Die wichtigsten Optionen
sind hier: Querschnitt- und Längsschnitterhebung, letztere mit der Unterscheidung
von Trend- und Panelstudie. Entsprechend wird die Datenerhebung (unabhängig
von den Erhebungsmethoden Befragung, Beobachtung usw.) als Querschnitt-,
Panel- oder Trenderhebung bezeichnet. Die Datenerhebung bei Querschnittdesigns
bezieht sich auf einen Zeitpunkt oder eine kurze Zeitspanne, in der eine einmalige
Erhebung von Merkmalswerten bei den Untersuchungseinheiten vorgenommen
wird. Panel- und Trenddesigns sehen hingegen wiederholte Erhebungen zu mehreren Zeitpunkten vor. Die Unterscheidung zwischen Panel- und Trenddesign ist
bedeutsam: Ein Paneldesign ist die wiederholte Messung von Merkmalswerten bei
den gleichen Untersuchungseinheiten, wodurch Veränderungen je Untersuchungs-
einheit (also z.B. für jede befragte Person) nachvollzogen werden können; ein
Trenddesign ist hingegen als Abfolge von Querschnitterhebungen zu sehen (ohne
Berücksichtigung der gleichen Untersuchungseinheiten), wodurch Veränderungen
nur auf der Aggregatebene der Stichprobe erkannt werden, wobei im Zeitablauf nur
Kennziffern der Stichprobe (Mittelwerte etc.) vergleichend darstellbar sind.

Zweifellos besteht der Vorteil der Panel-Untersuchung in der Möglichkeit, Än-
derungsprozesse, und damit Prozesse *sozialen Wandels,* in kurz- und langfristiger
Hinsicht auf der Ebene der Untersuchungseinheiten (Personen, Haushalte etc.) zu
untersuchen und zu demonstrieren. Neben den erheblichen Kosten für eine mehrfache Erhebung besteht v.a. das Problem der sog. Panel-Mortalität: Die Stichprobe
unterliegt von Erhebungszeitraum zu Erhebungszeitraum Ausfällen (Antwortver-

weigerungen etc.), wodurch die Gefahr von Verzerrungen hinsichtlich der Repräsentativität besteht. Ein weiterer unerwünschter Panel-Effekt kann dadurch entstehen, dass die mehrfachen Interviews bei den Auskunftspersonen Veränderungen von Einstellungen und Meinungen erst hervorrufen. Um derartige Panel-Effekte zu kontrollieren, können weitere Stichproben als Kontrollgruppen herangezogen werden, in denen die Erhebung jeweils nur einmal durchgeführt wird. In der BRD wird seit 1984 im Rahmen des sog. „Sozio-ökonomischen Panels" (SOEP) jährlich eine repräsentative Längsschnitterhebung (Panelwelle) durchgeführt, die seit 1990 auch auf die neuen Bundesländer ausgeweitet wurde und einen Ausgangsbestand von insgesamt (alte und neue Bundesländer) rd. 8000 Haushalten mit mehr als 16000 Personen umfasst.

Das skizzierte System der Vorgehensweise der empirischen Sozialforschung kann entsprechend der gewählten Methode und den spezifischen Problemstellungen variieren und einzelnen Schritten unterschiedliche Bedeutung geben. Diese Variabilität resultiert aus den Besonderheiten und der Vielfältigkeit des Gegenstandes der Sozialwissenschaften und den sich daraus ableitenden Problemen der Datenerhebung und der Messung. Auch die verschiedenen kontroversen methodol. Positionen in den Sozialwissenschaften wirken sich in der empirischen Sozialforschung aus, und zwar hinsichtlich der Bewertung einzelner Methoden und Vorgehensweisen.

Befragung

Die Befragung ist die wohl immer noch am häufigsten verwendete Methode der empirischen Sozialforschung. Sie kann schriftlich oder mündlich erfolgen und benützt als Erhebungsinstrument einen Fragebogen. Die schriftliche Befragung hat den Vorteil, kostengünstig zu sein und den Nachteil, eine hohe Ausfallquote zu haben. Der Vorteil der mündlichen Befragung besteht in einer hochgradigen Kontrollierbarkeit des Erhebungsprozesses mit der Möglichkeit, auch komplexere Sachverhalte abzufragen; der Nachteil in hohen Kosten durch die Notwendigkeit, geschulte Interviewer einzusetzen und diese mit den Befragten in einer geeigneten Situation zusammenzubringen. Eine Variante besteht noch im telefonischen Interview.

Für komplexere Fragestellungen wird vorwiegend die mündliche Befragung eingesetzt. Die Möglichkeiten der Interviewführung (in Abhängigkeit von der Interviewstrukturierung) reichen von einer groben Vorgabe des Themenbereiches im offenen, sog. narrativen oder Tiefen-Interview (wenig strukturierte Interviewsituation), über die Festlegung eines Gesprächsleitfadens (teilstrukturierte Interviewsituation) bis zum standardisierten Interview (stark strukturierte Interviewsituation), in dem neben der genauen Festlegung der Fragen und des Interviewerverhaltens den Auskunftspersonen auch Antwortvorgaben in Form von Alternativ-, Lis-

tenfragen usw. gemacht werden. Hier wird deutlich, dass sich die Befragung sowohl im Sinne eines qualitativen als auch eines quantitativen Forschungsansatzes
einsetzen lässt. Offene, nicht-strukturierte Fragebögen werden in der qualitativen
Forschung verwendet, während die Standardisierung eine notwendige Voraussetzung für eine quantitative Forschung ist, weil nur auf diesem Wege vergleichbares
und damit quantifizierbares Datenmaterial erhoben werden kann.

Die mündliche Befragung stellt einen kommunikativen Prozess besonderer Art
in einer besonderen Situation dar: Interviewer und Auskunftsperson sind sich i.d.r.
fremd und der Kommunikationsprozess ist u.a. durch eine Rollentrennung von
Fragendem und Antwortendem gekennzeichnet. Diese Besonderheiten sind beim
Einsatz dieser Methode zu berücksichtigen, weil sie je nach Gegenstand der Befragung Einfluss auf das Antwortverhalten der Auskunftspersonen haben können
(Antwortverzerrungen etc.).

Beobachtung

Die Beobachtung wird angewendet, wenn das Forschungsinteresse dem *Verhalten*
von Individuen in einem sozialen Kontext und in einer bestimmten Situation gilt.
Die Beobachtung kann systematisch und unsystematisch erfolgen. Bei der unsys-
tematischen Beobachtung wird Verhalten in einer Situation beobachtet, ohne dass
dem Beobachter vorgegeben ist, welche Ereignisse oder Inhalte von besonderem
Interesse sind. Da die sinnliche Wahrnehmung, auf der jede Beobachtung beruht,
jedoch grundsätzlich selektiv ist, hat die unsystematische Beobachtung erhebliche
Nachteile: Es werden nur bestimmte Inhalte wahrgenommen, von diesen wird
wiederum ein Teil vor ihrer Fixierung vergessen, und diese Selektion ist bei verschiedenen Beobachtern unterschiedlich.

Durch die systematische Beobachtung wird versucht, diese Selektionsprozesse
zu steuern und zu kontrollieren. Dazu muss erstens definiert werden, welche Ereignisse und Inhalte für die wissenschaftliche Fragestellung von Bedeutung und
demzufolge zu beobachten sind, zweitens muss definiert werden, in welchen Zeiträumen beobachtet werden soll und worauf bei den festgelegten Inhalten zu achten
ist, und drittens müssen die Beobachtungsergebnisse mittels eines Kategorienschemas fixiert werden. Durch eine derartige Standardisierung wird die Anzahl der
beobachtbaren Inhalte stark reduziert; ein Beobachter ist nicht in der Lage, eine
beliebige Anzahl definierter Ereignisse wahrzunehmen und zu fixieren.

Unabhängig von der Standardisierung ist die teilnehmende und die nicht-
teilnehmende Beobachtung zu unterscheiden. Bei der teilnehmenden Beobachtung
befindet sich der Beobachter im Untersuchungsfeld und ist in die ablaufenden
sozialen Interaktionen eingebunden, während er sich bei der nicht-teilnehmenden
außerhalb des Untersuchungsfeldes befindet. Beide Formen der Beobachtung können offen oder verdeckt sein, d.h. den beobachteten Personen kann bekannt oder

unbekannt sein, dass sie Objekt einer wissenschaftlichen Beobachtung sind. Während sich bei der offenen Beobachtung ein methodol. Problem dadurch ergibt, dass diese selbst geeignet ist, das Verhalten der beobachteten Personen zu verändern und die Beobachtungsergebnisse dadurch zu Artefakten werden, ist eine verdeckte Beobachtung aus praktischen, legalen und ethischen Gründen oft nicht möglich.

Experiment
Das Experiment wird allgemein als Beobachtung unter kontrollierten Bedingungen definiert. Eine Bedingung besteht zunächst darin, dass die wirksamen, unabhängigen Variablen nach einem vorab erstellten Versuchsplan systematisch variiert und die Einflüsse dieser Veränderungen auf die abhängigen Variablen gemessen werden. Weiterhin gehören zum experimentellen Versuchsdesign die Bedingungen, dass mindestens zwei experimentelle Gruppen gebildet und die Versuchspersonen den experimentellen Gruppen nach einem Zufallsverfahren zugewiesen werden (Randomisierung). Von einem Quasi-Experiment spricht man, wenn die angeführten Bedingungen des experimentellen Versuchsdesigns nicht vollständig erfüllt sind. V.a. ist bei den meisten quasi-experimentellen Designs das zentrale Kriterium der Randomisierung verletzt. Dies tritt auch häufig bei der Untersuchung von Effekten sozialer, wirtschaftl. oder rechtlicher Maßnahmen auf (Evaluationsforschung), wenn eine Zufallsaufteilung von Untersuchungspersonen auf die einzelnen Versuchsgruppen nicht möglich ist.

Das sozialwissenschaftliche Experiment ist eine von den Naturwissenschaften übernommene Methode; seine Anwendung resultiert aus dem Bemühen um eine nach dem Vorbild der Naturwissenschaften größtmögliche Exaktheit der Messung und Untersuchungsplanung. Allerdings ist das sozialwissenschaftliche Experiment gegenüber dem naturwissenschaftlichen durch Probleme gekennzeichnet, in denen sich die Besonderheiten des sozialwissenschaftlichen Erkenntnisobjekts widerspiegeln. Um sinnvoll eingesetzt werden zu können, setzt das Experiment ein erhebliches Vorwissen über potenzielle Kausalitätsbeziehungen voraus, weil die Anzahl der im Experiment manipulierbaren unabhängigen Variablen begrenzt ist.

Auch aus praktischen Gründen kann das Experiment nicht wie andere Methoden relativ universell eingesetzt werden. So ist es nicht möglich, mit sozialen Entwicklungen und Prozessen zu experimentieren, weil die Zahl der hier potenziell bedeutsamen Variablen unabsehbar und unkontrollierbar ist, ganz abgesehen davon, dass solche Experimente aus den verschiedensten Gründen praktisch nicht durchführbar sind. Das Experiment ist daher eine Methode, die vorwiegend in der Psychologie, Sozialpsychologie und Mikrosoz. – hier v.a. in der Kleingruppenforschung – eingesetzt wird. Die Schwierigkeiten des Einsatzes des Experiments im sozialwissenschaftlichen Forschungsprozess werden deutlich, wenn man die Voraussetzungen und Bedingungen des wissenschaftlichen Experimentierens betrachtet. Die wichtigste Bedingung ist die Sicherstellung der Kontrollierbarkeit der unabhängigen Variablen. Des Weiteren ist die Anforderung zu stellen, dass das Experiment wiederholbar sein muss, weil sich die Ergebnisse eines einzigen Experiments nicht verallgemeinern lassen.

Das Experiment kommt in den Sozialwissenschaften vorwiegend in zwei Formen zur Anwendung. Beim sog. Laboratoriums-Experiment schafft der Versuchsleiter die situativen Bedingungen, die er für die Durchführung seines Untersuchungsplanes braucht, in der künstlichen Atmosphäre des Labors, woraus sich unmittelbar die Begrenztheit der Anwendungsmöglichkeiten ergibt. Laboratoriums-Experimente sind nur für sehr spezifische Fragestellungen anwendbar. Ihr Anwendungsgebiet liegt in der Psychologie und in der Sozialpsychologie. Die zweite Form des Experiments ist das Feldexperiment. Hierbei schafft der Forscher keine künstliche Situation, sondern begibt sich in eine natürliche Situation hinein und registriert die Reaktionen einer sozialen Umwelt auf Ereignisse, die er gezielt herbeigeführt und manipuliert hat. Dem Vorteil der Natürlichkeit der Situation steht als Nachteil die geringe Kontrollierbarkeit weiterer unabhängiger Variablen gegenüber, weil diese sich im Feld nicht isolieren lassen. Wie keine andere Methode ist das Experiment durch ethische Probleme gekennzeichnet. Diese ergeben sich daraus, dass je nach der Art des Untersuchungsplanes die beteiligten Personen nicht wissen, dass mit ihnen experimentiert wird und sie getäuscht, falsch informiert und manipuliert werden. Insbes. besteht die Gefahr einer Verletzung von Privatsphäre, Würde und Selbstachtung. Das Experiment ist daher auch aus ethischen Gründen nur begrenzt anwendbar.

Aktionsforschung
Aktionsforschung lässt sich sowohl als Methode als auch als Forschungsstrategie bezeichnen. Sie ist dadurch charakterisiert, dass sie neben dem Forschungs- und Erkenntnisinteresse auf die Veränderung sozialer Strukturen und die Lösung aktueller sozialer Probleme ausgerichtet ist; Forschung und Veränderung sind dabei interdependent, und der wissenschaftliche Erkenntniszuwachs wird sofort praktisch im Veränderungsprozess wirksam. Ein weiteres wesentliches Merkmal der Aktionsforschung besteht darin, dass der Forscher oder das Forscherteam und die Betroffenen kooperieren. Die Betroffenen sind in den Forschungsprozess einbezogen, sie und die Forscher bilden ein soziales Beziehungsgefüge, welches die Grundlage des Forschungsprozesses ist. Konkreter Gegenstand des Forschungsprozesses sind die Veränderungen sozialer Strukturen; diese Veränderungen werden initiiert, analysiert, beschrieben und hinsichtlich der angestrebten Ziele und Problemlösungen beurteilt. Stellt sich heraus, dass der Veränderungsprozess hinsichtlich der Ziele nicht optimal verläuft, liefert die Analyse des Prozesses Ansatzpunk-

te für Verbesserungen. Das Ziel einer Aktionsforschung besteht in der Lösung eines sozialen Problems.

Aktionsforschung entstand aus dem Bemühen um eine emanzipatorische Gesellschaftsveränderung durch die Verbindung von Forschung und einer engagierten Parteinahme für sozial benachteiligte Gruppierungen. Aktionsforschung ist keine Alternative für andere Methoden. Möglich und sinnvoll ist sie dort, wo soziale Probleme nur unter Mitwirkung der Betroffenen gelöst werden können. Dies kann z.B. der Fall sein bei der Einführung verbesserter Arbeitsstrukturen in Industriebetrieben, bei der Sanierung von Wohngebieten, bei Konflikten zwischen unterschiedlichen ethnischen Gruppen, bei Bürgerinitiativen jeder Art usw.

Gruppendiskussion

Bei der Gruppendiskussion wird eine durch den Forscher zusammengestellte Gruppe gebeten, über ein Thema unter der Leitung eines der *Gruppe* nicht angehörenden Diskussionsleiters zu diskutieren. Ziel dieser Methode ist, Prozesse der individuellen und kollektiven Meinungsbildung zu sozialen Ergebnissen und Problemen in einer relativ natürlichen Situation zu untersuchen. Gegenüber dem Experiment und dem standardisierten Interview findet die Gruppendiskussion deshalb in einer relativ natürlichen Situation statt, weil hier Ähnlichkeiten mit dem alltäglichen, informellen Gespräch bestehen. Untersucht werden jedoch nicht individuelle Meinungen isolierter Personen, sondern individuelle Meinungen als Ergebnisse von Gruppenprozessen sowie die Interdependenz individueller und kollektiver Meinungsbildung. Die Nachteile der Methode resultieren aus der schweren Kontrollierbarkeit, weil der Diskussionsverlauf zwangsläufig nicht allein durch Prozesse inhaltlicher Art bestimmt ist, sondern auch durch gruppendynamische Effekte, den informellen Einfluss einzelner Diskussionsteilnehmer und die jeweiligen situationsbedingten Eingriffe des Diskussionsleiters, dessen Rolle nur schwer standardisierbar ist. Auch die Auswertung von Gruppendiskussionen ist problematisch, weil die Herausarbeitung statistisch-repräsentativer quantitativer Befunde unmöglich ist. Sie eignet sich daher eher für die explorative Phase des Forschungsprozesses.

Soziometrie

Wie die Gruppendiskussion ist die u.a. von Jacob L. Moreno (1892-1974) entwickelte Soziometrie ebenfalls eine Methode zur Erforschung von *Gruppen*. Mittels der Soziometrie lassen sich die Beziehungen von Mitgliedern einer Gruppe, die Struktur der Gruppe und die Stellung einzelner Individuen innerhalb der Gruppe untersuchen. Grundlage der Soziometrie ist die – i.d.R. – schriftliche Befragung der Gruppenmitglieder über tatsächliche und gewünschte Interaktionen mit anderen Mitgliedern der Gruppe. Auf der Basis derartiger Befragungsergebnisse lassen sich sog. Soziogramme erstellen, die die Beziehungen zwischen den einzelnen Gruppenmitgliedern und damit die interne Struktur der Gruppe sowie die Stellung einzelner Individuen in der Gruppe unter verschiedenen Kriterien deutlich machen.

Datenverarbeitung
Als Ergebnisse des Einsatzes von Methoden der empirischen Sozialforschung entstehen Daten als Zwischenprodukte des Forschungsprozesses. Während allen sozialwissenschaftlichen Daten gemeinsam ist, dass sie ursprünglich in sprachlicher Form vorliegen, besteht ein wesentliches Unterscheidungsmerkmal darin, ob sie sich in eine numerische Datenmatrix umwandeln lassen oder nicht. Die Transformierung von Informationen von der sprachlichen in die zahlenmäßige Form ist bei mit qualitativen Methoden erhobenen Daten äußerst schwierig und zumeist auch gar nicht beabsichtigt. Datenverarbeitung wie bei quantitativen Verfahren findet bei qualitativen Daten nicht statt; ihre Verarbeitung erfolgt fast ausschließlich mit der Methode der Hermeneutik, d.h. der sinngemäßen Auslegung und Deutung.

Der Begriff der Datenverarbeitung bezieht sich daher i.d.R. auf quantitative Daten, die auch den größten Anteil der mit den Methoden der empirischen Sozialforschung produzierten Daten ausmachen. Als ein zentraler Bereich des Forschungsprozesses umfasst die Datenverarbeitung zwei Schritte: die Datenaufbereitung und die Datenauswertung. Die Datenaufbereitung besteht darin, die ursprünglich in sprachlicher Form vorliegenden Daten in Zahlen zu transformieren (Codierung) und eine Datenmatrix aufzubauen, welche die Grundlage für die quantitative Datenauswertung darstellt. Die anschließende Dateneingabe wird ebenso EDV-gestützt vorgenommen wie die Bereinigung der Datenmatrix von eventuellen Codierungs- bzw. Dateneingabefehlern mittels Prüfroutinen. Die Datenauswertung erfolgt in hohem Maße problemorientiert unter Verwendung spezieller Softwareprogramme. Zweckmäßigerweise beginnt man mit einfachen Überblicksdarstellungen bzw. -analysen (Häufigkeitsverteilungen etc.), bevor man zu komplexeren statistischen Verfahren übergeht.

Ausdrücklich muss jedoch vor der unkritischen Anwendung der durch die vorhandenen Auswertungsprogramme angebotenen Möglichkeiten gewarnt werden. Alle statistischen Auswertungsverfahren haben Anwendungsvoraussetzungen, welche durch die Art der Daten erfüllt sein müssen. Gerade sozialwissenschaftliche Daten erfüllen diese Voraussetzung häufig nicht (man denke in diesem Zusammenhang v.a. an nicht-metrische Daten). Es sei jedoch darauf hingewiesen, dass in letzter Zeit die Entwicklung von Verfahren zur mathematisch-statistischen Auswertung nicht-metrischer Daten erhebliche Fortschritte gemacht hat.

Inhaltsanalyse

Inhaltsanalyse wird auch als „Bedeutungs-", „Aussagen-", „Dokumenten-" und „Textanalyse" bezeichnet. Untersuchungsgegenstand sind i.d.R. schriftliche bzw. verschriftlichte Materialien. Das Untersuchungsziel ist deren systematische Untersuchung unter den Aspekten der Fragestellung der Untersuchung und im Rückschluss von diesen Ergebnissen auf die soziale Wirklichkeit und die Präferenzen und Einstellungen der Verfasser und/oder der Leser. I.d.S. können Zeitungsartikel, Flugblätter, Bücher, Rundfunk- und Fernsehsendungen, aber auch Politikerreden, Dokumente etc. Gegenstand der Inhaltsanalyse sein. Außerdem kann der Text auch zum Zweck der Inhaltsanalyse erstellt werden (z.B. Protokolle von offenen Interviews).

Die Inhaltsanalyse hat damit ein ausgesprochen breites Anwendungsspektrum, weshalb für sie auch keine einheitliche Systematik existiert. Wie bei allen Methoden gibt es jedoch auch bei der Inhaltsanalyse logische Verfahrensschritte, die die Vorgehensweise strukturieren: 1. Auswahl des für die Fragestellung relevanten Textmaterials; 2. Festlegung der Untersuchungseinheiten (Worte, Sätze oder komplexere Aussagenzusammenhänge); 3. Entwicklung eines Kategorienschemas, wodurch die im Analyseprozess zu erfassenden Inhalte und die Art ihrer Datierung bestimmt werden; 4. Zuordnung der Untersuchungseinheiten (Inhalte) zu den Kategorien; 5. Auswertung der erhobenen Daten: Liegen diese in quantifizierbarer Form vor, lassen sich Kennziffern berechnen, die den oder die Texte charakterisieren (z.B. Häufigkeiten des Vor- bzw. Nichtvorkommens bestimmter Inhalte, Durchschnittswerte, Korrelationen zwischen unterschiedlichen Inhalten usw.).

Die systematische quantitative Inhaltsanalyse ist – wie jede andere quantitative Methode auch – nicht unkritisiert geblieben. Vertreter der qualitativen Inhaltsanalyse wenden gegen eine Quantifizierung u.a. ein, dass Häufigkeiten bestimmter Textmerkmale nichts über deren Wichtigkeit im gesamten Text aussagen, durch die Quantifizierung Textmerkmale aus ihrem Zusammenhang gerissen werden und der sachliche und zeitliche Kontext, in dem die Inhalte stehen, berücksichtigt werden muss, um einen Text verstehen zu können. Diese Kritik ist berechtigt, geht aber z.T. deswegen fehl, weil auch die quantitative Auswertung einer Inhaltsanalyse eine Kenntnis und ein Verstehen des Textes voraussetzt; allerdings ist die Kritik berechtigt gegenüber solchen Verfahren der Inhaltsanalyse, die hochgradig durch EDV automatisiert sind. Weiterhin ist bei der Verwendung der Inhaltsanalyse zu bedenken, dass der Rückschluss von schriftlichen Materialien auf soziale Realitäten problematisch ist, weil sich diese nur bedingt im Text widerspiegeln. Ein besonders reizvolles Forschungsinteresse kann allerdings darin bestehen, die Diskrepanz zwischen sozialer Realität und ihrer Repräsentation in Texten aufzudecken.

Biografische Methode

Die biografische Methode beruht auf der grundsätzlichen Annahme, dass es möglich ist, die soziale Wirklichkeit durch die Analyse biografischen Materials und der darin enthaltenen Ereignissen, Bewertungen, Meinungen und Einstellungen zu rekonstruieren und zu erforschen. Grundlage dieser Annahme ist die Tatsache, dass menschliches Handeln weitgehend durch die objektiven sozialen Bedingungen bestimmt ist und diese sich daher in subjektiven Bewusstseinsphänomenen widerspiegeln. Biografisches Material sind Texte wie Lebensläufe, Tagebücher, Briefe, Erinnerungen usw.; es kann sich aber auch – und dies ist in der aktuellen Anwendung der biografischen Methode der häufigste Fall – um Protokolle vollkommen offener, sog. narrativer Interviews handeln. Die biografische Methode stellt somit eine spezielle Anwendungsform der Inhaltsanalyse, die mit einer speziellen Form der Befragung kombiniert sein kann, dar.

Der Haupteinwand gegen die biografische Methode lautet, dass Erzählungen des eigenen Lebenslaufes von der Wirklichkeit nur ein individuell modifiziertes Bild vermitteln. Wenn also die autobiografische Wirklichkeitsrekonstruktion kein objektives Bild vermittelt, ergibt sich das methodol. Problem, wie sich die hinter der Rekonstruktion stehenden objektiven Strukturen dieser Wirklichkeit aufdecken lassen. Dieses hermeneutische Problem ist bisher noch nicht in zufriedenstellender Weise gelöst. Die Bewertung der Leistungsfähigkeit der biografischen Methode ist kontrovers; auch wenn das biografische Material nicht als objektive Wirklichkeitsrekonstruktion anerkannt werden kann, kann es unter dem Aspekt der subjektiven Verarbeitung von sozialer Wirklichkeit und sozialer Prozesse für sozialwissenschaftliche Fragestellungen sehr wohl von Bedeutung sein.

Sekundäranalyse

Mit Sekundäranalyse wird eine Vorgehensweise bezeichnet, bei der ein bereits vorhandenes Datenmaterial unabhängig von den Untersuchungszielen der Primärerhebung mit eigenständiger Problemstellung erneut ausgewertet wird. Es kann sich bei dem Datenmaterial um amtliche und nichtamtliche Statistiken oder um Daten, welche in einem sozialwissenschaftlichen Forschungsprozess erhoben wurden, handeln. Im Rahmen seiner inhaltlichen Grenzen ist jedes Datenmaterial unabhängig von der Methode, mit der es erhoben wurde, grundsätzlich für eine Sekundäranalyse geeignet; allerdings ist ihre Anwendung in der Praxis auf quantifizierte Daten beschränkt.

Der Vorteil der Sekundäranalyse besteht darin, dass Zeit und Kosten, die für eine Primärerhebung und Aufbereitung des Datenmaterials notwendig sind, gespart werden. Problematisch kann es allerdings sein, ein geeignetes Datenmaterial zu finden, auch wenn dies heute dadurch erleichtert wird, dass Datenarchive gut dokumentierte Datensätze anbieten. Die inhaltlichen Grenzen eines Datenmaterials stellen den Forscher jedoch vor ein unlösbares Problem: Er muss seine Fragestellung den vorhandenen Daten anpassen und besitzt daher nicht die Freiheit einer eigenständigen Problemformulierung wie bei einer beabsichtigten Primärerhebung.

Statistik
Mathematische Methodenlehre von Verfahren zur Beschreibung und Analyse von Daten. Allgemein wird aber auch die Anwendung dieser Methoden sowie die Zusammenstellung und Darstellung von Daten als Auswertungsergebnisse in Tabellen, Grafiken und Zahlenwerten als Statistik bezeichnet. Statistik ist eine für die empirische Sozialforschung unentbehrliche Hilfswissenschaft zur Auswertung quantitativer Daten und zur Beschreibung und Analyse von Häufigkeitsverteilungen und Merkmalszusammenhängen. Üblicherweise wird bei der Anwendung statistischer Verfahren zwischen Deskriptiv- und Inferenzstatistik unterschieden.

Aufgabe der Deskriptiv-Statistik ist die Beschreibung der Daten durch Kennziffern, wie z.B. Mittelwerte und Streuungsmaße, und die Beschreibung von Zusammenhängen zwischen Merkmalen durch Korrelationskoeffizienten. Während deskriptive Statistik die Untersuchung von Grundgesamtheiten oder Teilmengen von Grundgesamtheiten zum Gegenstand hat, ist für die Inferenzstatistik der Schluss von Eigenschaften einer repräsentativen Stichprobe auf Eigenschaften der Grundgesamtheit, das Testen von Hypothesen und die Regressionsanalyse von zentraler Bedeutung.

Grundlagen der Inferenzstatistik sind Stichprobentheorie und Wahrscheinlichkeitsrechnung. Mit der inferenzstatistischen Stichprobenanalyse lässt sich mit einer berechenbaren Irrtumswahrscheinlichkeit von Eigenschaften einer Stichprobe auf Eigenschaften der Grundgesamtheit schließen. Die Teststatistik erlaubt ebenfalls mit einer berechenbaren Irrtums-Wahrscheinlichkeit zwischen zwei konträren Hypothesen zu entscheiden, und die Regressionsanalyse ermöglicht die Prognose von Ausprägungen eines Merkmals aufgrund der Kenntnis der Ausprägungen eines anderen Merkmals. Statistische Verfahren sind anwendbar auf univariate, bivariate und multivariate Häufigkeitsverteilungen, d.h. Verteilungen, welche hinsichtlich eines, zweier oder mehrerer Merkmale variieren. Die Verfahren der Deskriptiv- und Inferenzstatistik schließen sich nicht aus. Die Anwendung statistischer Verfahren ist heute durch die Möglichkeiten der automatischen Datenverarbeitung erheblich erleichtert. Dieser Komfort entbindet aber nicht von der Notwendigkeit, diese Verfahren genau hinsichtlich der Anwendungsvoraussetzungen zu prüfen, um mit den Ergebnissen der statistischen Analyse wissenschaftlich argumentieren zu können.

→ **Methodologie; Soziologische Theorien**

📖 *K. Backhaus/B. Erichson/W. Plinke/R.* Weiber ([12]2009):Multivariate Analysemethoden. Berlin/Heidelberg; *H. Benninghaus* ([11]2007): Deskriptive Statistik.Wiesbaden; *A. Diekmann* ([20]2007): Empirische Sozialforschung. Reinbek; *U. Engel/J. Reinecke* (1994): Panelanalyse. Berlin/New York; *ders.* (1998): Einführung in die Mehrebenenanalyse. Wiesbaden; *G. Faßnacht* ([2]1995): Systematische Verhaltensbeobachtung. Basel; *U. Flick* ([2]2007): Qualitative Sozialforschung. Reinbek; *W. Früh* ([6]2007): Inhaltsanalyse. München; *R. Hitzler/J. Reichertz/N. Schröder* (Hg.) (1999): Hermeneutische Wissenssoziologie. Konstanz; *S. Kirchhoff/S. Kuhnt/P. Lipp/S. Schlawi* ([4]2008): Der Fragebogen. Datenbasis, Konstruktion und Auswertung. Wiesbaden; *F. Kleemann/U. Krähnke/I. Matuschek* (2009): Interpretative Sozialforschung. Wiesbaden; *D.G. Kleinbaum* (1994): Logistic Regression. New York; *ders.* (1996): Survival Analysis. New York; *M. Kohli/G. Robert* (Hg.) (1984): Biografie und soziale Wirklichkeit. Stuttgart; *P. Mayring* ([5]2002): Einführung in die qualitative Sozialforschung. Weinheim; *H. Sahner* ([7]2008): Schließende Statistik. Wiesbaden; *R. Schnell/P.B. Hill/E. Esser* ([8]2008): Methoden der empirischen Sozialforschung. München/Wien; *U.Wagner* (1997): Interaktive Sozialforschung. Weinheim.

Gunter E. Zimmermann

Methodologie

Lehre von den allgemeinen Regeln des wissenschaftlichen Forschens.

Obgleich sie auch die Methoden der Forschung betrifft, darf die M. nicht mit der Lehre von den Forschungstechniken verwechselt werden. Die M. ist eine Metatheorie (Theorie über eine oder mehrere Theorien), die der grundlegenden Untersuchung wissenschaftlicher Methoden dient; sie ist insofern ein wichtiger Teil der Wissenschaftstheorie.

Als Theorie über Forschungsprozesse hat die M. die Bewertung und Kritik ihrer Ergebnisse und ihres Zustandekommens sowie Vorschläge für die Verbesserung der Forschungspraktiken zum Gegenstand. Sie kann demzufolge auf die grundsätzliche Frage, wie soz. Erkenntnis überhaupt möglich ist, zurückgeführt werden und ist insofern sowohl mit der soz. Theoriebildung als auch mit der empirischen Sozialforschung verbunden. Im Rahmen ihrer wissenschaftstheor. Analysen behandelt die M. die Bildung von Begriffssystemen, die Probleme der Operationalisierung von Begriffen, die logische Analyse von Erklärungen und Theorien, die Konstruktion von Theorien und ihre Überprüfung, die Formulierung von Hypothesen, die Entwicklung von Untersuchungsplänen, die systematische Analyse des vorhandenen Wissens und die Beziehungen zwischen den mit Gesellschaft und Menschen befassten Wissenschaften.

Für die Soz. ist die M. von besonderer Bedeutung; die Diskussion um Theorien hat immer auch methodol. Charakter. Aus dem breiten Spektrum methodol. Thematiken können nur einige zentrale Probleme bzw. Kontroversen angesprochen werden.

1. Eine die Geschichte der Soz. begleitende grundsätzliche Kontroverse betrifft die Frage, ob soziale Phänomene nur soziale Ursachen haben und demzufolge nur soz. erklärbar sind, oder ob soziale Phänomene auf psychol. Gesetzmäßigkeiten des individuellen Verhaltens zurückgeführt und durch diese vollständig oder teilweise erklärt werden können. Beide Positionen – die kollektivistische oder holistische und die individualistische – bestehen nebeneinander, sind in sich nicht einheitlich und in verschiedenen Formen miteinander kombiniert.

Der individualistische Ansatz findet sich in reinster Form in der individualistisch-reduktionistischen Soz., die soziale Phänomene auf psychische Verhaltensgesetzmäßigkeiten zurückführt und durch diese erklären will. Dagegen geht der Ansatz der individualistisch-antireduktionistischen Soz. zwar auch vom individuellen Handeln aus, lehnt jedoch die Reduktion sozialer Phänomene auf psychische Prozesse und Gesetzmäßigkeiten ab. Diese auch als *methodologischer Individualismus* bezeichnete Position geht von der Grundannahme aus, dass das Handeln interdependenter Individuen zu nicht beabsichtigten und nicht geplanten sozialen Phänomenen führt, die gegenüber den individuellen Verhaltensdispositionen hochgradig autonom und daher psychol. nicht erklärbar sind. Die kollektivistische bzw. antiindividualistische Gegenposition ist durchgängig antireduktionistisch, weil soziale Phänomene als unabhängig von individuellem Handeln und psychischen Verhaltensgesetzmäßigkeiten betrachtet werden.

Die Problematik eines individualistischen oder kollektivistischen Zugangs zur Erklärung sozialer Phänomene war bereits im Konzept einer *verstehenden Soz.* von Max Weber (1864-1920) deutlich geworden. Max Weber hatte das *soziale Handeln* als Objektbereich der Soz. beschrieben und die Soz. als eine Wissenschaft definiert, „welche soziales Handeln deutend verstehen und dadurch in seinem Ablauf und seinen Wirkungen ursächlich erklären will". Soziales Handeln ist ein Verhalten, „welches 1. dem subjektiv gemeinten Sinn des Handelnden nach auf das Verhalten anderer bezogen, 2. durch diese seine sinnhafte Bezogenheit in seinem Verlauf mitbestimmt und also 3. aus diesem (subjektiv) gemeinten Sinn heraus verständlich erklärbar ist". *Sinn* und Sinnzusammenhang sind entscheidend für das Verstehen, und unter Sinn wird neben dem subjektiv gemeinten Sinn, wie z.B. der Zweckrationalität eines Handelns, auch der kulturell und gesellschaftlich vermittelte Sinn als Setzung von Werten und Normen verstanden.

Kollektive soziale Gebilde sind nach Max Weber lediglich Kategorien für bestimmte Formen des Zusammenhandelns, und die Soz. muss die Kategorien auf das Handeln der beteiligten Individuen zurückführen.

Der kollektivistische Ansatz zur Untersuchung sozialer Phänomene erfährt damit eine Ablehnung. Auch wenn das Individuum bzw. das individuelle soziale Handeln die Analyseeinheit der verstehenden Soz. ist, wird die Möglichkeit psychol. Erklärungen ausgeschlossen.

Die verstehende Soz. ist ein frühes Beispiel für einen methodol. Individualismus. Sie stellt das Individuum in einen sozio-kulturellen Sinnzusammenhang und geht damit über das unmittelbar Beobachtbare hinaus. Allerdings ist das Ergebnis verstehender, sinnorientierter Deutung zunächst nur Hypothese über potenzielle Kausalbeziehungen, die, um gültige und verständliche Erklärungen zu gewinnen, empirisch-statistisch geprüft werden müssen. Nachdem die verstehende Soz. gegenüber den vorherrschenden funktionalistischen und systemtheor. Ansätzen längere Zeit relativ unbedeutend war, gewinnt sie ggwt. im Zusammenhang mit dem Aufschwung einer interpretativen Soz. an Stellenwert.

2. Ein die Individualismus-Kollektivismus-Problematik überlagerndes Problem der Sozialwissenschaften resultiert aus der Frage, ob diese einen methodol. Sonderstatus benötigen, oder ob sie den Naturwissenschaften analoge Forschungstechniken anwenden können und sollen.

Der sog. Naturalismus befürwortet eine am Vorbild der Naturwissenschaften orientierte Forschungsstrategie, d.h. eine empirische Sozialforschung mit quantitativen, auf Messung ausgerichteten Methoden zur Prüfung von Hypothesen, und neigt zum methodol. Individualismus. Von der antinaturalistischen Gegenposition wird argumentiert, dass die Besonderheiten und die Komplexität des Gegenstandes der Soz. durch naturwissenschaftliche Verfahren nicht adäquat erfassbar sind. Unklar an dieser Kontroverse ist, ob die Soz. deswegen generell einen methodol. Sonderstatus einnimmt, oder ob sich die vermeintliche Untauglichkeit des Naturalismus nur auf die Bildung umfassender Gesellschaftstheorien bezieht und nicht auf genau abgrenzbare Problembereiche und Hypothesen, die sehr wohl mit naturalistischen Methoden erforschbar und prüfbar sind.

Wird die Leistungsfähigkeit des Naturalismus in diesem Bereich anerkannt, kann vom naturalistischen Standpunkt aus argumentiert werden, dass auf diesem Wege ebenfalls allgemeinere und umfassendere Theorien entwickelt werden können, wenn durch eine systematische Forschung genügend Hypothesen empirisch geprüft werden. Die verstehende Soz. bezieht zu diesem Problembereich eindeutig Position: Indem sie ein deutendes Verstehen fordert, setzt sie sich von der naturwissenschaftlichen Methode ab. Andererseits wird als Komplement des Verstehens aber kausales Erklären durch Hypothesenprüfung durch empirisch-statistische, also naturwissenschaftliche Verfahren und umgekehrt die sinnhafte Deutung von statistischen Daten gefordert. Diese Kombination unterschiedlicher methodischer Vorgehensweisen ist den Besonderheiten des Forschungsgegenstandes der Sozialwissenschaften möglicherweise angemessener als die entweder nur naturalistische oder nur nicht-naturalistische Methodik.

3. Ebenfalls ein grundlegendes methodol. Problem ergibt sich für die Sozialwissenschaften aus der Besonderheit, dass der Wissenschaftler als Individuum selbst Gegenstand seines Erkenntnisbereiches ist. Diese besondere Einbezogenheit hat eine geringere Distanziertheit zur Folge und konstituiert einen Zusammenhang von Erkenntnis und Interesse und damit ein besonderes Engagement bei der Bewertung wissenschaftlicher Problemformulierungen. Aus dieser Problematik resultiert der immer noch aktuelle Werturteilsstreit in den Sozialwissenschaften. Das Prinzip der *Wertfreiheit* fordert die rigorose Trennung wissenschaftlicher Aussagen über einen Gegenstand der sozialen Wirklichkeit von subjektiv wertenden Aussagen. Methodol. erfolgt aus dem Wertfreiheitsprinzip die Forderung nach einer intersubjektiven Überprüfbarkeit wissenschaftlicher Aussagen bzw. nach einer Nachvollziehbarkeit des Zustandekommens empirischer Befunde. Keinesfalls impliziert die Forderung nach Wertfreiheit, dass Werte nicht Gegenstand wissenschaftlicher Untersuchung sein können; auch die Verantwortung des Wissenschaftlers für die Folgen seiner Tätigkeit stellt ein anderes Problem dar.

Einen ersten Höhepunkt erreichte der sog. *Werturteilsstreit* zwischen 1900 und 1914 im „Verein für Socialpolitik" und ist v.a. mit den Namen Max Weber und Gustav Schmoller (1838-1917) verbunden (aus der Sicht der Nationalökonomie der „zweite Methodenstreit"). Der Nationalökonom Gustav Schmoller vertrat an der Spitze einer Gruppe einflussreicher Ökonomen, die auch als „Kathedersozialisten" bezeichnet wurden, die Auffasssung, dass es zu den Aufgaben der Wissenschaft zähle, Werturteile über die bestehenden Verhältnisse einerseits sowie wirtschaftl. Entwicklungsideale andererseits zu erarbeiten, um in reformatorischer Absicht sozial- und wirtschaftspol. Empfehlungen erteilen zu können. Demgegenüber forderte insbes. Max Weber eine rigorose Trennung von Erfahrungswissen und Werturteilen.

Die Diskussion wurde nach dem Ersten Weltkrieg v.a. in den USA fortgesetzt und entbrannte in Dtld. erneut zu Beginn der 1960er Jahre im Rahmen des sog. *„Positivismusstreites"* (dritter Methodenstreit; Baier 1969). Karl Popper (1902-1994) als Vertreter des *Kritischen Rationalismus* forderte (in Übereinstimmung mit den Thesen Max Webers) die strikte Anerkennung des Werturteilspostulats. Nach Popper können Hypothesen nicht endgültig bestätigt, sondern nur falsifiziert werden, weshalb sich der Kritische Rationalismus gegen jeden absoluten Wahrheitsanspruch wendet. Wertungen und Wunschvorstellungen von Wissenschaftlern dürfen nicht die Beschreibung und Erklärung von Tatsachen beeinflussen. Die alleinige Prüfinstanz ist die faktische Realität.

Demgegenüber vertraten Theodor W. Adorno (1903-1969) und später Jürgen Habermas (geb. 1929) als Vertreter der „Frankfurter Schule" im Rahmen der *Kritischen Theorie* die Meinung, dass die Erhebung der faktischen Realität zur einzigen Prüfinstanz von Theorien zu einer Wissenschaft führe, die selbst zum stabilisierenden Moment des Status quo werde. Entsprechend müssen Kritische Theorien nicht nur auf ihre Übereinstimmung mit der Realität, sondern auch in Hinsicht auf übergeordnete Kriterien (Freiheit, Gleichheit, Emanzipation etc.) beurteilt werden. Eine streng empirische und weitgehend „wertfreie" Sozialwissenschaft sei kritikwürdig: Empirie ist ein nützliches Kriterium, allerdings nicht das entscheidende. Dagegen wird seitens des Kritischen Rationalismus (Albert 1993) darauf hingewiesen, dass das übergeordnete Kriterium zumeist auf einer mehr oder weniger plausiblen Wertsetzung basiere, die jedoch keineswegs logisch zwingend sei.

→ **Methoden der empirischen Sozialforschung; Soziologische Erklärung; Soziologische Theorien**

📖 *H. Albert* ([12]1993): Theorie und Prognose in den Sozialwissenschaften. In: *E. Topitsch* (Hg.): Logik der Sozialwissenschaften. Köln (zuerst 1965); *K.O. Apel/M. Kettner* (Hg.) (1994): Mythos Wertfreiheit. Frankfurt a.M.; *A.F. Chalmers* ([6]2006): Wege der Wissenschaft. Berlin; *ders.* (1999): Grenzen der Wissenschaft. Berlin; *H. Baier* (1969): Soziale Technologie oder soziale Emanzipation? Zum Streit zwischen Positivisten und Dialektikern über die Aufgaben der Soziologie. In: *B. Schäfers* (Hg.): Thesen zur Kritik der Soziologie. Frankfurt a.M.: 9-25; *N. Elias* (2003): Engagement und Distanzierung. Gesammelte Schriften. Bd. 8. Frankfurt a.M. (zuerst 1983); *Ch. Ferber* ([12]1993): Der Werturteilstreit 1909/1959. In: *E. Topitsch* (Hg.): Logik der Sozialwissenschaften. Köln: 165-180; *R. Greshoff/U. Schimank* (2005): Was erklärt die Soziologie? Methodologien, Modelle, Perspektiven. Münster; *R. Mayntz* (2009): Sozialwissemschaftliches Erklären. Probleme der Theoriebildung und Methodologie. Frankfurt a.M.; *K.-D. Opp* ([6]2005): Methodologie der Sozialwissenschaften. Wiesbaden; *K.R. Popper* ([7]2004): Das Elend des Historizismus. Tübingen; *ders.* ([12]1987): Die Logik der Sozialwissenschaften. In: *T.W. Adorno/H. Albert/R. Dahrendorf* (Hg.): Der Positivismusstreit in der deutschen Soziologie. Darmstadt/Neuwied: 102-123; *E. Topitsch* (Hg.) (1993): Logik der Sozialwissenschaften. München; *V. Vanberg* (1975): Die zwei Soziologien. Individualismus und Kollektivismus in der Sozialtheorie. Tübingen; *M. Weber* ([7]1988): Gesammelte Aufsätze zur Wissenschaftslehre. Tübingen.

Gunter E. Zimmermann

Migration

(auch: *Wanderung*) im weitesten Sinne eine Positionsveränderung einer oder mehrerer Personen im Raum und damit ein Unterfall der *horizontalen bzw. räumlichen Mobilität*. In Abgrenzung zu anderen, temporären Formen der räumlichen Mobilität (z.B. Urlaubs- und Geschäftsreisen, Besuche und Ausflüge, Pendelverkehr) wird von einer M. bzw. einer Wanderung allerdings nur dann gesprochen, wenn die Positionsveränderung nicht nur vorübergehend ist und wenn mit ihr ein bestimmter qualitativer Aspekt (‚Lebensmittelpunkt‘) verbunden ist. In der empirischen Forschung gestaltet sich die Präzisierung dieser beiden Kriterien oftmals schwierig und konkrete Operationalisierungen weichen mitunter erheblich voneinander ab. In der amtlichen Statistik wird i.d.R. der Hauptwohnsitz zugrunde gelegt, was allerdings interessante Phänomene ausschließt, die ebenfalls unter den Begriff fallen (z.B. undokumentierte Wanderungen). Die Vereinten Nationen empfehlen, zwischen einer langfristigen (mindestens zwölf Monate) und einer kurzfristigen (mindestens drei Monate) M. zu unterscheiden (United Nations 1998).

Je nachdem, welche räumlichen Grenzen durch die Wanderung überschritten werden, lassen sich verschiedene Typen unterscheiden: Internationale Wanderungen betreffen einen Wechsel zwischen Staaten bzw. Nationen. I.e.S. ist die Verwendung des Begriffs der M. oftmals für den Typus der internationalen Wanderung reserviert. Erfolgt die Wanderung innerhalb eines Staates, wird auch von Binnenm. (oder: interregionale Wanderung) gesprochen, wobei diese sich weiter danach differenzieren lässt, welche Regionengrenzen (Bundesländer, Regierungsbezirke, Kreise, Gemeinden) überschritten werden. Wanderungen innerhalb einer Gemeinde werden auch als innerstädtische Wanderungen bzw. Umzüge innerhalb einer Gemeinde bezeichnet.

In Bezug auf eine M. kann zwischen dem Herkunftsgebiet und dem Zielgebiet unterschieden werden. In Bezug auf ein bestimmtes Gebiet lässt sich zwischen Einwanderung (*Immigration*) und Auswanderung (*Emigration*) differenzieren. Beide Prozesse gehen neben der natürlichen Bevölkerungsbewegung (Fertilität und Mortalität) in die demographische Grundgleichung ein. Die Differenz zwischen Einwanderungen und Auswanderungen wird als Nettom. bezeichnet. Bezieht man die absoluten Wanderungen in einem bestimmten Zeitraum auf den (anfänglichen bzw. mittleren) Populationsbestand eines Gebietes, ergeben sich entsprechend Einwanderungsrate, Auswanderungsrate und Nettom.srate.

Weitere Differenzierungen des M.sbegriffes werden häufig anhand der hauptsächlichen Motive vorgenommen, die mit der M. verbunden sind. Eine klassische Typologie bildet dabei die von William Petersen (1958), der zwischen einer ursprünglichen Wanderung (als direkte Reaktion auf die natürliche Umwelt), einer gewaltsamen und zwangsweisen Wanderung (veranlasst durch den Staat bzw. staatsäquivalente Institutionen), freiwilligen Wanderungen (infolge persönlicher Entscheidungen) und Massenwanderungen (motiviert durch die Wanderungen anderer) unterscheidet. Letzteres wird auch als Kettenm. bezeichnet. Für das jüngere M.sgeschehen sind insbes. die Unterscheidungen zwischen einer Wanderung aus unmittelbar erwerbsbezogenen Gründen (Arbeitsm.), dem Nachzug von Familienmitgliedern (Familienzusammenführung), der Einwanderung von Flüchtlingen bzw. Asylbewerbern (Asylm.) und der Einwanderung oftmals rechtlich privilegierter Gruppen, die in anderen Staatsgebieten als ethnische Minderheiten leben, relevant (Han 2000). Nicht immer lassen sich jedoch eindeutige Motivlagen ausmachen, was solchen Typologisierungsversuchen Grenzen setzt.

M.en gibt und gab es in fast allen der skizzierten Typen und Formen, in allen Gesellschaften und zu allen hist. Zeiten. In der jüngeren Geschichte lassen sich grob vier typische Perioden jeweils dominanter internationaler M.sbewegungen ausmachen (Massey et al. 1998): eine merkantile Periode (ca. 1500 – 1800) im Zuge der Kolonialisierung der vier übrigen Kontinente durch die Europäer; eine industrielle Periode (ca. 1800-1925), die weitgehend geprägt ist durch die Verbreitung der Industrialisierung und die einhergehende Auswanderung von Europäern v.a. nach Nordamerika (USA und Kanada); eine Periode nur begrenzter M. v.a. nach 1929 während der Weltwirtschaftskrise und unmittelbar nach dem zweiten Weltkrieg; und schließlich die jüngste Phase nach-industrieller M., spätestens seit 1960, in der zunächst die ehemaligen Auswanderungsländer Nord- und Westeuropas, dann viele industrialisierte Staaten Asiens und Südeuropas – mittlerweile zunehmend auch Osteuropas – zu Ländern mit beachtlicher Einwanderung geworden sind.

In der dt. Geschichte seit 1945 lassen sich vereinfacht ebenfalls vier größere Abschnitte der Zuwanderung unterscheiden (Münz et al. 1999). In den Nachkriegsjahren kamen zunächst v.a. Flüchtlinge und Vertriebene aus den ehemaligen dt. Ostgebieten in großer Zahl in das Gebiet der heutigen Bundesrepublik. Mit dem sog. Wirtschaftswunder setzte dann spätestens Anfang der 1960er Jahre die massive Arbeitsm., v.a. aus Italien, Spanien, Portugal, Griechenland, Jugoslawien und der Türkei ein. Diese zweite Phase endete 1973 mit dem Anwerbestopp, wurde aber durch eine umfangreiche M. im Zeichen des Familiennachzuges abgelöst. Ende der 1980er und Anfang der 1990er Jahre setzte dann eine vierte Phase ein, in der v.a. Asylbewerber und Spätaussiedler, aber auch eine neu einsetzende Arbeitsm. aus Ostmittel- und Osteuropa, das M.sgeschehen bestimmten.

Die Gegenstände der M.sforschung sind vielfältig. Eine wichtige Aufgabe der empirischen Arbeit bildet die Dokumentation von Wanderungsbewegungen (woher? wohin?) und entsprechender zeitlicher Trends (wann?). Dies ist aufgrund der eingangs angedeuteten konzeptuellen Schwierigkeiten und der generellen Datenlage keineswegs ein leichtes Unterfangen. Über den reinen Umfang hinaus interessiert dabei auch, welche speziellen Teilgruppen (wer?) wandern, was auch als selektive M. bzw. M.sdifferentiale bezeichnet wird. Gegenstand der M.stheorie sind allgemeine Erklärungen (warum?) dieser Phänomene und die Integration entsprechender Ansätze. Deren Überprüfung ist dann ein weiteres umfangreiches Feld der empirischen Forschung. Nicht zuletzt aufgrund der enormen gesellschaftlichen Konsequenzen, die mit Ein- und Auswanderungen verbunden sind, liegt ein wesentliches Ziel schließlich darin, zukünftige Wanderungsbewegungen angemessen prognostizieren zu können. I.w.S. des Begriffes wird unter M.sforschung auch die Beschäftigung mit den Folgen der Wanderung geführt, worunter z.b. Prozesse der Integration von Zuwanderern bzw. ethnischen Minderheiten fallen. Diese werden hier unter Zugrundelegung eines engeren Begriffes aber ausgeklammert.

Mit seinen ‚Gesetzen der Wanderung' gilt Ernest G. Ravenstein (Ravenstein 1885) als Urvater der M.stheorie. In deren Folge herrschen dann zunächst makrotheor. Ansätze vor, wie die an die Physik angelehnten Gravitationsmodelle der Wanderung, die Makroökonomie und das damit eng verbundene generelle ‚Push-Pull-Paradigma'. Letzteres beinhaltet die prinzipielle Vorstellung, dass M.en durch ‚abstoßende' Faktoren im Herkunftsgebiet einerseits und ‚anziehende' Faktoren im Zielgebiet andererseits hervorgerufen werden. Neben klassischen Faktoren wie regionale Lohnniveaus oder Arbeitslosenquoten rücken dabei zunehmend auch nicht-ökon. Faktoren mit in den Blickpunkt. Empirische Unzulänglichkeiten bzw. offensichtliche Anomalien der Makroansätze sowie die grundsätzliche Notwendigkeit, auch selektives M.sverhalten zu erklären, führen zu einer ‚mikrotheoretischen Wende' in der M.sforschung. Einen Meilenstein bilden hier die Modelle aus der Humankapitaltheorie. Deren oftmals zu rigide Annahmen werden dann mehr und mehr durch realistischere ersetzt, wobei insbes. auch auf sozialpsychol. Ansätze zurückgegriffen wird. Die Werterwartungstheorie bildet in gewisser Weise die Symbiose dieser beiden Theoriestränge (Kalter 2000).

In der aktuellen M.sforschung wird u.a. diskutiert, inwieweit all diese klassischen Erklärungsansätze auch noch zur Erklärung aktueller M.sphänomene angemessen sind. Unter Stichworten wie ‚Globalisierung' und ‚Transnationalismus' wird u.a. argumentiert, dass sich nicht nur Richtungen und Gewichte internationaler M.sbewegungen verschieben, sondern dass auch grundsätzliche Veränderungen im Typus der M. zu verzeichnen sind. M. sei nicht mehr vorwiegend ein unidirektionaler und einmaliger Akt der Verlagerung des Lebensmittelpunktes in ein anderes Staatsgebiet bzw. eine andere Kultur, vielmehr pendelten Akteure verstärkt zwischen solchen Kulturen und organisierten ihr Leben zunehmend in bi- bzw. multilokalen Kontexten (Faist 2000).

Da die dominanten Theorieansätze darüber hinaus noch einige Anomalien aufweisen, wird aus all diesen Beobachtungen nicht selten die Notwendigkeit einer erneuten theor. Umorientierung abgeleitet, nun wieder hin zu makroperspektivischen Ansätzen, wie etwa der World-Systems-Theorie. Auf der anderen Seite wird hingegen versucht, die mikroperspektivische Sicht aufgrund ihrer methodol. Vorzüge im Kern beizubehalten. Allerdings werden zentrale Modifikationen an den grundlegenden verhaltenstheor. Annahmen vorgenommen. So betont die Neue M.sökonomie etwa das Konzept der Risikoaversion und berücksichtigt den gesamten Haushaltskontext als Rahmen der M.sentscheidung. Desweiteren wird verstärkt die Bedeutung von Netzwerkstrukturen bzw. sozialer Kapitalien als zentrales Glied auf der Meso-Ebene hervorgehoben. Mit einer systematischen Rückbindung dieser Konzepte auf die zugrundeliegenden Entscheidungsmodelle und deren entsprechender Dynamisierung erscheinen insbes. auch Phänomene der Kettenm. bzw. der sog. kumulativen Verursachung von M.en behandelbar (Massey et al. 1993).

→ **Akkulturation; Bevölkerung; Mobilität, soziale; Sozialstruktur**

📖 *T. Faist* (2000): The Volume and Dynamics of International Migration and Transnational Social Spaces. Oxford; *P. Han* (2000): Soziologie der Migration. Stuttgart; *F. Kalter* (2000): Theorien der Migration. In: *U. Mueller/B. Nauck/A. Diekmann* (Hg.): Handbuch der Demographie. 1. Modelle und Methoden. Berlin: 438-457; *D.S. Massey/J. Arango/G. Hugo/A. Kouaouci/A. Pellegrino/J.E. Taylor* (1993): Theories of International Migration. A Review and Appraisal. In: Population and Development Review 19: 431-466. *D.S. Massey/J. Arango/G. Hugo/A. Kouaouci/A. Pellegrino/J.E. Taylor* (1998): Worlds in Motion. Understanding International Migration at the End of the Millennium. Oxford; *R. Münz/W. Seifert/R. Ulrich* (1999): Zuwanderung nach Deutschland. Strukturen, Wirkungen, Perspektiven. Frankfurt a.M./New York; *E.G. Ravenstein* (1972): Die Gesetze der Wanderung 1 und 2. In: *G. Széll* (Hg.): Regionale Mobilität. Elf Aufsätze. München: 41-49; *United Nations* (Hg.) (1998): Recommendations on Statistics of International Migration. Revision 1. Department of Economic and Social Affairs. Statistics Division. New York.

Frank Kalter

Milieu, soziales

eine sozialstrukturelle Gruppe gleichgesinnter Menschen, die ähnliche Werthaltungen, Lebensführungen, Beziehungen zu Mitmenschen und Mentalitäten aufweisen. Die Mitglieder eines s.en M.s haben oft ein gemeinsames (materielles, kulturelles, soziales) Umfeld. Sie sehen, interpretieren und gestalten es in ähnlicher Weise.

Kleinere M.s (z.B. Organisations-, Stadtviertel- oder Berufsm.s) haben durch ein gewisses Wir-Gefühl und verstärkte Binnenkontakte einen engeren Zusammenhalt als größere.

Der M.begriff ähnelt dem Begriff *Lebensstil*. Beide betonen die „subjektive" Seite der Gesellschaft, d.h. soziale Strukturierungen und Gruppierungen, für die das Denken und Verhalten der Menschen konstitutiv sind. Der M.begriff konzentriert sich auf psychol. „tief" verankerte und vergleichsweise beständige Werthaltungen und Grundeinstellungen von Menschen. Der Lebensstilbegriff richtet sich dagegen v.a. auf äußerlich beobachtbare Verhaltensroutinen.

Noch in den 1960er und 1970er Jahren gingen Sozialwissenschaftler meist davon aus, dass Selbstdefinition, Denken und Verhalten der Menschen v.a. von ihrer Klassen- bzw. Schichtzugehörigkeit geprägt sind. In den 1980er Jahren kamen, angestoßen von Praktikern aus Schule, Marketing und Politik, immer mehr Zweifel an dieser Annahme auf. Mit der Zunahme von Wohlstand, Bildung und sozialer Sicherheit schien das alltägliche Handeln der Menschen immer weniger von Ressourcenbesitz als von Ressourcenverwendung geprägt zu sein. Die soziale Stellung schien individuell gestaltbarer zu werden.

Die empirische Forschung zeigte seither, dass diese Annahmen teilweise zutreffen. Die Zugehörigkeit zu s.n M.s ist weder völlig von äußeren Faktoren determiniert noch ganz frei wählbar. Die M.zugehörigkeit ist bis zu einem gewissen Grade eine Frage des Alters, des Geburtszeitraums (Kohorte), der Lebensform (Haushaltszusammensetzung, Kinderzahl), der Lebensphase, des Geschlechts und der Bildung. Daneben wirken sich auch ökon. und berufliche Faktoren auf die M.zugehörigkeit aus.

Die ersten diachronen empirischen Studien weisen darauf hin, dass es schwieriger ist, im Lebenslauf oder in der Generationenfolge die M.zugehörigkeit als den Lebensstil zu wechseln, denn Werthaltungen sind beständiger als Verhaltensroutinen. Im Falle von Krisen oder neuen Kontakten sind M.wechsel aber möglich.

S.M. sind als vieldimensionale, ganzheitliche Phänomene definiert. Empirische Studien beruhen daher auf einer Vielzahl von Indikatoren und sind entsprechend aufwändig. Empirische Untersuchungen kamen weithin übereinstimmend zum Ergebnis, dass in Dtld. ca. acht bis zehn s.M.s zu unterscheiden sind. Sie lassen sich überwiegend bestimmten sozialen Schichten zuordnen. Jede soziale Schicht besteht jedoch aus mehreren s.n M.s.

In modernen Gesellschaften gehen M.s fließend ineinander über. Empirisch ermittelte M.grenzen geben daher nicht „natürliche" Gruppengrenzen wieder, sondern stellen von Sozialforschern „künstlich" getroffene Unterscheidungen zwischen merkmalsähnlichen Gruppierungen dar. Viele Menschen gehören so mehreren M.s an oder stehen zwischen ihnen.

S.M.s sind hist. gewachsen. Sie sind in vielen kulturellen Produkten verankert und werden als Teilkulturen von Gesellschaften in Sozialisationsprozessen übermittelt. Deshalb sind, hist. gesehen, s.M.s recht stabil. Dennoch wandelt sich die M.struktur von Gesellschaften langsam, u.a. wegen der Veränderung von Lebens-

bedingungen und sozialer Lagen. Traditionelle M.s schrumpfen. Sie weisen Werthaltungen auf, die ein Leben in Gemeinschaft und das Befolgen verpflichtender
Normen obenan stellen. Dagegen wachsen „moderne" und „postmoderne" M.s.
Ihre Werte betonen individualisiertes und selbstbezügliches Leben. Langfristig
sprechen die verfügbaren Befunde für eine allmähliche Pluralisierung s.r M.s.
    Forschungsresultate zu s.n M.s haben u.a. im Marketing und in der pol. Bera-
tung große Bedeutung. Denn die Zugehörigkeit zu M.s besagt viel über das alltagspraktische Verhalten in Konsum, Politik, Bildung etc. Die M.zugehörigkeit erklärt
Verhaltensweisen durch ähnliche Werte und Nutzenerwartungen der Menschen
und nicht wie die Schichtzugehörigkeit durch die Verfügbarkeit von Geld oder
Informationen.

Abb. 1: Sinus Milieus® in Deutschland 2009

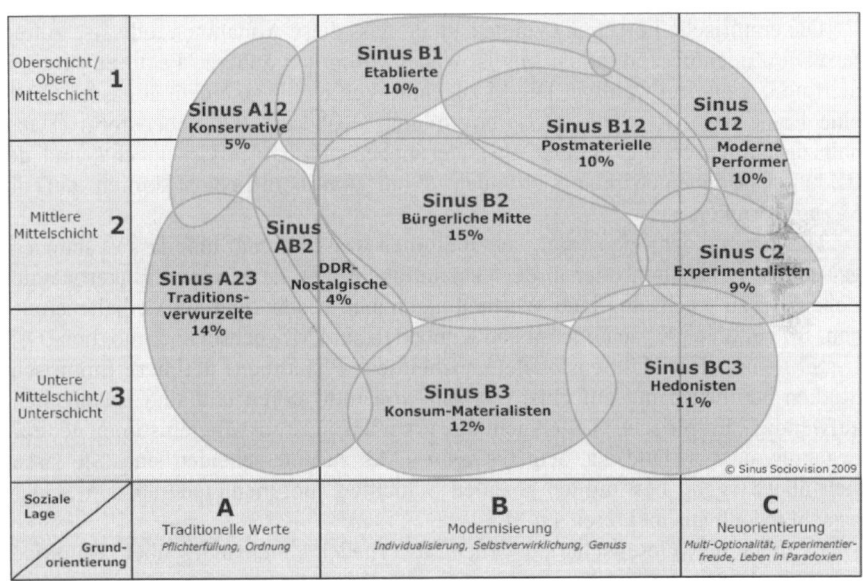

Quelle: www.sinus-sociovision.de

M.zugehörigkeit erklärt in begrenztem Ausmaß auch Vergemeinschaftungen, (z.B.
in „neuen sozialen Bewegungen") und soziale Konflikte, so auch die latenten symbolischen Kämpfe um Aneignungsprozesse im öffentlichen Raum (z.B. „Gentrifi-
cation").

Die Erkenntnisse über das M.gefüge helfen, die Sozialstruktur moderner Gesellschaften insgesamt zu verstehen und zu erklären. M.typologien gelten in diesem Zusammenhang als wichtige Ergänzungen zu Schicht- bzw. Klassenmodellen. Allerdings beruhen zahlreiche Erkenntnisse über M.strukturen bislang noch auf recht wenigen empirischen Befunden.

→ **Einstellung, soziale; Individuum; Lebensstil; Verhalten, soziales; Ungleichheit, soziale**

📖 *U. Beck* (2007): Risikogesellschaft. Frankfurt a.m. (zuerst 1986); *P. Bourdieu* ([15]2003): Die feinen Unterschiede. Frankfurt a.M. (zuerst 1982); *S. Hradil* (1987): Sozialstrukturanalyse in einer fortgeschrittenen Gesellschaft. Opladen; *ders.* (1992): Alte Begriffe und neue Strukturen. Die Milieu-, Subkultur- und Lebensstilforschung der 80er Jahre. In: *ders.* (Hg.): Zwischen Bewußtsein und Sein. Opladen: 15-56; *ders.* ([2]2006): Die Sozialstruktur Deutschlands im internationalen Vergleich. Wiesbaden; *G. Otte* ([2]2008): Sozialstrukturanalysen mit Lebensstilen. Eine Studie zur theoretischen und methodischen Neuorientierung der Lebensstilforschung. Wiesbaden; *G. Schulze* ([2]2005): Die Erlebnisgesellschaft. Kultursoziologie der Gegenwart. Frankfurt a.m.; *Sinus Sociovision* (2008): Informationen zu den Sinus-Milieus 2007. Heidelberg; *M. Vester et al.* (2001): Soziale Milieus im gesellschaftlichen Strukturwandel. Frankfurt a.M.; *W. Vögele/W. Vögele/H. Bremer/M. Vester* (Hg.): Soziale Milieus und Kirche. Würzburg.

Stefan Hradil

Minderheiten

(auch: *Minoritäten*) Bevölkerungsgruppen innerhalb eines Staates bzw. einer Gesellschaft, die von der Bevölkerungsmehrheit durch tatsächliche oder zugeschriebene ethnische, religiöse, kulturelle, sexuelle oder andere Merkmale unterschieden werden. Diese Unterscheidungen sind häufig Grundlage negativer Bewertungen. In der Folge sind M. vielfach Feindbildern, Vorurteilen und Praktiken der Diskriminierungen seitens der Mehrheit ausgesetzt. Dies verbindet sich mit Formen der Ausschlusses von der Kultur und den Institutionen der Gesellschaft, in der sie leben.

M. reagieren auf die Erfahrung der Benachteiligung, Ausgrenzung und Diskriminierung regelmäßig entweder mit einem Rückzug auf die Lebenszusammenhänge und Identifikationsangebote der Eigengruppe, oder aber durch verstärkte Bemühungen der Anpassung an die Aufnahmegesellschaft (*Assimilation*).

Welche Merkmale dabei als bedeutsam gelten und verhaltensrelevant werden, hängt von den Strukturen, Werten und Normen der jeweiligen Gesellschaft sowie der Art und Weise ihrer Durchsetzung ab. Bereits Max Weber (1864-1920) wies darauf hin, dass objektiv geringe Unterschiede zwischen Mehrheit und M. weitreichende Folgen haben können, während in anderen Fällen bedeutsame Unterschiede folgenlos bleiben. Damit erweist es sich als obsolet, die Ursachen von Vorurteilen und Diskriminierungen in den Eigenschaften von M. selbst zu suchen.

Georg Simmel (1858-1928) argumentiert in seinem „Exkurs über den Fremden", dass M. soz. immer nur in Relation zur Mehrheit zu verstehen sind. Er formuliert: „Der Fremde ist ein Element der Gruppe selbst, nicht anders als die Armen und die mannigfaltigen ‚inneren Feinde'". So betrachtet sind M. also Gruppen in Bezug auf eine Mehrheit, die ihnen diese Position zuweist und sich dadurch selbst als dominante Gruppe bestimmt.

Da sich der M.begriff nach dieser weiten Definition kaum vom Randgruppenbegriff (vgl. w.u.) unterscheidet, wird er häufig eingegrenzt und nur auf solche Gruppen bezogen, die nach nationaler Abstammung sowie ethnischen und kulturellen Merkmalen von der Bevölkerungsmehrheit in einem Nationalstaat unterschieden werden (nationale und ethnische M.).

Gegenstand empirischer soz. Untersuchungen wurde die Situation von M. zuerst in der amerik. Soz. der sog. *Chicagoer Schule* der 1920er und 1930er Jahre (A. Burgess, R.E. Park, Th. Znaniecki). Dort wurde das Problem rassisch-ethnischer und kultureller M. als eines der vorrangigen sozialen Probleme der Einwanderungsgesellschaft USA begriffen. Zentrales Thema war dabei weniger die Situation und das Verhalten der M. als vielmehr die Beziehung zwischen Majorität und M. Robert Ezra Park (1864-1944) formulierte das Konzept des Einwanderers als *„Marginal Man"*, der sich im Grenzbereich unterschiedlicher Kulturen befindet. Grundlegend für die Chicago-Schule ist eine stadtsoz. Perspektive in Verbindung mit Methoden der qualitativen Sozialforschung.

Vertreter von Theorien des kulturellen Pluralismus bzw. der *multikulturellen Gesellschaft* fordern die Stärkung des M.status und die Akzeptanz kultureller Unterschiede. Nach Ansicht der Vertreter der Theorie der Assimilation ist das Verhältnis zwischen Mehrheit und M. dagegen gekennzeichnet durch die allmähliche Angleichung (*Assimilation*) der Minorität an die Wertorientierungen und Verhaltensstandards der Majorität. Ziel ist die vollständige Integration von M. Im Unterschied zu beiden Positionen betonen neuere Studien die gesellschaftsstrukturelle Belanglosigkeit ethnischer und kultureller Differenzen und plädieren für eine Haltung der Indifferenz und Gelassenheit im Umgang mit Unterschieden.

Die M.forschung in der Bundesrepublik konzentriert sich vornehmlich auf die gesellschaftliche Stellung und soziale Lage ausländischer Arbeitnehmer (Arbeitsmigranten) und ihrer Angehörigen. Sie hat sich zunächst stark problemorientiert entwickelt. Schwerpunkte sind Probleme der Wohnungsversorgung, der wachsenden sozialen Segregation von Ausländern in einzelnen Großstadtbezirken, der Vorschul- und Schulerziehung, des Spracherwerbs, der beruflichen Bildung ausländischer Jugendlicher sowie Fragen der Familienstrukturen, der Sozialisationsbedingungen und des Gesundheitsverhaltens. Besonders schwerwiegend ist die rechtliche Ungleichheit, die aus dem Ausländerstatus resultiert: das Aufenthaltsrecht und die pol. Machtlosigkeit durch Ausschluss vom pol. Partizipationsprozess. Arbeitsmigranten, bes. ihre in der Bundesrepublik aufwachsenden Kinder und Kindeskinder (sog. zweite und dritte Generation), befinden sich in einer ambivalenten Situation: Die Bundesrepublik ist offiziell immer noch kein Einwanderungsland; von pol. Seite wird sowohl die Rückkehr ins Heimatland gefördert als auch ihre gesellschaftliche Integration ins Aufnahmeland erwartet und gefordert. Faktisch hat sich ein Großteil der Arbeitsmigranten auf einen langfristigen Verbleib eingestellt. Ein zentrales Thema der neueren Migrationsforschung sind die Prozesse, in denen Einwanderer zu Angehörigen ethnischer M. erklärt werden sowie die Bedingungen, die sie zur Aufrechterhaltungen bzw. Entwicklung kultureller Abgrenzungen (Selbstethnisierung) veranlassen.

Das (normative) Konzept der *multikulturellen Gesellschaft* plädiert für eine Gesellschaft, in der neben der Mehrheitskultur Bevölkerungsteile mit unterschiedlichen Kulturen (z.B. Menschen verschiedenartiger ethnischer Herkunft, Sprache, Religion, verschiedenartigen Wertsystemen, Normen und Verhaltensweisen) ohne Diskriminierung und Assimilationsdruck zusammenleben. Während die Befürworter der multikulturellen Gesellschaft den Abbau sozialer Vorurteile und die soziokulturelle Bereicherung des Lebens hervorheben, verweisen die Gegner u.a. auf Überfremdungsängste der heimischen Bevölkerung, Tendenzen der Ghettobildung und die Zunahme sozialer Konflikte.

Die ausländischen Arbeitnehmer und ihre Familien werden auch als Angehörige einer Randgruppe bezeichnet. Unter *Randgruppen* werden (sehr heterogene) Bevölkerungsgruppen gefasst, die sozialen Vorurteilen und Stigmatisierungen ausgesetzt und aus den sozialen Verkehrskreisen der Mehrheit ausgegrenzt sind. Randgruppen gelten als regulierungsbedürftige soziale Probleme und sind Objekte offizieller Kontrollen und Hilfen. Unter dieser Bezeichnung werden – neben ausländischen Migranten – u.a. analysiert: Sinti/Roma, psychisch Kranke, Körperbehinderte, Prostituierte, Drogenabhängige, Sektenangehörige, Heimkinder, Vorbestrafte, Obdachlose und Nichtsesshafte, alte Menschen und allein erziehende Mütter.

Während in älteren Arbeiten die Randgruppenangehörigen meist als Opfer ihrer Lebensumstände, also in bestimmter Weise als „unfähig" betrachtet wurden, ihre Situation zu verändern, rückt in neueren, v.a. der interaktionistischen Theorie abweichenden Verhaltens (*labeling approach*) verpflichteten Studien verstärkt das Verhältnis zwischen gesellschaftlicher Mehrheit und Randgruppen, der Prozess der

Ausgliederung einzelner Randgruppen, ins Blickfeld. Die Strategien der herrschenden Gruppe oder Mehrheit zur Sicherung der Geltung des Wert- und Normensystems reichen dabei von sozialer Kontrolle durch einzelne Organisationen der staatlichen Wohlfahrtsbürokratie über die Isolierung in Ghettos und Asylen bis hin zur Kriminalisierung und Isolierung der Betroffenen in totalen Institutionen. Viele der vermeintlichen Randgruppen sind keine Gruppen im eigentlichen Sinne, sondern desorganisierte und desintegrierte Aggregate von Personen, die z.t. schwer organisierbar und mobilisierbar sind.

→ **Integration; Migration; Segregation; Stigma; Verhalten, abweichendes; Vorurteil**

📖 *C. Dannenbeck* /*F. Esser* /*H. Lösch* (1999): Herkunft (er)zählt. Münster; *H. Esser* (1988): Ethnische Differenzierung und moderne Gesellschaft. ZfS 17: 235-248; *D. Kiesel/A. Messerschmidt/A. Scherr* (Hg.) (^{2}1999): Die Erfindung der Fremdheit. Frankfurt a.M.; *European Monitoring Centre on Racism and Xenophobia* (2001): Attitudes towards minority groups in the European Union. Vienna; *F. Heckmann* (1992): Ethnische Minderheiten, Volk und Nation. Stuttgart; *K. Imhof* (1993): Nationalismus, Nationalstaat und Minderheiten. Zu einer Soziologie der Minoritäten. Soziale Welt 44: 327-357; *C. Kleinert* (2004): Fremdenfeindlichkeit. Wiesbaden; *R. Lindner* (1990): Marginalität und Erfahrung. In: *ders.* (Hg.): Die Entdeckung der Stadtkultur. Frankfurt a.M.: 201-251; *C.Y. Robertson-Wensauer* (Hg.) (1993): Multikulturalität-Interkulturalität? Baden-Baden; *A. Scherr* (^{2}2001): Randgruppen und Minderheiten. In: *B. Schäfers/W. Zapf* (Hg.): Hdwb. zur Gesellschaft Deutschlands. Opladen: 518-528; *G. Simmel* (^{5}1968): Exkurs über den Fremden. In: *ders.* (Hg.): Soziologie. Berlin: 509-512; *P. A. Taguieff* (2000): Die Macht des Vorurteils. Hamburg; *A. Treibel* (^{2}1999): Migration in modernen Gesellschaften. München; *M. Weber* (^{5}1980): Ethnische Gemeinschaftsbeziehungen. In: *ders.* (Hg.): Wirtschaft und Gesellschaft. Tübingen (zuerst 1922): 234-242.

Rüdiger Peuckert/Albert Scherr

Mobilität, soziale

Bewegungen von Personen zwischen sozialen Positionen.

Die soz. Forschung befasst sich besonders mit dem Wechsel zwischen Berufspositionen oder Sozialschichten, um den Grad der „Offenheit" bzw. „Geschlossenheit" von Gesellschaften und damit die für den Einzelnen bestehenden Entwicklungschancen bzw. aufstiegshemmenden Barrieren festzustellen.

Folgende Differenzierungen des M.skonzepts sind hervorzuheben:

- im Anschluss an Pitrim A. Sorokin (1889-1968) wird unterschieden zwischen horizontaler und vertikaler M. Vertikale M. liegt vor, wenn die Bewegungen von Position zu Position als Auf- oder Abstiege (z.b. vom ungelernten Arbeiter zum Facharbeiter) interpretiert werden können. Als Kanäle oder Siebe vertikaler M. werden die Wege bezeichnet, über die Positionsveränderungen in einer Gesellschaft ermöglicht werden. Hierunter fallen alle am Sozialisationsprozess beteiligten Gebilde und Institutionen, wie z.b. Familie, Schule, Beruf, aber auch materieller Besitz und Heirat. Handelt es sich hingegen um eine Bewegung zwischen Positionen, die von ihrem Rang her auf einer Ebene liegen, so spricht man von horizontaler M. Gelegentlich wird horizontale M. auch mit regionaler oder räumlicher M. (Wanderung, Migration) gleichgesetzt;
- im Falle von Inter-Generationenm. vollzieht sich der Positionswechsel in der Generationenfolge, von der Eltern- auf die Kindergeneration, im Falle der Intra-Generationenm. (Karrierem.) innerhalb einer Generation. Abstromquoten erlauben Aussagen darüber, wohin die Söhne/Töchter, deren Väter/Mütter einen bestimmten Beruf ausgeübt haben, „geströmt" sind. Sie sind ein Indikator für die sog. Berufsvererbung bzw. für das Ausmaß der erreichten Chancengleichheit. Zustromquoten informieren darüber, aus welchen Berufsgruppen sich die Angehörigen einer bestimmten Berufsgruppe rekrutieren und dokumentieren die Geschlossenheit und Homogenität/Heterogenität von Berufsgruppen;
- kollektive M. bezeichnet im Anschluss an Theodor Geiger (1891-1952) den Statuswechsel einer „ganzen Kategorie von Personen" (z.B. die generelle Höherbewertung des Volksschullehrerberufs aufgrund der Akademisierung der Ausbildung), individuelle M. den Statuswechsel von einzelnen Personen;
- unter Strukturm. fallen alle durch strukturelle Veränderungen „erzwungenen" Positionswechsel (z.B. Freisetzung von Arbeitskräften durch Erhöhung der Produktivität in der Landwirtschaft oder durch Rationalisierung in der Güterproduktion). Zirkulationsm. bezeichnet die durch individuelle Fähigkeiten, Leistungen und Entscheidungen determinierte M. (auch: „überschüssige" M.).

Einen enormen Aufschwung erlebte die M.sforschung nach dem Zweiten Weltkrieg mit der Entwicklung der Repräsentativstatistik, da es nun möglich wurde, Richtung und Häufigkeit der M.svorgänge in verschiedenen Zeiträumen und Ländern zu vergleichen. Die Untersuchungen in der Bundesrepublik befassten sich zunächst mit den durch Flucht, Vertreibung und Wiederaufbau bedingten Berufsumschichtungen. In der zweiten Hälfte der 1960er Jahre gewann, in Verbindung mit arbeitsmarkt-und bildungspol. Interessen, die Analyse des Zusammenhangs von sozialer Herkunft, Bildung und beruflichem Status – der Prozess der *Statuszuweisung* – an Bedeutung (Problem der Chancengleichheit). Die Bildungsexpansion seit den 1960er Jahren hat nur zu einer geringen Abschwächung der Ungleichheit der schichtspezifischen Bildungschancen, wohl aber zu einer deutlichen Steigerung der Bildungsteilhabe aller sozialen Schichten geführt. Die zunehmende vertikale Mobilität in den letzten 30 Jahren für westdeut-sche Männer resultiert sowohl aus einer Zunahme von Aufstiegen als auch einer Zunahme der Abstiege, wobei der Trend zu Abstiegen etwas stärker ausgeprägt ist. Dagegen gelingt es westdeutschen Frauen heute sehr viel häufiger als früher, eine bessere Klassenposition einzunehmen als ihre Väter. In Ostdeutschland zeigt sich bei beiden Geschlechtern ein genereller Trend hin zu mehr Abstiegen.

Die Einschätzung hoher M.sraten ist sehr ambivalent. Empirisch abgesicherte Aussagen über die Folgen hoher/niedriger M. sind bisher nicht möglich. Einerseits wird darauf verwiesen, dass eine Gesellschaft mit einer relativ durchlässigen Sozialstruktur sich eher inneren und äußeren Wandlungs- und Innovationsprozessen – v.a. im ökon. Sektor – anpassen kann und aufgrund der bestehenden M.schancen die Entfaltung persönlicher Fähigkeiten erlaubt. Andererseits können mit hohen M.sraten auch gehäuft Anpassungsprobleme, Statusängste, Apathie und Identifikationsprobleme verbunden sein.

→ **Klasse, soziale; Migration; Schicht, soziale; Sozialisation; Status, sozialer; Ungleichheit, soziale; Wandel, sozialer**

P.A. Berger (1997): Individualisierung und sozialstrukturelle Dynamik. In: U. Beck/P. Sopp (Hg.): Individualisierung und Integration. Opladen: 81-95; P.A. Berger (²2001): Soziale Mobilität. In: B. Schäfers/W. Zapf (Hg.): Hdwb. zur Gesellschaft Deutschlands. Opladen: 595-604; M. Diewald/K.U. Mayer (Hg.) 1996): Zwischenbilanz der Wiedervereinigung. Strukturwandel und Mobilität im Transformationsprozeß. Opladen; M. Groß (2008): Klassen, Schichten, Mobilität. Wiesbaden; A. Hall (1997): Abbau sozialer Barieren? Zur Entwicklung der Muster sozialer Mobilität in Westdeutschland. In: W. Müller (Hg.): Soziale Ungleichheit. Opladen: 111-135; R. Pollak (2008): Soziale Mobilität. In: Statistisches Bundesamt (Hg.): Datenreport 2008. Berlin: 180-187; P.A. Sorokin (²1959): Social and Cultural Mobility. Glencoe.

Rüdiger Peuckert

Netzwerk, soziales

ein Geflecht von sozialen Beziehungen, in das der Einzelne, Gruppen, kollektive oder korporative Akteure eingebettet sind. Technisch gesehen handelt es sich um ein abgrenzbares Set von Elementen oder Knoten, für die eine oder mehrere *soziale Beziehungen* untersucht werden. Diese Beziehungsnetzwerke können symmetrisch (Verwandtschaft) oder asymmetrisch (Rat geben) sein. Häufig untersuchte Beziehungen (= Relationen) sind Wertschätzung und Freundschaft, Informations- und Kommunikationsbeziehungen, Transfer oder Tausch von Ressourcen, und Weisungsbeziehungen im Rahmen von Unter- und Überordnungsverhältnissen (Jansen 2006).

Der N.begriff hat sich in den letzten 20 Jahren in der Soz., der Politikwissenschaft und der Wirtschaftswissenschaft zu einem zentralen Analysekonzept entwickelt. So werden s.N.e in ihrer Funktion der sozialen *Integration* moderner Gesellschaften und der sozialen Unterstützung bei der Bewältigung von Alter, Krankheit und einschneidenden Lebensereignissen untersucht (Wellman/Wortley 1990, van Duin et al. 1999). In der Forschung zu *sozialer Mobilität* oder den Bedingungen von Unternehmenserfolg geht es darum, wie Einzelne oder Organisationen von ihrem sogenannten „Sozialen Kapital" profitieren können (Lin et al. 2001). Diffusion von Innovationen oder die Entstehung sozialer Bewegungen werden im Hinblick auf den Einfluss s.r N.e auf Durchsetzbarkeit und Verbreitungsmuster untersucht (Strang/Soule 1998). Die Policyforschung sieht in den Strukturen von Politiknetzwerken wichtige Faktoren, die die Steuerbarkeit moderner Gesellschaften mitbestimmen (Jansen 1995).

Die Definition s.N. macht wenig Vorannahmen über die Voraussetzungen und Folgen von N.en. Sie unterscheidet sich von spezifischeren Definitionen, wie sie in der neuen institutionellen Ökonomik oder im soz. Neoinstitutionalismus verwendet werden. Hier werden N.e als eine spezifische *Institution* der Handlungskoordination definiert, und anderen idealtypischen Governanceformen wie Markt und Hierarchie gegenüber gestellt; s.N.e sind danach durch ihre relative Dauerhaftigkeit gekennzeichnet sowie durch vergleichsweise horizontale Beziehungen zwischen autonomen Akteuren – ohne formale Hierarchie. Der Vorteil der oben zugrunde gelegten allgemeineren Definition liegt darin, dass mit ihr auch andere Governanceformen auf die sie kennzeichnenden Beziehungen untersucht werden können. *Governance* kann so wesentlich genauer beschrieben werden und im Ergebnis zeigt sich, dass Märkte i.d.R. nicht nur durch rein preisgeleitete kurzfristige Tauschbeziehungen gekennzeichnet sind ebenso wie in Hierarchien neben den Weisungsbeziehungen regelmäßig horizontale Sozialbeziehungen beobachtet werden können. Hier kann nun nach den Folgen solcher sozialer Einbettung gefragt werden.

Wichtige Vorläufer der Analyse s.N.e sind die dt.-österreichische Tradition der Sozialpsychologie sowie die brit. und amerik. Sozialanthropologie. Das Gemeinsame dieser Traditionen ist das Interesse am Funktionieren und den tatsächlichen Beziehungsstrukturen in größeren sozialen Einheiten wie Gemeinden, Organisationen oder Gesamtgesellschaften. Die Entstehung einer eigenen Forschungsrichtung zur Analyse s.r N.e wird vielfach mit der Entwicklung der sog. Blockmodellanalyse durch die Gruppe der Harvard Strukturalisten um Harrison C. White datiert (White et al. 1976). Die Harvard-Strukturalisten, aber auch Vorläufer und Nachfolger aus der brit. und amerik. Sozialanthropologie setzten sich dezidiert von der damals in den USA dominierenden Forschungtradition des normativ geprägten Strukturfunktionalismus ab. Sie kritisieren Parsons' Theorieansatz als individualistisch und voluntaristisch. Sozialstrukturanalyse müsse an den sozialen Beziehungen und den durch sie geprägten Zwängen und Gelegenheiten ansetzen, statt an individuellen persönlichen Einstellungen (Jansen 2006).

Die Analyse von s.N.en heute zielt zum einen auf die Identifikation und Erklärung von positiven und negativen N.effekten, zum anderen auf die Erklärung der Entstehung und Veränderung von N.en. Ein solcher Forschungsansatz ist in der Lage, Akteur- und Handlungstheorien mit Theorien über Institutionen, Strukturen und Systeme zu verbinden. Die Analyse s.r N.e erlaubt es, Mikro- und Makroebenen miteinander zu verbinden und emergenten Eigenschaften von Sozialsystemen, den „sozialen Tatsachen" Durkheims auf die Spur zu kommen.

Die betrachteten Forschungsfragen können auf verschiedenen Analyseebenen angesiedelt sein – auf der Ebene des einzelnen Knoten oder Akteurs im N., auf der Ebene von im N. als zusammengehörig bzw. ähnlich definierten Gruppen von Knoten, und auf der Ebene von Gesamtn.en und ihrem Vergleich. So kann auf der Ebene von Gesamtn.en, z.B. für Schulklassen oder Unternehmen, untersucht werden, ob der Grad der Verbundenheit für positive informale Beziehungsn.e einen Einfluss auf den durchschnittlichen Schulerfolg einer Klasse bzw. den Innovationserfolg eines Unternehmens hat. Subgruppen in N.en können auf ihre Einbettung und Stellung im N. (Polarisierung, Integration, Über- und Unterordnung) untersucht werden und hieraus Vorhersagen über ihre Durchsetzungskraft oder über die Entwicklung des Gesamtsystems (z.B. Konflikthäufigkeit und deren Kosten/Lösbarkeit) abgeleitet werden. Und schließlich kann untersucht werden, welche Vor- und Nachteile der einzelne Akteur aus seiner N.position bezieht, z.B. als Bindeglied zwischen zwei ansonsten nicht verknüpften Teilen des N.s oder als Akteur mit hoher Zentralität im N., von dem neue Ideen oder Produkte eher als von peripheren Akteuren übernommen werden. In einer dynamischen Perspektive verändern sich N.strukturen und Akteureigenschaften und -präferenzen in einem Prozess wechselseitiger Beeinflussung (Stokman/Doreian 2001).

Auch diese Dynamik von N.en kann auf der Ebene von Gruppen und N.en untersucht werden. Die Forschung zur Entstehung von Unternehmensallianzen zeigt z.b., dass Ähnlichkeit und Vorkenntnisse von Dritten ein Kriterium der Partnerwahl sind. Innerhalb von N.en entstehen dann aber auch gemeinsame Problemsichten und Lösungsvorstellungen (Gulati 1995, allgemein: McPherson et al. 2001). Ein weiterer wichtiger Befund ist, dass mit der Etablierung solcher Kooperationsn.e die Position im N. selbst ein Auswahlkriterium wird. Zentrale Akteure ziehen viele Kooperationsangebote an und ihr Einfluss im N. steigt. Dieser Mechanismus führt in einem pfadabhängigen Prozess zur Verfestigung der Stratifizierung der N.e (Gulati/Gargiulo 1999).

Zentraler Begriff der heutigen Forschung zu s.n N.en ist das sog. *Sozialkapital* (*social capital; social liability*). Dessen pfadabhängige Entwicklung und Gestaltbarkeit, und seine Effekte sind zentrale Forschungsfragen. Sozialkapital kann definiert werden als ein Aspekt der Sozialstruktur, der individuellen oder korporativen Akteuren Handlungsmöglichkeiten eröffnet, die ihnen individuelle oder kollektive Vorteile verschaffen, z.B. in der Form der Durchsetzbarkeit von hohen Profiten als Makler zwischen unverbundenen Akteuren oder durch die Koordination von Handlungsabsichten innerhalb eines Kollektivs (z.B. Kartelle, Ersparnis von Such-, Verhandlungs- und Kontrollkosten bei Transaktionen). Ob Sozialkapital nur als individuelle Ressource oder auch als Kollektivgut wirken kann, ist umstritten. Unstreitig ist wohl, dass Sozialkapital insofern einen strukturellen Charakter hat, als es häufig eher beiläufig mit anderen Handlungen produziert wird. Instrumentelle Relationisten, die die Analyse s.r N.e mit einem Rational-Choice Ansatz verbinden, betonen den Individualgutcharakter von Sozialkapital und legen ihren Schwerpunkt auf die Effekte und die Nutzung von Sozialkapital (Burt 1992, 2004). Relationale Konstruktivisten verbinden die Analyse s.r N.e mit evolutionstheor. und interpretativen Ansätzen und wollen die Veränderung von Strukturen, Akteuridentitäten und Handlungslogiken erklären (Reagans/Zuckerman 2008; Kilduff/Tsai 2003; Jansen 2002; Emirbayer/Goodwin 1994). Hier steht der Kollektivgutcharakter von Sozialkapital und seine Entstehung im Vordergrund.

Sozialkapital erleichtert oder erschwert den Zugang zu anderen Kapitalien wie ökon. Kapital, Humankapital, Informationen und Wissen, Macht in Tauschprozessen, Einfluss in kollektiven Willensbildungsprozessen und die Gewährleistung von gesellschaftlichen und gruppenbezogenen Werten wie Solidarität und Tauschmoral (Portes 1998). Im Wesentlichen sind es folgende N.eigenschaften, die diese Vorteile (oder Nachteile) vermitteln (Jansen 2002):

- Art und Intensität der Beziehungen (*weak ties* vs. *strong ties*, Ausmaß der Überlappung verschiedener Beziehungen, Dauer, Reziprozität etc.),
- Eigenschaften und Ressourcen von N.partnern, z.B. Kompetenzen, Kapital, Legitimität,

- Art der N.struktur: Dichte, Clusterbildung, Positionierung als Broker zwischen „strukturellen Löchern", Beziehungsmuster wie Hierarchie und Transitivität, Muster von Positionen wie Zentrum-Peripherie oder Polarisierung.

Strong ties in dichten und dauerhaften N.en sind die Grundlage für Solidarität und Vertrauen, aber auch für soziale Schließungsprozesse mit möglicherweise negativen Konsequenzen für die Ausgeschlossenen wie für die Insider. Negative Folgen sozialer Schließung in eng begrenzten, selbstbezogenen Branchen.en können zum Beispiel das Verschlafen von Innovationschancen sein. *Weak Ties* N.e sind dagegen weniger redundant. Sie sind in der Lage, große Distanzen zwischen unverbundenen Gruppen in N.en (strukturelle Löcher) zu überbrücken. Sie sind für alle Mobilitäts-, Modernisierungs-, Innovations- und Diffusionsprozesse von großer Bedeutung, denn sie vermitteln verschiedenartige und oft auch neue Informationen und Normen. Sie sind die Basis für Individualisierungsprozesse, strukturelle Macht und eine gute Wettbewerbsposition (Burt 1992, 2004). Allerdings sind diese N.strukturen normativ schwach. Macht und sozialer Einfluss, zum Beispiel messbar als hohe Zentralität eines Akteurs in asymmetrischen N.en der Ratsuche, geht daher regelmäßig weder auf *Weak Tie* N.e noch auf horizontale *Strong Tie* N.e zurück. Vielmehr bilden sich Statushierarchien in den sozialen Einflussbeziehungen heraus. Es entsteht ein kollektives Bild von den relevanten Akteuren, das auch von den weniger Einflussreichen geteilt wird. Dies ist die Grundlage von sozialem Einfluss und legitimer Macht.

Die Analyse s.r N.e setzt sowohl eine Abgrenzung der relevanten Knoten/Akteure als auch eine Auswahl der zu betrachtenden Relationen voraus. Sog. ego-zentrierte oder persönliche N.e betrachten einen fokalen Knoten und die unmittelbar mit diesem „Ego" verbundenen Akteure, die sog. „Alteri". Gesamtn.e zielen darauf, eine zusammenhängende größere *Sozialstruktur* abzubilden, z.B. die Beziehungen der Mitarbeiter in einem Unternehmen, ein interorganisationales N. von in der Forschung miteinander kooperierenden Unternehmen, oder ein Politikn., in dem Politikprogramme und ihre Umsetzung von den Akteuren aus Politik, Wirtschaft und Verbänden verhandelt werden. Üblicherweise werden sowohl für Egon.e als auch für Gesamtn.e mehrere Relationen erhoben. Es entstehen also für einen Akteur-Set mehrere, i.d.R. nicht deckungsgleiche Beziehungsstrukturen. Anstelle der frühen Soziogramme werden heute komplexe Visualisierungsverfahren verwendet, die nicht nur die Anordnung der Knoten optimieren, sondern auch inhaltliche Parameter wie z.B. Gruppenzugehörigkeit und Zentralität der Akteure berücksichtigen (Brandes et al. 2006). Für die statistische Verarbeitung der Daten wird ihre Darstellung als Sozio-Matrizen verwendet, wobei i.d.R. in der Vorspalte der Sender und in der Kopfzeile der Empfänger einer Beziehung eingetragen wird. Im Inneren der Matrix wird das Vorhandensein (0, 1) bzw. die Stärke der Beziehung eingetragen (z.B. Geldwert einer Transaktion, Häufigkeit oder Regelmäßigkeit eines Austauschs).

Die statistischen Verfahren zielen auf N.kennziffern und Modelle, die sich auf die oben schon genannten drei Analyseebenen beziehen (Carrington et al. 2005, Jansen 2006; Wassermann/Faust 1994):

(1) Das N. insgesamt kann durch Kennziffern beschrieben werden, die den Grad seiner Verbundenheit, seine Dichte, den Grad der Kohäsion (=Anteil erwiderter Wahlen), und das Ausmaß der Zentralisierung und Stratifizierung des N.s wiedergeben. Dichte, Kohäsion und Transitivität messen Sozialkapital im Sinne der Gewährleistung von Gruppensolidarität und auf horizontaler Abstimmung und Normsanktionierung beruhende Selbstorganisationsfähigkeit. Hierarchisierung und Zentralisierung messen dagegen das auf Stratifizierung und Hierarchie beruhende Koordinationspotential des N.s. Ein weiteres Verfahren zum Vergleich verschiedener N.e ist die Identifikation von Rollenmustern und Positionsstrukturen und ihre Messung an idealtypischen Strukturen wie Polarität, Hierarchie oder Zentrum-Peripherie. Solche Verfahren der Analyse struktureller Äquivalenz (Blockmodellanalysen etc.) versuchen ein N. mit n Akteuren und m Kanten in einer übersichtlicheren kleineren Sozialstruktur zusammenzufassen.

(2) Einzelne Akteure können durch ihre Zentralität im N. beschrieben werden. Einfachstes Maß ist der sog. *Degree* (*degree of connection*), die Anzahl der vorhandenen Beziehungen, bezogen auf die Anzahl der Akteure im Netz. Komplexere Verfahren nehmen auch die indirekten Verbindungen zum Akteur mit auf. Bei asymmetrischen Relationen muss zwischen eingehenden Wahlen (z.B. *Indegree*) und ausgehenden Wahlen (*Outdegree*) unterschieden werden. Erstere messen das Prestige und Ansehen des Akteurs, letztere seinen Aktivitäts- und Beteiligungsgrad. Prestige von Akteuren begründet i.d.R. ihren sozialen Einfluss bei kollektiven Willensbildungsprozessen. Hoher *Outdegree* misst in ökon. Tauschn.en den Marktanteil eines Akteurs. Brokerpositionen spiegeln sich in hohen Werten für die sog. *Between*-Zentralität eines Akteurs wider, mit der beschrieben wird, wie oft ein Akteur auf dem kürzesten N.pfad für die Verbindung zwischen zwei Akteuren liegt.

(3) Drittens gibt es die Möglichkeit, Akteurgruppen in N.en zu identifizieren und zu beschreiben. Das Cliquenkonzept sucht dabei nach stark miteinander verbundenen, zum Rest des Netzes abgegrenzten Subgruppen. Intern verbundene Akteure werden zusammengruppiert. Das Konzept der strukturellen Äquivalenz gruppiert dagegen die N.e zusammen, die ähnliche Außenbeziehungen zu anderen Akteuren haben. Untereinander können, müssen diese aber nicht verbunden sein. Akteure, die so zusammen gruppiert werden, haben eine ähnliche Stellung im N. Sie sind untereinander für andere Akteure tendenziell austauschbar, ste-

hen in Konkurrenz. Sofern sie intern verbunden sind, können sie aber auch über ein gutes Selbstorganisationspotential verfügen, um den internen Konkurrenzdruck zu managen.

→ **Beziehung, soziale; Figuration; Grundgebilde, soziale; Gruppe; Interaktion**

📖 *U. Brandes/P. Kenis/J. Raab* (2006): Explanation through network visualization. Methodology: European Journal of Research Methods for the Behavioral and Social Sciences 2: 16-23; *R.S. Burt* (1992): Structural holes. The social structure of competition. Cambridge; *R.S. Burt* (2004): Structural Holes and Good Ideas. AJS 110: 349-399; *P. Carrington/J. Scott/S. Wasserman* (Hg.) (2005): Models and methods of social network analysis. New York/Cambridge; *M. Emirbayer/J. Goodwin* (1994): Network analysis, culture, and the problem of agency. AJS 99: 1411-1454; *R. Gulati* (1995): Social structure and alliance formation a longitudinal analysis. Administrative Science Quarterly 40: 619-652; *ders./M. Gargiulo* (1999): Where do interorganizational networks come from?, AJS 104: 1439-1493; *D. Jansen* (1995): Forschungspolitik nach einem wissenschaftlichen Durchbruch. Die Entstehung des 'National Programme' zur Supraleitungsforschung in Großbritannien. In: *dies./K. Schubert* (Hg.): Netzwerke und Politikproduktion. Konzepte, Methoden, Perspektiven. Marburg/Schüren: 132-159; *dies.* (³2006): Einführung in die Netzwerkanalyse. Wiesbaden; *M. Kilduff/W. Tsai* (2003): Social Networks and Organizations. London/Sage; *N. Lin/K.S. Cook/R.S. Burt* (Hg.) (2001): Social capital. Theory and research. New York/de Gruyter; *J.M. McPherson/L. Smith-Lovin/J.M. Cook* (2001): Birds of a feather. Homophily in social networks. Annual Review of Sociology 27: 415-444; *A. Portes* (1998): Social capital. Its origins and applications in modern sociology. Annual Review of Sociology. Vol. 24: 1-24; *F.N. Stokman/P. Doreian* (Hg.) (2001): Evolution of social networks part II. Special Issue of Journal of Mathematical Sociology 25; *D. Strang/S.A. Soule* (1998): Diffusion in organizations and social movements. From hybrid corn to poison pills. Annual Review of Sociology. Vol. 24: 265-290; *M.A.J. Van Duin/J.T. van Busschbach/T.A.B. Snijders* (1999): Multilevel analysis of personal networks as dependent variables. Social Networks 21: 187-209; *S. Wasserman/K. Faust* (1994): Social network analysis: Methods and applications. Cambridge; R.E. *Reagans/E. Zuckerman* (2008): Why knowledge does not equal power: the network redundancy trade-off. Industrial and Corporate Change 17: 903-944.

Dorothea Jansen

Norm, soziale

mehr oder weniger verbindliche, allgemein geltende Vorschrift für menschliches Handeln.

S.N.en legen fest, was in spezifischen und sich wiederholenden Situationen geboten oder verboten ist und können als Spezifikationen allgemeiner soziokultureller Wertvorstellungen aufgefasst werden, die für die s.n N.en die Legitimationsgrundlage bilden. S.N.en werden im *Sozialisationsprozess* internalisiert und durch *Sanktionen* abgesichert. Da s.n.en (und Werte) nicht einzeln, sondern verbunden mit anderen vorkommen, unterscheidet man verschiedene N.systeme, z.B. solche phil., theol. oder staatlicher Art.

S.N.en liegen allen sozialen Handlungen und damit allen sozialen Beziehungen zugrunde, ein Tatbestand, der dazu geführt hat, dass die Soz. einst als „Moralwissenschaft" (N. = frz. *réalité morale*) bezeichnet wurde. S.N.en sind eine anthropol. Voraussetzung für *soziales Handeln.* Nur der Mensch als instinktarmes, nicht festgelegtes und umweltoffenes Wesen verfügt über s.N.en. Sie bewirken eine gewisse Regelmäßigkeit und Gleichförmigkeit der sozialen Handlungsabläufe und entlasten das Individuum von der Notwendigkeit, ständig neue situationsgerechte Handlungsweisen zu entwerfen. Nur wenn Menschen regelmäßiges Verhalten von ihren Mitmenschen erwarten und sich darauf einstellen können, vermögen sie selbst konsistent zu handeln und soziale Beziehungen zu knüpfen.

S.N.en sind der Bezugspunkt für die Bestimmung *konformen Verhaltens* (Übereinstimmung mit der N.) einerseits und *abweichenden Verhaltens* (Abweichung von der N.) andererseits. Zu einer s.n N. gehören: ein Absender von Verhaltensforderungen (N.sender), ein Empfänger von Verhaltensforderungen (N.adressat), eine normierte Situation, Sanktionen nach einem abweichenden Verhalten, Sanktionssubjekte, die die Sanktionen ausführen und ggf. Personen, zu deren Gunsten die s.N. wirkt (N.benefiziare). Der Wirkungsgrad bezeichnet das Ausmaß, in dem N.en befolgt bzw. nicht befolgt werden.

N.abweichungen sind, so paradox es klingt, ein integrierender Bestandteil einer nicht-pathologischen Gesellschaft (E. Durkheim). Würden alle s.n N.en befolgt, dann gäbe es keine Abweichungen und entsprechend auch keine s.n N.en mehr. Erst die Abweichung ruft die Gültigkeit der s.n N.en in Erinnerung. S.N.en, die nur noch halbherzig oder gar nicht mehr durchgesetzt werden, büßen ihre verhaltenssteuernde Wirkung ein. N.losigkeit *(Anomie)* bezeichnet den Zustand, in dem allgemein anerkannte s.N.en als Folge raschen sozialen Wandels oder des Geltungsverlusts überkommener Werte und N.en fehlen.

S.N.en lassen sich u.a. nach der Allgemeinheit ihres Geltungsanspruchs (allgemeine N.en und Partikular-N.en), nach dem Grad ihrer Institutionalisierung (formelle und informelle N.en), nach ihrer Verwirklichung (Idealn.en und praktische N.en), nach ihrer Herkunft (profane und religiöse N.en) sowie nach dem Grad ihrer Verbindlichkeit/Sanktionsstärke (Gewohnheiten/Bräuche = Kann-N.en; Sitten = Soll-N.en; Recht = Muss-N.en) und ihres Bewusstseins klassifizieren.

Gewohnheiten sind die am wenigsten zwingenden Verhaltensmuster, sie entstehen durch einen Prozess der Gewöhnung. Es handelt sich um regelmäßige, gleichartige und selbstverständlich auftretende Handlungs- und Verhaltensweisen in bestimmten sozialen Situationen. Entwickeln sich Gewohnheiten zu automatischen, vom Bewusstsein nicht mehr registrierten Verhaltenstendenzen, so spricht man von *Habitualisierungen.*

Als *Bräuche* bezeichnet man Gewohnheiten, die in einem Kollektiv weit verbreitet und anerkannt sind und bei denen Abweichungen ebenfalls nicht sanktioniert werden. Zum Brauch gehören Überschaubarkeit und relative Homogenität der Lebensbedingungen. Verhaltensweisen, die zwar nicht strafrechtlich abgesichert sind, deren Einhaltung aber durch die „öffentliche Meinung" gefordert wird und bei denen im Fall von N.verletzungen faktisch „jedermann" Sanktionen verhängen kann, werden als *Sitte* bezeichnet. Sitte ist getragen von „Autorität und Herrschaft der Alten" (F. Tönnies).

Der Kern der Sitte ist in einem System von N.en zusammengefasst, das sich gewöhnlich im *Recht,* meist in kodifizierter Form, niederschlägt. Die Einhaltung rechtlicher Normen wird von einer staatlichen Sanktionsinstanz mit spezifischen Zwangsmitteln garantiert. Die Entwicklung zur modernen Industriegesellschaft und die damit verbundene Rationalisierung immer umfassenderer Lebensbereiche führte zu einer zunehmenden Normierung des sozialen Handelns durch rechtliche Vorschriften bei gleichzeitigem Zurückweichen überkommener Sitten und Bräuche.

Unter einem *Tabu* versteht man ein strenges, rituelles Verbot, bestimmte, für die jeweilige soziale Ordnung zentrale Handlungen zu vollziehen, z.B. bestimmte Gegenstände zu berühren, bestimmte Orte zu betreten oder bestimmte sprachliche Symbole zu benutzen. So verbietet das in allen bekannten Gesellschaften gültige *Inzesttabu* die Heirat oder Aufnahme sexueller Beziehungen innerhalb einer Verwandtschaftsgruppe, wobei „Verwandtschaft" sozial definiert ist und sich nicht auf nahe Blutsverwandte beschränken muss. Oft ist die Haltung gegenüber Tabus ambivalent; es besteht ein Hang zur Tabuverletzung. Die Sanktionierung von Verstößen gegen das Tabu erfolgt automatisch durch Angst, Scham und Schuldgefühle.

S.N.en wurden und werden auf verschiedenen Ebenen analysiert. Die Kultur-, Sozialanthropologie und Ethnologie befassen sich vorwiegend mit der Beschreibung (der „tatsächlichen Übung") der Verschiedenartigkeit s.r N.en – meist im interkulturellen Vergleich. Ein Schwerpunkt von Soz. und Sozialpsychologie ist die Analyse des Prozesses der *Internalisierung* von N.en, also die Frage, wie die an die Person von der sozialen Umwelt gestellten Anforderungen von dieser im Verlauf der Entwicklung der sozialkulturellen Person übernommen und zu Maximen des eigenen Wollens gemacht werden.

Über die Entstehung s.r N.en existieren sehr unterschiedliche Modellvorstellungen. Nach dem anthropol. Modell (z.B. A. Gehlen) entstehen N.en (und Institutionen) als gesellschaftlicher Instinktersatz zwecks Stabilisierung des menschlichen Verhaltens und dienen der sozialen Orientierung. Sie grenzen die unendliche Zahl möglicher Handlungen und Verhaltensweisen ein und korrigieren somit die Folgen der biol. Weltoffenheit des Menschen. Das machttheor. Modell erklärt die Entstehung von N.en durch ein soziales Machtgefälle; das funktionalistische Modell durch Selektionsprozesse, demzufolge sich am ehesten solche s.n.en durchsetzen, die für die Erhaltung des Gesamtsystems funktional am bedeutsamsten sind; spieltheor. Modelle unterscheiden verschiedene Konfliktsituationen und den dadurch entstehenden Regulierungsbedarf.

Der N.wandel wird v.a. damit erklärt, dass immer dann, wenn N.verstöße ein bestimmtes Ausmaß überschreiten, die s.N. in eine Legitimitätskrise gerät. Zunächst verschwinden die informellen Sanktionen, während strafrechtliche Sanktionen noch bestehen bleiben (z.B. beim Schwangerschaftsabbruch). Weist die Abweichung ihrerseits Regelhaftigkeit auf, so kann die vormalige Abweichung zur neuen N. (Gegenn.) werden. Da s.N.en jedoch selten ein spezifisches Verhalten vorschreiben, sondern nur ein innerhalb tolerierbarer Spannbreiten variierendes Verhalten, vollzieht sich der Wandel meist ohne die Entwicklung einer Gegenn. derart, dass die Breite der mit der s.n N. noch vereinbarten Verhaltensweisen zunimmt.

In komplexen Gesellschaften wie der Bundesrepublik ist mit der Differenzierung in Klassen, Schichten, Berufsgruppen, Subkulturen u.a. und den damit einhergehenden unterschiedlichen Lebensstilen und Anschauungen eine Vielfalt und teilweise Gegensätzlichkeit von N.en und die erhöhte Wahrscheinlichkeit des Auftretens von N.konflikten verbunden.

→ **Akzeptanz und Legitimation; Anomie; Handeln, soziales; Integration; Konformität; Kontrolle, soziale; Recht; Rolle, soziale; Sanktion; Sozialisation; Verhalten, abweichendes**

📖 *R. Lautmann* (²1982): Wert und Norm. Wiesbaden; *T. Meleghy et al.* (Hg.) (1987): Normen und soziologische Erklärung. Innsbruck/Wien; *R. Metze et al.* (Hg.) (2000): Normen und Institutionen. Leipzig; *H. Popitz* (1980): Die normative Konstruktion von Gesellschaft. Tübingen; *ders.* (2006): Soziale Normen. Frankfurt a.M.; *M. Schmid* (1995): Soziale Normen und soziale Ordnung II. Berliner Journal für Soz. 5: 41-65; *G. Spittler* (1967): Norm und Sanktion. Olten; *E. Ullmann-Margalit* (1977): The emergence of norms. Oxford.

Rüdiger Peuckert

Öffentlichkeit

bezeichnet 1. ein Prinzip des allgemeinen Zugangs (z.B. zu Versammlungen, aber auch Örtlichkeiten); 2. den Grundsatz der Publizität als Voraussetzung der Transparenz bei Angelegenheiten von allgemeinem („öffentlichem") Interesse; 3. die Gesamtheit der zum öffentlichen Diskurs versammelten bzw. angesprochenen Menschen (das Publikum); 4. eine Methode der Aufklärung (Ö. als kritisches Forum, so z.b. bei Immanuel Kant) und damit der Freiheitssicherung der Bürger; 5. als pol. Ö. ein Strukturprinzip moderner Demokratien und damit ein Medium der Kontrolle von Herrschaft.

Ö. als Prinzip ist in demokratisch-bürgerlichen Gesellschaften nicht auf Staat und Verwaltung, Rechtsordnung und Rechtsprechung, Herrschafts und allgemeine soziale Kontrolle beschränkt, sondern gilt als Strukturprinzip auch für die Wissenschaft, die Künste, die Bildungs- und Ausbildungsprozesse und andere Gesellschaftsbereiche.

Entsprechend dieser Bedeutungsvielfalt ist der Begriff Ö. (der in Dtld. erst nach 1800 in enger Beziehung zum Wert Freiheit allgemein gebräuchlich wurde) sowohl in der Staats- und Verfassungslehre, als auch in der Geschichtswissenschaft, Politologie, Soz., Architektur und Städtebau („städtische Ö."), Publizistik und anderen wissenschaftlichen und praktischen Disziplinen fest verankert (Hölscher 1978). In der Soz. hat Ferdinand Tönnies (1855-1936) als einer der ersten die Struktur der Ö. und die Bedeutung der öffentlichen Meinung einer systematischen Betrachtung zugeführt.

Das Prinzip der Ö. lässt sich weit in die Geschichte zurückverfolgen zumal im Rechtswesen und bei pol. Entscheidungsprozessen, aber erst seit Entwicklung der *bürgerlichen Gesellschaft* wurde Ö. zu einer „epochal-typischen Kategorie" (J. Habermas), zu einem revolutionären Moment der Umgestaltung einer „geschlossenen" zu einer „offenen Gesellschaft" (K.R. Popper). Erst im späten 17. Jh. in England und dem 18. Jh. in Frankreich kommt es zur Ausbildung einer öffentlichen Meinung (und entsprechend zur Entwicklung der Publizistik) und einer Sphäre der Ö. im heutigen Verständnis: einer allgemeinen Ö., und nicht nur wie z.B. in der Feudalgesellschaft repräsentativen Ö. Die Ö. als „Sphäre der zum Publikum versammelten Privatleute" (J. Habermas) wird zum Medium, in dem die Belange der Bürger zum öffentlichen Interesse und schließlich über das Parlament zum staatlichen Willen und Gesetz werden.

Ob diese Form der bürgerlichen Ö. nicht selbst wiederum restringierenden und ausschließenden Charakter für bestimmte Meinungen und Bevölkerungsgruppen hat, ist schwierig festzustellen, weil es dafür an Möglichkeiten der Artikulation in der vorstrukturierten Ö. fehlt. Die Entwicklung der modernen *Massenmedien* mit ihrer marktorientierten Publizität und partiellen Vereinnahmung durch Parteien und organisierte Interessen, ihren Möglichkeiten der Datenerfassung, -verarbeitung und -weitergabe, wie auch Strukturen der „Bewusstseinsindustrie" (T.W. Adorno) sind Gefährdungen einer Ö., die dem Ideal nach auf Kritik, Allgemeinheit, das öffentliche Wohl und allgemeine Zugänglichkeit angelegt ist.

→ **Gesellschaft; Staat**

📖 *J. Habermas* (⁹2004): Strukturwandel der Öffentlichkeit. Frankfurt a.M.; *L. Hölscher* (2004): Öffentlichkeit. In: *O. Brunner/W. Conze/R. Koselleck* (Hg.): Geschichtliche Grundbegriffe. Bd. 4. Stuttgart: 418-467; *L. Hölscher* (1979): Öffentlichkeit und Geheimnis. Stuttgart; *F. Neidhardt* (Hg.) (1994): Öffentlichkeit, öffentliche Meinung, soziale Bewegungen. SH der KZfSS 34. Opladen; *F. Neidhardt* (²2001): Öffentlichkeit. In: *B. Schäfers/W. Zapf* (Hg.): Hdwb. zur Gesellschaft Deutschlands. Opladen: 502-510.

Bernhard Schäfers

Organisation

soziales Gebilde, das Mitgliedschaftsregeln aufweist, aufgabenorientierte Strukturen und Prozesse ausgebildet hat und durch Zwecksetzungen eine funktionale Spezifität besitzt.

Der Begriff O. geht auf das gr. Wort *organon* zurück, das Werkzeug bedeutet. Alltagssprachlich bezeichnet man mit dem Begriff O. vornehmlich soziale Gebilde wie z.B. Verbände, Körperschaften, NGOs (*non-governmental-organisations;* dt.

nichtstaatliche O.en), aber auch Verbrecher-O.en. Sozialwissenschaftlich ist der
Begriff uneinheitlich definiert. Mit O. kann prinzipiell dreierlei bezeichnet werden:
1. das Organisieren als koordinierende, ordnende und gestaltende Tätigkeit, die
   sozialwirksam ist, wie z.b. eine strategische Neuausrichtung eines Unternehmens. Eine systematische Einordnung aller maßgeblichen Prozesse und deren
   Wechselbezüge ist dann das Ziel einer O.ssoz., die auf diese Verwendungsweise des Begriffs O. abhebt, wie z.b. Karl E. Weick in seinem bahnbrechenden
   Buch „Der Prozess des Organisierens" (1985) oder der sog. mikropol. Ansatz
   (G. Ortmann) mit seiner Zentralthese, dass in O.en das Leben tobe;
2. die Organisiertheit als Eigenschaft eines Gebildes. Diese Verwendungsweise
   dominiert in der betriebswirtschaftlichen O.slehre. Ein Unternehmen hat eine
   O., die sich in Form eines sog. Organigramms visualisieren lässt. Die O. beinhaltet dann z.b. differenzierte Weisungsbefugnisse der Leitungsinstanz in
   Bezug auf die nachgeordneten Stellen/Abteilungen;
3. das Organisat als Produkt des Organisierens. Dieser begrifflichen Verwendungsweise folgen die eingangs gegebene Kurzcharakterisierung sowie die systemtheor. O.ssoz. Der Begriff umreißt dann soziale Gebilde wie Vereine, Parteien, Behörden, Schulen, Unternehmen, Krankenhäuser und Verbände. Damit
   ist also ein sehr heterogener Untersuchungsgegenstand markiert, der mit dem
   Lebensgefühl in modernen Gesellschaften korrespondiert, dass O.en nahezu in
   jedem Lebensbereich und in jeder Lebensphase allgegenwärtig sind. I.d.S. wird
   von der O.sgesellschaft gesprochen, in der der wesentliche gesellschaftliche
   Wandel in und durch O.en stattfindet und die maßgeblichen gesellschaftlichen
   Strukturvorgaben von O.en erzeugt werden.

O. ist Voraussetzung und universales Merkmal von Industriegesellschaften. Den
im modernen Sinn – also Zweckverbände mit Mitgliedschaftsregeln und Aufga-
bendifferenzierung – entstehen sie erst im absolutistischen Zentralstaat Frankreich
in Form eines bürokratischen Verwaltungsapparats, der vornehmlich die Aufgabe
der Steuererhebung übernimmt. In Dtld. beginnt der Aufbau bürokratischer Strukturen während der napoleonischen Ära. Im 19. Jh. kommt es zu einer starken Verbreitung des Verwaltungsapparats mit dem neuen Berufsstand des Beamten. Diese
öffentlichen Verwaltungen dienen den entstehenden größeren Industriebetrieben
als Vorbild für den Aufbau eigener Verwaltungsstrukturen. Mit dieser neuen Form
von *Bürokratie* hat sich Max Weber (1864-1920) dezidiert auseinandergesetzt und
kann damit auch als Gründungsvater der O.ssoz. gelten.

Die drei Verwendungsweisen des Begriffs O. korrespondieren mit der soz. Einteilung der Untersuchungsebenen in Mikro-, Meso- und Makroebene, die sich auch
in den Forschungsperspektiven der O.ssoz. wiederfinden:
1. Die organisationssoz. Mikroperspektive nimmt die *Individuen* und (Klein-)
   Gruppen in O.en in den Blick. Hier steht die O. als Lebensraum im Vorder-

grund. Diese Perspektive wurde bereits früh durch die berühmte Hawthorne-Studie (1920er Jahre) und deren Deutung durch Elton Mayo (1880-1949) eingenommen, die erstmals auf informelle Strukturen und ihre Bedeutung für die Leistungserbringung in formalen O.en hinwiesen (vgl. Roethlisberger et al. 1939). Die soziale Wirklichkeit in O.en ist entsprechend eine Mischung aus geplanten und ungeplanten sozialen Prozessen, die sich gegenseitig bedingen. Die ungeplanten sozialen Prozesse, das nicht vorgesehene Netzwerk sozialer Beziehungen, das die formale O. teilweise überlagert, neutralisiert und ergänzt, die Spielräume und strategischen Spiele, die die formalen Strukturen eröffnen, werden in dieser Forschungsperspektive betrachtet.

Eine zweite organisationssoz. Mikroperspektive liegt im *Rational-Choice-Ansatz* vor, der die Entstehung von O.en als eine Zusammenlegung von Ressourcen einzelner Akteure begreift. Verfügungsrechte werden nur dann abgetreten, wenn sich der Akteur einen Nutzen verspricht, wie z.B. effizientere und wirkungsvollere Interessenvertretung, mehr Sicherheit und Planbarkeit oder dauerhafte Existenzsicherung (vgl. J.S. Coleman, H. Esser).

2. Die organisationssoz. Mesoperspektive beschäftigt sich mit O.en als Koordinationssysteme, also mit den fokalen Prozessen und Strukturen in O.en. Die zur vorgegebenen Zielerreichung geplanten Strukturen und sozialen Prozesse werden in der O.ssoz. als formale O. bezeichnet. Darunter ist die geplante Verteilung der notwendigen (zielgerichteten) Aktivitäten auf Arbeitsplätze im Sinne einer Aufgaben-, Kompetenz- und Instanzenzuordnung zu verstehen. Jedem O.smitglied ist dadurch eine Position mit Regeln und Vorschriften zugewiesen, woraus eine genau definierte Rolle in einem rational strukturierten, zweckbezogenen Handlungssystem resultiert. Die organisatorischen Positionen weisen entsprechend der getroffenen Arbeits- und Kompetenzverteilung eine funktionale (Tätigkeitsspektrum) und eine hierarchische Dimension (Rang) auf. Die Anordnung der Positionen in horizontaler (funktionaler) und vertikaler (hierarchischer) Hinsicht stellt die O.sstruktur dar. In Abhängigkeit von der Strenge der hierarchischen Über- und Unterordnung der Positionen können unterschiedliche Formen der O.sstruktur unterschieden werden. Das diesbezügliche Spektrum reicht von der streng hierarchischen O.sstruktur, Liniено. genannt, die sich durch eindeutige (pyramidenförmige) Unterordnung und Befehlswege auszeichnet, bis zur Matrixo., wo die klare Trennung zwischen Über- und Unterordnung zugunsten flexibler gleichberechtigter O.sbereiche und -ebenen aufgelöst ist.

Für die *Systemtheorie* von Niklas Luhmann (1927-1998) bilden O.en die mittlere Ebene selbstreferenziell ausdifferenzierter Sozialsysteme, umrahmt von Interaktionssystemen einerseits und der modernen Gesellschaft mit ihren funktionalen Teilsystemen andererseits. O.ssysteme sind für ihn gekennzeichnet durch aufeinander aufbauende Entscheidungen, die auf bestimmte O.szwecke ausgerichtet sind. Die Mitgliedschaft garantiert dabei gerade die Unabhängigkeit der O. von konkreten Personen, indem Funktionsträger nur unter bestimmten, auf Aufgaben, Programme, Positionen und Stellenbeschreibungen hin festgelegten Aspekten von der O. beobachtet und behandelt werden.

3. Die organisationssoz. Makroperspektive befasst sich mit dem Wechselverhältnis zwischen O. und ihrer (gesellschaftlichen) Umwelt. O.en erscheinen dann als soziale Gebilde, die bestimmte Funktionen in Bezug auf Gesellschaft erfüllen.

Aus gesellschaftskritischer Perspektive werden das „stahlharte Gehäuse" bürokratischer Rationalisierung, die die individuelle Freiheit und Phantasie bedroht (M. Weber), die „instrumentelle Vernunft" einer „verwalteteten Welt", die den Herrschaftsinteressen führender Gesellschaftsschichten des Spätkapitalismus dienen (M. Horkheimer, T.W. Adorno), bzw. eine Asymmetrisierung von Gesellschaft, im Sinne einer Herrschaft der Körperschaften über die Menschen (J.S. Coleman), hervorgehoben.

Aus einer funktionalen Perspektive werden O.en die Beschleunigung und Vervielfachung sozialer Prozesse und Entscheidungen für die unterschiedlichsten Funktionsbereiche der modernen Gesellschaft zugesprochen (N. Luhmann).

Aus einer neoinstitutionalistischen Perspektive wird angenommen, dass O.en primär darauf ausgerichtet sind, die Erwartungen von Außen, wie eine moderne und effiziente O. auszusehen habe, zu adaptieren – jenseits der Frage, ob die dadurch antizipierten Strukturen und Prozesse auch tatsächlich mehr Rationalität und Effizienz bringen oder nicht (P.J. DiMaggio, W.W. Powell).

Eine Erweiterung und Radikalisierung erfährt der O.sbegriff durch die phänomenol. Netzwerktheorie Harrison C. Whites (1992). In seiner Forderung, „go to the middle", möchte White Interaktionen in O.en zum Hauptgegenstand der Soz. überhaupt machen. Dabei stelle das Soziale ein Chaos dar, dem Akteure durch Kontrolle ihres spezifischen Umfelds nur kleine Inseln der Ordnung abgewinnen könnten. Etablieren sich relativ dauerhafte Strukturen, spricht White bereits von einer sozialen O. Darunter fallen also nicht nur formale O.en, sondern auch Familien, Märkte, Freundschaftsgruppen etc. Soziale O.en markieren damit sowohl die Fragilität von abgetrotzten Ordnungsmustern als auch die maximal mögliche, nämlich mittlere Reichweite menschlicher Ordnungsbemühungen überhaupt.

→ **Bürokratie; Gruppe; Netzwerk, soziales; System, soziales**

📖 *Th.W. Adorno* (²2008): Gesammelte Schriften. Bd 8: Soziologische Schriften I. Frankfurt a.M.; *M. Abraham/G. Büschges* (⁴2009): Einführung in die Organisationssoziologie. Wiesbaden; *J.S. Coleman* (1992): Grundlagen der Sozialtheorie. Bd. 2: Körperschaften und die moderne Gesellschaft. München; *ders.* (1999): Die asymmetrische Gesellschaft. Vom Aufwachsen mit unpersönlichen

Systemen. Weinheim (zuerst 1986); *P.J. DiMaggio/W.W. Powell* (Hg.) (1991): The New Institutionalism in Organizational Analysis. Chicago; *H. Esser* (2002): Soziologie. Spezielle Grundlagen. Bd. 5: Institutionen. Frankfurt a.M.; *A. Etzioni* ([5]1978): Soziologie der Organisation. München; *W. Jäger/U. Schimank* (Hg.) (2005): Organisationsgesellschaft. Facetten und Perspektiven. Wiesbaden; *A. Kieser/P. Walgenbach* (2007): Organisation. Berlin/New York; *S. Kudera* (1977): Organisationsstruktur und Gesellschaftsstruktur. Soziale Welt 28: 16-38; *W. Küpper/G. Ortmann* (Hg.) (1988): Mikropolitik. Rationalität, Macht und Spiele in Organisationen. Opladen; *N. Luhmann* ([5]2005): Funktionen und Folgen formaler Organisation. Berlin (zuerst 1964); *ders.* ([6]2006): Organisation und Entscheidung. Wiesbaden; *F.J. Roethlisberger/W.J. Dickson* (1939): Management and the Worker. Cambridge, Mass.; *H.C. White* (1992): Identity and Control. A Structural Theory of Social Action. Princeton; *M. Weber* (2006): Wirtschaft und Gesellschaft. Tübingen (zuerst 1922); *K.E. Weick* ([4]2007): Der Prozess des Organisierens. Frankfurt a.M.

Roger Häußling/Gunter E. Zimmermann

Prozesse, soziale

kontinuierliche, langfristige, d.h. gewöhnlich nicht weniger als drei Generationen umfassende Wandlungen der von Menschen gebildeten Figurationen oder ihrer Aspekte in einer von zwei entgegengesetzten Richtungen.

Eine von ihnen hat gewöhnlich den Charakter eines Aufstiegs, die andere den eines Abstiegs. In beiden Fällen sind die Kriterien rein sachbezogen. Sie sind unabhängig davon, ob der jeweilige Betrachter sie gut oder schlecht findet. Beispiele sind: zunehmende und abnehmende Differenzierung sozialer Funktionen, Vergrößerung oder Verkleinerung des sozialen Kapitals oder des sozialen Wissensschatzes, des Spielraums der menschlichen Kontrolle über die nicht-menschliche Natur oder des Mitgefühls mit anderen Menschen, unabhängig von ihrer Gruppenzugehörigkeit.

Es gehört also zu den Eigentümlichkeiten s.r P., dass sie bipolar sind. Im Unterschied von dem biol. Prozess der Evolution sind s.P. umkehrbar. Schübe in der einen Richtung können Schüben in der entgegengesetzten Richtung Platz machen. Beide können simultan auftreten. Einer von ihnen kann dominant werden oder dem anderen die Waage halten. So kann z.B. ein dominanter Prozess, der auf größere Integration ausgerichtet ist, mit einer teilweisen Desintegration Hand in Hand gehen. Umgekehrt kann ein dominanter Prozess der sozialen Desintegration, z.B. der Feudalisierung, zu einer zunächst teilweisen, dann dominanten Re-Integration auf neuer Basis führen, also etwa zu einem neuartigen Staatsbildungsprozess.

Dementsprechend gehören als begriffliche Werkzeuge zur Bestimmung und Untersuchung von s.n P.n Begriffspaare wie Integration und Desintegration, Engagement und Distanzierung, Zivilisation und Entzivilisation, Aufstieg und Abstieg. Begriffspaare dieser Art zeigen die Richtung s.r P. an. Dabei unterscheidet sich der Gebrauch dieser soz. Richtungsbegriffe in charakteristischer Weise von dem Gebrauch hist. Begriffe, die auf die Erfassung einmaliger und richtungsloser Details des vergangenen Zusammenlebens von Menschen abgestellt sind. S.P. können auf früheren und auf späteren Stufen die gleiche Richtung haben. So lassen sich etwa Distanzierungsschübe oder Schübe in Richtung auf größere Integration und Differenzierung in der Steinzeit wie in der Neuzeit beobachten.

Längere s.P. lassen oft besonders deutlich den Durchbruch von einer Prozessstufe zu einer anderen mit einer entschiedenen Machtverlagerung erkennen. So ging etwa der erste Industrialisierungsschub – Aufstieg zur Stufe der industriellen Maschinenproduktion und der Industriearbeiterschaft – Hand in Hand mit dem Abstieg der handwerklichen Produktion und des Handwerks als sozialer Gruppe; der zweite Industrialisierungsschub – Aufstieg zur Stufe der automatisch durch Computer, Roboter usw. gesteuerten Produktion und der zugehörigen Berufsgruppen – mit dem Abstieg der vorangehenden Fabrikproduktion und Dienstleistungsformen und mit dem der entsprechenden Berufsgruppen.

Paare gegensätzlicher Begriffe, die zur Bestimmung der Richtung s.r P. dienen, haben mehr als diese eine Funktion. Sie können zur Bestimmung von strukturellen Gegensätzen und Spannungen innerhalb einer Prozessbewegung zu jeder gegebenen Zeit dienen. Sie sind unentbehrlich zur Bestimmung von Phasen oder Stufen eines s.n P.s. Eine spätere Phase ist gewöhnlich durch das Durchsetzen einer veränderten Gesellschaftsstruktur gekennzeichnet und insbes. durch eine entschiedene Veränderung der Machtverhältnisse zugunsten bestimmter sozialer Positionen und zuungunsten anderer (z.B. endgültige Verlagerung der zuvor fluktuierenden Machtbalance zwischen geistlichen und säkularen Zentralherren, zwischen Feudaladel und Fürsten zugunsten der letzteren in der europäischen Renaissance). Im bisherigen Entwicklungsgang der Menschheit stellt eine spätere Phase im Verhältnis zur früheren oft den Durchbruch zur entschiedenen Dominanz eines Machtzentrums dar, dessen Vertreter zuvor unentschieden mit denen anderer Machtzentren rangen.

Der Zerfall des antiken röm. Reiches kann als lehrreiches, empirisches Modell für einen sozialen Prozess dienen, in dessen Verlauf mit wachsender Beschleunigung Desintegrations- und Entzivilisationstendenzen über Integrations- und Zivilisationstendenzen die Oberhand gewinnen. Nur durch Verkleinerung des Reiches gelang es, den von außen wie von innen gleichzeitig arbeitenden Tendenzen der zunehmenden Desintegration im Osten des Reiches für etwa ein Jahrtausend Einhalt zu gebieten. Die später im west- und mitteleuropäischen Raum wieder einsetzende Integration bietet Beispiele verschiedenster Art für langfristige Staatsbildungsprozesse und die mit ihnen aufs Engste zusammenhängende Zunahme der Funktionsteilung. Sie gin-

gen mit einer allmählichen Machtverlagerung zuungunsten zentrifugaler Menschengruppen (Feudaladel), zugunsten von Zentralherren (Territorialfürsten, Könige) und
von zunächst autonomen, befestigten Städten Hand in Hand.

Alles das sind Beispiele für ungeplante s.P. mit einer immanenten Dynamik
spezifischer Machtkämpfe, die richtungsbestimmend sind. Sie als solche zu sehen,
ist ein Beispiel für eine Synthese auf höherer Ebene als die hist. Eine soz. Theorie
s.r P. muss z.b. der Strukturverwandtschaft vergangener und ggwt. Staatsbildungsp.
Rechnung tragen. Sie muss z.B. auch die Staatsbildungsp. in Betracht ziehen, die
sich in jüngster Zeit besonders gut in Afrika südlich der Sahara beobachten lassen.
Im Verhältnis zu zentralisierenden Stammes- und Staatshäuptern und deren Herr-
schaftsapparat widersetzen sich dort andere Stämme der wachsenden staatlichen
Integration. Sie finden ein Gegenstück auf kontinentaler Ebene in Europa, wo der
weitere Integrationsschub von der zentrifugalen nationalstaatlichen zur zentripeta-
len kontinentalstaatlichen Ebene hin zuungunsten der letzteren noch weitgehend in
der Schwebe ist.

Zu den Hauptantrieben s.r P. gehören Spannungen und *Konflikte* im Zusammenhang mit der Monopolisierung (durch eine Gruppe oder ggf. auch durch zwei
rivalisierende Gruppen) von Mitteln der Befriedigung von sozialen Bedürfnissen
anderer Gruppen, also von Machtmitteln. Beispiele sind die Monopolisierung von
Produktionsmitteln, von Orientierungsmitteln, von Organisationsmitteln und von
Mitteln der physischen Gewalt. Z.Z. besitzen zwei Kontinentalstaaten (die Vereinigten Staaten und die GUS-Staaten) eine monopolartige Verfügungsgewalt über
Mittel der physischen Gewalt. Die Zwickmühle des Vormachtkampfes, in die nicht
nur die beiden Mächte, sondern beträchtliche Teile der Menschheit verstrickt sind,
ist ein anschauliches Beispiel sowohl für den zwangartigen wie für den bipolaren
Charakter s.r P. Die Gegensätzlichkeit der Richtungspotenziale zeichnet sich hier
besonders deutlich ab: Möglichkeit des Abstiegs in der Richtung auf Selbstzerstörung und Desintegration, des Aufstiegs in der Richtung auf umfassendere Integration und Pazifizierung größerer Einheiten.

Das ist einer der Gründe, aus denen sich der Schwerpunkt dessen, was man
unter einem sozialen Prozess versteht, in der zweiten Hälfte des 20. Jh.s, v.a.
gegenüber dem 19. Jh., verlagert hat. Im 19. und frühen 20. Jh. beschränkte sich
die Aufmerksamkeit von Soziologen beim Gebrauch dieses oder verwandter Begriffe gewöhnlich auf innerstaatliche P., also z.B. auf die Dynamik s.r P., die mit
der innerstaatlichen Monopolisierung von Produktionsmitteln zusammenhing.

Zwischenstaatliche s.P. erschienen implizit als unstrukturiert, vielleicht auch als
ein Problemgebiet jenseits des Forschungsbereichs der Soz. Wandlungen der gesellschaftlichen Wirklichkeit zeigen deutlicher als zuvor, dass diese Trennung von
innerstaatlichen und zwischenstaatlichen P.n zwar wohl dem Fache, aber nicht der
Sache entspricht. Die zunehmende Integration der Menschheit weist immer un-

zweideutiger auf die Interdependenz innerstaatlicher und zwischenstaatlicher Prozesse hin. Dem entspricht es, dass sich der Aufgabenbereich der Soz. nicht auf innerstaatliche s.p., also etwa auf die Dynamik von Industrialisierungsprozessen oder sozialen Konflikten eines einzelnen Staates, beschränken lässt. P. der Staatsbildung oder des Staatszerfalls, der staatlichen und überstaatlichen Integration und Desintegration können als Beispiele für s.p. dienen, deren Struktur und Verlauf zwar die der einzelstaatlichen P. aufs Stärkste beeinflusst, sich aber nicht mehr bei der Beschränkung des Blickfeldes auf sie diagnostisch bestimmen und erklären lässt.

Als Beispiel kann der mächtige Prozess der *Integration* dienen, der ggwt. alle einzelnen Gesellschaften der Menschheit in immer engere Abhängigkeit voneinander bringt. Er verdient die Aufmerksamkeit der Soziologen. Wie im Falle vieler anderer Integrationsschübe erhöhen sich damit zunächst die Spannungen und Konflikte zwischen den Teileinheiten, die nun ungefragt und oft genug ihren Wünschen zuwider abhängiger voneinander werden. Eine Theorie s.r P. kann an P.n dieser Art, also an menschheitsumfassenden P.n nicht vorübergehen. In früheren Zeiten bezog sich der Begriff der Menschheit einmal auf ein fernes, immer friedliches und harmonisches Idealbild. Er bezieht sich heute auf eine spannungs- und konfliktreiche Realität. In Theorie und Praxis bildet daher der soziale Prozess der sich nun mit einiger Beschleunigung integrierenden oder sich selbst zerstörenden Menschheit den universellen Bezugsrahmen für die Untersuchung aller speziellen s.n P. Erst damit wird der Weg freigelegt für die Erörterung anderer Probleme s.r P.

Ein paar Hinweise müssen hier genügen. Im Vordergrund steht oft die Frage nach der Beziehung von s.n P.n und individuellen *Handlungen*. S.P. und einzelne Menschen, also auch deren Handlungen, sind schlechterdings untrennbar. Aber kein Mensch ist ein Anfang. Wie das individuelle Sprechen aus einer bereits vorhandenen gesellschaftsspezifischen Sprache hervorgeht, so wachsen auch alle anderen individuellen Handlungen aus schon im Gang befindlichen sozialen P.n heraus. S.P. selbst besitzen zwar eine größere oder geringere relative Autonomie gegenüber bestimmten Handlungen einzelner Menschen (z.B. der ggwt. Integrationsschub der Menschheit). Aber sie sind alles andere als unabhängig von Menschen und so auch von menschlichen Handlungen überhaupt. Würden Menschen aufhören zu planen und zu handeln, dann gäbe es auch keine s.n P. mehr.

Nicht im Verhältnis zu Menschen überhaupt, sondern im Verhältnis zu bestimmten einzelnen Menschen, deren Plänen und Handlungen, besitzen s.P. ein höheres oder geringeres Maß von Unabhängigkeit. Letzten Endes beruht diese relative Autonomie der P. auf dem Zusammenleben einer Vielheit von Menschen, die voneinander mehr oder weniger abhängig sind und die mit- oder gegeneinander handeln – von Menschen, die eingebettet sind in nicht-menschliche Natur. Die relative Autonomie s.r P. beruht mit anderen Worten auf dem ständigen Ineinandergreifen von Empfindungen, Gedanken und Handlungen vieler einzelner Menschen und Menschengruppen und von nicht-menschlichen Naturabläufen. Aus dieser ständigen Verflechtung ergeben sich immer wieder langfristige Veränderungen des gesellschaftlichen Zusammenlebens der Menschen, die kein Mensch geplant und wohl auch niemand vorausgesehen hat.

Einige weitere Begriffe seien hier in Kürze neu eingeführt, die für die empirische und theor. Arbeit der P. soz. von Nutzen sein mögen. Da ist z.b. der Begriff der Richtungsbeständigkeit. Obwohl ungeplant, behalten manche s.n P. die gleiche Richtung für Hunderte oder selbst Tausende von Jahren, so etwa der Aufstieg von jeweils feineren zu jeweils größeren Überlebenseinheiten oder das sich langsam beschleunigende Wachstum des menschlichen Fundus wirklichkeitsgerechter Wissenssymbole. Man kann nicht unterlassen, zur Erklärung dieser Richtungsbeständigkeit die Dynamik von Ausscheidungskämpfen heranzuziehen (Elias 2008, Bd. 2). Auf die Dauer bieten wohl in vielen Fällen größere Überlebenseinheiten oder umfassenderes sachgerechteres Wissen den betreffenden Menschengruppen bessere Überlebenschancen im Konkurrenzkampf der Gruppen als kleinere Einheiten oder ein beschränkterer Wissensschatz.

Der Begriff der sozialen Ausscheidungskämpfe erinnert an den des Überlebenskampfes, der als Ausleseapparatur bei dem Prozess der biol. Evolution eine entscheidende Rolle spielt. Umso frappanter ist der Unterschied zwischen dem Angriffspunkt für die *Selektion* durch Ausscheidungskämpfe im Falle der langfristigen biol. und der langfristigen s.n P. Im ersteren Falle wird die Kontinuität des Prozesses von Generation zu Generation durch Gen-Übertragung gesichert; und Gen-Mutationen, die durch Lernen unbeeinflussbar sind, bilden den Angriffspunkt für die Selektion durch Ausscheidungskämpfe.

Im Falle der s.n P. wird die Prozesskontinuität durch die Übertragung gesellschaftsspezifischen, durch Lernen erworbenen Wissens in der Form von sozialen *Symbolen*, v.a. von Sprachsymbolen, vermittelt, und zwar in allen Lebensbereichen. Die intergenerationelle Kontinuität der menschlichen Überlebenseinheiten insgesamt, also auch die ihrer ökon. oder ihrer Selbstregulierungsaspekte, bedarf einer Wissensübertragung mit Hilfe von Sprachsymbolen. Den Angriffspunkt für die Selektion durch Ausscheidungskämpfe bilden in diesem Falle nicht Gen-Innovationen, sondern Wissens-Innovationen oder das Unvermögen zu solchen Neuerungen bei veränderter Lage.

Es ist nahe liegend, die sehr langsamen, aber beim Rückblick unverkennbaren Fortschritte der Werkzeug- und Waffentechnik im Laufe der Steinzeit dadurch zu erklären, dass Neuerungen des Wissens von der Waffen- und Werkzeugproduktion, die einer einzelnen Gesellschaft Vorteile in Überlebenskämpfen mit anderen Gruppen und mit der nicht-menschlichen Natur einbrachten, von anderen Gruppen übernommen wurden, die dann ebenfalls bessere Überlebenschancen hatten, während Gruppen, die sie nicht übernahmen, unterlagen und verschwanden. Beim Rückblick sehen Menschen dann häufig nur den scheinbar glatten Fortschritt der Technik, nicht die menschenverbrauchenden Ausscheidungskämpfe dahinter. Der Unterschied zwischen der durch Lernen möglichen Wissensübertragung ist auch mitverantwortlich dafür, dass die P. der biol. Evolution irreversibel, die der sozialen Entwicklung umkehrbar sind.

Große Verwirrung ist dadurch entstanden, dass man der sozialen Entwicklung eine gleichsam magische Notwendigkeit des Fortschritts zugeschrieben hat. Man kann gut und gerne davon reden, dass die Menschheit im Laufe ihrer Entwicklung in manchen Bereichen Fortschritte gemacht hat. Sie lassen sich gewöhnlich aufgrund von handfesten Kriterien nachweisen. Die Vorstellung eines allseitigen Fortschritts dagegen ist ein Mythos, besonders wenn sich damit das Bild eines Endzustands der sozialen Entwicklung verbindet. Es gehört zu den Eigentümlichkeiten s.r P., dass sie wohl Richtungen haben, aber, wie die Natur, weder Zweck noch Ziel. Diese können Menschen möglicherweise erreichen, falls sie sich einmal als Menschheit über sie einig werden.

→ **Differenzierung, gesellschaftliche; Evolution, soziale; Figuration; Integration; Konflikt, sozialer; Kultur und Zivilisation; Macht – Herrschaft – Autorität; Staat; Wandel, sozialer**

📖 *N. Elias* (2003): Engagement und Distanzierung. Frankfurt a.M. (zuerst 1983); *ders.* (2004): Über die Zeit. Frankfurt a.M. (zuerst 1984); *ders.* (^{27}2008): Über den Prozess der Zivilisation. Bd. 2, Frankfurt a.M.; *ders.* (1977): Zur Grundlegung einer Theorie sozialer Prozesse. In ZfS 6: 127-149; *H. Korte* (Hg.) (1990): Gesellschaftliche Prozesse und individuelle Praxis. Frankfurt a.M.

Norbert Elias

Raum

bezeichnet den alltagsweltlich organisierten Kontext der Erfahrungen handelnder Menschen, im Näheren eine An-Ordnung von Objekten und Akteuren im Verhältnis und mit Bezug zueinander. Als ein Wahrnehmungs- und Handlungsr. ist der soziale R. durch zumindest eine kognitive und eine praktische Dimension bestimmt. Die relationalen Positionierungen von Akteuren und Objekten werden von sozialen Beziehungen unterschiedlicher Inhalte bestimmt, die Gesellschaften ausmachen und zur Vergesellschaftung von Individuen beitragen.

R. ist eine Kategorie, die für verschiedene wissenschaftliche Disziplinen konstitutiv ist. Physikalische, metaphysische, biol., physiol., geographische oder soz. R.begriffe werden in disziplinären Kontexten entwickelt und wechselseitig rezipiert. Die Herstellung interdisziplinärer Geltungen des Wissens über den R. bleibt als ein Ziel der raumbezogenen Forschungen und Theoriebildungen virulent. Die Omnipräsens des R.es folgt aus der alltagsweltlichen wie wissenschaftlichen Erfahrung, dass allen substanziellen und ideellen Objekten menschlicher(n) Erkenntnis und menschlichen Handelns Ausdehnung und Position (Lage) zukommen bzw. zugeordnet werden (müssen). Der R. erschließt sich der Erfahrung als Ordnung, Struktur und Referenz. Inwieweit diese Ordnung naturgesetzlich gegeben ist und inwieweit sozial hergestellt, kann im Kontext der Theorien und Methoden der Soz. nicht abschließend entschieden werden, gleichwohl ist die Frage von dauerndem Interesse.

Immanuel Kant (1724-1804) klärt die Voraussetzungen der sinnlichen Erfahrungen phil. prinzipiell in der ‚Transcendentalen Ästhetik'. Der R. sei den Individuen zugänglich, indem sie jede Manipulation diverser Objekte unausweichlich in einem Nebeneinander, Nacheinander, Übereinander usw. vollziehen (wie auch in einem Nacheinander, Voreinander etc.). Daher seien die R.erfahrungen bereits strukturiert durch die Vor-Stellungen (Prä-Positionen) von Ordnungen. Alle vernunftbegabten Individuen verfügten über diese apriorischen Präpositionen, denen sie allerdings auch nicht ausweichen können. Als Kategorie der Struktur entwickelt diese Definition des R.es Erklärungsleistungen für die Konstitution physischer wie virtueller Räume. Sie gilt Kant „als die Möglichkeit des Zusammenseins", als Basis der Koexistenz.

Die Forschungen von Jean Piaget (1896-1980) über die Entwicklung räumlichen Denkens und Handelns bei Kindern problematisieren das Kantsche Apriori und stellen es als ein erlerntes dar. Als ein kulturelles Apriori wird es von vernunftbegabten Individuen während ihrer *Sozialisation* zu vernünftigen Individuen angeeignet. Gleichwohl entfaltet es als kulturelles Apriori seine Ordnungsmacht als Rahmung und Referenz der Erfahrungen.

Einen prägenden Einfluss auf die Entwicklung eines soz. Begriffs vom R. haben am Ende des 19. Jh.s biol. Konzepte vom Leben und seinen R.n gewonnen, vornehmlich das von Charles Darwin (1809-1882). Seine Theorie „On the Origin of Species by means of Natural Selection, or the Preservation of Favoured Races in the Struggle of Life" von 1859/60 hat die Chicago School der Human Ecology maßgeblich beeinflusst, bis hin zu ihrer Terminologie. Zentrale Begriffe wie „*natural area*" verknüpfen soziale Prozesse mit den ‚Auftrittsorten' ihrer Akteure. Die dramaturgischen Begriffe (Lindner 2007) eignen sich um soziale R.e zu präsentieren und zu analysieren.

Die Human Ecology verband die soz. Re-Interpretation systemtheor. Kategorien mit der Kultursoz. Georg Simmels, bei dem Robert E. Park (1864-1944) als einer der Begründer der Schule in Berlin studierte. Simmel (1858-1918) entwickelt den sozialen R. aus den kulturellen Aktivitäten, die von den Bewohnern einer lokalen Einheit (Gebiet, Territorium) unternommen werden. Deren Syntheseleistung als deren „Tätigkeit der Seele" fasst verteilte Objekte und „unverbundene Sinnesaffektionen" zu „Reichen" zusammen. Deren psychische Kräfte schaffen Bereiche der Vorstellungen, die von pol. Kräften praktisch zusammen gehalten werden können. Simmel diskutierte so psychische und pol. Aspekte der Virtualität von Räumen, die sowohl für die Geopolitik wie für den *Cyber Space* anregend sind.

Die Soziologie entwickelt(e) im Rekurs auf eigene wie auf die R.forschungen anderer Disziplinen einen *handlungstheor. und wissenssoz. fundierten R.begriff.* Während gegenüber den strukturanalytischen Forschungen der Soz. ein Manko der „Raumblindheit" (Giddens 1986) geltend gemacht werden kann, wendet sie sich dezidiert den räumlichen Arrangements *Stadt* und Region zu, die aus der Siedlungsgeschichte heraus prägend geworden sind, und denen bei der Herausbildung moderner Gesellschaften ein spezielles Interesse zukommt. Dass sich in Dtld. die Institutionalisierung der Speziellen Soz.n in dieser Weise entwickelt hat und dass die Agrarsoz. mit Dörfern und ländlichen Siedlungen befasst ist, kann als ein Spezifikum des national geprägten Wissenschaftsbetriebes angesehen werden. Im Kontext einer global operierenden Wissenschaft wird sich der disziplinäre Zuschnitt der Speziellen Soz.n weiter modifizieren, voraussichtlich als eine Soz. des R.es.

Ggwt. wirkungsvolle räumliche Entwicklungen wie die massenhaft zunehmende räumliche Mobilität (Migration), die Sub- und wie Re-Urbanisierung, die Ausprägung von Metropolregionen und Megastädten einerseits und die schrumpfenden Städte und Regionen andererseits verweisen auf eine anstehende Aktualisierung der Labels (der Aggregatebenen und Objektbereiche) der soz. orientierten R.forschung entsprechend den akuten Problemen und Themen der globalen Gesellschaften.

Ihre handlungstheor. Fundierung bindet die R.forschung generell an die Perspektive von Akteuren. Für die R.ordnung in einem pol. Sinne sind das die legitimierten Gebietskörperschaften des Regierungssystems, deren Ziele sich auf die räumliche Gestaltung und Planung beziehen. In der Bundesrepublik sind sie im R.ordnungsgesetz verbindlich dargestellt. Es sind vornehmlich die Aufgaben der öffentlichen Daseinsvorsorge und der Aufrechterhaltung einer räumlichen Ordnung zum Allgemeinwohl. Die amtliche R.beobachtung auf den Ebenen des Staates, der Länder und der Kommunen wird durch das Bundesamt für Bauwesen und R.ordnung BBR, die Landesämter für Statistik und durch kommunale Ämter realisiert. Die R.berichterstattung gegenüber dem Bundestag wird in einem verbindlichen R.ordnungsbericht im Vier-Jahres-Rhythmus geleistet (zuletzt 2005).

Die aktuell sich durchsetzende Regionalisierung der Lebens- und Wirtschaftsweisen in den modernen Gesellschaften überschneidet die Institutionalisierungen der Regierungssysteme. Es entsteht eine räumliche Ebene sozialer Prozesse, die überkommunal, also regional organisiert und durch je besondere Akteurskonstellationen zwischen Staat und Zivilgesellschaft konstituiert wird (‚*regional governance*‘).

R.forschungen der Sozialr.analyse und der Aktionsr.forschung thematisieren die Lebenswelten privater Akteure, an denen ein öffentliches Interesse der Gestaltung besteht. Es kann von den Akteuren im pol. System artikuliert werden z.b. als Auftrag zur Sozialr.analyse (Shevky & Bell 1974; Riege & Schubert 2005). Eine Aktionsr.forschung im Auftrag der kommunalen Kinder- und Jugendhilfe z.B. eruiert die Aktivitäten und ihre Orte, die für die Sozialisation der Heranwachsenden, zumeist in ihren Peergroups, bestimmend sind. Die Daten werden gemeinhin kleinräumig erhoben und können sich auf Innen- wie Außenr.e beziehen. Sobald sich die erhobenen qualitativen Daten auf natürliche Gruppen beziehen, wendet sich die Sozialr.analyse kultursoz. Methoden zu und der ‚*cultural turn*‘ nähert sie der Milieuforschung an (Matthiessen 2002).

Das trifft auch auf die Sozialr.analysen zu, die analytische Basis der Stadtteilarbeit (Schmitt 2004) werden. Nationale Programme wie „Die soziale Stadt" oder europäische Programme wie „URBAN" können zur *Integration* von Bewohnerinnen und Bewohnern in benachteiligenden Stadtteilen lokaler Gesellschaften beitragen, denn Sozialr.analysen erbringen den engagierten Akteuren Informationen über das Maß der Desintegration bzw. zur Evaluation der Ergebnisse bei der Umsetzung der pol. Programme.

Die Begriffe R.bilder, Images und Settings thematisieren die ideellen Produkte der Kognition, die zu Artefakten der Erkenntnis, der Darstellung, des Entwurfes und der sozialen Kommunikation werden.

R.bilder offerieren zumeist Visionen von künftigen, oft wünschenswerten Zuständen, die eine soziale Ordnung bieten kann. In ihrer Metaphorik geben sie appellative Orientierungen, die handlungsleitend für die Teilnehmer der Kommunikation werden können. Herstellung und Kommunikation von R.bildern sind professionalisierte Tätigkeiten geworden für Architekten, Planer, Designer, Künstler, Werbefachleuten, Immobilienwirtschaftler usw.

Images entstehen in der öffentlichen Kommunikation als ein breit eingebetteter Verständigungsprozess über die (Selbst-) Deutung der lokalen Gesellschaften und ihrer Orte im Alltagsleben ihrer Mitglieder. Images sind öffentliche Güter. Sie bieten Integration als Mitgliedschaften an (z.B. „Wir Rheinländer"), regulieren das Maß der Anerkennung und sind somit Teil der lokalen Sozialstrukturen. Die Austragung der globalen Standortkonkurrenzen bezieht die Images als „weiche" Faktoren in zunehmendem Maße ein, so dass auch Images strategisch „bewirtschaftet" werden können.

Settings werden räumliche Arrangements genannt, die im Rahmen kultureller Gemeinsamkeiten ein Programm (Intention) des Handelns oder der (Be-)Nutzung enthalten (z.b. kann ein Spielplatz oder ein Bahnhof verstanden und genutzt werden). Settings sind objektivierte Stationen komplexer Handlungszusammenhänge (Weichart 1998). Als Infrastrukturen, als räumliche Ausstattungen samt ihrer Allokationen werden sie persistent entwickelt.

→ **Soziale Morphologie; Stadt; Wahrnehmung, soziale; Zeit**

📖 *P. Bourdieu* (1991): Physischer, sozialer und angeeigneter Raum. In: *M. Wentz* (Hg.): Stadt-Räume. Frankfurt a.M.: 25-34; *A. Giddens* (1986): The Constitution of Society. Outline of the Theory of Structuration. Cambridge/Oxford; *I. Kant* ([16]2009): Kritik der reinen Vernunft. Frankfurt a.M. (orig. 1781); *T. Krämer-Badoni* (Hg.) (2003): Die Gesellschaft und ihr Raum. Opladen; *D.K. Keim* (2003): Das Fenster zum Raum. Traktat über die Erforschung sozialräumlicher Transformation. Opladen; *D. Läpple* (1991): Essay über den Raum. Für ein gesellschaftswissenschaftliches Raumkonzept. In: *H. Häußermann/D. Ipsen* (Hg.): Stadt und Raum. Soziologische Analysen. Pfaffenweiler: 157-207; *R. Lindner* (2007): Die Entdeckung der Stadtkultur. Soziologie aus der Erfahrung der Reportage. Frankfurt a.M.; *M. Löw* (2001): Raumsoziologie. Frankfurt a.M.; *U. Matthiessen* (Hg.) (2002): Suburbanisierungsprozesse, Milieubildungen und biografische Muster in der Metropolregion Berlin-Brandenburg. Opladen; *J. Piaget* ([3]1999): Die Entwicklung des räumlichen Denkens beim Kinde. Stuttgart; *M. Riege/H. Schubert* ([2]2005): Sozialraumanalyse. Wiesbaden; *J. Schmitt* (2004): „Wer plant hier für Wen...?". Feldforschung in der Interaktionsgemeinde eines ostdeutschen Prozesses der Stadtteilarbeit. Wiesbaden; *E. Shevky/W. Bell* (1974): Sozialraumanalyse. In: *P. Atteslander/B. Hamm* (Hg.): Materialien zur Siedlungssoziologie. Köln; *G. Sturm* (2000): Wege zum Raum. Opladen; *P. Weichhart* (1998): „Raum" versus „Räumlichkeit" – ein Plädoyer für eine transaktionistische Weltsicht der Sozialgeographie. In: *G. Heinritz/I. Helbrecht* (Hg.): Sozialgeographie und Soziologie. Dialog der Disziplinen. Passau; *B. Werlen* (2008): Raum und die mediale Repräsentation. In: *J. Döring/T. Thierlmann* (Hg.): Spatial Turn. Sozialtheorie. Das Raumparadigma in den Kultur- und Sozialwissenschaften. Bielefeld.

Christine Weiske

Recht

ist die wirkmächtigste normative Ordnung moderner Gesellschaften. Es schafft relative Verlässlichkeit von Verhaltenserwartungen und ermöglicht das Knüpfen langer Handlungsketten. R. bietet einerseits Chancen für soziales Handeln, andererseits verschließt es Handlungsalternativen. Es wird zum ubiquitären Medium sozialer Steuerung. Seine Anwendung bewirkt allerdings häufig von den Interessenten unintendierte Konsequenzen.

Dem modernen *Staat* mit seinen vielfältigen Leistungen und seiner Machtenfaltung liegt das Konzept des R.spositivismus zugrunde: R. wird durch eigens legitimierte staatliche Institutionen in dazu vorgesehenen Verfahren gesetzt. In der Gestaltung dieses R.s ist der Staat frei: Er schafft sich eine Verfassung, Gesetze und Ausführungserlasse, er schließt internationale Verträge. Damit sind die Fesseln traditionalen oder religiösen R.s gesprengt und das Individuum wird freigesetzt für die Marktgesellschaft und eine autonomere Lebensführung. Die Einhaltung des R.s wird durch einen „eigens darauf eingestellten Stab von Menschen" (Max Weber, 1864-1920) garantiert. Bürokratische Apparate, Verwaltungen, Justiz, Polizei, stehen bereit, auf R.sverletzungen zu reagieren. Mit dem Zivilr. bietet der Staat privaten Interessen R.sschutz in der Weise, dass Partner Vereinbarungen treffen und durch ein etwaiges Eingreifen der Justiz absichern können.

Mit dem staatszentrierten Konzept des R.spositivismus konkurriert der R.spluralismus. Eugen Ehrlich (1862-1922) prägte den Begriff „lebendes Recht" für die R.svorstellungen, die Bevölkerungsgruppen für sich als geltend akzeptieren, auch ohne Involvierung des Staates. Ein viel diskutiertes Beispiel bildet die *„lex mercatoria"*, das Handelsr. internationaler Kaufleute, die eigene Handelsbräuche und eigene Schiedsmechanismen für den Konfliktfall entwickelt haben. Ein anderes Beispiel sind Migranten, die nach dem R. ihrer Herkunftsgemeinschaft leben.

Zunächst waren R.spositivismus und R.spluralismus zwei widerstreitende Methoden der R.serkenntnis für den Juristen. Heute markieren diese rechtstheor. Konzepte Konflikte, die um den Herrschaftsanspruch und die Steuerungsfähigkeit des Nationalstaates, über den auch Demokratie wesentlich organisiert wird, ausgetragen werden. Ohnedies bezieht die R.ssoz. viele ihrer Themen aus der Differenz zwischen „gesatztem" und „gelebtem" R., etwa im Verbraucherr., bei rechtsförmigen Verfahren oder Arbeitskonflikten.

Die R.sverhältnisse zwischen Bürgern regelt das Zivilr. Neben das Zivilr., in Dtld. v.a. im Bürgerlichen Gesetzbuch dargestellt, tritt das öffentliche R. Letzteres bestimmt R.sverhältnisse zwischen Bürger und Staat, bei denen der Staat als übergeordnete Instanz auftritt, bzw. zwischen Gliederungen des Staates. Für die *Gesellschaft* als Ganzes ist das Strafr. von höchstem symbolischem Wert, wie insbes. Emile Durkheim (1858-1917) und George Herbert Mead (1863-1931) hervorgehoben haben. Es markiert nämlich die Grenze des gesellschaftlich Erlaubten und Unerlaubten in einer jedes Gesellschaftsmitglied interessierenden Weise. Insbes. das Strafr. soll die *Werte* einer Gesellschaft zum Ausdruck bringen. Die Straftat wird als Angriff auf die Gesellschaft empfunden, die vom Übertreter Sühne verlangt. Der moderne Staat hat den Individuen und den Gemeinschaften die Rache entwunden und sie durch ein rechtsstaatliches Verfahren ersetzt. Die Emotionalität ist jedoch noch immer ein Faktor, der sich u.a. in Forderungen nach Strafverschärfungen oder nach erweiterten Opferr.en Ausdruck verschafft.

Bezeichnenderweise existiert ein kulturübergreifender Konsens hinsichtlich der Schwere gewisser Straftaten, mit dem Mord an der Spitze der Strafreaktionen herausfordernden Delikte. Jedoch hat der moderne Staat auch viele Handlungen unter Strafe gestellt, die traditionellen Mustern nicht entsprechen. Die Kriminalisierung von Handlungen und ihre Strafbewehrung ist durchaus auch ein Akt symbolischer Politik. Dementsprechend leidet die Durchsetzung solcher Normen.

Seit Montesquieu (1689-1755) spricht die Staatslehre von Gewaltenteilung und unterscheidet die gesetzgebende, die rechtssprechende und die vollziehende Staatsgewalt. Während die Gesetzgebung Parlamenten übertragen ist, nimmt die Justiz die R.sprechung wahr. Alle Staatsgewalt ist nach dem Prinzip der R.sstaatlichkeit gesetzesgebunden. R.sstaatlichkeit soll Individuen vor Machtmissbrauch schützen und staatliches Handeln verlässlich machen. Der R.ssoz. ist damit ein weites Feld für Forschungen eröffnet.

Ein zentrales soz. Thema wird mit dem Begriff „Legitimation durch Verfahren" (N. Luhmann) verknüpft. Wenn der Staat R. setzt und rechtsförmig handelt, dann sorgt die Einhaltung regelgerechter Verfahren für die Akzeptanz seiner Entscheidungen. Zwar ist „Gerechtigkeit" die regulative Idee hinter dem R. und seiner Anwendung, die Meinungen über Urteile sind jedoch oft kontrovers. Demgegenüber haben Gesellschaften verlässlichere Kriterien dafür, wann Verfahren fair sind und wann sich Autoritäten, die in ihrem Auftrag handeln, fair oder unfair verhalten. Verfahren sind Symbole für die Werte einer Gesellschaft und am Verhalten der Amtsträger lesen Individuen ihren Status als vollberechtigte Gesellschaftsmitglieder ab (Tyler 2006). Zahlreiche soziale Konflikte bis hin zu schwersten Erschütterungen von Gesellschaften entstehen aus der Wahrnehmung von Diskriminierungen.

Ökon., pol. oder anderweitig fundierte Macht tendiert dazu, ihren Vorrang auch rechtlich abzusichern. Das kann in der Gesetzesformulierung schon durch strategischen Einsatz der Ressource „Wissen" geschehen und setzt sich bei der Implementierung von R. fort. Die Soz. hat seit den 1970er Jahren den Prozess der Umsetzung von Politik entdeckt. Thematisiert wurde u.a., wie Umweltr. auf den Stufen seiner Anwendung durch ökon.-pol. Interessenten verändert wird.

R. muss immer interpretiert werden. Daher untersucht die R.ssoz. die Prägung der R.sanwender, die in die Interpretation einfließt. Zunächst hatte die „Richtersoz." der 1960er Jahre die Ursache eines Konservatismus der Justiz in der sozialen Herkunft der Juristen aus den oberen Schichten gesucht. Empirische Studien stellten demgegenüber die Sozialisation durch die Juristenausbildung und insbes. durch die Arbeits- und Organisationsroutinen der Justiz heraus. Auf der anderen Seite muss R. von den Parteien eines Konflikts „mobilisiert" werden. Es gibt zwar „selbst mobilisierendes Recht" (Donald Black), d.h. Teile des R.s werden durch Polizei und Verwaltungen auf ihre Einhaltung aktiv kontrolliert, die meisten

R.skonflikte aber müssen durch die Gesellschaftsmitglieder erst als solche des R.s thematisiert werden. Die Neigung und Fähigkeit dazu differiert jedoch entlang der Merkmale sozialer Schichtung. Dies wird auch als Problem des „Zugangs zum R." bzw. des „Zugangs zur Justiz" diskutiert.

Schon für den Juristen oder auch für den Sachbearbeiter einer Behörde oder eines Unternehmens ist das R. schwer überschaubar. Die meisten Gesellschaftsmitglieder verfügen über nur rudimentäre Vorstellungen. Vieles davon ist Bestandteil der „populären R.skultur", die über Filme, Fernsehen, Romane u.ä. transportiert wird. Jedoch sind deren Gehalte durch die Interessen der Medien selbst nach Verkäuflichkeit, Dramatisierbarkeit, Vereinfachung, bestimmt. Oft spiegeln sie die R.snormen und -institutionen anderer R.skreise wider, so das Hollywoodkino die angelsächsische Tradition und das amerik. R. Demgegenüber ist der R.skundeunterricht an dt. Schulen wenig entwickelt, auch wenn es nur um ein Orientierungswissen gehen kann.

Neben den Nationalstaat und seine Untergliederungen sind supra- und transnationale Ebenen getreten, die R.setzung und R.ssprechung übernehmen. Zwar fehlt ihnen der Apparat zur R.sdurchsetzung, doch verpflichten sich die Staaten, diese Aufgabe zu übernehmen. Mit der Globalisierung des R.s einhergehen Fragen nach der R.sstaatlichkeit und nach der Demokratieverträglichkeit. Die Weltbank z.B. betreibt eine Politik des R.sexports gegenüber Staaten und beruft sich auf Anforderungen einer globalisierten Wirtschaft. Der Europäische Gerichtshof zielt auf eine Position in der Hierarchie der Gerichte, die oberhalb der nationalen Verfassungsgerichte angesiedelt ist. In einigen transnationalen R.sregimen haben nichtstaatliche Akteure, wie z.B. Umweltorganisationen, schon einen den Staaten vergleichbaren Rang als Verhandlungsteilnehmer. Auf vielen Kanälen überträgt die Globalisierung europäisches und nordamerikanisches R. in Staaten mit einem wenig differenzierten R.ssystem, soweit Länder sich diesem Einfluss nicht verschließen.

Die Welle der Privatisierung staatlicher Aufgaben findet im R. eine Parallele in den „Alternativen zum R." bzw. in der Forderung nach Übertragung von Prozessen auf Mediatoren. In den zurückliegenden Jahrzehnten ist die Zahl der Anwälte stark gestiegen. Da erscheint es attraktiv, sich einen neuen Markt zu erschließen. Gefordert wird, dass dem Gang vor den Richter ein obligatorischer Einigungsversuch vorgeschaltet werden muss. Jedoch arbeitet der eingespielte Justizapparat preiswerter als Anwaltsmediatoren. Daher finden alternative Verfahren unter Privatklienten wenig Zuspruch. Dagegen legen Unternehmen bei Vertragskonflikten Wert auf selbstgewählte Persönlichkeiten als Konflikthelfer. Sehr erfolgreich arbeiten auch branchenbezogene Schiedsgerichte und Ombudsmänner, die bei Verbraucherstreitigkeiten eine unentgeltliche Fachexpertise anbieten.

Von Anwälten als Profession erwartet man, dass sie nicht als profitmaximierende Unternehmer tätig sind, sondern, wie es im Gesetz heißt, als „Organ der

R.spflege". Im Gegensatz zu Anwälten in den USA, die klar unternehmerisch agieren, zählen sie in Dtld. zu den Berufsgruppen mit dem höchsten Sozialprestige. Die
Beliebtheit des Jurastudiums kann als Indikator für die Stellung des R.s in einer
Gesellschaft dienen. Die Studierendenzahl an Juristenfakultäten stieg stark, wobei
der Anteil der Studentinnen sehr zugenommen hat. Jedoch konzentrieren sich Anwältinnen eher bei den R.sstreitigkeiten der Privatklientel, die wenig einbringen.
V.a. Anwälte finden sich bei den lukrativen Wirtschaftsmandaten. Die „zwei Sphären der Anwaltschaft" haben daher auch eine Gender-Färbung. In den nun auch in
Dtld. nach amerik. Vorbild entstandenen großen R.sanwaltsfirmen mit teils hunderten von Anwälten dominieren Männer. Anwaltsfirmen erarbeiten im Auftrage der
Industrie z.b. internationale Transaktionen und sogar komplette Gesetzeswerke.

Die demokratische *Legitimation* der Justiz fällt gering aus. Allenfalls indirekt,
über die von Parlamentariern mit besetzten Richterwahlausschüsse, lässt sich eine
Rückbindung an Wahlen konstruieren. Die in einigen Sparten der Gerichtsbarkeit
vertretenen ehrenamtlichen Richter werden von den Berufsrichtern nicht immer als
gleichberechtigt akzeptiert. Sie werden entweder – in einem freilich nicht repräsentativen Verfahren – aus der Bevölkerung rekrutiert oder als Vertreter von Berufsgruppen mit dem Anspruch besonderen Fachwissens. Nicht in allen Bundesländern
existieren Schiedspersonen, also Laien, die bei Vergehen oder etwa auch Nachbarschaftsstreitigkeiten eine gütliche Einigung herbeiführen sollen. Oft stößt sich eine
solche Nachbarschaftsjustiz an einer gewandelten Zusammensetzung der Bevölkerung in einer hochmobilen Gesellschaft.

Die Zusammenführung der beiden dt. Staaten seit 1990 führte zu einer Übertragung westdeutschen R.s auf die neuen Bundesländer. Die R.sentwicklung hatte
bis dahin in den dt. Teilstaaten sehr unterschiedliche Richtungen genommen. Im
Gegensatz zur Bundesrepublik kam die DDR mit nur sehr wenigen Juristen aus,
Staatsanwaltschaft und Gerichte wurden pol. straff geführt und man bemühte sich
um ein möglichst einfaches R. Die Verwaltung war rechtlich wenig geschult.
Nach der Wende wurde das R.spersonal zu großen Teilen ausgetauscht, teils wegen zu großer Nähe zum alten Regime. Richterstellen und andere höhere Positionen wurden mit Westpersonal aufgefüllt. Damit waren ehrenamtliche Richter oft
die einzigen, die die R.sverhältnisse der DDR aus eigenem Erleben kannten.

Verschärft durch ökon. und soziale Härten der Übergangszeit, erschien Dtld. als
ein Land mit zwei R.skulturen. Sozialwissenschaftler gingen in der Analyse auseinander, ob es zu einer Konvergenz kommt oder nicht. Skeptiker weisen auf einen
Teil der ostdt. Bevölkerung hin, der bis heute die Institutionen der Bundesrepublik
stark ablehnt. Die Gegenmeinung führt an, dass sich Ost- und Westdeutsche bei
vielen R.sfragen und in ihren allgemeinen Orientierungen näher gekommen sind.
Insofern die R.sinstitutionen das R.sdenken prägen, wäre mit einer weiteren Annäherung zu rechnen. Insbes., wenn sich das Gesellschaftssystem der Bundesrepublik

weiter als stabil erweist, was nicht nur von wirtschaftl. Erfolgen, sondern auch von einem sich im Alltag bewährenden R. abhängt.

→ **Akzeptanz und Legitimation; Bürokratie; Institution; Kontrolle, soziale; Macht – Herrschaft – Autorität; Norm, soziale; Sanktion; Staat**

📖 *M. Asimow/S. Mader* (2004): Law and Popular Culture. A Course Book. New York; *D. Black* (1980): The Manners and Customs of the Police. New York; *E. Blankenburg* (1995): Mobilisierung des Rechts. Berlin; *E. Ehrlich* ([4]1989): Grundlegung der Soziologie des Rechts. Berlin; *N. Luhmann* ([4]2008): Rechtssoziologie. Opladen (zuerst 1980); *ders.* (1995): Das Recht der Gesellschaft. Frankfurt a.M.; *S. Machura* (2001): Fairneß und Legitimität. Baden-Baden; *ders.* (2006): Ehrenamtliche Verwaltungsrichter. Münster; *T. Raiser* ([4]2008): Das lebende Recht. Rechtssoziologie in Deutschland. Baden-Baden; *K.F. Röhl* ([2]2006): Rechtssoziologie. Köln; *ders.* ([3]2008): Allgemeine Rechtslehre. Köln; *H. Rottleuthner* (1987): Einführung in die Rechtssoziologie. Darmstadt; *T.R. Tyler* ([2]2006): Why People Obey the Law. Princeton; *R. Voigt* ([3]1993): Politik und Recht. Bochum; *M. Weber* (2006): Wirtschaft und Gesellschaft. Tübingen (zuerst 1922).

Stefan Machura

Religion

Die alltagssprachlich mit dem Wort R. bezeichneten Phänomene lassen sich nur schwer systematisieren, v.a. wenn man interkulturell und hist. vergleichend vorgeht. Dementsprechend werden in soz. Definitionsversuchen unterschiedliche Aspekte hervorgehoben:
l.) R. wird auf den religionswissenschaftlichen Begriff des „Heiligen" bezogen und bezeichnet dann die Riten, Kulte, Rollen und Einrichtungen, durch die sich die Menschen in ihrem Zusammenleben einer außeralltäglichen Wirklichkeit versichern; 2.) R. wird auf die Lösung bestimmter gesellschaftlicher Probleme bezogen. Gemäß dem funktionalistischen R.sbegriff gilt das als R., was der normativen Integration von Gesellschaft (E. Durkheim; T. Parsons), der sozialen Chiffrierung des Unbestimmbaren (N. Luhmann) oder Kompensation von Leid- und Unrechtserfahrungen, kurzum der symbolischen Stabilisierung des gesellschaftlichen Gesamtzusammenhangs dient; 3.) R. wird als wissenssoz. Begriff auf das Problem der menschlichen Entwicklung bezogen: Anthropol. scheint der Mensch auf ein Transzendieren seiner bio-physischen Ausstattung, auf die Entwicklung von Bewusstsein und Kultur angewiesen. Unter R. werden dann diejenigen Elemente einer

Kultur verstanden, die den Menschen gestatten, sich des überindividuellen Sinns ihres Daseins zu vergewissern.

Wissenschaftsgeschichtlich gesehen hat sich die Soz. im 19. Jh. als R.skritik (K. Marx) und als R.ssurrogat (A. Comte) entwickelt (als R.ssoz. aber erst seit der Jahrhundertwende, zumal durch Emile Durkheim und Max Weber). In religionssoz. Begriffsbildungen gehen auch häufig konfessionsspezifische Annahmen und Vorurteile mit ein. Das R.sproblem ist deshalb nicht nur ein Gegenstand der Soz., sondern insofern sie beansprucht (oder ihr zugemutet wird), Legitimationen des menschlichen Zusammenlebens zu entwickeln oder zu kritisieren, erfüllt sie selbst Funktionen, die früher von der R. wahrgenommen wurden. Gesellschaftstheorie ist (seit Georg W.F. Hegel) der Versuch, die damit aufgeworfenen Begründungsprobleme reflexiv zu verarbeiten.

Zentrale Fragestellungen der R.ssoz. beziehen sich: 1.) auf den Zusammenhang von R. und gesellschaftlicher Entwicklung und behandeln insbes. die jüdisch-christl. Tradition als Bedingung für den Prozess der westlichen Modernisierung (Weber, Parsons); 2.) auf das Schicksal der R. unter den Bedingungen der Modernität (der in diesem Zusammenhang oft verwendete Begriff der *Säkularisierung* ist fragwürdig: Einer Freisetzung breiter Erfahrungsbereiche von religiösen Deutungsmustern und kirchlichem Einfluss steht die Erscheinung eines häufig pluralistisch strukturierten Systems ausdrücklicher religiöser Kommunikationen gegenüber); 3.) auf die Strukturen und Prozesse kirchlicher Handlungszusammenhänge: als Soz. der Kirchengemeinde oder überlokaler kirchlicher Organisationsformen, als Untersuchung von Berufsrollen und ihrem Wandel sowie der Entwicklung kirchlicher Partizipation und des religiösen Bewusstseins. Diese „Kirchensoz." folgt häufig eher kirchlichen als soz. Erkenntnisinteressen, kann aber durchaus auch soz. fruchtbar gemacht werden, wenn ihre Ergebnisse in einem breiteren theor. Rahmen interpretiert werden.

Versteht man unter R. das zentrale Sinnsystem, das einem gesellschaftlichen Zusammenhang kollektive Identität und Bedeutung verleiht, so wird man für moderne, überkomplexe Gesellschaften ein Unbestimmtwerden von R. diagnostizieren müssen. Das Problem der R. verschiebt sich damit auf partikuläre Sozialzusammenhänge sowie auf das Individuum. Die als religiös zu qualifizierenden Bedürfnisse äußern sich beispielsweise als Suche nach Lebenssinn, Identität oder Mitmenschlichkeit. Insoweit als hier stabilisierte Sinn- und Handlungszusammenhänge feststellbar sind, lassen sie sich als Religiositätsmuster beschreiben.

Ggwt. gewinnt R. durch nationale und internationale Auseinandersetzungen mit dem Islam eine neue Aktualität: pol. und nichtpol., rechtlich und verfassungsrechtlich (Bielefeldt/Heitmeyer 2001).

→ **Kultur und Zivilisation; Ritual**

📖 *J. Bergmann/A. Hahn/T. Luckmann* (Hg.) (1993): Religion und Kultur. SH der KZfSS 33. Opladen; *H. Bielefeldt/W. Heitmeyer* (Hg.) (2001): Politisierte Religion. Frankfurt a.M.; *K. Gabriel* (1992): Christentum zwischen Tradition und Postmoderne. Freiburg; *ders.* (Hg.) (1996): Religiöse Individualisierung oder Säkularisierung. Gütersloh; *H. Joas* (⁴2006): Die Entstehung der Werte. Frankfurt a.M.; *F.-X. Kaufmann* (1989): Religion und Modernität. Tübingen; *W. Kerber* (Hg.) (1993): Der Begriff Religion. München; *V. Krech/H. Tyrell* (Hg.) (1997): Religionssoziologie um 1900. Würzburg; *G. Kuenzlen* (1995): Der neue Mensch. Zur säkularen Religionsgeschichte der Moderne. München; *N. Luhmann* (⁵2004): Funktion der Religion. Frankfurt a.M. (zuerst 1977); *K.-H. Weger* (Hg.) (1979): Religionskritik von der Aufklärung bis zur Gegenwart. Freiburg; *M. Wohlrab-Sahr* (Hg.) (1995): Biografie und Religion. Zwischen Ritual und Selbstsuche. Frankfurt a.M.

Franz-Xaver Kaufmann

Revolution

eine relativ rasch verlaufende Umwälzung in der gesamten sozialen, wirtschaftl., rechtlichen und pol. Struktur einer Gesellschaft.

R. ist gegen die Begriffe Staatsstreich oder Putsch abzugrenzen; die sich auf einen außerlegalen und gewaltsamen Wechsel auf der Regierungsebene beziehen. Insofern R.en zeitlich „geraffte" und dramatisch verlaufende, oft mit massenhafter Gewaltanwendung verbundene Ereignisse sind, können sie auch vom Begriff *Reform* unterschieden werden. Reformen können zwar, vom Ergebnis her betrachtet, zu ähnlichen Veränderungen führen wie R.en, sie erstrecken sich jedoch zumeist über einen erheblich längeren Zeitraum und werden grundsätzlich von einer intakt bleibenden Regierung gesteuert.

Die erste gründliche R.sanalyse stammt von Karl Marx (1818-1883) und Friedrich Engels (1820-1895). Die Ursachen von R.en werden von ihnen in der Spannung (Dialektik) von Produktionsmitteln und Produktionsverhältnissen gesehen, die sich in hist. wechselnden Klassengegensätzen manifestiert. Für den *Kapitalismus* beschreibt Marx diese doppelte Dialektik als eine sich zuspitzende Spannung, die bei höchster Entfaltung der Produktivkräfte und äußerster Verelendung des Proletariats zu unhaltbaren Widersprüchen führe, die nur durch eine soziale R. der zur ungeheuren Mehrheit angewachsenen Arbeiterschaft gegen ihre Ausbeuter und die Einführung des Sozialismus gelöst werden könne.

Die spätere empirische R.sforschung hat diese Theorie nicht bestätigt, jedoch einige ihrer Elemente übernommen. Als Ursachen von R.en wurden u.a. genannt: Die Spannungen zwischen einer rückständigen und verkrusteten Herrschaftsstruktur und einer fortgeschrittenen technisch-ökon. Entwicklung; die starre Monopolstellung einer wirtschaftl. und pol. herrschenden Elite, welche auf die steigenden

Erwartungen sozial benachteiligter und unterprivilegierter Schichten trifft. Zu den Bedingungsfaktoren, die eine revolutionäre Situation erzeugen können, gehören z.b. die permanente Provokation der zur R. fähigen und für sie mobilisierbaren Kräfte durch öffentlich bewusst gewordene Missstände, die zunehmende Solidarisierung dieser Bevölkerungskreise, die Existenz eines R.sprogramms und das Auftreten von Führungspersönlichkeiten oder von Parteien, die sich die Durchführung einer R. zum Ziel setzen.

Der auslösende Funke, der eine revolutionäre Situation erzeugt und sie explosionsartig zur aktuellen R. weitertreibt, setzt zumeist den plötzlichen Autoritätsverlust der bisher herrschenden *Eliten* voraus. Hierzu kann eine militärische Niederlage beitragen, der Legitimitätsverlust durch erfolgreiche R.en in Nachbarländern, eine wirtschaftl. Rezession oder pol. Entscheidungen, die sich deutlich nachteilig für potenziell revolutionär mobilisierbare Schichten auswirken.

Der Versuch einer Phaseneinteilung revolutionärer Ereignisse, der v.a. in der Frz. R. klar zutage trat, zeigt den Verlauf vieler R.en von einem gemäßigten Beginn über eine zunehmende Radikalisierung hin zu einer diktatorischen Stabilisierungsphase. Charakteristisch sind die zumeist außerordentlich heftigen Auseinandersetzungen innerhalb der revolutionären Eliten selbst, sobald die Machtübernahme geglückt ist. Sie enden häufig entweder mit dem Sieg der Konterr. (in der es gemäßigten oder ehemals herrschenden Eliten gelingt, die vorrevolutionären Verhältnisse ganz oder z.T. wieder herzustellen) oder mit der Durchsetzung der bei der Anwendung gewaltsamer Machtmittel bedenkenlosesten Revolutionäre. Wenn Letzteres eintritt, gleicht die Lage einer unter machttechnischem Gesichtspunkt erfolgreichen R. oft kaum mehr den ursprünglichen Programmforderungen und Zielen.

Dieser Sachverhalt ist u.a. das Ergebnis eines Dilemmas, dem sich die meisten R.en gegenübersehen: Um dauerhaften Erfolg zu haben, müssen die neuen Eliten Maßnahmen ergreifen, die radikal sind und die konflikthafte Auseinandersetzung aufs Äußerste zuspitzen. Hierzu gehört die durchgehende Neugestaltung der tragenden Säulen des Staatsapparates wie Militär und Bürokratie, die Steuerung der Massenmedien, evtl. die Entmachtung der wirtschaftl. tonangebenden Kreise und häufig die bewaffnete Auseinandersetzung mit konterrevolutionären und oft vom Ausland unterstützten Kräften.

→ **Elite; Gewalt; Konflikt, sozialer; Marxismus; Masse; Wandel, sozialer**

📖 *K. v. Beyme* (Hg.) (²1982): Empirische Revolutionsforschung. Wiesbaden; *K. Lenk* (²1981): Theorien der Revolution. München; *Th. Schieder* (1972): Revolution. In: *C.D. Kernig* (Hg.): Sowjetsystem und demokratische Gesellschaft. Bd. 5. Freiburg: 692ff.; *Ch. Tilly* (³1999): Die europäischen Revolutionen. München; *H. Wassmund* (²1986): Revolutionstheorien. München.

Hans-Peter Waldrich

Ritual

Technik zur Bewältigung der Allgemeinheiten und Besonderheiten des Alltags.

Als szenische Praktiken mit oft komplexen Handlungsabläufen verarbeiten R.e Situationen und Informationen symbolisch und informieren den, der die *Symbole* kennt. Durch beobachtbare Handlungen in der sichtbaren Welt soll auf Entwicklungen und Festlegungen in sonst nicht sichtbaren Bereichen eingewirkt werden. Rituelles Verhalten ist typisch menschliches, also sinngebendes, Sinn und Bedeutung zuschreibendes und Bedeutung und Sinn weitervermittelndes Verhalten. Wegen der irrigen Annahme, für die aufgeklärte und industrialisierte Gesellschaft sei ausschließlich oder vorwiegend rationales Handeln typisch, ist der Bereich der symbolischen und rituellen Handlungen lange Zeit dem soz. Augenmerk entglitten.

Alles soziale Leben, sinnhaft angelegt und kulturell überformt, wird symbolisch vermittelt und rituell praktiziert. Daher gehören das Produzieren von Symbolen, das Beachten von symbolischen Bedeutungszuschreibungen und das (unreflektierte) Einhalten von R.en zu den hauptsächlichen Beschäftigungen des Menschen. R.e verleihen notwendige Verhaltenssicherheit. Sie sind Teil funktionierender *sozialer Kontrolle.* Sie steuern, erlauben und begrenzen Verhalten. Sie verarbeiten Problemsituationen symbolisch, ohne dass die Situationen und das passende Verhalten jeweils erst erwogen werden müssen. Man weiß, was und wie es zu tun ist. Rituelles Handeln konstituiert und aktiviert sozialen Sinn, fördert das Gemeinschaftsgefühl und verdeutlicht normative Gesamtorientierungen. Kulturen, Sub- und Gegenkulturen haben ihre eigenen R.e, die, vom Militär über die Zirkel der Wissenschaft bis zur Unterschicht, der Identifikation mit der Gruppe dienen.

Gebräuchlich ist die Wahrnehmung von R.en in den drei Bereichen (l) der Interaktions- und Begrüßungs-R.e mit Gruß, Handschlag, Verbeugung, Umarmung, Fanfaren; Benimmregeln beim Essen etc., (2) des religiösen Kultus von Stammeskulten bis zu den derzeitigen Weltreligionen; im Christentum etwa Sakramente, heilige Messen und Abendmahlsfeiern, und (3) des gewünschten Statuswechsels: Initiations- und Übergangsriten (*rites de passages*), z.B. Examen, Hochzeit, runde Geburtstage; im kirchlichen Bereich Taufe, Erstkommunion, Konfirmation, Priesterweihe; in Stammeskulturen Mannbarkeitsriten für die gesellschaftliche (nicht die biol.) Geschlechtsreife, bei uns stattdessen gelegentlich die erst humanistisch und dann besonders sozialistisch gepflegte Jugendweihe.

Diese dreigeteilte Auflistung ist jedoch zu eng. Tatsächlich haben alle Bereiche, die zur Bildung von sozialen *Institutionen* geführt haben (z.B. Religion, Familie, Staat, Wirtschaft, neuerdings etwa Erziehungswesen, Sport, Medizin), auch ihre eigenen R.e entwickelt. R.e begleiten den Tagesablauf und Lebensweg. R.e erleichtern, verdeutlichen, markieren und regulieren: Zeitliche Zäsuren und Übergänge, Jahreswechsel, Ernte, Geburt und Tod, werden ebenso dramatisch inszeniert

wie Feiern der Gemeinsamkeit und der Eingliederung, Bestätigungen der Rangordnung und gefühlsbetonte Erneuerungen moralischer und religiöser Verpflichtungen
(vom Amtseid bis zur Wallfahrt). Fast immer fallen in einem R. mehrere der vor-
genannten Funktionen zusammen.

Vielfach werden „wirkliche" R.e auf den magisch-religiösen Bereich beschränkt. Somit müsste unsere Welt desto ritualfreier werden, je stärker „aufge-
klärt" und „entzaubert" sie sich gibt. Ein derartiges R.verständnis ist zu einseitig.
Denn R.e sind als Kulturzeugnisse der Menschheit Praktiken, die den verschiedenen Stufen des jeweils vorherrschenden menschlichen Denkens entsprechen. Auch
wenn man der Einteilung Jean Gebsers (1905-1973) folgt, dass die Entwicklung
menschlichen Denkens bislang die vier Phasen des archaischen, magischen, mythi-
schen und mental-rationalen Denkens durchlaufen habe und nun die Phase des
integralen Denkens beginne, dann überleben in Nischen immer noch R.e des ansonsten als überholt geltenden Denkens. Hinzu treten die R.e der jeweils neuen
Paradigmen. Mit sozialem Wandel wandeln sich auch die R.e.

Der Sprachgebrauch ist ungenau. Schon R. und Zeremonie wechseln gelegentlich als Ober- und Unterbegriff oder werden als gleichberechtigt austauschbar
benutzt. Zwischen Ritus, R., Ritualisierung und Ritualismus ist zu trennen. Die
Wörter beschreiben verschiedene Verhaltenskomplexe aus unterschiedlicher anthropol., kirchlicher und säkularer Sicht und enthalten unterschiedliche Bewertungen. Die eingangs allgemein als R.e bezeichneten Handlungsweisen lassen sich
weiter unterscheiden in Ritus und R. Die Trennung ist oft schwierig, Übergänge
sind fließend. Die Wortgeschichte erleichtert das Verständnis. Ausgangspunkt ist
Ritus in der Bedeutung von „Zeremonie, feierlicher religiöser Brauch". Von dem
lat. Ursprungswort „*ritus*" hatte sich früh das Adjektiv „*ritualis*", den Ritus betref-
fend, verselbstständigt und substantiviert. Daraus wurde der säkulare Begriff R.
des sprachlichen Alltags (und „das Rituale" als Bezeichnung für das Buch des
Priesters mit liturgischen u.a. sakralen Texten in der lat. Kirche). Auch von älteren
Wortstämmen (altind. *rtam*: sittliche Weltordnung; lat. *ritus*: rechter Brauch; alt-
germ. *urd*: Schicksalsmacht) haben sich Bedeutungsaspekte erhalten. R.e wollen
Verhalten typisieren, vereinfachen; Riten bestehen als rituelle Handlungen immer
aus einer Kombination ritualisierter Ausdrucksweisen. Riten sollen aber eine Situation gestaltend verarbeiten, Bindungen schaffen, Kontakte zur Umwelt oder zum
Jenseits herstellen, Übergänge und Veränderungen bewältigen, Interaktionsabbrü-
che (z.B. Tod) und andere menschliche Krisen verarbeiten.

Ritualisierung ist eine Stilisierung und Vereinfachung funktional wichtiger
Verhaltensfolgen, oft mit Übertreibung und rhythmischer Wiederholung von Signalen und Gesten. Diese Formalisierung ist nicht nur bei Gruß- und Tanzverhalten
und akademischen Prüfungen zu beobachten. Ein Extrem dazu stellt der Ritualismus dar: eine (nach Robert K. Merton) Anpassungsform als Reaktion auf anomi-

sche Desorientierung. Ihres ursprünglichen Sinnes, Inhalts und Zieles entleerte Verhaltensweisen (der Moral, Etikette, Frömmigkeit etc.) werden im Ritualismus nur noch der Form nach aufrechterhalten.

Besondere R.e und Riten werden bemüht, wo immer ganzheitliche Aspekte und eine Einbettung in einen größeren Zusammenhang betont werden sollen: sei es eine Einheit von Körper, Geist, Seele und Gefühl, wie sie in vielen esoterischen Kreisen gesucht wird, sei es eine Einheit oder Verbindung der sichtbaren mit einer unsichtbaren Welt, wie sie im kirchlichen und sonstig religiösen Bereich gepflegt wird, sei es die Verbindung mit der Natur und mit „Mutter Erde".

→ **Anthropologie; Handeln, soziales; Kontrolle, soziale; Norm, soziale; Religion; Sinn; Symbol**

📖 *R. Bocock* (1974): Ritual in Industrial Society. Edinburgh; *R. Dahlke* (^{3}2002): Lebenskrisen als Entwicklungschancen. München; *M. Douglas* (^{4}1986): Ritual, Tabu und Körpersymbolik. Frankfurt a.M.; *M. Edelmann* (^{3}2005): Politik als Ritual. Frankfurt a.M.; *A. van Gennep* (1981): Les Rites de Passage. Paris; *E. Goffman* (2008): Interaktionsrituale. Über Verhalten in direkter Kommunikation. Frankfurt a.M. (zuerst 1975); *N. Luhmann* (2008): Legitimation durch Verfahren. Frankfurt (zuerst 1969); *R.K. Merton* (1995): Soziologische Theorien und Sozialstruktur. Berlin (orig. 1968); *D. Morris* (1981): Das Spiel. Faszination und Ritual des Fußballs. München; *R. Raphael* (1993): Vom Mannwerden. Übergangsrituale im westlichen Kulturkreis. München; *H.G. Soeffner* (1992): Die Ordnung der Rituale. Frankfurt a.M.; *V.W. Turner* (2000): Das Ritual. Frankfurt (orig. 1969); *D. v. Weltzien* (1994): Die Welt der Rituale. München.

Kurt Weis

Rolle, soziale

ein Bündel normativer Verhaltenserwartungen, die von einer Bezugsgruppe oder mehreren Bezugsgruppen an Inhaber bestimmter sozialer Positionen herangetragen werden.

R.n sorgen für regelmäßiges, vorhersagbares Verhalten als Voraussetzung für kontinuierlich planbare Interaktionen und erfüllen somit eine allgemeine soziale Orientierungsfunktion. Die Verhaltenserwartungen werden zwar an Individuen herangetragen, beziehen sich aber auf die *sozialen Positionen,* die die Individuen einnehmen, sind also auf *Individuen* als Positionsträger gerichtet. Soziale Positionen (amerik. Autoren sprechen häufig von Status) bezeichnen dabei dauerhafte,

von einzelnen Personen ablösbare Schnittpunkte sozialer Beziehungen im gesellschaftlichen Beziehungsgeflecht (z.B. Vater, Lehrer).

Die Verhaltenserwartungen werden an den Positionsträger von Personen oder
Gruppen herangetragen, deren Positionen auf seine Position strukturell bezogen
sind: den Bezugspersonen oder Bezugsgruppen (bezogen auf die Position des Lehrers z.B. die Schüler und Kollegen). „Normiert" heißen die R.nerwartungen, weil
die Bezugsgruppen i.d.R. über bestimmte Sanktionsmöglichkeiten verfügen. Die
tatsächliche Erfüllung der R.nerwartungen erfolgt jedoch v.a. durch die im Verlauf
des Sozialisationsprozesses erfolgten Internalisierungen der Erwartungen.

Der R.nbegriff ist demnach, streng genommen, keine Elementarkategorie, sondern ableitbar aus einer spezifischen Verknüpfung der grundlegenden Phänomene
der sozialen Differenzierung und der sozialen Normierung (Popitz 1975). Trotz
dieser Einschränkung und trotz seiner Unschärfe und Vieldeutigkeit gilt der Begriff
der R. als eine zentrale Kategorie der Soz.

Das traditionelle R.nkonzept ist eng mit der *strukturell-funktionalen Theorie*
verbunden und wurde systematisch zuerst im Jahre 1936 von dem amerik. Kultur-
anthropologen Ralph Linton (1893-1953) entwickelt. Folgende begriffliche Differenzierungen haben sich weitgehend durchgesetzt:

- R.nerwartungen können sich auf Eigenschaften und Merkmale des R.nträgers
  (R.nattribute) oder auf sein äußeres Verhalten (R.nverhalten) beziehen;
- R.n sind nach Linton analog den sozialen Positionen entweder zugeschrieben
  (*ascribed*) oder erworben (*achieved*), wobei seit dem Ende der Ständegesell-
  schaft die Bedeutung zugeschriebener R.n tendenziell ab- und die Bedeutung
  erworbener R.n tendenziell zugenommen hat;
- unter einem R.nsatz (*role set*) wird in Anlehnung an Robert K. Merton (1910-
  2003) die Gesamtheit aller sich ergänzenden Teilr.n (Komplementärr.n) verstanden, die mit einer bestimmten Position verbunden sind (z.B. im Falle des
  Lehrers die R.nerwartungen der Schüler, Kollegen u.a.). Alternativ hierzu werden die mit einer sozialen Position verbundenen R.nbeziehungen zu verschiedenen Bezugsgruppen auch als R.nsegmente oder R.nsektoren einer einzigen R.
  bezeichnet;
- geraten die Erwartungen verschiedener Bezugsgruppen an ein und dieselbe
  Person in Konflikt miteinander, so handelt es sich um einen Intra-R.nkonflikt.
  Ein Inter-R.nkonflikt liegt vor, wenn sich die Erwartungen an verschiedene
  Positionen, die eine Person gleichzeitig innehat (z.B. Mutter, Lehrerin), widersprechen. R.K. Merton hat eine Reihe struktureller Mechanismen aufgedeckt,
  die eine Milderung derartiger R.nkonflikte bewirken (z.B. die räumliche oder
  zeitliche Trennung von Verhaltensbereichen).

In der Bundesrepublik entwickelte sich eine intensive Diskussion um die Dahren-
dorfsche Konzeption des „*Homo Sociologicus"*, des Menschen als „Träger sozial

vorgeformter R.n" und der Gesellschaft als eine für den Menschen „ärgerliche Tatsache". Die Auseinandersetzung konzentrierte sich dabei auf das dem Modell des „Homo Sociologicus" zugrunde liegende Menschenbild, insbes. auf die Frage, inwieweit sich der Mensch durch die Übernahme s.r R.n entäußere oder entfremde.

Der Anwendungsbereich der traditionellen, dem Strukturfunktionalismus von Talcott Parsons (1902-1979) verpflichteten R.ntheorie ist überall dort zu finden, wo es differenzierte, institutionalisierte soziale Strukturen mit vielen unterschiedlichen Positionen und Funktionen gibt. Jeder R.ninhaber folgt je nach seiner Position im Sozialsystem spezifischen *Normen*, die in ein umfassendes, gemeinsames Wertsystem integriert sind und trägt durch sein rollengemäßes Verhalten zur Wertverwirklichung und zur Systemerhaltung bei.

Grundannahme des interaktionistischen R.nkonzepts, das seine Wurzeln bei George H. Mead (1863-1931) hat und die Grenze zur Sozialpsychologie und phil. Anthropologie überschreitet, ist, dass sich die Gesellschaft aus Individuen bzw. aus den Interaktionen einzelner Individuen konstituiert. Das Interesse richtet sich auf die Analyse des R.nhandelns oder R.nspiels von Individuen in sozialen *Interaktionen* und den Aufbau von R.nstrukturen durch Interaktionen. Am konventionellen Modell wird kritisiert, dass es zu mechanistisch sei und nicht hinreichend die aktiven Beiträge berücksichtige, die das Subjekt bei der Übernahme der R.n und beim R.nhandeln leiste. Kennzeichnend für das interaktionistische R.nkonzept (z.B. Erving Goffman, Lothar Krappmann) ist ferner die enge Verbindung mit Problemen der Identität. Soziale Interaktion wird als Prozess wechselseitiger Wahrnehmungen, Typisierungen und R.nübernahmen aufgefasst.

Von besonderer Bedeutung für das R.nhandeln ist der Prozess der R.nübernahme (*role taking*), worunter G.H. Mead die Fähigkeit versteht, sich in den anderen hineinversetzen zu können, um dessen Verhalten antizipieren und in den eigenen Handlungsentwürfen berücksichtigen zu können. Mit dem Begriff der R.ngestaltung (*role making*) wird auf das individuelle, spontane, kreative Moment im R.nhandeln verwiesen. Wiederholen sich Handlungssituationen, so erfolgt allmählich eine Verfestigung; die Definition der Situation und die Typisierung der Handlungspartner werden nicht mehr „frei ausgehandelt", sondern unterliegen zunehmend spezifischen normierten Verhaltenserwartungen.

Bei der Analyse von Interaktionsprozessen muss die *Identität* der Handelnden berücksichtigt werden. In Erving Goffmans Modell der Ich-Identität wird R.nspiel zum Versuch, eine Balance zwischen personaler und sozialer Identität herzustellen. *Personale Identität* bezieht sich auf die Einmaligkeit eines Menschen als Ausdruck einer einzigartigen, unverwechselbaren Biografie, *soziale Identität* als Ausdruck verinnerlichter R.nerwartungen bzw. R.nübernahmen auf die R.nhaftigkeit eines Menschen. Ich-Identität bezeichnet die Leistung des Individuums, zwischen der persönlichen und sozialen Identität zu vermitteln. Eine gelungene Identitätsbalance bedeutet, dass sich das Individuum einerseits trotz seiner Einzigartigkeit nicht durch Isolierung aus den Interaktionen mit anderen ausschließen lässt und sich andererseits nicht total unter die an es herangetragenen Erwartungen subsumieren lässt. Ein Beispiel für den zweiten Fall stellt die totale R. dar, die durch eindeutige, rigide Verhaltensvorschriften bei intensiver, formal geregelter sozialer Kontrolle gekennzeichnet ist. Hierunter fällt die Situation von Insassen von Haftanstalten oder psychiatrischen Anstalten (sog. totalen Institutionen).

Zu den Grundqualifikationen des R.nhandelns, die im *Sozialisationsprozess* entwickelt werden, gehören die Fähigkeit zur R.ndistanz (die Fähigkeit, beim R.nhandeln die eigene R. distanzierend und reflektierend zu betrachten) sowie die Ausbildung von Empathie (Einfühlungsvermögen) und von Ambiguitätstoleranz (die Fähigkeit, Uneindeutigkeiten einer Situation zu ertragen).

Indem die interaktionistische R.ntheorie den Akzent sehr stark auf die aktiven Beiträge legt, die ein Subjekt bei der Definition und beim Spiel von R.n zu leisten hat, wird leicht der Anschein erweckt, als seien die beteiligten Partner mehr oder weniger gleichberechtigt. Besonders von marx. Seite wird kritisiert, dass nicht hinreichend thematisiert wird, in welchem Maß das R.nspiel vorbestimmt und fremdbestimmt ist, inwieweit Macht- und Herrschaftsverhältnisse bis in die jeweiligen R.ndefinitionen hineinreichen.

Das herkömmliche R.nkonzept ist dann am fruchtbarsten, wenn es sich um in hohem Maße institutionalisierte und formalisierte Situationen handelt, so dass für die Entfaltung der interpretativen Komponenten des R.nhandelns wenig Raum bleibt. Der interpretative Ansatz verspricht den höchsten Erkenntniswert in relativ offenen, d.h. wenig strukturierten und vordefinierten Situationen.

→ **Differenzierung, gesellschaftliche; Individuum; Interaktion; Norm, soziale; Sanktion; Sozialisation; Sozialstruktur; Soziologische Theorien (III); Status, sozialer**

H. *Abels* ([4]2007): Interaktion, Identität, Präsentation. Wiesbaden; R. *Dahrendorf* ([16]2006): Homo Sociologicus. Wiesbaden; H. *Geller* (1994): Position – Rolle – Situation. Opladen; E. *Goffman* ([6]2008): Wir alle spielen Theater. München; H.M. *Griese/B.W. Nikles/C. Rülcker* (Hg.) (1977): Soziale Rolle. Opladen; H. *Hartmann* (Hg.) ([2]1973): Moderne amerikanische Soziologie. Stuttgart; L. *Krappmann* ([10]2005): Soziologische Dimensionen der Identität. Stuttgart; R. *Linton* (1979): Mensch, Kultur, Gesellschaft. Stuttgart (orig. 1936); H. *Popitz* ([4]1975): Der Begriff der sozialen Rolle als Element der soziologischen Theorie. Tübingen; L.W. *Roberts/S. von Below* (2005): Rollensatz-Theorie und Modernität. In: N. *Genov* (Hg.): Die Entwicklung des soziologischen Wissens. Wiesbaden: 131-151; M. *Weißhaupt* (2008): Rolle und Identität. Grundlage der Rollentheorie. Saarbrücken.

Rüdiger Peuckert

Sanktion

Reaktionen auf Abweichungen von Verhaltensregelmäßigkeiten, durch die demonstriert wird, dass abweichendes Verhalten nicht hingenommen wird (Spittler 1967).

Der lat. Ausdruck „*sanctio*" heißt wörtlich übersetzt „Huldigung" und bezeichnete schon früh in übertragenem Sinne auch den feierlichen Akt, mit dem Gesetzesentwürfe in verbindliches Recht umgewandelt („sanktioniert") wurden. Häufig wird der Begriff S. umfassender definiert, so dass hierunter nicht nur die Bestrafung abweichenden (negative S.en), sondern auch die Belohnung konformen Verhaltens (positive S.en) fällt. Beide S.sformen dienen als Mittel der Verhaltenssteuerung dem Zweck, *Konformität* zu erzielen. Im Falle starker Internalisierung sozialer Normen und Werte kann weitgehend auf S.en verzichtet werden.

S.en sind ein Element der *sozialen Kontrolle*. Negative S.en sind umso gravierender, je umfassender sie sich auf die gesamte Lebenssituation der betreffenden Personen beziehen und je größer der Kreis der S.ssubjekte (derjenigen, die auf einen Normverstoß mit einer S. reagieren) und der S.spotenziale (die Mittel, die zur Durchsetzung der Normen zur Verfügung stehen) ist. Negative S.en reichen von mehr oder weniger subtilen Signalen der Missbilligung, des Spotts und des Lächerlichmachens über gesellschaftliche Boykottmaßnahmen bis zur Inhaftierung oder der Anwendung von physischer Gewalt. V.a. die Wirkung harter negativer S.en wird als ambivalent eingestuft, da sie nicht nur Konformität sichern, sondern – dies ist v.a. bei S.en offizieller Kontrollinstanzen bedenklich – beim Normbrecher auch Widerstände gegen das S.ssubjekt erzeugen und den Eintritt in abweichende Karrieren begünstigen können.

Die Unterscheidung folgender S.sarten hat sich als nützlich erwiesen:

- formale und informale S.en: Bei einer formalen S. ist festgelegt, wer reagiert, worauf reagiert wird, welchen Inhalt die Reaktion hat und wie beim Vollzug der S. zu verfahren ist. Bei informalen S.en bleibt die Reaktion dem vom Normverstoß direkt Betroffenen überlassen;
- repressive und restitutive S.en (E. Durkheim): Im Falle repressiver S.en (z.B. Strafen bei Verstößen gegen strafrechtliche Normen) wird dem Normbrecher ein Gut (z.B. die Freiheit) entzogen; restitutive S.en zielen auf Wiederherstellung des *Status quo ante* ab (z.B. beim Zivil-, Handels- und Verwaltungsrecht);
- spezifische, verdeckt-spezifische und unspezifische S.en: Spezifische S.en (z.B. Rechtsurteile) haben nach Popitz (1980) einen bestimmten, fest umrissenen Inhalt und werden offen und direkt am Normbrecher vollzogen. Bei verdeckt-spezifischen S.en (z.B. subtiles „Lächerlichmachen" eines Vorgesetzten durch seinen Untergebenen) erfolgt der Eingriff in einer Art und Weise, dass der Sanktionierende im Konfliktfall den Rückzug antreten kann, indem er z.B. sagt,

dass alles nicht so gemeint war. Unspezifische S.en, die oft Nachwirkungen spezifischer S.en sind, breiten sich nach Popitz „diffus über soziale Beziehungen" aus, „ohne daß sie sich auf bestimmte Aktionen begrenzen ließen" (1980). Es geht nicht mehr um einzelne Normbrüche, sondern um den Normbrecher. Unspezifische S.en können überall und immer vorkommen und sind nur schwer berechenbar.

In der Kriminalsoz. hat man sich verstärkt mit negativen S.en im Bereich der gesetzlichen *Normen*, und hier v.a. mit den über Strafgesetze geregelten Eingriffen (Strafen, Maßregeln der Besserung/Sicherung, Erziehungsmaßregeln u.a.) befasst. Die Rechtsordnung unterscheidet sich von den anderen das Sozialleben regulierenden Normensystemen nach Max Weber (1864-1920) insbes. darin, dass die Einhaltung der Normen von einem fest eingerichteten S.apparat (einem eigenen „Erzwingungsstab") zu garantieren versucht wird (Polizei, Staatsanwaltschaft u.a.). Aus Dunkelfelduntersuchungen ist bekannt, dass die amtlich registrierte und sanktionierte Kriminalität nur einen Bruchteil der tatsächlichen Verstöße gegen strafrechtliche Bestimmungen ausmacht. Bei einer restlosen Aufdeckung sämtlicher Verstöße würde der S.apparat zusammenbrechen, und damit würde auch die Geltung des Normensystems schwinden. Eine Gesellschaft, die alle Vergehen tatsächlich bestraft, ist undenkbar (H. Popitz). Ungeklärt ist allerdings die Frage nach dem notwendigen Ausmaß von Sanktionierung bzw. S.sverzicht.

Die negative Sanktionierung von Normverstößen kann unterschiedliche gesellschaftliche Funktionen erfüllen. Zentrale Verhaltensregeln werden immer von neuem in das öffentliche Bewusstsein gehoben, wobei je nach Art und Ausmaß der S.en die Bedeutung dieser Regeln bekräftigt wird (Normverdeutlichung). Darüber hinaus schaffen die staatliche Verfolgung bedeutsamer Normbrüche, die Symbolik dieses Akts und die verhängte Strafe ein allgemeines Bewusstsein der Sicherheit und Verlässlichkeit (E. Durkheim) und stärken über die Solidarisierung der Gesellschaftsmitglieder die gesellschaftliche *Integration.* Aus tiefenpsychol. Sicht erfüllen v.a. harte negative S.en die Funktion der Abreaktion von Aggressionen in sozial gebilligter Form.

→ **Integration; Konformität; Kontrolle, soziale, Norm, soziale; Recht; Sozialisation; Verhalten, abweichendes**

📖 *E. Durkheim* (2007): Die Regeln der soziologischen Methode. Frankfurt. (zuerst 1961); *D. Gerland* (2008): Kultur der Kontrolle. Frankfurt a.M./New York; *H.-J. Kerner* (³1993): „Sanktionen". „Sanktionsforschung". „Pönologie". In: *G. Kaiser et al.* (Hg.): Kleines Kriminologisches Wörterbuch. Heidelberg: 437-444; *H. Peters* (Hg.) (1993): Muß Strafe sein? Opladen; *H. Peters* (Hg.) (2000): Soziale Kontrolle. Opladen; *H. Popitz* (1980): Die normative Konstruktion von Gesellschaft. Tübingen; *G. Spittler* (1967): Norm und Sanktion. Olten.

Rüdiger Peuckert

Schicht, soziale

Untergliederung der Gesellschaftsmitglieder nach bestimmten Statusmerkmalen (wie Einkommen, Beruf, Bildung), wobei die Mitglieder jeder S. einen gleich oder ähnlich hohen *Status* besitzen und von den Mitgliedern höher oder tiefer gelagerter S.en jeweils durch eine bestimmte S.grenze getrennt sind.

Der Begriff S.grenze bezeichnet die im Verhalten zwischen den Mitgliedern verschiedener S.en zum Ausdruck kommende soziale Distanz und hebt den S.begriff von der Vorstellung eines bloßen Statuskontinuums unterschiedlicher Merkmalsausprägungen (z.B. Einkommenskontinuum) ab. Mit der jeweiligen, durch die Statusmerkmale ausgedrückten Stellung im Ungleichheitsgefüge müssen also bestimmte Denk- und Verhaltensweisen, d.h. verhaltensrelevante Einschnitte, verbunden sein. Die Tendenz zur Herausbildung deutlich abgegrenzter s.r S.en in einer Gesellschaft oder einem ihrer sozialen Gebilde (Gemeinde, Betrieb) ist umso stärker, je höher der Grad der Statuskonsistenz ist und je stärker die s. Mobilitätsbarrieren, die soziale Auf- bzw. Abstiege einschränken, sind. Des Weiteren wird die S.bildung begünstigt, wenn es ein bestimmtes Merkmal gibt (z.B. Beruf) an dem sich die soziale Wertung vorrangig orientiert.

Eine allgemein anerkannte Definition von S. gibt es bis heute nicht. Einige Soziologen sprechen erst dann von einer S., wenn sich die entsprechende Bevölkerungsgruppe aufgrund ihres mehr oder weniger ausgeprägten Bewusstseins ihrer Gleichartigkeit und Zusammengehörigkeit von anderen Bevölkerungsgruppen im Sinne eines Höher oder Tiefer abhebt. Das S.bewusstsein ist ein wichtiges Kennzeichen für den Grad der Abgeschlossenheit s.r S.en und damit für die Entwicklung schichtspezifischer Normen, Bräuche, Denkmuster und Einstellungen bis hin zur Herausbildung schichtspezifischer Teilkulturen. Andere Autoren definieren den S.begriff allgemeiner und bezeichnen damit eine Bevölkerungsgruppe, deren Mitglieder bestimmte gemeinsame Merkmale besitzen und sich dadurch von anderen Bevölkerungsgruppen in einer als hierarchisches Gefüge vorgestellten Sozialstruktur unterscheiden. S. steht hier als Oberbegriff für Kaste, Stand und soziale Klasse als die wichtigsten hist. spezifischen Formen s.r S.en.

In komplexen Industriegesellschaften findet sich i.d.R. aufgrund der relativ hohen sozialen Mobilität und Statusinkonsistenz und des Wertepluralismus ein Statuskontinuum ohne deutlich sichtbare Brüche. Wegen der weitgehenden Verwischung der S.grenzen ist die Grenzziehung mehr oder weniger fiktiv – es handelt sich um Statuss.en oder Statusgruppen – und kann je nach Untersuchungsgegenstand eine andere sein. Die Schichtungsmodelle unterscheiden zwischen zwei und sechs (Status-)S.en. Am bekanntesten ist das im Zusammenhang mit amerik. Gemeindestudien entwickelte 6-Stufen-Modell, das je zwei Unter-, Mittel- und Ober-S.en voneinander trennt (untere Unters., obere Unters., usw.).

Relativ klar ausgeprägte S.en findet man am ehesten in Teilbereichen der Gesellschaft, z.B. in Dörfern oder Kleinstädten. Kennzeichnend für die Großstädte ist eine Form der Schichtungsstruktur, in der lediglich die sozial Abgesunkenen und die obere Obers. deutlich abgrenzbare S.en bilden und die übrigen Gruppierungen als S.ballungen in einem kontinuierlich ansteigenden Statusaufbau platziert sind. S.ballungen dieser Art sind z.B. a) Arbeiter, kleine Angestellte und kleine Selbstständige oder b) mittlere Angestellte, Beamte und Selbstständige.

Weite Verbreitung und Kritik erfuhr die von Helmut Schelsky (1912-1984) 1953 aufgestellte These von der *nivellierten Mittelstandsgesellschaft,* derzufolge sich in industriell-bürokratischen Gesellschaften die Aufstiegsprozesse der Unters.en (insbes. der Industriearbeiterschaft) mit den Abstiegs- und Deklassierungsprozessen der oberen Mittels. und Obers. (des Besitz- und Bildungsbürgertums) auf der Ebene der unteren Mittels. gekreuzt haben, was zur Entwicklung relativ einheitlicher, kleinbürgerlich-mittelständischer Gesellschaften geführt habe. Die ggwt. Gesellschaft wird häufig als *geschichtete Gesellschaft* bezeichnet, die ihrem Selbstverständnis nach durch (hohe) Mobilität zwischen den S.en die Klassen- und Stände-Gesellschaft überwunden hat.

Zur Feststellung von Statusdifferenzierungen und S.en verwendet man vorwiegend drei Methoden:
1. die Registrierung statusbestimmten Verhaltens (insbes. in Wohngemeinden): Von bestimmten beobachteten oder erfragten Verhaltens- und Kommunikationsgewohnheiten wird auf dahinter stehende Wertschätzungen geschlossen. Untersucht wurden v.a. Heiratsgewohnheiten (Welche „Kreise" heiraten untereinander? Welche Heiraten werden als Auf- oder Abstieg angesehen?), Verkehrskreise (Wer besucht wen?) und die soziale Segregation nach Wohngebieten;

2. die Berechnung von Statusindizes: Man sucht Kriterien, an denen sich die Wertschätzung in dem jeweiligen sozialen Gebilde orientiert (meist die Berufsposition), ermittelt die sich mit den Abstufungen dieser Kriterien verbindenden Wertungen (man bringt z.b. ausgewählte Berufe entsprechend ihrem Prestige auf der Grundlage von repräsentativen Umfragen in eine Rangfolge) und ordnet dann jeder Person je nach Ausprägung der Kriterien einen mehr oder weniger hohen Status zu. Das entstehende Statuskontinuum kann in verschiedene Statuss.en untergliedert werden. Zusätzliche Probleme wirft die Berechnung multipler Indizes auf, in die zur Berechnung des Gesamtstatus mehrere Kriterien mit einem unterschiedlichen Gewicht eingehen. Am bekanntesten ist der *sozioökonomische Status (SES),* der aus den Indikatoren Beruf, Einkommen und Schulbildung konstruiert wird;

3. die Ermittlung von S.en über die Erfassung der Vorstellungen vom sozialen Höher und Tiefer und die Selbstzurechnung der Befragten zu bestimmten S.en: Man erfasst zunächst, nach welchen Kriterien Menschen ihre Gesellschaft als geschichtet erleben und untersucht anschließend, wo sie sich selbst und wo sie andere zuordnen.

Die auch heute noch relativ große Statuskontinuität zwischen Eltern und ihren erwachsenen Kindern wird maßgeblich durch den schichtspezifischen *Sozialisationsprozess* in der Herkunftsfamilie des Einzelnen bestimmt. Durch ihre Erziehung prägen die Eltern bestimmte Interessen, Wertorientierungen, Leistungsmaßstäbe und Intelligenzvoraussetzungen und spielen eine zentrale Rolle für den leistungsabhängigen sozialen Platzierungsprozess in der Gesellschaft. Die Zuordnung der Gesellschaftsmitglieder zu S.en oder Statusgruppen ist auch eine Voraussetzung für die Bestimmung von sozialen Auf- oder Abstiegsprozessen zwischen Vater- und Kind-Generation (Inter-Generationen-Berufsmobilität) und für das Ausmaß der Lebenslauf- oder Karrieremobilität (Intra-Generationen-Berufsmobilität).

V.a. marx. orientierte Soziologen haben kritisiert, dass im Falle der S.enbildung die Gesellschaft nicht in sozio-ökon. determinierte Klassen, sondern lediglich nach Oberflächenmerkmalen gegliedert werde, wodurch strukturbedingte soziale Konflikte verleugnet würden. Es werde ein statisches Bild der Gesellschaft vermittelt, das sogar eine ideologische Funktion haben könne, und es fehle eine Theorie, die versuche, die Bewegungsgesetze der Gesellschaft herauszufinden.

Aus Sicht von Individualisierungstheoretikern wie Ulrich Beck (geb. 1944) hat Mitte der 1960er Jahre in der Bundesrepublik als Folge des Einkommensanstiegs, der Bildungsexpansion, der Tertiärisierung der Berufsstruktur und vielem anderen mehr ein Individualisierungsschub eingesetzt, im Verlaufe dessen menschliches Verhalten aus bisherigen Bindungen herausgelöst, die Handlungsräume des Einzelnen erweitert und die traditionellen klassen- und schichttypischen Subkulturen mit ihren entsprechenden Mentalitäten, Einstellungen und Verhaltensweisen weitgehend aufgelöst worden sind. Es mehren sich die Zweifel, ob die Annahmen der S.modelle noch gültig sind, dass erstens die berufliche Stellung von ausschlaggebender Bedeutung für die Erlangung vor- bzw. unvorteilhafter Lebensbedingungen ist, dass zweitens die Schichtungsdimensionen im Normalfall parallel verlaufen (also Statuskonsistenz besteht) und dass drittens die S.zugehörigkeit bzw. die damit einhergehenden Lebensbedingungen die Herausbildung schichtspezifischer Denk- und Verhaltensformen prägen (S. Hradil).

Erstens haben im Gefolge des Ausbaus des Wohlfahrtsstaates, der Vermehrung des Wohlstandes, des Wertewandels und des Aufkommens neuer sozialer Bewegungen – zusätzlich zu Einkommen, Bildung und Beruf – weitere „neue" Dimensionen *sozialer Ungleichheit* (z.B. Ungleichheiten im Arbeits-, Freizeit-, Wohn- und Gesundheitsbereich, Ungleichheiten der Infrastrukturversorgung und der sozialen Sicherheit) und neue Statuszuweisungskriterien (horizontale Ungleichheiten, wie Geschlecht, Alter, Generationszugehörigkeit, Region, Nationalität und Familienverhältnisse) an Bedeutung gewonnen, die teilweise quer zu den beruflichen vertikalen Ungleichheiten stehen und ebenfalls gesellschaftliche Vor- und Nachteile verschaffen. Neu an diesen Ungleichheiten ist weniger ihr Vorkommen als vielmehr die Aufmerksamkeit, die ihnen heute zuteil wird.

Zweitens zeichnet sich das Ungleichheitsgefüge fortgeschrittener Industriegesellschaften durch ein hohes Maß an Statusinkonsistenz aus. Berücksichtigt man zusätzlich die neuen Dimensionen sozialer Ungleichheit, so finden sich v.a. in mittleren Statuszonen sehr unterschiedliche Kombinationen von Vor- und Nachteilen. Scheinbar homogene S.en zerfallen in eine Vielzahl unterschiedlicher Gruppierungen mit je spezifischen Vor- und Nachteilen. Da somit die die Schichtungsmodelle kennzeichnende Vorstellung einer vertikalen Struktur sozialer Ungleichheit immer fragwürdiger wird, spricht man zur Kennzeichnung derartiger Konstellationen anstelle von S.en von *„sozialen Lagen"*.

Drittens hat sich der Zusammenhang zwischen schichtspezifischen Lebensbedingungen und der Herausbildung schichtspezifischer Einstellungen und Verhaltensweisen gelockert. Die Zugehörigkeit zu (sozialen) Milieus und Lebensstilgruppierungen, die nicht eindeutig mit der vertikalen Gliederung der Gesellschaft zusammenhängen, ist zum wichtigsten Bestimmungsgrund alltäglichen Verhaltens geworden. Ausgangspunkt der Untergliederung in soziale Milieus ist dabei nicht mehr die objektive Soziallage der Menschen: *Soziale Milieus* fassen vielmehr Menschen zusammen, die sich in Lebensauffassung und Lebensweise (Wertorientierungen, Lebenszielen, Einstellungen zu Arbeit, Freizeit, Familie, pol. Grundüberzeugungen etc.) ähneln.

→ **Differenzierung, gesellschaftliche; Kaste; Klasse, soziale; Lebensstil; Milieu, soziales; Mobilität, soziale; Sozialisation; Sozialstruktur; Stände; Status, sozialer; Ungleichheit, soziale**

📖 *P.A. Berger/S. Hradil* (Hg.) (1990): Lebenslagen, Lebensläufe, Lebensstile. Göttingen; *P.A. Berger/C. Neu* (^{3}2007): Sozialstruktur und soziale Ungleichheit. In: *H. Joas* (Hg.): Lehrbuch der Soziologie. Frankfurt a.M./New York: 241-266; *P.A. Berger/M. Vester* (Hg.) (1998): Alte Ungleichheiten – Neue Spaltungen. Opladen; *D. Brock* (^{2}2001): Soziale Ungleichheiten, Klassen und Schichten. In: *B. Schäfers/W. Zapf* (Hg.): Hdwb. zur Gesellschaft Deutschlands. Opladen: 608-622; *R. Geißler* (1994): Soziale Schichtung und Lebenschancen in Deutschland. Stuttgart; *M. Groß* (2008): Klassen, Schichten, Mobilität. Wiesbaden; *S. Hradil* (1990): Individualisierung, Pluralisierung, Polarisierung. Was ist von den Schichten und Klassen geblieben? In: *R. Hettlage* (Hg.): Die Bundesrepublik. Eine historische Bilanz. München: 111-138; *M. Kohli/W. Zapf* (Hg.) (1998): Gesellschaft ohne Klassen? Opladen; *G. Otte* (^{2}2008): Sozialstrukturanalysen mit Lebensstilen. Wiesbaden; *O.G. Schwenk* (Hg.) (1996): Lebensstil zwischen Sozialstrukturanalyse und Kulturwissenschaft. Opladen; *M. Vester* (1997): Soziale Milieus und Individualisierung. In: *U. Beck/P. Sopp* (Hg.): Individualisierung und Integration. Opladen: 99-123.

Rüdiger Peuckert

Segregation

Räumliche Absonderung einer Bevölkerungsgruppe nach Merkmalen wie soziale Schicht, Stellung im Lebenszyklus, ethnisch-kulturellem Hintergrund oder Religion.

Am häufigsten untersucht wurde S. im Rahmen sozialökologischer Stadtanalysen in Nordamerika (Theodorson 1982), aber S. existiert in allen Gesellschaften und keineswegs nur auf der Ebene von Städten, sondern ebenso auf der Ebene von Regionen.

S. ist nichts anderes als das räumliche Abbild *sozialer Ungleichheit* in einer Gesellschaft. Durch jeweils gesellschaftsspezifische Mechanismen (Preis, amtliche Zuteilung etc.) werden soziale Gruppen auf Standorte v.a. des Wohnens so „eingewiesen", dass die Qualität des Standortes mit dem Status der Gruppe korrespondiert. Alle Gesellschaften kannten und kennen dieses Phänomen, und immer in ihrer Geschichte waren Städte „geteilte" Städte, was nicht erst jetzt problematisiert wird. Auf der einen Seite wird argumentiert, dass S. der Stabilität und Verhaltenssicherheit in pluralistischen Gesellschaften diene und daher als Integrationsmechanismus heterogener Gesellschaften positiv zu bewerten sei. Auf der anderen Seite heisst es, pluralistische, demokratische Gesellschaften müssten solche Absonderungen verhindern, weil sie soziale Ungleichheiten festigten und Empathie und Toleranz verhinderten. Die empirische Erfahrung belegt, dass S. nicht per se als problematisch erfahren wird. Erst wenn sie sich verbindet mit einer deutlichen Ungleichverteilung von Lebenschancen und gesellschaftlichen Privilegien über die in Frage stehenden sozialen Gruppen, wird sie zu Ausgrenzung, Ghettoisierung, Diskriminierung und auch zur aggressiv-gewaltsamen Form der Absonderung von innen wie von außen (ein Prozess, der nach 1989 in Ostdtld. – wie in allen Gesellschaften mit rasch zunehmender Ungleichheit – deutlich zu beobachten ist). Wo jedoch die Verteilung von Lebenschancen und gesellschaftlichen Privilegien als relativ gleich wahrgenommen wird, da überwiegt die Erfahrung von S. im Sinn von kultureller Vielfalt, Bereicherung und Toleranz. Die „defended neighborhood" – in armen Wohnquartieren verteidigt durch Jugendbanden, in reichen durch Mauern und bewaffnete Sicherheitskräfte – ist dann ein Zeichen deutlicher Polarisierung, das Ghetto (klassisch seit dem Mittelalter als abgeschlossenes Wohnquartier der jüdischen Bevölkerung; namengebend war ein Quartier in Venedig) ein Indiz extremer Diskriminierung. Dann und freilich nur dann wird das Wohngebiet zur ausschließlichen und umfassenden Lebenserfahrung der Angehörigen der segregierten Gruppe, zur auch räumlich isolierten Subkultur.

Damit deckt sich die empirische Erfahrung, nach der die gesellschaftlichen Statusgruppen am unteren und am oberen Ende der Rangskala deutlich stärker segregiert leben als die „in der Mitte". Dabei geht die Diskriminierung im Sinn einer bewussten Ausschließung i.d.R. von der statushöheren Gruppe gegenüber der statusniederen aus. Da sich die Qualität der physischen Infrastruktur, also der Gebäude und Ausstattungen, meist nur über längere Zeiträume ändert, sind auch die Muster der S. erstaunlich stabil. Allerdings gilt auch, dass im Verlauf von Generationenfolgen die jüngeren, aufstiegsorientierten Mitglieder einer Gruppe dazu tendieren, aus dem Ghetto auszuwandern und sich auch in der Wohnstandortwahl an die Mehrheit anzunähern.

S. als Prozess beginnt i.d.R. langsam, kaum merklich. Durch Vorgänge, die in der klassischen Sozialökologie als Invasion und Sukzession beschrieben wurden, bilden sich klar segregierte Wohngebiete aus mit jeweils gruppenspezifischen Infrastrukturen, Kommunikationsmedien und Subkulturen. Während lange eine Tendenz der Mehrheit, etwa der offiziellen Stadtpolitik, bestand, solche Formen der S. durch allerlei Maßnahmen zu verhindern, wurde übersehen, dass Stabilität im Wohnquartier i.d.R. auch einhergeht mit einer Stabilität der Sozialorganisation und damit der Übernahme von Verantwortung für die Lebensgestaltung der eigenen Gruppe. Das mag sich nicht immer nach den dominierenden Standards der Mittelschicht richten, trägt aber bei entsprechender Offenheit der Mehrheit zur Integration einer Stadt bei.

Eine lange Diskussion ist um die empirisch-quantitative Messung von S. geführt worden. Dabei haben sich die relativ einfachen und leicht verständlichen Indices der S. und der Dissimilarität (Duncan/Duncan 1959, abgedruckt in Theodorson 1982) als geeignete Masse bewährt. Sie sind standardisiert auf einer Skala zwischen 0 (keine Segregation) und 100 (vollständige S. der untersuchten Gruppe). Es scheint, dass die ethnische S. im Gefolge der Einwanderung, die Schichts. im Gefolge der sozio-ökon. Polarisierung in europäischen Städten zunimmt. Dies bindet S. in überlokale Prozesse der Migration und der Entwicklung sozialer Ungleichheit ein. Gleichzeitig sind ihr spezifisches lokales Ausmaß und ihre Erscheinungsform abhängig von den Handlungsmöglichkeiten und -orientierungen lokaler Politik.

→ **Migration; Minderheiten; Raum; Schicht, soziale; Stadt; Ungleichheit, soziale; Vorurteil**

📖 *J. Dangschat* (1999): Modernisierte Stadt – gespaltene Stadt. Opladen; *B. Hamm/I. Neumann* (1996): Siedlungs-, Umwelt- und Planungssoziologie. Opladen; *A. Harth/U. Herlyn/G. Scheller* (1998): Segregation in ostdeutschen Städten. Opladen; *C. Peach ed.* (1975): Urban Social Segregation. London; *G.A. Theodorson* (1982): Urban Patterns, University Park; *L. Vaskovics* (1976): Segregierte Armut. Frankfurt a.M.; *L. Wirth* (1928): The Ghetto. Chicago.

Bernd Hamm

Sinn

ist konstitutiver Bestandteil des sozialen Handelns.

Die Fragen, Schwierigkeiten und Probleme, die mit dem Begirff S. verbunden sind, gehören ausschließlich zum menschlichen Bereich. Die außermenschliche Welt funktioniert in mehr oder weniger festgefügten Zusammenhängen nach im Prinzip einsehbaren Gesetzen. Sofern ihnen überhaupt ein S. zugesprochen werden kann, geschieht dies im Rahmen eines von Menschen geschaffenen S.zusammenhangs, sei dies nun das Alltagswissen oder eine wissenschaftliche Theorie. Richtet sich dagegen der Blick auf menschliches *Handeln*, liegen die Dinge etwas komplizierter. Einerseits ist auch der Mensch aufgrund seiner Körperlichkeit Teil dieser äußeren Welt, insofern sind auch seine Handlungen als in Raum-Zeit-Koordinaten beobachtbare Bewegungen aufzufassen. Andererseits erschöpft sich in ihnen menschliches Handeln nicht. Handelnde drücken mit ihrem Handeln etwas aus, die reine Körperbewegung „hat" für den Handelnden (nicht erst für den außenstehenden Beobachter) bereits einen S.

Im Alltag verstehen wir ein Handeln anderer dann, wenn wir den S.zusammenhang erfassen, in den es gehört. Das hat weitreichende theor. und methodische Konsequenzen. Lassen wir die vielfältigen S.zuschreibungen beiseite, die vorausgesetzt werden müssen, um einen beobachtbaren Ablauf als „Holz hacken" identifizieren zu können (und nicht etwa als sinnlose Zerstörungswut). Auch dann ist es noch eine offene Frage, in welchem Sinne dies ein bedeutsames Faktum sein kann. Man kann Holz hacken, um damit seinen Lebensunterhalt zu verdienen; dann liegt ein Datum in Zusammenhang „Berufsarbeit" vor. Man kann es tun, um seinen eigenen Ofen heizen zu können; dann ist der dazugehörige Kontext „Haushaltswirtschaft". Man kann aber auch Holz hacken, um seinen Körper zu trainieren; dann haben wir es mit einem Faktum aus dem Bereich „Erholung" oder „Fitness" zu tun.

Nicht für jede unserer konkreten Handlungen müssen wir einen passenden S.zusammenhang individuell erst entwickeln. Die meisten laufen im Kontext bereits existierender und sozial garantierter S.systeme ab (z.B. die Wirtschaft, die Politik, die Familie, die Freizeit, aber auch solche geringerer Reichweite, wie der Ablauf einer Schulstunde, ein Kaufakt, eine Bürgerinitiative, Briefmarkensammeln etc.), die andere durch ihr Handeln etabliert haben. Sie gelten für alle Mitglieder eines Sozialverbandes (oder eine abgrenzbare Teilmenge) aufgrund von Tradition, erfahrener Zweckmäßigkeit oder bewusst-planerischer Einrichtung. Dass solche S.zusammenhänge in der beschriebenen Weise überindividuell existieren und als geltend unterstellt werden, ist wesentliche Voraussetzung dafür, das Handeln anderer mit einiger Zuverlässigkeit erwarten und „verstehen" zu können.

Ein anderer, mit dem Vorstehenden zusammenhängender Fragenkomplex wird mit den in der Öffentlichkeit und in den Sozialwissenschaften vieldiskutierten Stichworten „S.gebung", „S.krise", „S.verlust" etc. angesprochen. Diese Sachverhalte hängen damit zusammen, dass moderne, differenzierte Gesellschaften keine sozialstrukturell gestützten, die Teilbereiche übergreifenden und integrierenden, infolgedessen für alle Gesellschaftsmitglieder verbindlich geltenden S.zusammenhänge kennen. Vielmehr ist S.gebung zum einen selbst eine Teilfunktion darauf spezialisierter Einrichtungen geworden, die noch dazu untereinander konkurrieren. Zum anderen ist der Entwurf eines die eigene Biografie tragenden „Lebens-S.s" in die private Zuständigkeit des Einzelnen verlagert. Die sozialpsychol. schwierig zu bearbeitende Konsequenz besteht weniger darin, dass moderne Gesellschaften „zu wenig" oder „keinen" Lebens-S. erzeugen, sondern dass vielmehr viele „Lebens-S.e", die uns gleichwohl mit dem Anspruch auf verbindliche Geltung gegenübertreten, existieren.

→ **Alltag; Handeln, soziales; Interaktion; Ritual; Sozialisation; Soziologische Theorien (III)**

📖 *W.L. Bühl* (Hg.) (1972): Verstehende Soziologie. München; *Th. Luckmann* (1992): Theorie des sozialen Handelns. Berlin/New York; *N. Luhmann* ([10]1990): Sinn als Grundbegriff der Soziologie. In: *J. Habermas/N. Luhmann*. Theorie der Gesellschaft oder Sozialtechnologie? Frankfurt a.M.: 25-100; *M. Wicke* (Hg.) (1997): Konfigurationen lebensweltlicher Strukturphänomene. Opladen.

Walter M. Sprondel

Solidarität

„Zusammengehörigkeit", ein Bewusstsein von Gemeinsamkeit zwischen Individuen oder Gruppen, das aus sehr unterschiedlichen Gründen entsteht bzw. existiert und aktualisiert wird.

Das Wort S. kommt aus dem Frz. (*solidarité*), dessen Adjektiv (frz. *solidaire*) ursprünglich der Juristensprache entstammt und eine Neubildung zu lat. *solidus* (gediegen, echt; fest, unerschütterlich; ganz) insbes. in der Bedeutung *„in solidum deberi"* (für das Ganze verantwortlich sein) darstellt. Anfang des 19. Jh.s vollzieht sich im Zusammenhang mit den neu aufkommenden Problemen der Industriegesellschaft sowie in der Folge der Arbeiterbewegung der Bedeutungswandel zum polit. Kampfbegriff („Proletarier aller Länder vereinigt euch", K. Marx/F. Engels, Kommunistisches Manifest, 1848) bzw. zum pol. Schlagwort in der heutigen Bedeutung.

Hist. gesehen ist S. folglich eine neue Art sozialer Bindung bzw. Regelung als Antwort auf Probleme der Vereinzelung und der Ungleichheit in den neuen Markt- und Vertragsbeziehungen der industriellen Gesellschaft. S. setzt *soziale Differenzierung* bzw. *soziale Ungleichheit* voraus, sie ist Verbundenheit trotz und zugleich wegen dieser aufgrund einer gemeinsamen Interessenlage. Obwohl sich S. i.d.R. als einseitige Unterstützung (Beistand) äußert, als eine Vorleistung, die jedoch ihren eigenen Wert zur Lösung von Problemen und zur sozialen Integration leistet, schwingt die Erwartung der Gegenseitigkeit latent mit. S. kann entsprechend definiert werden als „Gefühl der Zusammengehörigkeit zwischen Personen, die, trotz Differenzen, ihre Interessenslage und Ziele als gleich verstehen, aber ungleich beeinträchtigt sehen, woraus der Anspruch bzw. die freiwillige Verpflichtung einseitiger Unterstützung erwächst, gekoppelt mit dem Anspruch auf bzw. der Verpflichtung zur Unterstützung von der anderen Seite, sofern die Situation sich verkehrt" (Hondrich/Koch-Arzberger 1992). Evolutionstheor. betrachtet wird nach der klassischen Abhandlung von Emile Durkheim (1858-1917) über die *Arbeitsteilung* (2004) unterschieden zwischen mechanischer und organischer S. Dabei geht Durkheim nicht von einem S.sbegriff im obigen Sinne aus, sondern versteht S. allgemein als verbindende Kategorie (Beziehungsmodus) zwischen der Struktur und der Funktionsweise einer *Gesellschaft* mit dem entsprechenden Wertesystem. Die mechanische S. ist charakteristisch für archaische, einfach strukturierte, segmentäre Gesellschaften, in welchen die Individuen einander in ihren Vorstellungen wie in ihren Lebenssituationen gleich bzw. sehr ähnlich sind. Das Bewusstsein der Menschen ist ein vollständig kollektives, das für Individualität keinen Raum lässt. Die S. der Gesellschaftsmitglieder beruht auf dieser Ähnlichkeit; sie ist die „Mechanik", die einwirkende Kraft, die die gesellschaftliche Ordnung aufrecht erhält und den Einzelnen direkt in die Gemeinschaft integriert.

Demgegenüber bewirkt die fortschreitende Spezialisierung in arbeitsteilig differenzierten Gesellschaften eine zunehmende Schwächung des Kollektivbewusstseins, wodurch die Möglichkeit zur individuellen Persönlichkeitsentwicklung gegeben ist. Die *Individualisierung* der Menschen bedeutet jedoch gleichzeitig eine steigende Abhängigkeit untereinander, worauf die organische S. (Regelsystem der Kooperation) basiert, die den Einzelnen indirekt an die Gesellschaft bindet. Nach der morphologischen Sichtweise Durkheims bestehen arbeitsteilige Gesellschaften somit aus einem System funktional differenzierter Teile (Organe), die in sich weiter unterteilt sind und bestimmte Aufgaben zu erfüllen haben. Die Einheit des sozialen Gesamtorganismus beruht demnach einerseits auf der Spezialisierung und andererseits auf dem Austausch zwischen den Teilen (Bereitstellung der Leistungen).

Nach Durkheim entfremdet die Arbeitsteilung die Menschen folglich nicht zwingend voneinander und setzt ihr Verhältnis nicht zwangsläufig dem konfliktträchtigen Regime divergierender Interessen aus (wie etwa K. Marx und F. Tönnies unterstellen), sondern verbindet sie durchaus, bietet ihnen die Gelegenheit zum Weben eines haltbaren „sozialen Bandes" (Durkheim 2004). Allerdings treten nach Durkheim beim beschleunigten *sozialen Wandel* in Folge der Arbeitsteilung (wie beispielsweise im Rahmen der Industrialisierung) verstärkt Regellosigkeit, Anomie und abweichendes Verhalten auf, die es durch institutionelle Reformen zu beseitigen gilt, wenn sich die organische S. nicht so rasch ausbildet, wie sich das Kollektivbewusstsein abschwächt.

Die Theorie Durkheims über den Zusammenhang von Arbeitsteilung und S. hat vielfältige Diskussion und Kritik erfahren (u.a. Müller 1983, Schmid 1989, Hondrich/Koch-Arzberger 1992, Lockwood 1992). So ist umstritten, ob mit zunehmender Arbeitsteilung tatsächlich eine Schwächung des Kollektivbewusstseins, d.h. des kollektiven sozialen „Gewissens" einhergeht. Hondrich/Koch-Arzberger (1992) fordern für eine „zeitgemäße Theorie der S." die Unterscheidung der zwei Grundlagen von S.: Gleichheit und Arbeitsteilung ist „radikal von der evolutionstheor. Intention zu lösen, die Durkheim damit verband: eine auf Gleichheit bzw. auf Gleichheitsgefühlen basierende ‚mechanische' S. gab es nicht nur früher, sie stellt sich auch in modernen, von Individualismus und Arbeitsteilung geprägten Gesellschaften ständig neu her, sei es die S. von Arbeitern gegenüber dem Unternehmer, sei es die von Leuten, die am selben Ort wohnen, im Falle der Not, sei es die Gleichheit der Unterdrückten."

Die Entwicklung der Sozialpolitik wie auch des Sozialstaates ist nachhaltig von der sozial-phil. Idee der S. geprägt. Im Zusammenhang mit der Krise des Sozialstaates wird auch das Prinzip der S. thematisiert. Dieses ist bedroht, wenn Bürger sich Solidaritätspflichten entziehen oder Vorteile aus sozialen Rechten genießen, ohne die damit verbundenen solidarischen Verpflichtungen zu teilen. Programmatisch sprach H.E. Richter vom „Lernziel Solidarität" (1974) als Gegenströmung zu expandierender Rivalität, Isolation, Egoismus und zunehmender Randgruppenbildung, wie die Analysen von Wiederholungsbefragungen (Heitmeyer 2007) aufzeigen. Andererseits lassen sich gegenüber diesem offensichtlichen Verlust an S. zahlreiche Gegenbeispiele anführen: Hengsbach (2009) verweist in diesem Zusammenhang auf den Sachverhalt, dass Jugendliche heute mit alten Menschen und Behinderten im Vergleich zu früher solidarischer umgehen und sich weiterhin in ihrem Bestreben um eine umweltverträgliche (nachhaltige) Entwicklung neue Formen von Gemeinsinn und S. unter veränderten Bedingungen herausschälen; erwähnt sei in diesem Zusammenhang auch das bürgerliche Engagement in vielen Tausend Ehrenämtern. Das S.verhalten zeigt also kein einheitliches Bild, es ist vielmehr ambivalent, und es gilt, die Ursachendifferenzierung der divergenten Ausprägungen noch vorzunehmen. In der Diskussion der Grundwerte zählt S. zu den zentralen Werten.

→ **Anomie; Arbeit; Gemeinschaft; Gesellschaft; Integration**

📖 *H.W. Bierhoff/D. Fetchenhauer* (Hg.) (2002): Solidarität. Opladen; *K. Bayertz* (Hg.) (²2002): Solidarität. Frankfurt a.M.; *J. Beckert/J. Eckert/M. Kohli/W. Streeck* (2004): Transnationale Solidarität. Frankfurt a.M.; *U. Dallinger* (2009): Die Solidarität der modernen Gesellschaft. Wiesbaden; *E. Durkheim* (⁴2004): Über soziale Arbeitsteilung. Frankfurt a.M. (orig. 1893); *W. Heitmeyer* (Hg.) (²2007): Deutsche Zustände. Folge 5. Frankfurt a.M.; *F. Hengsbach* (2009): Gemeinsinn und Solidarität – Durch moralische Appelle nicht hervorzuzaubern. In: *U. Wickert* (Hg.): Das Buch der Tugenden. München; *K.O. Hondrich/C. Koch-Arzberger* (1992): Solidarität in der modernen Gesellschaft. Frankfurt a.M.; *D. Lockwood* (1992): Solidarity and Schism. „The Problem of Disorder" in Durkheimian and Marxist Sociology. Oxford; *H.-P. Müller* (1983): Wertkrise und Gesellschaftsreform. Stuttgart; *H.-E. Richter* (1998): Lernziel Solidarität. Reinbek; *M. Schmid* (1989): Arbeitsteilung und Solidarität. KZfSS 41: 619-643; *R. Zoll* (^{2}2001): Was ist Solidarität heute? Frankfurt a.M.

Gunter E. Zimmermann

Soziale Frage

S.F. als um 1840 aus dem Frz. *question sociale* übersetzte Problemformel bedeutete für die Beobachtung und Bewertung *sozialer Lagen* einen Perspektiven- und Paradigmenwechsel: Soziale Not wurde nun prinzipieller problematisiert als Systemfrage der gesellschaftlichen Organisationsprinzipien wie als Sinnfrage sozialer Deutungsmuster. Mit dieser Konstruktion *sozialer Probleme* waren soziale Lebenslagen nicht mehr hinzunehmen als vorbestimmtes Geschick oder fremdbestimmtes Schicksal. Dass soziale Lagen zum „Problem" erklärt wurden, bezog sich auf den gesellschaftlichen Wandel von Bewertungsgrundlagen, Erwartungsrahmen und Normalitätsstandards. Wer derart soziale Verhältnisse kritisch in Frage stellt, programmiert als praktische Antwort die Konstruktion neuer Orientierung und neuer Organisation. Begriffsgeschichtlich verweist die Problemformel s.F. auf die geschichtliche Dynamik „sozialer Bewegung", deren Umsetzung in „soziale Politik" und deren Aufklärung und Spiegelung in „sozialer Wissenschaft" (Pankoke 1970).

Die „Soziologie sozialer Probleme" (Peters 2001) unterscheidet zwischen der objektivierenden Feststellung sozialer Fehler und Mängel, Störungen und Abweichungen. Eine „Beobachtung zweiter Ordnung" reflektiert dazu die gesellschaftlichen Definitions- und Konstruktionsprozesse, durch deren Blick- und Willensrichtung jeweils erst soziale Lagen zu s.n F.n gemacht werden. Diese Wende von objektivistischer zu konstruktivistischer Betrachtung zeigen bereits die klassischen Diskurse zur s.n F.n, die ideologiekritisch das Problembewusstsein sozialer Akteure, Institutionen und ihrer Beobachter zu (re-)konstruieren, zu kritisieren und auch ideologiepol. neu zu orientieren suchen.

In phil. Reflexion des Revolutionszeitalters erörterte schon Georg Wilhelm Friedrich Hegel (1770-1831) die sozialen Probleme industrieller Pauperisierung als eine für das Gleichgewicht der Gesellschaft kritisch werdende Modernisierungskrise. Seine vielzitierte Formel von der „Erzeugung des Pöbels" (Phil. des Rechts, 1821, § 245) verweist zugleich darauf, dass kulturelle Krisen („Verlust des Gefühls, des Rechts, der Rechtlichkeit und der Ehre") strukturelle Gründe haben – etwa in der verweigerten Chance, „durch eigene Tätigkeit und Arbeit zu bestehen". *Armut* war nun nicht mehr hinzunehmen als Geschick oder Schicksal, sondern erklärbar aus den „in äußeren Verhältnissen liegenden Umständen". Vor dem Hintergrund der sich krisenhaft verschärfenden Entwicklung „vom Pöbel zum Proletariat" beschrieb Karl Marx (1818-1883) das soziale Elend des industriellen Proletariats als „künstliche Armut". Mit der öffentlichen Problematisierung sozialer Probleme sollte Sozialkritik die Systemkrise revolutionär zuspitzen.

Die in revolutionärer Systemkritik radikal (‚an die Wurzel' und ‚aufs Ganze') gehende s.f. wurde im Zuge industriegesellschaftlicher Konsolidierung sozialpol. bearbeitbar als eine über Recht und Geld kontrollierbare Strukturfrage. Auf der Ebene bearbeitbarer Organisations- und Distributionsprobleme ging es nun weniger um das System der Gesellschaft, als um begrenztere Zuständigkeiten für „Arbeiterfragen" und „Armenfragen", „Lohnfragen", „Wohnungsfragen" oder „Frauenfragen".

Die gesellschaftspol. Diskurse zu den sozialen Problemen fanden ihr Forum im 1872 gegründeten „Verein für Socialpolitik". Das theor. Interesse der „historischethischen Schule", die Krisen und Kräfte der Gegenwart aus ihren geschichtlichen Grundlagen zu verstehen, verband sich mit dem praktischen Interesse, auf gesellschaftsgeschichtliche Prozesse gestaltend und steuernd einzuwirken. Unter dem Einfluss einer als „Kathedersozialismus" umstrittenen Sozialpolitik, aber auch als Antwort auf die sich pol. formierende Arbeiterbewegung, sollten die Risiken der Arbeitsgesellschaft wohlfahrtsstaatlich unter Kontrolle kommen. Eine gesellschaftspol. entscheidende Weichenstellung setzte die durch Bismarcks Sozialgesetzgebung der 80er Jahre des 19. Jh.s bestätigte Systemtrennung zwischen „Arbeiterfrage" und „Armenfrage". Bezugsproblem waren die Standardrisiken des industriellen Arbeitslebens: Krankheit und Alter, Unfälle und Ausfälle, Lohnverfall und Arbeitslosigkeit. Den „Formwandel des Helfens" (Luhmann 2005) von personalen Solidarverhältnissen zum Systemvertrauen in die Rationalität sozialer Sicherheiten reflektierte bereits Georg Simmel (1858-1918) im Armuts-Kapitel seiner „Soziologie": Im Mittelpunkt steht nicht mehr „der Arme" als individueller Fall, sondern „die Armut" als Strukturfrage gesellschaftlicher Differenzierung und zugleich als Programm der pol. Stabilisierung und Regulierung, um „gewisse extreme Erscheinungen der sozialen Differenziertheit so weit abzumildern, dass jene Struktur weiter auf dieser ruhen kann" (Simmel 1968).

Wurden für Simmel die „Kühle" des modernen Umgangs mit Armut zum Indikator für die Modernität einer über Geld und Recht rationalisierten Vergesellschaftung, so stand Max Weber (1864-1920) für den Anspruch auf Rationalität wissenschaftlicher „Entzauberung" – auch bei der Verhandlung sozialer Probleme: Kontrovers zur „historisch-ethischen Schule" sah Weber den Auftrag moderner Sozialwissenschaft nicht mehr in der sozialethischen Verklärung und Beschwörung letzter

Werte, sondern in der Aufklärung der strukturellen Spannungen zwischen Deutungsmustern und Klasseninteressen. Die mit der pol. Relevanz sozialwissenschaftlicher Analyse zum Problem werdenden Wertfragen erörterte Weber als Problem der „Objektivität sozialwissenschaftlicher und sozialpolitischer Erkenntnis".

Die Komplexität der Armenfrage fand ihre institutionelle Entsprechung in komplizierten Konstruktionen der Verhandlung und Verständigung über die schwierigen Wege der Reform. Als Forum der Konstruktion sozialpol. Problembewusstseins und darauf antwortender Reformprogramme formierte sich im Zusammenspiel der Interessen und Institutionen der „Deutsche Verein für öffentliche und private Fürsorge".

Während die klassischen Ansätze der Verbindung von Rechts- und Sozialstaat auf die solidarische Sicherung und Stützung sozialer Problemgruppen ausgerichtet waren, bedeutet im Nationalsozialismus „Volkspflege" nicht länger eine Verallgemeinerung sozialer Rechte und Ansprüche, sondern eher die Machtsteigerung der „Volksgemeinschaft". S.F.n wurden durch den propagandistischen Druck von Rassenfragen übertönt. Diese Problemverschiebung führte bei aller Gleichheitsbeschwörung zur Entrechtung des Individuums und seiner Unterwerfung unter totalitäre Ermächtigung.

Beim Aufbau der Bundesrepublik Dtld. als „sozialem Rechtsstaat" ging es zugleich um die rechtliche Regulierung individuell zurechenbarer erarbeitender Sicherheiten. Neben der Arbeiterfrage konnte auch die Armenfrage sozialrechtlich reguliert werden, zumal das Solidaritätsmuster „Generationenvertrag" die alten Menschen am wachsenden Wohlstand teilhaben ließ.

Gegenüber einer Fixierung des sozialkritischen und sozialpol. Problembewusstseins auf die „Arbeitsfrage" sollte die Problemformel „Neue Soziale Frage" (Geißler 1976) anzeigen, dass jenseits der Regulierung der industriellen „Arbeiterfrage" nun die „Armenfrage" aufs Neue akut wurde. Eine „Übermacht der Organisierten" drohte in der Arbeitsgesellschaft jene Problemlagen zu verdrängen, die sich nicht über Arbeit definierten, auch organisatorisch nur schwach vertreten und deshalb vernachlässigt würden (Arme, Alte, Kranke, Kinder, Familien).

„Jenseits der sozialen Fragen" (Vobruba 1991) eröffneten sich neue Perspektiven gesellschaftskritischer Problematisierung über das Konstrukt der gesellschaftlichen „Disparitäten". Als Problem erschien nun nicht nur die Ungleichheit sozialer Gruppen, vielmehr mussten nun auch die bei unterschiedlich gewichteten gesellschaftspol. Policy-Feldern vernachlässigten Interessen und Bedürfnisse zum Politikum werden, etwa die in Relation zur dominanten Arbeits- und Wirtschaftspolitik nur disparitär berücksichtigten Fragen der Bildungs- und Kulturpolitik, der Gesundheits- und Umweltpolitik. Damit war nicht nur die Vernachlässigung von Ziel- und Problemgruppen, sondern auch eine systembedingte Verzerrung gesellschaftlicher Balancen (z.B. „privater Reichtum" auf Kosten „öffentlicher Armut") als

Systemfrage problematisiert. Angesprochen war damit ein neuer Typ *sozialer Ungleichheit* „in der Disparität von Lebensbereichen, d.h. der ungleichmäßigen Befriedigung der verschiedenen Lebensbedürfnisse" (Bergmann u.a. 1969). Die mit der Disparitätentheorie problematisierten Ungleichheiten gesellschaftspol. Definitionsmacht und Interessendurchsetzung markieren neue Fronten des gesellschaftlichen Verteilungskampfes, nicht nur zwischen „arm" und „reich", sondern auch zwischen Generationen und Geschlechtern, zwischen der Bedienung aktueller Bedarfe und der Verantwortung zukunftswirksamer Entwicklungen (vgl. Kaufmann 1997).

Verteilungskämpfe zwischen sozialpol. Problemlagen gewinnen heute – angesichts der fiskalischen Grenzen des Wohlfahrtsstaates – dramatische Züge, etwa in einer öffentlichen Problematisierung steigender Belastungen der Solidargemeinschaft mit sich ausweitenden Problemgruppen und Versorgungsklassen.

Die unterschiedliche und auch wechselnde Politisierung sozialer Probleme verweist auf die Definitionsmacht öffentlicher (oder auch wissenschaftlicher) Problematisierung. Dies bestätigen ideologiekritische und wissenssoz. Ansätze einer soz. „Theorie sozialer Probleme" als Konstrukt gesellschaftlicher Definitions- und Thematisierungsprozesse. Zu rekonstruieren ist dann, wie soziale Probleme und Programme aus der Interessen- und Wertperspektive „moralischer Unternehmer" angestoßen und auch durchgesetzt werden. Wirksam wird bei solchen Definitionsprozessen immer auch „symbolische Gewalt", die es bewirken oder verweigern kann, ob eine kritische Situation als Problem dramatisiert oder ignoriert, privatisiert oder politisiert wird (vgl. Bourdieu 1988).

Soz. Ansätze einer Theorie sozialer Probleme greifen einerseits zurück auf krisentheor. Analysen sozialer Anomie, also auf die destruktive (bedingt auch innovative) Spannung von kulturellem Anspruch und struktureller Gewalt. Besonderes Interesse gewinnen aber auch wissenssoz. orientierte Ansätze einer Rekonstruktion der Thematisierungs-, Problematisierungs- und Politisierungsprozesse, mit denen eine Situation erst zum ‚Problem‘ und zum ‚Politikum‘ gemacht wird (Albrecht/Groenemeyer/Stallberg 1999).

Wohlfahrtsstaatliche Systembildung steuert sich über Prinzipien pol. Inklusion: Für eine „politische Theorie im Wohlfahrtsstaat" (N. Luhmann) tendiert die expansive Dynamik wohlfahrtsstaatlicher Inklusionspolitik zu immer weitergehender Einbeziehung sozialer Probleme und Interessen. Im Zuge der Problemausweitung dringt gesellschaftspol. Intervention jedoch immer weiter in Bereiche vor, in denen der zielsichere Einsatz von Recht und Geld an Grenzen stößt, v.a., wenn in den Problemgruppen und Zielräumen sozialer Arbeit die personalen Systeme selbst geändert werden müssen (*people processing*). In der Erziehung, in Rehabilitation und Resozialisation, in Bildungs- und Beratungsdiensten fehlt es an sicheren Interventions-Techniken der Problembearbeitung, über die das pol. System mit hinreichender Erfolgswahrscheinlichkeit zentral disponieren könnte. Sozialpolitik steht zudem vor dem Problem, die Einwirkungen des pol. Systems auf die gesellschaftliche Umwelt in Rückwirkung auf sich selbst einzuplanen, z.b. die hohe Belastung des Wirtschaftssystems – oder die mit dem auch sozialpol. gestützten Individualisierungsschub verschobenen „Grenzen der Solidarität".

Die auf neue Probleme antwortenden Programme einer aktiven Gesellschaftspolitik richten das Interesse mehr und mehr auf den heute zwischen Markt und Staat als „dritte Kraft" aktiven „Dritten Sektor" der Selbstorganisation freien Engagements. Hier könnte eine kontextuelle Steuerung die Rahmenbedingungen setzen, um das Potenzial solidarischer Vernetzung problembezogen zu aktivieren wie es allein über pol. Macht nicht zu erzwingen ist und auch rein für Geld nicht zu haben sein wird. Solidarische Vernetzung wird sich dann eher verstehen und verständigen müssen nach der Logik personalen und organisationalen Lernens. Dazu aber ist soziale Wirklichkeit bewusst zu machen in ihrer „Künstlichkeit" der sozialen Konstruktionen von Problem und Programm, von Projekt und Prozess, Konstrukt und Kontrakt, Konflikt und Konsens. *Solidarität* bedeutet dann auch Offenheit dafür, dass alle beteiligten und betroffenen Akteure als Subjekte ihres Handelns, Erlebens und Bewertens in ihrer Autonomie anzuerkennen, anzusprechen und (inter-)aktiv einzubinden sind.

Im Unterschied zur klassischen „s.f.", welche die Krise sozialer Not als Strukturfrage des herrschenden Systems zu objektivieren suchte, verweisen soziale Probleme immer auch auf offene Definitions- und Konstruktionsprozesse sozialkritischer Problematisierung und sozialpol. Politisierung (dieser Perspektivenwechsel fand seinen institutionellen Rahmen mit der 1976 auf dem Bielefelder Soziologentag gegründeten Sektion „Soziale Probleme und soziale Kontrolle")

In entwickelten Industriegesellschaften verschärfen sich s.f.n mit neuen Krisen der Arbeit. Unter Globalisierungsdruck wird die Arbeitsfrage zum Schlüsselproblem der gesellschaftspol. Steuerung. Dies verbindet sich in der demographische Entwicklung mit multiplen Risiken der Kranken, Armen und Alten. Die Komplexität der neuen s.f.n fordert heute in vielfältigen Reformkommissionen kritische wie konstruktive Foren der Reflexivität (Pankoke 2005). S.F.n finden längst weitere Horizonte in den globalen Arenen, Allianzen und Agenden weltgesellschaftlicher Entwicklungspartnerschaften. Hier sucht systemkritisches Problembewusstsein praktische Antworten einer nachhaltigen Zukunftswirksamkeit pol. Weltverantwortung.

→ **Gesellschaft; Marxismus; Solidarität; Ungleichheit, soziale**

📖 *G. Albrecht/A. Groenemeyer/F.W. Stallberg* (Hg.) (1999): Handbuch sozialer Probleme. Opladen; *H. Becher* (Hg.) (1982): Die neue Soziale Frage. Opladen; *J. Bergmann et al.* (1969): Herrschaft, Klassenverhältnis und Schichtung. In: *Th.W. Adorno* (Hg.): Spätkapitalismus oder Industriegesellschaft. Stuttgart: 67-87; *P. Bourdieu* (1985): Sozialer Raum und Klassen. Frankfurt a.M.; *Deutscher Verein für öffentliche und private Fürsorge* (2005): Forum für Sozialreformen. Festschrift 125 Jahre. Berlin; *H. Geißler* (1976): Die Neue Soziale Frage. Armut im Wohlfahrtsstaat. Freiburg; *F.-X. Kaufmann* (³2009): Sozialpolitik und Sozialstaat – Soziologische Analysen. Wiesbaden; *S. Leibfried/W. Voges* (Hg.) (1992): Armut im modernen Wohlfahrtsstaat. SH der KZfSS 32. Opladen; *N. Luhmann* (2005): Formen des Helfens im Wandel gesellschaftlicher Bedingungen. In: *ders.* (Hg.): Soziologische Aufklärung 2.: 134-149; *E. Pankoke* (1970): Soziale Frage – Soziale Bewegung – Soziale Politik. Grundfragen der deutschen ‚Socialwissenschaft' im 19. Jahrhundert. Stuttgart 1970; *ders.* (1990): Die Arbeitsfrage. Arbeitsmoral, Beschäftigungskrisen und Wohlfahrtspolitik im Industriezeitalter. Frankfurt a.M.; *H. Peters* (²2001): Soziale Probleme. In: *B. Schäfers/W. Zapf* (Hg.): Hdwb. zur Gesellschaft Deutschlands. Opladen; *C. Sachße/F. Tennstedt* (1998): Geschichte der Armenfürsorge in Deutschland. Bd. 1-3. Stuttgart; *G. Vobruba* (1991): Jenseits der sozialen Fragen. Modernisierung und Transformation von Gesellschaftssystemen. Frankfurt a.M.

Eckart Pankoke

Soziale Morphologie

Die auf Emile Durkheim (1858-1917) zurückgehende Bezeichnung s.M. steht für die Untersuchung der materiellen Formen des Sozialen. Gemeinsam mit ihrem Gegenstück, der „sozialen Physiologie", bildet die s.M. für Durkheim den Gegenstandsbereich der Soz., der zwar streng arbeitsteilig organisiert ist, stets aber auf die Einheit und gegenseitige Durchdringung beider Bereiche abzielt: Während die Physiologie den sozialen Funktionszusammenhang der Gesellschaft untersucht, widmet sich die M. dem materiellen Substrat (Durkheim) der *Gesellschaft*. Darunter fallen all diejenigen Phänomene, bei denen das Soziale eine sichtbare und greifbare Gestalt annimmt. Dazu zählen die Ausdehnung einer Gesellschaft, die Anzahl ihrer internen Gliederungen, die Größe, Dichte und Verteilung der Bevölkerung auf einem Territorium sowie die Dinge und Sachverhältnisse (vgl. Linde 1972), die das kollektive Leben prägen.

Entgegen des in der Soz. vorherrschenden Trends zur Sachabstinenz rechnet Durkheim ausdrücklich Dinge und Sachverhältnisse zur Sozialwelt hinzu. Artefakte wie Wohnstätten, Werkzeuge, Verkehrswege, Verkehrsmittel und Kleidung sind demnach ebenso soziale Tatbestände wie immaterielle „Dinge" (z.B. das gesatzte Recht, die geltende Moral). Beiden Dingwelten gemeinsam ist, dass sie eine vom Willen des Einzelnen unabhängige Einzelexistenz führen. Sie drängen sich dem Einzelnen von außen auf und üben einen verhaltensdeterminierenden Zwang auf das Individuum aus. Eben das macht sie in Durkheims Perspektive zu sozialen Tatbeständen.

Das Interesse an den materiellen Erscheinungsformen der Gesellschaft und an ihrer physischen Natur führt Durkheim zu einer intensiven Auseinandersetzung mit den Nachbardisziplinen der Soz. In der von ihm begründeten Zeitschrift *L'Année Sociologique*, in der sich auch ein programmatischer Beitrag zur s.M. aus seiner Feder befindet, werden wie selbstverständlich auch Forschungsarbeiten aus Ökonomie, Ethnologie, Anthropologie, Demographie, Sozial- und Anthropogeographie rezipiert. Während Durkheim in seinen eigenen Arbeiten die Physiologie in den Mittelpunkt stellt, widmen sich seine Schüler Marcel Mauss (1872-1950) und Maurice Halbwachs (1877-1945) ausführlich dem bei Durkheim letztlich nur angedeuteten Programm einer s.m. Mauss zeigt z.b. anhand einer Untersuchung von Eskimogesellschaften exemplarisch den Zusammenhang zwischen materiellen Formen einer Gesellschaft und ihren kollektiven Tätigkeiten auf. Die Eskimovölker leben zu verschiedenen Zeiten des Jahres nicht nur in unterschiedlichen sozialen Formationen, sondern üben auch je nach Jahreszeit verschiedene Tätigkeiten aus. Während im Sommer jede Familie für sich allein in einem kleinen Rundzelt lebt und sich den Dingen des täglichen Lebens widmet, schließen sie sich im Winter zu Großfamilien in großen Langhäusern zusammen und gehen insbes. religiösen Tätigkeiten nach. Mauss legt Wert auf die Feststellung, dass der von ihm aufgezeigte Zusammenhang von wechselnder M. und wechselnden Tätigkeiten an diesem Beispiel besonders gut sichtbar wird, in anderen Gesellschaften aber ebenso nachgewiesen werden könnte.

Insbes. bei Halbwachs macht die Beschäftigung mit der s.n M. einen der Hauptschwerpunkte seiner Arbeit aus. In immer neuen Anläufen hat er sich diesem Feld zugewandt und dabei am Ende ein sehr viel umfangreicheres und präziseres Verständnis von den Aufgaben einer s.n M. vorgelegt als sein Lehrmeister. Seine grundsätzliche Annahme lautet dabei nicht nur, dass Gesellschaften sich in materiellen Manifestationen ausdrücken, sondern dass sie auch selbst als lebende und stoffliche Mengen anzusehen sind. Der kollektive Körper nimmt wie ein individueller Körper einen bestimmten Raum ein, weist eine bestimmte Gestalt auf, bewegt sich, kann wachsen oder schrumpfen und unterliegt daher permanenter Veränderungen. Vergesellschaftung ist nach Halbwachs damit niemals als ein statischer, sondern immer als ein dynamischer Prozess anzusehen.

Religion, Politik, Ökonomie und weitere Bereiche des gesellschaftlichen Lebens bleiben für Halbwachs so lange unverstanden, wie man sie als bloße Ideen und abstrakte Konstrukte behandelt. Entscheidend für ein vollständiges Bild ihrer Bedeutung erlangt man dagegen erst durch eine genaue Analyse ihrer räumlichen Manifestationen. So wie es insgesamt für die Entwicklung einer Gesellschaft durchaus von Belang ist, ob sie sich auf einer Insel befindet und damit über einen Zugang zum Meer verfügt, oder ob ihre Bevölkerung zumeist in von hohen Bergen umgebenden Tälern wohnt, so übt auch die Anzahl, Anlage und Aufteilung der bedeutenden Stätten, Klöster und Heiligtümer etwa der christl. Religion einen nicht unerheblichen Einfluss auf die Intensität der Glaubensvorstellungen ihrer Anhänger aus. In noch stärkerem Ausmaß sind pol. Gemeinwesen von räumlichen Gegebenheiten abhängig: So ist es für Halbwachs kein Zufall, dass die ersten Demokratien am Meer entstanden sind. In Anlehnung an Platon (427-347 v. Chr.) und Jean-Jacques Rousseau (1712-1778) ist er davon überzeugt, dass es einen Zusammenhang zwischen der Größe eines Staates und seiner Regierungsform gibt. Und hinsichtlich der ökon. M. beschreibt Halbwachs ausführlich, dass die verschiedenen ökon. Klassen dazu neigen, sich auf verschiedenen Quartieren der Stadt aufzuteilen. In diesem Punkt gibt es auffallende Berührungspunkte mit der Chicagoer Schule der Sozialökologie.

Trotz der Betonung der Bedeutung des *Raums* für eine umfassende Gesellschaftsanalyse sind es jedoch nicht die räumlichen Artefakte selbst, die das Interesse der s.n M. auf den Plan rufen. Die Aufmerksamkeit der Soz. verdienen sie nach Halbwachs Verständnis nur deshalb, weil das Materielle und Stoffliche Einblicke in die Neigungen, Vorstellungen und Bedürfnisse der Menschen und ihrer „Lebensweise" verschafft. Die räumlichen Artefakte fungieren gleichsam als Botschafter, die von längst vergangenen gesellschaftlichen Zuständen und den Vorstellungen ihrer Bewohner berichten können. Im Einklang mit Auguste Comte (1798-1857) und Durkheim ist Halbwachs der Auffassung, dass die materiellen Formen des gesellschaftlichen Lebens, dass also die Orte, Gebäude, Plätze, Häuser und Straßen dem kollektiven Leben der sozialen Gruppen ein Gefühl der Regelmäßigkeit und Stabilität inmitten einer sich permanent im Umbruch befindlichen Gesellschaft vermitteln.

Bei der s.n M. handelt es sich um einen soz. Ansatz, der im Kontext der Wiederentdeckung der Kategorie des Raums und einem neuen Interesse an der Materialität eine unverhoffte Renaissance beschieden sein dürfte.

→ **Gesellschaft; Raum; Stadt**

📖 *E. Durkheim* (1897-1898): Note sur la morphologie sociale. In: *L'Année Sociologique*. Bd. 2.: 520f.; *ders.* (2007): Regeln der soziologischen Methode. Frankfurt a.M. (zuerst 1961); *M. Halbwachs* (2002): Soziale Morphologie. Ausgewählte Schriften. Konstanz; *ders.* (2003): Stätten der Verkündigung im Heiligen Land. Konstanz; *H. Linde* (1972): Sachdominanz in Sozialstrukturen. Tübingen; *M. Mauss* (1999): Soziologie und Anthropologie. Bd. 2, Frankfurt a.M.; *M. Schroer* (2009): Materielle Formen des Sozialen. Die Architektur der Gesellschaft aus Sicht der sozialen Morphologie am Beispiel von Fußballstadien. In: *Joachim Fischer* (Hg.): Die Architektur der Gesellschaft. Bielefeld.

Markus Schroer

Sozialisation

Prozess, in dem der Mensch in die ihn umgebende Gesellschaft und Kultur hinein-
wächst und zugleich zu einem eigenverantwortlich und eigensinnig handlungsfähigen Individuum wird. S. umfasst drei zu unterscheidende Dimensionen: die gesellschaftliche Bestimmtheit der Einzelnen (*Personalität*), die sie als Individuen
kennzeichnende Besonderheit (Individualität) und ihre ihnen mit allen anderen gemeinsame Sprach-, Handlungs- und Selbstbestimmungsfähigkeit (*Subjektivität*).
S. ist Gegenstand aller Wissenschaften, die sich mit dem Verhalten des Menschen beschäftigen, insbes. der Soz., Erziehungswissenschaft, Psychologie und
Anthropologie.

Anthropol. ist davon auszugehen, dass Menschen höchst unzulänglich mit
instinktgesteuerten Mechanismen ausgestattet sind und im Gegensatz zu allen
anderen Säugern eines „extra-uterinen Frühjahres" (A. Portmann) bedürfen. Die
totale Hilfsbedürftigkeit des Kleinkindes bezieht sich nicht nur auf den materiellen
Bereich. Es benötigt zudem ein beachtliches Maß an liebevoller Zuwendung. Der
Mensch als „physiologische Frühgeburt", als „sekundärer Nesthocker" (A. Portmann) hat daher noch eine „zweite sozio-kulturelle Geburt" (D. Claessens) nötig,
die im S.sprozess zu leisten ist.

S. ist jedoch keine begrenzte Entwicklungsphase, sondern ein Prozess, der das
ganze Leben hindurch andauert. Während der Begriff primäre S. die Entwicklung
basaler Sprach- und Handlungsfähigkeit bezeichnet, werden unter sekundärer S.
alle Vorgänge gefasst, in denen spezifische Kompetenzen und Normen erworben
werden. Primäre und sekundäre S. sind jedoch keine klar getrennten Vorgänge,
sondern überlagern sich in der kindlichen Entwicklung.

Erziehung als Unterbegriff von S. bezeichnet alle Vorgänge, bei denen bewusst
ein Handeln mit dem Ziel in Gang gesetzt wird, die Persönlichkeitsentwicklung zu
beeinflussen, d.h. bestimmte Verhaltensdispositionen zu entwickeln oder vorhandene zu verändern. Im Unterschied zu Erziehung bezeichnet *Bildung* die Entwicklung des Einzelnen zu einem eigenverantwortlich handlungsfähigen Individuum
sowie die Entwicklung seiner Kenntnisse und Fähigkeiten in Auseinandersetzung
mit Kultur und Gesellschaft.

In modernen Gesellschaften bleibt die Erziehung und Bildung von Kindern und
Jugendlichen nicht den Familien überlassen. Aufgrund der Komplexität und Dynamik der modernen Gesellschaft ist der Bedarf an Erziehung und Bildung vielmehr so immens gewachsen, dass ein gesondertes Teilsystem organisierter und
professionell betriebener Erziehung und Bildung entstanden ist. In Bezug auf dessen anhaltende Ausweitung wird von einer „Pädagogisierung der Gesellschaft"
gesprochen.

Ein Aspekt von Bildung ist Qualifizierung im Sinne des Erwerbs spezifischer, insbes. für die Berufsausübung bedeutsamer Kenntnisse und Fertigkeiten. Qualifizierung erfolgt v.a. vermittels der in den staatlichen Bildungseinrichtungen stattfindenden Lernprozesse. Als gesellschaftliches Teilsystem erbringt das sog. Bildungssystem darüber hinaus eine Reihe wichtiger Funktionen für die Gesamtgesellschaft: Es beeinflusst die Persönlichkeitsbildung der Individuen und leistet einen Beitrag zur Vermittlung gesamtgesellschaftlich bedeutsamer Werte, Normen und Fähigkeiten. Zudem wird in Schulen, Hochschulen und der beruflichen Bildung eine Zuweisung von Karrierechancen vorgenommen und gerechtfertigt (Selektion und soziale Platzierung). Trotz des Anspruchs der Chancengleichheit stellt das Bildungswesen auch heute noch eine zentrale „soziale Dirigierungsstelle für Sozialchancen des Einzelnen in unserer Gesellschaft" (H. Schelsky) dar.

Ein grundlegendes Problem der S. ist das Spannungsverhältnis von personaler Autonomie und sozialer Determiniertheit des Individuums. In der modernen Gesellschaft soll das Individuum zur Übernahme grundlegender sozialer Normen veranlasst werden, aber zugleich muss es zur selbstständigen Anwendung dieser Regeln in konkreten Situationen, d.h. zu ihrer kreativen Verwendung befähigt werden. Wie insbes. die Vertreter der Theorie des Symbolischen Interaktionismus herausgestellt haben, ist dies nur möglich durch Anerkennung der Autonomie des zu sozialisierenden Individuums.

Die soz. Forschung hat sich ausführlich mit dem Einfluss der wichtigsten S.instanzen (Familie, Gleichaltrigengruppe, Schule, Beruf, Medien u.a.) auf die Persönlichkeitsbildung und -entwicklung befasst. In der Kindheit ist nach zeitlicher Dauer und Intensität die Familie die wichtigste S.sinstanz, die auch maßgeblich die Weichen für die spätere soziale Platzierung des Individuums stellt. Die hohe Stabilität der Ungleichheitsstrukturen von einer Generation zur nächsten spricht dafür, dass v.a. die Familie als die zentrale Vermittlungsinstanz sozialer Ungleichheit angesehen werden muss. Ungleiche familiale Startchancen werden trotz gegenteiliger Ansprüche durch das Bildungssystem nicht nivelliert, sondern in diesem verfestigt.

Die Grundannahme der traditionellen schichtspezifischen S.sforschung lautet, dass ein Zusammenhang besteht zwischen der sozialen Schichtzugehörigkeit, der familialen S., der kindlichen Persönlichkeitsentwicklung und dem Schul- und Berufserfolg. Mit abnehmender Stellung im sozialen Schichtungssystem ist die Familie zunehmenden ökon., sozialen und kulturellen Benachteiligungen und Belastungen ausgesetzt, die die sozialisatorischen Prozesse auf der Familienebene (z.B. die Interaktions- und Kommunikationsstrukturen, die Erziehungsziele und -praktiken) derart strukturieren, dass die optimale Entwicklung der für den Schul- und Berufserfolg erforderlichen kognitiven, motivationalen und sprachlichen Kompetenzen (z.B. Intelligenz, Leistungsmotivation) zunehmend unwahrscheinlich wird (Zirkelmodell der schichtenspezifischen S.sforschung).

Die aus der Kritik am Schichtkonzept hervorgegangene (erweiterte) sozialstrukturelle S.sforschung hat – neben den traditionellen Schichtmerkmalen, der Wohnlage, Wohnsituation, Infrastrukturversorgung u.a. – besonders die Bedeutung der beruflichen Arbeitsbedingungen der Eltern für die Perpetuierung intergenerationaler sozialer Ungleichheit hervorgehoben. Dem familialen Rollensystem wird dabei die vermittelnde Funktion zwischen den Arbeits- und Lebenserfahrungen der Eltern und der Persönlichkeitsentwicklung der Kinder zugesprochen.

Sozialökologische S.sansätze konzentrieren sich auf die Analyse der unmittelbar familienspezifischen Wohnumgebung. Die Familienumwelt wird nach ihrer sozialen und materiellen Beschaffenheit untersucht, die zusammen den Erfahrungsbereich der Kinder mit je unterschiedlichem Anregungs-, aber auch Belastungspotenzial herstellt.

In den letzten Jahren hat sich eine Schwerpunktverschiebung vollzogen, indem sich die Forschung zunehmend der Analyse der geschlechtsspezifischen S. zugewandt hat.

Die einflussreichsten soz. Beiträge zur Erforschung von S.sprozessen stammen von den Vertretern der strukturell-funktionalen Theorie und des Symbolischen Interaktionismus. Nach der *strukturell-funktionalen Sichtweise* von Gesellschaft – Hauptvertreter war Talcott Parsons (1902-1979) – haben S.sprozesse eine gesellschaftsstabilisierende Funktion. Parsons bestimmte S. als den Prozess, durch den die Individuen die Dispositionen erwerben, die erforderlich sind, um die in der Gesellschaft vorgegebenen *Rollen* als Akteure spielen zu können. Die Rollen sind durch Normen definiert und in Interaktionssystemen reziprok aufeinander bezogen. Da jeder Rolle eine bestimmte Kombination von Bedürfnisdispositionen entspricht, kann S. als Entstehung der den verschiedenen gesellschaftlichen Rollen entsprechenden Bedürfnisdispositionen bezeichnet werden. Kritisch anzumerken ist, dass Parsons S. von vornherein unter dem Gesichtspunkt der Systemstabilität betrachtet und den Beitrag des Individuums, die autonome Stellungnahme und kritische Auseinandersetzung des Individuums mit seinen Rollen, weitgehend ausblendet.

Während die strukturell-funktionale Theorie stark anpassungsmechanistisch argumentiert und ein sehr passives Menschenbild unterstellt, betonen alle neueren theor. Konzepte, dass die individuellen Handlungskompetenzen in einem „Prozess der aktiven Auseinandersetzung mit der sozialen und dinglichen Umwelt aufgebaut werden, als Aneignung und mitgestaltende Teilnahme am Leben einer Gruppe, einer Institution oder Gesellschaft" (K. Hurrelmann/D. Ulich). Die Vertreter des auf George Herbert Mead (1863-1931) zurückgehenden *Symbolischen Interaktionismus* konzentrieren sich – anders als der strukturell-funktionale Ansatz, der die Analyse des Verhältnisses zwischen Rollensystemen und Gesamtgesellschaft in den Mittelpunkt stellt – auf den mikro-sozialen Bereich, auf die direkte *Interaktion* zwischen den Subjekten. S. vollzieht sich im Rahmen von Kommunikation und Interaktion. In den Mittelpunkt der Analyse rückt die subjektive und intersubjektive Interpretation der sozialen Umwelt. Voraussetzung für soziale Interaktionen ist das Vorhandensein allgemein anerkannter und (weitgehend) geteilter Symbole. Die mit jeweils bestimmten Bedeutungen verbundenen *Symbole* (v.a. die Sprache) ermöglichen die Definition und Redefinition sozialer Situationen und ein wechselseitig orientiertes soziales Handeln (Interaktion). Die sich im Rahmen von Interaktionen vollziehende S. des Individuums zu einer handlungsfähigen Person kann also als Prozess des Lernens von Symbolen und Rollen aufgefasst werden. Der Einzelne lernt, sich in die Rollen anderer zu versetzen (Rollenübernahme, *role-taking*), die Erwartungen und denkbaren Reaktionen anderer zu antizipieren und bei der Steuerung des eigenen Handelns zu berücksichtigen. Auch lernt er, sich selbst aus der Perspektive anderer zu sehen, ein für den Aufbau des „Selbst" (*self*) unentbehrlicher Prozess.

In konsequenter Abgrenzung gegen die einseitigen Beeinflussungsmodelle der älteren S.sforschung bestimmte Niklas Luhmann (1927-1998) Sozialisation als „Selbstsozialisation", d.h. als eine eigenaktive Leistung des Subjekts in Auseinandersetzung mit sozialen Vorgaben und Erwartungen. Damit ist, in Übereinstimmung mit den S.stheorien des Symbolischen Interaktionismus, darauf hingewiesen, dass eine Vorstellung von S. als Prägung passiver Individuen durch die Gesellschaft nicht tragfähig ist.

In der aktuellen S.sforschung wird auf den Einfluss genetischer Festlegungen hingewiesen, die den Einfluss von S.sprozessen auf die Persönlichkeitsentwicklung begrenzen.

→ **Anthropologie; Familie; Gesellschaft; Individuum; Norm, soziale; Rolle, soziale; Schicht, soziale; Soziologische Theorien**

📖 *F. Baumgart* (Hg.) (⁴2008): Theorien der Sozialisation. Stuttgart; *R. Becker/W. Lauterbach* (Hg.) (³2008): Bildung als Privileg? Wiesbaden; *D. Claessens* (⁴1979): Familie und Wertsystem. Berlin; *D. Geulen* (1996): Das vergesellschaftete Subjekt. Frankfurt a.M.; *M. Grundmann* (2006): Sozialisation. Stuttgart; *C. Hagemann-White* (²1998): Sozialisation: weiblich – männlich. Opladen; *K. Hurrelmann/D. Ulich* (Hg.) (⁷2008): Handbuch der Sozialisationsforschung. Weinheim/Basel; *N. Luhmann* (1993): Sozialisation und Erziehung. In: *ders.* (Hg.): Soziologische Aufklärung 4. Opladen: 173-181; *G. Nunner-Winkler* (2000): Brauchen Kinder mehr Erziehung? In: *Bundesministerium für Familie, Senioren, Frauen und Jugend (BMFSFJ)* (Hg.): Mehr Chancen für Kinder und Jugendliche. Münster: 62-81; *D.C. Rowe* (1997): Genetik und Sozialisation. Die Grenzen der Erziehung. Weinheim; *A. Scherr* (⁷2008): Sozialisation, Person, Individuum. In: *H. Korte/B. Schäfers* (Hg.): Einführung in die Hauptbegriffe der Soziologie. Wiesbaden: 47-68; *K.-J. Tillmann* (¹⁴2006) Sozialisationstheorien. Eine Einführung in den Zusammenhang von Gesellschaft, Institution und

Subjektwerdung. Reinbek; *H. Veith* (2008): Sozialisation. Stuttgart; *P. Zimmermann* (³2006): Grundwissen Sozialisation. Wiesbaden.

Rüdiger Peuckert/Albert Scherr

Sozialstruktur

die Gesamtheit der relativ dauerhaften Grundlagen und Wirkungszusammenhänge sozialer Beziehungen und der sozialen Gebilde wie Gruppen, Institutionen und Organisationen in einer *Gesellschaft*.

Entsprechend der Bedeutung, die der Begriff Struktur als ein Zentralbegriff der wissenschaftlichen Analyse wie der Anschauung über die Beschaffenheit der jeweils untersuchten Objektwelt hat, wurde der Begriff S. zu einem „Schlüsselbegriff der Gesellschaftsanalyse" (F. Fürstenberg). Zielt der Strukturbegriff auf den inneren Aufbau und damit auf den Zusammenhang von Elementen eines als komplexe Einheit (Ganzheit) gegebenen oder vorgestellten Beziehungsgefüges, so bezieht sich der Strukturbegriff der *Gesellschaftsanalyse* auf die „soziale Wirklichkeit".

Aufgabe der S.analyse als Gesellschaftsanalyse ist, die in einem gesellschaftlichen System jeweils wichtigsten (dominanten) Strukturelemente zu erfassen und in ihrem Einfluss und ihrer Wechselwirkung auf die Mikrostrukturen des sozialen Handelns und die gesellschaftlichen Makrostrukturen zu bestimmen. Die Frage, welche sozialen Strukturen in einer Gesellschaft als die wichtigsten (relativ dauerhaften, prägenden) anzusehen sind und in der S.analyse vorrangig berücksichtigt werden müssen, hat zu unterschiedlichen Ansätzen geführt. Diese lassen sich grob in marx. und nicht-marx. Ansätze differenzieren.

Die marx. S.analyse geht davon aus, dass die „gesellschaftlichen Formen der Produktion" letztlich entscheidend sind für „die verschiedenen ökonomischen Epochen der Gesellschaftsstruktur" (K. Marx, Das Kapital, Bd. II). Die S.analyse ist daher identisch mit einer Gesellschaftsanalyse, die von den Kategorien Produktionsmittel und Produktionsverhältnisse, Lohnarbeit und Kapital ausgeht. Das jeweilige Klassenverhältnis sowie die Struktur der zwischen und neben den Klassen existierenden sozialen Schichten determiniert alle sozialen Beziehungen und Gruppenstrukturen in ihrer besonderen Qualität. Aufgabe einer marx. S.analyse ist daher, die jeweiligen Formen von Lohnarbeit und Kapital, die Struktur und Entwicklung der Klassen und Schichten und die durch diese Formen bedingten Strukturen der Herrschaft, der Ausbeutung, der Entfremdung usw. zu untersuchen.

Auch in nicht-marx. S.analysen spielen diese Analysegesichtspunkte eine Rolle; es wird jedoch davon ausgegangen, dass in ggwt., hochindustrialisierten Gesellschaften die Klassen – und damit der Gegensatz von Lohnarbeit und Kapital – nicht mehr die unterstellte, alles beherrschende Strukturbedeutung haben; hierzu wird auf die relative Autonomie der gesellschaftlichen Teilbereiche (der einzelnen sozialen Systeme) verwiesen. Gegenüber einer S.analyse als Klassenanalyse werden die soziale Schichtung (Stratifikation), die sich immer weiter ausdifferenzierenden sozialen Milieus und die soziale Mobilität als grundlegende Strukturmerkmale hervorgehoben.

Beide Ansätze gehen mit unterschiedlichem Gewicht davon aus, dass die Struktur der sozialen Gebilde für die handelnden Individuen den Charakter von Objektivität im Sinne von Vorgegebenem hat. Die S. kann daher als die Gesamtheit jener *sozialen Tatsachen* (E. Durkheim) bezeichnet werden, die auf das Handeln der Menschen orientierend und entlastend, aber auch begrenzend und dominierend einwirken.

Einigkeit besteht trotz der genannten Unterschiede im theor. Ansatz auch in dem Punkt, dass die S. und damit eine bestimmte Gesellschaftsformation in einzelne Segmente und Handlungsbereiche untergliedert werden muss, um sie untersuchen zu können. Die Gefahr, aus theor. wie methodischen Gründen den Zusammenhang mit den bestimmenden Einflussfaktoren der S. aus dem Auge zu verlieren, ist gleichwohl gegeben. Als wichtigste Elemente und Bereiche einer S.analyse können hervorgehoben werden:

- die Bevölkerungsstruktur und die Bestimmungsgründe für bestimmte Formen des generativen Verhaltens;
- Struktur und Wandel des ökon. Systems, der Berufs- und Produktionssektoren (Struktur von Lohnarbeit und Kapital, des Zusammenhangs von betrieblicher Arbeit mit der sozialen Position und dem sozialen Prestige von Individuen und Gruppen, von betrieblicher Arbeit mit der sozialen Sicherheit, der sozialen Mobilität, der Freizeit, Gesundheit etc.);
- Struktur und Wandel des pol. Systems, v.a. des Staates und der Parteien; Struktur und Wandel des Systems der sozialen Sicherheit, des Zusammenhangs mit dem Arbeitsverhältnis, der Einkommens- und Vermögensstruktur;
- Struktur und Wandel der wichtigsten sozialen Gruppen in der Gesellschaft: der Familie, der Jugend, der Vereine etc.;
- Struktur und Wandel der Siedlungsformen von Städten und Gemeinden, der Formen des Wohnens und der Mobilität;
- Struktur und Wandel des Bildungs- und Ausbildungssystems (Differenzierung des Schul- und Hochschulwesens, der Ausbildungsstätten, der Institutionen der Weiterbildung etc.);

- Struktur und Wandel des kulturellen Systems, z.B. der Normen und Werte, der religiösen Anschauungen, der pol. Kultur.

Bei diesen und weiteren Analysegesichtspunkten zur S. einer Gesellschaft sind Kriterien der sozialen Differenzierung (und damit der sozialen Ungleichheit), der sozialen Mobilität und des Zugangs zu den einzelnen Bereichen der S. („Sozial-chancen") und die Formen des sozialen Wandels einzelner Elemente der S. und des gesamten Gesellschaftssystems, auch in Zusammenhang europäischer und globaler Strukturen, herauszuarbeiten. Mehr und mehr spielen Vergleiche der dt. S. im internationalen Vergleich eine Rolle (Hradil 2006).

→ **Bevölkerung; Gesellschaft; Klasse, soziale; Lebensstil; Migration; Milieu, soziales; Mobilität, soziale; Schicht, soziale; Ungleichheit, soziale; Wandel, sozialer**

📖 *F. Fürstenberg* (1966): „Sozialstruktur" als Schlüsselbegriff der Gesellschaftsanalyse. KZfSS 18: 439-453; *R. Geißler* (⁵2008): Die Sozialstruktur Deutschlands. Wiesbaden; *S. Hradil* (²2006): Die Sozialstruktur Deutschlands im internationalen Vergleich. Wiesbaden; *B. Schäfers* (⁸2004): Sozialstruktur und sozialer Wandel in Deutschland. Stuttgart.

Bernhard Schäfers

Soziologie

ist die Wissenschaft vom Sozialen, d.h. den verschiedenen Formen der *Vergemein-schaftung* (z.B. Familie/Verwandtschaft/Sippe, Nachbarschaft, soziale Gruppe) und der *Vergesellschaftung* (Organisation, Gesellschaft, Staat) der Menschen; sie fragt nach den Strukturen des sozialen Handelns und der sozialen Gebilde und welchem sozialen Wandel diese unterliegen. Die S. ist eine empirische Sozialwissenschaft; ihre Beziehungen zu den Geistes- und Kulturwissenschaften, aber auch zur Psychologie, sind evident.

1. Der Begriff S. ist ein Kunstwort, das sich aus lat. *socius* (der Gefährte, i.w.S.: Mitmensch) und gr. *logos* (Wort, Wahrheit, i.w.S.: Wissenschaft) zusammen-setzt, welcher sich seit 1838 in Schriften von Auguste Comte (1798-1857) fin-det. Der Begriff S. ersetzte nach und nach ältere Bezeichnungen, z.B. *physique sociale* („soziale Physik"), die davon ausging, das Soziale ließe sich in Analo-gie zu der großen Vorbildwissenschaft Physik untersuchen: exakt und mit der

Möglichkeit der Prognose und Planung einzelner (sozialer) Elemente, Zustände und Verhaltensweisen.

Der Begriff S. setzte sich seit den 70er Jahren des 19. Jh.s allgemein durch, v.a. seit den Arbeiten der „Gründergeneration" dieser neuen Wissenschaft: Emile Durkheim (1858-1917), Georg Simmel (1858-1918), Herbert Spencer (1820-1903), Max Weber (1864-1920), Ferdinand Tönnies (1855-1936) und Albion W. Small (1854-1926).

2. Viele Fragen der S. sind so alt wie das Nachdenken über die Bedingungen und Formen des menschlichen Zusammenlebens. Bereits in den Werken von Platon (427-347 v.Chr.) und Aristoteles (384-322 v.Chr.) finden sich grundlegende Einsichten über das Soziale, z.B. das Leben in der Polis.

Die S. hat im Gegensatz zu diesen „Vorläufern" kein vorgegebenes Ordnungsbild, sei dieses phil. oder sozialphil., kosmologisch oder theol. fundiert. Sie ist eine „nüchterne", strikt an der Erfahrung ausgerichtete Einzelwissenschaft. Vorbereitet wurde diese Einstellung bereits bei Niccolò Machiavelli (1469-1527) und seiner Analyse des pol. Handelns; bei den schottischen Moralphilosophen (v.a. Adam Ferguson, 1723-1816, und Adam Smith, 1723-1790) und den Frühsozialisten (z.B. Claude Henri de Saint-Simon, 1760-1825). Der Beitrag des dt. Idealismus (Kant, Hegel, Fichte, Schelling, Schleiermacher) für die Theorie des menschlichen Handelns und die Fundierung einer differenzierten Theorie der bürgerlichen Gesellschaft und des Staates ist bis heute Bestandteil soz. Argumentation und erkenntnisleitender Orientierung.

S. entstand als sich verselbstständigende, sich von den „Mutterwissenschaften" (Philosophie, Ökonomie, Allgemeine Staatslehre, Völkerkunde) mehr und mehr lösende Einzeldisziplin im Zusammenhang des größten Umbruchs der Grundlagen und Formen menschlichen Zusammenlebens. Denn weder die Sesshaftwerdung des Menschen noch die Ausbildung erster städtischer Hochkulturen bedeuteten – auch in weltweiter Perspektive – einen vergleichbaren Umbruch, wie er sich seit Beginn der *Doppelrevolution* ereignete. Unter Doppelrevolution versteht der engl. Sozialhistoriker Eric Hobsbawm (geb. 1917) das Zusammenwirken der bürgerlich-pol. Revolutionen (v.a. 1789ff.) und der von England und Schottland ausgehenden industriellen Revolution (1770ff.), deren Dynamik ein Land und einen Kontinent nach dem anderen erfasste.

S. entstand als Wissenschaft, diesen generellen Umbruch zu erklären und handlungsorientierendes Wissen zur Verfügung zu stellen. Die S. wurde und wird daher auch als Umbruchwissenschaft oder als Krisenwissenschaft bezeichnet. Sie soll aber nicht nur die Ursachen der Krisen und Umbrüche – sei es in der Familie oder am Arbeitsplatz, in den verschiedenen Institutionen und Organisationen, in der Entwicklung des pol. Handelns usw. – deutlich machen, sondern auch Wege aufzeigen, wie die Krisen überwunden werden können.

Dies zu leisten, beanspruchte seit Mitte des 19. Jh.s auch der Sozialismus. So überrascht nicht, dass die S. von Anfang an – schon wegen des gleichen Wortursprungs – im Ruf stand, eine sozialistische Wissenschaft bzw. die wissenschaftliche Grundlage des praktischen Sozialismus zu sein.

3. Die S. hat die Aufgabe, das Soziale als eigene Realität herauszuarbeiten und in seinen Strukturen zu verdeutlichen. Die Strukturen des Sozialen reichen von den täglichen Umgangsformen, wie den Sitten und Bräuchen, bis zu komplexen sozialen Tatsachen, wie dem Recht oder bestimmten Institutionen und Organisationen.

Die Ausdifferenzierung des Sozialen zu Strukturen und Strukturzusammenhängen (sozialen Systemen), die über den Erfahrungs- und Erlebnisbereich des einzelnen Individuums hinausgehen (es aber gleichwohl betreffen), gewinnen an Bedeutung; auf immer mehr Gebieten zeigen sich Konturen einer Weltgesellschaft.

Die S. als *empirische Sozialwissenschaft* untersucht die Strukturen des Zusammenlebens sowohl aus der Perspektive des einzelnen Handelnden, seiner Motivation, seiner sozialen Position (z.B. als Lehrer im Schulsystem) als auch aus der Perspektive der Makrostrukturen der sozialen Gebilde und der allgemeinen gesellschaftlichen Grundtatbestände, z.B. Formen der Arbeitsteilung und des Tausches, der sozialen Differenzierung und Schichtung.

Entsprechend werden ein mikro- und ein makro-soz. Ansatz unterschieden. Das Ideal der soz. Analyse besteht darin, beide Ansätze in allen Untersuchungsfragen zu verbinden. Nur so ist es möglich, das Soziale (im Sinne gesellschaftlicher Bedingtheit) im einzelnen Handeln aufzuzeigen sowie an den sozialen Gebilden und Prozessen nachzuweisen, wie diese ihrerseits durch die besondere Form individuellen Handelns mitbestimmt sind.

4. Die Fragestellungen der S. hängen zwar eng mit den sich ändernden Lebensbedingungen und den allgemeinen Problemen des sozialen und kulturellen Wandels zusammen, aber gleichwohl lassen sich einige immer wieder auftauchende Grundfragen benennen:

- Was ermöglicht die wechselseitige Orientierung des sozialen Handelns verschiedener Individuen;
- Welche soziale Differenzierung zeigen einzelne soziale Gruppen, Institutionen und Organisationen bzw. Gesellschaften; welches sind Gründe zunehmender oder abnehmender sozialer Differenzierung;
- Wie wird diese soziale Differenzierung bewertet und wie entstehen daraus die unterschiedlichen Formen sozialer Ungleichheit (der Stände und Klassen, der Kasten und Schichten);

- Wie wird in komplexen Gesellschaften der Gegenwart die soziale Integration gewährleistet;
- Wie entstehen soziale Konflikte und wie werden sie gelöst;
- Welchen Einfluss haben die jeweiligen Produktions- und Eigentumsstrukturen auf die Formen des menschlichen Zusammenlebens;
- Welche Bedeutung haben Symbole und Kommunikationssysteme für die Handlungsorientierung der Menschen?

Setzt man diese Fragen sehr breit und sehr differenziert fort, so würde dies zu einer Typologie der wichtigsten soz. Grundbegriffe führen: soziales Handeln, soziale Differenzierung, Macht und Herrschaft, soziale Integration, sozialer Konflikt usw. Und fragt man, wie wissenschaftlich begründete Aussagen auf diese Fragen möglich sind, so erhält man eine Aufzählung der wichtigsten soz. bzw. sozialwissenschaftlichen Methoden und der grundlegenden theor. Ansätze (Paradigmen) der S. Damit ist folgende Systematik der S. angedeutet:

- Allgemeine S.: Diese klärt und entwickelt die wichtigsten Grundbegriffe und verortet sie in begründeten Aussagezusammenhängen über einzelne Objektbereiche des Sozialen (Theorien); auch die Geschichte des Faches S. als Teil der Wissenschafts- und Gesellschaftsgeschichte ist Gegenstand der Allgemeinen S.
- Spezielle S.n, auch materielle oder Bindestrichs.n genannt: Diese werden nach dem jeweiligen Untersuchungsgegenstand benannt, z.B. Familiens., Literaturs., Stadts., Rechtss.
- Sozialwissenschaftliche bzw. soz. Forschungsmethoden, die es erlauben, kontrolliert und überprüfbar die für den Untersuchungsbereich wichtigsten Daten zu erheben, sozialstatistisch aufzubereiten und zu interpretieren; die bekanntesten Methoden sind: Interview, teilnehmende Beobachtung, Inhaltsanalyse, Experiment.

Der Streit um das „richtige" Paradigma der soz. Theorie kann theor. nicht entschieden werden. Ggwt. zeigt sich eine wachsende Pluralität sowohl der theor. Ansätze als auch der methodischen Vorgehensweisen, die entsprechend dem Untersuchungsgegenstand und dem Erkenntnisziel ausgewählt werden.

5. Bei der konkreten Untersuchung sozialer Tatbestände – sozialer Strukturen und Prozesse, sozialer Gebilde, sozialer Normen und Handlungsmuster usw. – zeigt sich, dass es in der S. nicht nur ein einziges verbindliches Paradigma der theor. Orientierung geben kann. Versuche von verschiedener Seite, „ihre" Theorie (der Ausdruck Paradigma wird abgelehnt, weil er Pluralität einschließt) durchzusetzen und andere Vorgehensweisen als „bürgerlich" oder „unwissenschaftlich" zu bezeichnen, gehen von Voraussetzungen des 19. Jh.s aus, in dem Systementwürfe in der Philosophie, den Geistes- und Kulturwissenschaften und ein Denken in naturwissenschaftlichen Kausaltheorien vorherrschten.

Die S. hat sich zwar im sog. *Werturteils-* bzw. *Positivismusstreit* (Adorno 1993) davon distanziert, eine normative Wissenschaft zu sein, aber sie bestreitet nicht, dass Wertgesichtspunkte die Auswahl des Gegenstandsbereichs wesentlich mitbestimmen. Unter diesen Voraussetzungen kann z.b. die sozialpol. motivierte Frage: „Was sind die Ursachen und die Auswirkungen der Jugendarbeitslosigkeit?" in eindeutig wissenschaftlicher Weise untersucht werden. Welche pol. und sonstigen normativen Folgerungen aus den Ergebnissen gezogen werden, ist eine Frage, die mehr mit der Qualität der Untersuchung als mit vorgängigen Standpunkten zusammenhängt.

6. Von einer *Institutionalisierung* der S. als eigenständiger Wissenschaft kann man erst sprechen, seitdem sie an den wissenschaftlichen Hochschulen (also v.a. den Universitäten) mit eigenen Lehrstühlen und Instituten vertreten ist und über eigene Studiengänge (Diplom, Magister, Bachelor, Master) wie Fachzeitschriften verfügt. Den ersten Lehrstuhl für S. gab es bezeichnenderweise seit 1892 an der Universität Chicago, besetzt mit Albion W. Small (1854-1926; von ihm wurde auch mit dem *American Journal of Sociology* die erste soz. Fachzeitschrift gegründet). Bis zum Ersten Weltkrieg wurde S. in Dtld. nur durch Lehraufträge (v.a. von Ökonomen und Philosophen) wahrgenommen. Nach dem Ersten Weltkrieg begann ein relativ rascher Ausbau (v.a. in Preußen), der jedoch durch die Entwicklung nach 1933 unterbrochen wurde (Lepsius 1981). Nach dem Zweiten Weltkrieg wurden in Berlin, Frankfurt a.M. und München, in Hamburg und Köln, Kiel und Göttingen erste Lehrstühle und Institute eingerichtet bzw. wieder errichtet. Der breite Ausbau der S. erfolgte aber erst mit der allgemeinen Bildungs- und Hochschulexpansion seit Beginn der 1950er Jahre (1960 gab es 25 Ordinariate, 1970 bereits 69). Die 1909 gegründete *Deutsche Gesellschaft für Soziologie* war zunächst eine reine Wissenschaftler-Gesellschaft, nunmehr werden auch Studierende aufgenommen. Der 1975 gegründete *Berufsverband Deutscher Soziologen e.V.* bemüht sich u.a. um eine Erweiterung des Berufsfeldes für S.absolventen.

→ **Methoden der empirischen Sozialforschung; Methodologie; Soziologische Erklärung; Soziologische Theorien**

📖 *T.W. Adorno/H. Albert/R. Dahrendorf* (1993): Der Positivismusstreit in der deutschen Soziologie. München; *H. Esser* (³1999): Soziologie. Allgemeine Grundlagen. Frankfurt a.M./New York; *F. Jonas* (1997): Geschichte der Soziologie. Bd. 4, Köln/Opladen; *G. Kiss* (1981): Marxismus als Soziologie. Reinbek; *H. Korte* (⁸2006): Einführung in die Geschichte der Soziologie. Wiesbaden; *M.R. Lepsius* (1981): Soziologie in Deutschland und Österreich 1918-1945. SH der KZfSS 23.Opladen; *G. Lüschen* (Hg.) (1979): Deutsche Soziologie seit 1945. SH der KZfSS 21. Opladen; *E. Pankoke* (1994): Soziologie/Gesellschaftswissenschaften. In: *O. Brunner/W. Conze/R. Koselleck* (Hg.): Geschichtliche Grundbegriffe. Bd. 5. Stuttgart: 997-1032; *B. Schäfers* (Hg.) (1995): Soziologie in

Deutschland: Entwicklung, Institutionalisierung und Berufsfelder. Theoretische Kontroversen. Opladen.

Bernhard Schäfers

Soziologische Erklärung

Unter einer Erklärung oder auch Kausalerklärung versteht man die logische Ableitung eines empirisch beobachtbaren Tatbestandes bzw. singulären Ereignisses, dem Explanandum, aus einer allgemeinen Theorie (einer kausalen Wenn-Dann-Aussage) und sog. Randbedingungen (singulären Verursachungsbedingungen bzw. -faktoren), dem Explanans. Diese Erklärungsfigur wird auch als Hempel-Oppenheim-Schema (H-O-Schema), Covering-Law-Modell oder als deduktiv-nomologische Erklärung (D-N-Erklärung) bezeichnet. Anders als der Alltagsbegriff der Erklärung wird in der Wissenschaft damit eine bestimmte Argumentationsfigur benannt. Logisch korrekte und empirisch gehaltvolle Erklärungen sind das Ziel von Wissenschaft im Allgemeinen und somit auch der Soz. im Speziellen. So stellte Emile Durkheim (1858-1917) in seinen Regeln der soz. Methode (2002) die Erklärung sozialer Tatbestände (*faits sociaux*) als Phänomene eigener Art in den Mittelpunkt der Soz. Max Weber (1864-1920) definierte: „Soziologie (…) soll heißen: eine Wissenschaft, welche soziales Handeln deutend verstehen und dadurch in seinem Ablauf und in seinen Wirkungen ursächlich erklären will" (2006). Trotz der Einigkeit über diese Zielvorgabe des wissenschaftlichen Arbeitens sind doch verschiedene Diskussions- und Problembereiche in diesem Kontext benennbar.

Zuerst kann gefragt werden, ob die Soz. das Niveau einer erklärenden Wissenschaft erreichen kann oder ob sie bei der gegebenen Komplexität gesellschaftlicher Prozesse in der Klärung und Explikation von Begriffen, Klassifikationen, Analogien, Typologien und Orientierungshypothesen verharren muss (Parsons 2001; Luhmann 2008). Eine solche Beschränkung ist aber (dauerhaft) nicht akzeptabel, weil die Soz. als Realwissenschaft an der Lösung von gesellschaftlichen Problemen interessiert ist und sein muss (Esser 1991). Erklärungen sind aber die Grundlage für die Prognose von und Intervention in soziale(n) Entwicklungen. Eine aufgeklärte und planvolle Gestaltung gesellschaftlicher Entwicklung setzt wissenschaftliche Erklärungen voraus und kann sich nicht mit Vorformen soz. Erklärungen begnügen.

Diese Sicht der Dinge ist nicht gänzlich unumstritten, sondern wird gelegentlich sogar zu einer methodendualistischen Position verschärft. Insbes. in der *phä-*

nomenol. (bzw. verstehenden) Soz. wird die Möglichkeit und Zweckmäßigkeit einer *erklärenden Soz.* bestritten. Menschliches Handeln zeichnet sich danach durch seine Intentionalität, seine Sinngebundenheit, aus, und damit unterscheiden sich die Objekte der Soz. grundlegend von den Untersuchungsgegenständen der Naturwissenschaften. Im Nachvollziehen der subjektiven Weltsicht, der Motivation und der Intention eines Akteurs wird ein eigenständiger sozialwissenschaftlicher methodischer Zugriff gesehen, der als sog. Methode des Verstehens (bzw. des hermeneutischen Verstehens) charakterisiert wird. Es lässt sich jedoch zeigen, dass die Rekonstruktion dieser Intentionalität selbst einer allgemeinen Handlungstheorie bedarf. Verstehen lässt sich in diesem Kontext als Verfahren der Hypothesengewinnung auffassen, das jedoch über den Entdeckungszusammenhang hinaus einer (unabhängigen) Prüfung bedarf, die mit den üblichen Methoden der empirischen Sozialforschung zu erfolgen hat (Nagel 1972; Stegmüller 1983). Die Sinnhaftigkeit menschlichen Handels steht nicht im Widerspruch zu seiner Erklärbarkeit. Sinnhaftes Handeln ist nicht regellos und/oder indeterminiert und damit erklärbar.

Auch von Seiten der Geschichtswissenschaften wurden Zweifel an der Anwendbarkeit des allgemeinen Erklärungsschemas auf die Sozialwissenschaften formuliert. So stehen hist. einmalige Ereignisse im Fokus der Geschichtswissenschaften und auf solche sind allgemeine Erklärungsansätze somit vermeintlich nicht anwendbar. Auch hier liegt ein Missverständnis vor. Nicht nur hist. Ereignisse sind in ihrer Totalität „einmalig" bzw. singulär, sondern soziale und naturwissenschaftliche Phänomene überhaupt. Erklärt wird aber auch nicht die Totalität bzw. Individualität, d.h. die Konstellation aller dem Objekt eigenen Merkmale, die ein Explanandum aufweist, sondern es wird ein bestimmter Aspekt der Handlung, des Ereignisses oder der Tatsache durch Subsumtion unter eine allgemeine Theorie erklärt (Hempel 1977; Stegmüller 1983). Dass gerade die Erklärung gelegentlich sehr konsequenzenreicher Handlungen hist. Persönlichkeiten eine ausführliche Darstellung der jeweiligen Handlungssituation, die als Randbedingung Teil des Explanans ist, erforderlich macht, ist offenkundig ein wichtiger Teil der hist. Forschung. Als Erklärungsargument wird zumeist auf Handlungstheorien zurückgegriffen, die sich beispielsweise auf individuelle Motive, Situationsdefinitionen, die Beurteilung von Alternativen und rationales Entscheiden beziehen. Dass solche Handlungstheorien völlig kompatibel mit dem H-O-Schema sind, wurde ebenfalls in den hist. Wissenschaften lange bestritten, ist mittlerweile aber Konsens (Stegmüller 1983).

Die Ursachen eines soz. Phänomens bzw. hist. Faktums (z.B. eines Kriegsausbruches) sind prinzipiell natürlich wiederum selbst erklärbar und eine Verkettung derartiger soz. Erklärungen wird auch als hist.-genetische Erklärung bezeichnet. Dabei greifen die in der Gesamterklärung formulierten einzelnen D-N-Erklärungen ineinander: Das im ersten Schritt erklärte Ereignis ist Ursache für das im zweiten Schritt zu erklärende Phänomen, welches dann wiederum als Ursache des nächsten zu erklärenden Ereignisses angesehen wird. Mit solchen genetischen Erklärungen ist eine Vielzahl von Prozessen prinzipiell erklärbar, etwa Revolutionen, sozialer Auf- und Abstieg, Ehescheidungen oder die Entstehung von Normen. Dabei ist die Betonung und Idealisierung der theor. bedeutsamen Randbedingungen unumgänglich, da Versuche einer reinen und vollständigen Beschreibung aus logischen Gründen zum Scheitern verurteilt sind (Stegmüller 1983).

Soz. Erklärungen implizieren zugleich die Möglichkeit der *Prognose*. Erklärungen und Prognosen unterscheiden sich letztlich nur darin, ob einerseits das Explanandum bereits bekannt ist und man dann nach geeigneten Theorien und der hinreichend konkreten Beschreibung ihrer Anwendungsbedingungen sucht oder ob andererseits die Theorie und die entsprechenden Anwendungsbedingungen bekannt sind und man daraus eine fundierte Hypothese über zukünftiges Geschehen ableitet. Prophezeiungen hingegen versuchen vermeintlich unabänderliche hist. Gesetzmäßigkeiten, sog. „Großprognosen" zu formulieren, deren empirischer Gehalt i.d.R. aber sehr gering oder fraglich ist. Popper (2003) zeigte, dass auch aus logischen Gründen derartige geschichtliche Prophezeiungen nicht möglich sind, da langfristige Entwicklungen immer auch von technologischen Innovationen abhängen, die sich aber u.U. sehr schnell ändern können und v.a. vorab unbekannt sind.

Eine neuere Diskussion innerhalb der Soz. beschäftigt sich mit der Frage, auf welcher analytischen Ebene der erklärende Kern einer soz. Theorie verankert werden soll (Alexander et al. 1987). Während sich die oben diskutierte Forderung Durkheims nach reinen soz. Erklärungen als die Forderung nach Gesetzen auf der Makro- oder Gesellschaftsebene verstehen lässt, hat sich nun eine Sichtweise etabliert, die zwar das sog. analytische Primat, also das inhaltliche Interesse, auf der gesellschaftlichen Ebene sieht, den theor. Kern soziologischer Erklärungen jedoch in einer Mikrofundierung, oder genauer in einer Handlungstheorie, sucht. Trotz aller hier zu findenden empirischen Schwierigkeiten weisen entsprechende Untersuchungen doch eine i.d.R. sehr hohe Erklärungskraft auf. Soz. Erklärungen lassen sich nach dieser Sichtweise in drei Teilkomponenten untergliedern: Die Logik der Situation, in der die soziale Strukturierung der individuellen Handlungssituation untersucht wird, die Logik der Selektion, welche i.d.R. durch eine einfache Handlungstheorie bestimmt ist und schließlich die Logik der Aggregation, die die häufig nicht-trivialen Konsequenzen dieser individuellen Entscheidungen für kollektive oder makrosoz. Phänomene betrachtet (Bohnen 2000; Esser 1991; 1999; Hill 2002). Mit Hilfe eines derartigen Schemas soz. Erklärungen lassen sich auch relativ mühelos entsprechende Vertiefungen einbinden, etwa durch den Einbezug tiefer ausgearbeiteter Konzepte aus der (Sozial-)Psychologie oder neuerdings aus der Kognitionsforschung bzw. der Biologie, soweit dies für die entsprechenden Phänomene notwendig ist.

→ **Methoden der empirischen Sozialforschung; Methodologie; Soziologie; Soziologische Theorien**

📖 *J.C. Alexander/B. Giesen/R. Münch/N.J. Smelser* (Hg.) (1987): The Micro-Macro Link. Berkeley/Los Angeles; *A. Bohnen* (2000): Handlungsprinzipien oder Systemgesetze. Tübingen; *E. Durkheim* (2007): Die Regeln der soziologischen Methode. Frankfurt a.M. (zuerst 1895); *H. Esser* (1991): Alltagshandeln und Verstehen. Tübingen; *ders.* (^{3}1999): Soziologie. Allgemeine Grundlagen. Frankfurt a.M./New York; *C.G. Hempel* (1977): Aspekte wissenschaftlicher Erklärung. Berlin/New York; *P.B. Hill* (2002): Rational-Choice-Theorie. Bielefeld; *N. Luhmann* (2008): Soziale Systeme. Grundriß einer allgemeinen Theorie. Frankfurt a.M. (zuerst 1984); *E. Nagel* (1972): Probleme der Begriffs- und Theoriebildung in den Sozialwissenschaften. In: *H. Albert* (Hg.): Theorie und Realität. Tübingen; *T. Parsons* (2001): The Social System. London (zuerst 1951); *K. Popper* (^{7}2003): Das Elend des Historizismus. Tübingen (zuerst 1960); *W. Stegmüller* (1983): Probleme und Resultate der Wissenschaftstheorie und der Analytischen Philosophie. Berlin/Heidelberg; *M. Weber* (2006): Wirtschaft und Gesellschaft. Tübingen (zuerst 1922), *N. Braun* (2008): Theorie in der Soziologie. Soziale Welt 59: 373-395.

Paul B. Hill/Johannes Kopp

Soziologische Theorien

Allgemeine Grundzüge

Vergegenwärtigt man sich das breite Untersuchungfeld der Soz., das von der Analyse des individuellen sozialen Handelns über die Analyse der Gruppen und Institutionen bis zur Erklärung der Entstehung, der Struktur und des Wandels von Gesellschaften reicht, dann ist kaum denkbar, dass die Vielfalt und Komplexität soz. Fragestellungen bzw. Aussagen nur von einer einzigen Theorie erfasst werden können. Versteht man unter *Theorie* den begründeten Aussagezusammenhang über bestimmte Aspekte der dem Menschen zugänglichen Wirklichkeit und unter soz. Theorie alle Aussagezusammenhänge, die sich auf die soziale Wirklichkeit beziehen, dann kommt man zu einer logisch konsistenten, informativen, in ihren Grundaussagen nachprüfbaren Theorie wohl nur dann, wenn sie sich auf eindeutig abgrenzbare Objektbereiche konzentriert.

Doch dieses dem naturwissenschaftlichen Erkenntnisprozess nachgebildete Ideal der Abgrenzung, Konsistenz und Überprüfbarkeit theor. Aussagen ist für viele Soziologen unbefriedigend. So wird eingewandt, man habe es – auch als handelndes Individuum – immer zugleich mit der komplexen Kulturwirklichkeit einer bestimmten Gesellschaft und Epoche zu tun; soziale Tatsachen stünden in einem hist.-gesellschaftlichen und kulturellen Kontinuum, dem die soz. Theorie-bildung – als „Nachbildung" einer sehr spezifischen, höchst komplexen Realität (zu der ja auch Bewusstsein, Ideologien und andere soziale Tatsachen gehören) – entsprechen müsse. Hier liegen auch die Gründe, die Max Weber (1864-1920) veranlassten, für die Sozial- und Kulturwissenschaften eine von den Naturwissen-schaften unterschiedene Erkenntnistheorie und -haltung zu fordern und im „Ver-stehen" der sozialen und kulturellen Tatsachen gegenüber dem kausalanalytischen „Erklären" sowohl ein Minus im Hinblick auf Exaktheit, aber auch ein Plus hin-sichtlich der Besonderheiten des Gegenstandsbereichs zu sehen.

Diese Überlegungen gehören zur *Methodologie* der Sozialwissenschaften, d.h. zu den Fragen nach der möglichen und „richtigen" Erkenntnisgewinnung für den Bereich der sozialen Wirklichkeit. Unter methodol. Gesichtspunkten ist darauf hinzuweisen, dass die nachfolgend skizzierten Theorien sich bereits hinsichtlich des zugrunde liegenden Theoriebegriffs unterscheiden, also eine unterschiedliche meta-theor. Ebene haben. So geht der ontologisch-normative Theoriebegriff (z.B. der marx. Soz.) davon aus, dass das „Wesen" der sozialen Realität objektiv richtig erkannt werden kann und sich auf dieser Erkenntnisbasis die Gesellschaft planen und gestalten lasse.

Diesen Anspruch erheben wissenschaftliche Aussagen nicht, die am empirisch-nomologischen Theoriebegriff, wie er in den Schriften von Karl R. Popper (1902-1994), Hans Albert (geb. 1921) et al. formuliert wurde, orientiert sind: Alle nomo-logischen, d.h. bestimmten Gesetzmäßigkeiten entsprechenden Aussagen sind prinzipiell vorläufig, sie sind zu verbessern und ggf. zu falsifizieren.

Soz. Aussagen müssen darüber hinaus, wie alle wissenschaftlichen Aussagen, wertfrei erfolgen und sind damit von weltanschaulichen, gesinnungsmäßigen, pol. und anderen normativen Inhalten prinzipiell fernzuhalten. Die w.u. genannten verhaltenstheor. Theorien entsprechen von ihrer „Konstruktion" und Aussageform noch am ehesten diesem Theorieideal.

Von anderen Voraussetzungen geht der Theoriebegriff der kritisch-dialek-tischen Soz. der Frankfurter Schule aus: Soz. Theoriebildung muss von den „Sa-chen" selbst ausgehen, von ihrer Bedeutung in einem geschichtlich-gesellschaft-lichen Prozess, in dem auch der Erkennende „verortet" ist. Kritisch-dialektische Theorie hält fest am Impetus des Kritikgedankens der Aufklärung und am Re-flexionsniveau, das der dt. Idealismus für die Erkenntniswirklichkeit der Menschen und ihre Gesellschaftlichkeit und Geschichtlichkeit erreicht hatte.

Diese den inhaltlichen Aussagen vorausgehenden Annahmen über die Struktur der Erkenntnismöglichkeit sozialer Tatbestände unterscheiden sich v.a. in folgen-den Punkten:

- in den Annahmen über den Forschungsgegenstand (Realitätsbezug der Theorie);

- in den Annahmen über die Möglichkeiten und Strategien zur Gewinnung wissenschaftlicher Erkenntnisse über diesen Gegenstand;
- im System analytischer Begriffe und Konzepte, die diese Annahmen allgemein und zusammenhängend formulieren und die die empirische Analyse steuern und tragen sollen.

Es ist leicht zu sehen, dass sich die genannten theor. Ansätze nicht miteinander vereinen lassen; was aus der Sicht der einen Theorie „Positivismus" oder individualistischer „Reduktionismus" ist, ist aus der Sicht der anderen Theorie „Spekulation". Der dritte *Positivismusstreit* der Sozialwissenschaften, der während der Studentenunruhen in den 1960er Jahren mit großer Heftigkeit ausgetragen wurde, hat denn auch mehr die Unvereinbarkeit der Standpunkte hervorgehoben als das, worauf hier besonders Gewicht gelegt wird: die spezielle Leistungsfähigkeit der einzelnen soz. bzw. sozialwissenschaftlichen Ansätze (Paradigmen) deutlich zu machen.

Andere Systematiken als die oben genannten, die den methodol. Status von soz. Theorien und das vorrangige Erkenntnisprogramm verdeutlichen sollen, sind denkbar. So geht V. Vanberg in seiner Arbeit über „Die zwei Soziologien" (1975) davon aus, dass es nur zwei grundlegende Ansätze der soz. Theoriebildung gibt: die individualistischen und die kollektivistischen bzw. die vom Individualismus und die vom Kollektivismus ausgehenden Sozialtheorien. Doch wegen der stets zu Missverständnissen Anlass gebenden Konzepte „Individualismus" bzw. „Kollektivismus" ist folgende Systematik vorzuziehen:

1. mikro-soz. Theorie-Ansätze (auf die Handlungsebene von Individuen und Kleingruppen bezogen);
2. makro-soz. Theorie-Ansätze (von gesellschaftlichen Strukturzusammenhängen ausgehend);
3. Theorien mittlerer Reichweite.

Das von Robert K. Merton (1910-2003) formulierte Theorie- und Erkenntnisprogramm der *Theorien mittlerer Reichweite* geht davon aus, dass die mikro-soz. Theorien zu kurz greifen, weil sie Gesellschaftsstrukturen gar nicht oder nur unvollkommen in den Blick bekommen, und die makro-soz. Theorien zwar wünschenswert, aber (ggwt.) auf einer wirklich konsistenten Basis nicht formulierbar sind. Machbar sind Theorien mittlerer Reichweite, die mehr leisten an Verallgemeinerungen, als die Vielzahl der soz. Untersuchungen mit ihren Eingrenzungen auf enge raum-zeitliche Bedingungen deutlich machen.

Geht man nicht nur von der methodol. Basis der soz. Theorie aus, sondern von den Inhalten, dann ist für die Skizzierung der wichtigsten Paradigmen soz. Theoriebildung folgende Systematik sinnvoll:

1. Systemtheorien
2. Gesellschaftstheorien

3. Verhaltens- und Handlungstheorien

Abschließend zu diesen einführenden Bemerkungen sei darauf hingewiesen, dass einige der skizzierten Theorien vermischt auftreten, z.b. handlungstheor. Ansätze, die mit makro-soz. Theorien verknüpft werden.

I. Systemtheorien

1. Allgemeine Systemtheorie

ist die zusammenfassende Bezeichnung für Theorien in unterschiedlichen wissenschaftlichen Disziplinen, die nicht nur durch die gemeinsame Verwendung des Systembegriffs, sondern v.a. durch das forschungsleitende Programm verbunden sind, empirische Gegenstände als von ihrer Umwelt abgegrenzte, strukturierte Verknüpfung von Elementen zu analysieren, die mit ihrer Umwelt in Austauschbeziehung stehen.

Obwohl der Systembegriff seit der Antike gebräuchlich ist, benutzt ihn der Biologe Ludwig v. Bertalanffy (1901-1972) erst in den 1920er Jahren als zentralen Begriff in seiner Allgemeinen Systemtheorie. Auf dieser Grundlage kommt es nach weiteren Anstößen (z.B. von Seiten der Kybernetik, Informationstheorie, Spiel- und Entscheidungstheorie, Topologie, Faktorenanalyse und Organisationstheorie) 1954 zur Gründung der interdisziplinären *Society for General Systems Research*, deren Ziel es ist, über die Grenzen der Disziplinen mit ihren spezifischen Gegenstandsstrukturen hinweg zur Gemeinsamkeit im analytischen Vorgehen zu gelangen. Gemeinsam ist dabei, dass aus der Realität ein als „System" bezeichneter Teil als Untersuchungsgegenstand ausgegrenzt wird, dessen Elemente samt ihrer Eigenschaften und Beziehungen untereinander, aber auch zwischen diesem System und seiner Umwelt, festgestellt werden sollen. Für diese systemorientierte Methode ist außerdem ein entsprechender begrifflicher Bezugsrahmen erforderlich, den die Allgemeine Systemtheorie zu entwickeln hat.

Als forschungsleitendes Programm enthält die Allgemeine Systemtheorie grundlegende Annahmen, wie etwa die über die Strukturiertheit und die Grenzziehung in der Realität, die bestimmte Fragestellungen und Problemsichten vorgeben. Auf diese Weise hofft man aber, die Komplexität und Gleichzeitigkeit von Zusammenhängen im Rahmen einer analytischen Gesamtheit thematisieren sowie Erkenntnisse aus verschiedenen Sachgebieten miteinander vergleichen und übertragen zu können, um allgemeingültige Prinzipien des Aufbaus und der Funktionsweise von Systemen (z.B. die der Ganzheit, der Differenzierung, der Zentralisierung, der Finalität oder der Selbstregulierung) zu formulieren. Kritiker weisen darauf hin, dass die Allgemeine Systemtheorie eine ganze Reihe ungeprüfter, aber forschungsbestimmender Annahmen beinhalte, dass sie eine hochabstrakte und gegenstandsunspezifische, eine eher formale Theorie sei, die kaum inhaltlich über die Erfahrungswirklichkeit informiere und dass sie schließlich die Geschichtlichkeit der sozialen Wirklichkeit weitgehend aus dem Blick verliere. In der Soz. wurde die systemtheor. Analyse v.a. von Talcott Parsons (1902-1979) und Niklas Luhmann (1927-1998) vertreten.

2. Strukturell-funktionale Theorie
(auch strukturell-funktionale Systemtheorie oder Strukturfunktionalismus) bezeichnet einen komplexen theor. Bezugsrahmen, der v.a. von Talcott Parsons zur Analyse sozialer Einheiten (bzw. *sozialer Systeme* wie z.b. Gruppen, Organisationen, Gesellschaften) entwickelt wurde. Parsons geht es hierbei nicht nur um eine Theorie, die zusammenfassend über eine hist. Gesellschaft oder einen bestimmten Gesellschaftstypus informiert, obwohl er – wie manche seiner Grundannahmen deutlich werden lässt – beim Entwurf seines Analysemodells v.a. westliche Industriegesellschaften vor Augen gehabt haben dürfte. Sein Anliegen ist es vielmehr – nach und neben seinem handlungstheor. Ansatz – ein gedankliches Modell zu entwickeln, das sich ganz allgemein zur Analyse sozialer Gebilde eignet und daher bei der Erforschung unterschiedlicher Formen des geordneten Zusammenlebens verwendet werden könne.

Auf die leitende Frage, wie es denn zu einem geordneten und dauerhaften Zusammenleben von Menschen komme, fand Parsons im kulturanthropologischen *Funktionalismus* (Bronislaw Malinowski, 1884-1942; Alfred R. Radcliff-Brown, 1881-1955) grundlegende Antworten, die auch mit Grundannahmen von Emile Durkheim (1858-1917) übereinstimmen. Nach deren Auffassung nämlich ist das Zusammenleben durch die institutionalisierten Elemente der *Kultur* (z.B. Werte, Normen, Institutionen, Rollen, Handlungsmuster, Symbolsysteme) so vorstrukturiert, dass nicht nur die Befriedigung individueller Bedürfnisse, sondern auch die Bewältigung immer wiederkehrender Aufgaben und Probleme der Gruppe oder Gesellschaft (z.B. Erziehung, Nahrungsversorgung, Sicherheit) gewährleistet sind. Bei dieser Annahme wird vorausgesetzt, dass die normativen Elemente der Kultur ein – wie auch immer zustande gekommenes – Gefüge von funktionalen Handlungsmöglichkeiten (normative Struktur) darstellen und deren konsequente Umsetzung in konforme Handlungen jene gesellschaftlichen Prozesse ausmachen, die in ihrer Gesamtwirkung (Funktion) eben die Bewältigung der gesellschaftlichen Grundprobleme und schließlich den Fortbestand des jeweiligen Sozialsystems hervorbringen.

Als Grundprobleme, die in jedem Sozialsystem von relativer Dauer bewältigt werden müssten, sieht Parsons die folgenden vier: die Verknüpfung der normativen Elemente und der verschiedenen Handlungen im System zu einem funktionalen Ganzen (engl. *Integration*), die Erhaltung und Tradierung dieser Ordnung (engl.

Latent pattern maintenance), die Erreichung individueller und kollektiver Ziele (engl. *Goal attainement*) und schließlich die Anpassung der Strukturen und Prozesse des Systems an sich verändernde Einflüsse, Anforderungen oder Bedingungen seiner Umwelt (engl. *Adaptation*).

Dieses allgemeine Raster von zu bewältigenden Grundproblemen oder bestandsnotwendigen Funktionen, das nach den Anfangsbuchstaben der engl. Begriffe kurz als *AGIL-Schema* bezeichnet wird, kann man, nach Parsons, zur funktionalen Analyse bestehender Sozialsysteme benutzen. Diese hat nach R.K. Merton die Aufgabe, die verpflichtenden kulturellen Elemente und gesollten Handlungen und/oder die tatsächlichen Handlungen und Prozesse in einem (Sozial-)System daraufhin zu überprüfen, ob und für welches dieser Probleme sie etwas zur Bewältigung beitragen (d.h. funktional sind), dies nicht tun (d.h. funktional neutral sind) oder gar die Problembewältigung stören oder behindern (d.h. dysfunktional sind). Darüber hinaus ist zu ermitteln, ob diese Funktionen oder Dysfunktionen den Handelnden bewusst sind (manifeste Funktionen) oder nicht (latente Funktionen).

Parsons benutzt dieses AGIL-Schema auch zur analytischen Differenzierung von Bereichen (*Subsystemen*) der Realität. So erwartet er L-Funktionen vom kulturellen, I-Funktionen vom sozialen, G-Funktionen vom psychischen (oder Persönlichkeits-) und A-Funktionen vom Organismus-System. Auch das Sozialsystem Gesellschaft lässt sich in ein wirtschaftl. (A-Funktion), pol. (G-Funktion), soziokulturelles (L-Funktion) Subsystem und in die gesellschaftliche Gemeinschaft (I-Funktion) aufgliedern. Selbst auf gesellschaftliche Teilbereiche (Politik, Wirtschaft) oder soziale Gebilde (z.B. Universität, Kirche, Schule) wird dieses Analyseschema angewendet, um Normen, Rollen oder Handlungsmuster nach Funktionen zu trennen und gedanklich zu entsprechenden Subsystemen des jeweils zu analysierenden Systems zusammenzuordnen. Bei solchen Analysen hat die entsprechend ausgeformte Rollentheorie einen großen Stellenwert.

Die jeweiligen Subsysteme stehen untereinander strukturell gesehen in einem Verhältnis gegenseitiger Durchdringung (*Interpenetration*) und prozessual gesehen im gegenseitigen Austausch. Dies gilt auch für die Beziehungen zwischen dem Gesamtsystem und seiner Umwelt. Solche Interpenetrationen werden durch strukturverknüpfende Prozesse wie *Institutionalisierung* (Verknüpfung von kulturellem und sozialem Subsystem) oder *Sozialisation* (Verknüpfung von sozialem und Persönlichkeitssystem) geschaffen und durch ‚innere‘ und ‚äußere‘ soziale Kontrolle abgesichert, wie man sich am Beispiel einer bestimmten Rolle leicht veranschaulichen kann. Die Austauschprozesse erfolgen mit Hilfe gesellschaftlich üblicher *Medien,* die subsystemspezifisch verwendet werden. Hierzu rechnen Geld (im ökon. Subsystem), Macht und Herrschaft (im pol. Subsystem), Einfluss (in der gesellschaftlichen Gemeinschaft) oder allgemeine Wertbindung (im sozio-kulturellen Subsystem).

Verlaufen nun die Systemprozesse weitgehend auf den strukturell vorgezeich-
neten Bahnen, dann werden – die Funktionalität dieser Strukturen vorausgesetzt –
die existenznotwendigen Grundprobleme bewältigt, und das jeweilige System
bleibt bestehen. Kann jedoch die funktionale Orientierung der Systemprozesse
nicht im erforderlichen Umfang aufrechterhalten werden, dann ist zunächst ein
Wandel von normativen Elementen innerhalb der jeweils betroffenen Subsysteme
und schließlich auch ein Wandel des Systems selbst zu erwarten. Bei offenen, d.h.
mit ihrer Umwelt in Austausch stehenden Systemen werden zunächst exogene
Anstöße zum Wandel angenommen. Mangelnde Integration oder Funktionalität
von Systemelementen machen aber auch endogene Wandlungsanstöße wahrschein-
lich, die jedoch – nach Parsons – immer wieder zu einem neuen Zustand labiler
Integration tendieren.

Die strukturell-funktionale Theorie, die sich seit den 1930er Jahren in den USA
entfaltete, wurde dort und – durch ihre Rezeption in der dt. Soz. nach dem Zweiten
Weltkrieg – auch hier lange Zeit zum vorherrschenden analytischen Bezugsrahmen, der in verschiedenen Speziellen Soz.n (z.B. H.J. Goode, Familiensoz.; S.N.
Eisenstadt, Jugendsoz.; R. Mayntz, Organisationssoz.) Verwendung fand. Entsprechend umfangreich ist auch die Sekundärliteratur, die sich zunächst interpretierend
und später auch kritisch, teilweise sogar polemisch mit diesem abstrakten Analy-
semodell auseinandersetzte. Die große Bedeutung dieses Paradigmas für die soz.
Theoriebildung ist jedoch inzwischen kaum mehr umstritten, wenn auch die Frage
nach seiner analytischen Brauchbarkeit recht unterschiedlich beantwortet wird.

3. Theorie komplexer sozialer Systeme
Ausgehend von einer Auseinandersetzung mit der strukturell-funktionalen Theorie
entwickelte Niklas Luhmann (1927-1998) im Verlauf von mehr als drei Jahrzehnten
mit unterschiedlichen Akzentsetzungen in den leitenden Fragestellungen eine abstrakte Theorie zur Analyse komplexer sozialer Systeme, wie sie moderne Gesellschaften offenbar darstellen. Zur Formulierung seiner analytischen Vorstellungen
verwendet er vielfach eigene Begriffe oder Begriffe mit eigener Bedeutung, die hier
nur teilweise wiedergegeben werden können (vgl. Luhmann 2009; Willke 2006).

Luhmann geht – im Unterschied zu Parsons – zunächst davon aus, dass Systeme nicht nur gedankliche Konstrukte von Wissenschaftlern sind. Vielmehr ist er
der Auffassung, dass Systembildung und – wie er später hinzufügt – die autopoieti-
sche Erhaltung solcher Systeme eine Grundstrategie für lebende Organismen (organische Systeme), für das menschliche Erleben (psychische Systeme) sowie für
soziale Gebilde (soziale Systeme) darstelle. Dabei wird davon ausgegangen, dass
soziale Systeme nicht aus Menschen bestehen, sondern dass ihre Elemente Kommunikationen sind. Deshalb lauten seine Leitfragen im Unterschied zu Parsons:
Welche sozialen Systeme entstehen im Verlauf der gesellschaftlichen Entwicklung

und wie bilden sich soziale Systeme in Abgrenzung zu anderen sozialen Systemen und zu psychischen Systemen? Bei seinen Überlegungen greift er den bereits von Max Weber (1864-1920) als analytische Grundkategorie eingeführten Sinnbegriff auf. Jedoch interessiert ihn hierbei nicht der gewissermaßen ‚objektiv' festgelegte, zu Kulturelementen geronnene *Sinn*, sondern – eher den phänomenol. Denktraditionen von Edmund Husserl (1859-1938) folgend – der prozessual-instrumentelle Charakter von Sinn, d.h. die Vorgänge der Sinngebung, der Sinnfestlegung, des Sinngebrauchs. Bei seinen Antworten geht Luhmann von folgenden Grundgedanken aus:

- Das Leben und Überleben in der Umwelt ist für Menschen (wie für lebende Organismen überhaupt) und soziale Systeme ein Dauerproblem. Denn das grundsätzlich asymmetrische Verhältnis zwischen der hohen Zahl und Vielfalt möglicher Ereignisse (Komplexität) in dieser Umwelt und den weit geringeren Möglichkeiten des Einzelnen wie auch der Gesellschaft insgesamt auf der anderen Seite, mit dieser Ereignisvielfalt fertig zu werden (Komplexitätsverarbeitung auf der Grundlage von Eigenkomplexität), stellt eine latente Überlastungs- und Gefährdungssituation dar;

- als abgeleitetes Grundproblem entsteht so für Menschen die Aufgabe, Strategien zu entwickeln, mit deren Hilfe sie diesen Komplexitätsüberhang meistern können (Komplexitätsreduktion), ohne dabei (a) die ausgegrenzten Ereignisse als grundsätzlich ebenfalls vorhandene Möglichkeiten (Kontingenz) aus dem Blick zu verlieren und (b) die Eigenexistenz und deren Kontinuität zu gefährden; hinsichtlich des Zusammenlebens meistern die Menschen dieses Grundproblem (a) durch sinnhafte Selektion aus der Komplexität auf der Grundlage von Unterscheidungen (Differenzbildung), (b) durch die sinnhafte, meist kommunikationsgestützte Verknüpfung zugelassener Vorgänge und Ereignisse zu Einheiten (Systemen) mit begrenzter Komplexität sowie durch (c) *Autopoiesis,* d.h. durch die permanente Reproduktion dieser begrenzenden und begrenzten Sinnstrukturen im Zuge ihrer (erfolgreichen) Verwendung. Personen (psychische Systeme) und soziale Systeme, die grundsätzlich die gleichen Strategien verwenden, werden allgemein durch Erfolg und Überleben dafür belohnt, dass sie als prinzipiell umweltoffene Systeme zugleich den Austausch mit der überkomplexen Umwelt und die Prozesse der Selektion, Systembildung und Autopoiesis in angemessenem Umfang leisten.

- Als wichtigstes Mittel für diese Leistungen dient die Fähigkeit des Menschen und von sozialen Systemen zur Produktion und Verwendung von Sinn. Er kann in Symbolen verdichtet, in Sprache kommuniziert, in Werten und Normen relativ dauerhaft person- und situationsübergreifend generalisiert, zur Differenzbildung (beobachtende Unterscheidung) verwendet, zu zusammenhängenden Einheiten verknüpft und durch Orientierung in Handeln einbezogen werden. Sinn kann also im Prozess der Reflexion auf die verschiedensten Objekte bezogen (Referenz) und zur Schaffung von Zusammenhängen verwendet werden. Das gilt auch für den Sinngebrauch und den Sinngebrauchenden selbst. Aufgrund dieser differenzierten und in zahlreichen Publikationen entfalteten Überlegungen sind für den ‚soz. Aufklärer' Luhmann *soziale Systeme*, d.h. Interaktions-, Organisations- und Gesellschaftssysteme sinnhaft identifizierte und sinngetragen operierende Systeme. Ihre Grenzen sind nicht physischer Natur, sondern sie werden durch das bestimmt, was in Sinnzusammenhängen relevant werden kann. *Kommunikation* ist daher nach Luhmanns Auffassung die analytische Kategorie, die jene systemischen Grundprozesse am ehesten erfassen lässt, die das Zusammenleben der Menschen in komplexen Gesellschaften kennzeichnen.

Im Verlauf seiner Theoriebildung wechselte Luhmann seine Leitfragen. So beschäftigte ihn anfangs die Frage nach den ‚Funktionen' offener sozialer Systeme, nach dem Warum oder Wozu und dem Wie von Systembildung. Grenzziehung nach außen und Komplexitätserhöhung durch funktionale Differenzierung im Inneren der Systeme wurden zu bevorzugten Themen. Nach der sog. ‚autopoietischen Wende', d.h. nach der verarbeitenden Übernahme des ‚Autopoiesis'-Konzeptes der Neurobiologen H.R. Maturana und F.J. Varela (dt. 2009), verlagerte sich Luhmanns Interesse auf Fragen nach den Grundprozessen und -mechanismen, die soziale Systeme eigentlich ausmachen. Beobachtung und Differenzbildung, Kommunikation, Verknüpfung (Ausschluss) und Geschlossenheit von Kommunikationen sowie die autopoietischen Effekte der Selbstreferenz solcher Prozesse stehen jetzt im Mittelpunkt. Aus einer Theorie offener Systeme wird – so Kiss (1990) – eine Theorie selbstreferentieller (offener) Systeme. Luhmann hat die analytische Fruchtbarkeit seiner theor. Überlegungen in zahlreichen Analysen verschiedener Bereiche der sozialen Wirklichkeit (z.B. Familie, Wirtschaft, Politik, Recht, Macht, Liebe) demonstriert.

Hermann L. Gukenbiehl/Albert Scherr

II. Gesellschaftstheorien

1. Marxistische Soziologie
eine auf Karl Marx (1818-1883) und Friedrich Engels (1820-1895) zurückgehende Gesellschaftstheorie, deren wissenschaftstheor. und phil. Basis der *Historische Materialismus* liefert. Zu seinen Grundannahmen gehören:

- strukturbestimmend für Gesellschaften und ihre Entwicklung ist der Stand der *Produktivkräfte* (Entwicklungsstand von Maschinen/Werkzeugen und menschlicher Arbeitsfähigkeit) und die ihr entsprechende oder nicht entsprechende

Entwicklung der *Produktionsverhältnisse* (Eigentums- und Herrschaftsverhältnisse) und des gesamten Überbaus (z.B. Recht, Religion, Kunst);
- aller hist. und gesellschaftlichen Entwicklung liegt eine bestimmte Gesetzlichkeit zugrunde; diese ist so lange durch Klassengegensätze (in ihren hist. unterschiedlichen Ausprägungen) gekennzeichnet, wie es nicht zur Aufhebung des fundamentalen gesellschaftlichen Widerspruchs von Ausbeutung und Aneignung menschlicher Arbeitskraft (und ihres jeweiligen Mehrwerts) kommt. In der bürgerlich-kapitalistischen Gesellschaft ist dieser Widerspruch als Gegensatz von Lohnarbeit und Kapital gegeben und dadurch charakterisiert, dass über gesellschaftsrelevante Produktionsmittel auf der Basis privaten Eigentums verfügt (und ausgebeutet) wird. Der Widerspruch erreicht auf dieser Stufe der gesellschaftlichen Entwicklung seine eindeutigste Form, er wird den proletarischen Massen offenkundig und ist nur durch den revolutionären Übergang in die sozialistische bzw. kommunistische Gesellschaftsorganisation aufhebbar.

Da die gesellschaftliche Wirklichkeit in allen ihren Erscheinungsformen durch Klassengegensätze bestimmt wird, hat die marx. Soz. die Aufgabe, deren Wirkungen aufzuspüren bzw. handlungsrelevantes Wissen zur Verfügung zu stellen, wie der Klassenantagonismus beseitigt werden kann. Hier fällt die Aufgabe der marx. Soz. mit der des wissenschaftlichen Sozialismus zusammen: dem Proletariat seine Klassenlage und seine welthist. Aufgabe zu verdeutlichen. In diesem Sinn ist die marx. Soz. immer „parteiische" Soz.; den Standpunkt einer wertfreien Wissenschaft im Sinne Max Webers teilt sie nicht.

2. Kritische Theorie

Dieser ebenfalls von der gesellschaftlichen Totalität ausgehende Ansatz der soz. Theorie und Sozialphil. verdankt seinen Namen einem programmatischen Aufsatz von Max Horkheimer (1895-1973) aus dem Jahre 1937 („Traditionelle und Kritische Theorie"). Ziel ist, das Bestehende: Gesellschaft und Bewusstsein, Kunst und Kultur, am Maßstab seiner besseren Möglichkeiten zu kritisieren und damit zur Bewusstmachung personaler und sozialer Defizite und zur Gesellschaftsveränderung beizutragen.

Hervorgegangen ist die Kritische Theorie aus arbeits- und technikkritischen, rechts- und staatstheor. wie sozialphil. Arbeiten des 1923 in Frankfurt a.M. gegründeten Instituts für Sozialforschung (C. Grünberg, F. Pollock) – daher auch der Name *Frankfurter Schule der Soz.* Die eigentliche Gründungsphase der Kritischen Theorie hat die Erfahrungen mit Faschismus und Bolschewismus zur Voraussetzung; ihr Organ war v.a. die von Horkheimer herausgegebene *Zeitschrift für Sozialforschung* (Bd. I-VIII 1932-1939; Reprint). Zu den wichtigsten Mitarbeitern zählten Theodor W. Adorno (1903-1969), Walter Benjamin (1892-1940), Erich

Fromm (1900-1980), Leo Löwenthal (1900-1993), Herbert Marcuse (1898-1979)
und Franz Neumann (1900-1954).

Mit diesen Namen ist ein relativ breites inhaltliches und theor. Spektrum angesprochen. Gemeinsam ist vielen der genannten Theoretiker der Rückgriff von Marx
auf Hegel und damit eine Neubegründung der dialektischen Theorie der Gesellschaft (darum wird die Kritische Theorie auch dialektische Theorie bzw. dialektische Soz. genannt).

Wichtig wurde darüber hinaus die Rezeption und schöpferische Kritik von
Sigmund Freud (1856-1939) bzw. der Psychoanalyse (Fromm, Marcuse, Adorno,
später Habermas). Die Bezeichnung der Kritischen Theorie als „neomarx. Schule
der Soz." ist aber nicht haltbar, weil zentrale Positionen der Marxschen Theorie
und deren revolutionärer Impuls zur Umgestaltung der gesellschaftlichen Verhältnisse nicht geteilt werden. Das wurde besonders deutlich während der Studenten-
revolte (1967ff.), in der die Kritische Theorie – v.a. in ihrer von Herbert Marcuse
vorgetragenen Form – eine große Resonanz hatte.

Arbeiten der Kritischen Theorie umfassen alle nur denkbaren soz. und sozialphil. Themen; dominant ist jeweils die Frage, wie an einem kritischen Vernunftbe-
griff unter Bedingungen des Industriesystems und der „instrumentellen Vernunft"
(Horkheimer) nicht nur festgehalten werden kann, sondern Wissenschaft, Technik
und die Aufklärung unter ihr Primat gestellt werden können.

Wichtig und einflussreich wurden nach dem Zweiten Weltkrieg, nach der 1952
erfolgten Neugründung des Frankfurter Instituts, die kunst- und kulturkritischen
Arbeiten von Adorno. Seine Analysen des allgemeinen Tauschcharakters sozialer
Prozesse, des Fetischcharakters der Waren, der Verdinglichung, der Vorurteilsbil-
dung und des falschen Bewusstseins, der Sprachregelungen, der „positivistischen"
Deformation der Sozialwissenschaften verschafften der Kritischen Theorie eine
breite Resonanz unter Studenten, Intellektuellen und im gesamten Kunst- und
Kultur-„Betrieb" der Bundesrepublik und in der westlichen Welt.

In neuerer Zeit lässt sich die Kritische Theorie bzw. die Frankfurter Schule
nicht mehr eindeutig mit Namen belegen; ihre Rezeption und ihre Fernwirkungen
in Theorie und Praxis erleben jedoch immer neue Aktualisierungen.

3. Figurations- und Prozesssoziologie

Dieser von Norbert Elias (1897-1990) entwickelte Ansatz ist weder der makro-
noch der mikro-soz. Theoriebildung allein zuzuordnen, sondern hat seine Eigenständigkeit gerade in der Überwindung der Dichotomien Mikro – Makro
bzw. Individuum – Gesellschaft. Seine Position ist mehr an der Entwicklungssoz.
des 19. Jh.s als an der „Zustandssoz." (Elias) des 20. Jh.s orientiert. Elias' Ansatz
lässt sich durch folgende Grundannahmen und Grundbegriffe charakterisieren:

- menschliches Handeln ist in eine Vielzahl von Verflechtungszusammenhängen (von Interdependenzgeflechten oder *Figurationen*) hineingestellt, die sich in einer mehr oder weniger labilen Machtbalance befinden;
- diese Interdependenzgeflechte und Figurationen ändern sich durch hist. jeweils unterschiedlich dominante, langfristige gesellschaftliche Prozesse: z.B. Arbeitsteilung; Urbanisierung und Bürokratisierung; Verwissenschaftlichung des Denkens, Prozess der Zivilisation. Figurationen können daher auch als „strukturierte Wandlungen" dieser langfristigen Prozesse beschrieben werden;
- in der „natürlichen Wandelbarkeit des Menschen" ist eine der wenigen „sozialen Konstanten" zu sehen; zumal im langfristigen Prozess der Zivilisation wird deutlich, wie Psychogenese und Soziogenese sich wechselseitig bedingen und beeinflussen;
- die Verflechtungsordnung der Menschen und der Zusammenhang von Psychogenese und Soziogenese bestimmen „den Gang des geschichtlichen Wandels", der zu einem großen Teil immer noch in unkontrollierter, weil nicht durchschauter Art abläuft.

Die Aufgabe der Soz. besteht u.a. darin, in der Analyse der Verflechtungszusammenhänge und des Zusammenhangs von Individualstrukturen und Gesellschaftsstrukturen die ungewollten Folgen sozialer Prozesse zu reduzieren. Durch eine Analyse der unregulierten und unkontrollierten Spannungen und Konflikte zwischen verschiedenen Menschengruppen kann die Soz. zum Abbau von Gewaltpotenzialen beitragen.

Bernhard Schäfers

III. Verhaltens- und Handlungstheorien

Verhaltens- und Handlungstheorien, die auf die Erklärung individuellen Handelns zielen, sind eine zentrale Komponente der soz. Argumentation. Soz. relevante Verhaltens- und Handlungstheorien sind in zweifacher Hinsicht mit kollektiven bzw. sozialstrukturellen Phänomenen verbunden. Einerseits schaffen sie eine Brücke zu den kulturellen und sozialen Kontexten von denen das Verhalten und Handeln der Akteure abhängig ist (Makro-Mikro-Verbindung) und andererseits werden sie als ursächlich für den Wandel und die Stabilität von gesellschaftlichen Strukturen und Prozessen betrachtet (Mikro-Makro-Verknüpfung). Dieses grundlegende Postulat, dass individuelles Handeln sozial determiniert ist und zugleich soziale Strukturen und Prozesse generiert, bezeichnet man auch als „methodologischen Individualismus". Aus dieser Perspektive bilden Verhaltens- und Handlungstheorien den Kern einer (jeden) soz. Erklärung.

1. Verhaltenstheoretische Soziologie

Theorieansatz, der in seinen Anfängen von beobachtbarem menschlichen *Verhalten* ausging und versucht, die auch in der Psychologie zur Erklärung menschlichen Verhaltens und seiner Veränderungen entwickelten *Lerntheorien* für die Analyse komplexer sozialer Phänomene heranzuziehen. Moderne Lerntheorien gehen dabei deutlich über die (frühen) behavioristischen Versionen, die besonders von Burrhus Frederic Skinner (1904-1990) geprägt wurden, hinaus. Insbes. kommt dem sozialen Lernen und auch kognitionspsychol. Konstrukten (z.b. Schemata, Skripte) eine wichtige Bedeutung zu. Da die Lerntheorien (leider) zuweilen auch als „Verhaltenstheorie" bezeichnet werden, hat sich für diese Theorie- und Forschungstradition, als deren Begründer George C. Homans (1910-1989) gilt, die Bezeichnung verhaltenstheor. Soz. festgesetzt.

Die Verhaltenstheorie basiert auf der Annahme, dass menschliches Verhalten weitgehend erlernt und durch entsprechende Umweltstimuli bzw. -reize, die auch sozialer Natur sein können, veränderbar ist. Von besonderer Bedeutung für Verhaltensänderungen ist der Mechanismus der operanten *Konditionierung* (Verstärkungs-Lernen), der besagt, dass die Wahrscheinlichkeit einer Verhaltensänderung im Wesentlichen davon abhängt, inwieweit das Verhalten durch wiederkehrende Belohnungen verstärkt bzw. durch wiederkehrende Bestrafungen unterdrückt wird. Erlernte Verhaltensstrategien werden gespeichert und in vergleichbaren Situationen erneut aktiviert. Die Verfügbarkeit solcher gelernten Verhaltensroutinen, die fraglos einen großen Teil der Alltagshandlungen steuern, entlastet die Akteure von dem permanenten Druck, neue Strategien zu erproben und Entscheidungen zu treffen. Die enorme Lernfähigkeit des Menschen ist evolutionär erworben, ist bei keinem anderen Lebewesen vergleichbar intensiv ausgebildet und bildet die Grundlage jeder menschlichen Kultur.

Insbes. Homans hat zahlreiche Hypothesen bzw. allgemeine Gesetzmäßigkeiten (z.B. Werthypothese, Erfolgshypothese, Entbehrungs-Sättigungs-Hypothese) formuliert, die nicht nur zur Erklärung individuellen Verhaltens und von Interaktionsprozessen in Kleingruppen, sondern auch zur Erklärung komplexer sozialer Phänomene, wie z.B. soziale Schichtung und sozialer Wandel, herangezogen werden können und die sich nicht nur in der Soz. bewährt haben.

Auch die *Austauschtheorie* (*social exchange theory*, v.a. von G.C. Homans) ist in diesem hist. Kontext entstanden. Sie nutzt verhaltenstheor. Elemente (etwa der Vergleich von Alternativen, Nutzenkalkulation, -abwägung und -maximierung) systematisch für die Analyse sozialen Handelns. *Soziale Interaktion* wird dabei v.a. als Austauschprozess zwischen Akteuren verstanden, wobei jeder Akteur seinen Gewinn maximieren will. In den Tauschprozessen versuchen die Akteure letztlich ihr physisches Wohlergehen und ihre soziale Anerkennung zu steigern bzw. zu optimieren. Dabei werden auch ökon. Güter und Ressourcen getauscht, aber aus soz. Perspektive sind nicht marktfähige und marktgängige Güter und Ressourcen (E.B. Foa und U.G. Foa) von besonderem Interesse. J.W. Thibaut und H.H. Kelley haben die Austauschtheorie wesentlich geprägt und gezeigt, wie sich aus einem nutzenmaximierenden Handeln soziale Phänomene – wie etwa die Entstehung sozialer Normen – ableiten und erklären lassen. Damit haben sie der Entwicklung der (soz.) Spieltheorie wichtige Impulse gegeben. Die Austauschtheorie ist auch ggwt. noch eine der wichtigsten Handlungstheorien, die in verschiedenen Forschungsbereichen (z.b. Familiensoz.) fruchtbar eingesetzt wird. Zugleich gehen wesentliche Elemente der Theorie der rationalen Wahl auf sie zurück.

2. Theorie des rationalen Entscheidens und Handelns (Rational-Choice-Theory)
Eine einflussreiche Weiterentwicklung der verhaltenstheor. Soz. und der Austauschtheorie liegt in der Theorie des rationalen Handels vor (insbes. J.S. Coleman, H. Esser, H.J. Hummell, K.-D. Opp). In diesem Kontext wurde das o.g. Postulat des *methodol. Individualismus* ausformuliert, wonach die sozialen Strukturen und Prozesse das Handeln von Individuen bedingen und zugleich die Strukturen und Prozesse generieren. Als rational wird eine Handlung insofern bezeichnet, als sich ein Akteur in einer gegebenen Situation für die Alternative und ihre Realisierung entscheidet, die ihm (subjektiv) den insgesamt größten Gewinn verspricht. Dieser Gewinn kann gelegentlich auch negativ sein, etwa wenn man sich zwischen zwei unangenehmen medizinischen Behandlungen entscheiden muss (Kostenminimierung). Den Kern des Ansatzes bildet die SEU-Theorie (*subjective expected utility*; *Werterwartungstheorie*). Nach dieser bewerten die Akteure ihre verschiedenen Handlungsalternativen hinsichtlich ihres jeweiligen erwarteten Nettonutzens – stellen also jeweils Aufwand und Ertrag in Rechnung – und gewichten jeden Nettonutzen mit der jeweiligen Realisationswahrscheinlichkeit, also der Wahrscheinlichkeit, mit der die Alternativen auch zu dem gewünschten Zielzustand führen. Dabei wird keineswegs perfekte Information in der Entscheidungssituation vorausgesetzt, sondern beschränktes (Alltags-) Wissen und (sozial-strukturell) beschränkte soziale und ökon. Ressourcen.

In Anschluss an S. Lindenberg geht die Rational-Choice-Theorie von einen bestimmten Menschenbild aus (RREEMM-Modell), dass in sechs Prämissen zusammen gefasst werden kann: Menschen verfügen über bestimmte Ressourcen (*resourceful*), innerhalb bestimmter vorgegebener Begrenzungen (*restricted*), auf der Grundlage jeweiliger Erwartungen (*expecting*), sie bewerten Entscheidungsalternativen (*evaluating*) und sie sind darauf ausgerichtet, den Nutzen ihrer Handlung zu maximieren (*maximizing man*).

Darüber hinaus umfassen Theorien des rationalen Handelns Modelle typischer Handlungssituationen, in die das individuelle Handeln eingebettet ist. Zur Verknüpfung des Handlungsmodells mit den gesellschaftlichen Bedingungen bzw.

dem sozialen Kontext werden Brückenhypothesen formuliert. Diese zielen darauf ab zu erklären, wie die sozialen Bedingungen des Handelns in Erwartungen und Bewertungen eingehen. Soziale Strukturen werden als Kontexte verstanden, innerhalb deren Individuen gemäß den Annahmen des RREEMM-Modells handeln und die durch jeweils bestimmte Gelegenheiten und Begrenzungen des Handelns charakterisiert sind.

Gegen die Theorien des rationalen Handelns, die eine umfassende Fundierung der Soz. zu leisten versucht, wurden verschiedene Einwände formuliert. Kritisiert wird zum einen ein angeblich unzureichendes Verständnis der Eigengesetzlichkeit und Eigendynamik sozialer Strukturen und Prozesse. Zum anderen wird die Allgemeingültigkeit des Handlungskalküls der Rational-Choice-Theorie in Frage gestellt (vgl. zu dieser Kritik Esser 1999).

3. Symbolischer Interaktionismus
Forschungsrichtung der Soz. und Sozialpsychologie, die sich schwerpunktmäßig mit Prozessen der Interaktion im Sinne unmittelbar wechselseitig orientierten sozialen Handelns befasst und den symbolvermittelten Charakter sozialen Handelns betont. Der Symbolische Interaktionismus greift auf verschiedene Quellen zurück, z.B. auf die amerik. Philosophie des Pragmatismus von William James und John Dewey, auf die phänomenol. Tradition in der Soz. (Alfred Schütz) und v.a. auf die Chicagoer Schule der Soz. (William I. Thomas, Charles H. Cooley, Florian Znaniecki, Robert E. Park u.a.). Als sein eigentlicher Begründer gilt der Sozialpsychologe George Herbert Mead (1863-1931), dessen bekanntestes Werk „Mind, Self, and Society" posthum 1934 erschien. Der Begriff Symbolischer Interaktionismus wurde 1937 von Herbert Blumer (1900-1987) geprägt, der drei Grundannahmen benennt:

- Menschen handeln „Dingen" (Gegenständen, Menschen, Handlungen, Institutionen, Situationen u.a.) gegenüber auf der Grundlage der Bedeutungen, die diese Dinge für sie haben;

- diese Bedeutungen entstehen in der sozialen Interaktion mit anderen Menschen; sie sind somit kulturell verbindlich vorgegeben und ergeben sich nicht einfach aus den „objektiven" Eigenschaften des jeweiligen Gegenstandes;

- die Bedeutungen werden während der Auseinandersetzung mit der Umwelt verändert und situationsadäquat interpretiert.

Diese grundlegenden Prämissen vermitteln eine spezifische Sichtweise des Individuums, des interaktiven Handelns und der Sozialstruktur: Der Symbolische Interaktionismus betont erstens den aktiven Part der Handelnden bei der Konstruktion und Interpretation sozialer Situationen und ihrer Bedeutungen. Soziale Interaktion wird zweitens als wesentlich durch *Symbole* vermittelt angesehen. Sie vollzieht sich in Situationen, die von den Beteiligten unter Rückgriff auf die (vorab geteilten oder in Aushandlungsprozessen erst zu vereinbarenden) Bedeutungen definiert werden, und der Ablauf der Interaktion hängt von dem Prozess der Definition und Redefinition von Situationen ab. Macht wird in der Folge als Definitionsmacht analysiert, d.h. als die Macht, bestimmte Deutungen und Bedeutungen gegen konkurrierende durchzusetzen.

Besondere Bedeutung kommt dabei der im *Sozialisationsprozess* erworbenen Fähigkeit zur Rollenübernahme zu, d.h. der Fähigkeit, sich an die Stelle des anderen zu versetzen, um den Standpunkt des anderen erfassen, dessen Verhalten antizipieren und entsprechend darauf reagieren zu können. Im Sozialisationsprozess lernt das Individuum auch, sich selbst aus der Perspektive anderer zu sehen ein für die Entstehung des Selbst zentraler interaktiver Lernprozess.

Die *Sozialstruktur* wird in der Sicht des Symbolischen Interaktionismus nicht als etwas Vorgegebenes, als statisch, sondern als in ständigem Wandel begriffen aufgefasst, so dass ihre Beschreibung zu einem bestimmten Zeitpunkt nicht mehr sein kann als die Momentaufnahme eines in ständiger Entwicklung begriffenen gesellschaftlichen Phänomens. Methodol. tendiert der Symbolische Interaktionismus zu einer „naturalistischen" Perspektive. D.h. man ist bemüht, die Bedingungen sozialen Handelns möglichst detailliert zu beschreiben und die Perspektive der Handelnden, ihre Wahrnehmung und Bewertung von Handlungsbedingungen und Handlungsalternativen, verstehend nachzuvollziehen. Hieraus resultiert eine Bevorzugung qualitativer Forschungstechniken, insbes. teilnehmender Beobachtungsverfahren, qualitativer Interviews und der Verwendung biografischer Materialien.

Elemente des Symbolischen Interaktionismus haben in einer Vielzahl soz. Theorieansätze Berücksichtigung befunden, z.B. in der Rollentheorie, der Bezugsgruppentheorie, der sozialen Wahrnehmungstheorie und der Devianztheorie. Kritisch wird gegen den Symbolischen Interaktionismus eingewendet, dass sich dieser zu stark auf mikrosoz. Phänomene konzentriere und gesamtgesellschaftliche Aspekte, wie z.B. Macht- und Herrschaftsbeziehungen, vernachlässige. Weiter wird darauf hingewiesen, dass Individuen die Bedeutungen, auf deren Grundlage sie handeln, gewöhnlich nicht schaffen, sondern gesellschaftlich vorgegebene Bedeutungen aufgreifen.

4. Phänomenologische Soziologie

Theor. Ansatz, der sich mit der Konstitution der alltäglichen *Lebenswelt* und mit der Bestimmung der Grundstrukturen des *Alltags* befasst. Im Mittelpunkt steht die Art und Weise, in der soziale Akteure Objekte und Handlungen typisieren und dabei auf vorgegebenes, als fraglos gültig betrachtetes „Wissen" zurückgreifen, um sich in der sozialen und natürlichen Welt zu orientieren und ihrem Handeln *Sinn* zu verleihen. Der bedeutendste Vertreter des phänomenol. Ansatzes in den Sozialwissenschaften ist Alfred Schütz (1899-1959), der von der „verstehenden Soz." Max Webers (1864-1920) und der phänomenol. Methode des Philosophen Edmund Husserl (1859-1938) ausging. Grundlage der Arbeiten von Schütz ist die Husserlsche Auffassung von der „Welt der natürlichen Einstellung" als der Welt unseres alltäglichen Lebens, die uns vertraut ist, die wir als selbstverständlich hinnehmen und die eine mit anderen gemeinsame intersubjektive Welt ist.

Diese Welt ist immer schon eine interpretierte Welt, die Sinn und Ordnung für uns hat. Sie ist weitgehend sozial vermittelt. Alles Erworbene – die Sprache, die in der Sprache verkörperten Typisierungen, Regeln zum Umgang mit Dingen, Verhaltensanweisungen für typische Situationen u.a. konstituiert den „verfügbaren Wissensvorrat", wie Schütz ihn nennt, den Rahmen jedes Verständnisses und jeder Orientierung für mein Leben in der Welt alltäglicher Erfahrung, mit dessen Hilfe ich Alltagssituationen bewältige und meine Mitmenschen verstehe. Die Handelnden in einer sozialen Welt verfügen zwar über einen im Wesentlichen gemeinsamen Wissensvorrat, aber sie befinden sich auch als Ergebnis ihrer persönlichen Entwicklung in einer einzigartigen „biografisch bestimmten Situation". In der natürlichen Einstellung des täglichen Lebens nehme ich nach Schütz es als fraglos selbstverständlich hin, dass es intelligente Mitmenschen gibt, dass die Gegenstände dieser Welt dem Wissen dieser Mitmenschen zugänglich, bekannt oder erkennbar sind. Ich nehme es aber auch als selbstverständlich hin, dass „derselbe" Gegenstand für mich etwas anderes bedeuten kann als für jeden meiner Mitmenschen.

Das Alltagsdenken überwindet nach Schütz die Differenzen individueller Perspektiven durch zwei grundlegende Idealisierungen, die zusammen die Generalthese der „Reziprozität der Perspektiven" ausmachen und Bedingungen sozialen Handelns sind: Die Idealisierung der „Vertauschbarkeit der Standorte" bezeichnet den Sachverhalt, dass würde ich mit meinem Mitmenschen den Platz vertauschen es mir selbstverständlich ist, dass ich die Dinge in denselben typischen Aspekten sehe, wie er es tatsächlich tut, und das Gleiche gilt für ihn. Mit der Idealisierung der „Kongruenz der Relevanzsysteme" ist gemeint, dass es mir selbstverständlich ist, dass Unterschiede in den individuellen Perspektiven als Folge der einzigartigen Situationen für die momentanen Absichten eines jeden von uns irrelevant sind. In Folge dieser Konstruktionsprinzipien des Alltagsdenkens gelangen wir zu einer gemeinsamen Welt, die im Hinblick auf die praktischen Zwecke des Zusammenlebens und -wirkens identisch interpretiert wird.

Die Vertreter der phänomenol. Soz. verlangen mit Husserl, zu den „Dingen selbst" zurückzukehren; die Welt muss so erkannt werden, wie sie direkt vom Handelnden erfahren wird und nicht durch die Anwendung vermeintlich objektiver, durch Wissenschaftler konstruierte Konzepte. Die Konzepte, mit denen Menschen in ihrem Alltag Probleme, Situationen, Ereignisse u.a. erfassen und deuten

(Konstrukte erster Ordnung), müssen in einem weiteren Schritt in Konstrukte zweiter Ordnung, in die sozialwissenschaftliche Theorie, übersetzt werden. Aufgabe der Sozialwissenschaften ist demnach wesentlich die Explikation des impliziten Alltagswissens der sozial Handelnden.

Die phänomenol. Soz. hat wesentlich zur Entwicklung der Ethnomethodologie (s.u.) beigetragen. Phänomenol. Soz., Ethnomethodologie und Symbolischer Interaktionismus fallen unter das sog. *interpretative Paradigma.* Hiermit bezeichnet man eine grundlagentheor. Position in der Soz., die im Unterschied zum *normativen Paradigma* (Funktionalismus, System- und Verhaltenstheorie) davon ausgeht, dass jede Interaktion ein interpretativer Prozess ist, in dem sich die Handelnden durch sinngebende Deutungen der Erwartungen und möglicher Verhaltensweisen der Handlungspartner aufeinander beziehen. Es gibt demnach keine sozialen Strukturen außerhalb und unabhängig von den interpretativen Prozessen in der Interaktion. Vom Symbolischen Interaktionismus unterscheidet sich die phänomenol. Soz. u.a. dadurch, dass sie stärker den Charakter geteilter Symbole als „Wissen" und die biografische Komponente in der Konstitution der alltäglichen Lebenswelt betont.

5.Ethnomethodologie
Soz. Forschungsansatz, der die grundlegenden formalen Methoden (Basisregeln) aufzudecken versucht, die die Gesellschaftsmitglieder bei ihren alltäglichen Handlungen anwenden, um Ereignisse und Handlungen hervorzubringen und zu interpretieren. Die Ethnomethodologie wurde von Harold Garfinkel (geb. 1917) und seinen Schülern Ende der 1950er Jahre in den USA entwickelt. Sie richtet ihr Interesse zentral auf die Hervorbringung sozialer Wirklichkeit im Alltag durch soziales Handeln und untersucht die Methoden, mit denen Individuen im Alltag ihre soziale Wirklichkeit als eine sinnhafte und verstehbare produzieren und darstellen. Dabei gibt es für Garfinkel keinen prinzipiellen Unterschied zwischen den Methoden, die Laien im Alltag anwenden und den Forschungsmethoden einer professionellen Soz. Die Ethnomethodologie kann als Radikalisierung von Elementen der Sozialphänomenologie angesehen werden.

Während die Sozialphänomenologie darum bemüht ist, die Strukturen und Inhalte des innerhalb sozialer Gruppen und Milieus geteilten Wissens zu beschreiben, zu analysieren und zu klassifizieren (Auf der Grundlage welchen Wissens erleben, interpretieren, denken und handeln Individuen?), befasst sich die Ethnomethodologie mit den hierbei eingesetzten Methoden der Gesellschaftsmitglieder (Wie, mit welchen Methoden erzeugen Akteure die soziale Wirklichkeit, in der sie handeln?). Angenommen wird, dass Individuen zwar über Methoden verfügen, die es ihnen ermöglichen, eine Aussage zu verstehen und eine bestimmte soziale Situation zu erkennen, also über ein praktisches Wissen verfügen, sie haben jedoch kein explizites Bewusstsein davon, wie solche Verstehens- und Typisierungsprozesse ausgeführt werden. Dieses implizite Wissen ist Untersuchungsgegenstand der Ethnomethodologie. Aus der Beobachtung und Beschreibung spezifischer Ereignisse und Handlungsvollzüge sollen die formalen Strukturen von Alltagshandlungen identifiziert werden.

Bekannt geworden sind Garfinkels „demonstrative Experimente" bzw. Krisenexperimente. In diesen werden Elemente der Störung, Konfusion, „böse Überraschungen" usw. in die Interaktion mit anderen eingeführt. Z.B. wird ein Gast in einem Restaurant behandelt, als sei er der Kellner. In einem solchen Fall ist festzustellen, dass der Betroffene versucht, diese Rollenzuweisung abzuwehren und seine eigene Vorstellung von Realität aufrechtzuerhalten, indem Aufforderungen „überhört" oder uminterpretiert werden. Bei solchen Versuchen, die „Normalität" wieder herzustellen, werden grundlegende Regeln sozialen Handelns, die Garfinkel als universell gültige Basisregeln charakterisiert, die in jeder Situation verwendet werden, erkennbar.

Die bedeutendste Methode der Sinnproduktion ist die von Garfinkel entdeckte „dokumentarische Methode der Interpretation". Die Handelnden betrachten wechselseitig ihre Handlungen als Ausdruck oder „Dokument" eines diesen Handlungen zugrunde liegenden Musters. Erst mit Hilfe dieser Annahme können sie die einzelnen Handlungen identifizieren. Das Muster seinerseits kann nur in der Interpretation von Handlungen (d.h. mit Hilfe von Interpretations- oder Basisregeln) gebildet werden und ist somit ständigen Änderungen unterworfen. Die wechselseitige Abhängigkeit von Muster und Handlungen wird als *Indexikalität* bezeichnet. Bei der Aufdeckung eines Musters muss der Soziologe der gleichen Methode der dokumentarischen Interpretation folgen, nach der sich diese Muster bilden. Anders als der Symbolische Interaktionismus, der von einem relativ breiten Bestand von geteilten Symbolen innerhalb einer Kultur ausgeht, versteht die Ethnomethodologie jede theor. Erklärung als Interpretation.

Kritisch angemerkt wird, dass sich die Ethnomethodologie im Wesentlichen in der mikroskopischen Beschreibung alltäglicher Interaktionen und deren Sinnhaftigkeit erschöpfe und von einer umfassenden Aufdeckung der Basisregeln noch weit entfernt sei. Weitere Einwände beziehen sich auf das Fehlen einer Gesellschaftstheorie, die Fixierung auf formale Strukturen sozialer Handlungen und die damit verbundene unhist. Sichtweise von Gesellschaft.

Paul B. Hill/Rüdiger Peuckert/Albert Scherr

📖 Zu I. 2:

J.E. Bergmann (1967): Die Theorie des sozialen Systems von T. Parsons. Frankfurt a.M.; *S. Jensen* (1980): Talcott Parsons. Eine Einführung. Stuttgart; *R. Münch* (1988): Theorie des Handelns. Frankfurt a.M.; *T. Parsons* (^{2}2005): The Social System. Glencoe/Ill. (zuerst 1951); *ders.* (^{6}2003): Das System moderner Gesellschaften. Weinheim; *ders.* (1976): Zur Theorie sozialer Systeme. Opladen; *H. Wenzel* (1991): Die Ordnung des Handelns. Frankfurt a.M.

📖 Zu I. 3:

P. Fuchs (^{3}2004): Niklas Luhmann – beobachtet. Wiesbaden; *G. Kiss* (^{2}1990): Grundzüge und Entwicklung der Luhmannschen Systemtheorie. Stuttgart; *N. Luhmann* (^{5}2009): Einführung in die Systemtheorie. Heidelberg; *ders.* (2005-2008): Soziologische Aufklärung. 6 Bde., Wiesbaden; *ders.* (2000): Soziale Systeme. Frankfurt a.M. (zuerst 1984); *ders./J. Habermas* (1974): Theorie der Gesellschaft oder Sozialtechnologie – Was leistet Systemforschung? Frankfurt a.M.; *ders.* (2009): Die Gesellschaft der Gesellschaft. Bd. 2, Frankfurt a.M. (zuerst 1997); *H.R. Maturana/F.J. Varela* (2009): Der Baum der Erkenntnis. Frankfurt a.M.; *W. Reese-Schäfer* (^{5}2005): Luhmann zur Einführung. Hamburg; *H. Willke* (2001-2006). Systemtheorie. Bd. 3, Stuttgart/New York.

📖 Zu II. l:

G. Aßmann (Hg.) (^{3}1983): Wörterbuch der Marxistisch-Leninistischen Soziologie. Opladen; *E. Hahn* (1974): Theoretische Probleme der marxistischen Soziologie. Köln; *G. Kiss* (1971): Marxismus als Soziologie. Reinbek; *K. Marx* (2008): Das Kapital. Kritik der politischen Ökonomie. Berlin/New York (zuerst 1859).

📖 Zu II. 2:

T.W. Adorno (2003): Soziologische Schriften. Bd. 3, Frankfurt a.M.; *G. Albrecht/G.C. Behrmann/M. Bock* (2007): Die intellektuelle Gründung der Bundesrepublik. Eine Wirkungsgeschichte der Frankfurter Schule. Frankfurt a.M.; *W. Bonss/A. Honneth* (Hg.) (1982): Sozialforschung als Kritik. Frankfurt a.M.; *M. Horkheimer* (^{6}1992): Traditionelle und Kritische Theorie. Bd. 2, Frankfurt a.M.; *Institut für Sozialforschung* (Hg.) (1991): Soziologische Exkurse. Hamburg; *M. Jay* (1991): Dialektische Phantasie. Frankfurt a.M.; *Zeitschrift für Sozialforschung* (1980): Bd. 1-9. München.

📖 Zu II. 3

N. Elias (2006): Was ist Soziologie? München (zuerst 1970); *ders.* (^{27}2008): Über den Prozess der Zivilisation. Bd. 2, Frankfurt a.M. (zuerst 1939/1969); *H. Korte* (1997): Über Norbert Elias. Das Werden eines Menschenwissenschaftlers. Opladen. *H. Abels* (^{4}2007): Interaktion, Identität, Präsentation. Kleine Einführung in interpretative Theorien der Soziologie. Wiesbaden; *A. Giddens* (1984): Interpretative Soziologie. Frankfurt a.M./New York; *U. Schimank* (^{3}2007): Handeln und Strukturen. Grundlagentexte Soziologie. Weinheim/München.

📖 Zu III. 1:

G.C. Homans (1972): Grundfragen der soziologischen Theorie. Opladen; *T. Meleghy* (^{2}1992): Verhaltenstheoretische Soziologie: George Caspar Homans. In: *J. Morel et al.* (Hg.): Soziologische Theorie. München/Wien: 31-50; *K. Messelken* (1993): Die Verhaltenstheorie. In: *G. Endruweit* (Hg.): Moderne Theorien der Soziologie. Stuttgart: 135-213; *K.-D. Opp* (1972): Verhaltenstheoretische Soziologie. Reinbek.

📖 Zu III. 2:

J.S. Coleman (1991): Grundlagen der Sozialtheorie. Bd. 1: Handlungen und Handlungssysteme. München; *H. Esser* (³1999): Soziologie. Allgemeine Grundlagen. Frankfurt a.M.; *S. Lindenberg* (1990): „Homo Socio-Economicus: The Emergence of a General Model of Man in the Social Sciences".Journal of Institutional and Theoretical Economics 146: 727-748.

📖 Zu III. 3:

H.J. Helle (1992): Verstehende Soziologie und Theorie der Symbolischen Interaktion. Stuttgart; *H. Joas* (1988): Symbolischer Interaktionismus. KZfSS 40: 417-446; *R. Keller* (2009): Das interpretative Paradigma. Wiesbaden; *G.H. Mead* (¹⁴2008): Geist, Identität und Gesellschaft. Frankfurt a.M. (orig. 1934); *M. Preglau* (²1992): Symbolischer Interaktionismus: George Herbert Mead. In: *J. Morel et al.* (Hg.): Soziologische Theorie. München/Wien: 51-63.; *H. Wenzel* (1990): George Herbert Mead zur Einführung. Hamburg.

📖 Zu III. 4:

T. Eberle (1984): Sinnkonstitution in Alltag und Wissenschaft. Bern/Stuttgart; *R. Grathoff* (1995): Milieu und Lebenswelt. Frankfurt a.M.; *J. Raab/M. Pfadenhauer/P. Stegmaier* (Hg.) (2008): Phänomenologie und Soziologie. Wiesbaden; *A. Schütz* (1971-72): Gesammelte Aufsätze. Bd. 3, Den Haag; *ders.* (2000) Der sinnhafte Aufbau der sozialen Welt. Frankfurt a.M. (zuerst 1932); *W.M. Sprondel/R. Grathoff* (Hg.) (1979): Alfred Schütz und die Idee des Alltags in den Sozialwissenschaften. Stuttgart; *I. Srubar/S. Vaitkus* (Hg.) (2002): Phänomenologie und soziale Wirklichkeit. Opladen.

📖 Zu III. 5:

H. Garfinkel (2003): Studies in Ethnomethodology. Cambridge; *ders.* (2003): Ethnomethodological Studies of Work. London; *J. Heritage* (2004): Garfinkel and Ethnomethodology. Cambridge; *W.J. Patzelt* (1987): Grundlagen der Ethnomethodologie. Passau; *E. Weingarten/F. Sack/J. Schenkein* (Hg.) (²1979): Ethnomethodologie. Frankfurt a.M.

Sprache

ein System von Zeichen und Regeln über die Verbindung von Zeichen, das Menschen zur Verständigung dient.

Je nachdem, was zum Zeichen wird, seien es visuelle, akustische oder gar chemische Reize, lassen sich verschiedene S.formen unterscheiden: z.B. Laute als gesprochene S., Gesten und Mimik als Körpers. und Buchstaben und Worte als Schrifts.

S. ist zum einen ein Werkzeug (*organon*) zur Produktion von Kultur, ist aber andererseits auch gleichzeitig das Ergebnis des kultur-konstituierenden Austausches. Die Grundfunktionen der S. hat der Psychologe Karl Bühler (1879-1963) im sog. Organonmodell dargestellt: Gedanken und Empfindungen ausdrücken (Ausdrucksfunktion), Sachverhalte und Dinge beschreiben (Darstellungsfunktion) und das Verhalten des Interaktionspartners beeinflussen (Appellfunktion). Eine soz. Definition geht zusätzlich davon aus, dass S. eine soziale *Institution* ist und dazu dient, das gesellschaftliche Bewusstsein zu bilden und zu stabilisieren (Vergesellschaftungsfunktion). S. reduziert die Komplexität von Welt auf Begriffe und Aussagen, macht Erinnerung und Teilhabe an Erfahrung möglich.

Für das Individuum ist die S. das Instrument zur Aneignung des sozialen Wissens- und Wertebestandes einer Kultur. Die Verknüpfung von sprachlichen Zeichen und Bedeutungen ist nicht apriori gegeben, sondern sozial vermittelt. S.wissenschaftler bezeichnen dies als Arbitrarität und Konventionalität des sprachlichen Zeichens. Mit dem S.lernen wird zugleich eine soziale Konvention übernommen. Das Erlernen der S. ist Teil des Prozesses der *Sozialisation.* Mit der S. werden gleichzeitig die Besonderheiten der S. in Satzbau und Grammatik, d.h. die spezifische S.logik erlernt. Die Komplexität der individuellen S.entwicklung und deren Zusammenhang mit dem Denken hat der Psychologe Jean Piaget (1896-1980) erforscht. Ihm zufolge ließe sich die S.fähigkeit, die sich parallel in unterschiedlichen Stufen zur allgemeinen kognitiven Entwicklung aufbaut, als Indiz für den Stand der kognitiven Entwicklung selbst bzw. eventueller Entwicklungsstörungen untersuchen. Die klinische Hirnforschung gibt im Zusammenhang mit der Erforschung von Aphasien (S.störungen) als Folgen von Schlaganfall oder Verletzungen einige Hinweise auf die biol., genetische und neuronale Basis von S.

Das über die S. vermittelte Wechselverhältnis von Individuum, Gesellschaft und Geschichte ist bereits Thema der frühen Sprachphilosophie. Nach Wilhelm v. Humboldt (1767-1835) ist sie „kein freies Erzeugnis des einzelnen Menschen"; sie ist „eine Schatzkammer menschlicher Gedanken, wo jeder auf seine Art etwas beitrug, eine Summe der Wirksamkeit aller menschlichen Seelen" (Johann G. v. Herder, 1744-1803).

Mit seinen „Cours Linguistique Générale" (Genf 1916) hat der Schweizer Ferdinand de Saussure (1857-1913) die Grundlage der modernen S.wissenschaft geschaffen. Demnach gibt es zwei Möglichkeiten, die S. zu erforschen: Die diachronische (hist.-vergleichende) S.wissenschaft konzentriert sich auf den S.wandel; die synchronische S.wissenschaft untersucht den S.zustand zu einem bestimmten Zeitpunkt. In der Semiologie und in der strukturalen Linguistik benennt die S. (*langue*) ein System von Zeichen und Regeln, das per Konvention entsteht, überindividuell gegeben ist und das gleichzeitig die Voraussetzung für das individuelle Sprechen (*parole*) ist. Ist die Fähigkeit zum Sprechen (*language* oder Kompetenz) gegeben, dann ist das Sprechen (*parole* oder Performanz) die individuelle Realisierung der *langue*.

Im Schnittpunkt von Linguistik und Soz. ist die Soziolinguistik oder S.soz. angesiedelt. Die *Soziolinguistik* bestimmt die S. als Produkt der kulturellen Produktion, als Ergebnis gesellschaftlicher Prozesse. Die S. ist, aufgrund ihrer Entstehung aus der Konvention innerhalb einer sozialen Einheit, an diese gebunden. Nach Luckmann (1979) leitet sich der Ursprung der S. aus der Gesellschaftlichkeit des Menschen ab und setzt Regelmäßigkeit und Typifizierbarkeit des menschlichen Verhaltens voraus. Jede Weiterentwicklung und Wandlung der S. steht im Zusammenhang mit der Wandlung gesellschaftlicher Verhältnisse. Die S.entwicklung spiegelt Aspekte der sozialen und kulturellen Entwicklung und zeigt sich an Veränderungen des Wortschatzes und der Bedeutungen im alltäglichen S.gebrauch. Der S.wandel vollzieht sich zunächst in der gesprochenen S., d.h. eher informell und wenig bindend; die sich daran eventuell anschließende Kodifizierung der Varianten und ihre Übernahme in die Schriftsprache ist ein eigenständiger Akt der Normierung.

Wie die langjährige Diskussion um die Rechtschreibreform zeigt, läuft dieser Normierungsprozess nicht ohne Konflikte. Die wenigsten S.kritiker sind nur darauf aus, den normgerechten Gebrauch der S. anzumahnen, zumeist ist eigentlich eine Gesellschaftskritik mehr oder weniger verborgen. Die Wahl des „Unwortes des Jahres" ist dafür ein Beispiel.

Entsprechend der kulturellen und sozialen Differenzierung sind unterschiedliche S.n entstanden. Heute werden noch etwa 6000 verschiedene Sp.n gesprochen. Allein die Bibel ist in 1800 verschiedene Sprachen übersetzt. Ausdifferenzierung und Veränderung von S. kann als Epiphänomen von gesellschaftlichen Wandlungen analysiert werden. Der zentrale Gegenstandsbereich der Soziolinguistik ist die Analyse von S.stilen innerhalb einer S.gemeinschaft, die zeitlich, räumlich und sozial differenziert sind. Fachs.n, dazu gehört auch die S. der Soz., Dialekte und Jugends.n, sind Beispiele für solche ausdifferenzierten S.stile. Bernstein (1980) hat sozial differenzierte S.stile untersucht und diese als *Codes* bezeichnet. Er hat nach der Auflistung der typischen Merkmale des S.gebrauchs den „restringierten Code"

(Merkmalsstruktur im S.gebrauch der Unterschicht) von einem „elaborierten Code" (S.gebrauch der Mittel- und Oberschicht) unterschieden. Auswirkungen solcher Codeunterschiede könnten sein, dass z.b. die mit einer bestimmten sozialen Herkunft verbundenen Codes einen Einfluss auf die soziale Mobilität haben und somit negativ als „S.barrieren" wirken.

Ein Themenbereich der S.soz., der besonders von der Kulturanthropologie und der Ethnologie beeinflusst ist, ist die Analyse des Verhältnisses von S. und *Wahrnehmung.* Aus anthropol. Sicht ist die Entlastungsfunktion der S. zentral (H. Plessner). Die S. reduziert die Komplexität der Umwelt zu einer kulturellen Welt. Edward Sapir und Benjamin Lee Whorf formulierten die These, die als das „linguistische Relativitätsprinzip" bekannt wurde. Sie besagt, dass die S. mit der ihr zugrunde liegenden Struktur als ein Typisierungsprozess die Wahrnehmung und das Bewusstsein so strukturiert, dass die sprachlichen Bedeutungsfelder, je nach Kultur, unterschiedliche Wirklichkeiten hervorrufen. Daraus kann abgeleitet werden, dass das Sprechen ein Prozess der Konstruktion von Wirklichkeit ist, der Handeln beeinflusst und als soziale Handlung gesehen werden muss. Unter diesem Aspekt wird die S. zum Gegenstand soz. Betrachtung; analysiert wird der Kommunikationsprozess als soziale Handlung, der in einem Sinnzusammenhang (Kontext) steht und gleichzeitig Sinn konstituiert (Text). In diesem Verständnis hat Habermas (2006) in seiner „Theorie des kommunikativen Handelns" die S. als einen Grundbegriff der Gesellschaftstheorie eingeführt. Norbert Elias (1897-1990) hat in seiner Symboltheorie primär die S. in ihrem Verhältnis zu Denken und Wissen beschrieben. „Was ohne symbolische Repräsentation in der Sprache einer Gesellschaft ist, wird von ihren Angehörigen nicht gewusst" (2001). Die S. wird zur „fünften Dimension", die unablösbar von den raumzeitlichen Dimensionen das Leben der Menschen bestimmt.

Für die Frauenforschung ist die S. zu einem zentralen Gegenstandsbereich geworden. Pusch (1999) und Plötz (1997) weisen nach, wie S. als Mittel zur und Ausdruck von geschlechtlicher Diskriminierung wirkt. Das Bemühen um einen (geschlechts-)neutralen S.gebrauch schafft die Unterschiede nicht aus der Welt, schärft aber das Bewusstsein um die „Macht der S.".

Methoden des S.gebrauchs, wie sie in der Rhetorik gelehrt und erforscht werden, stehen aus sozialwissenschaftlicher Sicht auch im Zusammenhang mit Fragen des Verhältnisses von S. und Politik sowie S. und Macht (Kirchner 2000). Die Propaganda und die S. des Dritten Reichs hat der Romanist Victor Klemperer (1882-1960) charakterisiert und zeigt auf, wie der besondere S.gebrauch das Regime gestützt hat.

Im Zusammenhang mit der Computertechnologie – einschließlich der Robotik – erfährt die Erforschung der S. eine weitere Aufmerksamkeit. Jede Programmier-S. hat zunächst die Aufgabe, die Kommunikation von Menschen und Maschinen möglich zu machen und ließe sich entsprechend der S. analysieren. Immer mehr Geräte werden sprachgesteuert, setzen also S.verstehen voraus. Die Übersetzung in Maschinenprozesse erfolgt in Echtzeit. Die komplexen Programmier-S.familien und die Entwicklungen von Robotern bis hin zur „künstlichen Intelligenz" geschehen in enger Abstimmung mit den Ergebnissen der modernen Linguistik. Noam Chomsky (geb. 1928), der Begründer der „generativen Transformationsgrammatik", die erklärt, wie Menschen mit einer begrenzten Anzahl von Regeln eine unbegrenzte Anzahl von Sätzen formulieren können, forscht am gleichen Institut (MIT=Massachusetts Institute of Technology), an dem auch die wesentlichen Entwicklungen im Bereich der Computerlinguistik und der Robotik entstanden sind.

Probleme des S.gebrauchs und des S.verstehens sind im besonderen Maße in der sozialwissenschaftlichen Forschung von Bedeutung, v.a. deshalb, weil (z.b. beim Interview und in der Inhaltsanalyse) ein Großteil des methodischen Instrumentariums auf S. aufbaut. Hieran knüpft die enge Zusammenarbeit von Hermeneutikern, Sprachwissenschaftlern und Sozialforschern an.

→ **Kommunikation; Kultur und Zivilisation; Sinn; Sozialisation; Soziologische Theorien (III); Symbol**

📖 *P.L. Berger/T. Luckmann* ([12]2007): Die gesellschaftliche Konstruktion der Wirklichkeit. Frankfurt a.M. (zuerst 1966); *R. Bergmann/P. Pauly/S. Stricker* ([4]2005): Einführung in die deutsche Sprachwissenschaft. Heidelberg; *B. Bernstein* ([5]1980): Studien zur sprachlichen Sozialisation. Düsseldorf (orig. 1971); *K. Bühler* (1982): Sprachtheorie. Stuttgart; *N. Elias* (2001): Symboltheorie. Gesammelte Schriften Bd. 13. Frankfurt a.M. (orig. 1991); *J. Habermas* ([6]2006): Theorie des kommunikativen Handelns. Bd. 2, Frankfurt a.M.; *J.H.P. Hoffmeyer-Zlotnik* (Hg.) (1992): Analyse Verbaler Daten. Opladen; *T. Janson* (2006): Eine kurze Geschichte der Sprachen. Heidelberg; *A. Kirchner* (2000): Die sprachliche Dimension des Politischen. Würzburg; *Th. Luckmann* (1979): Soziologie der Sprache. In: *R. König* (Hg.): Handbuch der empirischen Sozialforschung. Bd. 13. Stuttgart; *J. Piaget* (1972): Sprechen und Denken des Kindes. Düsseldorf; *L.F. Pusch* (1999): Die Frau ist nicht der Rede wert. Frankfurt a.M.; *S. Trömel-Plötz* (2004): Gewalt durch Sprache. Die Vergewaltigung von Frauen in Gesprächen. Berlin; *D. Zimmer* (2005): Sprache in Zeiten ihrer Unverbesserlichkeit. Hamburg.

Gabriele Köhler

Staat

ist ein Verband von Menschen, deren Zusammenschluss im Hinblick auf die Durchsetzung bestimmter Zwecke erfolgt. Im Unterschied zu anderen Verbänden (wie Kirchen, Wirtschaftsunternehmen etc.) besitzt der S. das „Monopol legitimen physischen Zwanges" (Max Weber, 1864-1920), d.h., er allein kann seine Zwecke unter Androhung und Anwendung erlaubter Gewalt durchsetzen.

Jede weitergehende soz. Definition des S.es wird den unter diesem Begriff zusammengefassten sozialen Tatbeständen nicht gerecht. Insbes. ist der S. keine „objektive Idee", die – wie im dt. pol. Denken seit G.W.F. Hegel (1770-1831) lange Zeit angenommen wurde – gewissermaßen eine Eigenexistenz über den Köpfen der Menschen führt. Auch darf er nicht mit einer bestimmten S.sform oder einer bestimmten Art der Zwecksetzung verwechselt werden. Der allgemeine S.sbegriff definiert sich, wie Max Weber (1864-1920) vorgeschlagen hat, ausschließlich aus der Anwendung eines spezifischen Mittels, eben der letztendlich physisch durchsetzbaren *Herrschaft*.

Aber selbst dieser allgemein gefasste soz. S.sbegriff darf streng genommen nur auf die europäische Neuzeit angewandt werden, da etwa von einem mittelalterlichen Lehns-„S." im Sinne der oben gegebenen Definition kaum gesprochen werden kann. Erst seit der Renaissance bildete sich allmählich jener souveräne Verband heraus, der zunehmend nach rationalen Gesichtspunkten, „betriebsmäßig" und effektiv organisiert ist. Zu dieser Organisation bedarf es eines fest umrissenen Territoriums und eines klar definierten „S.svolks", insbes. jedoch einer arbeitsteilig gegliederten, hierarchisch aufgebauten Herrschaftsorganisation, in der die Rollen und Positionen aller Mitwirkenden und die Aufgaben der einzelnen Organe geregelt und verbindlich festgelegt sind. Größte Bedeutung hat das zentrale Aktionszentrum dieser Herrschaftsorganisation, die Regierung, durch welches letztgültige und erzwingbare Entscheidungen gefällt werden.

Das Zusammenwirken der den S. bildenden Personen wird durch die einheitliche Rechtsordnung getragen, die das als legitim empfundene Handeln der Staatsorgane, der Positionsinhaber und des S.svolkes regelt. Die Rechtsordnung, aber auch der S. als Herrschaftsgefüge überhaupt, ruhen auf dem subjektiven Massentatbestand der *Loyalität*. Der S. ist so gesehen auch eine „Erlebnisgemeinschaft" (so der Staatsrechtslehrer Hans Nawiasky). Gemeinsam erlebt wird die akzeptierte Sinnhaftigkeit der S.sidee überhaupt, insbes. jedoch ihre konkrete Erscheinung in den mit der existierenden Herrschaftsform verbundenen Vorstellungen, Institutionen, Symbolen und Personen.

Obgleich der Begriff des S.es als Herrschaftsverband also stets die grundsätzliche Unterscheidung zwischen Herrschenden und Beherrschten erlaubt (wobei es, je nach S.sform, möglich ist, dass dieselben Personen wechselnd beide Rollen wahrnehmen), kann ein S. ohne die Loyalität seiner Bürger nicht existieren. Da Loyalität mit Gewaltmaßnahmen auf Dauer nicht zu erzwingen ist, führt das Auseinanderbrechen der staatstragenden „Erlebnisgemeinschaft" zum Verlust der für jeden S. notwendigen (relativen) Homogenität und im Extremfall zu Bürgerkrieg oder Revolution.

Die Frage nach dem empirischen Zweck (besser: der Funktion) des S.es darf nicht mit der Diskussion um pol. Werte und Zielvorstellungen verwechselt werden (was oft geschieht): Liegt der Hauptzweck des S.es in der Versittlichung (Aristoteles, Georg F.W. Hegel), im Eigentumsschutz (John Locke), in der Ermöglichung der Ausbeutung (K. Marx) oder in der Aufrechterhaltung der inneren und äußeren Ordnung (Thomas Hobbes)? Am ehesten läge es nahe, den Ordnungszweck in den Vordergrund zu stellen. Dieser wird aber von manchen S.en so verfolgt, dass es schließlich zum Zusammenbruch jeder Ordnung kommt (z.B. im Dritten Reich).

Ähnliche Unsicherheiten existieren bei der Frage nach der Entstehung des S.es. Lässt man gelten, dass es zumindest staatsähnliche Herrschaftsverbände bereits vor der Renaissance gab, so bleibt umstritten, wie sie entstanden sind. Zwei Haupttheorien lassen sich unterscheiden: eine funktionale und die Gewalttheorie. Unter funktionalem Gesichtspunkt wird die Entstehung des S.es als eine für das Leben und Überleben von Gemeinschaften notwendige Erscheinung gedeutet, die aus dem Familienverband, der Sippe oder dem Stamm herausgewachsen ist. Die Gewalttheorie geht davon aus, dass Eroberung, Unterwerfung oder „Überlagerung" (Alexander Rüstow) einer Menschengruppe durch eine andere zur Entstehung von S.en geführt habe. Eine spezifisch marx. Version der Gewalttheorie (F. Engels, E. Bloch) nimmt an, dass der S. erst im Neolithikum (10-4 Tsd. Jahre v.u.Z.) aus der Arbeitsteilung und der Aneignung des Arbeitsüberschusses durch Einzelne heraus entstanden sei. Da jedoch die Entstehungstheorien des S.es auf unsicheren Füßen stehen, sagen sie häufig mehr über die Einstellung des Forschers als über ihren Gegenstand aus.

Noch mehr trifft dies auf Aussagen über die Zukunft des S.es zu. Je stärker der funktionale Aspekt des S.es betont wird (der S. ist eine für die Gesellschaft notwendige Organisationsform), desto stärker scheint die Gegenwart auf eine Verstärkung des staatlichen Herrschaftscharakters hinzuweisen. Je mehr jedoch der S. als Interessen- und Machtorganisation bestimmter Klassen gesehen wird, desto eher scheint er abschaffbar oder in seinem Herrschaftsaspekt zumindest einschränkbar zu sein. Die marx. Theorie geht deshalb von einem „Absterben des S.es" im Sozialismus aus. Der Anarchismus hält den S. für eine widernatürliche (und deshalb dysfunktionale) Einrichtung, die die freie Entwicklung des Menschen stört und daher beseitigt werden muss.

Eine neue Bewertung des S.es scheint im Rahmen der ggwt. Europäisierung und Globalisierung notwendig zu werden: Aus der Sphäre der kapitalistischen globalisierten Märkte, insbes. der Finanzmärkte, wirken Zwänge, die den Regierungen als Entscheidungsbedingungen vorgegeben sind (als „Sparpolitik", Politik der „Deregulierung", Privatisierung öffentlichen Eigentums etc.). Der nun „verschlankte" S. zieht sich aus der Gestaltung sozialer Strukturen zurück und überlässt damit die Regelung gesellschaftlicher Aufgaben „privaten" Instanzen, die nicht unbedingt demokratisch legitimiert sind. Andererseits sind es gerade diese privaten Akteure, die im Falle großer Finanz- und Wirtschaftskrisen dennoch nach Hilfe und Unterstützung durch den Staat rufen. Die Rolle des Staates pendelt also zwischen dem Rückzug auf den „Nachtwächterstaat" und einer aktiven Steuerung des Marktgeschehens, beides jedoch eher im Interesse der wirtschaftlichen Eliten.

Ein Gegengewicht zu solchen Entwicklungen könnte in internationalen und supranationalen Organisationen gesucht werden. Die Bedeutung des Nationalstaates sinkt. Wesentliche Funktionen der Einzelstaaten gehen auf supranationale Organisationen (etwa die EU) über. Freilich harrt diese neue Form der Staatlichkeit noch der angemessenen Begrifflichkeit.

→ **Akzeptanz und Legitimation; Gesellschaft; Gewalt; Macht – Herrschaft – Autorität; Recht**

H. Heller (⁶1983): Staatslehre. Tübingen; *H.-P. Waldrich* (1973): Der Staat. München/Wien; *M. Weber* (2006): Wirtschaft und Gesellschaft. Tübingen (zuerst 1922); *R. Weber-Fas* (2000): Über die Saatsgewalt. Von Platons Idealstaat bis zur Europäischen Union. München; *P.L. Weihnacht* (1968): Staat. Studien zur Bedeutungsgeschichte des Wortes von den Anfängen bis ins 19. Jahrhundert. Berlin; *R. Zippelius* (¹⁰2003): Geschichte der Staatsideen. München.

Hans-Peter Waldrich

Stadt

ist ein Siedlungsgebilde, das erstmals in der Zeit der Sesshaftwerdung der Menschen im Neolithikum vor ca. 6-8 Tsd. Jahren auftaucht und die bisherigen Siedlungsformen, zumal das Dorf in seinen vielfältigen Ausprägungen, ergänzt und seit dem Weltverstädterungsprozess im Zuge der Industrialisierung mehr und mehr verdrängt bzw. absorbiert (über die Entwicklung der S. von ihren Anfängen bis ca. 1960, in weltweiter Perspektive, vgl. Mumford 1979). Die ersten

S.bildungsprozesse – im Zweistromland Mesopotamien, im Nildelta, im Pandsch-
abgebiet (Indien) und in China – zeichneten sich durch folgende Merkmale aus
die bis heute als charakteristisch für die S. gelten können:

- relativ dichte Bebauung und höhere Gebäude als im Umland führen zu höherer
  Bevölkerungsdichte als bei bisherigen Siedlungen;
- die Bebauung ist durch spezifische Gebäude und Plätze charakterisiert, die die
  S. zum religiösen, militärisch-herrschaftlichen, kulturellen und ökon. Zentrum,
  auch für ein weiteres Umland, machen;
- in der S. finden und entwickeln sich die für die jeweilige Gesellschaft differen-
  ziertesten Formen der Arbeitsteilung und des Güteraustausches über einen oder
  mehrere Märkte.

Über die längsten Phasen ihrer Entwicklung – in Europa bis ins 18. Jh. – waren S.e
von einer Mauer umgeben und hoben sich hierdurch deutlich vom agrarisch geprägten Umland ab. Erst in so strukturierten Siedlungsgebilden entwickelten sich
gegenüber den vorherigen Lebensformen der Jäger und Sammler und auf der Basis
einer sesshaften Agrarbevölkerung neue Institutionen, Verhaltensmuster und Formen der Kulturtradierung. Mit der industriellen Großs. im 19. Jh. kommen als
weitere Definitionsmerkmale von S. hinzu:

- Fabriken und eine ständig expandierende Marktökonomie, neue Versorgungs-
  techniken und Verkehrssysteme führen zu neuen Mustern der S.gestalt;
- S.e werden zum eigentlichen „Laboratorium der Moderne" mit ihren Trends der
  Säkularisierung und des Vorherrschens anonymer Sozialbeziehungen und frei-
  williger Assoziationen (wie Vereine);
- *Urbanität* wird ein Element typisch großstädtischer Verhaltensweisen, für die
  es erst nach 1800 die erforderlichen neuen städtischen Räume gibt: Passagen
  und Galerien, Boulevards und Cafés, Großkaufhäuser und Bahnhofshallen,
  Theater- und Konzertsäle; Museen sowie innerstädtische Grünanlagen und
  Parks (die die S.mauern und Festungswälle ersetzen).

Eine dritte Phase der S.entwicklung zeichnete sich nach 1960 ab; sie ist geprägt
durch die Entwicklung weit in die Landschaft ausufernder suburbaner Räume und
die private Autonutzung, durch die Tertiärisierung der Berufs- und Produktionsverhältnisse, den Beginn der „digitalen Revolution" und einen Weltverstädterungsprozess ungeahnten Ausmaßes. Sieverts (1999) prägte für die neuen suburbanen und
stadtähnlichen Muster an der Peripherie der Kerns.e den Begriff Zwischens. Fragen
ihrer weiteren Entwicklung, zumal im Hinblick auf die Innens.e, sind ggwt. ein
wichtiges Forschungsgebiet. Doch neben der Bildung immer neuer suburbaner
Räume und städtischer Peripherien haben auch die „Metropolen des Weltmarkts"
(Sassen 2004) Einfluss auf die weitere S.- und Innens.entwicklung und die Einbindung der S.e auf immer mehr Gebieten in weltweite Netzwerke der Arbeitsteilung
und Kommunikation (Castells 2003).

Die genannten Definitionselemente des Begriffes S. in Geschichte und Gegenwart zeigen, dass sie als „Ergebnis" und bezüglich der sie hervorbringenden komplexen ökon. und sozialen Prozesse nicht in einer einzigen Erklärung erfasst werden kann. Bei S. handelt es sich vielmehr um ein *phénomène social total* (mit dem Ausdruck des frz. Soziologen und Ethnologen Marcel Mauss), um ein gesellschaftliches Totalphänomen, das seit nunmehr annähernd sechstausend Jahren eine *conditio sine qua non* der Menschheitsgeschichte und Kulturentwicklung darstellt.

Zu den Ursachen und Entwicklungstendenzen der S.entstehung und S.gestalt haben alle Sozial- und Kulturwissenschaften Beiträge geliefert: die Ökonomie ebenso wie die Soz., die Sozialgeographie ebenso wie die materialistische Gesellschaftstheorie oder die Kulturevolutionstheorie.

Da v.a. – wie bei Wilhelm Heinrich Riehl (1823-1897) – die große S. als „Zentrum der Bewegung" (1861), als Ursache der sich verändernden Familien- und Sozialstrukturen gesehen wurde, verwundert nicht, dass Deutungen der S. und Groß. und relevanter Verhaltensweisen mit am Beginn der Soz. überhaupt stehen. Die Groß. war so etwas wie ein Laboratorium, in dem sich die Probleme der Familie und der Arbeit, der Gemeinschaft und der neuen Formen gesellschaftlich-anonymer Sozialbeziehungen *in nuce* zeigten. So lässt sich mit ein wenig Übertreibung sagen: Wie am Beginn der ersten bedeutenden Stufe der S.entwicklung in der Alten Welt, zumal in der gr. und röm. Antike, die Philosophie – namentlich von Platon und Aristoteles – mit der Frage nach dem Wesen der *Polis* die Frage nach der Natur des Menschen und den ihm adäquaten Formen der Gemeinschaftsbildung verknüpfte, so entwickelte sich die Soz. am Beginn der zweiten, mit der *Doppelrevolution* (Eric Hobsbawm) seit Ende des 18. Jh.s beginnenden Phase der S.entwicklung. In der Analyse der Entstehungsgründe und der Sozialbedeutung des modernen Kapitalismus und der industriellen Groß. hatte die Soz. einen zentralen, die Entwicklungsprozesse zentrierenden Gegenstandsbereich.

Wenn die Gründungsväter der Soz., Ferdinand Tönnies (1855-1936) und Emile Durkheim (1858-1917), Georg Simmel (1858-1918) und Max Weber (1864-1920), bestimmte Elemente der S. analysierten, so standen immer die Fragen nach den Entstehungsgründen und der Sozialbedeutung der *modernen* (bürgerlich-kapitalistischen) *Gesellschaft* dahinter. Hierbei spielten die Prozesse der Vergesellschaftung bisher gemeinschaftlicher Formen des Zusammenlebens (Tönnies), der neuen Formen arbeitsteiliger Produktion für die gesellschaftliche Solidarität (Durkheim), der umfassenden Rationalisierung und Bürokratisierung aller Daseinsbereiche (Weber) und der expandierenden Geldwirtschaft mit ihren das Verhalten verändernden Implikationen (Simmel) eine entscheidende Rolle. Ihre Analysen gehören zu den grundlegenden Texten der S.soz. als Gesellschaftstheorie.

Eine erste systematische S.soz. entstand mit den Arbeiten der sog. *Chicagoer Schule der Soziologie*. Als Begründer gelten Robert E. Park (1864-1944) und Ernst

W. Burgess (1886-1966; vgl. Hamm 1977). Die von ihnen entwickelten Grundbegriffe einer sozialräumlich orientierten S.soz. spielen in der stadtsoz. Forschung
bis heute eine große Rolle, zumal der Begriff der Segregation.
Nach dem Zweiten Weltkrieg wurde die S.soz. von den Besatzungsmächten
auch deshalb gefördert, weil S.e und Gemeinden als Basis der Demokratie angesehen wurden. Die theor. wie methodisch immer differenzierten stadtsoz. Forschungen haben u.a. herausgefunden:

• Die gesellschaftlich vorherrschenden Strukturen der Produktion und der
  Arbeitsteilung und die grundlegenden Muster sozialer Beziehungen – in Fami-
  lien und weiteren Basisinstitutionen – sind primäre Einflussfaktoren für die
  S.gestalt.
• Die Muster der städtischen Expansion für Wohnen und Arbeiten, Erholung und
  Verkehr, Kultur und Kommunikation sind – wie es Burgess am Beispiel von
  Chicago erarbeitet hatte – für die Mehrzahl der S.e im Industrialisierungspro-
  zess sehr ähnlich.
• Die S. war und ist weiterhin für die große Mehrzahl der Bürgerinnen und Bür-
  ger der Ort von sozialer Integration und lokaler Identifikation.
• Entwicklungen der *Segregation*, also der schichtspezifischen Verteilung von
  Personen im Sozialraum der S., lassen sich für die oberen und die unteren Sozialschichten am eindeutigsten nachweisen, während bestimmte Lebensstile
  weniger eindeutig lokal fixierbar sind.
• Der öffentliche städtische Raum hat an Wichtigkeit für die Integration der
  S.gesellschaft nicht eingebüßt und wird in seiner grundlegenden Bedeutung
  auch für Wohngebiete und für alle Sozialgruppen zunehmend Element städtischer Planung. Doch die Spielräume eigenständigen kommunalen Handelns
  werden durch die vom Bund und jeweiligen Bundesland ausgehenden Zentrali-
  sierungsprozesse mehr und mehr eingeengt.

Der Suburbanisierungsprozess, zusammen mit der Tertiärisierung der Berufe, dem
Verschwinden des alten Dorfes und der S. und Land umspannenden Infrastruktur,
das ausgedehnte Pendlerverhalten und v.a. der Tatbestand, dass in Dtld. ca. 80%
der Bevölkerung in S.en, S.regionen und verstädterten Zonen leben, ließ die Frage
aufkommen, ob S. noch ein identifizierbarer Gegenstand sei und die S.soz. weiterhin Berechtigung habe. Die Frage ist deshalb zu bejahen, weil die zumeist alten
und traditionsbewussten S.e ihr Image laufend verbessern wollen und die Mehrzahl
der Bevölkerung sich mit ihrer jeweiligen S. als Lebensraum identifiziert.
   Im bekanntesten städtebaulichen Manifest des 20. Jh.s, der „Charta von Athen",
waren die städtischen Funktionen auf Arbeiten und Wohnen, Erholung und Verkehr konzentriert worden und es wurde gefordert, diese Funktionen räumlich
scharf zu trennen. Die Tertiärisierung der Arbeitswelt kann heute von ganz anderen
Voraussetzungen ausgehen als die typische industrielle Groß. bis Anfang der

1960er Jahre. Aus Sicht der Bürger ist die Wohnfunktion zentral; ihr galt auch seit Beginn des industriellen Zeitalters die besondere Aufmerksamkeit der Sozialreformer und der S.planer. Aus soz. Sicht ist das Wohnen deshalb von bes. Bedeutung, weil es den größten Teil des täglichen Zeitbudgets umfasst und es in besonderen Maße Standards der Verhäuslichung und Intimisierung, der Individualisierung und des gesamten Zivilisationsprozesses widerspiegelt (vgl. Weresch 2005).

→ **Öffentlichkeit; Raum; Segregation; Soziale Morphologie**

📖 *L. Bertels* (Hg.) (2008): Stadtgespräche mit Hans Peter Bahrdt, Ulfert Herlyn, Hartmut Häußermann, und Bernhard Schäfers. Wiesbaden; *M. Castells* (2003): Der Aufstieg der Netzwerkgesellschaft. Wiesbaden; *B. Hamm* (1977): Die Organisation der städtischen Umwelt. Frauenfeld-Stuttgart; *H. Häußermann/W. Siebel* (2004): Stadtsoziologie. Frankfurt a.M.; *U. Herlyn* (²2006): Stadtsoziologische Literatur der letzten 50 Jahre. In: *H.-P. Bahrdt* (Hg.): Die moderne Großstadt. Soziologische Überlegungen zum Städtebau. Wiesbaden; *L. Mumford* (1979): Die Stadt. Geschichte und Ausblick. Bd. 2, München; *J. Musil* (2005): Fünfzig Jahre Stadtsoziologie. In: *N. Genov* (Hg.): Die Entwicklung des soziologischen Wissens. Wiesbaden: 317-352; *W.H. Riehl* (⁵1861): Land und Leute. Kap. III: Stadt und Land. Stuttgart; *B. Schäfers* (2006): Stadtsoziologie. Stadtentwicklung und Theorien – Grundlagen und Praxisfelder. Wiesbaden; *S. Sassen* (²2004): Metropolen des Weltmarkts. Frankfurt a.M./New York; *T. Sieverts* (³1999): Zwischenstadt – Zwischen Ort und Welt, Raum und Zeit, Stadt und Land. Braunschweig/Wiesbaden; *M. Weber* (2006): Die Stadt. In: *ders.* (Hg.): Wirtschaft und Gesellschaft. Tübingen (zuerst 1922).

Bernhard Schäfers

Stände

mit spezifischen Rechten (Privilegien) und Pflichten ausgestattete soziale Gruppierungen, deren ungleicher *sozialer Status* rechtlich abgesichert ist. Charakteristisch ist dabei die Tendenz zur institutionellen Verankerung selbst feinster sozialer Abstufungen.

In S. gegliederte Gesellschaften, wie z.B. die mittel- und westeuropäischen Gesellschaften zwischen dem Beginn des Feudalismus und der Industrialisierung, werden als S.gesellschaften bezeichnet. Entscheidend für die Standeszugehörigkeit und damit für die Lebenschancen (Zugang zu bestimmten Berufsgruppen, Bildungsmöglichkeiten, pol. Mitwirkungsmöglichkeiten) ist, von wenigen Ausnahmen abgesehen, die soziale Herkunft (Geburtsprinzip). S. werden durch Endogamie intergenerativ relativ geschlossen gehalten, obgleich Aufstiege (z.B. Kooptation, Nobilitierung) und Abstiege (z.b. infolge „unstandesgemäßen" Verhaltens) in einen anderen Stand nicht völlig ausgeschlossen sind. S. zeichnen sich durch einen spezifischen, verbindlichen Lebensstil (standesgemäße Lebensführung) aus, der sich äußerlich z.b. in der Art der Sprache und Kleidung manifestiert. S. gruppieren sich um bestimmte gesellschaftliche Funktionen und versuchen, diese zu monopolisieren. Ein besonderes Standesideal und eine besondere Standesethik sorgen für Kontinuität der inneren Ordnung des Standes und grenzen die S. voneinander ab. Anders als im Falle sozialer Klassen ist das Standesbewusstsein und -handeln auf Aufrechterhaltung und Anerkennung der hierarchischen S.ordnung ausgerichtet.

Die S.gesellschaft des mittelalterlichen Feudalismus war dadurch gekennzeichnet, dass sich, unabhängig von regionalen und zeitlichen Differenzierungen, neben einem Großteil ländlicher Bevölkerung ein kleiner Teil städtischer Bevölkerung fand. Die ländlich-feudale S.gesellschaft umfasste die S. Adel (König, Großgrundbesitzer, Ministeriale, Ritterschaft), (höhere und niedere) Geistlichkeit und Bauern (differenziert nach Besitz und Grad persönlicher Freiheit). Der bäuerliche Anteil an der Bevölkerung betrug unter Einbeziehung der städtischen Einwohnerzahlen bis Mitte des 18. Jh.s etwa 85 bis 90 Prozent.

Das Leben in der mittelalterlichen *städtischen Gesellschaft* wurde entscheidend durch drei Faktoren geprägt: den Grundsatz der bürgerlich-rechtlichen Freiheit („Stadtluft macht frei"); die sich auf die Berufsfunktionen ihrer Mitglieder aufbauenden Verbände (Gilden der reichen Kaufleute, Zünfte der Handwerker), die die Rechte und Pflichten ihrer Mitglieder bis ins Detail festlegten; durch die Existenz eines – im Vergleich zum ländlichen Bereich – ausgeprägteren Erwerbssinns. Auf diesem Hintergrund konstituierten sich die S. der Patrizier (Ministeriale, Fernhandelskaufleute, freie Grundbesitzer) und Bürger (selbstständige Handwerker, Krämer, Beamte, Ackerbürger). Hinzu kamen unterständische (z.b. Tagelöhner, Händler ohne festen Wohnsitz, „unehrliche" Berufe) und nebenständische Gruppen (z.b. Geistlichkeit).

Die S.gesellschaft konnte sich über Jh.e in ihrer Grundstruktur erhalten, was auf das Vorhandensein starker konservativer Kräfte hindeutet. Hierzu zählen neben der Vielfalt rechtlicher Festschreibungen, dass S. den Menschen in all seinen sozialen Bezügen umschließen und dass die Ungleichheit der ständisch gegliederten Gesellschaft als Teil der gottgewollten Ordnung und somit als unantastbar verstanden wurde. Erst mit den im Verlauf der Industrialisierung erfolgten sozialen, wirtschaftl. und pol. Strukturwandlungen hat der Begriff des Standes wesentlich an Bedeutung verloren. Immer deutlicher wurde auch, dass die Industriearbeiterschaft sich nicht als „vierter Stand" interpretieren oder integrieren ließ, sondern einer völlig neuen Gesellschaftsordnung angehörte.

Das S.konzept wird auch zur Charakterisierung von Teilen zeitgenössischer Gesellschaften verwendet, wenn z.b. von ständischen Organisationen (z.b. Ärztestand, Anwaltsstand) die Rede ist, die die Interessen ihrer Mitglieder zu sichern suchen und Verstöße gegen die sog. Standesehre ahnden. Max Weber (1864-1920) bezeichnet als *ständische Lage* „jede typische Komponente des Lebensschicksals von Menschen, welche durch eine spezifische, positive oder negative, soziale Einschätzung der ,Ehre' bedingt ist, die sich auf irgendeine gemeinsame Eigenschaft vieler knüpft" (2002). S. im Sinne von Weber sind subjektiv definierte Kategorien; primär ist die gemeinsame Einschätzung durch andere. Standesehren können, auch unabhängig von einer bestimmten Klassenlage, mit der persönlichen Lebensführung, dem jeweiligen Beruf, einer bestimmten Erziehung oder einer bestimmten Art der Herkunft verknüpft sein.

→ **Gesellschaft; Klasse, soziale; Schicht, soziale; Status, sozialer; Ungleichheit, soziale**

📖 *S. Hradil* ([8]2005): Soziale Ungleichheit in Deutschland. Wiesbaden; *F. Thieme* ([7]2008): Kaste, Stand, Klasse. In: *H. Korte/B. Schäfers* (Hg.): Einführung in Hauptbegriffe der Soziologie. Wiesbaden: 185-209; *M. Weber* (2006): Wirtschaft und Gesellschaft. Tübingen (zuerst 1922).

Rüdiger Peuckert

Status, sozialer

die mehr oder minder hohe Stellung, die eine Person im Vergleich zu anderen Mitgliedern des jeweiligen Sozialsystems (z.b. Betrieb, Gemeinde, Gesamtgesellschaft) einnimmt.

Als Merkmale oder Kriterien *sozialer Ungleichheit* kommen dabei alle Unterschiede in Betracht, mit denen sich Vorstellungen von besser oder schlechter, höher- oder tiefergestellt, bevorrechtigt oder benachteiligt usw. verbinden (z.b. Unterschiede des Einkommens, der Macht, der Bildung, des Ansehens). Je nachdem, um welche Dimension es sich handelt, spricht man von Einkommenss., Bildungss., S. aufgrund von Berufsprestige. V.a. in der älteren soz. Literatur wird S. häufig synonym zum Begriff *soziale Position* gebraucht, worunter hier abweichend vom S. der von einzelnen Personen ablösbare Ort in einem sozialen Beziehungsgefüge (z.b. die Positionen Vater, Mutter, Kind in dem Beziehungsgefüge Familie) verstanden wird.

Jedes Gesellschaftsmitglied ist in mehrere S.verteilungen eingeordnet. Große Schwierigkeiten bereitet die Bestimmung des Gesamts. einer Person als Summe ihrer Einzels., da hierzu die Einzels. miteinander verglichen und entsprechend ihrer sozialen Bedeutung gewichtet werden müssen. Verbreitet ist besonders das Konzept des *sozio-ökon. S. (SES)*, in den Einkommensverhältnisse, Beruf und Ausbildung eingehen. In komplexen Industriegesellschaften kommt dem Berufss. eine herausragende Bedeutung zu, da die meisten Ungleichheitsdimensionen, wie Ausbildungsniveau, Prestige, Macht, Einkommen, Besitz und Vermögen, eng mit der beruflichen Stellung einer Person zusammenhängen.

Von S.konsistenz oder -kristallisation spricht man, wenn die verschiedenen S. einer Person hinsichtlich ihres vertikalen Ranges weitgehend zusammenfallen. S.inkonsistenz oder -diskrepanz bezeichnet den Fall, in dem ein und dieselbe Person mehrere sehr unterschiedlich bewertete S. einnimmt, wenn z.b. aufgrund einer sich verschärfenden Beschäftigungskrise, wie im Falle arbeitsloser Jungakademiker, ein hoher Bildungs- mit einem niedrigen Berufs- und Einkommenss. einhergeht (z.B. Taxifahrer, Dr. phil.). Je nach Art der S.diskrepanz ist mit charakteristischen Verhaltensreaktionen zu rechnen. Erfolgreiche Geschäftsleute, bei denen eine niedrige soziale Herkunft mit hohem Einkommen zusammentrifft, zeichnen sich häufig durch ein besonders optimistisches Verhalten aus. Im Falle hoher Bildung, verbunden mit niedrigem Berufss., wurden gehäuft Minderwertigkeitsgefühle, Depressionen, Ressentiments und eine Neigung zu Protestverhalten festgestellt.

Ordnet man die Mitglieder eines Sozialsystems entsprechend ihrem S. innerhalb einer bestimmten Ungleichheitsdimension (z.B. Einkommen) zueinander, so erhält man eine bestimmte S.verteilung bzw. einen bestimmten S.aufbau. Dieser kann zwischen zwei Extremen liegen: Entweder alle haben den gleichen S.; der S.aufbau wäre dann als horizontale Linie darstellbar. Oder jeder hat einen anderen S., so dass der S.aufbau wie eine vertikale Linie aussähe. Die empirisch feststellbaren Formen liegen zwischen diesen beiden theor. möglichen Extremen. Gibt es innerhalb des S.aufbaus, jeweils bezogen auf ein spezifisches Kriterium, keine klar abgrenzbaren Gliederungen, sondern sind die Übergänge von oben nach unten (wie es für moderne Industriegesellschaften charakteristisch ist) fließend, so spricht man von einem S.kontinuum. Personen oder Gruppen, die sich aufgrund ihres annähernd gleichen S. von anderen Personen oder Gruppen mit höherem bzw. niedrigerem S. unterscheiden, bilden eine S.schicht.

Einige Autoren setzen den Begriff des Gesamts. mit Prestige gleich. Davon abweichend wird hier mit *Prestige* die Wertschätzung bezeichnet, die Menschen einander zuordnen. Die Bewertung eines Menschen ist kein einmaliger Akt, sondern ein mehr oder weniger langer Prozess, bei dem sowohl die Bewertung der Positionen, die jemand einnimmt, als auch die Bewertung persönlicher Eigenarten (z.B. Aussehen) und des individuellen Verhaltens eine Rolle spielen. Um anderen zu zeigen, wer man ist bzw. sein möchte, macht man gerne von S.symbolen (z.b. Wohngegend, Haustyp, Titel, Lebensstil, Kontaktkreise) Gebrauch. S.symbole dienen nicht nur der Orientierung, sondern können auch als Machtinstrument zum Zwecke der Einschüchterung eingesetzt werden. Sie werden v.a. von Personen in inkonsistenter S.lage eingesetzt, um ihre relativ gering bewerteten S.merkmale (z.b. geringes Berufsprestige) durch ihre hoch eingestuften (z.b. hohes Einkommen) zu überdecken. S.symbole können auch Kennzeichen horizontaler Differenzierungen (z.b. unterschiedlicher Lebensformen, Altersstufen, Gruppenzugehörigkeiten) sein und die Zugehörigkeit zu einem bestimmten „sozialen Milieu" anzeigen.

Analysen inter- und intragenerationeller Prozesse *beruflicher Mobilität* zeigen seit den 1970er Jahren in der Bundesrepublik Dtld. eine gestiegene Beweglichkeit von Individuen in sozialen Strukturen und damit eine Zunahme von S.diskontinuitäten (P.A. Berger). Die Beschleunigung von S.wechseln und die Vervielfältigung von Lebenslaufmustern können individuell als verunsichernd, bedrohlich und identitätsgefährdend, als S.unsicherheit empfunden werden. Da sich der Raum potenzieller Erfahrungen mit ganz unterschiedlichen Gesellschaftsbereichen ausweitet, kann eine hohe und gesteigerte Beweglichkeit aus Sicht der betroffenen Individuen aber auch eine wachsende Erfahrungsvielfalt bedeuten. S.wechsel, beispielsweise über die Grenzen von Schichten und Klassen hinweg, können demnach, da sie neue Lernchancen und erweiterte Kontaktnetze bieten, ebenso die Sozialintegration der Gesamtgesellschaft fördern wie die Integration des Einzelnen in kleine Sozialmilieus hemmen.

→ **Differenzierung, gesellschaftliche; Mobilität, soziale; Schicht, soziale; Sozialstruktur; Ungleichheit, soziale**

P.A. Berger (1996): Individualisierung. Statusunsicherheit und Erfahrungsvielfalt. Opladen; *D. Claessens* (1995): Status als entwicklungssoziologischer Begriff. Dortmund; *R. Girtler* (^{3}2002): Die feinen Leute. Köln; *H. Kluth* (1957): Sozialprestige und sozialer Status. Stuttgart; *U. Streckeisen* (1991): Statusübergänge im weiblichen Lebenslauf. Frankfurt a.M./New York.

Rüdiger Peuckert

Stigma

ein physisches, psychisches oder soziales Merkmal, durch das sich eine Person von den übrigen Mitgliedern einer Gesellschaft oder Gruppe, der sie angehört, negativ unterscheidet und das sie von vollständiger sozialer Anerkennung ausschließt. Ein zentrales Kennzeichen von S.ta ist, dass den Merkmalsträgern weitere, ebenfalls negative Eigenschaften zugewiesen werden, die mit dem ursächlichen Merkmal oder dem tatsächlichen Verhalten nichts zu tun haben (Generalisierungseffekt).

Ursprünglich auf äußerlich auffallende, entstellende Körpermerkmale bezogen, wurde der S.begriff in den Sozialwissenschaften seither erweitert und steht für eine Eigenschaft, die zutiefst diskreditierend ist. „Ein Individuum, das leicht in gewöhnlichen sozialen Verkehr hätte aufgenommen werden können, besitzt ein Merkmal, das sich der Aufmerksamkeit aufdrängen und bewirken kann, dass wir uns bei der Begegnung mit diesem Individuum von ihm abwenden, wodurch der Anspruch, den seine anderen Eigenschaften an uns stellen, gebrochen wird. Es hat ein Stigma, d.h., es ist in unerwünschter Weise anders, als wir es antizipiert hatten" (Goffman 2008).

Nach Erving Goffman (1922-1982), der das S.konzept maßgeblich geprägt hat, lassen sich Personen, denen ein S. anhaftet bzw. denen ein S. potenziell angeheftet werden kann, in zwei Teilmengen gliedern: „Nimmt das stigmatisierte Individuum an, dass man über sein Anderssein schon Bescheid weiß oder dass es unmittelbar evident ist, oder nimmt es an, dass es weder den Anwesenden bekannt ist noch von ihnen unmittelbar wahrnehmbar? Im ersten Fall hat man es mit der Misere des Diskreditierten zu tun, im zweiten mit der des Diskreditierbaren" (Goffman 2008). Dabei lassen sich drei Arten von S.ta unterscheiden: 1) körperliche Besonderheiten (z.B. Behinderungen); 2) individuelle Charaktereigenheiten (z.B. Unehrenhaftigkeit), die aus Sucht, Homosexualität, Gefängnishaft u.a. abgeleitet werden; 3) phylogenetische S.ta, die gewöhnlich von Geschlecht zu Geschlecht weitergegeben werden und alle Mitglieder einer Familie treffen (z.B. Ethnie, Nation, Religion).

Stigmatisierung bezeichnet einmal den Prozess, durch den einer Person bzw. einem Aggregat von Personen ein S. verliehen wird (z.B. das Etikett „nichtehelich" in den Akten der Sozialfürsorge) und zum anderen jegliches verbale und nonverbale diskriminierende Verhalten aufgrund eines zu Eigen gemachten S.s. Die Wirkung eines S.s ergibt sich daraus, dass die Interaktionspartner des Stigmatisierten diesen primär von dessen S. aus wahrnehmen und behandeln. Ein vorhandenes oder lediglich zugeschriebenes Merkmal wird zum zentralen Merkmal. Hierzu passende Eigenschaften werden selektiv wahrgenommen; neutrale oder nicht passende Eigenschaften werden uminterpretiert oder aus der Wahrnehmungsumwelt ausgeblendet. Auch die Vergangenheit des Betroffenen wird in einer Weise neu organisiert und interpretiert, dass sie zum S. „passt" (sog. Prozess der retrospektiven Interpretation oder biografischen Rekonstruktion). Die durch das S. gefärbten Wahrnehmungen und Einstellungen wirken sich auf die konkreten Interaktionen mit dem Betroffenen aus, dessen Handlungsspielraum und Lebenschancen, wenn auch oft absichtslos, beschnitten werden.

Da der Stigmatisierte i.d.R. die Normen und Werte der Gesellschaft internalisiert hat, erlebt er eine Identitätsverunsicherung, verbunden mit Inferioritätsgefühlen. Er hat verschiedene Möglichkeiten, auf diese Situation zu reagieren. Er kann z.B. versuchen, die objektive Basis für die Stigmatisierung zu beseitigen, er kann sein „Defizit" durch besondere Leistungen in spezifischen Tätigkeitsbereichen kompensieren, er kann mit dem konventionellen Leben brechen und um Anerkennung seines spezifischen Andersseins kämpfen u.a.

Der Umgang der „Normalen" mit dem Stigmatisierten wie auch die Reaktion des Stigmatisierten werden maßgeblich durch das im Verlauf der Sozialisation erworbene Wissen (S.theorie) über die Minderwertigkeit des Stigmatisierten und über die von ihm ausgehende Gefahr beeinflusst. Defensive Reaktionen des Stigmatisierten werden leicht als Beweis für sein Anderssein aufgefasst und bestätigen in den Augen der sozialen Umwelt die Rechtmäßigkeit des eigenen Verhaltens (Theorem der *self-fulfilling prophecy* von R.K. Merton).

Das S.konzept hat sich besonders für die Analyse psychischer Störungen (z.B. Scheff), aber auch im Bereich der Kriminalitäts- und Randgruppenforschung als fruchtbar erwiesen. V.a. die Vertreter des eng mit dem Symbolischen Interaktionismus verknüpften *labeling approach*-Ansatzes haben sich intensiv mit den Folgen von Stigmatisierungsprozessen und -erfahrungen im Hinblick auf die Einleitung und Verstärkung abweichender Karrieren befasst.

→ **Kontrolle, soziale; Minderheiten; Sanktion; Verhalten, abweichendes; Vorurteil**

📖 *G. Albrecht* (^{3}1993): Stigmatisierung. In: *G. Kaiser et al.* (Hg.): Kleines Kriminologisches Wörterbuch. Heidelberg: 495-500; *M. Brusten/J. Hohmeier* (Hg.) (1975): Stigmatisierung. Bd. 2, Neuwied/Darmstadt; *A.J.M. Dijker/W. Koomen* (2007): Stigmatization, Tolerance and Repair. Cambridge; *E. Goffman* (^{17}2008): Stigma. Frankfurt a.M. (orig. 1963); *H. Hess* (1997): Skins, Stigmata und Strafrecht. Kriminologisches Journal 29: 38-51; *W. Lipp* (1985): Stigma und Charisma. Berlin; *T.J. Scheff* (1973): Das Etikett „Geisteskrankheit". Frankfurt a.M.

Rüdiger Peuckert

Symbol

(Sinnbild) ist etwas Wahrnehmbares (z.b. ein Gegenstand, ein Bild, eine Farbe, ein Schriftzeichen, Laute und Gerüche, oder auch eine Handlung), das auf etwas nicht unmittelbar Wahrnehmbares (den Sinngehalt) verweist. Das Nichtwahrnehmbare (z.b. eine Idee, der Glaube, die Zugehörigkeit zu einer Gruppe, Erfahrungen und Empfindungen, auch z.b. eine naturwissenschaftliche Größe) wird durch das S. repräsentiert. Die ursprüngliche Wortbedeutung von S. ist abgeleitet vom gr. Verb *symballein* und bezeichnet das Erkennungszeichen, das zwischen zwei Parteien verwendet wird, z.b. ein zerbrochener Ring, um bei dem Wiedertreffen die Zusammengehörigkeit zu überprüfen.

Der S.begriff ist in der Soz., Psychologie, Philosophie, Mathematik, Kunst- und Literaturwissenschaft und in der Theologie eingeführt. Über die Semiotik, verstanden als eine interdisziplinäre Wissenschaft von den Zeichen, wird das S. grundlegend definiert.

Die Ausführungen zum S.begriff unterscheiden sich darin, ob das S. im Kontext eines S.sytems untersucht wird oder ob die S.aktivität des Menschen im Vordergrund der Betrachtung steht (Hülst 1999).

Die Fähigkeit des Menschen, S.e zu schaffen, wird in der Anthropologie als dominanter Wesenszug gesehen: Der Mensch erfasst die Wirklichkeit nicht an sich, sondern durch die Vermittlung der symbolischen Formen (Sprache, Mythos, Kunst). Ernst Cassierer (1874-1945), der in seinem Hauptwerk umfassend über den S.begriff informiert, hat den Menschen als *animal symbolicum* definiert. Cassierer schreibt über die „symbolische Form" und definiert sie als „jene Energie des Geistes, durch welche ein geistiger Bedeutungsinhalt an ein konkretes sinnliches Zeichen geknüpft und diesem Zeichen innerlich zugeeignet wird" (1994). Langer unterschied zwischen diskursiven (z.b. die Sprache) und präsentativen (z.b. der Mythos) symbolischen Formen und beschrieb die symbolische Transformation als das Denken, als einen Prozess, als die besondere Fähigkeit des Menschen, „seine Reaktionen zu synthetisieren, zu retardieren und zu modifizieren, indem er Symbole in die Lücken und in das Durcheinander unmittelbarer Erfahrung einschaltet" (1992). Symbolisierung sei ein Grundbedürfnis des Menschen und diene der Emanzipation von einer unmittelbaren Reaktion auf Reize.

Das S. als Stellvertreter und Konzentrat des Ideellen dient dazu, die Geschichte und die Zukunft, so auch die Erfahrungen und Ideen der Menschen, die in den S.en gebunden sind, verfügbar zu machen und ermöglicht die Verständigung darüber. Das S. entsteht und hat seine Gültigkeit innerhalb einer sozialen Einheit. Die Zuordnung von Sinnbildern zu Sinngehalten (der Vorgang der „Definition") ist innerhalb dieser sozialen Einheiten vereinbart, wird von den einzelnen Mitgliedern dieser Einheiten z.T. unbewusst übernommen bzw. gelernt und ist „willkürlich" im eigentlichen Wortsinn, d.h. ist somit auch raumzeitlich unterschiedlich. S.bildung ist ein sozialer Akt, der dem sozialen Wandel sowie Macht und Herrschaft unterliegt. S.e sind die kleinsten Einheiten, aus denen Kulturen bestehen (Lipp 1992). „Prinzipiell alles kann zum Symbol oder zum symbolischen Handelns werden, sofern es der Handelnde innerhalb der Kommunikationssituation entsprechend deklariert (Erving Goffman: „rahmt")" (Soeffner 2000).

Ein Liebespaar erinnert sich bei einem ganz bestimmten Musikstück an die erste Begegnung. Der Baum ist z.B. ein Gegenstand, der in fast allen bekannten Kulturen und zu allen Zeiten als S. für die unterschiedlichsten Gehalte diente: Als Lebensbaum oder als Stammbaum wird er zum S. für das Leben und Sterben oder für die Verwandtschaftsbeziehungen. Die Palme symbolisiert den Sieg über den Tod, der Ölbaum ist Friedenss. usw. Von besonderer Bedeutung ist das S. in der Religion. Es schafft dort die Verbindung zwischen dem Heiligen (Sinngehalt) und dem Profanen (Sinnbild oder Ritual) und macht das Heilige für den Menschen „fassbar".

Für die sozialwissenschaftliche Forschung erlangt das S. insofern Bedeutung, als es auch auf soziale Beziehungen und Verhältnisse verweist. Materielle Objekte haben, über ihren rein praktischen Nutzen hinaus, vielfach auch symbolische Bedeutung (so ist z.B. ein Auto ein Fortbewegungsmittel, aber nicht minder wichtig ist seine Funktion als Statuss.). Thorstein Veblen (1857-1929) hat i.d.S. eine Reihe von Verhaltensweisen (insbes. den demonstrativen Müßiggang) der „feinen Leute" als symbolische beschrieben (1993). Emile Durkheim (1858-1917) hat das S. als „fait social" (soziale Tatsache) zum Gegenstand soz. Forschung gemacht. Durkheim fand, dass das S. eine doppelte Beziehung herstellt: Es verweist einerseits auf den ideellen Gehalt, den es symbolisiert, und andererseits auf die soziale Einheit, die diesen Gehalt in dieser Form symbolisiert hat (2007).

S.e erfüllen eine zweifache Funktion: sie dienen als Modelle *von* Wirklichkeit und als Modelle *für* Wirklichkeit. Keine gesellschaftliche Beziehung ist denkbar, ohne dass die daran Beteiligten auf eine geistige Repräsentation derselben zurückgreifen könnten, die der wechselseitigen Orientierung aller Beteiligten dient. Nach Durkheim fungiert beispielsweise die Religion als ein Begriffssystem, das den Menschen zur Erklärung von Zusammenhängen und Wirkungen dient und das eine quasi-materielle Wirksamkeit entfaltet. Über „die Mode", die Bedeutung von Schmuck und Kleidung als S. und Mittel der Distinktion hat Georg Simmel (1858-1918) geschrieben. Dieser Aspekt des S.gebrauchs ist nicht nur in der Jugendphase relevant, wenn Identifikation und Distinktion explizit mit bestimmten S.n repräsentiert werden.

Für die Architektur ist im S.begriff die Verbindung von gebauter Umwelt und Verhalten impliziert. Gebaute S.e sind Elemente der „Sprache der Architektur", sollen bewusst oder unbewusst Verhalten beeinflussen bzw. Sinngehalte repräsentieren. Insbes. das postmoderne Bauen bediente sich der S.haftigkeit der Architektur, zitierte mittels bestimmter Motive (z.b. Säulen, Arkaden, Balkone) die verschiedensten Epochen der Baugeschichte und Baustile.

In der Archäologie ist die Dechiffrierung von S.n von größter Bedeutung für die Zuordnung und Rekonstruktion von Lebenszusammenhängen. Nicht alle Sinngehalte, die in S.n festgehalten sind, sind für uns eindeutig zu rekonstruieren, manche werden gar nicht mehr verstanden oder geben Raum für Spekulationen.

Für die soz. Theoriebildung ist der S.begriff durch George H. Mead (1863-1931) wie folgt definiert (1973): S. ist alles, was Bedeutung hat und diese entsteht in der sozialen Interaktion, durch das Zusammenwirken von Person, Sache und Situation. Soziales Handeln ist symbolvermittelt. Mead gilt als der Begründer des symbolischen Interaktionismus.

Norbert Elias (1897-1990) erhebt den S.begriff zum gattungsbestimmenden des Menschen. S.e seien die fünfte Dimension für die Menschen und von den vier zeiträumlichen Dimensionen unabtrennbar. Er hat in seiner S.theorie den Komplex „Wissen, Sprache, Gedächtnis und Denken" im Zusammenhang mit seiner Figurationssoz. bestimmt: „Ohne die gesellschaftliche Standardisierung von Lautmustern und die Deponierung ihrer S.funktion im Gedächtnisspeicher einer Person würde sich der von uns als Wissen bezeichnete Prozeß gar nicht vollziehen" (2001). Die Betrachtung der Entwicklung des S.systems und seine Funktion im sozialen Wandlungsprozess führt Elias zu der These, dass sich, „die Entwicklung menschlicher Symbole in Richtung größerer Wirklichkeitskongruenz" vollziehe.

Pierre Bourdieu (1930-2002) hat den S.begriff in seinem Werk schon früh als einen Schlüsselbegriff der Soz. definiert und die „symbolischen Formen" (1975) mit ihrer relativen Stabilität als Basis, die durch Kultur und Bildung vermittelt ist, mit dem individuellen *Habitus* verknüpft.

→ **Anthropologie; Figuration; Kommunikation; Kultur und Zivilisation; Religion; Ritual; Sprache; Soziologische Theorien (III)**

📖 *P. Bourdieu* (⁸2007): Zur Soziologie der symbolischen Formen. Frankfurt a.M.; *E. Cassierer* (1994): Philosophie der symbolischen Formen. Darmstadt; *E. Durkheim* (2007): Die elementaren Formen des religiösen Lebens. Frankfurt a.M. (orig. 1912); *N. Elias* (2001): Symboltheorie. Gesammelte Schriften Bd. 13. Frankfurt a.M. (orig. 1991); *D. Hülst* (1999): Symbol und soziologische Symboltheorie. Opladen; *S. Langer* (1992): Philosophie auf neuem Wege. Frankfurt a.M; *W. Lipp* (1992): Kulturtypen, Kulturelle Symbole, Handlungswelt. KZfSS 31: 450-484; *G.H. Mead* (¹⁴2008): Geist, Identität und Gesellschaft. Frankfurt a.M. (orig. 1934); *G. Simmel* (⁵2006): Exkurs über den Schmuck. In *ders.*: Soziologie. Frankfurt a.M.; *H.-G. Soeffner* (2000): Gesellschaft ohne Baldachin. Weilerswist; *Th. Veblen* (2007): Theorie der feinen Leute. München (orig. 1899).

Gabriele Köhler

System, soziales

(gr. Zusammenstellung, Vereinigung) ist statisch oder vom Ergebnis her gesehen die Bezeichnung für einen Sinnzusammenhang von Elementen, die als Einheit begriffen und von anderen Elementen oder Einheiten (S.umwelt) unterschieden werden können. Prozessual betrachtet meint S. einen Zusammenhang von wiederholbaren und sich wiederholenden Vorgängen (Operationen) der sinnhaften Differenzbildung und Verknüpfung. In dieser allgemeinen Form findet der S.begriff in verschiedenen Wissenschaftsdisziplinen (z.B. Mathematik, Physik, Biologie) analytische Verwendung und ist auch zum Grundbegriff der Allgemeinen S.theorie (Ludwig v. Bertalanffy, 1901-1972) geworden. Beim Gebrauch in empirischen Wissenschaften bleibt dabei jedoch häufig die erkenntnistheor. Frage umstritten, ob S.bildung nur eine Strategie menschlichen Denkens (S.theorie als Methode) oder aber eine (Über-)Lebensstrategie lebender Organismen überhaupt darstellt, ob es also nur S.vorstellungen von und für Menschen oder auch von ihnen unabhängig existente systemische Zusammenhänge gibt.

Handelt es sich bei dem zu analysierenden Objektbereich um soziale Elemente (Handlungsmuster, Normen, Rollen, Institutionen, Organisationen) oder um soziale Prozesse (soziale Handlungen, Interaktionen, Kommunikationen), dann wird deren Einheit oder Zusammenhang als s.S. bezeichnet. In dieser Form ist der Begriff des s.en S.s eine Grundkategorie der soz. S.theorie geworden, die ihn seit den 1950er Jahren (T. Parsons, N. Luhmann) zur Analyse der verschiedensten sozialen Phänomene, Prozesse und Gebilde (z.B. Gruppen, Interaktions-, Organisations-, Gesellschafts-S.e) verwendet.

Zu diesem Zweck wurde und wird in der soz. S.theorie ein sehr abstraktes und differenziertes Vokabular entwickelt. In dieser Begrifflichkeit kommen zwar die gemeinsamen Anliegen (z.B. alle sozialen Gebilde oder Geschehenszusammenhänge als S. zu betrachten), aber auch Unterschiede in den Grundannahmen (z.B. Elementen- und Ergebnis-Perspektive gegenüber Prozess-Perspektive oder s.S.e als analytische Vorstellung gegenüber realen S.zusammenhängen) der verschiedenen systemtheor. Ansätze in der Soz. zum Ausdruck.

Die längste Tradition und die größte Verbreitung hat dabei wohl noch immer die *strukturell-funktionale (S.-)Theorie* von Talcott Parsons (1902-1979), die – in Durkheimscher und kulturanthropologisch-funktionalistischer Theorietradition stehend – die Element- und Ergebnisperspektive bevorzugt. Danach gilt das innere Ordnungsgefüge eines s.en S.s, das durch die relativ dauerhaften Beziehungen der S.elemente (z.B. soziale Rollen) gebildet wird, als die S.struktur (hier: Rollenstruktur). Diese S.strukturen bestimmen die in einem s.en S. möglichen Ereignisse (Eigenkomplexität) und die Zustände, die das s.e S. annehmen kann (Strukturvariabilität). Sie bilden damit zugleich die sozialen Determinanten jener Ereignisse (z.B. Rollenhandeln) und Ereignissequenzen, die die strukturell gegebenen Möglichkeiten unter Inanspruchnahme bestimmter Medien (z.B. Geld, Macht, Vertrauen) verwirklichen und die allgemein S.prozesse genannt werden. Die erwarteten oder tatsächlichen Effekte dieser Prozesse für die Bewältigung bestimmter S.probleme oder -aufgaben (z.B. Anpassung von S. und S.umwelt, Ausrichtung der S.prozesse auf S.probleme oder -ziele, Integration der S.elemente, Erhaltung der S.struktur) gelten als S.funktionen.

Betrachtet man die innere Untergliederung oder Differenzierung des s.en S.s in Teileinheiten, spricht man von *Subs.en.* Dabei erfolgt die analytische Untergliederung meist anhand bestimmter S.funktionen, wie sie das sog. *AGIL-Schema* allgemein anbietet. So untergliedert die strukturell-funktionale S.theorie gemäß den vier Grundfunktionen die Gesellschaft in ein ökon. Subs. (Wirtschaft: Anpassung), ein pol. Subs. (Staat, Parteien, Verbände: Zielorientierung), ein sozio-kulturelles Subs. (Kultur-, Bildungs-, Rechtswesen: Strukturerhaltung) und die gesellschaftliche Gemeinschaft (Familie, Vereine: Integration). Die gesellschaftlichen Subs.e oder auch einzelne soziale Gebilde (z.B. Organisationen) lassen sich dann ihrerseits wieder als analytische Einheiten oder S.e begreifen und in Teil- oder Subs.e differenzieren. Das s.e S. Gesellschaft kann jedoch schon als soziales Subs. des allgemeinen S.s menschlicher Handlungen (Handlungss.) gesehen werden, von dem dann das personale S. (der psychische Zusammenhang) und das Organismuss. (der Organismuszusammenhang) des Menschen sowie das kulturelle S. (der Sinnzusammenhang von Symbolen) analytisch als Umwelten des s.en S.s unterschieden werden. Die S.elemente und Subs.e, aber auch die prinzipiell als umweltoffen geltenden s.en S.e selbst stehen untereinander bzw. mit ihrer jeweiligen Umwelt in wechselseitiger Beziehung (Interdependenz). Die auf diesen Beziehungsbahnen ablaufenden Ereignisse (soziales Handeln) werden allgemein als Austauschprozesse (Interaktionen) verstanden. Mit Hilfe verschiedener sozialer Medien werden ganz allgemein Energie und Sinn in Form von sozialem Handeln und Kommunikation oder in Form von Ergebnissen dieses Handelns (Informationen, Leistungen, Orientierungen) ausgetauscht. Diese Prozesse weisen jedoch auch auf eine grundlegende Problematik der strukturell-funktionalen S.theorie hin. Denn Interdependenzen und Austauschprozesse, v.a. aber grenzüberschreitende Beziehungen (Interpenetrationen) gefährden grundsätzlich die Dauerexistenz eines s.en S.s, sofern entsprechende Einflüsse und Anforderungen die systemimmanente Variabilität überfordern. Eine relativ dauerhafte Veränderung von S.strukturen, d.h. ein Wandel des S.s oder gar sein Untergang wären die Folge.

→ **Gesellschaft; Handeln, soziales; Sozialstruktur; Soziologische Theorien**

📖 *S. Jensen* (1983): Systemtheorie. Stuttgart; *G. Kiss* (^{2}1990): Grundzüge und Entwicklung der Luhmannschen Systemtheorie. Stuttgart; *N. Luhmann* (2009): Die Gesellschaft der Gesellschaft. Frankfurt (zuerst 1997); *ders.* (^{5}2009): Einführung in die Systemtheorie. Heidelberg; *ders.* (2008): Soziale Systeme. Frankfurt a.M. (zuerst 1984); *R. Münch* (1988): Theorie des Handelns. Frankfurt a.M.; *T. Parsons* (^{3}1975): Beiträge zur soziologischen Theorie. Darmstadt/Neuwied (zuerst 1964); *ders.* (1976): Zur Theorie sozialer Systeme. Opladen; *H. Willke* (^{3}2001): Systemtheorie. Bd. 3, Stuttgart/New York.

Hermann L. Gukenbiehl/Albert Scherr

Tausch

beruht auf expliziter oder impliziter Wechselbeziehung des Gebens und Nehmens von Gütern und Dienstleistungen und kennzeichnet dabei zumeist den Prozess ihrer Weitergabe.

Der Ausdruck T. tritt erstmals als Rückbildung des Verbs tauschen im 16. Jh. auf, das auf mhd. „*täschen*" zurückgeht. Es besagt zunächst „unwahr reden, lügnerisch versichern". Im engeren Sinn wird der Begriff T. entweder synonym für ökon. Warent. oder als Sammelbezeichnung für alle nicht-kommerziellen Weitergabeformen von Gütern/Dienstleistungen, mit Ausnahme von Formen der Abgabe (Tribut, Spende, Entsorgung), verwendet.

Beim Warent. leitet sich der Wert eines Gutes nicht vom Gebrauchs-, sondern vom T.wert ab. Zwar ist der Warent. ohne ein allgemeines Äquivalent (Geld) möglich, aber nicht ohne die Institution des *Marktes*. Die Freiheit des Marktverkehrs (Angebot/Nachfrage) bestimmt den T.wert. Nach Max Weber (1864-1920) kommt es dabei zu einem „Interessenskompromiss" der eigennützig handelnden T.beteiligten.

Die *Kritische Theorie* sieht in der T.werterzeugung ein Organisationsprinzip der kapitalistischen Gesellschaft. Durch sie seien keine unmittelbaren, sondern nur noch sachlich über den T. vermittelte Beziehungen zwischen Menschen möglich.

Bei den nicht-kommerziellen T.formen wird folgende Typisierung vorgenommen:

• Reziprozität (K. Polanyi) als direkte T.form zwischen ‚Einheiten' derselben Art (z.B. Individuen, Haushalte, Verwandtschaftsgruppen). Dieser Gabent. dient nicht dem individuellen Nutzen, sondern der Bestätigung bereits bestehender Beziehungen; er baut ein Netz wechselseitiger Verpflichtungen und Anrechte zwischen den T.beteiligten auf;

- Zusammenlegung von Gütern/Dienstleistungen zum Zweck der kollektiven Nutzung innerhalb einer Gebergemeinschaft; man denke hier z.b. an die Zusammenlegung von individuellen Wissensbeständen zu Wissensarchiven;
- Redistribution. Sie besteht darin, Güter/Dienstleistungen bei einer zentralen Stelle abzuliefern, die sie wieder zurückverteilt; in modernen Gesellschaften ist an diese Stelle das staatliche Steuerwesen getreten.

Problematisch ist jedoch die übliche Zuordnung dieser T.typen zu bestimmten Gesellschaftsformen (Redistribution zu Agrargesellschaften, Reziprozität zu Jäger-/Sammlergesellschaften), denn es können empirisch mehrere Typen in einer Gesellschaft gleichzeitig beobachtet werden. So haben bspw. durch das Internet Reziprozität in Form nicht-monetärer T.börsen und Zusammenlegung durch uneigennützige Informationsdienste wieder an Bedeutung gewonnen.

Hist. ist der T. jedoch keine ursprüngliche Grundform menschlicher Interaktion; er entwickelte sich nicht in einer Gruppe (Aust.), sondern zwischen zwei Gruppen: einer *in-group* und einer *out-group*. Dazu waren große Hemmungen zu überwinden (stummer Handel, Depothandel). Wie die Ethnologie zeigen konnte (E. Durkheim, R. Thurnwald, M. Mauss, B. Malinowski, Cl. Lévi-Strauss), können aus diesen T.systemen wichtige Aussagen über die jeweilige Wirtschaftsweise und Sozialstruktur gefolgert werden. Nach Marcel Mauss (1872-1950) ist die erste Form des T.es der zeremoniell vorgenommene Geschenk.; er stellt eine dreifache Verpflichtung des Gebens, Nehmens und Erwiderns dar und dient der Förderung engerer Verbindungen zwischen den ansonsten unabhängigen Gruppen. Die T.beteiligten begegnen sich dabei als moralische Personen und nicht als frei handelnde Individuen.

Ein weiter T.-Begriff kommt in der sozialwissenschaftlichen T.theorie und im Rational-Choice Ansatz zur Anwendung. Für George Caspar Homans (1910-1989) stellt jede soziale Beziehung eine Tauschbeziehung dar, da nicht nur Güter, sondern alle als wertvoll und interessant erachteten Ressourcen, wozu auch Informationen, Aufmerksamkeit, Anerkennung und Vermeidung von Sanktionen zu rechnen sind, getauscht werden können. Wie Homans geht auch Peter M. Blau (1964) davon aus, dass nur getauscht wird, wenn beide Seiten sich Vorteile davon erhoffen. Gemäß des *Rational-Choice Ansatzes* von James S. Coleman (1926-1995) kontrolliert ein Akteur nicht alle Ressourcen, die er braucht, um seine Bedürfnisse zu befriedigen. Interaktionen im Sinne einer Transaktion von Ressourcen beginnen in dem Moment, wenn der Akteur andere dazu bewegen kann, die Kontrollrechte über ihre Ressourcen abzutreten. Auf dieser Basis erarbeitete Coleman das Konzept eines allgemeinen T.systems als vollkommener Markt. Kappelhoff (1993) erweiterte dieses Konzept um die Aspekte soziokultureller T.barrieren sowie dynamischer Entwicklungen von Abhängigkeitsbeziehungen. Nach Esser (2002) stellt der T. den Kern jeder Transaktion dar, die ihrerseits wiederum die wichtigste Form des sozialen Handelns bildet. Beim T. kommt es darauf an, das T.risiko im Sinne eines Handlungsdilemmas zu reduzieren. Hierzu fungieren Konzepte des generalisierten T.es, das Prinzip des *Commitments* (Geradlinigkeit des Verhaltens) und die Norm der Reziprozität als institutionelle, kulturelle und sogar moralische Organisation von Transaktionen.

→ **Geld; Markt; Wirtschaft**

📖 *F. Adloff/S. Mau* (Hg.) (2005); Vom Geben und Nehmen. Zur Soziologie der Reziprozität. Frankfurt a.m.; *P.M. Blau* (1964): Exchange and Power in Social Life. New York/London/Sydney; *L. Clausen* (1978): Tausch. München; *K.S. Cook* (Hg.) (1987): Social Exchange Theory. Newbury Park, London/New Delhi; *P.P. Ekeh* (1974): Social Exchange Theory. The Two Traditions. London; *R.M. Emerson* (1976): Social Exchange Theory. Annual Review of Sociology 2: 335-362; *H. Esser* (2002): Soziologie. Spezielle Grundlagen. Bd. 3: Soziales Handeln. Frankfurt a.m.: 305-383; *T. Görlich* (1992): Tausch als rationales Handeln. Berlin; *A. Heath* (1976): Rational Choice and Social Exchange. Cambridge; *G.C. Homans* (^{2}1972): Elementarformen sozialen Verhaltens. Opladen (orig. 1958); *P. Kappelhoff* (1993): Soziale Tauschsysteme. Strukturelle und dynamische Erweiterungen des Marktmodells. München; *H. Kreutz* (1997): Leben und leben lassen. Opladen; *C. Lévi-Strauss* (1993): Die elementaren Strukturen der Verwandtschaft. Frankfurt a.M. (orig. 1947); *B. Malinowski* (^{2}2001): Argonauten des westlichen Pazifik. Frankfurt a.M. (orig. 1922); *M. Mauss* (^{4}1999): Die Gabe. Frankfurt a.M. (orig. 1925); *K. Polanyi* (2008): Ökonomie und Gesellschaft. Frankfurt a.m.; *R. Thurnwald* (1932): Economics in Primitive Communities. London; *V. Vanberg* (1975): Die zwei Soziologien. Individualismus und Kollektivismus in der Sozialtheorie. Tübingen.

Roger Häußling

Technik

alle künstlichen Gebilde und Verfahren, die es ermöglichen, einen Ursache-Wirkungs-Zusammenhang zu vereinfachen und dauerhaft möglichst effizient zu beherrschen (Rammert 1993). Oder in der Sprache Niklas Luhmanns (1927-1998): T. ist „funktionierende Simplifikation im Medium der Kausalität" (2003) – was faktisch das Gleiche meint und darauf verweist, dass auch für eine soz. Definition von T. die instrumentelle Dimension unverzichtbar ist.

Die T.soz. wendet soz. Denken auf den Gegenstandsbereich T. an und befasst sich a) mit technisch induzierten gesellschaftlichen Transformationsprozessen, b) mit der Strukturanalyse sozio-technischer Systeme sowie c) mit der gesellschaftlichen Kommunikation über T. und deren Folgen. Ihr Interesse richtet sich dabei nicht primär auf das materielle Artefakt, sondern auf die sozialen Prozesse, die es verkörpert, vermittelt oder auslöst. In soz. Perspektive wird T. als die Verknüpfung eines Artefakts mit einer sozialen Handlungsform aufgefasst, die – hist. gewachsen – in dem materiellen Objekt vergegenständlicht ist und von den Nutzern angeeignet und – oftmals eigensinnig – verändert werden kann. Ein technisches Artefakt wie das Telefon wird beispielsweise erst dann soz. interessant, wenn es für Kommunikationsprozesse genutzt wird (instrumentelle Dimension) bzw. diese durch räumliche Distanzierung verändert (mediale Dimension). Es geht somit um den Prozess des Telefonierens und nicht um das Telefon an sich.

Aber auch die Prozesse der sozialen Konstruktion des Telefonsystems im 19. und 20. Jh., seine Durchsetzung gegen konkurrierende Systeme, seine gesellschaftsweite Diffusion sowie seine Transformation durch innovative Technologien wie das Mobiltelefon sind Gegenstände der T.soz. (konstruktive Dimension). Schließlich befasst sich die T.soz. mit den gesellschaftlichen Diskursen über T. sowie mit Fragen der pol. Steuerung und Regulierung von T. (diskursive Dimension). Das Konzept des sozio-technischen Systems bezieht diese Vielzahl nichttechnischer Faktoren mit ein und postuliert, dass die Kunst des T.konstrukteurs darin besteht, die Kopplung heterogener Komponenten derart zu bewerkstelligen, dass ein reibungsloses Funktionieren des Systems möglich wird. Wie Hughes (1979) in seiner Fallstudie zu Edison darlegt, bestand dessen Leistung nicht (nur) darin, die Glühbirne zu erfinden, sondern das System der elektrischen Beleuchtung mit all den dafür erforderlichen technischen und nicht-technischen Komponenten.

Hinter der These der sozialen Konstruktion von T. steht die Behauptung, dass die Wahl zwischen alternativen sozio-technischen Systemen entscheidend von sozialen Akteuren, deren Strategien sowie den sich daraus ergebenen Interessenkonstellationen geprägt wird. Warum der Verbrennungsmotor sich Anfang des 20. Jh. gegen technische Alternativen durchsetzte oder warum der IBM-PC in den 1980er Jahren zum Industriestandard wurde, ist nicht hinreichend durch innertechnische Faktoren zu klären, sondern nur durch Rekurs auf die dahinter stehende „soziale Logik".

Pfadmodelle (Nelson/Winter 1977) und Zyklenmodelle technischer Evolution (Tushman/Rosenkopf 1992) stimmen darin überein, dass es Phasen der Unsicherheit und Offenheit gibt, in denen der weitere Kurs der T.entwicklung maßgeblich von sozialen Aushandlungsprozessen abhängt. Nach erfolgreicher Schließung („*Closure*") folgen teils lang andauernde Phasen der Stabilität mit allenfalls inkrementellem Wandel, in denen das Programm abgearbeitet wird, das mit einem innovativen technologischen Pfad (Regime, dominanten Design) angelegt wurde.

Die T.geneseforschung interessiert sich dabei insbes. für die Akteurnetzwerke, die derartige Innovationsprozesse anstoßen und tragen. Damit unterscheidet sie sich von einer auf heroische Einzelerfinder fixierte T.geschichtsschreibung. Neben konventionellen soz. Ansätzen, welche die Interaktions- und Koordinationsprozesse in Innovationsnetzwerken untersuchen (Powell 1990), hat sich die Actor-Network-Theory als eine Variante etabliert, die auf radikale Weise die Berücksichtigung auch nicht-menschlicher Wesen (z.b. technischer Artefakte) als Mitspieler und Interaktionspartner einfordert (vgl. Latour 1998).

Sozialwissenschaftliche T.forschung hat stets auch beansprucht, einen Beitrag zur vorausschauenden Vermeidung unerwünschter T.folgen zu leisten. Das Wissen um die Risiken komplexer T. sowie Erfahrungen mit Fehlschlägen einer technikzentrierten Innovationsstrategie haben zur Entwicklung neuartiger Konzepte von T.gestaltung geführt, die auf einer umfassenden, expertengestützten Analyse und Bewertung alternativer Szenarien der T.entwicklung sowie deren gesellschaftlicher Folgen basieren (Petermann 1991). Parallel haben sich beteiligungsorientierte Konzepte etabliert, die neben dem wissenschaftlichen Sachverstand auch das Know-how potenzieller T.nutzer in den Prozess der Planung und Gestaltung von T. einbeziehen und so versuchen, Risiken und Akzeptanzprobleme antizipativ zu vermeiden. Zudem sind die Nutzer wichtige Quellen der Inspiration; die Berücksichtigung ihrer Bedürfnisse ist somit ein wichtiger Faktor für den späteren Markterfolg.

Wenn man mit Beck (2007) die postindustrielle Moderne als „Risikogesellschaft" beschreibt, so bedeutet dies u.a., dass Wissenserzeugung zunehmend in Anwendungskontexten stattfindet und die Gesellschaft zum Labor für wissenschaftliche Forschung wird (Krohn/Weyer 1989). Mit der Erzeugung neuen technischen Wissens wird jedoch stets auch neues Nicht-Wissen generiert, was die Gesellschaft mit Unsicherheiten und daraus resultierenden Entscheidungsproblemen belastet (z.B. im Bereich der pränatalen Diagnostik).

Inwieweit sich technische Risiken vermeiden oder beherrschen lassen, hängt in hohem Maße vom Design des sozio-technischen Systems ab. Perrow (2005) hat darauf verwiesen, dass insbes. eng gekoppelte Systeme, in denen komplexe Interaktionen ablaufen, im Störfall schwer zu beherrschen sind. Rochlin und andere behaupten hingegen, dass es einen Typ von „High reliability organizations" gibt, die in der Lage sind, auch Hochrisikosysteme zu managen (LaPorte/Consolini 1991). Die Kontroverse ist zwar bis heute ungelöst; sie verweist dennoch darauf, dass organisationale Faktoren einen wichtigen Beitrag zur Sicherheit soziotechnischer Systeme leisten.

Die Einführung und Verbreitung „intelligenter" bzw. „smarter" T. markiert einen wichtigen, von der T.soz. erst in Ansätzen verstandenen Umbruch. In dem Maße, in dem Entscheidungen, die bislang dem Menschen vorbehalten waren (wie etwa das Steuern eines Flugzeuges), von technischen Assistenzsystemen getroffen werden, verändert sich das Verhältnis Mensch-T. von einem instrumentellen zu einem interaktiven Verhältnis. Die T. wird dabei zunehmend zu einem (teil-) autonomen Partner und Mitentscheider in hybriden Systemen, in denen die Handlungsträgerschaft auf menschliche Akteure und technische Agenten verteilt ist (vgl. Rammert/Schulz-Schaeffer 2004). Wenn technische Systeme kontextsensitiv werden und ihr Verhalten situationsangepasst selbst steuern können, werden sie immer „lebendiger", zugleich aber in ihren Abläufen für außen stehende Beobachter immer intransparenter und unberechenbarer. Die Steuerung eines Systems sich selbstorganisierter Agenten erfordert daher andere Mechanismen als die konventionelle Steuerung technischer Systeme.

Seit den beiden großen T.projekten der 1940er Jahre, dem Bau der V-2-Rakete in Dtld. sowie der Atombombe in den USA, spielte der Staat eine zentrale Rolle bei der Entstehung neuer T. Mayntz (2001) hat zudem darauf verwiesen, dass die Herausbildung des modernen Nationalstaates eng mit der Entstehung großer technischer Systeme (Eisenbahn, Telefon u.a.m.) verbunden ist. Seit den 1950er Jahren interveniert der Staat in großem Stil in die T.entwicklung, beispielsweise mit Förderprogrammen in der Atom- bzw. Raumfahrt., später auch in anderen Technologiebereichen. Aufgrund der massiven Kritik an den Fehlschlägen der auf Großt. fixierten Projektförderung (Bsp. Schneller Brüter) hat sich der Akzent des staatlichen Handelns auf andere Instrumente wie etwa die Moderation von Innovations-Prozessen verlagert, die weitgehend von den Akteuren bzw. Akteur-Netzwerken selbst gesteuert werden (Bsp. InnoRegio). Zudem hat eine Kompetenzverlagerung in die Länder und Regionen, aber auch in Richtung EU stattgefunden, was mehr denn je die Frage provoziert, ob der Staat überhaupt in der Lage ist, die T.entwicklung zielorientiert zu steuern (vgl. Grande 1994).

→ **Arbeit; Netzwerk, soziales; Wandel, sozialer**

U. Beck ([19]2007): Risikogesellschaft. Frankfurt a.M.; F. Geels (2002): Understanding the Dynamics of Technological Transitions. Twente; E. Grande (1994): Die Erosion des staatlichen Steuerungspotentials. Jahrbuch Arbeit und Technik. Bonn: 243-253; T.P. Hughes (1979): The Electrification of America. Technology and Culture 20: 124-161; W. Krohn/J. Weyer (1989): Gesellschaft als Labor. Soziale Welt 40: 349-373; T.R. LaPorte/P.M. Consolini (1991): Working in Practice But Not in Theory. Journal of Public Administration Research and Theory 1: 19-47; B. Latour (1998): Über technische Vermittlung. Technik und Sozialtheorie. Frankfurt a.M.: 29-81; N. Luhmann (2003): Soziologie des Risikos. Berlin; R. Mayntz (2001): Triebkräfte der Technikentwicklung. Politik und Technik. Wiesbaden: 3-18; R.R. Nelson/S.G. Winter (1977): In search of useful theory of innovation. Research Policy 6: 36-76; C. Perrow (2005): Normale Katastrophen. Die unvermeidbaren Risiken der Großtechnik. Frankfurt a.M.; T. Petermann (Hg.) (1991): Technikfolgenabschätzung. Frankfurt a.M.; H. Popitz (1995): Der Aufbruch zur Artifiziellen Gesellschaft. Tübingen; W.W. Powell (1990): Neither Market nor Hierarchy. Research in Organizational Behavior 12: 295-336; W. Rammert (1993): Technik aus soziologischer Perspektive. Opladen; ders./I. Schulz-Schaeffer (Hg.) (2004): Können Maschinen handeln? Frankfurt a.M.; M.L. Tushman/L. Rosenkopf (1992): Organizational Determinants of Technological Change. Research in Organizational Behavior 14: 311-347; J. Weyer (2008): Techniksoziologie. Genese, Gestaltung und Steuerung sozio-technischer

Systeme. Weinheim; *ders. et al.* (1997): Technik, die Gesellschaft schafft: soziale Netzwerke als Ort der Technikgenese. Berlin.

Johannes Weyer

Ungleichheit, soziale

gesellschaftlicher Zustand, in dem die Zugangschancen zu wichtigen Sozialbereichen (z.B. Bildung und Ausbildung, Beruf) für einzelne Personen oder Sozialgruppen erschwert sind und die ungleiche Verteilung von ökon. und sonstigen Ressourcen, von sozialen Positionen und Rängen als ein soziales Problem angesehen wird. Mit den als ungleich bewerteten sozialen Positionen und Rängen sind unterschiedliche Möglichkeiten der Ausübung von Macht und Herrschaft und der Aneignung von Ressourcen verbunden.

In den einzelnen Gesellschaften ist s.U. in unterschiedlicher Form und unterschiedlichem Ausmaß ausgeprägt und führt zu ihrer Institutionalisierung bzw. Verfestigung z.B. als Kaste, Stand, Klasse und Sozialschicht.

Da der Begriff s.U. stark wertbehaftet ist, wurde vorgeschlagen, ihn als sozialwissenschaftlichen Grundbegriff aufzugeben und vom Begriff *soziale Differenzierung* auszugehen. Das ist in der Sache richtig, würde aber das im sozialen Leben wichtige Phänomen der Bewertung sozialer Tatbestände zu sehr vernachlässigen. Hinsichtlich des Grades der Akzeptanz bzw. Ablehnung s.U. in verschiedenen Sozialgruppen und Gesellschaften sind folgende Grundpositionen denkbar:

• s.U. wird als naturgegeben (wie z.B. bei Aristoteles, aber auch bei den Sozialdarwinisten) oder als gottgewollt (wie z.B. bei Thomas von Aquin) angesehen; ihre Feststellung führt zu keinen Veränderungen;

• s.U. wird als Form der sozialen Differenzierung und der Sozialordnung angesehen und akzeptiert, solange bestimmte gesellschaftsspezifische Toleranzgrenzen nicht überschritten werden. Sie wird z.B. durch Chancengleichheit, soziale Mobilität und die Wirkungen des Sozialstaates „aufgebrochen" und kompensiert;

• s.U. wird als ein völlig unakzeptabler gesellschaftlicher Zustand (z.B. der Ausbeutung und Unterdrückung) angesehen und kann nur durch eine revolutionäre Veränderung der gesellschaftlichen Basisstrukturen behoben werden.

Die Erforschung der Ursachen s.r U. – wie Arbeitsteilung oder Eigentumsordnung – hat keine eindeutigen Resultate erbracht. Bezugspunkte der Argumentation waren seit Jean-Jacques Rousseaus (1712-1778) einflussreichem Diskurs „Über den Ursprung der Ungleichheit unter den Menschen" (Orig. frz. 1754) die menschliche

Natur einerseits (bzw. ein von ihr abgeleiteter Naturzustand) und die Struktur der Gesellschaft andererseits.

Soz. Theorien schwanken zwischen der Verteidigung s.r U. (in bestimmten Grenzen) und ihrer radikalen Kritik und Ablehnung. Ging z.b. die funktionalistische Schichtungstheorie davon aus, dass ohne ein differenzierendes Belohnungs- und Anreizsystem die gesellschaftlich wichtigen Positionen nicht entsprechend besetzt werden können, so sieht die marx. Theorie in der s.n U. die Wurzel gesellschaftlicher Konflikte.

Sozialgeschichtlich wurde erst mit der Heraufkunft der modernen industriellen, demokratischen Gesellschaften der Statusvergleich zwischen Individuen und sozialen Gruppen mit dem Ziel der Verbesserung sozialer Positionen zu einer grundlegenden pol. Forderung.

War es in der Phase der Konstituierung der bürgerlichen Gesellschaft v.a. das Thema der Rechtsungleichheit, so seit den Auswirkungen der Industriellen Revolution die Problematik der s.n U. (z.b. als „sociale Frage") in einem zunehmend breiter und differenzierter werdenden sozial-strukturellen Verständnis, auf das sich die Gleichheitsforderungen konzentrierten. Seit der Aktualisierung von Gleichheitsforderungen im letzten Drittel des 18. Jh.s – in Verbindung mit den Forderungen nach Freiheit und Emanzipation – wird von konservativen Kritikern befürchtet, die Verwirklichung der Gleichheitsforderungen führe zur „Gleichmacherei", zur „Nivellierung", schließlich zur „Vermassung" und Aufhebung der individuellen Freiheit. Hier wird das tatsächliche Ausmaß fortbestehender s.r U. unterschätzt. So hat z.b. die Verwirklichung von mehr Chancengleichheit im Bildungswesen keine einschneidenden Veränderungen der Dimensionen s.r U. bewirkt.

In den letzten Jahrzehnten beschäftigte sich die sozialwissenschaftliche Forschung stärker mit Formen horizontaler s.r U. Neben die Diskussion um Ursachen und Auswirkungen der räumlichen und geschlechtsspezifischen s.bedingten U. sind Fragen um alters- und generationenspezifische s.U.en getreten (vgl. Kohli 2005, Szydlik 2004).

→ **Differenzierung, gesellschaftliche; Klasse, soziale; Mobilität, soziale; Schicht, soziale; Status, sozialer**

📖 *N. Burzan* (²2007): Soziale Ungleichheit. Wiesbaden; *S. Hradil* (⁸2005): Sozlale Ungleichheit in Deutschland. Wiesbaden; *R. Dahrendorf* (²1966): Über den Ursprung der Ungleichheit unter den Menschen. Tübingen; *O. Dann* (³1993): Gleichheit. In: *O. Brunner/W. Conze/R. Koselleck* (Hg.): Geschichtliche Grundbegriffe. Bd. 2. Stuttgart: 997-1046; *R. Kreckel* (Hg.) (1983): Soziale Ungleichheiten. SB der Zeitschrift Soziale Welt 2. Göttingen; *ders.* (³2004): Politische Soz. der sozialen Ungleichheit. Frankfurt a.M./New York; *M. Kohli* (2005): Soziologische Theoriebildung und Altersforschung. In: *A. Aman/G. Majce* (Hg.): Soziologie in interdisziplinären Netzwerken: Leopold Rosenmayr gewidmet. Wien: 141-152; *J.-J. Rousseau* (⁶2008): Diskurs über die Ungleichheit.

Paderborn; *M. Szydlik* (Hg.) (2004): Generation und Ungleichheit. Wiesbaden 2004; *J. Berger* (2007): Warum sind einige Länder so viel reicher als andere? ZfS 36: 5-24.

Bernhard Schäfers/Bianca Lehmann

Universalien, soziale

ursprünglich ethnol. Bezeichnung für kulturelle Elemente (z.B. Institutionen, Handlungsmuster), die allgemein, d.h. in allen oder in den meisten Gesellschaften vorkommen. Ihre Entstehung wird auf gleiche Bedingungen des Gattungswesens Mensch oder auf entsprechende Ähnlichkeiten im menschlichen Verhalten zurückgeführt. Ihr Aufweis gilt teilweise auch als Gegenargument gegen Kulturrelativismus und Historismus in den Sozialwissenschaften.

Als *evolutionäre U.* (*evolutionary universals*) bezeichnet z.B. Talcott Parsons (1902-1979) einen Komplex von normativen Strukturen und entsprechenden sozialen Prozessen in einem Sozialsystem, die ihm als Bedingungen oder Voraussetzungen für innovativen (endogenen) sozialen Wandel gelten.

In einfachen Gesellschaften sind dies folgende vier universelle Eigenschaften: die in Religion eingebundenen Orientierungsweisen und Kulturmuster, die Kommunikation auf der Basis einer gemeinsamen Sprache, die Ausbildung eines Verwandtschaftssystems als Elementarform sozialer Organisation und die Entwicklung einer – wenn auch rudimentären – Technologie.

Im Zusammenhang mit der Entwicklung moderner Gesellschaften treten dann weitere sechs organisatorische Komplexe auf: ein deutlich erkennbares System sozialer Schichtung, ausdrückliche kulturelle Legitimation der Gesellschaft im Sinne eines Identitätsbewusstseins, Formen bürokratischer (Verwaltungs-) Organisation, eine Geld- und Marktorganisation, ein allgemeingültiges universalistisches Rechtssystem und demokratische Formen der Führungsbestimmung und Entscheidung. Sie alle fördern die *soziale Differenzierung* und die relative Verselbstständigung von Subsystemen einer Gesellschaft und zugleich die Universalisierung (Verallgemeinerung) ihrer normativen Strukturen. Damit tragen sie insgesamt zur Erhöhung der Anpassungs- und Selbststeuerungskapazität (*adaptive upgrading*) oder der Eigenkomplexität (N. Luhmann) eines Sozialsystems bei, d.h. zu seinem *sozialen Wandel* im Sinne einer Modernisierung der Gesellschaft.

Als s.U. könnten auch die sog. sozialen (Austausch-)*Medien* gelten, wie sie die soz. Systemtheorie zu erfassen sucht. Dazu rechnen nach T. Parsons – neben dem allgemeinen Kommunikationsmedium Sprache – v.a. Geld, Macht, Wertbindung (*commitment*) und Einfluss, nach N. Luhmann auch Freude (Liebe) und (wissen-schaftliche) Wahrheit. Der Entwurf des Medien-Konzeptes orientiert sich an der logischen Struktur des ökon. Markt- und des kommunikativen Sprachmodells. Dementsprechend werden dann auch die institutionalisierten Gebrauchsregeln dieser Medien als „Codes" bezeichnet. Medien gelten als generalisierte (d.h. hoch abstrak-te und verallgemeinerte) und zugleich subsystem- bzw. problemspezifisch speziali-sierte Mittel zur Übertragung bestimmter Inputs und Outputs bzw. zur Steuerung der Verteilung (Allokation) knapper Ressourcen (wie z.b. gültiges Wissen oder die Fähigkeit und Bereitschaft zu rollenkonformem Handeln) innerhalb oder zwischen gesellschaftlichen (Sub-)Systemen. So arbeitet etwa das wirtschaftl. Subsystem vorwiegend mit dem Medium Geld, das pol. Subsystem mit dem der Macht und Herrschaft, das soziokulturelle Subsystem mit dem der Wertbindung und die gesell-schaftliche Gemeinschaft eher mit dem des persönlichen Einflusses oder der Liebe. Die Entstehung und Verbreitung solch generalisierter Austauschmedien hängt eng mit dem Grad der Differenzierung einer Gesellschaft zusammen und unterstützt auch gleichzeitig diesen (Teil-)Prozess sozialen Wandels.

→ **Soziologische Theorien (I); System, soziales; Wandel, sozialer**

📖 *G. Kiss* ([2]1990): Grundzüge und Entwicklung der Luhmannschen Systemtheorie. Stuttgart; *N. Luhmann* (2005-2008): Soziologische Aufklärung. Bd. 6, Wiesbaden; *ders.* (2008): Soziale Systeme. Frankfurt a.M. (zuerst 1984); *ders.* (1976): Generalized Media and the Problem of Contin-gency. In: *J. Loubser et al.* (Hg.): Exploration in general Theory in Social Science. Bd. 2. New York: 507-532; *T. Parsons* ([4]1979): Evolutionäre Universalien der Gesellschaft. In: *W. Zapf* (Hg.): Theorien des sozialen Wandels. Königstein/Ts.; *ders.* (1976): Zur Theorie sozialer Systeme. Opla-den.

Hermann L. Gukenbiehl

Utopie, soziale

Vorstellung von idealen gesellschaftlichen Zuständen. Der Begriff „Utopie", „Uto-pia" ist vom griech. *ou-tópos* abgeleitet und bedeutet „kein Ort". Im 19. Jh. oft frei übersetzt mit „Nirgendheim", „Nirgendort"; neuerer Gebrauch meist: Nirgendwo. Eingeführt hat ihn der brit. Lordkanzler Thomas More (lat.: Morus, 1478-1535) mit seiner 1516 publizierten romanhaften Darstellung eines idealen Gemeinwesens auf einer Insel der durch die Europäer neu entdeckten Welt: *„De optimo reipublicae* *statu, deque nova insula Utopica"* (Über den besten Staatszustand und über die neue Insel Utopia).

More stand mit diesem Werk in der Tradition der etwa 390 v.Chr. verfassten idealen Staats- und Gesellschaftslehre von Platon (428-348), die im Rufe höchster Vollkommenheit standen und das sozialwissenschaftliche Denken des Altertums und des Mittelalters maßgeblich beeinflussten. Während Platon von der Stadtstaaten-Realität des gr. Altertums ausging und eine gütergemeinschaftliche Elite beschreibt, die eine ideale gr. Polis einrichtet und leitet, ist das Denken des Renaissance-Humanisten More geprägt von den gesellschaftlichen Umwälzungen und Erschütterungen, die im 15./ 16. Jh. die Neuzeit einleiteten. Stark beeinflusst war More auch von der idealen Staatslehre (Der Gottesstaat) des Augustinus (354-430), wie überhaupt die Exegese der Evangelien und ihre scholastische Ausdeutung das stark utopisch ausgelegte Denken der Spätantike und des Mittelalters (Kommen des Reiches Gottes) wesentlich bestimmte. Die folgenreichste Sozialutopie des Mittelalters verfasste nach Ernst Bloch (1885-1977) Abt Joachim di Fiore (ca. 1130-1212).

Mit dem späten Renaissance-Humanismus erfuhr dieses Denken einen neuen Aufschwung. Der brit. Philosoph und Lordkanzler Francis Bacon (1561-1626) schuf ein modernes, auf empirischen Erkenntnissen beruhendes Paradigma. In der posthum veröffentlichten Schrift *„Nova Atlantis"* entwarf Bacon die moderne Vision einer rational-durchgliederten Wohlstandsgesellschaft, beruhend auf intensiv betriebener wissenschaftlicher Forschung und ihrer technischen Anwendung.

Starken Auftrieb erhielt die Publikation utopischer Projekte im 17. und 18. Jh. durch die bürgerlich-revolutionären Bewegungen in England. Zu dieser vielgestaltigen utopischen Literatur rechnen auch belletristische Werke, z.B. von Daniel Defoe (Robinson Crusoe) und Jonathan Swift (Gullivers Reisen).

1802/03 begann das publizistische Wirken der Franzosen Claude-Henri Comte de Saint-Simon (1760-1825) und François-Marie-Charles Fourier (1772-1837) sowie des Briten Robert Owen (1771-1858). Sie entwarfen in der Periode der nachpoleonischen Restauration sozialistische Systeme, für die der Begriff des utopischen Sozialismus geprägt wurde. Hierzu rechnen auch der sog. kleinbürgerliche Sozialismus des Pierre-Joseph Proudhon (1809-1865) und des Louis Blanc (1811-1882; entwarf Nationalwerkstätten zur „Organisation der Arbeit").

In Dtld. ist Christian Wilhelm Weitling (1808-1871) zu nennen, der direkt an die frz. utopisch-kommunistische Literatur anknüpfte. Um den von ihm dominierten „Bund der Gerechten" sammelte sich ein Kreis von dt. „Arbeiterkommunisten". Karl Marx (1818-1883) und Friedrich Engels (1820-1895) arbeiteten in ihrem Auftrag ein neues Programm aus, das Kommunistische Manifest (1848). Ein neuer Typ des Utopismus auf der Basis strikter Wissenschaftlichkeit war auf die Bühne der Geschichte getreten.

Der Philosoph Ernst Bloch kann als der bedeutendste Theoretiker des sozial-utopischen Denkens im 20. Jh. gelten. Er erhob die utopischen Projektionen in den Rang einer allgemeinen phil.-anthropol. Kategorie: Das Prinzip Hoffnung (2004). Infolge einer spezifischen Objekt-Subjekt-Beziehung im Geschichtsprozess antizi-piere der Mensch die „Tendenz", „Zielstrebigkeit", den „Daß-Grund", der der Realität innewohne. Utopisches „Hoffnungsdenken" ist, so seine Vorstellung, als anthropol. Grundbefindlichkeit im menschlichen Denken allgegenwärtig.

Das bisherige Scheitern aller Unternehmungen, eine nach dem Entwurf der Be-gründer der großen U.n sozial-gerechte Gesellschaft zu schaffen, hat das Phänomen der Anti-Utopien hervorgebracht. Als die erfolgreichste „negative" U. gilt George Orwells Roman „1984" (1949). Das totalitaristische Prinzip wird in seinem voll-endeten Stadium vorgeführt. Die Menschheit, die Orwell beschreibt, verliert sich im Absurden.

Aldous Leonard Huxley (1894-1963) trat mit zwei Anti-U.n hervor: Schöne neue Welt (1932) und Affe und Wesen (1948). Sie thematisieren seine Warnung vor einem desaströsen Ende der Zivilisation. Das unterscheidet ihn vom Schöpfer der modernen Science-fiction-Literatur, Herbert George Wells (1866-1946), der eine optimistische Entwicklung annahm und davon ausging, dass der technische Fortschritt die Klassenkämpfe und andere Zivilisationskrisen befrieden und über-winden werde.

In der sozialwissenschaftlichen Literatur, etwa seit Mitte der 1980er Jahre, fällt durch eine zunehmende Verwendung des Begriffes U. bzw. „konkrete U." auf. Diese Begriffsverwendung reicht von zivilisationskritischen Klagen über den Ver-lust von U.n als Verlust von Fortschritt dienenden Sinn- und Wertbestimmungen bis zu Aufmunterungen, Neues, u.U. Unerprobtes, einzuführen, zu wagen, um wünschenswerte Entwicklungen in Gang zu bringen. Das führte zu einer inflatio-nistischen Verwendung von U., z.B. in Schriften zur Frauengleichstellung, Jugend-protest, Volksbildung, Wissenschaftszukunft. U. bedeutet hier meist, dass etwas Neues, Ungewohntes getan werden muss, weil die Zeit reif ist.

Einige Autoren machen geltend, dass es der U.n heute nicht mehr bedürfe (z.B. Joachim Fest), weil andere Formen von Aufklärung und Erkenntnis genug rationa-le, sinnfällige Problemstellungen angehäuft hätten.

→ **Anthropologie; Ideologie**

📖 *H. Arendt* (¹⁰2005): Elemente und Ursprünge totaler Herrschaft. München (orig. 1951); *G. Arman-ski* (2001): Wir können auch anders – soziale Utopie heute. Bielefeld; *R. Ahrbeck* (1977): Morus, Campanella, Bacon. Leipzig; *E. Bloch* (⁷2004): Das Prinzip Hoffnung. Bd. I-III. Frankfurt a.M.; *ders.* (²1987): Freiheit und Ordnung. Abriß der Sozialutopien. Leipzig; *J. Delors* (1997): Bildung: eine notwendige Utopie. In: *Deutsche UNESCO-Kommission* (Hg.): Lernfähigkeit: unser verborge-ner Reichtum. Neuwied; *J. Fest* (⁵1993): Der zerstörte Traum. Vom Ende des utopischen Zeitalters. Berlin; *N. Finzsch/H. Lehmann/W. Biermann* (2001): Zukunftsvisionen: Politische und soziale Uto pien in Deutschland und den Vereinigten Staaten im 20. Jh. Krefeld; *H. Jenkis* (1992): Sozialutopien – barbarische Glücksverheißungen? Zur Geistesgeschichte der Idee von der vollkommenen Gesellschaft. Berlin; *K. Mannheim* ([8]1995): Ideologie und Utopie, Frankfurt a.m. (zuerst 1929); *A.L. Morton* (1985): Die Englische Utopia. Berlin; *A. Neusüß* (Hg.) ([3]1986): Utopie, Begriff und Phänomen des Utopischen. Frankfurt a.M./New York; *R. Saage* (2000): Politische Utopien der Neuzeit. Bochum; *ders.* (1999): Innenansichten Utopias. Wirkungen, Entwürfe und Chancen des utopischen Denkens. Berlin; *R. Schwendter* (1994): Utopia – Überlegungen zu einem zeitlosen Begriff. Berlin/Amsterdam; *M. Winter* (1978): Compendium utopiarum. Typologie und Bibliographie literarischer Utopien von der Antike bis zur Gegenwart. Stuttgart; *ders.* (1993): Ende eines Traumes. Blick zurück auf das utopische Zeitalter Europas. Stuttgart.

Hansgünter Meyer

Verhalten, abweichendes

(auch: *Devianz*), Verhaltensweisen, die nicht mit den in einer Gesellschaft oder einer ihrer Teilstrukturen geltenden Normen und Werten übereinstimmen und soziale Reaktionen hervorrufen, die darauf abzielen, die betreffende Person, die dieses Verhalten zeigt, zu bestrafen, zu isolieren oder zu bessern.

Was im Kontext einer einzelnen Gruppe als a.V. gilt, kann für die Gesamtgesellschaft oder andere Gruppen akzeptabel sein, während umgekehrt ein von den Mitgliedern der Gesamtgesellschaft missbilligtes Verhalten in spezifischen Gruppen derselben Kultur gebilligt oder sogar gefordert werden kann. Die Soz. hat sich bes. mit Abweichungen von den gesamtgesellschaftlich als gültig anerkannten *Normen* befasst. Hierzu gehören sehr unterschiedlich strukturierte Erscheinungsformen, wie *Kriminalität* (Verstöße Erwachsener gegen strafrechtliche Normen), *Delinquenz* (kriminelle Verhaltensweisen Jugendlicher), Alkoholismus, Drogenkonsum, (körperliche, geistige oder psychische) Behinderungen, Homosexualität, Prostitution und Suizid.

Alle Verhaltensweisen unterliegen der öffentlichen Distanzierung und Ächtung und ziehen i.d.R. Sanktionen nach sich. Obwohl a.V. meist als Ausdruck sozialer Pathologie und Desorganisation aufgefasst wird, kann eine bestimmte Rate von a.V. als funktional für die Stabilität der gesellschaftlichen Ordnung angesehen werden. A.V. – und die sozialen Reaktionen auf a.V. – können das Normbewusstsein fördern, den Gruppenzusammenhalt aufgrund der moralischen Entrüstung über den Abweichler stärken und als Schrittmacher sozialen Wandels („Antizipation der künftigen Moral") dienen (E. Durkheim).

Zur Erklärung a.n V.s wurden eine Vielfalt alternativer und sich ergänzender Erklärungsansätze konzipiert. Kennzeichnend für den ätiologischen (Ätiologie, gr.-lat. = Lehre von den Ursachen), am *Struktur-Funktionalismus* orientierten Ansatz in der Devianzforschung ist nach H. Keupp:

• seine absolutistische Perspektive: Abweichung wird als objektiv gegeben, d.h. als unabhängig von der Beurteilung durch andere angesehen; es gibt allgemein-gültige, situationsübergreifende Maßstäbe dafür, was eine Abweichung von einer sozialen Norm darstellt, und es ist für einen Außenstehenden eindeutig und objektiv feststellbar, ob im konkreten Fall a.V. vorliegt oder nicht;

• seine Täterzentriertheit (Aktorfixierung): Da die Differenzierung in abweichend und nicht-abweichend und die Zurechnung des jeweiligen Verhaltens zu einem bestimmten Handelnden unproblematisch ist, besteht die Hauptaufgabe der Wissenschaft – neben der Untersuchung der Formen und der raum-zeitlichen Verteilung von Devianz – v.a. darin, die Faktoren (Ursachen) aufzudecken, die den Normbrecher zum Normbruch veranlasst haben und ihn vom Konformen unterscheiden;

• sein Korrekturinteresse: Forscher, die im Rahmen des ätiologischen Ansatzes arbeiten, sind an Prävention, Behandlung, Korrektur oder sozialer Kontrolle a.n V.s interessiert. Der Abweichler wird als behandlungsbedürftig angesehen.

Psychol. orientierte Ansätze untersuchen z.B. den Einfluss bestimmter Persönlichkeitsmerkmale (Intelligenz, Extraversion, Selbstkontrolle u.a.) und spezifischer Mängel familialer Sozialisation (Erziehungspraktiken, emotionales Klima u.a.) auf a.V. Soz. Ansätze fragen danach, welche Umweltstrukturen (z.B. die Stellung der Person im sozialen Ungleichheitssystem, d.h. ihre soziale Schicht- oder Klassenzugehörigkeit) und welche sozialen Milieus das Auftreten von Normverletzungen begünstigen. Die bekannteste makrostrukturelle Theorie, die *Anomietheorie* von Robert K. Merton (1910-2003), sieht a.V. als Ergebnis des Auseinanderklaffens von kulturell vorgegebenen Erfolgszielen und Werten einerseits und den eingeschränkten Möglichkeiten, diese Ziele und Werte mit legitimen Mitteln zu erreichen andererseits. Die einflussreiche Theorie der Bandendelinquenz von A.C. Cohen erklärt die Entstehung delinquenter Jugendsubkulturen mit den Anpassungsproblemen männlicher Jugendlicher aus unteren Sozialschichten in einer an den kulturellen Mustern der Mittelschicht orientierten Gesellschaft.

Nach Ansicht der Vertreter der *interaktionistischen Theorie* a.n V.s (*labeling approach*, Definitions-, Etikettierungs- oder Stigmatisierungsansatz) ist a.V. hingegen, wie H.S. Becker, einer ihrer Begründer, schreibt, „keine Qualität der Handlung, die eine Person begeht, sondern vielmehr eine Konsequenz der Anwendung von Regeln durch andere und der Sanktionen gegenüber einem ‚Missetäter'" (1973). A.V. ist demnach Produkt eines Zuschreibungsprozesses. Die Feststellung, ob a.V. vorliegt, hängt von Interpretationen und Prozessen des Aushandelns und somit von der Definitionsmacht der betroffenen Personen und Gruppen ab. In die Zuschreibung des Etiketts (*label*) „abweichend" fließen gesellschaftliche Vorurteile und Wissensbestände ein, die die Interaktionen zwischen Menschen und damit die Wahrnehmung, Bewertung und Behandlung bestimmter Verhaltensweisen als „abweichend" beeinflussen. Eine besondere Bedeutung kommt dabei jenen Institutionen zu, die sich mit der Entdeckung, Beurteilung und Korrektur von Abweichungen befassen: den Institutionen der formellen Sozialkontrolle (Psychiatrie, Sozialarbeit, Polizei, Justiz, Strafvollzug u.a.). Die öffentliche Zuschreibung und die sich daran anschließenden Prozesse der Stigmatisierung wirken sich auf die Handlungschancen und die Identität der Betroffenen aus.

Wichtig ist in diesem Zusammenhang die auf Edwin M. Lemert (1951) zurückgehende begriffliche Unterscheidung zwischen primärer Abweichung und sekundärer Abweichung. Unter *primärer Abweichung* wird der ursprüngliche Normverstoß verstanden, der in der sozialen Umwelt des Normverletzers Aufmerksamkeit, aber auch Prozesse der Normalisierung (z.B. Verharmlosungen, Entschuldigungen) hervorrufen kann und sich nur minimal auf den bisherigen Status und das Selbstbild des Betroffenen auswirkt. Als *sekundäre Abweichung* werden all jene Formen des Handelns verstanden, die erst nach der Sanktionierung bzw. Stigmatisierung als Reaktion des Stigmatisierten auf die Stigmatisierungserfahrung geäußert werden.

Den gleichen Grundgedanken, dass a.V. kein punktuelles Ereignis, sondern ein sich fortlaufend entwickelndes Ergebnis dynamischer Interaktionsprozesse zwischen dem Abweichler und vielen anderen Personen und Institutionen ist, beschreibt H.S. Becker in seinem Verlaufsmodell einer abweichenden Karriere (1973). Im Mittelpunkt stehen dabei Fragen der Normsetzung (Wie entstehen und wie verändern sich soziale Normen?), der Normanwendung (Wer definiert und interpretiert, ob eine Regelverletzung im konkreten Fall vorliegt?) sowie die Reaktionen auf (konstatierte) Normverstöße und deren Wirkungen auf die Entstehung und Verfestigung abweichender Karrieren und Identitäten. Die zentralen Kritikpunkte am Labeling-Ansatz sind dessen unzureichende Erfassung und Einbeziehung makro-struktureller Merkmale der Gesellschaft (wie Klasse, Macht, Interesse) bei der Analyse von Definitions- und Interaktionsprozessen und seine fast ausschließliche Beschäftigung mit Prozessen der Definition und Kontrolle von Verhalten unter Vernachlässigung der Ursachen primärer Devianz.

→ **Anomie; Kontrolle, soziale; Norm, soziale; Sanktion; Soziologische Theorien (III); Stigma; Vorurteil**

📖 *D. Baier* (2005): Abweichendes Verhalten im Jugendalter. Zeitschrift für Soziologie der Erziehung und Sozialisation 25: 381-398; *H.S. Becker* (1973): Außenseiter. Frankfurt a.M.; *G. Kaiser et al.* (Hg.) (³1993): Kleines Kriminologisches Wörterbuch. Heidelberg; *H. Keupp* (1976): Abweichung und Alltagsroutine. Hamburg; *S. Lamnek* (2007): Theorien abweichenden Verhaltens 1: „Klassische" Ansätze. Stuttgart; *ders.* (2008): Theorien abweichenden Verhaltens 2: Moderne Ansätze. Stuttgart; *E.M. Lemert* (1951): Social pathology: a systematic approach to the theory of sociopathic behavior. New York; *C. Lüdemann/T. Ohlemacher* (2002): Soziologie der Kriminalität. Weinheim/München; *D. Oberwittler/S. Karstedt* (Hg.) (2004): Soziologie der Kriminalität. SH der KZfSS 43. Wiesbaden; *H. Peters* (^{2}1995): Devianz und soziale Kontrolle. Weinheim/München; *R. Peuckert* (^{7}2008): Abweichendes Verhalten und soziale Kontrolle. In: *H. Korte/B. Schäfers* (Hg.): Einführung in die Hauptbegriffe der Soziologie. Wiesbaden: 107-127; *F. Sack/R. König* (Hg.) (^{3}1979): Kriminalsoziologie. Frankfurt a.M.; *F. Sack/M. Lindenberg* (^{3}2003): Abweichung und Kriminalität. In: *H. Joas* (Hg.): Lehrbuch der Soziologie. Frankfurt a.M./New York: 183-216; *F.W. Stallberg* (Hg.) (1975): Abweichung und Kriminalität. Hamburg; *W. Stelly/J. Thomas* (2001): Einmal Verbrecher – immer Verbrecher? Opladen.

Rüdiger Peuckert

Verhalten, soziales

wird seit Max Weber (1864-1920) allgemein als ein äußeres oder innerliches Tun, Dulden oder Unterlassen bezeichnet, das sich eben nicht durch expliziten Sinnbezug auszeichnet und damit als Handeln bezeichnet werden kann. Schon Weber (2006) stellte jedoch fest, dass „die Grenze sinnhaften Handelns gegen ein bloß (...) reaktives, mit einem subjektiv gemeinten Sinn nicht verbundenes, Sichverhalten" durchaus unscharf sei. Dies wird v.a. dann deutlich, wenn man s.V. als wie auch immer geartete Aktivität von Menschen oder Tieren bezeichnet, das einen Bezug zu anderen aufweist. Entsprechende verhaltenstheor. Ansätze haben ihren Ursprung v.a. auch in der Psychologie und Ethologie (Tierverhaltensforschung). Trotz der definitorischen Unterscheidung wird in der soz. Praxis s.V. und soziales Handeln häufig synonym verwendet, indem man beispielsweise von Verhaltenserwartung, Verhaltenskonformität, Verhaltensmuster, abweichendem Verhalten oder generativem Verhalten spricht.

Hist. finden sich die ersten Ansätze zu einer allein auf beobachtbarem V. beruhenden Theorie im sog. *Behaviorismus* innerhalb der Psychologie, dessen Begründer James B. Watson (1878-1958) in Orientierung an naturwissenschaftlicher Forschung nur objektiv beobachtbare Aktionen und Reaktionen eines Organismus als V. bezeichnete und alle inneren, der Außenbeobachtung nicht zugänglichen Vorgänge ausdrücklich ausgeschlossen wissen wollte und sich damit v.a. auch von den seinerzeit vorherrschenden psychoanalytischen Orientierungen abgrenzen wollte. Im Anschluss daran wurde – u.a. von Burrhus Frederic Skinner (1904-1990) –

versucht, s.v.sregelmäßigkeiten mit Hilfe einfacher Lern- und Verstärkungstheorien zu erklären.

Inzwischen differenzierte sich jedoch jener radikale Behaviorismus durch eine ganze Reihe von Zusatzannahmen in verschiedene Theorierichtungen, die vom operationalen und logischen bis zum kognitiven, sozialen oder gar subjektiven Behaviorismus reichen. Entsprechend wurde auch der V.sbegriff durch das Einbeziehen von Zeichengebrauch, symbolischen Reaktionen, Intentionalität, Antizipation, Motiven, Sozialorientiertheit oder Alltagstheorien in den Erklärungszusammenhang menschlichen V.s erweitert.

In der Soz. sind v.a. die Arbeiten von George Casper Homans (1910-1989) zu nennen, der mit Hilfe von fünf (Lern-)Hypothesen generell s.V. und daraus abgeleitet auch soziale Phänomene wie Intergruppenprozesse erklärte. Weiterreichende methodol. Arbeiten forderten teilweise sogar die Zurückführung der Soz. auf die Psychologie (Hummell/Opp 1971). Diese Versuche können heute in ihren einfachen Formen als gescheitert angesehen werden. In der neueren Diskussion lassen sich drei Entwicklungen beobachten:

- Erstens eine radikale Abwendung von diesen erklärenden Ansätzen, die sich einerseits in einer rein subjektorientierten, (re-)konstruktiven Forschungsorientierung, andererseits in einer reinen Systemperspektive äußern.
- Eine zweite Reaktion stellt das Festhalten am Erklärungsprinzip und einer akteurstheor. Perspektive dar, wobei hier jedoch versucht wird, auch subjektive Ziele und Orientierungen mit in die Handlungstheorie zu integrieren. Entsprechende Anwendungen dieser Theorieansätze finden sich in fast allen soz. Bereichen. Hier finden sich auch Ansätze, die – wie in der Rational-Choice-Theorie – Handlungsroutinen, Skripte und Schemata in die Erklärungsmodelle aufnehmen (Hill 2002).
- Eine seit Mitte der 1970er Jahre beobachtbare dritte Reaktion ist eine weitere Radikalisierung der Reduktionsidee, indem man V.sweisen nicht mehr auf Lernerfahrungen zurückführt, sondern als genetisch verankert sieht. In der Zwischenzeit finden sich verschiedene – teilweise auch trivialisierende – Übertragungen dieser auch als *Soziobiologie* bekannten Ideen auf s.V.sweisen und Phänomene wie Untreue, Ehestabilität oder selbst Gewaltdelikte (Trivers 1985; Daly 1988, Voland 2000, Wilson 2000). Ob soziobiol. Erklärungen jedoch im Vergleich zu anderen Theorieorientierungen wirklich prognosefähig sind, ist eine offene Frage.

→ **Handeln, soziales; Soziologische Theorien (III); Verhalten, abweichendes**

A. Bohnen (2000): Handlungsprinzipien oder Systemgesetze. Tübingen 2000; *M. Daly* (1988): Homocide. New York; *C.F. Graumann* (1980): Verhalten und Handeln, in: *W. Schluchter* (Hg.): Verhalten, Handeln und System. Frankfurt: 16-31; *P.B. Hill* (2002): Rational-Choice-Theorie. Bielefeld; *G.C. Homans* (1972): Elementarformen sozialen Verhaltens. Opladen (orig. 1961); *H.J. Hummell/K.D. Opp* (1971): Die Reduzierbarkeit von Soziologie auf Psychologie. Braunschweig; *K.D. Opp* (1979): Individualistische Sozialwissenschaft. Stuttgart; *R. Trivers* (1985): Social Evolution. Menlo Park; *E. Voland* (²2000): Grundriss der Soziobiologie. Heidelberg; *M. Weber* (2006): Wirtschaft und Gesellschaft. Tübingen (zuerst 1922); *E.O. Wilson* (2000): Die Einheit des Wissens. Berlin.

Hermann L. Gukenbiehl/Johannes Kopp

Verwandtschaft

ist die – sozial sehr unterschiedlich definierte – Menge an Personen, die als verwandt gelten und somit bestimmte, sozial jedoch wiederum sehr unterschiedliche Rechte und Pflichten innehaben. V. unterscheidet sich von anderen Formen der sozialen Organisation wie Gruppen dadurch, dass hier nicht reale Interaktionen, sondern vielmehr die Chance auf derartige Interaktionen oder latente Beziehungen erfasst werden (Murdock 1949).

V. stellte v.a. in frühen Formen der gesellschaftlichen Entwicklung wie Stammesgesellschaften oder in einfachen Ackerbaugesellschaften neben und mit der Familie eine der wichtigsten handlungsstrukturierenden *Institutionen* dar. Da V.sbeziehungen in ihren vielfältigen Ausprägungen zudem eine der wenigen universellen Institutionen sind, bildete die Untersuchung von V.ssystemen einen wichtigen Schwerpunkt der Ethnologie und Kulturanthropologie. Seit den Studien von Lewis H. Morgan (1871) ist dabei klar, dass sowohl die Bezeichnungen als auch die Inklusion oder Exklusion bestimmter Personen interkulturell teilweise deutlich variieren. Diese V.sregeln sind dabei von sog. Lokalitätsregeln, die den Wohnort von jung verheirateten Ehepaaren bestimmen, aber auch von Herrschaftsfragen etwa hinsichtlich eines Patriarchats oder Matriarchats zu unterscheiden, auch wenn hier bestimmte Zusammenhänge bestehen.

Prinzipiell gibt es zwei Mechanismen, die bei der Konstitution solch hervorgehobener verwandtschaftlicher Beziehungen von Bedeutung sind: einerseits der über die Ehe gegründete Verwandtenkreis, die Affinalv., und zum anderen V., die auf den Vorstellungen von Individuen über eine gemeinsame Deszendenz (Abstammung) beruht. Als zusätzliche Kategorie der Affinalv. kommen in einigen Kulturkreisen Patenschaften hinzu, die eigenständige V.sbeziehungen darstellen.

Die soz. Relevanz von Affinität und Deszendenzkategorien liegt in den besonderen Rechten, Pflichten und Ansprüchen, die innerhalb eines solchen Personenkreises geteilt werden. Die Zugehörigkeit zu einem bestimmten Verwandtenkreis entscheidet nicht selten über Ansehen, Besitz und Chancen im gesellschaftlichen Leben. Dabei gilt dies im Kontext gesellschaftlicher Entwicklung eher für Agrargesellschaften und weniger für Wildbeuter- und moderne Industriegesellschaften. Auf der Basis von Deszendenzregeln bestimmen Individuen in der Generationenabfolge eine gemeinsame Abstammung. Solche Deszendenzregeln müssen nicht mit dem biol. V.skriterium übereinstimmen, sie sind vielmehr soziale Konstruktionen, die davon teilweise erheblich abweichen können. Dabei kann man die Deszendenzregeln zunächst in bilineare und unilineare Deszendenz einteilen (vgl. für weitere Unterscheidungen Bargatzky 1989). Unterschiedliche Deszendenzregeln führen jedoch immer zum Ausschluss ganzer Personenkreise und bieten somit die Möglichkeit, bestimmte Loyalitäten zu erzeugen (Lévi-Strauss 2000). Generell wird die Kernfamilie als das zentrale Teilsystem der V. angesehen.

Darüber hinaus finden sich sehr unterschiedliche V.sterminologien, wie beispielsweise die auch bei uns gebräuchliche Eskimoterminologie oder die Irokesenterminologie, bei der alle Männer der Vaterlinie sowie alle Frauen der Mütterlinie in einer Generation die gleiche Bezeichnung tragen. In anderen Terminologien werden beispielsweise die Schwestern der Mutter und die Schwestern des Vaters einer Person unterschiedlich bezeichnet. V.sterminologien spiegeln also teilweise nur sehr undeutlich biol. V.sverhältnisse wider. Die Nichtbeachtung dieser Unterschiedlichkeiten führte hist. zu etlichen Fehlschlüssen, beispielsweise über die Verbreitung des Inzesttabus (Harris 1989).

In *modernen Gesellschaften* haben V.sbeziehungen allein aufgrund der Zunahme sog. kollektiver Akteure und anderer Institutionen (Coleman 1999) sicherlich einige Funktionen verloren, sie sind jedoch immer noch – v.a. in nichtalltäglichen Situationen – eine wichtige Quelle der Hilfeleistung und Unterstützung. V. kann somit als „Matrix latenter Beziehungen" (Riley 1983) verstanden werden, die in Notfällen und Krisensituationen aktiviert werden können und somit ein Potenzial bzw. eine Opportunität für enge persönliche Beziehungen darstellen. Der Begriff „Zwitterstellung" (Wagner/Schütze 1998) kennzeichnet darüber hinaus den Status von Verwandten in der modernen Gesellschaft, die einerseits aufgrund des biol. Abstammungsverhältnisses zugeschrieben (*ascribed*) sind, Art und Häufigkeit von Kontakten andererseits jedoch auch von persönlichen Neigungen und Sympathien abhängen. V.a. die Beziehungen zu entfernten Verwandten werden im besonderen Maße als selektiv angesehen, denen keine festen Verhaltensregeln und Verpflichtungen zu Grunde liegen.

Strukturelle Determinanten der Variabilität von verwandtschaftlichen Kontakten und Bindungen („*kinship diversity*") sind v.a. Geschlecht, geographische Distanz, soziale Klasse und ethnische Herkunft (Johnson 2000). Die besondere Rolle der Frau als familiale Integrationsfigur, die Kontakte mit Verwandten aufrechterhält und initiiert, wird als „*kinkeeper*" bezeichnet. Beziehungen zum erweiterten Familienkreis (Onkel/Tanten, Cousins/Cousinen u.a.) sind jedoch ein vernachlässigtes theor. und empirisches Thema (Jakoby 2008). In der alltäglichen Interaktion werden v.a. die sog. intergenerationalen Beziehungen in der letzten Zeit stärker untersucht (Rossi/Rossi 1990, Szydlik 2000). Dabei ist zu bedenken, dass Beziehungen, die über die Eltern-Kind-Dyade hinausgehen, aufgrund der demografischen Entwicklung erst seit der zweiten Hälfte des 20. Jh.s für eine größere Zahl von Personen relevant sind.

Die verschiedenen und teilweise drastischen Veränderungen familialer und demografischer Grundprozesse – wie Heiratsalter, Kinderzahl, Ehescheidung, aber eben auch Lebenserwartung – haben Auswirkungen auf die potenziellen und realisierten V.snetzwerke. Generell lässt sich eine Verringerung der kollateralen und eine Erweiterung der intergenerationalen V.sbeziehungen feststellen. Ein ebenfalls relativ neuer Forschungszweig ist die Untersuchung von Geschwisterbeziehungen im Lebenslauf (Kasten 2003).

→ **Ehe; Familie; Generation; Netzwerk, soziales**

📖 *T. Bargatzky* ([2]1989): Einführung in die Ethnologie. Hamburg; *J.S. Coleman* (1999): Die asymmetrische Gesellschaft. Weinheim/Basel; *M. Harris* (1989): Kulturanthropologie. Frankfurt a.M.; *N. Jakoby* (2008): (Wahl-)Verwandtschaft – Zur Erklärung verwandtschaftlichen Handelns. Wiesbaden; *C.L. Johnson* (2000): Perspectives on American kinship in the later 1990s. Journal of Marriage and the Family 62: 623-639; *H. Kasten* ([5]2003): Geschwister. Vorbild, Rivalen, Vertraute. München/Basel; *F.-X. Kaufmann* (1995): Zukunft der Familie im vereinten Deutschland. München; *C. Lévi-Strauss* ([2]2000): Die elementaren Strukturen der Verwandtschaft. Frankfurt a.M. (orig. 1949); *G. Lüschen* (1989): Verwandtschaft, Freundschaft, Nachbarschaft. In: *R. Nave-Herz/M. Markefka* (Hg.): Handbuch der Familien- und Jugendforschung. Bd. I. Neuwied/Frankfurt a.M.: 435-452; *G. Murdock* (1949): Social Structure. New York/London; *M. Riley* (1983): The family in aging society: A matrix of latent relationships. Journal of Family Issues 4: 439-454; *A. Rossi/P. Rossi* (1990): Of Human Bonding. Parent-Child-Relations Across the Life-Course. New York; *M. Szydlik* (2000): Lebenslange Solidarität? Generationenbeziehungen zwischen erwachsenen Kindern und Eltern. Opladen; *M. Wagner/Y. Schütze* (1998): Verwandtschaft. Sozialwissenschaftliche Beiträge zu einem vernachlässigten Thema. Stuttgart.

Nina Jakoby

Vorurteil

ein hochgradig verfestigtes, durch neue Erfahrungen oder Informationen nur schwer veränderbares, positives oder negatives Urteil über Personen, Ereignisse oder Objekte.

V.e basieren auf lückenhaften oder verzerrten Informationen. V.e über Fremdgruppen (z.B. Minderheiten oder andere Nationen) beziehen sich meist auf moralische Eigenschaften oder Verhaltensweisen, die einer empirischen Überprüfung nur schwer zugänglich sind. Die abwertende Einstellung geht i.d.R. darauf zurück, dass zum Ausgangspunkt und Angelpunkt der Wahrnehmung, Einstellung und Bewertung gegenüber der Umwelt die Normen und Wertvorstellungen der Gruppe gemacht werden, der man selbst angehört (Tendenz zum Ethnozentrismus) und dass dazu tendiert wird, Erfahrungen mit einem Mitglied einer Gruppe auf die Gesamtheit der Gruppe zu übertragen. V.e (z.B. über die „Minderwertigkeit" bestimmter Rassen) und die durch sie ausgelösten Stigmatisierungen (z.B. Diskriminierungen im schulischen Bereich) können bei den Betroffenen über den Mechanismus der „self-fulfilling prophecy" ein Verhalten (z.B. Leistungsversagen) erzeugen, das die urprünglich falsche Beurteilung zur Wahrheit werden lässt. So findet auch der bei Minderheiten oft anzutreffende Selbsthass eine Erklärung.

V.e können eine Reihe wichtiger sozialer Funktionen erfüllen. Nach sozialpsychol. Auffassung dienen sie der Abgrenzung und Aufwertung der Eigengruppe gegenüber Fremdgruppen und der Stärkung der Solidarität innerhalb der Eigengruppe. Aus tiefenpsychol. Sicht erfüllen V.e die Funktion der Stabilisierung des Selbstwertgefühls, der Projektion verdrängter Triebansprüche und der Aggressionsabfuhr in sozial gebilligter Form (Sündenbocktheorie). Kognitionstheor. betrachtet strukturieren V.e eine soziale Situation; sie vermitteln ein gewisses Maß an Sicherheit und stellen eine Entscheidungshilfe in sozialen Interaktionen dar.

Das bekannteste Beispiel aus der empirischen V.sforschung ist die Ende der 1940er Jahre in den USA entstandene Studie von Theodor W. Adorno (1903-1969) u.a. über die autoritäre Persönlichkeit, die die Struktur von V.en und der von ihnen beherrschten Persönlichkeit aufzuhellen sucht. Die dabei entwickelte F(aschismus)-Skala wurde in zahlreichen Nachfolgeuntersuchungen verwendet. Die vorurteilsbehaftete Persönlichkeit zeichnet sich aufgrund ihrer psychischen Struktur (schwaches Ich, starkes Über-Ich) durch ständige Angst und Unsicherheit aus. Damit verbunden ist ein starkes Bedürfnis nach Anlehnung an etablierte Autoritäten einerseits und rigides und intolerantes Verhalten gegenüber sozial Schwachen andererseits. Insbes. soziale Abstiegsprozesse begünstigen die Entwicklung autoritärer Persönlichkeitsstrukturen.

Die Auffassung von V.en als negativ wertende, irrationale *Einstellungen* und die damit verbundene Konzentration der Forschung auf die Untersuchungsgegenstände Antisemitismus, nationale V.e, Minoritäten, Randgruppen und Intergruppenphänomene wird zunehmend von Sozialpsychologen kritisiert, die den Begriff V. weiter fassen und hierunter alle unbegründeten, nur durch Minimalinformationen abgesicherten Urteile über andere Menschen, Objekte, Beziehungs- und Bedeutungszusammenhänge verstanden wissen wollen. Damit umfasst der V.sbegriff die Vielfalt des alltäglichen und selbstverständlichen Urteilsverhaltens und ist vom Begriff des *Stereotyps* nicht mehr eindeutig unterscheidbar. Während bei V.en die affektiv-emotionale Dimension betont wird, tritt beim Stereotyp die kognitive Dimension und damit die Orientierungsfunktion in den Vordergrund. Es handelt sich um relativ dauerhafte, auf wenige Merkmale reduzierte Vorstellungsbilder von Personen, Gruppen, Verhältnissen oder Dingen. Verbreitet ist die Unterscheidung zwischen auf sich selbst bezogene Stereotypen (Autostereotype) und auf andere bezogene Stereotypen (Heterostereotype).

→ **Einstellung, soziale; Minderheiten; Stigma; Wahrnehmung, soziale**

T.W. Adorno (2008): Studien zum autoritären Charakter. Frankfurt a.M. (orig. 1950); *B. Estel* (1983): Soziale Vorurteile und soziale Urteile. Opladen; *D. Gredig* (1994): Dekadent und gefährlich. Eine Untersuchung zur Struktur von Stereotypen gegenüber sozialen Randgruppen. Weinheim; *L.-E. Petersen/B. Six* (2008): Stereotype, Vorurteile und soziale Diskriminierung. Weinheim; *S. Rippl* (1995): Vorurteile und persönliche Beziehungen zwischen Ost- und Westdeutschen. ZfS 24: 273-283; *B. Schäfer/B. Six* (1978): Sozialpsychologie des Vorurteils. Stuttgart.

Rüdiger Peuckert

Wahrnehmung, soziale

Prozess der Vermittlung zwischen dem Individuum und seiner Umwelt, in dem die äußere physikalische und soziale Umwelt durch die Aktivierung von Sinnesorganen in das Bewusstsein gelangt. Im W.sprozess werden Sinnesempfindungen in handlungsrelevante Informationen transformiert, wobei dieser Prozess durch Hypothesen, Erwartungen, Vorerfahrungen, Interessen, Emotionen und andere Faktoren gesteuert wird. W. bedeutet dabei nicht die reine Abbildung oder Rekonstruktion der äußeren realen Welt, sondern vielmehr die Konstruktion von

Wirklichkeit aufgrund von äußeren Reizen und sozial bestimmten, inneren Faktoren. Im W.sprozess wird selektiert, klassifiziert, bewertet und relativiert.

Menschen sind aufgrund ihrer in der Evolutionsgeschichte entstandenen biophysischen Natur nicht in der Lage, alle Reize der Umwelt aufzunehmen – evolutionstheor. wäre dies auch nicht sinnvoll. Die W. ist deshalb bereits auf einer ersten Stufe – bedingt durch die Art, Kapazität und Funktionstüchtigkeit der Sinnesorgane – selektiv (biophysische Selektion). Aus der Vielzahl von wahrnehmbaren Umweltreizen muss zudem ausgewählt werden, um den Menschen überhaupt erst eine Orientierung und dadurch bedingt Verhaltenssicherheit zu geben (kognitive Selektion). Diese Selektion ist notwendig, da Menschen grundsätzlich weltoffen, d.h. nicht auf bestimmte Reiz-Reaktionsmuster instinktiv festgelegt sind und nur bestimmten Schlüsselreizen folgen.

Unter der Bezeichnung s.W. sind verschiedene Bedeutungs- und Forschungsbereiche zusammengefasst. So umfasst die s.W. die Prozesse der Urteilsbildung über sich selbst, über andere Personen oder über Gruppen als Ergebnis sozialer *Interaktionen* und interner, kognitiver Mechanismen. Bei diesem W.sbereichen spielen soziale Faktoren eine gewichtige Rolle: Die Selbstw. hängt stark mit dem Prozess der *Sozialisation* zusammen, bei der ein Selbstkonzept über die eigene Person, Einstellungen, Motive und Emotionen gebildet werden. Soziale Vergleichsprozesse, aber auch kulturelle Spezifika sind hierbei von besonderer Wichtigkeit. Im Rahmen der Selbstpräsentation versuchen Personen, die Wahrnehmung relevanter Anderer zu beeinflussen.

Bei der W. anderer Personen spielt die Zuschreibung oder Attribution von Handlungen auf die soziale Situation oder die jeweilige Person eine große Rolle, wobei vielfach die situativen Faktoren systematisch unterschätzt werden (*fundamental attribution error*). Des Weiteren ist die s.W. von der Reihenfolge bestimmter Informationen abhängig (*primacy effect, recency effect*) (vgl. Strobe et al. 2002). Informationen werden dabei sehr selektiv verarbeitet, häufig werden soziale Urteile aufgrund von Stereotypen oder Skripten (vorgegebene Schemata; vgl. Lenk 1995) gefällt.

Derartige Verzerrungen der s.n W. spielen bei der Einschätzung sozialer *Gruppen* eine wesentliche Rolle. Bereits kleinste Unterschiede reichen aus, um zwischen *ingroup* und *outgroup* zu differenzieren. Meist werden dann nur noch hypothesenkonforme Ereignisse wahrgenommen und verarbeitet. Entsprechende Untersuchungen versuchen mit Hilfe dieser Überlegungen, Vorurteile gegenüber ethnischen Minderheiten, aber auch Geschlechtsstereotypen zu erklären.

In der konkreten Situation wirkt die Selektion durch Stimmungslage, Hypothesen, Motive und Handlungsdisposition der Person und bestimmt mit, was und wie wahrgenommen wird. Der Prozess der Attribution von Eigenschaften zu Personen oder situativen Umständen sowie die Unterstellung bestimmter Ursache-Wirkungs-

Zusammenhänge (Kausalattribution) bestimmen die Interpretation von beobachtbaren Ereignissen. Neuere Theorien der Informationsverarbeitung gehen davon aus, dass Schemata, Skripte, ‚frames' oder Prototypen die grundlegenden Organisationseinheiten von Wissen darstellen. W.sprozesse orientieren sich immer anhand der jeweiligen Schemastruktur. Derartige Muster sind jedoch meist sozial verankert und das Ergebnis eines interpersonellen Lernprozesses. Die jeweils aktivierten Schemata oder Skripte bestimmen, welche Informationen überhaupt bewusst aufgenommen und wie sie interpretiert werden. Die W.sschemata sind somit auch an Rollen und Situationen geknüpft, werden erlernt und erleichtern generell soziales Handeln, v.a. aber die soziale Interaktion, da sie eine Lösung des generellen Problem der doppelten Kontingenz darstellen, indem sie die prinzipielle Handlungsvielfalt zweier Interaktionspartner und die sich daraus ergebenden Ungewissheiten deutlich reduzieren.

Die im W.sprozess wirksame Selektion führt schließlich zu einer Vielzahl subjektiv wahrnehmbarer Wirklichkeiten. Die subjektive Wirklichkeit ist somit ein Kompromiss zwischen den schemabasierten kognitiven Prozessen und den objektiven Realitätsmerkmalen. Ist die Differenz zwischen beiden Komponenten zu groß, so werden u.U. Mechanismen der W.sabwehr entwickelt und eingesetzt, wie sie zuerst innerhalb der Sozialpsychologie in den Balance-Modellen von Fritz Heider oder der Theorie der kognitiven Dissonanz von Leon Festinger zu finden sind (vgl. Stroebe et al. 2002).

Die W. ist sehr stark durch die soziale Anpassungsfähigkeit des Menschen bestimmt. Untersuchungen über die kognitiven Orientierungen in der Gruppe haben erstaunliche W.skonvergenzen aufgezeigt. Die Forschungen von Muzafer Sherif in den 1930er und Solomon Asch aus den 1950er Jahren (vgl. die Darstellung in Stroebe et al. 2002) haben hierzu die zentralen Hypothesen formuliert. Dabei zeigt sich, dass einerseits W.en, andererseits aber v.a. auch geäußerte W.surteile sozial beeinflusst werden.

Analytisch kann der W.sprozess in den Stufen der (a) Informationsaufnahme und Selektion, (b) der Organisation und Akzentuierung und (c) der symbolischen Transformation beschrieben werden. Durch den engen Zusammenhang von W., Denken und Sprache wird verständlich, dass die äußere Welt nicht die alleinige Quelle der Erkenntnis sein kann. Damit sind aber auch die klassischen und meist sehr einfachen positivistischen Erkenntnistheorien zum Scheitern verurteilt. W.en sind immer (soziale) Konstruktionen. Im radikalen Konstruktivismus wird daraus gefolgert, dass eine reale Welt nicht existiert (oder zumindest nicht wahrnehmbar ist). Diese Ideen sind zwar prinzipiell nicht widerlegbar, erscheinen jedoch vor dem Hintergrund der Evolutionsgeschichte wenig sinnvoll. Um zu überleben, war die mehr oder weniger korrekte W. bestimmter Strukturen der realen Welt unabdingbar. W. kann als der ständige und kritische Test sozial formierter kognitiver

Hypothesen über die Beschaffenheit der Welt verstanden werden, die in ein zusammenhängendes Schema über die soziale Welt eingebettet sind.

→ **Gruppe; Rolle, soziale; Soziologische Theorien (III); Vorurteil**

📖 *S.S. Brehm/S.M. Kassin/S. Fein* (⁴1999): Social Psychology. Boston; *D.L. Hamilton* (2005): Social Cognition: Key Readings. New York; *H. Lenk* (1995): Schemaspiele. Über Schemainterpretationen und Interpretationskonstrukte. Frankfurt a.M.; *G. Roth* (⁶2001): Das Gehirn und seine Wirklichkeit. Frankfurt a.M.; *W. Stroebe/K. Jonas/M. Hewstone* (⁴2002): Sozialpsychologie. Berlin; *L.A. Zebrowitz* (1990): Social Perception. Pacific Grove.

Gabriele Köhler/Johannes Kopp

Wandel, sozialer

die prozessuale Veränderung der Sozialstruktur einer Gesellschaft in ihren grundlegenden Institutionen, Kulturmustern, zugehörigen sozialen Handlungen und Bewusstseinsinhalten.

S.W. ist einer der allgemeinsten Grundbegriffe der Soz.; er wurde erstmalig von William F. Ogburn (1886-1959) 1922 geprägt (*Social Change*). S.W. ist die Veränderung sozialer Strukturen; unter *sozialen Strukturen* versteht man die (relativ) stabilen Regelmäßigkeiten des sozialen Lebens, z.B. Rollenverhalten, Organisationsmuster und soziale Schichtung. Das soziale Leben ist geordnet; Gesellschaft bedeutet in einer Hinsicht Ordnung, und s.W. bedeutet die zumeist schwierige Veränderung solcher Ordnungen. Daraus folgt für eine Reihe von Theoretikern, dass Ordnung primär sei und dass ihre Veränderung besonderer äußerer oder innerer Wandlungskräfte bedürfe.

Ein Klassiker der Soz., Emile Durkheim (1858-1917), war dieser Auffassung: Gesellschaft war für ihn die Grundtatsache der Solidarität, d.h. des Zusammenhalts der Gesellschaftsmitglieder aufgrund gemeinsamer Orientierungen. Durch äußere Störungen (z.B. Bevölkerungszuwachs) und durch innere Störungen (Anomie als ein gewisses Maß an Unvollkommenheit der Solidarität) gerät die Ordnung unter Wandlungsdruck. Durch Differenzierung bildet sich die moderne, arbeitsteilige Gesellschaft heraus.

Ein anderer Klassiker, Max Weber (1864-1920), sah die Ordnung durch die jeweilige Organisation und Legitimation der Herrschaft garantiert. Für die verschiedenen hist. Epochen fand er unterschiedliche „Herrschaftstypen", die jeweils durch innere und äußere Kräfte verändert werden. Max Weber zögerte, von einem generellen Entwicklungstrend zu sprechen, aber er hat den Weg zur modernen Welt schließlich doch – am Idealtyp des Kapitalismus – als die fortschreitende Rationalisierung aller Lebensbereiche interpretiert.

Andere Klassiker haben den W. als primär angesetzt. Für Karl Marx (1818-1883) war bekanntlich die „Geschichte aller bisherigen Gesellschaft (...) die Geschichte von Klassenkämpfen" und Ordnung jeweils nur eine Übergangsphase, jedenfalls bis zum Endstadium des Kommunismus. Und Vilfredo Pareto (1848-1923) stellte die Marxsche Formel auf den Kopf: „Die Geschichte ist ein Friedhof von Eliten", d.h. ein ständiger Wechsel von Regimes, die der Gesellschaft eine Zeit lang ihre Ordnung aufprägen, dann aber von ihren Konkurrenten abgelöst werden.

Auch in der modernen Soz. gibt es – auf der Ebene von Grundsatzfragen – nach wie vor eine Debatte, ob es fruchtbarer ist, von Ordnung oder W. als Einstieg in die gesellschaftliche Analyse auszugehen. Die erste Ansicht wird etwa vom Strukturfunktionalismus (T. Parsons) vertreten, die zweite von der Konflikttheorie (Ralf Dahrendorf). Es hat sich aber die Ansicht durchgesetzt, dass solche Grundsatzfragen nicht endgültig entschieden werden können. Anders als vielleicht in den Naturwissenschaften gibt es in den Sozialwissenschaften keine einzig gültigen Ansätze, sondern sozusagen mehrere „Sprachen". Stabilität und W. sind also am besten als zwei komplementäre Perspektiven anzusehen. Schon für Auguste Comte (1798-1857), von dem die Soz. ihren Namen hat, war das Verhältnis von „Statik und Dynamik", von „Ordnung und Fortschritt" das Grundproblem der Soz., und seine Perspektive war die des geordneten Fortschritts auf der Grundlage wachsenden „positiven" Steuerungswissens.

Was die Ebenen des s.en W.s betrifft, so ist die Unterscheidung in die Mikroebene des sozialen Handelns, die intermediäre Ebene der Gruppen und Organisationen und die Makroebene der Gesamtgesellschaft leicht nachzuvollziehen. Aber auch auf der Ebene von Einstellungen gibt es soziale Regelmäßigkeiten und Wandlungsprozesse, wie z.B. die Diskussion über den Wertewandel deutlich macht. Und die für die Klassiker zentrale Ebene der Zivilisationen ist heute in der Modernisierungstheorie, in den Konvergenztheorien und in der Theorie der Weltgesellschaft aktuell. Auf allen Ebenen wollen wir die Dimensionen des s.en W.s beschreiben, messen und erklären: Tempo, Tiefgang, Richtung und Steuerbarkeit.

Tempo wird in chronologischen Zeiteinheiten gemessen, aber es macht Sinn, nicht nur vom individuellen Lebensverlauf, sondern auch vom Lebenszyklus von Organisationen, Regimen oder Zivilisationen zu sprechen. Die Diffusion, d.h. Muster und Geschwindigkeit der Verbreitung von Innovationen, ist ein zentrales Problem in dieser Dimension.

Der Tiefgang des s.en W.s bemisst sich zunächst nach der Quantität bzw. der Proportion der von einer Veränderung betroffenen Einheiten (z.B. bei den Prozessen der Urbanisierung, Elementarbildung, Wahlrechtsausdehnung), sodann nach dem Umfang der betroffenen Bereiche (Wirtschaft, Politik, Kultur usw.), im Wortsinn jedoch nach der Art und Anzahl der betroffenen Ebenen. Nach der marx. Theorie sind deshalb diejenigen Wandlungsprozesse die entscheidenden, die die ökon. Struktur verändern. Nach der Hierarchie des Strukturfunktionalismus (Rollen, Kollektive, Normen, Werte) sind Wertveränderungen die gewichtigsten Wandlungsprozesse; nach der Konflikttheorie solche Veränderungen, die nicht nur Personal oder Organisation, sondern das Regime eines Herrschaftsverbandes umformen. *Revolutionen* sind Prozesse des s.en W.s von großem Tempo und Tiefgang. Die „Industrielle Revolution" ist danach zunächst eine Metapher; sie entspricht im Tiefgang, nicht aber im Tempo den großen pol. Revolutionen. Aber in den verschiedenen Ländern können wir Schlüsselphasen (*take-off*) des Durchbruchs der Industrialisierung identifizieren, so in Dtld. zwischen 1850 und 1870, siebzig Jahre später als in England.

An dieser Stelle lässt sich die Frage nach den Antriebskräften des s.en W.s kurz behandeln. Die Unterscheidungen in exogene und endogene, dominante und multifaktorielle Ursachen zeigen, dass die Erklärungen des s.en W.s dieselbe Vielfalt aufweisen wie die Erklärungen der sozialen Ordnung. In der modernen Soz. ist man von den alten Ein-Faktor-Theorien weitgehend abgekommen. Exogene Einflüsse, z.B. ökologische Belastungen oder wissenschaftliche Entdeckungen, sind ebenso Wandlungskräfte wie endogene Störungen, z.B. die Konflikte innerhalb der ökon. Struktur oder der Herrschaftsordnung, die Widersprüche in Wertsystemen, die Spannungen zwischen gesellschaftlichen Teilbereichen (etwa der *cultural lag* gegenüber der Technik) oder die Dissonanzen von Ansprüchen und Erfahrungen. Schwere Naturkatastrophen und große Kriege, kleine Minderheiten und charismatische Propheten, geplante Steuerung und ungeplante Nebenfolgen haben weitreichende Wandlungsprozesse in Gang gesetzt. Unser heutiges Denken in Kategorien von Rückkoppelungen und paradoxen Effekten relativiert die Klassifikationen von Wandlungskräften.

Bezüglich der Richtung des s.en W.s können wir eine Reihe von typischen Verlaufsmustern unterscheiden: lineare, exponentiale und limitationale Trends; Stufen- und Stadienmodelle, mit und ohne Schwellen; Differenzierungsprozesse der Verzweigung und der Ausgrenzung (Segmentierung); zyklische Schwankungen und Kreisläufe; sowie Kombinationen dieser Muster mit positiven und negativen Rückkoppelungen, Multiplikator- und Akzeleratoreffekten.

Bezüglich der Steuerbarkeit des s.en W.s hat sich in den bis auf den Comteschen Positivismus zurückgehenden Optimismus der Soz. heute Skepsis gemischt. Ungeplanter W., paradoxe Folgen des Handelns, Nebenwirkungen oder konterintuitive Effekte gehören zu den aktuellen Forschungsthemen ebenso wie die inhärenten Probleme der Planung, Entscheidung, Implementierung und Akzeptanz. Der

Zivilisationsprozess selbst wird von einigen Autoren (N. Elias) als ungeplante „Verflechtungsordnung" begriffen. Dennoch bleibt die Planbarkeit und Steuerbarkeit wenigstens von begrenzten Prozessen des s.en W.s eines der konstitutiven Projekte der Soz.

Bei der Analyse der Entwicklungsrichtung der heutigen Gesellschaften hat sich der Begriff der *Modernisierung* gegenüber den älteren Begriffen (Fortschritt, Rationalisierung usw.) durchgesetzt. Unter Modernisierung verstehen wir die sich wechselseitig beeinflussenden Strukturveränderungen in den verschiedenen Bereichen (Subsystemen) der Gesellschaft: Staaten- und Nationenbildung, Demokratisierung im pol. Bereich; Industrialisierung und Tertiärisierung, d.h. Ausbau der Dienstleistungen, im wirtschaftl. Bereich; Urbanisierung, Bildungsentwicklung, steigende Mobilität (soziale Mobilisierung) im sozialen Bereich; Säkularisierung, Rationalismus und Universalismus, u.a. mit der Folge des wissenschaftlichen und technischen Fortschritts, im kulturellen Bereich; Individualisierung und Leistungsorientierung im personalen Bereich.

In systematischer Betrachtung gilt Modernisierung als Steigerung der gesamtgesellschaftlichen Anpassungs- und Selbststeuerungskapazitäten, d.h. als positive Bilanz von steigenden Ressourcen und steigenden Belastungen. In hist. Betrachtung gilt Modernisierung als die langfristige Folge der Industriellen Revolution und der pol. Revolutionen seit Ende des 18. Jh.s, die einige Länder in internationale Führungsrollen gebracht und weltweite Nachahmungs- und Aufholprozesse in Gang gesetzt haben.

Die Modernisierungstheorien wurden nach dem Zweiten Weltkrieg v.a. in den Vereinigten Staaten ausgearbeitet. Die unterentwickelten Gesellschaften sollten die westliche Entwicklung in einer beschleunigten, geplanten und gesteuerten Weise nachvollziehen. Inzwischen sind diese Theorien unter mehrfache Kritik geraten. Die marx. Entwicklungstheorien argumentieren, dass die westliche Entwicklung wesentlich auf der Ausbeutung der Dritten Welt (Imperialismus) beruht. Die lateinamerik. Dependencia-Theorien sprechen von der „Entwicklung der Unterentwicklung" durch die Abhängigkeit der „Peripherien" von den kapitalistischen „Zentren", und sie fordern die Durchbrechung dieser Dependenz. Im Maoismus, Fidelismus, afrikanischen Sozialismus usw. werden eigene Entwicklungsmodelle propagiert, die den Umweg über den Kapitalismus vermeiden wollen und sich häufig die sowjetische Entwicklung zum Vorbild nehmen. Im Ost-West-Konflikt wie im Nord-Süd-Konflikt spielen diese theor. Gegensätze eine sehr praktische Rolle.

In den westlichen („modernen") Gesellschaften selbst hat etwa seit 1970 eine heftige Debatte um die „Grenzen des Wachstums" eingesetzt. Danach ist als Folge der Modernisierung die Ressourcen/Belastungs-Bilanz negativ geworden: Das ökologische Gleichgewicht ist zerstört, die Hochrüstung treibt auf die Selbstzerstörung der Menschheit hin. Während noch in den 1960er Jahren optimistisch der

Weg in die post-industrielle Dienstleistungsgesellschaft und die post-materialistische Kultur prognostiziert wurde, wird heute von tiefgreifenden *Krisen* in den westlichen Gesellschaften gesprochen: Fiskalkrise des Wohlfahrtsstaates, Wachstumskrise der kapitalistischen Wirtschaften, Legitimationskrise der Konkurrenzdemokratien. In der jüngsten Diskussion um die „Postmoderne" wird heute sogar vom Scheitern der Modernisierung gesprochen und eine Abhilfe nur von den Rändern der Gesellschaft her, von den Neuen Sozialen Bewegungen, erwartet.

Gegen diese neueste Version des „Kulturpessimismus" steht die *Innovationstheorie,* die auch der Fachdiskussion des s.en W.s neue Impulse geben könnte. Diese Position erinnert daran, dass der s.e W. und die Modernisierung nie als konfliktfreie Evolution oder rationale Planung, sondern immer als der von Krisen begleitete Kampf um die Durchsetzung von Neuerungen verlaufen sind. Im Modell der langen Wellen (Joseph A. Schumpeter) wird gezeigt, dass alle bisherigen, langfristigen Entwicklungsschübe in einer Krise mündeten, wenn die Leitindustrien und Leitinstitutionen sich erschöpften. Gleichzeitig wurden jedoch die Hindernisse für eine neue Welle von Innovationen („neue Kombinationen" von Ressourcen, neue Produktionsfunktionen) weggeräumt. Diese Zyklen auf der Makroebene werden von vielfältigen „Lebenszyklen" einzelner Produkte, Firmen, Organisationen, aber auch Lebensformen und Werteinstellungen getragen. Analog zum Gedanken, den s.en W. durch die Abfolge von Generationen zu erklären (Karl Mannheim), begreift die Innovationstheorie den s.en W. als das Ergebnis von Mikro-Lebenszyklen. In dieser Perspektive gibt es keine langfristige Stagnation und keine immanenten Grenzen des s.en W.s. In dieser Perspektive können die modernen Gesellschaften durch „neue Kombinationen" innerhalb ihrer Basisinstitutionen – durch technologische Innovationen und Sozialinnovationen – ihre Krisen bewältigen und ihre Vitalität wiederfinden.

Die Innovationsforschung erlaubt, die Individualebene einerseits und die Gruppen- und Gesellschaftsebene anderereits zusammenzubringen („Mikro-Makro-Problem"). Auf beiden Ebenen sind in den 1980er und 1990er Jahren bedeutsame Beiträge zum s.en W. entstanden.

Auf der mikrosozialen Ebene sind v.a. die Lebenslaufforschung, Biografieforschung und Generationenforschung zu nennen (Weymann 1998). Auf der makrosozialen Ebene sind die jüngsten Debatten um Modernisierung, Transformation und Globalisierung zu beachten. In der Modernisierungsforschung scheint der Streit mit Dependencia- und Weltsystem-Ansätzen aufgehoben zu sein (A. So 1990). Es gibt mehrere Wege der Modernisierung, die einen gemeinsamen Kern haben, aber ansonsten durch „Pfadabhängigkeit" (d.h. durch länderspezifische Erfahrungen) geprägt sind (Zapf 1996). Dies kann man besonders deutlich bei den unterschiedlichen Verläufen der Transformation von Diktaturen und Planwirtschaften zu Demokratien und Marktwirtschaften studieren (Schelkle et al. 2000). Die Debatten um *Globalisierung* (Guillén 2001) gehen von globalen Ausweitungen von (Finanz) Märkten und Kommunikationsnetzwerken aus, führen aber bisher nicht zu einer Konvergenz in der Frage, ob diese Entwicklungen zu einer Unterminierung der Nationalstaaten, zu einer anderen Moderne (Beck et al. 1994) oder zu einem weltweiten Kulturkonflikt (*„Clash of Civilizations"*, Huntington 1993) führen.

In den letzten Jahren sind nur noch wenige Traktate mit dem expliziten Titel „Sozialer Wandel" erschienen (z.b. Scheuch 2003, Heath et al. 2005, Wimmer/Kössler 2006), dafür aber zahlreiche Datensammlungen mit langen Zeitreihen auf nationaler und internationaler Ebene (z.b. Sozialer Wandel, Statistisches Bundesamt 2003; Human Development Report, zuletzt 2005). Die wichtigsten Beiträge zu den tiefgreifenden Veränderungen von modernen Gesellschaften und Entwicklungsgesellschaften muss man unter anderen Überschriften suchen: Globalisierung, demographischer Wandel, Pluralisierung der Lebensstile und Familienformen, Individualisierung und Identität, Integration und Exklusion, Krieg, „neue Kriege" und Terror. Ein eigenes Feld ist die Transformationsforschung, die den (häufig prekären Übergang) von Diktaturen und Planwirtschaften zu Demokratien und Marktwirtschaften untersucht (z.b. Sammelrezensionen in Soziologische Revue; Adamski et. al 2003).

Auf zwei Gruppen von Arbeiten ist abschließend hinzuweisen. Das sind einmal die nationalen und internationalen Beiträge zur Sozialberichterstattung (seit langem die Datenreports, neuerdings die „Berichterstattung zur sozioökonomischen Entwicklung in Deutschland", 2005); in letzterem wird der Übergang vom Fordismus zum Post-Fordismus zur Leitfigur eines „Formationswandels" gemacht. Das sind zum anderen nach wie vor die Auseinandersetzungen um die Modernisierungstheorie, insbes. die Kontroverse darüber, ob es eine Vielfalt von Moderne(n) gibt (Eisenstadt 2000; Schelkle et al. 2000), oder ob nicht auch zahlreiche Entwicklungsländer inzwischen trotz aller Widerstände dem zentralen Modernisierungspfad folgen, den die westlichen Gesellschaften genommen haben (Zapf 2004, Oesterdiekhoff 2006).

→ **Differenzierung, gesellschaftliche; Evolution, soziale; Kultur und Zivilisation; Prozesse, soziale; Revolution**

📖 *W. Adamski/P. Machonin/W. Zapf* (2003): Structural Change and Modernization in Post-Socialist Societies. Hamburg; *U. Beck/A. Giddens/S. Lash* (1994): Reflexive Modernization. Cambridge; *S.N. Eisenstadt* (2000): Die Vielfalt der Moderne. Weilerswist; *Forum der Bundesstatistik* (2003): Sozialer Wandel. Bd. 41. Stuttgart; *A.F. Heath et al.* (2005): Understanding Human Change. Houndswill; *S. Huntington* (1993): The Clash of Civilizations? Foreign Affairs 72: 22-49; *M.F. Guillén* (2001): Is Globalization Civilizing, Destructive of Feeble? A Critique of Five Key Debates in the Social Science Literature. Annual Review of Sociology 27: 235-260; *G.W. Oesterdiekhoff* (2006): Modernisierungstheorie und Wandel der Weltgesellschaft. Soziologie 35: 26-41; *B. Schäfers* (⁸2004): Sozialstruktur und sozialer Wandel in Deutschland. Stuttgart; *W. Schelkle/W.*

Krauth/M. Kohli/G. Elwert (2000): Paradigms of Social Change: Modernization, Development, Transformation, Evolution. Campus; *E.K. Scheuch* (2003): Sozialer Wandel. Bd. 2, Wiesbaden; *A.Y. So* (1990): Social Change and Development. Modernization, Dependency, and World-System Theories. Newbury Park; *United Nations Development Programme* (Hg.) (1990): Human Development Report. New York; *A. Weymann* (1998): Sozialer Wandel. Theorien zur Dynamik der modernen Gesellschaft. Weinheim/München; *A. Wimmer/R. Kössler* (Hg.) (2006): Understanding Change. Models, methodologies and metaphors. Oxford; *W. Zapf* (Hg.) (^{4}1979): Theorien des sozialen Wandels. Königstein/Ts.; *ders.* (1996): Die Modernisierungstheorie und unterschiedliche Pfade der gesellschaftlichen Entwicklung. Leviathan 1: 61-77; *ders.* (^{2}2001): Modernisierung und Transformation. In: *B. Schäfers/W. Zapf* (Hg.): Hdwb. zur Gesellschaft Deutschlands. Opladen; *ders.* (2004): Modernization Theory – in the Non-Western World. WeltTrends 44: 100-107.

Wolfgang Zapf

Werte

(auch: Wertorientierungen, Werthaltungen) grundlegende bewusste oder unbewusste Vorstellungen vom Wünschenswerten, die die Wahl von Handlungsarten und Handlungszielen beeinflussen (Clyde Kluckhohn, 1905-1960).

Soziokulturelle W. als zentrale Elemente der *Kultur* einer Gesellschaft dienen (aus anthropol. Sicht) den durch Instinktreduktion und Verhaltensunsicherheit gekennzeichneten Menschen als generelle Orientierungsstandards. Die meist als „selbstverständlich" oder „natürlich" empfundenen W. schränken den „Unterscheidungs- und Entlastungsdruck" (Arnold Gehlen) ein und erfüllen somit eine bedeutsame Entlastungsfunktion. Je widerspruchsfreier W. aufeinander in einem W.system oder in einer W.hierarchie bezogen sind, desto stärker ist die Integration und Stabilität der Gesellschaft. Umgekehrt wachsen mit dem in modernen, komplexen Gesellschaften beobachtbaren W.pluralismus und den Widersprüchen im W.system die gesellschaftlichen Spannungen und Konflikte sowie die psychischen Belastungen des Einzelnen.

Im Unterschied zu W.n beziehen sich *Bedürfnisse* auf innermotivationale Vorgänge bei einzelnen Handelnden, auf ihre spontanen Wünsche, wie sie in einer bestimmten Situation auftreten. Angeborene, formlose und ungerichtete Primärbedürfnisse werden von sekundären Bedürfnissen (*Motivationen*) unterschieden, die durch internalisierte W. geformt und stärker auf spezifische Situationen und Objekte bezogen sind.

W. steuern zwar in gewisser Weise das menschliche Verhalten; aufgrund ihrer Allgemeinheit sind sie aber nur die generellsten Wegweiser des Handelns und liefern keine direkten Verhaltensanweisungen. W. als indirekte Handlungsdirektiven

werden erst auf dem Wege über situationsbezogene *soziale Normen* verhaltens-
wirksam. Dabei kann sich ein und derselbe Wert in einer Vielzahl spezifischer
(auch widersprüchlicher) Normen „verkörpern" oder konkretisieren, wie umgekehrt in eine bestimmte soziale Norm verschiedene W. einfließen können. Grundw.
als höchste, „letzte", nicht weiter hinterfragbare W. (z.b. Freiheit, Gerechtigkeit,
Nächstenliebe) hängen eng mit dominierenden Glaubensvorstellungen, Weltan-
schauungen und den Herrschaftsverhältnissen einer Gesellschaft zusammen und
bilden die Rechtfertigung für „abgeleitete" instrumentelle W. (z.b. berufliche Leistung), die einen stärkeren Handlungsbezug aufweisen. Aufgrund ihres Leerformel-
charakters, der fast alle Deutungen zulässt, sind Grund-W. als Legitimationsgrundlage vielseitig verwendbar.

   W. sind keine ewigen, unveränderlichen Tatsachen, sondern jeweils an einen
bestimmten gesellschaftlichen Kontext gebunden. Obwohl häufig von einem „gesamtgesellschaftlich dominanten W.system" gesprochen wird, sollte nicht übersehen werden, dass komplexe Gesellschaften in zahlreiche Subsysteme gegliedert
sind, in denen die gesellschaftlich zentralen W. eine jeweils unterschiedliche Gewichtung und Ausformung erfahren. Als wesentlicher Aspekt der ggwt. „Kultur-
krise" wird die scharfe Divergenz zwischen den auf Effizienz und funktionale
Rationalität konzentrierten Anforderungen der Wirtschaft, den auf Gleichheit zie-
lenden W.n der Politik und den auf Selbstverwirklichung gerichteten Kulturidealen
angesehen. Auch kann der gleiche Wert (z.B. Freiheit) in unterschiedlichen Subsystemen (z.B. Kunst, Wirtschaft) unterschiedlich interpretiert werden.

   Der Prozess der Differenzierung und Spezifizierung soziokultureller W. setzt
sich auf der Ebene von sozialen Schichten, Klassen, Berufs- und Altersgruppen
u.a. fort. Je mehr und je systematischer dabei die W. spezifischer Teilgruppen von
dem gesamtgesellschaftlichen W.system abweichen und je stärker sie die Identität
und das alltagspraktische Handeln des Einzelnen prägen, desto eher nehmen derartige Gruppierungen den Charakter von *Subkulturen* an.

   Kennzeichnend für die durch Wettbewerbsverhältnisse geprägte moderne Industriegesellschaft ist ferner, dass die Orientierungen an gemeinsam anerkannten
W.n aufgrund des „Dissens" über die gesellschaftliche Regulierung der Bedürfnisbefriedigung zunehmend durch Interessenorientierungen ersetzt werden. W. werden als Legitimationsinstrumente zur Absicherung oder auch für den Abbau von
Herrschaft eingesetzt, wie auch umgekehrt Interessen bestimmte W. stabilisieren
können. Denn da die Herrschenden in einer Gesellschaft bestrebt sind, den Status
quo und die bestehende Privilegienstruktur zu erhalten, sind sie auch daran interessiert, dass das W.system, das die bestehende Gesellschaft legitimiert und stabilisiert, aufrechterhalten und unangefochten bleibt.

   Seit der vergleichenden Studie von Ronald Inglehart (1990) in sechs westeuropäischen Industrieländern hat sich die Forschung intensiv mit dem sozialen

W.wandel befasst. Inglehart meint, in westlichen postindustriellen Gesellschaften einen durch den Generationenwechsel bedingten W.wandel diagnostizieren zu können. Während die ältere, in schwierigen wirtschaftl. Zeiten aufgewachsene Generation „materialistische", an Leistung, Pflichterfüllung, Lebensstandard und Erfolg orientierte W. betont, wendet sich die im Wohlstand aufgewachsene Jugend (insbes. höherer Sozialschichten) zunehmend neuen „postmaterialistischen" W.n zu, die auf Selbstentfaltung, Autonomie und partizipatives Engagement abzielen. Dem Ansatz von Inglehart liegt ferner die Vorstellung zugrunde, dass die entscheidenden W.orientierungen in der jugendlichen Sozialisationsphase festgelegt werden und in den folgenden Lebensabschnitten relativ stabil bleiben und dass postmaterialistische W. in einem bedeutsamen Umfang erst dann entstehen, wenn die materialistischen Bedürfnisse hinreichend befriedigt sind.

Eine Variante der W.wandeltheorie geht auf den Soziologen Helmut Klages (geb. 1930) zurück, der in der Bundesrepublik Dtld. in der zweiten Hälfte der 1960er und der ersten Hälfte der 1970er Jahre einen W.wandlungsschub feststellte. Aufgrund der fortwährenden Steigerung des Massenwohlstands, des Ausbaus des Sozialstaats, der Medien- und der Bildungsrevolution sind die Pflicht- und Akzeptanzw. rückläufig, während Selbstentfaltungsw. an Bedeutung gewonnen haben. Während nach Inglehart die materialistischen und die postmaterialistischen W. auf einer gemeinsamen Dimension liegen, repräsentieren nach den Ergebnissen von Klages die Pflicht- und Akzeptanzw. und die Selbstentfaltungsw. voneinander unabhängige Dimensionen des W.raums, die somit in der Realität verschiedenartige Kombinationen eingehen können. Dabei ist der „aktive Realist", bei dem alle drei W.dimensionen (Pflicht und Akzeptanz; hedonistisch-materialistische Selbstentfaltung; idealistische Selbstentfaltung) stark ausgeprägt sind und dem sich ein Drittel der westdt. Bevölkerung zuordnen lässt, den Strukturerfordernissen sich modernisierender Gesellschaften – im Sinne einer flexiblen Anpassung an situationsbedingte Änderungen der an die Menschen gerichteten Einstellungs- und Verhaltensherausforderungen – am besten angepasst. Die Auseinandersetzung um Ausmaß und Inhalt des behaupteten W.wandels und seine mutmaßlichen Auswirkungen auf die Einstellungen zu Arbeit und Beruf, Ehe und Familie und auf das pol. System (insbes. auf die Beteiligungsformen und Konfliktstrukturen) gehört zu den strittigen Themen der Sozialwissenschaften.

→ **Anthropologie; Einstellung, soziale; Integration; Konflikt, sozialer; Kultur und Zivilisation; Norm, soziale**

📖 *B. Bueb et al.* (2008): Alte Werte – Neue Werte. Schlaglichter des Wertewandels. Göttingen; *R. Inglehart* (1990): Kultureller Umbruch. Wertwandel in der westlichen Welt. Frankfurt a.m./New York; *H. Joas* (⁴2006): Die Entstehung der Werte. Frankfurt a.M.; *H. Klages* (²2001): Werte und Wertewandel. In: *B. Schäfers/W. Zapf* (Hg.): Hdwb. zur Gesellschaft Deutschlands. Opladen: 726-738; *H. Klages/H.J. Hipper/W. Herbert* (Hg.) (1991): Werte und Wandel. Frankfurt a.M.; *R. Köcher/J. Schild* (Hg.) (1997): Wertewandel in Deutschland und Frankreich. Opladen; *M. Opielka* (2009): Werte in Wohlfahrtsstaat. Wiesbaden; *G.W. Oesterdiekhoff/N. Jegelka* (Hg.) (2001): Werte und Wertewandel in westlichen Gesellschaften. Opladen.

Rüdiger Peuckert

Wirtschaft

umfasst Strukturen und Prozesse der Produktion, Verteilung und Konsumtion beschränkt verfügbarer („knapper") Güter und Dienstleistungen.

Anthropol. ergibt sich die Notwendigkeit des Wirtschaftens aus der Sonderstellung des Menschen, der als Mängelwesen (was seine Instinkte und seine organischen Dispositionen anlangt) darauf angewiesen ist, durch seinen tätigen Umgang mit seiner Umwelt diese Mängel zu kompensieren (Arnold Gehlen).

In einem geläufigen und engeren Sinne wird unter „der W." eine bestimmte Art gesellschaftlicher Institutionen verstanden, die als Betriebe oder Unternehmen in unterschiedlichsten Rechtsformen vorrangig produktive und/oder distributive Funktionen wahrnehmen. Diese bestehen in der Gewinnung, Verarbeitung oder Weitervermittlung von Gütern und Leistungen unter zweckbestimmtem Einsatz von Produktionsfaktoren (Arbeit, Kapital, Boden, Wissen) in verschiedenen W.sb.en – wie Landwirtschaft und Fischerei, Handwerk, Industrie, Handel, Banken und Versicherungen. Eine so verstandene W. lässt sich einteilen nach:

*   sektoralen Gesichtspunkten: primärer Sektor (sog. extraktive Industriezweige wie z.B. Agrarw. und Bergbau), sekundärer Sektor (Bereich der Erzeugung materieller Güter wie z.B. Handwerk und industrielle Produktion) sowie tertiärer Sektor (Dienstleistungen).
*   wirtschaftshist. bzw. gesellschaftssystemspezifischen Gesichtspunkten: Einteilung der W. nach Art der Tätigkeiten und nach deren arbeitsteiliger Organisation. Fast alle Gesellschaften durchlaufen Phasen von der Dominanz des primären Sektors (agrarische W.sform) über eine solche des sekundären Sektors (Industriegesellschaft) hin zum Überwiegen des tertiären Bereichs (postindustrielle, Dienstleistungs-, Informationsgesellschaft).

• Bei einer gesellschaftssystemspezifischen Betrachtung steht die Frage im Vordergrund, wie der Staat am W.sleben mit den öffentlichen Haushalten, mit Steuern und Transferzahlungen, v.a. aber mit wirtschaftspol. Maßnahmen sowie der Setzung und der Kontrolle von Rahmenbedingungen der W.sordnung beteiligt ist. Je nach der pol. Gestaltung dieser Elemente (W.srecht, Markt-, Geldordnung, Tarifautonomie u.a.) und der verfassungsmäßigen Funktion der Staatsorgane spricht man von verschiedenen W.ssystemen mit den idealtypischen Extremen der freien Marktw. und der zentral gelenkten Planw. Die Einsicht in die Grenzen der Selbstregulierungskraft des Marktprinzips führte bei der Gründung der Bundesrepublik zu einer W.sordnung (von einem ihrer Schöpfer, Alfred Müller-Armack, als soziale Marktw. bezeichnet), in der sich pluralistische Elemente der Wettbewerbsförderung (z.B. Anti-Kartellgesetze) und unterschiedliche privat- und gemeinwirtschaftliche Unternehmensformen mit dem Gedanken der Absicherung der sozial schwächeren Partner (Mitbestimmung, Eigentumsförderung) verbinden.

Die W.ssoz. ist eine spezielle Soz., die eine Reihe von Überschneidungen mit anderen Speziellen Soz.n aufweist, insbes. mit der Arbeits- und Berufs.soz., der Konsumsoz., der Industrie- und Betriebssoz., der Organisationssoz. Die W.ssoz. weist heute ein heterogenes Spektrum an Untersuchungsgegenständen auf, wobei der gemeinsame Kern die Annahme bildet, dass in der W. ökon. und gesellschaftliche/soziale Faktoren in einer interdependenten Weise zusammenwirken. Während die Ursprünge der W.ssoz. (Smith, Sombart, Pareto, Weber, Schumpeter) noch die enge Verbindung mit der Nationalökonomie gezielt anstrebten, wird spätestens seit den 1950er Jahren eine zunehmende Abkopplung und Abschottung der beiden sozialwissenschaftlichen Disziplinen spürbar, die sich zeitweise bis in der Unvereinbarkeit der jeweils zugrunde liegenden Menschenbilder des *homo oeconomicus* und des *homo sociologicus* dokumentiert hat. Der *homo oeconomicus* steht dabei für einen zweckrational handelnden Akteur, der seine individuellen Ziele unter Gesichtspunkten der Nutzenoptimierung konsequent verfolgt; auf dieses Akteurmodell greifen in der Allgemeinen Soz. die Rational-Choice Ansätze zurück. W.ssoz. beschäftigt sich auf verschiedenen Aggregationsebenen mit den sozialen Aspekten und Implikationen ökon. Strukturen und Prozesse. Aus einer Makroperspektive werden die Wechselwirkungen zwischen der W. als sozialem Subsystem und der Gesellschaft und ihrem Wandel insgesamt sowie anderen Subsystemen (wie Politik, Religion, Wissenschaft, Technik und Kunst) in soz. Kategorien analysiert. Die *Basis-Überbau-Theorie* von Karl Marx (1818-1883) stellt die wohl bekannteste ältere geschlossene Konzeption dieser Art dar. Doch während die vom Begriff der Arbeit ausgehende Gesellschaftstheorie von Marx eine dominante Rolle ökon. Faktoren für Gesellschaftsstruktur und sozialen Wandel behauptet, sind in anderen wirtschaftssoz. Analysen religiös-ethische Grundlagen des Unternehmertums (M. Weber), innovative technisch-wissenschaftliche Umsetzungen (J. A. Schumpeter) oder die soziale Organisation der Arbeitsteilung (E. Durkheim) als Antriebskräfte gesellschaftlicher Entwicklung und Differenzierung hervorgehoben worden. Eine aktuelle wirtschaftssoz. Makroperspektive fokussiert die Globalisierungstendenzen in der W. (A. Giddens, M. Castells). In diesem Zusammenhang sind auch die Verflechtungen moderner Unternehmen zu sog. *global players* und Unternehmensnetzwerken zu nennen (Sydow, Windeler).

Bei systemtheor.-soz. Betrachtung fungiert W. im AGIL-Schema von Talcott Parsons (1902-1979) als explizites Subsystem mit der Zuständigkeit für gesamtgesellschaftliche Adaption, d.h. die grundlegenden Aufgaben effizienter Ressourcenverwertung und Anpassung an Umweltbedingungen. Bei Niklas Luhmann (1927-1998) wird die Eigenständigkeit ökon. Strukturen und Prozesse dadurch hervorgehoben, dass sie als selbstreferentielles System beschrieben werden, ein System, welches seine Elemente ausschließlich aus sich selbst heraus erzeugt. Diese operative Geschlossenheit beruht auf dem spezifischen Medium des Geldes, mittels dessen Zahlungen als exklusive Grundoperationen des Systems W. erfolgen.

Der wirtschaftssoz. Neoinstitutionalismus nimmt die vielfältigen Erwartungen und Anforderungen der Umwelt von W.sunternehmen (z.B. des Staates bei Dobbin 1997) in den Blick, auf die hin Unternehmen aus Legitimitätsgründen überhaupt erst bestimmte Verhaltensweisen, die als unternehmenskonform gelten, etablieren. I.d.S. beobachten sich auch W.sunternehmen wechselseitig, um von den anderen erfolgversprechende Strategien zu lernen (Fligstein 1993, White 1981).

Mark Granovetter postuliert aus wirtschaftssoz. Mesoperspektive die Eingebettetheit (*embeddedness*) sozialer Akteure in ein Netzwerk sozialer Beziehungen, das stets für die Entstehung und Stabilisierung sozialer Ordnung maßgeblich ist. Deshalb folgen die W.sprozesse nicht, wie die Ökonomen glauben, den direkten, kurzen Pfaden der Maximierung, sondern den komplexeren netzwerkförmigen Pfaden, in denen sich W.sakteure bewegen. Diese These führt allerdings zu erheblichen Konsequenzen für den wirtschaftssoz. Untersuchungsgegenstand. Entlang der Aspekte Kooperation, Handeln unter Bedingungen von Ungewissheit und Innovation hat Beckert (2004) die soziale Einbettung von Akteuren, die die Prozesse und Strukturen moderner Marktw.en tragen, akzentuiert und damit Kategorien wie Normen, Institutionen, Traditionen und Gewohnheiten in die W.ssoz. eingebracht.

Pierre Bourdieu (1930-2002) ist im Rahmen seines kultursoz. Konzeptes mit den vier zentralen Teilkonzepten Habitus, Feld, Interesse und (ökon., soziales, kulturelles) Kapital weniger daran interessiert, wie die W. funktioniert, als vielmehr daran, wie die Menschen ihr Leben im Kampf mit konkreten ökon. gesetzten Bedingungen leben. Damit bevorzugt er eine Mikroperspektive auf W.

→ Kapitalismus; Markt; Soziologische Theorien (I)

📖 *J. Beckert* (2004): Grenzen des Marktes. Die sozialen Grundlagen wirtschaftlicher Effizienz. Frankfurt a.M.; *E. Buß* (^{2}1996): Lehrbuch der Wirtschaftssoziologie. Berlin/New York; *M. Castells* (2003): Das Informationszeitalter. Bd. 1: Der Aufstieg der Netzwerkgesellschaft. Opladen; *F.R. Dobbin* (1997): Forging Industrial Policy. The United States, Britain, and France in the Railway Age. Cambridge/New York; *N. Fligstein* (1993): The Transformation of Corporate Control. Cambridge, Mass.; *M. Granovetter* (2000): Ökonomisches Handeln und soziale Struktur: Das Problem der Einbettung. In: *H.-P. Müller/S. Sigmund* (Hg.): Zeitgenössische amerikanische Soziologie. Opladen; *W. Hutton/A. Giddens* (2001): Die Zukunft des globalen Kapitalismus. Frankfurt a.M.; *N. Luhmann* (2008): Die Wirtschaft der Gesellschaft. Frankfurt a.M. (zuerst 1988); *T. Parsons/N.J. Smelser* (1984): Economy and Society. New York; *J. Sydow/A. Windeler* (Hg.) (2000): Steuerung von Netzwerken. Konzepte und Praktiken. Wiesbaden; *M. Weber* (2006): Wirtschaft und Gesellschaft. Tübingen (zuerst 1922); *H.C. White* (1981): Where Do Markets Come From? AJS 87: 517-547.

Roger Häußling/Hans Joachim Klein

Zeit

ist nach Norbert Elias (1897-1990) für den Menschen ein kommunizierbares, soziales Symbol zur Orientierung im unablässigen Geschehensfluss. Z. ist aber auch ein sozialer Zwang von vielen, der im Prozess der Zivilisation zum Selbstzwang wurde (Elias 2004). Z., Raum und Handeln strukturieren die Wahrnehmung von Welt. Neben der Dreidimensionalität des Raumes ist Z. die vierte Dimension, in der der Mensch handelt.

Soziales Handeln ist stets an Z. und Z.strukturen gebunden: Es wird durch vorangegangene Ereignisse bewirkt und hat als Voraussetzung die Vergegenwärtigung von Zukunft. Jede Interaktion setzt eine Synchronisation von Z. und Z.bewusstsein der Handlungspartner voraus. Die Grenzen der Z. sind deshalb keine räumlichen Flächen, sondern Grenzen der Handlungsfähigkeit. Z. wird besonders im Konflikt erfahrbar: Die Z.not in hochkomplexen Gesellschaften ist auch darauf zurückzuführen, dass es mehr Handlungsoptionen gibt, als ein Einzelner aktiv ergreifen kann. Das Z.bewusstsein der modernen Gesellschaft ist linear, doch die physikalische Lebensz. eines Individuums ist zyklisch (Wachstum, Reife, Verfall) und für alle Menschen in etwa gleich. Das Z.bewusstsein kann situationsspezifisch unterschiedlich ausgeprägt sein.

Diese Zusammenhänge hat v.a. der frz. Lebensphilosoph Henri Bergson (1859-1941) nachhaltig ins Bewusstsein gebracht (*temps mechanique – temps vécu*). In

den Naturwissenschaften wurde durch die spezielle und allgemeine Relativitäts-
theorie von Albert Einstein (1879-1955) deutlich, dass der Lauf der Z. kein gleich-
förmiges Merkmal der Wirklichkeit darstellt, d.h. dass Z. relativ ist.
   Deswegen muss unterschieden werden zwischen der physikalischen Z., dem
Z.verständnis und Z.maßstäben für unterschiedliche Systeme. So unterscheidet
Fraser vier Z.maßstäbe zwischen der noetischen Z. (der menschlichen, intellektuel-
len Z.), der biol. Z. (der Z. aller Lebewesen mit biol. Funktionen), der Eozeitlich-
keit (dem des Physikers), der Protozeitlichkeit (Z. der Elementarteilchen) und der
Soziozeitlichkeit (dem gesellschaftlichen Aspekt der Z. und ihrer Einschätzung
durch die Gemeinschaft).
   Otthein Rammstedt (1975) unterteilt das Z.verständnis in vier grundsätzliche
Formen, die auf unterschiedliche Epochen in der Menschheitsgeschichte bzw. den
Gesellschaftsformationen bezogen sind: l. das occasionale Z.verständnis: Z. ist die
erlebte Abfolge von nichtkontinuierlichen Ereignissen (in archaischischen Gesell-
schaften); 2. das zyklische Z.verständnis: Welt unterliegt dem Zyklus des Wachstums, der Reife, des Verfalls (in vorindustriellen Gesellschaften); 3. das lineare
Z.verständnis mit festgelegter Zukunft (Erfahren von Bewegungen als irreversibler
progressiver Ablauf auf ein letztes Ziel, *telos*, hin) und 4. das lineare Z.verständnis
mit offener Zukunft: Erfahren von Bewegungen als unterschiedlich schnellem
Ablauf (in hochkomplexen, industriellen Gesellschaften).
   Hist., ethnol. und kulturanthropol. Untersuchungen schärften den Blick dafür,
dass das Z.empfinden kultur-spezifisch überformt ist. Das europäische
Z.bewusstsein ist geprägt von religiösen Vorstellungen besonders des Judentums
und des Christentums, von zunehmender Z.gliederung durch Uhren und Kalender,
von der Entwicklung der Naturwissenschaften, von den Bedürfnissen einer städtischen und arbeitsteiligen Gesellschaft und von den Eigengesetzlichkeiten der Wirtschaft (vgl. Wendorff 1980).
   Zwischen 1270 und 1300 wurden Räderuhren mit Gewicht und Hemmung entwickelt, die als Beginn einer Entwicklung des linearen Z.bewusstseins gelten können. Die Uhr ist eine der wichtigsten Bedingungen für die Industrialisierung wie
die Dampfmaschine. Sie zeigt die Entwicklung vom individuellen, zyklisch orientierten Arbeitsrhythmus natürlicher Gesellschaften zur arbeitsbestimmten, linearen
Z.einteilung der industriellen Gesellschaft. Zwischen 1300 und 1650 kam es zu
Änderungen im Z.empfinden. Die Entwicklung der Z.disziplin beschreibt Thompson (1982) am Beispiel des engl. Arbeiters, der sie zwischen 1830-40 internalisiert hatte. Das frühindustrielle Z.arrangement hatte eine synchron gespaltene
Z.struktur: Auf der einen Seite stand die ungehemmte Dynamik der Betriebszeiten,
und auf der anderen Seite der Arbeitsrhythmus der vorindustriellen Z. Das industrielle Z.arrangement weist eine diachrone Relation institutionell geregelter Wech-

sel zwischen Arbeitsz. und Freiz. auf, eine klare Trennung zwischen (bezahlter) Arbeitsz. und (unbezahlter) Lebensz., nach Nowotny (1993) „Eigenzeit".

Für den in einer hochkomplexen, arbeitsteiligen Gesellschaft lebenden Menschen ist der Alltag oft aufgefächert in viele Z.en: Berufsz., TV-Z., Hobbyz., Lebensplanungsz. u.v.m. Obwohl wir erst heute wieder so viel freie Z. haben wie im hohen Mittelalter um 1300 (durch die damaligen vielen kirchlichen Feiertage), ist die Moderne auch durch die Tatsache scheinbar widersprechender Phänomene wie Z.not und dem Wunsch nach mehr „Eigenz." geprägt. Handlungsstrategien, die das Mehr an Wahrnehmungsmöglichkeiten (Z.not) verarbeiten helfen, sind Synchronisationsstrategien wie ein besonders rationeller Umgang mit Z.: Beim Ansehen eines Fernsehfilmes kann gleichzeitig gebügelt, während der Bahnfahrt wird mit Laptop und dem Handy gearbeitet werden.

In einer linear orientierten und durchorganisierten Gesellschaft werden manche Ereignisse, die das eigene Z.erleben für den Moment radikal verändern, besonders von Jugendlichen direkt gesucht: beim Bungee-Jumping oder U-Bahnsurfen, für einen augenblicklichen „Kick", der einen gefahrenvollen Umgang mit der eigenen Lebensz. beinhaltet. Die Kommunikation (meist „real-time") in sog. „chatrooms" im Internet hebt scheinbar temporäre, geographische und soziale Schranken auf, lässt aber auch die Grenzen zwischen realer und virtueller Welt verwischen in einer sog. „virtuellen Triade" (vgl. Diemers 2002): Virtuell wird definiert als in digitaler Form gespeichert und nur durch technische Hilfsmittel erfahrbar. Die Virtualisierung ist der soziale Prozess der zunehmenden Digitalisierung und Vernetzung von Daten und Medien; die real-existierende Struktur wird tendentiell durch virtuelle Konstrukte ergänzt oder ersetzt. Z. wird zu virtueller, flexibler Z., in der es asynchrone (zeitversetzte) und synchrone (zeitgleiche) Kommunikation gibt (vgl. Döring 2003).

Die Krise des linearen Z.bewusstseins des industriellen Z.alters zeigt sich nach Brose (1993) in einem neuen sozialen Phänomen: der Z.arbeit. Z.arbeiter werden durch die Herstellung von Diskontinuität eine neue Trägergruppe des sozialen Wandels: Z.arbeit orientiert sich oft am zyklischen Z.verständnis des Einzelnen, dem neben dem ökon. Zwang der Ausübung von Z.arbeit auch der Wunsch nach mehr Eigenz. zugrunde liegt.

Der Wunsch nach mehr Eigenz. kann bei einer Trägergruppe der Entwicklung, den sog. „Zeitpionieren" (Hörning et al. 1990), bei einem eigenständigen Umgang mit der Z. zu einer Verdichtung des eigenen Lebensstils führen: Z.pioniere nehmen aus freien Stücken, anders oft als bei Z.arbeitnehmern, eine Arbeitszeitverkürzung und -flexibilisierung für sich in Anspruch. Der Grundsatz der industriell-kapitalistischen Gesellschaft: „time is money" wird umgewertet, und Z.wohlstand tritt in Konkurrenz zu materiellem Wohlstand. E-Mails können helfen, (Arbeits-)Z. ökon. zu nutzen; Handy, Personal Digital Assistants (PDA), WAP-Anwendungen,

UMTS können Erreichbarkeit rund um die Uhr ermöglichen (vgl. Diemers 2002). Es erfolgt eine Änderung des Lebenstils und eine Steigerung der Optionen durch die gewonnene Z.autonomie, mit gestiegenen Anforderungen an den Einzelnen, im Spannungsfeld von Globalisierung und Individualisierung.

→ **Handeln, soziales; Kommunikation; Raum; Wandel, sozialer**

📖 *H.-G. Brose* (1993): Soziale Zeit und Biografie. Opladen; *D. Diemers* (2002): Die virtuelle Traide: Cyberspace, Maschinenmensch und künstliche Intelligenz. Berlin; *N. Döring* (2003): Sozialpsychologie des Internets: Die Bedeutung des Internets für Kommunikationsprozesse, Identitäten, soziale Beziehungen und Gruppen. Göttingen; *I. Ehlert* (1997): Zeitkonzeptionen, Zeiterfahrung, Zeitmessung. Paderborn; *N. Elias* (2004): Über die Zeit, Frankfurt a.M.; *J.T. Fraser* (1996): Die Zeit. München; *K.H. Hörning/A. Gerhard/M. Michailow* (1990): Zeitpioniere. Frankfurt a.M.; *H. Nowotny* (1993): Eigenzeit. Frankfurt a.M.; *O. Rammstedt* (1975): Alltagsbewusstsein von Zeit. KZfSS 27: 47-63; *E.P. Thompson* (1982): Time, Work and Industrial Capitalism. In: *A. Giddens/D. Held* (Hg.): Classes, Power and Conflict: Classical and Contemporary Debates. London: 299-309; *R. Wendorff* (1980): Zeit und Kultur. Opladen.

Yvonne Bernart

Fachzeitschriften und Bibliographien der Soziologie

1. Deutschsprachige Zeitschriften der Allgemeinen Soziologie

Berliner Journal für Soziologie, BJS, 1991ff.
Kölner Zeitschrift für Soziologie und Sozialpsychologie, KZfSS, 1921ff.
Österreichische Zeitschrift für Soziologie, ÖZS, 1976ff.
Schweizerische Zeitschrift für Soziologie/Revue Suisse de Sociologie, 1975ff.
Soziale Welt, Zeitschrift für sozialwissenschaftliche Forschung und Praxis, 1949ff.
Soziologie. Forum der Deutschen Gesellschaft für Soziologie, 1972/73ff.
Zeitschrift für Soziologie, ZfS, 1972ff.

2. Fremdsprachige Zeitschriften (Auswahl)

American Journal of Sociology, AJS, 1895ff.
American Sociological Review, ASR, 1936ff.
Annual Review of Sociology, 1975ff.
British Journal of Sociology, 1950ff.
European Sociological Review, 1985ff.
International Social Science Journal, 1949ff.
Revue française de Sociologie, 1960ff.
Social Forces, 1922ff.
Social Research, 1934ff.
Social Science Quarterly, 1920ff.
Sociology. Journal of the British Sociological Association, 1967ff.
Sociology and Social Research, 1927-1992

3. Periodisch erscheinende Literaturrezensionen und -berichte

Contemporary Sociology, 1972ff.
Current Sociology/La Sociologie Contemporaire, 1952ff.
Revue Internationale de Sociologie/International Revue of Sociology, 1892-1939, 1958-1960, 1964ff.
Sociological Review, 1907ff.

Sociology. Reviews of New Books, 1973ff.
Soziologische Revue, 1978ff.

4. Fachspezifische Informationen im Internet

– Deutsche Gesellschaft für Soziologie: Einstiegspunkte Soziologie
http://www.soziologie.de/links/links.htm
Themen der Linksammlung: Verbände, Forschung und Lehre, Zeitschriften,
Bibliotheken, Datenbanken, Linksammlungen, Sonstiges

– GESIS SocioGuide: Quellen zu den Sozialwissenschaften
http://www.gesis.org
Sammlung sozialwissenschaftlicher Internetquellen mit Auswahlmöglichkeit
nach Ländern/ Regionen, Themengebieten und speziellen SocioGuides

– UB Marburg – Fachinformationen Soziologie
http://www.uni-marburg.de/fb03/soziologie/material/index_html
z.t. kommentierte Linksammlung u.a. allgemein zur Soziologie, zu sozialwissenschaftlichen Forschungseinrichtungen, Fachdatenbanken, Methoden
und Schulen der Soziologie, soziologischen Vereinigungen und Verbänden

– Universität Graz – 50 Klassiker der Soziologie
http://agso.uni-graz.at/lexikon/
Übersichtliche Darstellung von 50 Biografien bekannter Soziologen, ergänzt
um die jeweiligen Bibliographien sowie Linksammlungen mit weiterführen-
den Informationen und unterschiedlichen Interpretationen zu Leben und
Werk der behandelten Klassiker. Alphabetische, chronologische sowie Sor-
tierung nach Nationalitäten ist u.a. möglich.

Sachregister

Sachwörter mit einem eigenständigen Artikel als Grundbegriff sind **fett** gedruckt; alle Sachwörter erscheinen im Text *kursiv*.

Herausgeber, Mitarbeiter und Mitarbeiterinnen

Kopp, Johannes, Dr. phil, geb. 1961 in Säckingen; Professor für Soziologie an der TU Chemnitz

Schäfers, Bernhard, Dr. sc. pol., geb. 1939 in Münster/Westfalen; Professor em. am Institut für Soziologie an der Univ. Karlsruhe (TH)

Bernart, Yvonne, Dr. phil., geb. 1965 in Karlsruhe; apl. Professorin für Soziologie an der Univ. Karlsruhe (TH)

Eder, Klaus, Dr. rer. soc., geb. 1946 in Burgoberbach; Professor für Vergleichende Strukturanalyse an der Humboldt-Univ. zu Berlin

Elias, Norbert, Dr. phil., Dr. rer. soc. h.c., geb. 1897 in Breslau; Emigration 1933 nach Paris, dann England, Professuren in Leicester und Ghana, als Emeritus mehrere Gastprofessuren, gest. 1990 in Amsterdam

Esser, Hartmut, Dr. rer. pol., geb. 1943 im Krs. Wernigerode; Professor em. für Soziologie und Wissenschaftstheorie an der Univ. Mannheim

Gukenbiehl, Hermann L., Dr. phil., geb. 1934 in Kaiserslautern; pens. Professor für Soziologie der Univ. Koblenz-Landau, Abt. Landau

Hamm, Bernd, Dr. rer. pol., Dr. h.c., geb. 1945 in Groß-Gerau/Hessen; pens. Professor für Soziologie der Univ. Trier

Häußling, Roger, Dr. phil., Dipl.-Wi.-Ing., geb. 1969 in Bensheim; Professor für Soziologie an der RWTH Achen

Hartmann, Michael, Dr. phil., geb. 1952 in Paderborn; Professor für Soziologie an der Technischen Univ. Darmstadt

Hill, Paul Bernhard, Dr., geb. 1953 in Differten; Professor für Soziologie an der RWTH Aachen

Hradil, Stefan, Dr., Dr. h.c., geb. 1946 in Frankenthal/Pfalz; Professor für Soziologie an der Johann-Gutenberg-Univ. Mainz

Imbusch, Peter, Dr. phil., geb. 1960 in Vechta; PD am Institut für interdisziplinäre Konflikt- und Gewaltforschung an der Univ. Bielefeld

Jakoby, Nina, Dr., geb. 1976 in Trier; Wiss. Mitarbeiterin am Soziologischen Institut der Univ. Zürich

Jansen, Dorothea, Dr., geb. 1956 in Köln; Professorin für Soziologie an der Dt. Hochschule für Verwaltungswissenschaften Speyer

Kalter, Frank, Dr., geb. 1964 in Koblenz; Professor für Soziologie an der Univ. Mannheim

Kandil, Fuad, Dr. rer. pol. habil., geb. 1936 in Ägypten; pens. apl. Professor für Soziologie an der Univ. Karlsruhe (TH)

Kaufmann, Franz-Xaver, Dr. rer. pol., Dr. h.c., geb. 1932 in Zürich; em. Professor für Soziologie und Sozialpolitik an der Univ. Bielefeld

Klein, Hans Joachim, Dr. rer. pol., geb. 1938 in Leipzig; pens. apl. Professor für Soziologie an der Univ. Karlsruhe (TH)

Köhler, Gabriele, Dipl.-Soz., geb. 1956 in Hilst/Rheinl.-Pfalz

Kohli, Martin, Dr. rer. pol., geb. 1942 in Solothurn/Schweiz; Professor für Soziologie an der FU Berlin

Lehmann, Bianca, Dr. phil., geb. 1973 in Pritzwalk; Lehrbeauftragte für Soziologie an der Univ. Karlsruhe (TH)

Lipp, Wolfgang, Dr. rer. soc., geb. 1941 in Linz/Donau; em. Professor für Soziologie an der Univ. Würzburg

Lucke, Doris, Dr. rer. pol., Professorin am Institut für Politikwissenschaft und Soziologie an der Rhein. Friedrich-Wilhelms-Univ. Bonn

Machura, Stefan, Dr. Dr. habil., geb. 1962 in Bergheim/Erft; PD, Wiss. Mitarbeiter am Institut für Sozialwissenschaft der Univ. Bangor

Meyer, Hansgünter, Dr., geb. 1929 in Tangermünde; em. Professor für Soziologie (zuletzt Wissenschaftszentrum Berlin für Sozialforschung; zuvor Akademie der Wissenschaften der DDR)

Oesterdiekhoff, Georg W., Dr. phil., Dr. soz.wiss. habil.; geb. 1957 in Gelsenkirchen, PD an der Universität Karlsruhe (TH)

Ostner, Ilona, Dr. phil., geb. 1947 in Neunkirchen/ Saar; Professorin für Sozialpolitik an der Georg-August Univ. Göttingen

Pankoke, Eckart, Dr. rer. soc., geb. 1939 in Recklinghausen; Professor für Soziologie an der Univ. Essen (GH); gest. 2007.

Peuckert, Rüdiger, Dr. phil., geb. 1944 in Zittau; pens. apl. Professor für Soziologie am FB Sozialwissenschaften der Univ. Osnabrück

Scherr, Albert, Dr. phil., geb. 1958 in Edenkoben/Pf.; Professor für Soziologie an der PH Freiburg/ Br.

Schimank, Uwe, Dr. rer. soc., geb. 1955 in Bielefeld, Professor für Soziologie an der FernUniv. Hagen

Schroer, Markus, Dr., geb. 1964 in Fröndenberg/NWR; Professor für Soziologische Theorie an der Univ. Kassel

Spinner, Helmut F., Dr. phil., geb. 1937 in Offenburg/ Baden; pens. Professor für Philosophie an der Univ. Karlsruhe (TH)

Sprondel, Walter M., Dr. phil., geb. 1938 in Stargard/Pommern; em. Professor für Soziologie an der Univ. Tübingen

Thieme, Frank, Dr. rer. soc., geb. 1947 in Hagenow/Mecklenburg; Wiss. Mitarbeiter am Institut für Soziologie der Ruhr-Univ. Bochum

Voß, G. Günter, Dr. rer. pol., geb. 1950 in Setterich; Professor für Industrie- und Techniksoziologie an der TU Chemnitz

Waldrich, Hans-Peter, Dr. phil., geb. 1944 in Freiburg/ Breisgau; pens. Studienrat in Karlsruhe

Weis, Kurt, Dr. jur., geb. 1940 in Mannheim; pens. Professor für Soziologie am Institut für Sozialwissenschaften der TU München

Weiske, Christine, Dr., geb. 1950 in Apolda/ Thüringen; Professorin für Soziologie des Raumes an der Technischen Univ. Chemnitz

Weyer, Johannes, Dr. phil., geb. 1956 in Idar-Oberstein; Professor für Techniksoziologie an der Univ. Dortmund

Zapf, Wolfgang, Dr. phil., geb. 1937 in Frankfurt a.M.; em. Professor für Soziologie an der FU Berlin und am Wissenschaftszentrum Berlin für Sozialforschung (WZB)

Zeiher, Dr. phil., Helga, geb. 1937 in Potsdam; pens. Professorin für Soziologie an der FU Berlin und am Max-Planck-Institut für Bildungsforschung Berlin

Zimmermann, Gunter E., Dr. rer. nat., Dr. phil., geb. 1957 in Wels (Österreich)

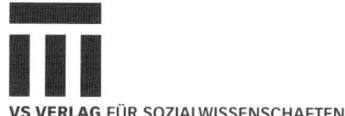